# LE FOLK-LORE
# DE FRANCE

PAR

## PAUL SÉBILLOT

SECRÉTAIRE GÉNÉRAL DE LA SOCIÉTÉ DES TRADITIONS POPULAIRES
ANCIEN PRÉSIDENT DE LA SOCIÉTÉ D'ANTHROPOLOGIE

## TOME QUATRIÈME

## LE PEUPLE ET L'HISTOIRE

AVEC UNE TABLE ANALYTIQUE ET ALPHABÉTIQUE

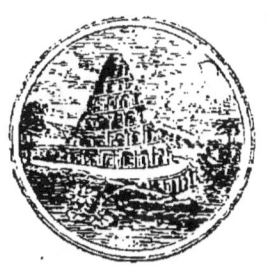

## LIBRAIRIE ORIENTALE & AMÉRICAINE

## E. GUILMOTO. ÉDITEUR

6, Rue de Mézières — **PARIS**

—

1907

# LE FOLK-LORE
# DE FRANCE

## TOME QUATRIÈME

# LE PEUPLE ET L'HISTOIRE

*1903*

# PRINCIPAUX OUVRAGES DU MÊME AUTEUR

## TRADITIONS POPULAIRES

## POÉSIE ET THÉÂTRE

# LE FOLK-LORE

# DE FRANCE

PAR

## PAUL SÉBILLOT

SECRÉTAIRE GÉNÉRAL DE LA SOCIÉTÉ DES TRADITIONS POPULAIRES
ANCIEN PRÉSIDENT DE LA SOCIÉTÉ D'ANTHROPOLOGIE

### TOME QUATRIÈME

## LE PEUPLE ET L'HISTOIRE

AVEC UNE TABLE ANALYTIQUE ET ALPHABÉTIQUE

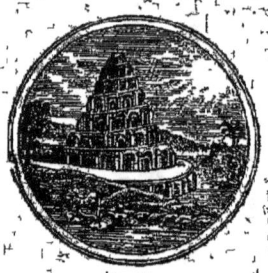

## LIBRAIRIE ORIENTALE & AMÉRICAINE

### E. GUILMOTO, ÉDITEUR

6, Rue de Mézières. — PARIS

1907

# LIVRE PREMIER

# LE PRÉHISTORIQUE

# LE PEUPLE ET L'HISTOIRE

## LIVRE PREMIER

## LE PRÉHISTORIQUE

Quoique les monuments de pierre brute, qui sont encore nombreux dans notre pays, remontent à une antiquité reculée, ils figurent rarement dans les écrits antérieurs au XIX⁰ siècle. César qui a dû en voir un assez grand nombre, et qui, lors de son expédition contre les Vénètes, a peut-être passé au pied du géant de l'espèce, le grand menhir de Locmariaker, ne leur accorde pas même une mention, et les géographes grecs ou latins qui décrivent la Gaule n'en parlent pas davantage. Les conciles et les capitulaires qui, à maintes reprises, s'élèvent contre le culte des pierres, n'envisagent celles-ci qu'au point de vue des hommages qui leur étaient rendus, et qui s'adressaient sans doute, comme dans les survivances contemporaines, aussi bien aux blocs naturels qu'aux rudes simulacres des religions primitives.

Les écrivains du moyen âge, les voyageurs qui visitent la France et notent ses curiosités ne mentionnent guère ces monuments, si ce n'est comme par hasard, et sans paraître y attacher d'importance, et il n'est pas toujours certain qu'il s'agisse de mégalithes véritables. Ils figurent plus souvent dans des titres seigneuriaux ou ecclésiastiques, en raison de leur rôle de jalons de bornage : telle est la *Petra quæ vertitur* en Berry (XIII⁰ siècle), dont le nom indique au moins une croyance populaire, tels aussi les *duo lapides erecti*, probablement les menhirs de Simandre, qui servaient de limite au royaume d'Arles. Beaucoup plus tard, en 1530, des travaux de défrichement exécutés par les moines sur le plateau d'Elves font découvrir un dolmen, dont la table est traînée sur des glacis jusqu'à leur église, pour servir de marche-pied au maître-autel ; la pierre levée de Poitiers est bien connue grâce à Rabelais.

1. L. Martinet. *Le Berry préhistorique*, p. 104 ; E. Chevrier. *De la religion des peuples qui ont habité la Gaule*, 1880, p. 28 ; Claude Fleury. *Cartulaire de Locdieu*, cité par l'abbé Lafon. Congrès scientifique de France. Rode:, 1874, p. 39.

C'est au voyageur normand Du Buisson Aubenay (1636), que l'on doit la première mention un peu précise qui comprenne plusieurs mégalithes ; il signale le beau menhir de Dol, et décrit six tumulus et un dolmen à Locmariaker, et un autre dans une île du Morbihan (Gavrinis). Vers le milieu du XVIIIᵉ siècle, La Sauvagère et Caylus parlent avec détail des alignements de Carnac et d'Erdeven, et notent ceux de Quiberon, de Groix et de Belle-Isle, ainsi que divers dolmens. Le *Dictionnaire de Bretagne* d'Ogée (1778-1780), ajoute à ces listes les dolmens de Donges et de Saint-Nic, les menhirs de Combourg et de Cuguen, et un alignement à Donges [1]. Toutefois les auteurs de ces descriptions, dont quelques-unes sont fort étendues, ne se préoccupent guère des idées que ces énormes pierres éveillent chez les gens du voisinage. Les savants qui visitaient ces monuments, alors appelés celtiques, n'allaient pas tarder à penser qu'elles n'étaient pas négligeables, et qu'il convenait de les relever comme complément des constatations matérielles. Vers la fin du XVIIIᵉ siècle, Legrand d'Aussy, Dulaure et Cambry interrogent les paysans et notent avec soin leurs réponses. En 1807, l'Académie celtique recommande l'étude de tous les usages, de toutes les traditions qui s'attachent à ces vestiges d'un passé lointain et obscur. Depuis, la plupart des observateurs ont suivi ces indications, et c'est ainsi qu'un nombre considérable de faits sont venus s'ajouter à ceux, si rares et si dispersés, recueillis antérieurement.

J'ai réuni dans un chapitre spécial les vestiges des cultes et des observances qui sont en relation avec les mégalithes, quelle que soit la nature de ceux-ci. Quant aux légendes et aux croyances dont ils sont l'objet, bien qu'elles présentent beaucoup de traits communs, je n'ai pas cru devoir les traiter en bloc : les menhirs, les dolmens, les tumulus et les pierres diverses, forment chacun une monographie ; comme elles sont conçues sur le même plan, il sera facile de rapprocher les faits qui se retrouvent parfois simplement apparentés, parfois avec de légères variantes, dans un ou plusieurs de ces chapitres, et l'on pourra aussi, en se reportant au tome premier, l. III, ch. 4 et 5, constater les nombreuses analogies qui existent entre le folk-lore des mégalithes véritables et celui des pierres à légendes.

1. *Itinéraire de Bretagne*, p. 24, 161, 171, 173. La Sauvagère. *Recueil d'antiquités dans les Gaules*, p. 257, 79 ; Caylus. *Recueil d'antiquités*, t. VI. p. 8.

# CHAPITRE PREMIER

# LES MENHIRS

## § 1. Origines

Les pierres debout, auxquelles on s'accorde maintenant à donner le nom expressif de menhirs (*men*, pierre, *hir*, longue), ont toujours été visibles, et beaucoup de croyances dont elles sont l'objet sont vraisemblablement anciennes; elles ne sont pas, toutefois, au point de vue de leur destination, plus probantes que celles qui s'attachent aux dolmens, restés pour la plupart, pendant de longs siècles, cachés sous un épais revêtement de terre ou de pierrailles. La seule conclusion que l'on puisse en tirer, c'est que ces grossières colonnes remontent à une antiquité si lointaine que, dans le pays où elles se dressent, on a perdu le souvenir des peuples qui les ont érigées, et du rôle qu'elles ont joué dans leur vie sociale ou religieuse. C'est pour cela que les légendes, qui parlent de leur origine font intervenir, par besoin d'explication, les mêmes personnages surnaturels ou fabuleux qui ont présidé à la construction des autres monuments, et auxquels on attribue aussi les particularités du monde physique les plus propres à exciter l'étonnement. Des dépositions nombreuses, recueillies à diverses époques, et dans des pays variés, associent les fées à l'érection des menhirs. La grosse pierre d'Antézat (Charente-Inférieure) a été déposée par une fée, et plusieurs de ces bonnes dames ont planté les menhirs du cromlec'h de Montguillou, près de Segré. Des fées lavandières ont tiré les pierres de la Bouëxière du lit de la Veuvre qu'elles obstruaient [1].

L'aspect de ces mégalithes a sans doute contribué à leur faire donner des noms pittoresques; un certain nombre qui, amincis à leur extrémité supérieure et à celle qui s'enfonce dans la terre, sont renflés vers le milieu, ont éveillé l'idée de quenouilles ou de fuseaux, que des filandières surnaturelles ont apportés ou dressés. Quelquefois le nom seul subsiste, alors que la légende est perdue ou n'a pas été recueillie : au XVIIIe siècle les gens d'Elbersweiller en Alsace appelaient la Quenouille

1. G. Musset, *La Charente-Inférieure avant l'histoire*, p. 143 ; L. Bousrez. *L'Anjou aux âges de la pierre*, p. 100 ; P. Bézier. *Még. de l'Ille-et-Vilaine*, p. 239.

un menhir de leur voisinage ; dans la Loire-Inférieure on voit à Sévérac le Fuseau à Berthe près du menhir la Fusée à Berthe, à Pontchâteau le Fuseau de la Madeleine, dans le Finistère la Quenouille de sainte Barbe à Ploeven ; la Quenouille de la femme de Gargantua est un menhir de Plaudren, et un autre à peu de distance est son fuseau. A Silfiac (Morbihan) un menhir se nomme *Quequil en Diaul*, Quenouille du diable, appellation qui a peut-être été substituée à celle d'une fileuse surnaturelle [1]. Vers 1820, les paysans racontaient que la quenouille de la Fée près de Simandre dans l'Ain y avait été fichée par la Fau qui l'avait apportée sous son bras ; une autre tradition s'appliquait à ce menhir et à ses deux voisins, maintenant disparus : trois fées en allant à la veillée avaient planté là leurs quenouilles qui devinrent les trois pierres fites de Simandre [2].

D'autres fois le menhir n'est plus la quenouille elle-même, mais une sorte de fusaïole qui y était suspendue : au temps jadis une fée qui passait par Sainte-Colombe (Landes) portant la Peyre-Lounque attachée à sa quenouille, rencontra un vieillard inconnu qui lui dit : « Où vas-tu ? — A Dax. — Si tu disais : S'il plaît à Dieu ! — Qu'il lui plaise ou non, la Peyre-Lounque ira à Dax ». Le vieillard, qui n'était autre que le bon Dieu, lui ordonna d'abandonner en cet endroit sa pierre, ce qu'elle dut faire, et il ajouta : Jusqu'à ce qu'il plaise à Dieu, elle ne sortira pas d'ici ». Dans une version identique comme affabulation, la fileuse n'est plus qu'une femme, et c'est une fée qui remplit le rôle du bon Dieu [3].

Bien que le trait qui suit ne se rapporte pas à un mégalithe, il constate, au XVII<sup>e</sup> siècle, une tradition parallèle à celles qui précèdent : On montre, dans la campagne aux environs de Valence, des pierres à peu près comme des pierres de moulin trouées au milieu, dont les femmes des géants, à ce que disent les bonnes gens de ce pays-là, se servoient pour mettre au bout de leur fuseau [4].

Les menhirs dont l'origine est en relation avec des fileuses surnaturelles ne sont pas toujours un de leurs instruments de travail. On raconte près de Lodève qu'une fée portant un menhir sur sa tête, tout en filant sa quenouille, le laissa tomber, lorsqu'elle vit qu'elle avait été aperçue par un indiscret [5]. Quand la sainte Vierge filait en se

---

1. Legrand d'Aussy. *Les Sépultures nationales*, p. 184 ; Pitre de l'Isle. *Dict. arch. de la Loire-Inférieure*, Saint Nazaire, p. 162 ; P. du Châtellier. *Még. du Finistère*, p. 117 ; Ogée. *Dict. de Bretagne* ; D<sup>r</sup> Fouquet. *Monuments celtiques du Morbihan*, p. 113.

2. M. Monnier, in *Soc. des Antiquaires*, 1823, p. 409 ; Tardy. *Le menhir de Simandre*. Ext. du *Bull. de la Soc. de Géographie de l'Ain*. 1892, in-8, p. 3.

3. J. de Laporterie, in *Revue des Trad. pop.*, t. III, p. 617 ; J.-F. Bladé. *Contes de Gascogne*, t. II, p. 380.

4. Jacob Spon. *Voyage d'Italie, etc., fait aux années 1675 et 1676*. La Haye, 1724, t. I, p. 2.

5. *Revue des langues romanes*. 2<sup>e</sup> série, t. I, p. 213.

promenant sur les landes de Pléchâtel, elle avait sur sa tête Pierre-Longue, et dans son tablier les Pierres Blanches ; son fuseau lui ayant échappé, elle se baissa pour le ramasser, et la pierre posée sur sa tête glissa et se ficha sur le sol, à la place même où était tombé le fuseau, puis celles du tablier s'envolèrent et allèrent former un peu plus loin un cordon pour le fuseau de Pierre-Longue [1].

Comme les campagnardes, les personnages féminins utilisent leurs vêtements pour le transport de ces lourds fardeaux. Les menhirs de Plaudren ont été pris, à une lieue de là, par une bonne femme qui les mit dans son tablier ; celui de Vieuxviel (Tarn) fut apporté dans les pans de la robe de sainte Carissime. Au temps jadis, un homme qui allait avant le jour visiter ses filets dans la baie de Rocquaine à Guernesey vit une femme de très petite stature qui, venant du rivage, gravissait la falaise. Elle tricotait en portant quelque chose dans son tablier avec autant de soin que si c'avait été une douzaine d'œufs ou un enfant nouveau-né ; lorsqu'elle s'arrêta, il la vit en tirer une pierre d'environ quinze pieds de hauteur, qu'elle dressa au milieu de la plaine aussi facilement que si elle eût piqué une épingle sur une pelote. Le menhir de la Pierre à la Femme à Saint-Georges-sur-Moulon, ainsi nommé parce que le sommet s'arrondit et représente grossièrement une tête humaine, a été pris dans la forêt de Haute-Brune, par une femme d'une beauté merveilleuse et d'une taille colossale ; elle descendait les pentes de la colline lorsque les cordons de son tablier vinrent à se rompre, et la pierre, en tombant, s'enfonça dans le sol ; d'autres disent que c'était une fée dont le tablier de gaze se déchira [2]. Parfois ces blocs ont été abandonnés à l'endroit où ceux qui les portaient apprirent qu'ils n'étaient plus nécessaires au monument auquel ils étaient destinés. Les fées portaient dans leurs devantières les pierres de Rumfort, qui devaient servir à la construction de la Roche aux Fées d'Essé, quand celles qui y travaillaient leur crièrent qu'il y en avait assez ; elles en piquèrent une debout et jetèrent les autres à côté. La Vierge transportait sur sa tête ou dans son tablier un gros bloc pour un clocher de la Gironde lorsqu'elle apprit qu'il était terminé ; elle le laissa tomber, et c'est le menhir de Saint-Sulpice de Faleriens ; on attribue la même origine à une pierre debout voisine de Lodève qui, dans une autre version, a été apportée par une fée, et à la grosse pierre d'Hollain, près de Tournai, que la Vierge avait placée dans son tablier pour en faire la première pierre de la cathédrale, et qu'elle déposa quand elle sut qu'un autre bloc avait déjà été employé à cet

---

1. P. Bézier. *Inventaire des Még. de l'Ille-et-Vilaine*, p. 179.
2. Mahé. *Antiq. du Morbihan*, p. 112 ; *Rev. des langues romanes*, 2ᵉ s., t. III, p. 54 ; E. Mac Culloch. *Guernsey Folk-Lore*, p. 125, 126 ; Laisnel de la Salle. *Croy. du Centre*, t. I, p. 111 ; L. Martinet. *Le Berry préhistorique*, p. 109.

usage. Douze pierres portées dans les « dornes » de douze fées, pour la Pierre-Levée près du confluent du Loing et du Lay, leur échappèrent tout à coup à la vue de la Vierge, et formèrent autant de menhirs à Bazoches-en-Pareds, dans la Vendée[1]. Le menhir de la Bretellière en Saint-Macaire a été placé par une fée qui avait demandé en mariage un jeune homme ; le père de celui-ci lui imposa comme condition d'apporter sur son dos, avant minuit, un bloc considérable ; n'ayant pu arriver à temps, elle le laissa tomber, et il se planta debout sur le sol. Trois menhirs dans le parc des Roches-Baritaud en Vendée y ont été posés par Mélusine[2].

L'archéologue Galeron a noté en Normandie une explication qui n'a pas été trouvée ailleurs : un paysan lui dit que des bergères et des fées avaient élevé, au son de leur chalumeau, les Pierres des Prés Gastines qui forment une sorte de cromlec'h[3].

Il est rare que des nains soient associés à l'érection des menhirs. Cependant les alignements de Carnac passaient, il y a un siècle, pour être l'ouvrage des Crions, petits hommes, petits démons, hauts de deux ou trois pieds, qu'on supposait avoir porté ces masses énormes sur leurs mains, car ils étaient plus forts que des géants[4].

Des personnages gigantesques figurent aussi parmi les constructeurs de mégalithes, et bien que le passage suivant de Robert Wace (XIIe siècle) parle d'une sorte de cromlec'h d'Irlande, il est probable que le poëte rapportait des croyances alors communes à la France et aux îles britanniques :

> Se tu veus faire oevre durable
> Qui mult soit bele et convenable
> Et dont à tos jors soit parole,
> Fai ci aporter la carole
> Que gaiant firent en Irlande :
> Une mervillose oevre grande
> De pierres en cerne assises
> Les unes sur les altres mises[5].

Actuellement le géant auquel sont dûs les menhirs est presque toujours Gargantua, qui vraisemblablement a peu à peu remplacé des géants anonymes ou moins connus ; la Pierre frite près de Péronne, la Pierre Nauline ou Pierre de Gargantua dans le lit de l'Yon, d'autres

1. P. Bézier. Még. de l'Ille-et-Vilaine, p. 152 ; Fr. Daleau., Lég. des monuments mégalithiques, p. 693, in Congrès pour l'avancement des sciences. Le Havre, 1877 ; Alfred Harou, in Rev. des Trad. pop., t. V, p. 231 ; Léo Desaivre. Le Monde fantastique, 1882, p. 22.

2. L. Bousrez. L'Anjou aux âges de la pierre, p. 61 ; Léo Desaivre, Le Mythe de la Mère Lusine, p. 31.

3. Monuments druidiques de l'Orne, in Soc. des Ant. de l'Ouest, t. V, 1829-1830, p. 135.

4. Cambry. Monumens celtiques, p. 2-3.

5. Roman de Brut, éd. Leroux de Lincy, t. 1, p. 285.

à Crillon (Jura), à Bois-lès-Pargny (Aisne), le Grès de Gargantua à Plaudren, etc., portent aujourd'hui son nom [1]. Quelques-uns ont été plantés par lui au cours de ses voyages, comme le menhir du Champ de la Pierre à Saint-Sornin, qu'il déposa pour boucher l'orifice d'une source, la canne qu'il piqua près du Fort La Latte (Côtes-du-Nord), au retour de ses pérégrinations [2]. D'autres sont en relation avec ses merveilleuses faucheries ; sa Pierre à faulx se voit à Rentriche (Moselle), son verziau ou pierre à aiguiser est le menhir de Bois-lès-Pargny ; à Néaufles-sur-Risle, après avoir fauché dix-huit acres de prairie, il jeta son affiloire du haut de la côte dans la vallée. Des menhirs à Doingt, aux environs de Guérande et de Ham sont des cailloux qui le gênaient dans ses souliers. La pierre de la Hoberie à Ussy (Calvados) était tombée de la « pouchette » du géant Guerguintua [3]. Quelques menhirs ont fait partie du corps de Gargantua ; à Saint-Suliac, l'un d'eux est sa dent, qu'il avait avalée par mégarde, et qu'il vomit en cet endroit ; près d'Avallon, on montre son petit doigt, sans récit explicatif [4].

Plusieurs menhirs ont servi à ses jeux : à Changé, près Maintenon, à Ymeray (Eure-et-Loir), des pierres debout sont ses palets ; un peulvan sur la lande de Pierre plate en Treillères (Loire-Inférieure), est sa galoche et deux plateaux granitiques voisins ses palets ; les deux menhirs dits Pierres Folles du Follet à Rosnay-sur-Yon sont les « minches » qu'il employait quand il jouait avec les dolmens de Moutiers-les-Mauxfaits et de Talmond ; les trois pierres d'Avrillé lui servaient de but, alors qu'étant devin et berger il s'amusait. Un jour qu'il jouait au palet sur la butte de Montjavoult (Oise), il essaya de jeter Pierre frite sur les coteaux de Neuville-Bosc, à deux myriamètres de là, et elle tomba dans le petit bois où on la voit aujourd'hui [5]. Dans le récit suivant il est en concurrence avec des joueurs, dont les noms rappellent ceux de héros de contes populaires ; il est assez vraisemblable qu'on les leur a attribués à une époque assez récente. Un jour qu'il se trouvait avec deux géants de ses amis, Courte-Echine et Fine-Oreille, sur la montagne de l'Hautil au-dessus de Chanteloup, il leur proposa une partie de palet dont l'enjeu serait une colossale friture que l'on irait consommer à

---

1. F. Bourquelot, Notice sur Gargantua, p. 2 ; F. Baudry. Mon. de l'âge de pierre en Vendée, 1861. Dict. des Gaules ; Fleury. Antiquités de l'Aisne, t. I, p. 98 ; Joanne. Bretagne, p. 476.
2. F. Baudry. 8e Mémoire, p. 13 ; Paul Sébillot. Gargantua, p. 42, 45, 110.
3. Dict. des Gaules ; Fleury. Ant. de l'Aisne, t. I, p. 218 ; Vaugeois. Ant. de Laigle, p. 27 ; Paul Sébillot, l. c., p. 221 ; H. Quilgars, in Rev. des Trad. pop., t. XV, p. 543 ; Galeron. Stat. de l'arrondissement de Falaise, t. II, p. 181.
4. Paul Sébillot. Gargantua, p. 11 ; Elvire de Cerny. Saint-Suliac et ses traditions, p. 75-76 ; Ph. Salmon. Dict. arch. de l'Yonne, p. 202.
5. F. Bourquelot, p. 5 ; Paul Sébillot, p. 210 ; Ogée. Dict. de Bretagne ; F. Baudry. 3e Mém., p. 30 ; Cavoleau. Description de la Vendée, p. 333 ; Notice arch. sur le département de l'Oise. Beauvais, 1856, in-8, p. 12.

Cergy. Il fut convenu que celui dont le palet se rapprocherait le plus de cet endroit, serait le gagnant. A cette époque le plateau de l'Hautil était couvert de dalles en grès d'une dimension considérable. La partie commença : Courte-Echine se baissant, ramassa un bloc énorme qu'il jeta négligemment devant lui ; soit qu'il n'eût pas pris assez d'élan, soit que la force lui manquât, son palet alla tomber dans la Seine, en face d'Andrézy, dont il obstrua le cours pendant de longues années. Fine-Oreille à son tour lança un roc qui, après s'être élevé à une hauteur prodigieuse, s'abattit dans les environs de Jouy-le-Moutier où on le voit encore. Gargantua ramassa une dalle longue et large, mais peu épaisse, et la lança devant lui sans nul effort ; elle alla se ficher en terre à Geney, où on l'appelle le Palet de Gargantua[1]. Une autre légende s'attache à cette dalle : Gargantua ayant eu maille à partir avec un géant établi sur les hauteurs de Cormeilles-en-Parisis, entreprit le siège de la montagne de son adversaire ; mais la force et le coup d'œil lui ayant manqué lorsqu'il lançait la première pierre, elle se ficha à l'endroit où nous la voyons[2]. Le menhir qui se dresse près de Donges (Loire-Inférieure) s'appelle la Galoche de Gargantua et autrefois la grande table du dolmen, maintenant à quelques cents pas de là, était posée sur le bout de la galoche et lui servait de pièce. Mais Gargantua passant un jour au pays de Retz, avisa de l'autre rive cette gigantesque amusette et se mit en devoir de l'abattre. Il prit ses palets qui sont des meules en pierre de grison, trois fois lourdes et grosses comme celles de nos moulins, et les fit voler par dessus le fleuve ; au dernier coup la pierre fut enlevée de dessus la galoche ; on la voit maintenant juste à l'endroit où elle est tombée, et le palet vint s'abattre bien loin de là[3].

D'autres personnages, discoboles ont employé des menhirs à leurs divertissements. Le nom de la « Palette (raquette) ès faïes » donné à un de ceux de Guernesey suppose un jeu, et un autre mégalithe de cette même île est l'objet d'une légende qui rentre dans cet ordre d'idées. Un jour que le Grand et le Petit Colin, qui semblent appartenir au monde des fées, jouaient à la balle dans la plaine de Les Paysans, le Grand Colin lança la sienne avec tant de force qu'elle alla bondir presque à perte de vue. Le Petit Colin dont c'était le tour de jouer, dit à son compagnon avec mauvaise humeur que sa balle était allée hors des limites ; alors le Grand Colin piqua sa crosse en terre et déclara qu'il ne voulait plus jouer. Elle est restée au milieu de la plaine, et la

1. P. Guégan. Recherches préhistoriques dans le département de Seine-et-Oise. Versailles, 1880, in-8, p. 7.
2. Caix de Saint-Aymour. Etudes sur quelques monuments mégalithiques de la vallée de l'Oise. Paris, 1875.
3. Pitre de l'Isle. Dict. arch. de la Loire-Inférieure. Saint-Nazaire, p. 13.

balle, un énorme bloc erratique, se voit près du rivage à un mille et demi de distance [1]. Le géant Marre avait arraché le menhir de saint Polycarpe de la *Roco de brounde*, pour le lancer sur le village d'Alet, à sept kilomètres de là ; mais dans le trajet, la pierre heurta le sommet de la montagne et s'y planta solidement [2]. Rannou le Fort étant à son manoir de Tréléver, à une demi-lieue de Guimaec (Finistère), apprit que des vieilles femmes, attroupées dans une maison du bourg, débitaient des horreurs sur son compte ; il arracha un peulvan et le lança dans la direction de la maison indiquée ; la pierre passa à quelques pouces au-dessus du toit, et vint tomber dans le cimetière où on la voit aujourd'hui [3].

La tradition rattache quelques-unes de ces pierres, au nombre de deux ou plus, assez voisines les unes des autres, à des luttes entre le diable et des divinités chrétiennes. A Rogues deux menhirs, dits *Peyros plantados*, doivent leur origine au défi que deux démons jouant au palet sur les montagnes de la Tude portèrent à Jésus-Christ ; la pierre lancée de toutes ses forces par un des démons tomba tout près de là ; l'autre n'atteignit que les environs de mas Campaillou, mais celle du Christ, poussée seulement du bout du pied, vint se ficher plus loin en face de l'église de Rogues [4]. Saint Hervé, voulant se mesurer avec le diable, lança les trois menhirs à Squifflec du haut de la montagne de Bré, en Pédernec [5]. Lorsque notre dame Marie-Madeleine vint s'établir en Bretagne, elle y trouva le diable et elle résolut de le chasser, ce qu'elle fit en le poursuivant et en lui jetant les pierres que l'on voit alignées à Lestridiou ; la Madeleine les portait dans son tablier et les lui jetait au fur et à mesure de sa fuite [6].

Nombre de menhirs s'appellent Pierre du diable (Saint-Pol de Léon, Finistère), Lecluse (Nord), Clermont près de Namur, Pierre au diable (Pont-sur-Vanne, Yonne) etc [7]. Ces noms, comme beaucoup d'autres du même genre, on été imposés aux divers mégalithes pour jeter sur eux une sorte de discrédit, et détruire le culte que le peuple leur rendait. Plusieurs légendes font remonter l'origine des menhirs à des épisodes de constructions entreprises par Satan qui fut, comme on sait, un grand bâtisseur. Quelques-uns de ceux de l'Ille-et-Vilaine sont en relation avec le Mont Saint-Michel, qu'il s'était chargé de construire ;

1. Edgar Mac Culloch. *Guernsey Folk-Lore*, p. 126-127.
2. Gaston Jourdanne. *Contribution au F.-L. de l'Aude*, p. 215-216.
3. G. Le Jean, in *Bull. arch. de l'Association bretonne*, t. III, 1851, p. 61.
4. Lombart-Dumas. *Még. du Gard*, Nîmes, 1894, in-8°, p. 22.
5. Ernoul de la Chenelière. *Még. des Côtes-du-Nord*, p. 12.
6. P. du Châtellier. *Még. du Finistère*, p. 29-30.
7. P. du Châtellier. *Mégalithes du Finistère*, p. 83. Quarré-Reybourbon, *Még. du Nord*, p. 8 ; A. Harou, in *Rev. des Trad. pop.* t. V, p. 231 ; Ph. Salmon. *Dict. arch. de l'Yonne*, p. 100.

celui de Vieuxvieil s'échappa du bissac dans lequel il en transportait les matériaux à travers l'espace ; deux de ceux de Bazouges-sous-Hédé y tombèrent lorsque sa sangle se rompit ; quand il passait à Noyal-sous-Bazouge, tenant sous chaque bras un bloc gigantesque, il laissa choir Pierre Longue qui s'enfonça en terre par son énorme poids ; la seconde alla s'abattre dans le Champ Dolent, à une demi-lieue de Dol. D'autres monolithes ont été abandonnés par lui lorsque ses ouvriers lui crièrent qu'ils avaient assez de matériaux : c'est alors qu'il posa à Parigné le menhir où l'on voit l'empreinte de ses griffes et que ses serviteurs y laissèrent les autres [1]. En Anjou il devait achever un pont avant le chant du coq ; n'ayant pu être prêt à temps, il déchargea ses pierres ; c'étaient trois menhirs aujourd'hui détruits et plantés en triangle à Liré ; en Vendée la même légende s'applique aux mégalithes de la région en face de l'Ile d'Yeu [2].

Il s'était engagé à transporter à cloche-pied, avant minuit, de l'autre côté de la Maine, le menhir de Saint-Macaire (Maine-et-Loire) ; mais l'heure fatale ayant sonné avant qu'il eût atteint la rivière, il le laissa où on le voit aujourd'hui [3].

Une légende des bords de la Meuse attribue une de ses mésaventures à une circonstance peu ordinaire. Lorsque saint Vandrille convertissait les païens, les démons, avant de quitter le pays, résolurent de déménager les pierres qui leur servaient de sièges ; il n'en restait plus qu'une que l'un deux venait de charger dans la hotte, lorsque le saint parut et fit un signe de croix ; le démon lâcha sa pierre qui se ficha dans le sol ; c'est le menhir de Milly, canton de Dun [4].

Les menhirs qui éveillent l'idée de statues grossières d'hommes ou d'animaux portent, comme les blocs naturels, des noms en rapport avec cette apparence. On montre en Belle-Isle-en-Mer Jean et Jeanne de Runélo, à l'Ile de Sein les deux Causeurs, à Trédion Jean Babouin et Jeanne Babouine, à Rillé les trois chiens, dont l'un ressemble assez à un chien assis [5].

Parfois on raconte que ceux qui sont groupés d'une certaine façon, sans présenter des aspects anthropomorphes bien accusés, furent des personnages, pétrifiés à cause de leurs mauvaises actions. Souvent la métamorphose suit la violation d'une observance religieuse. Le cromlec'h des Demoiselles de Langon est formé par le corps de jeunes filles qui, au lieu d'assister à la messe du dimanche, s'étaient rendues là

---

1. P. Bézier. *Mégalithes de l'Ille-et-Vilaine*, p. 62, 13, 14, 36, 78, cf. aussi p. 115.
2. L. Bousrez. *L'Anjou aux âges de la pierre*, p. 66 ; Marcel Baudouin, in *Bull. Soc. d'Anthropologie*, 1902, p. 185.
3. M. Revellière-Lepeaux, in *Académie Celtique*, t. II, p. 192.
4. René Stiebel, in *Rev. des Trad. pop.*, t. V, p. 290.
5. Dr Fouquet. *Monuments celtiques du Morbihan*, p. 116 ; Rosenzweig. *Répertoire arch. du Morbihan*, p. 179, L. Bousrez. *Mégalithes de la Touraine*, p. 53.

pour danser[1]. Sept petites pierres au-dessus d'un tumulus à N.-D. de
Vitry furent aussi des jeunes filles qui, au moment de l'élévation, prenaient le même divertissement sur ce tertre[2]. A Plounéour-Trez (Finistère) un cromlec'h, au milieu duquel se dressait un menhir, rappelait
le châtiment de gens qui, loin de suspendre leur danse pour laisser passer le recteur qui portait le viatique, l'avaient insulté : le tonnerre tomba
sur eux et les changea en pierres[3]. La Chasse de Saint-Hubert à Guéméné-
Penfao se compose d'une longue série de blocs alignés ; elle débouche
d'un vallon sauvage, puis elle se lance à travers les landes de Lugan-
çon, les bois du Luc et du Pont ; le cerf, très en avant de la meute, est
arrivé jusqu'au bord de l'Isac ; c'est le menhir de Lausé ; plus loin dans
la forêt du Pont, un ensemble formé de plusieurs blocs est la voiture
de la chasse. Tout ce groupe eut vie ; mais il fut pétrifié par saint Hubert,
irrité contre un chasseur qui avait juré de forcer un cerf avant la messe
le jour de Pâques ; emporté par l'ardeur de la chasse, il n'avait pas
entendu sonner l'office, et, au moment de l'élévation, il fut changé en
pierre ainsi que ses compagnons, la meute et le cerf[4]. A Tréhorenteuc
des chasseurs subirent le même sort, pour avoir poursuivi une biche, le
jour des Morts, au moment où le prêtre élevait l'hostie[5].

Les deux menhirs du Rizzanèze portent divers noms, entre autres
celui de *Il frate et la Suora*, que l'on traduit aussi par : le Moine et la
Religieuse. On raconte à Sartène que jadis un moine enleva une
nonne, et que, pendant qu'ils s'enfuyaient dans la direction de
Propriano pour gagner la mer, Dieu les changea en pierres ; la plus
grosse serait le moine et la plus petite la religieuse[6]. Non loin de la
route qui passe au pied du Mont Saint-Michel de Braspartz un alignement formé d'une vingtaine de petits menhirs nommés *Eured Ven*,
noce de pierres, est dû à la métamorphose de personnes qui se
rendaient à un mariage. Il est vraisemblable qu'il avait une légende,
peut-être analogue à celle qui rapporte que des menhirs, dans un
petit champ des environs de Pont-aven, sont les gens d'une noce
pétrifiés pour crime de fornication[7].

Plusieurs alignements du Morbihan dont la disposition régulière fait
songer sans trop d'efforts à des troupes rangées, doivent leur origine

1. P. Bézier, *Mégalithes de l'Ille-et-Vilaine* p. 163.
2. Quarré-Reybourbon. *Mégalithes du Nord*. Tournai, 1896, in-8°, p. 14.
3. L. F. Sauvé, in *Rev. des Trad. pop.* t. II, p. 135.
4. Pitre de l'Isle. *Dict. arch. de la Loire-Inférieure*. Saint-Nazaire, p. 67 ; P. Bézier, l. c. p. 181.
5. Du Laurens de la Barre. *Nouveaux fantômes bretons*, p. 178.
6. A. de Mortillet. *Rapport sur une mission en Corse*, p. 16. Un autre menhir
anthropomorphe se nomme *il Frate* (p. 20).
7. Abbé J.-M. Abgrall. *Les pierres à empreintes*, p. 10 ; Vérusmor. *Voyage en
Basse-Bretagne*, p. 306.

à des métamorphoses. Les menhirs de ceux de Carnac, d'Erdeven et de Languidic sont appelés soldats de saint Cornély ; ce bienheureux poursuivi par des soldats, et se trouvant pris entre eux et la mer, les changea en pierres ; une légende parallèle s'attachait vraisemblablement à ceux des environs de Quiberon, qui, au commencement du XIXe siècle, passaient pour des soldats de sainte Hélène pétrifiés [1]. On raconte dans la Creuse que le menhir de Pierre Femme à Champagnac, qui a l'aspect d'une montagnarde debout et coiffée de son bonnet, n'est autre chose que sainte Valérie qui, pour échapper à des chiens féroces que les païens avaient ameutés contre elle, se métamorphosa en cette pierre. Saint Fiacre et saint Convoyon changèrent en la Roche Aboyante un chien des environs de Bains (Ille-et-Vilaine) dont les aboiements les importunaient un jour qu'ils conversaient ensemble [2].

Certains menhirs sont dûs à des miracles. La pierre de saint Barthélemy dans la Dordogne est tombée du ciel. D'autres sont sortis du sol au moment de luttes fratricides : le menhir du Champ-Dolent près de Dol surgit pour séparer deux frères qui allaient se massacrer, lors d'une bataille si terrible que le sang qui coula faisait tourner le moulin d'en bas. La Pierre du Domaine à Plerguer, commune peu distante, émergea à la fin d'un combat où il ne restait plus que deux guerriers ; ils cessèrent leur duel, et, s'étant interrogés, ils reconnurent qu'ils étaient frères. Les Pierres Jumelles de Cambrai sont aussi sorties de terre à l'endroit où s'entretuèrent deux frères amoureux de la même femme [2].

Il est assez rare que les menhirs aient pour constructeurs des hommes ordinaires. Voici comment, il y a un siècle, on expliquait le grand nombre de ceux qui forment les alignements de Carnac : un vieux matelot racontait que chaque année, au mois de juin, les anciens ajoutaient une pierre à celles déjà dressées, et qu'on les illuminait à grands frais la nuit qui précédait cette cérémonie. Une tradition, populaire à Dol vers 1836, attribuait à César la mise en place du menhir du Champ-Dolent [4].

Les voisins de plusieurs de ces gros blocs expliquent leur érection par le désir de commémorer des évènements. Les Pierres Jumelles d'Acq, dans le Pas-de-Calais, furent plantées par Beaudouin Bras de Fer pour rappeler une victoire. La Longue Pierre à Landeperreuse (Eure) dite aussi Pierre aux Anglais, aurait été dressée par les troupes

1. Rosenzweig. *Rép. arch. du Morbihan*, p. 73 ; E. Souvestre. *Les derniers Bretons* t. I, p. 110 ; Cambry. *Monumens celtiques*, p. 83.

2. M. de Cessac. *Még. de la Creuse*, p. 26 ; P. Bézier. *Még. de l'Ille-et-Vilaine*, p. 159.

3. *Annuaire de la Dordogne*, 1819, p. 13 ; P. Bézier. *Még. de l'Ille-et-Vilaine*, p. 52, 30 ; Quarré-Reybourbon. *Még. du Nord*, p. 11.

4. Cambry. *Monumens celtiques*, p. 3 ; P. Mérimée. *Voyage dans l'Ouest*, p. 107.

romaines en souvenir d'une bataille gagnée. A Noyal-sous-Bazouges
(Ille-et-Vilaine) à la suite d'un grand combat, les vainqueurs obligèrent
les vaincus à élever de leurs propres mains un menhir [1].

Suivant d'autres récits, dont l'un contient une circonstance
merveilleuse, quelques-unes de ces pierres ont été placées pour servir
de délimitation, et en effet il est des mégalithes auxquels on a, au
moyen âge, assigné ce rôle (cf. p. 8) mais ce sont des pierres déjà
existantes auxquelles on a donné une destination nouvelle, celle de
« témoins ». On raconte qu'une discussion au sujet de limites s'étant
engagée entre les gens de Genay et ceux de Viserng (Côte-d'Or) sainte
Christine apporta une nuit la Grande Borne, sur le point où elle est
placée [2]. Vers 1810, les habitants voisins des monuments de Montfaucon
(Maine-et-Loire) disaient que les barons qui avaient conquis le pays
les avaient érigés pour marquer leur frontière [3].

On assigne rarement une destination funéraire aux menhirs ;
cependant des vieillards disaient qu'un chef anglais aurait été enterré
sous celui de Montreuil l'Argillé [4].

Dans l'Ain on expliquait la disposition des menhirs de Simandre en
prétendant qu'ils avaient servi de fourches patibulaires au baron de
Pierre [5].

Quelques-uns de ces monolithes ont grossi depuis le moment où ils
ont été mis en place ; le menhir de la Pierre à la Femme n'était qu'un
petit caillou, de la grosseur d'une noix, qui grandit jusqu'à atteindre
les proportions qu'il a de nos jours. Lorsque le bon Dieu planta le
peulvan que l'on voit près de Pontivy, il n'avait que la taille d'une
borne ordinaire ; il a bien augmenté depuis, comme le prouve sa masse
actuelle, et dans deux cents ans, il sera d'un tiers plus gros qu'à
présent. Les habitants de Malves disent qu'on n'a jamais pu trouver la
base de *Peïro Ficado* ; il y a un demi-siècle elle était à peine à hauteur
d'homme, alors qu'elle mesure aujourd'hui cinq mètres ; elle grandit
toujours, parce qu'elle possède une vertu surnaturelle. Les Roches
piquées de la forêt de Haute-Sève (Ille-et-Vilaine) poussent encore,
mais lentement [6].

1. Quarré-Reybourbon. *Még. du Nord*, p. 8 ; L. Coutil. *Még. de l'Eure*. Louviers, 1878, in-8°, p. 11 ; P. Bézier. *Még. de l'Ille-et-Vilaine*, p. 86.
2. Hipp. Marlot, in *Rev. des Trad. pop.*, t. XI, p. 47-48. Le nom de Haute-Borne
ou Grosse Borne est donné fréquemment aux menhirs de cette région.
3. M. Reveillère-Lepeaux, in *Académie Celtique*, t. II, p. 152.
4. L. Coutil. *Mégalithes de l'Eure*, p. 11. Dans l'Ardèche deux menhirs près de
l'entrée d'un dolmen s'appellent *plourousos*, nom qui n'est pas expliqué. (H. Vaschalde. *Pierres mystérieuses du Vivarais*, p. 17).
5. Tardy. *Le menhir de Simandre*, p. 4.
6. Laisnel de la Salle. *Croyances du Centre*, t. I, p. 112 ; Vérusmor. *Voyage en
Basse-Bretagne*, p. 148 ; Gaston Jourdanne. *Contribution au F.-L. de l'Aude*, p. 214 ;
Paul Sébillot. *Traditions*, t. I, p. 29.

Les pierres qui diminuent sont plus rares ; cependant la lune mange chaque nuit un morceau du menhir du Champ-Dolent près de Dol [1].

## § 2. HANTISES ET GESTES

Les menhirs sont fréquentés par divers personnages, parmi lesquels figurent plusieurs de ceux auxquels on attribue leur érection. Les fées viennent danser chaque nuit autour de celui de Château La Vallière en Touraine et près de la Pierre qui pousse des environs de Ham. Les gens du voisinage de la Roque des Faïes à Guernesey n'osaient passer auprès la nuit parce que les fées y prenaient leurs ébats. Parfois les bonnes dames sont à peu près associées aux mauvais esprits. Celles du bois de Rocogne (Aisne) et les sorciers qui l'habitent forment des rondes autour du menhir de la Vallée ; le diable juché sur la Pierre du Rendez-vous à Vaumort (Yonne) jouait de la musique à celles qui dansaient autour ; d'autres venaient tenir leur sabbat au Petit Doigt de Gargantua, non loin d'Avallon. Dans le Gard, des sorcières, qui ont vraisemblablement remplacé des fées, faisaient des rondes autour de pierres debout [2]. Les Crions ou Corics dansaient autour des monuments druidiques ; le voyageur qui s'en approchait et qu'ils pouvaient saisir suivait forcément une danse rapide et tombait au milieu des éclats de rire de ces follets qui s'éclipsaient au point du jour [3]. A Mendon, où des cercles de pierres sont dits Rochers des Hoseguenneis ou Guerrionets, des lutins, qui sont les mêmes que les poulpicans, viennent à certains jours y célébrer leurs mystères [4].

Bien qu'on n'en ait que peu de témoignages écrits, il est vraisemblable que des opérations magiques destinées à faire apparaître le diable se sont accomplies près de ces monuments. Lors du procès de Gilles de Retz (1440) un de ses complices, Etienne Cornillaut, dit Pontou, déposa qu'une nuit, il alla avec son maître et l'italien Prelati « invoquer certain démon qui tient sous sa puissance les trésors cachés ... en un pré où sont de grandes pierres levées », et c'est là que Prelati traça un cercle magique avec un coutelas trempé dans le sang [5]. Un menhir dans le bois de Froidchapelle près de Chimay

1. P. Bézier, l. c., p. 52.
2. L. Bousrez. *Mégalithes de la Touraine*, p. 56 ; Fleury. *Antiquités de l'Aisne*, t. I, p. 100 ; E. Mac Culloch. *Guernsey Folk-Lore*, p. 127 ; H. Marlot, in *Rev. des Trad. pop.* t. XVII, p. 100 ; Ph. Salmon, *Dict. arch. de l'Yonne*, p. 202 ; Durand. *Még. du Gard*, p. 75.
3. Cambry. *Monumens celtiques*, p. 9. L'aventure du sonneur que les Korrigans forcent à jouer et à danser toute la nuit, et qui, au point du jour, tombe mort et épuisé au pied d'un menhir, n'est peut-être qu'une paraphrase du récit de Cambry et d'une version de Cornouaille recueillie par Corentin Tranois. (E. Souvestre. *Foyer Breton*, t. II, p. 219 et suiv.)
4. Abbé Mahé. *Antiquités du Morbihan*, p. 287.
5. P.-L. Jacob. *Curiosités de l'histoire de France* (Procès célèbres), 1858, p. 84, cité par le Dr Hervé. *Bull. de la Société d'Anthropologie*, 1906, p. 71.

(Belgique) était redouté, il y a cent ans, et considéré comme le centre de toutes les sorcelleries ; c'était là qu'à minuit il fallait aller seul pour gagner la fortune en invoquant le diable à trois reprises différentes, suivant un rite indiqué par les vieilles sorcières des environs [1]. Plusieurs appellations usitées dans l'Yonne supposent des hantises sataniques : On trouvait la Pierre du sabbat à Thiel et à Vaumort ; celle-ci portait aussi le nom de Pierre du diable, Pierre aux sorciers, et dans la même commune, il y avait les Bornes au diable, les Bornes aux sorciers [2].

Les revenants sont rarement en relation avec ces monuments ; cependant on en voyait parfois près de la Pierre de la Hoberie à Ussy (Calvados) [3].

Plusieurs de ces blocs se meuvent à des époques et dans des circonstances déterminées. Le grand menhir de Quintin tournait sur lui-même, comme celui de Saint-Martin-d'Arcé (Maine-et-Loire) chaque fois que minuit sonnait [4]. Celui de Culey-le-Patry (Calvados) faisait plusieurs tours pendant la nuit et ne reprenait son immobilité qu'au premier chant du coq. C'était à ce moment que la Pierre qui tourne de Froidchapelle accomplissait son évolution. Le menhir de Gerponville (Seine-Inférieure), une Pierre frite près d'Aillant (Yonne) tournent trois fois sur eux-mêmes pendant l'Évangile de Noël ; la Pierre de David à Cangy (Indre-et-Loire) la Pierre de minuit à Pont-Levoy (Loir-et-Cher) la Pierre qui pousse de Ham, dite aussi Pierre Tournante, la Pierre tourneresse de Gouvix, viraient à minuit de Noël, et plusieurs Pierres frites du Velay tournent lentement sur elles-mêmes pendant cette nuit merveilleuse [5]. La Pierre des Demoiselles du Mesnil Hardray (Eure) se soulève chaque année pendant la messe de minuit pour laisser sortir une ronde de demoiselles vêtues de blanc [6].

D'autres menhirs se meuvent, même en plein jour : la Pierre des Fées, dite aussi Pierre qui danse, Pierre berce, danse lorsque sonne la cloche de Naillac, et elle s'ébranle quand le tonnerre gronde. A midi

1. Van Bastelaer, *Une légende du diable au pays de Chimay*. Gand, 1878, in-8, p. 7-8.
2. Ph. Salmon, *Dict. arch. de l'Yonne*, p. 208, 157.
3. Galeron, in *Antiq. de l'Ouest*, t. II, p. 160.
4. Rréminville, in *Antiquaires de France*, t. II, p. 188 ; C. Fraysse, *Le F.-L. du Baugeois*, p. 12.
5. A. de Mortillet, *Még. du Calvados*, p. 4 ; Van Bastelaer, *Une légende du diable au pays de Chimay*, p. 9 ; Ph. Salmon, *Dict. arch. de l'Yonne*, p. 75 ; L. Bousrez. *Még. de la Touraine*, p. 49 ; Cambry, *Monumens celtiques*, p. 211 ; Fleury. *Ant. de l'Aisne*, t. I, p. 100 ; Léon de Vesly, *Légendes*, fasc. II, p. 6 ; Mistral. *Trésor*.
6. Le nom de *Pierre qui tourne* ou *Pierre tournoire* est assez fréquent en Normandie ; M. L. Coutil en a relevé 171, qui s'appliquent assez souvent à des menhirs, et parfois à des dolmens ou à des pierres de nature incertaine. Une pierre tournante est signalée sur un titre de 1417, et une pierre qui tourne sur un autre en 1483. (*Les presqu'îles de la Courbe*, 1906, in-8°, p. 4-5).

2

la Pierre de David à Cangy tourne ; dans les Landes Peyre-Lounque saute douze fois, comme la Pierre à Midi, ou la Roche qui tourne à Treigny dans l'Yonne. La Pierre du Coq à Echemiré (Maine-et-Loire) pivote sur elle-même quand le coq chante. Un menhir près du village du Perron (Orne) ceux de Culey-le-Patry, de la Pierre Tournante et de la Roche folle dans l'Avranchin tournent trois fois lorsque le coucou chante pour la première fois [1]. Un menhir, dit la Pierre Tournante, entre Echiré et Saint-Maxire (Deux-Sèvres) se met à tourner si un voleur passe auprès [2].

Certains menhirs vont se désaltérer pendant la nuit de Noël : quelques-uns ne peuvent étancher leur soif que tous les siècles, et à minuit sonnant, comme celui de la Bouëxière et les pierres de Plouhinec : quand celles-ci vont boire à la rivière d'Intel, elles laissent à découvert des trésors ; mais elles reviennent si vite à leur place qu'il est presque impossible de les éviter, et qu'elles écrasent le chercheur, à moins qu'il n'ait sur lui une branche de l'herbe de la croix, entourée de trèfle à cinq feuilles. Le peulvan encastré dans le mur du cimetière de Pontivy va boire au Blavet et découvre aussi un trésor ; les pierres de Carnac courent se baigner dans la mer [3]. Il est dangereux de vouloir s'assurer de la réalité de ces déplacements : un homme qui avait essayé de voir si un menhir voisin de Jugon (Côtes-du-Nord) allait boire à l'Arguenon, ne reparut jamais [4].

Alors qu'on a relevé en d'autres pays de France et en Wallonie, des gestes analogues attribués à des roches naturelles, (cf. t. I, p. 327) on n'a constaté, en dehors de la Bretagne, qu'un seul exemple de menhir altéré : la Pierre Cornue de Condé-sur-Laison (Calvados), descendait pour y boire à une grande fontaine située à quelque distance, au premier chant du coq, à minuit [5].

On attribue un rôle fatidique analogue à celui de certains blocs naturels (cf. t. I p. 330) à deux menhirs, appelés les Deux Sœurs, placés l'un près de l'autre à La Cabarrède, dans le Tarn ; ils se meuvent, et quand ils seront arrivés au haut de la montagne, le monde finira ; il en sera de même quand aura disparu complètement sous le sol le menhir du Champ-Dolent, et quand tombera la pierre de Hollain, près de Tournai [6].

1. M. de Cessac. Még. de la Creuse, p. 27 ; L. Bousrez, Még. de la Touraine, p. 49 ; J. de Laporterie, in Rev. des Trad. pop., t. III, p. 618 ; Ph. Salmon. Dict. arch. de l'Yonne, p. 149 ; C. Fraysse. Le F.-L. du Baugeois, p. 12 ; L. Coutil. Még. de la Manche. 1896, in-8°, p. 21, 23, 24.

2. R.-M. Lacuve, in Rev. des Trad. pop., t. XXI, p. 195.

3. P. Bézier. Még. de l'Ille-et-Vilaine, p. 238-239 ; E. Souvestre, Le Foyer Breton, t. II, p. 186 et suiv. ; Rosenzweig, Rép. arch. du Morbihan, p. 46, 73.

4. Paul Sébillot. Trad. de la Haute-Bretagne, t. I, p. 35.

5. Amélie Bosquet. La Normandie romanesque, p. 173.

6. Rev. des Langues romanes, 2e s., t. III, p. 54. P. Bézier. Még. de l'Ille-et-Vilaine, p. 52 ; A. Harou, in Rev. des Trad. pop., t. V, p. 231.

Quelques menhirs ont le privilège d'être sonores. La plus grosse pierre du cromlec'h des Forges à Montguillon, la maîtresse pierre de l'alignement de Rennefraie (Maine-et-Loire), Pierre-Bise à Boissy-le-Sec (Eure-et-Loir) renferment des horloges qui sonnent les douze coups de minuit. Les anciens prétendent qu'en appuyant l'oreille sur le menhir de la Pierre sonnante au Petit-Auverné et sur l'un de ceux de Saint-Aubin-les-Châteaux on entend sonner l'heure. La Rocque qui sonne à Guernesey rendait lorsqu'on la frappait un son clair comme celui d'une cloche[1]. Les paysans qui s'appliquent l'oreille sur le menhir de Mesnil Briouze croient entendre le bruit de la mer, avec laquelle, disent-ils, elle est en communication. A minuit, la pierre qui pousse des environs de Ham gémissait et se lamentait[2].

D'après des croyances peu nombreuses, on peut voir auprès des pierres debout des comestibles ou des objets déposés par des personnages mystérieux. Chaque matin avant le lever du soleil, on trouve au pied de Pierre-Fite, à Allant-sur-Tholon, une bouteille de vin et un morceau de pain ; sur une autre pierre près Aillant, on voit un gâteau et un plat pour l'offrande, pendant l'évangile de Noël et celui de Pâques[3].

La superstition d'après laquelle certains trous du sol, dûs à des circonstances légendaires, ne peuvent être comblés, s'applique au menhir de Pierre-Longue, à Allouis, qui a une double cavité assez profonde où l'on peut introduire la main ; à diverses reprises, on a essayé de fermer cette ouverture avec des pierres ou de la terre ; dès le lendemain elle était devenue complètement vide[4].

Suivant une opinion très répandue il y a des trésors sous les menhirs. Le nom de Pierre trésorière donné à quelques-uns de ceux de l'Anjou y fait clairement allusion. Une masse d'or est enfouie sous le Fuseau de la Fée Margot en Plédran (Côtes-du-Nord), la grosse Pierre d'Antézat cache l'entrée d'un souterrain rempli de richesses ; à Cosqueville (Manche) sont trois menhirs appelés le Mariage des Trois princesses et assez distants les uns des autres ; leur dot est sous terre au milieu du triangle qu'elles forment ; à Besné (Loire-Inférieure), celui qui pourrait creuser juste au milieu de l'espace compris entre trois menhirs, dits Trépied du diable, découvrirait une grosse somme d'argent[5]. Un

1. L. Bousrez. *L'Anjou aux âges de la pierre*, p. 100, 97. Pour entendre celle qui était dans le menhir d'Armaillé (Maine-et-Loire), il fallait en y collant l'oreille se tourner du côté du soleil ; G. Fouju, in *Rev. des Trad. pop.*, t. VI, p. 164 ; Pitre de Lisle. *Dict. arch. Châteaubriant*, p. 45, 58 ; Louisa Lane Clarke. *Guide to Guernsey*, p. 47.

2. L. Coutil. *Még. de l'Orne*, 1895, in-8° ; Fleury. *Antiquités de l'Aisne*, t. I, p. 100.

3. Ph. Salmon. *Dict. arch. de l'Yonne*, p. 175.

4. L. Martinet. *Le Berry préhistorique*, p. 108.

5. L. Bousrez. *L'Anjou aux âges de la pierre*, p. 41 ; *L'Homme*, t. II, p. 500

vieux matelot raconta à Cambry qu'un des peulvans de Carnac recouvrait un immense trésor, que pour le mieux cacher on avait dressé ces milliers de pierres, et qu'un calcul dont on ne trouverait la clef que dans la Tour de Londres pouvait seul en indiquer la place. Sous Peyre Longue, près de Dax, est le Veau d'or qu'on y aurait adoré autrefois[1]. Il est malaisé de recueillir ces trésors, parce qu'ils sont protégés par des animaux ou des êtres fantastiques ; celui qui se trouve sous les menhirs du Champ des Meules à Pléchâtel a pour gardienne une levrette blanche, qui court toutes les nuits dans la lande et lutine les passants pour les en éloigner ; des feux-follets se montrent dans le voisinage des trois menhirs de Montaigu-la-Brisette dont le principal cache un trésor[2]. Chaque soir, au crépuscule, une fée vient errer autour de la Pierre à la Femme qui ferme l'entrée d'un souterrain où sont enfermées d'immenses richesses : elles ne sont d'ailleurs visibles que pendant peu d'instants : le dimanche des Rameaux juste au moment où la procession va rentrer à l'église, le bloc se renverse sur le flanc en laissant libre l'entrée du caveau, mais il retombe sur sa base lorsque le prêtre a frappé les trois derniers coups et y reste immobile jusqu'à l'année suivante[3]. On ne pouvait s'emparer des richesses cachées sous la Pierre Tournante de Livarot, et gardées par des démons, que le jour Saint-Jean au moment où le prêtre dit : *Et homo factus est*, et pendant qu'on récite la généalogie à la messe de minuit de Noël[4]. Un merle vient, tous les cent ans, pendant cette nuit, soulever un menhir de Luitré qui recouvre un trésor considérable ; comme il ne peut soutenir que pendant un instant ce pesant fardeau, l'imprudent qui se risquerait à ce moment serait certainement écrasé[5].

G. Musset. *La Charente-Inf. avant l'histoire*, p. 113 ; D. Monnier et A. Vingtrinier. *Trad.*, p. 489 ; Pitre de l'Isle. *Dict. arch. de la Loire-Inf.* St-Nazaire, p. 13.

1. Cambry. *Monumens celtiques*, p. 3 ; J.-F. Bladé. *Contes de Gascogne*, t. II, p. 377.

2. P. Bézier, l. c., p. 179 ; Amélie Bosquet. *La Normandie romanesque*, p. 178.

3. Laisnel de la Salle. *Croyances du Centre*, t. I, p. 112.

4. Coutil. *Mégalithes du Calvados*, Caen, 1902, in-8°, p. 52-53.

5. Danjou de la Garenne, in *Soc. arch. d'Ille-et-Vilaine*, 1862, p. 45.

# CHAPITRE II

# LES DOLMENS

## § 1. ORIGINE

Plusieurs dolmens sont l'œuvre de femmes surnaturelles, assez puissantes pour en transporter les lourds matériaux sans cesser, comme le font les paysannes en marche, de filer ou de tricoter. Les fées qui dressèrent les blocs de la Roche aux Fées d'Essé les apportaient sur leurs têtes et dans leurs devantières (tabliers) ; quand elles ne filaient pas, elles en soutenaient quatre à la fois. Des fées, tout en filant portèrent sur leurs têtes les pierres du dolmen *dous Fadas*, sur la route de Clermont au Puy, et celles de Pierre Césée à Soucelles. Une fée qui gardait ses moutons près de la *Tioule de las Fadas*, à Pinols (Cantal), appelée aussi la Cabane des Fées, alla chercher bien loin, pour se mettre à l'abri de la pluie, des masses de granit que dix bœufs ne remueraient pas et leur donna la forme d'une maisonnette. Elle portait la plus grande au sommet de sa quenouille, ce qui ne l'empêchait pas de filer pendant la route. Deux dolmens près de Langeac (Haute-Loire) avaient été apportés sur la tête de trois fées fileuses, blondes et pâles [1]. La pierre levée de Brantôme a été soulevée par les quenouilles de trois jeunes pastourelles, qui probablement étaient, à l'origine, trois fées [2]. La pierre de recouvrement d'un dolmen de Mendive appelé *Mairien jaureguia*, Château des Maures ou des Lamignas, fut amenée depuis le col d'Armiague par une Lamigna qui l'avait posée sur sa tête et filait en marchant ; suivant d'autres elle la tenait suspendue à son petit doigt [3]. Les *Mascos*, espèces de fées ou de sorcières, se sont construit une demeure à la *Cobona de los Mascos*, près de Ceyrac, dont elles ont apporté les énormes pierres au bout de leurs quenouilles [4]. A la Poterie près Lamballe un dolmen à demi-renversé se nomme le Coffre de

1. P. Bézier. *Még. de l'Ille-et-Vilaine*, p. 138 ; D. Monnier et A. Vingtrinier. *Trad.*, p. 425 ; L. Bousrez. *L'Anjou aux âges de la pierre*, p. 47 ; Cambry. *Monumens celtiques*, p. 232-233 ; Jorand, in *Antiq. de l'Ouest*, t. VIII, p. 283-284.
2. *Annuaire de la Dordogne*, 1819, p. 13.
3. J.-F. Cerquand. *Légendes du pays basque*, t. IV, p. 10.
4. Valadier, in *Mém. de la Soc. des lettres de l'Aveyron*, t. IX, p. 220.

Margot-la-Fée. Celle-ci tricotait en portant la pierre sur sa tête lorsqu'elle rencontra un oiseau qui ne remuait plus : elle demanda à une
bonne femme ce que c'était : « C'est une pie morte. — On meurt donc
dans ce pays-ci ? — Oui, tout meurt et les gens aussi. — Et moi qui
portais cette pierre pour un monument ; ce n'est pas la peine de le
construire. » Et elle jeta la pierre où elle est aujourd'hui[1]. Les pierres
du dolmen de Peyrignagols, appelé aussi *Sent Rouoc*, le saint Rocher,
ont été apportées par la Vierge, une sur sa tête et une sous chaque
bras, toujours en filant sa quenouille ; elle faisait, quoique chargée de
ce fardeau, sept fusées par jour. Elle transporta de la même façon celles
du dolmen de Valderies, dans le Tarn, qu'elle déposa en voyant que la
cathédrale d'Albi était achevée, et celle de *Peyrolevado*, près de Lunel :
la pierre sur laquelle repose la table lui servait de coussinet. Aux environs de Gaillac, on dit que les blocs destinés aux pierres levées ont été
apportées par Samson, qui filait à la quenouille[2].

Quelquefois des personnages surnaturels se servent de leur tablier
pour le transport des lourds matériaux des dolmens. Cette donnée
légendaire était connue au XVIIe siècle, et probablement auparavant,
et elle figure dans une explication populaire de l'origine de la Pierre
Levée de Poitiers, l'un des premiers de ces monuments qu'un témoignage écrit montre dégagé du tumulus qui devait originairement l'en-
velopper ; en 1638, les habitants d'autour racontaient : qu'un jour sainte
Radegonde l'alla prendre d'entre plusieurs qui en ces quartiers sont
fort fréquents et l'ayant mis sur sa tête et les autres cinq pièces qui le
supportent dans le devant de sa robe apporta l'un et l'autre jusqu'au
lieu où ils sont aujourd'huy et les y posa de la même façon qu'ils sont
encore[3]. En 1694, Jordan note ainsi la tradition : Les Gens du Païs disent
que sainte Aldegonde portant cette pierre sur sa tête et les cinq pilliers
dans son tablier, elle en laissa tomber un, que le Diable ramassa
d'abord, et suivit cette Sainte qui s'étant arrêtée à demi-lieue de Poitiers, mit cette pierre sur les quatre pilliers qui étoient restez dans son
tablier, et le Diable voulant y ajouter le cinquieme, il ne put jamais
l'élever assez pour atteindre aussi haut que les autres et aider à sup-
porter le fardeau[4]. Le dolmen de la Pierre de sainte Madeleine à Saint-
Germain-sur-Vienne, dans une île de cette rivière, avait été dressé par

1. Paul Sébillot, *Traditions*, t. II, p. 203.
2. Abbé Valadier, in *Mém. de la Soc. des lettres de l'Aveyron*, t. IX, p. 219, 218.
*Revue des langues romanes*, 3e série, t. II, p. 54 ; Abbé Valadier, l. c., p. 220.
3. Léon Godefroy. *Relation d'un voyage faict depuis la ville de Thoulouze indivi-
sement jusques à Amboize*, cité par Léo Desaivre, in *Rev. des Trad. pop.* t. XVII,
p. 114.
En 1631, Abraham Gölnitzi dit simplement : Fabulantur quidam D. Rhadegundam
id capiti impositum hic portasse (*Ulysses belgico gallicus*, Leyde, 1631, in-12, p. 295).
4. *Voiages historiques*, p. 126.

la sainte, qui portait la pierre sur sa tête et les colonnes dans les poches de son tablier de gaze ; arrivée aux bords de la rivière, elle prit son élan sur une roche granitique où son pied s'imprima et alla déposer sa charge dans l'île [1]. La table de la Grosse Pierre à Boissy Maugis fut apportée par la Vierge dans son tablier qui contenait en outre les supports ; la lie s'étant rompue, elles formèrent en tombant le dolmen que l'on voit à la Vallée, dans la Charente-Inférieure [2]. En Berry, ce sont des fées qui éprouvent cette mésaventure, à laquelle on attribue l'origine de la Pierre du Charnier à Saint-Aigny, et de la Pierre de la Fade à Douadic ; la table de ce dolmen était destinée aux fondations du château du Bouchet, mais la fée surprise par le chant du coq la laissa tomber. Trois blocs dolméniques à Saint-Lyphard (Loire-Inférieure) ont glissé du tablier de la femme de Gargantua [3].

Nombre de ces monuments ont servi, comme les menhirs et les pierres à légendes (cf. t. I, p. 309 et suiv.) aux jeux de géants, de héros ou de diables. Plusieurs de leurs noms supposent qu'ils ont été lancés par des personnages discoboles : tels sont les Palets de Gargantua à Saint-Aubin d'Aubigné (Ille-et-Vilaine), à Belesbat, à Saint-Benoît-sur-Mer (Vendée), à Allayes (Eure-et-Loir) près de Beaugency (Loiret), dans la Lozère et en plusieurs endroits de la Touraine [4]. D'autres dolmens connus sous le même nom ont encore leur légende. Le géant jouait au palet, de la colline où est celui de Gros Bois à Brizay, à une autre située à deux kilomètres où existait jadis un dolmen ; celui qui est en face du château de la Brosse dans le Perche est un palet que Gargantua qui venait de faire sa partie, laissa tomber par mégarde sur la chaussée [5].

Le dolmen de Saillant à Saint-Nectaire et celui de Saint-Nectaire-le-Bas portent le nom de Palets de Samson ; la légende, qui n'a pas été recueillie, était vraisemblablement parallèle à celles des monuments désignés sous le nom de cet accessoire de jeu. Plusieurs dolmens de la région pyrénéenne sont des Palets de Roland, comme les dalles que l'on montre aux environs d'Arles sur Tech, près de l'auge du cheval du héros, et deux tables oblongues placées sur plusieurs supports dans le voisinage de la Fontaine du Dimanche [6]. A Peyrelade, non loin de pierres qui ont appartenu à un dolmen, se dresse un

1. Michon. *Statistique de la Charente*, p. 148.
2. Fr. Daleau. *Légendes des Mon. mégalithiques*, p. 693.
3. L. Martinet. *Le Berry préhistorique*, p. 7 ; Pitre de l'Isle. *Dict. arch. de la Loire-Inférieure*. Saint-Nazaire, p. 127.
4. Paul Sébillot. *Gargantua*, p. 6 ; F. Baudry. *Mémoires*, I, p. 19 ; II, p. 13 ; *Dict. des Gaules ; Soc. des Antiquaires*, t. V, p. IX ; A. de Mortillet. *Még. de la Lozère*, p. 59 ; L. Bousrez. *Még. de la Touraine*, p. 99, 87.
5. *Soc. des Antiquaires*, t. I, p. 25.
6. Paul Sébillot. *Gargantua*, p. 262 ; Jaubert de Réart. *Souvenirs pyrénéens*, p. 193.

menhir solidement planté en terre. La tradition raconte qu'Hercule d'abord, Roland plus tard s'amusèrent souvent au jeu de bouchon avec ces dalles qui servaient de palet, le menhir faisant l'office de point de mire [1]. Des noms ou des légendes montrent que le diable s'est aussi servi de ces tables pour ses jeux ou pour ses gageures. Le dolmen d'Airolles à Alzon est appelé les Palets du Diable; non loin de là, au quartier de Peyrelade, gît la table d'un dolmen ruiné; le peuple explique la présence de cette roche de granit sur un terrain schisteux en racontant que Dieu et le Diable se défièrent au jeu de palet; le premier lança du mont Saint-Guiral sur la montagne du Serre del Tour où était posté le diable, ce grand pavé qui vint tomber à ses pieds; le diable l'ayant ramassé pour le rejeter sur le Saint-Guiral, ne put atteindre son but et la pierre tomba entre eux deux [2]. Il jouait à la boule avec des rochers, lorsqu'une voix céleste l'effraya et il s'enfuit laissant la partie dans cet état, c'est le dolmen de Vitrac en Dordogne [3]. La table de recouvrement d'un dolmen à une demi-lieue de Rochefort n'est pas près de ses supports, mais dans la cour d'une ferme; le diable pour montrer sa puissance, la prit un jour et la lança à mille pas du lieu où elle gît; mais le fermier qu'elle gênait la transporta où elle est [4]. Dans cette légende d'Auvergne la Vierge a pris vraisemblablement la place d'un personnage discobole, fée ou géant : irritée contre les habitants d'un village de la plaine, elle monta sur le sommet du puy Chopine, portant une pierre énorme dans son tablier; elle la lança sur le village maudit, mais la pierre n'atteignit pas son but et tomba au pied de la colline de Châteaugay; c'est le dolmen de la Grosse-Pierre [5].

D'après une tradition de la Touraine, saint Martin jouait aux palets avec les pierres de celui de l'île Bouchard [6]. A Peumerit-Quintin une sorte de dolmen est formé des palets avec lesquels les bergers s'amusaient autrefois; lorsqu'ils eurent renoncé à ce passe-temps et placé les palets les uns sur les autres, les pierres ont grossi et atteint les dimensions qu'elles ont aujourd'hui [7]. On a déjà vu, p. 15, un menhir qui a augmenté de volume, circonstance assez commune pour les pierres ordinaires, mais qui est plus rare en matière mégalithique. On peut y ajouter la Pierre Levée de Gency (Seine-et-Oise), appelée Pierre qui pousse, et qui, suivant les paysans, pousse un peu tous les ans [8].

Dans le célèbre passage où il parle de la Pierre levée de Poitiers,

1. P. Vidal. *Guide des Pyrénées-Orientales*, p. 394, 511.
2. Lombard-Dumas. *Les Mégalithes du Gard*, p. 9, 11-12.
3. Ducourneau. *La Guyenne*, p. 16.
4. Chaudruc de Crazanne, in *Soc. des Antiq.*, t. IV, p. 481.
5. Dr Pommerol. *La station néolithique du plateau de Châteaugay*, p. 9.
6. Léon Pineau, in *Rev. des Trad. pop.*, t. XVIII, p. 593.
7. B. Jollivet. *Les Côtes-du-Nord*, t. III, p. 104.
8. P. Guégan. *Recherches préh. en Seine-et-Oise*, p. 6.

Rabelais a peut-être fait honneur à son héros d'un acte que la tradition attribuait à un géant anonyme, à moins qu'il ne se soit inspiré, en la déformant, de la légende de sainte Radegonde : Et un jour [Pantagruel] prit d'un grand rochier qu'on nomme Passelourdin, une grosse roche, ayant environ de douze toises en carré, et d'épaisseur quatorze pans, et la mit sur quatre pilliers au milieu des champs, bien à son aise, afin que les escoliers, quand ils ne sçauroient autre chose faire passassent temps à monter sur ladite pierre et là banqueter à force flaccons, jambons et pastez et escrire leur nom dessus avec un cousteau ; et de présent l'appele on la Pierre levée [1]. Gargantua qui a lancé la table de plusieurs dolmens en a aussi déposé quelques-uns dans des circonstances légendaires ; il voulut autrefois jeter un pont sur la Loire ; il s'en fut quérir de grosses roches dans le bas pays de Retz et vint les poser là, en ayant soin de les piquer debout pour les mieux retrouver ; mais quand il revint, elles avaient pris en terre, et il ne put les arracher ; de colère, il jeta là toute sa charge de cailloux, pêle-mêle les uns sur les autres [2]. La Caillotte de Gargantua à la Chapelle Vendômoise était un petit caillou qui s'était introduit dans la chaussure du géant [3]. Un gwerz breton fait du Créateur lui-même l'architecte du dolmen des Sept Saints à Vieux-Marché, près Plouaret, sur lequel est bâtie une chapelle : Je vous parle d'un travail qui n'a pas été fait de main d'homme.... La chapelle n'est formée que de six pierres : — quatre rochers servent de murailles — et deux autres de toiture qui ne comprendrait — que seul, le Dieu tout-puissant a pu la bâtir ? — Vous me demanderez peut-être — quand et comment elle fut bâtie, — et moi je réponds que je crois que quand furent créés le monde — le ciel, la mer, la terre, elle fut aussi bâtie [4]. Quelques femmes surnaturelles sont associées à l'origine des dolmens : des fées, qui depuis ont été changées en taupes, ont mis en place celui de la Putifaix à la Ferrière. Une pierre levée, dans la plaine de Denans, était, vers 1840, attribuée à Mélusine [5]. A Saint-Saud (Dordogne) une fée a frappé la colline et les pierres se sont dressées. La Grotte des Fées ou Château des fées, à deux lieues de Tours, a été bâtie, en une nuit, par trois filles [6].

Les nains qui habitent assez fréquemment les dolmens, en ont été aussi parfois les constructeurs. En Basse-Bretagne ceux qui sont découverts ont été bâtis par de petits hommes d'une force prodigieuse [7].

1. Pantagruel, l. II, c. 5.
2. Pitre de l'Isle. Fouilles du dolmen du Grand Carreau vert. Nantes, 1886, in-8.
3. Thibault. Glossaire du pays blaisois. Blois, 1894, in-8°.
4. F.-M. Luzel, in Mélusine, t. I, c. 203.
5. P. Bousrez. L'Anjou aux âges de la pierre, p. 96 ; Léo Desaivre. Le Mythe de la Mère Lusine, p. 81.
6. Annuaire de la Dordogne, 1819, p. 13 ; Cambry. Monumens celtiques, p. 213.
7. Le Men, in Revue Celtique, t. I, p. 242.

Au milieu du XVIII<sup>e</sup> siècle, on disait à l'île d'Yeu que toutes les pierres de l'île, dolmens ou menhirs, avaient été mises debout par les nains bretons qui y avaient amené l'espèce de petits chevaux que l'on y voyait [1]. La chambre d'un dolmen que recouvrait le tumulus de la Boixe avait été, d'après la tradition, la demeure de personnages petits et velus, mais prodigieusement forts, qui avaient apporté sur leur tête les énormes blocs qui en forment les parois et la toiture [2].

L'origine de quelques dolmens de Basse-Bretagne se lie à la punition de personnages coupables d'impiété ou de mauvais cœur. Les débris de celui qu'on voit près de Pontusval ne sont autre chose que des jeunes filles maudites et pétrifiées pour avoir continué une danse pendant que le Saint-Sacrement passait [3]. Un Kist-véan des environs de Pontaven passe pour être composé des morceaux du corps d'un avare que Dieu, dans sa colère, fit hacher en lambeaux et changer en pierres par un ange, à cause de sa dureté envers les pauvres, de sa lésinerie pour l'église, et de son esprit d'irréligion [4].

On a vu que des menhirs ont surgi du sol (p. 14) ; d'après les habitants de Trie-Château (Oise), le dolmen des Trois Pierres est sorti de terre à la manière des plantes [5].

Une légende berrichonne explique pourquoi un dolmen est inachevé : un des géants, appelés Martes ou Marses, qui ont apporté et dressé les mégalithes, se vanta, lorsqu'il fallut poser sur ses supports la table de celui de Montbourneau, de pouvoir à lui seul la soulever ; mais les forces lui manquèrent, et, bien que ses trois compagnons soient accourus à son secours, il ne parvint même pas à lever aussi haut que les autres le côté dont il était chargé [6].

On assure que la quantité des pierres formant la Roche aux Fées d'Essé varie sans cesse et que ceux qui les comptent ne parviennent jamais à en trouver deux fois le même nombre [7].

### § 2. HABITANTS ET HANTISES

La forme des dolmens a facilement éveillé l'idée d'espèces de maisons, et les paysans qui ne connaissaient pas leur destination en ont fait la résidence des êtres surnaturels qui passent souvent pour les avoir construits. Le plus ordinairement ce sont des fées, et le nom de Grottes aux fées leur est assez fréquemment donné pour qu'on puisse

1. Joussemet. *Notes sur le littoral du Bas-Poitou*, p. 16.
2. Chauvet et Lièvre. *Les tumulus de la Boixe*. Angoulême, 1878, in-8 p. 4.
3. Alex. Bouet. *Breiz-Izel*, t. II, p. 135.
4. Vérusmor. *Voyage en Basse-Bretagne*, p. 306 ; Cambry. *Voyage dans le Finistère*, p. 395, raconte cette légende sans préciser le genre du monument.
5. G. Fouju, in *Revue des Trad.* t. XIV, p. 477.
6. L. Martinet. *Légendes du Berry*, p. 9.
7. P. Bézier. *Mégalithes de l'Ille-et-Vilaine*, p. 138.

le considérer comme un des synonymes de dolmen dans le langage vulgaire, toutes les fois qu'il ne s'agit pas de cavernes. Au reste, le peuple attribue aux fées des grottes naturelles et à celles des constructions mégalithiques en forme de maison, des actes sensiblement parallèles, et parfois il ne les distingue guère les unes des autres. Si, comme il semble prouvé, la grande majorité des dolmens n'a été dégagée de son tumulus qu'à des époques assez modernes, il est permis de supposer que la plupart des légendes qui s'y rattachent actuellement étaient racontées auparavant, et qu'elles ont été, par assimilation, transportées des grottes naturelles aux grottes artificielles.

Beaucoup de noms des dolmens se rattachent aux fées, et supposent qu'ils leur ont servi de résidence : Dans plusieurs pays leur désignation dialectale peut être traduite par : la maison des fées. On trouve l'Oustalet de la Fade à Montdardier, l'Oustaou de los Fados à Aiguèze (Gard) l'Oustal de los Fodorellos à Viala-du-Pas-de-Jaux et au Clapier (Aveyron) la Cabano de los Fados dans la Creuse, lou Castet de las Haques à Saint-Ciers de Canesse (Gironde) ; la Maison des Fées à Saint Lambert la Potherie (Maine-et-Loire) la Crambo de las Hadetas, la chambre des petites fées à Forges (Lot-et-Garonne) l'Antre des Fades à Mourioux, le Four des Fées à Aulon dans la Creuse, et à Arnac-la-Poste dans la Haute-Vienne, la cave aux Fées, le Clapas (clapier) de las Fados, appelé aussi Clapier des Sorcières (mascos) dans la Lozère, la Cobono de los Mascos près de Ceyrac (Aveyron) où ce terme désigne des fées ou des sorcières [1]. Les gens de Guernesey disent que les dolmens avaient été les maisons des fées, et la preuve c'est qu'en fouillant auprès on trouve toutes sortes de poteries [2].

Il est assez rare qu'elles passent pour habiter encore des dolmens ; on croit cependant qu'elles résidaient à une époque voisine de la nôtre dans ceux de Saint-Nectaire en Puy-de-Dôme ; sous le dolmen de la lande du Fao en Saint-Gelven vit toute une légion de fées qui en sortent à minuit pour danser sur sa table. On s'empara jadis près de celui des Fadarelles, dans l'Aveyron, d'une fée, au moment où elle mettait ses bas rouges, et on l'enferma dans une maison que l'on montre encore. Une femme de l'Ille-et-Vilaine racontait en 1880 que le mari d'une des fées de la Roche aux Fées de Gosné, détruite quand la chaussée de l'étang de Biennais se rompit, vint chercher sa grand'mère,

---

1. Lombard-Dumas. Mégalithes du Gard, p. 12, 61 ; Michel Virenque, in Mém. de la Soc. des Lettres de l'Aveyron, 1868-1873, p. 39, 42 ; M. de Cessac. Még. de la Creuse, p. 8 ; Fr. Daleau. Carte préhistorique de la Gironde. Assoc. française, 1876, p. 6 ; L. Bousrez. L'Anjou aux âges de la pierre, p. 45 ; Bull. monumental, t. XII, p. 37 ; M. de Cessac, l. c. p. 5, 11, 16 ; A. de Mortillet. Még. de la Lozère, p. 59 ; Abbé Valadier, in Mém. de la Soc. des Lettres de l'Aveyron, 1859-1857, p. 220.

2. Edgar Mac Culloch. Guernsey Folk-Lore, p. 222, n. et 125 n.

et la conduisit de force dans la grotte où une fée était en mal d'enfant. Vers 1820, on croyait dans le voisinage de la Roche aux fées d'Essé que les bonnes dames prenaient soin des petits enfants dont elles pronostiquaient le sort futur; elles descendaient dans les maisons par la cheminée, et ressortaient par la même voie[1]. D'autres, comme leurs congénères dont la résidence est souterraine (cf. t. I, 451) révélaient leur présence par des paroles ou par des cris. Un homme couché sur l'herbe près du Creux des Fées, dolmen de Guernesey, entendit crier : « La paîlle ! la paîlle ! (la pelle) le fouar est caûd ! » Et une voix répondit : « Bon, j'airon de la gâche bientôt ! » D'après une variante, des paysans virent, presque aussitôt que ces paroles eurent été prononcées, un pain tout chaud sur un des sillons; l'un d'eux courut pour s'en emparer, en disant qu'il en voulait un morceau pour sa femme, mais il reçut un tel soufflet qu'il s'allongea sur le gazon[2]. Des bergers prétendaient avoir entendu au-dessous de la Maison des fées, à La Sauvagère, des bruits semblables à celui que produit le travail du boulanger. Le dolmen de la Planche servait de foyer aux fées; c'était sur cette pierre qu'elles venaient façonner et aiguiser leurs outils[3].

Un dolmen de Trégastel, appelé *Gouele an Inkinerez*, lit de la fileuse, était la demeure d'une fée puissante, qui projetait son fuseau à des distances énormes, si bien qu'elle accomplissait chaque jour un travail surhumain; on attribuait des gestes analogues à une magicienne qui se posait debout sur une sorte de dolmen du même nom en Guimaec; si elle lançait son fuseau à droite elle atteignait le mont Roc'h glaz en Plestin; si elle le lançait à gauche, il allait tomber au cap Beg an Inkinirez en Plougasnou, à cinq ou six kilomètres de là[4]. Trois fées blondes et délicates venaient filer à la quenouille près de semblables monuments aux environs du Puy en Velay[5].

A certaines époques de l'année, des fées étendaient, vers minuit, le linge qu'elles avaient lavé sur le dolmen de la Pierre des Vignes, à Hablonville, pour le sécher aux rayons de la lune. D'autres apparaissent le vendredi et le samedi près du dolmen troué de la Pierre aux Fées à Villers Saint-Sépulcre dans l'Oise; une dame blanche se promenait la nuit sur les pierres du dolmen de Dommes[6].

---

1. Chabory. *Notice sur les dolmens de Saint-Nectaire*. Mont-Dore, 1879, in-18; Ernoul de la Chenelière. *Még. des Côtes-du-Nord*, p. 39; Michel Virenque, in *Soc. litt. etc. de l'Aveyron*, 1863, p. 49; Paul Sébillot. *Trad.*, t. I, p. 120-121; M. de la Pilaye, in *Soc. des Antiq.*, t. II, p. 95.

2. E. Mac Culloch. *Guernsey Folk-Lore*, p. 123-124.

3. L. Coutil. *Még. de l'Eure*, p. 66; C. Fraysse. *Le Folk-Lore du Baugeois*, p. 11-12.

4. B. Jollivet. *Les Côtes-du-Nord*, t. IV, p. 113; *Bull. arch.*, t. III, 1851, p. 61.

5. D. Monnier et A. Vingtrinier. *Trad.*, p. 425.

6. Amélie Bosquet, *La Normandie romanesque*, p. 178; G. Fouju, in *Rev. des Trad. pop.*, t. XIV, p. 477; *Annuaire de la Dordogne*, 1819, p. 13.

D'après des traditions très répandues, les fées se plaisent à former des rondes autour des dolmens. On en a vu plusieurs, la nuit de Pâques, danser au clair de lune près du Kist-vean de Caro : c'étaient de grandes femmes belles, vêtues de blanc, et si lumineuses qu'en regardant leurs figures on croyait voir une lumière à travers une lanterne de corne [1]. Elles n'étaient pas dangereuses comme celles que la tradition nomme des jeunes filles, et qui dansaient sous la clarté de la lune près de la Grosse Pierre, sur le plateau de Châteaugay (Puy-de-Dôme) ; celles-ci appelaient le voyageur attardé, et si l'un d'eux se laissait séduire, on retrouvait son cadavre mutilé dans les ronces et les pierres de la colline [2]. —

Ces fées, comme celles auxquelles on assigne d'autres résidences, possédaient du bétail qui se nourrissait aux dépens des voisins. La vache de la Maison des Feins à Tressé passa en dommage dans le pré d'un fermier qui se mit en colère ; mais une des fées survint et lui donna un chanteau de pain pour l'indemniser, en lui disant qu'il ne diminuerait ni ne durcirait tant qu'il garderait le secret sur sa provenance [3]. On accusait parfois les bonnes dames de dérober les bêtes des paysans ; ceux du voisinage de la Grotte ou Maison des Fées de la Sauvagère dont l'entrée permettait aux animaux d'y pénétrer, croyaient qu'ils étaient parfois enlevés par elles [4].

Elles se plaisaient aussi à favoriser le bétail ; une Margot-la-Fée, qui habitait la Grotte aux Fées de Saint-Aaron entourait de soins les animaux domestiques ; son fils et sa fille, très velus, en étaient les pâtours. La fermière ayant suivi un porc qui était gras à plaisir quoiqu'il ne mangeât jamais à la ferme, le vit dévorer le contenu d'une grande timbale ; elle voulut le reprendre, mais il se réfugia dans la grotte. Un soir d'hiver elle vit un petit garçon et une petite fille en costume des plus primitifs qui se chauffaient près du feu ; c'étaient eux qui gardaient ses vaches, qui ne rentraient qu'à la brune et dont la litière était faite par des mains invisibles. Le lendemain elle déposa sur la bûche deux vêtements ; le soir après avoir soigné les bêtes, ils se pouillèrent dedans et jamais on ne les revit [5].

Dans la région du centre ces monuments sont en relation avec les Martes que l'on y regarde comme des espèces de fées déchues et disgracieuses. On trouve la Pierre à la Marte, à Saint-Plantaire, à Mont-

---

1. Habasque. *Notions historiques sur les Côtes-du-Nord*, t. II, p. 863 ; Paul Sébillot. *Trad.*, t. I, p. 29 ; E. Souvestre. *Les Derniers Bretons*, t. I, p. 114.
2. Dr Pommerol. *La station néolithique du plateau de Châteaugay*, p. 9.
3. P. Bézier. *Mégalithes de l'Ille-et-Vilaine*, p. 50.
4. L. Coutil. *Mégal. de l'Orne*, p. 66.
5. Victor Le Coniat, in *Soc. d'émul. des Côtes-du-Nord*, 1897. On raconte à Ruca, commune voisine, qu'une femme ayant aussi fait des habits pour des lutins tout nus qui venaient soigner ses vaches, ils s'en revêtirent et ne reparurent plus (Lucie de V.-H., in *Rev. des Trad. pop.*, t. XIII, p. 500).

chevrier (Indre), à Cromac (Haute-Vienne), et, dans le même département, à Maillac, la Pierre aux Martes. Celles de Montgarnaud sont de
grandes femmes hideuses, décharnées, à peine vêtues, aux cheveux
longs, noirs et raides, aux yeux de flammes, aux mamelles flasques,
pendant jusque sur leurs cuisses. Du haut de la table d'un dolmen, du
faîte d'un menhir, elles appellent parfois, à la tombée de la nuit, les
bergers et les laboureurs. Si ceux-ci ne se hâtent pas de répondre à
leurs avances amoureuses, elles les poursuivent en rejetant leurs seins
par dessus leurs épaules. Malheur à celui qui ne fuit pas assez précipitamment et qu'elles contraignent à subir leurs baisers impudiques ! [1]

En Bretagne, et surtout dans la partie bretonnante, nombre de
dolmens ont été habités par des personnages de petite taille, et les
gens du voisinage ne sont pas bien certains qu'ils les aient abandonnés.
Au XVIIIe siècle, on appelait « *Ty ar gorrigued* ou *ar gorriganed*, ou
*boudiguet* ou *ar re vihan* (ceux qui sont petits) certaines pierres élevées
couvertes d'autres pierres plates, fort communes en Bretagne » [2]. Dans
le Finistère les demeures des nains sont placées le plus souvent sous
les dolmens, nommés presque partout *Ty Corriked* ou *Loch Corriganed*,
et ils les balaient avec le plus grand soin [3]. Ce nom et beaucoup d'autres
indiquent qu'ils y ont eu leur résidence : tels sont *Ty ar C'horriquet* à
Lesconil en Poullan, un dolmen de Plobannalec au lieu dit *Goarem ar
C'horriquet*, *Ty er Korriganed* à Lez-Variel en Guidel, *Ty-en-Torriganet*
à Langoëlan, *Camprenn-en-Torriganet* à Cléguérec, *Liors ar Kourigant*
à Bannalec. Les *Boudiguets* habitaient à la Chapelle une sorte de
caveau sous pierre appelé maison trouée ; près de Brennilis, on trouve
*Ty ar Boudiked* ; à l'île d'Ars est la *Maison des Poulpiquets*. A Saint-
Gravé, à Cancoët, (Morbihan) à Savenay (Loire-Inférieure) des dolmens
se nomment *Maison des Follets*, à Colpo, *Maisons des Esprits follets* [4].
Les dolmens des environs de Carnac avaient été la résidence des
Kérions qui étaient très petits, mais très robustes ; on dit encore
aujourd'hui en proverbe : Fort comme un Kérion [5].

Plusieurs récits font jouer aux nains dolméniques un rôle assez
bienveillant à l'égard des voisins. Dans le pays de Trébeurden, les
gorriket, que quelques habitants prétendent même avoir vus, hantent
les dolmens dont quelques-uns portent le nom de *Ty-lia ar Gorriked*.

---

1. J.-A. Dulaure. *Des cultes qui ont précédé l'idolâtrie*, p. 267 ; L. Martinet. *Le
Berry préhistorique*, p. 48-49 ; *Société des Antiquaires de l'Ouest*, t. XVIII, p. 76 ;
L. Martinet. *Légendes du Berry*. p. 9.
2. Grégoire de Rostrenen. *Dict. françois celtique*, (1732).
3. Le Men, in *Rev. Celt.* t. I, p. 227.
4. P. du Châtellier. *Még. du Finistère*, p. 21, 173 ; *Matériaux pour l'histoire de
l'homme*, t. II, p. 123 ; Fouquet. *Monuments celtiques du Morbihan*. p. 93, 107 ;
Le Men, l. c ; Mahé. *Antiq. du Morbihan*, p. 168 ; Pitre de l'Isle, *Saint-Nazaire*,
p. 157 ; Guyot-Jomard. *Géog. du Morbihan*. Vannes, 1867, in-12, p. 124.
5. J. Le Rouzic. *Monuments Mégalithiques de Carnac*, 1801, in-12, p. 32.

ou *Corrandonnet*. Ils ne sont pas méchants quand on les laisse tranquilles, et pour les services qu'ils rendent, surtout en soignant les porcs, ils n'exigent qu'un peu de graisse pour leur soupe ou leur bouillie ; on a vu de la fumée sortir de leurs demeures et on a senti le fumet de leurs festins. Ceux qui passent auprès de leurs maisons, quand il fait tard, pressent le pas, de peur de rencontrer une patrouille de ces petits hommes dont le chapeau est large comme une lune. Le génie qui habitait le dolmen de Pontigné (Maine-et-Loire) était aussi vraisemblablement un nain, comme ceux auxquels on attribue des gestes analogues : lorsqu'un cultivateur avait un soc à aiguiser, il le déposait la nuit sous la pierre couverte, avec une pièce d'argent, et le lendemain il le retrouvait aiguisé, si la rémunération était suffisante [1].

La danse était le divertissement habituel de ces petits êtres ; au milieu du XVIII° siècle, les villageois assuraient que leurs ancêtres avaient vu des nains tout noirs former des rondes autour des dolmens. Un pâtre interrogé par Cambry sur les idées qu'on avait dans le pays sur ces antiques monuments lui répéta ce qu'il avait entendu ailleurs : C'était le palais des Courils ou petits hommes, espèces de sorciers malins, corrompus et danseurs. On les rencontre au clair de lune, sautant auprès des pierres consacrées ou des monuments druidiques : s'ils vous saisissent par la main, il faut suivre leurs mouvements ; ils vous laissent exténué sur la place quand ils la quittent. Les corils ou danseurs de la lande de Plaudren (Morbihan) entraînaient aussi dans leur ronde ceux qui passaient près de « leur village ». Ils avaient été condamnés à rester parmi les hommes et à danser toutes les nuits jusqu'à ce qu'un chrétien eût complété leur chanson des jours de la semaine. Lorsqu'un petit tailleur avisé leur a rendu ce service, ils lui donnent, avant de retourner dans leur royaume souterrain, leurs petits sacs, remplis de feuilles mortes, qui se changent en pièces d'or quand ils ont été aspergés d'eau bénite [2].

Les lutins s'occupaient aussi à diverses besognes ; ceux de la Maison aux follets de Cancoët en sortaient la nuit : l'un deux filait sa quenouille, aussi grosse que le bras et longue comme une perche ; il avait une grande barbe blanche qui lui pendait jusqu'à la ceinture et sa queue noire frétillait sans cesse ; il portait sur sa tête une énorme jarre qu'il allait remplir au ruisseau de la forêt de Brambien et qu'il reportait dans la taille comme si rien n'était. Un homme qui voulait prendre le trésor de ces nains apprit d'un sorcier qu'ils étaient toujours dehors entre les deux chants du coq ; une nuit il y alla, et il y avait une heure

---

1. E. de la Chenelière. *Még. des Côtes-du-Nord*, p. 28 ; C. Fraysse, in *Journal de Baugé*, 21 juin 1902.

2. Grégoire de Rostrenen. *Dict. françois celtique* ; Cambry. *Voyage dans le Finistère*, p. 312 ; E. Souvestre. *Le Foyer breton*, t. II, p. 114-134.

qu'il travaillait, croyant avoir le temps, lorsque le coq se mit à chanter, et tous les follets arrivant comme le vent, coururent après lui qui se sauvait et lui tordirent le cou. Il avait oublié que l'on était dans les Avents où les coqs affollent [1].

Plusieurs de ces monuments, surtout ceux dont les dimensions sont considérables, ont été habités par des êtres d'une taille surhumaine. Les grands dolmens de Bourg Saint-Andéol dans l'Ardèche sont connus sous le nom de *Jayandes* ou demeures des géants. On trouve dans la Lozère la *Baoumo des Geons*, grotte du géant ; un dolmen près de Lodève est la *Taula ddi. giant*, l'un de ceux de la Lozère *Tioulo de la Geonto*, tuile de la Géante [2]. Il y a une cinquantaine d'années un dolmen à Saint-Suliac (Ille-et-Vilaine) était appelé le Ber (berceau) ou le Lit de Gargantua [3]. En Corse au Monte Revincio plusieurs dolmens portent le nom de *Casa dell' Orco* ; les deux premiers auraient été l'un la demeure de l'Orco, l'autre celle de sa mère l'Orca, et les deux derniers seraient les tombeaux de la mère et du fils. La légende appelle l'endroit où se trouvent ces deux monuments la *Valle dell' Orco* ; elle rapporte tout à ce géant qui remplissait le pays de terreur. Les habitants cherchaient depuis longtemps à s'en défaire, lorsque des bergers se jetèrent sur lui et le tuèrent, ainsi que sa mère, qui ne fit aucune résistance après la mort de son fils. Avant de mourir l'Orco, espérant obtenir sa grâce, enseigna aux bergers la recette de brocchio. D'après une autre version, des bergers placèrent près de sa demeure une grosse et lourde botte enduite de goudron à l'intérieur ; l'Ogre, ayant vu cette chaussure, y introduisit le pied qu'il ne put retirer. Ses adversaires fondirent alors sur lui pour le massacrer ; il essaya de les fléchir en leur enseignant l'art de faire le brocchio, puis leur proposa de leur apprendre à faire de la cire avec le dernier lait qui avait servi à sa fabrication du brocchio [4].

Les noms de quelques dolmens tels que *Ty* (maison) *sant Heleau* en Landeleau, Trou de l'Ermite dans la Dordogne, semblent supposer que des personnages sacrés y ont résidé. Saint Yves qui venait, après ses prédications, se reposer sur celui qu'on appelle *Goélé sant Erwenn*, lit de saint Yves, en Louannec, fut un jour attaqué par un habitant d'une ferme voisine qui voulut le frapper avec sa bêche ; le saint, pour détourner le coup, posa la main sur la table où l'on montre encore son empreinte et celle de la bêche. Un dolmen à Squiffiec passe pour avoir été le lit de saint Jean [5].

1. Dr. Fouquet. *Légendes du Morbihan*, p. 141, 142.
2. Paul Sébillot. *Gargantua*, p. 276 ; A. de Mortillet. *Mégalithes de la Lozère*, p. 50 ; *Rev. des langues romanes*. 2ᵉ série, t. I, p. 213.
3. Paul Sébillot, l. c., p. 8.
4. A. de Mortillet. *Rapport sur une mission en Corse*, p. 28.
5. P. du Châtellier. *Még. du Finistère*, p. 121 ; W. de Taillefer. *Antiquités de Vésone*, t. I, p. 156 ; E. de la Chenelière. *Még. des Côtes-du-Nord*, p. 28.

Un dolmen de la Dordogne est appelé Forge du Diable ; peut-être avait-il une légende comme celui de la *Stazzona del Diavolo* à Taravo : suivant la tradition, le diable en aurait assemblé les pierres pour lui servir d'enclume ; quelquefois on entendrait les coups de son formidable marteau, et c'est pour cela qu'on n'osait en approcher à certaines époques de l'année [1]. A Sainte-Gemmes dans la Mayenne, Satan transporte sur son épaule, pendant la nuit de Noël, les deux pierres supérieures du Palet-du-Diable jusqu'au sommet du Rochard, et de là il les lance de nouveau sur leurs supports avec une telle dextérité que leur position semble n'avoir jamais changé. En Ille-et-Vilaine les démons sont moins habiles, et c'est en vain qu'ils essaient la nuit de remettre en place les pierres de recouvrement de deux dolmens de Saint-Germain en Coglès [2].

### § 3. MERVEILLES ET GESTES

Plusieurs noms constatent, parfois sans explication, la croyance que les pierres des dolmens ont, comme les blocs naturels (cf. t. I, p. 326) et les menhirs, la faculté de se mouvoir. En Périgord, un dolmen était appelé *lo Peyro daus nau tours*, parce que les habitants étaient persuadés que la pierre principale faisait neuf fois le tour sur elle-même [3]. Nombre d'autres se déplacent ou tournent à des époques fixes, dont plusieurs coïncident avec des solennités chrétiennes. Quelques-uns de ceux du pays chartrain jouissent de cette faculté la nuit de Noël, et laissent à découvert un trésor : celui de Prunay-le-Gillon se met en mouvement quand le prêtre commence la généalogie, et décrit une demi-révolution ; mais il faut se hâter de ramasser les richesses qui sont alors visibles, car il achève son tour dès qu'elle est finie [4]. Les pierres du dolmen de Tanzac (Charente) dansent lorsque les cloches du village voisin appellent les fidèles à la messe de minuit [5]. Au moment où on la célébrait, la Vierge venait se placer sur la table la plus élevée des Pierres Folles de Nohant en Graçay, tandis que les dalles et les supports dansaient autour d'elle [6]. A Chermignac, la pierre d'un dolmen saute trois fois la nuit de Noël au chant du coq. La Pierre Tournoire à Montmerrey tourne au soleil levant, la veille de la Saint-Jean [7].

Le dolmen de Begadan (Gironde), la Pierre Folle à Saint-Priest,

1. Fr. Daleau. *Lég. des monuments mégalithiques* p. 692 ; P. Mérimée. *Voyage en Corse*, p. 21.
2. E. Moreau. *Mon. Még. d'Hambers*. Laval, 1875, in-18, p. 58 ; Danjou de la Garenne, in *Soc. arch. d'Ille-et-Vilaine*, 1862 p. 63.
3. W. de Taillefer. *Antiquités de Vésone*, t. I, p. 166.
4. G. Fouju, in *Rev. des Trad. pop.*, t. VI, p. 162-163 ; A. S. Morin, *Le prêtre et le sorcier*, p. 10.
5. F. Daleau. *Lég. des mon. mégalithiques*, p. 692.
6. L. Martinet. *Légendes du Berry*, p. 12.
7. G. Musset. *La Charente-Inf. avant l'histoire*, p. 143 ; L. Coutil Még. de l'Orne, p. 52.

(Creuse) dansent à minuit[1]. La Pierre Tournante à Villedomer (Maine-et-Loire), la pierre de Saint-Martin-sur-Orense n'accomplissent leur évolution qu'une fois tous les cent ans[2].

Quelques-unes de ces merveilles sont en coïncidence avec la musique. La dalle culminante de la Pierre Folle à Chenommet frémissait ou dansait quand la cloche de Coutures sonnait. La Pierre levée de Bretignolles vire au son de la cloche de Saint-Nicolas de Brem; la Pierre Folle de Montguyon tourne trois fois sur elle-même à l'Angelus. La Pierre qui vire de Geay (Charente-Inférieure), la pierre de Civrac, tournent quand le coq chante après minuit[3].

Le nom de Pierre qui chante suppose qu'on attribue au dolmen de Méré (Yonne) la faculté d'émettre des sons harmonieux. La table de recouvrement de celui de la Meilleraye sonne quelquefois[4]. Dans la Dordogne on entendait des voix, des instruments près des grottes aux fées ou le murmure du vent qui prédisait l'avenir[5].

Ces monuments sont parfois illuminés: on voit le soir des lumières sur la Pierre du diable, allée couverte voisine de Passais. La Pierre Couverte à Broc est éclairée toutes les nuits par une petite chandelle, et des feux brillaient auprès des dolmens de la Dordogne[6].

Un assez grand nombre de dolmens passent pour avoir servi de sépulture; c'est la destination que les paysans du Finistère attribuent à ceux qui sont restés enfouis[7]. Il est curieux de constater qu'on la donnait au commencement du XVIIe siècle à l'un de ces monuments, situé près d'Angoulême, et l'un des premiers qu'un témoignage écrit montre dégagé de tumulus; c'était « un ancien tombeau de pierre eslevé sur terre à la hauteur de six pieds, entre des vignes sur le haut terrier à la veüe de notre ville. Les habitants du lieu le nomment le tombeau du Bourguignon, et disent que ce fut un Bourguignon, lequel ayant gousté du vin en ce lieu et venant à y mourir y voulut estre enterré, et a esté ce tombeau si venerable à la posterité qu'il n'a jamais esté violé et reste encore entier pour le jourdhui »[8]. On disait que le

---

1. Fr. Daleau, l. c., p. 692; M. de Cessac. Még. de la Creuse, p. 18.
2. L. Bousrez, Még. de la Touraine, p. 47; Ph. Salmon. Dict. arch. de l'Yonne, p. 433.
3. Abbé Baudry, in Congrès de la Soc. fr. d'archéologie. Fontenay-le-Comte, 1864; G. Musset, l. c., p. 143; Fr. Daleau, l. c., p. 693; G. Musset, l. c.
4. Ph. Salmon, l. c., p. 135; Pitre de l'Isle. Dict. arch. de la Loire-Inférieure. Châteaubriant, p. 33.
5. W. de Taillefer. Antiquités de Vésone, t. I, p. 157.
6. L. Coutil. Még. de l'Orne, p. 71; L. Bousrez. L'Anjou aux âges de la pierre, p. 52; W. Taillefer, l. c.
7. Le Men, in Revue Celtique, t. I, p. 242.
8. François de Corlieu. Recueil en forme d'histoires. Angoulême, 1629, in-4, p. 6. Ce dolmen a été détruit vers le milieu du XIXe siècle. (Michon. Stat. mon. de la Charente, p. 136).

dolmen d'Essé (Ille-et-Vilaine) avait été bâti par les fées pour honorer
les morts qui avaient fait quelque bien pendant leur vie [1].

Ceux de la Lozère sont généralement baptisés du nom de Tombe du
géant ou de Pierre du géant ; on les appelle aussi *Peyres Gigontes*,
pierres géantes, parce que les habitants du pays croient que l'on y
enterrait des géants ; à Serignac (Lot) un dolmen se nomme *Lou
Toumbel del Tsaian*, le Tombeau du géant ; le dolmen du Causse de
Bérail, dans l'Aveyron est dit aussi Tombe du géant [2] ; à un kilomètre
de Saint-Herbot, les ruines d'une grande allée couverte sont connues
sous la désignation de *Bé Keor*, tombeau du géant : lorsqu'on le mit
dans sa tombe, il avait été replié neuf fois sur lui-même et chacun de
ces plis avait neuf pieds de longueur ; d'après une autre tradition, il
fut vaincu par saint Herbot, et il fallut couper son cadavre en soixante-
dix-sept morceaux pour le faire entrer sous ce monument [3]. Le Tombeau
de Gargantua près de Corlay est un dolmen sous lequel ce héros fut
enterré avec une bouteille d'argent ; à Brennilis en Loqueffret, celui
qui porte en breton le nom de *Bez Guevret*, tombeau du géant, et en
français celui de tombe de Gargantua, probablement assez récent, a
servi de sépulture à un géant si grand que l'on dut le plier en neuf
pour l'y renfermer [4].

Suivant une légende qui est vraisemblablement due à une infiltra-
tion littéraire, l'enchanteur Merlin dort sous un dolmen ruiné appelé
Tombeau de Merlin, en attendant que Viviane le réveille. Près du
village de Bé Ahez, en Cavan, un dolmen se nommait *Bé er Groac'h*,
tombeau de la fée, et il aurait été érigé en mémoire de la princesse
Ahès, qui mourut en cet endroit [5]. Les habitants de Basville considéraient celui de la Pierre levée comme le tombeau d'un général ; celui
de Ron de Roule, dans le canton de Vallon est dit Tombe du général [6] ;
dans la Charente les dolmens passent pour des sépultures romaines,
et l'on donnait le nom de tombeaux romains aux deux dolmens de la
métairie de l'Houmée, près de Rochefort [7] ; à la Causse de Bérail dans
l'Aveyron, on les appelle Tombes des Anglais, nom que porte un

1. *Le Collectionneur breton*, t. III, p. 55.
2. *Matériaux*, 1869, p. 321 ; Cays de Marvejols, in *Soc. des Antiq.*, t. VIII, p. 234 ;
Paul Sébillot, *Gargantua*, p. 291 ; Boisse, in *Rev. des langues romanes*, t. V, 2e
série, p. 387.
3. Le Men, l. c., p. 245 ; *Galerie bretonne*, t. I, p. 136.
4. Ernoul de la Chenelière, *Mégalithes des Côtes-du-Nord*, p. 38 ; J.-M. Abgrall,
*Les pierres à empreintes*, p. 12.
5. P. Bézier, *Még. de l'Ille-et-Vilaine*, p. 234 ; Gautier du Mottay, *Voies romaines*,
p. 29.
6. M. de Cessac, *Mégalithes de la Creuse*, p. 5 ; O. de Marichard, *Mégalithes du
Vivarais*, Privas, 1882, p. 9.
7. Chaudruc de Crazanne, in *Soc. des Antiq.*, t. IV, p. 57.

dolmen au Monastier dans la Lozère, où d'autres sont dits Tombeaux des Poulacres[1].

Ces maisons de pierre passent assez généralement pour recouvrir des objets précieux, et la destruction de plusieurs a été amenée par les travaux des gens qui voulaient s'en emparer. La Pierre de Gouffern a été fouillée en raison de cette croyance ; mais les fées ne font connaître ces richesses qu'à leurs protégés. Près de Passais, un vieillard dit à Galeron que le dolmen avait été posé dans des temps très anciens, et que le malin esprit y avait des trésors ; ceux qui sont cachés sous celui de la Louvetière seront découverts par un coq qui y grattera la terre[2].

La tradition n'associe guère les sorciers aux dolmens : cependant les sorcières s'assemblaient la nuit du vendredi sur la colline de Catioroc autour du cromlech (dolmen) appelé le Trépied. A Hamel (Nord), le dolmen dit la Cuisine des Sorciers, ou la Pierre Chawatte (aux chouettes) passe pour servir de refuge aux Caramaras, nom qui désigne les êtres malfaisants et les bohémiens nomades[3].

Bien que ces monuments aient servi de sépulture et que les gens du voisinage sachent qu'on y a trouvé des ossements, il est assez rare qu'ils les croient hantés par des personnages de l'autre monde. Un habitant de la Clavette ayant interrogé un fantôme qu'il voyait sortir sous diverses formes de la Pierre levée de la Jarne, celui-ci lui dit que son corps gisait depuis de longues années sous le dolmen et que son âme ne serait délivrée du Purgatoire que si une messe était dite à Saint-Nicolas de la Rochelle, après une procession qui, partant de la Clavette, passerait devant la pierre ; à la fin de la messe l'homme aperçut une colombe qui prenait son vol sous les voûtes de l'église et qui disparut. On attachait quelques histoires de revenants à la Loge du Sarrasin, dolmen des environs de Vire ; et il revenait la nuit à celui de Passais[4]. Les dalles d'un dolmen près de Créhen se couvrent tous les ans à un certain endroit de mousse rouge, et l'on entend la nuit des supplications et des cris : ce sont les âmes de ceux qui ont été immolés sur ces pierres qui viennent réclamer leur sang, qui reparaît sur la mousse et qui la colore en rouge[5].

Le voisinage des dolmens est redoutable après le soleil couché. Une

---

1. *Revue des langues romanes*, 2ᵉ série, t. V, p. 287 ; A. de Mortillet. *Még. de la Lozère*, p. 59.

2. *Soc. des Ant. de Normandie*, t. V, p. 147, 160 ; G. Dottin. *Les Parlers du Bas-Maine*, p. 634.

3. Edgar Mac Culloch. *Guernsey Folk-Lore*, p. 207 ; Quarré-Reybourbon. *Mégalithes du Nord*, p. 7.

4. G. Musset. *La Charente-Inférieure avant l'histoire*, p. 140 ; Amélie Bosquet. *La Normandie romanesque*, p. 183 ; Galeron, in *Ant. de Normandie*, t. V, p. 160.

5. Lucie de V.-H., in *Rev. des Trad. pop.*, t. XIII, p. 302.

jeune fille que Galeron rencontra près de celui de Passais lui raconta qu'un ouvrier, qu'elle nomma, s'en étant par mégarde trop approché à la fin du jour, avait été aussitôt saisi par deux hommes très grands qui l'avaient secoué, tourmenté et laissé sur place, et qu'il s'était couché pour mourir. Il y revenait la nuit, et l'on entendait de grands bruits. Une vieille femme ayant passé un vendredi saint de grand matin sous le bois, avait vu tout à coup la terre couverte d'argent ; elle avait voulu se baisser pour en ramasser, mais sa vue l'avait été couverte aussitôt et après son évanouissement, elle n'avait plus aperçu d'argent nulle part, et elle s'était enfuie pleine de frayeur [1]. Les paysans n'osaient pénétrer la nuit dans la galerie du dolmen de la Pierre folle à Bournand près de Loudun [2].

Des animaux féroces, diaboliques ou fantastiques sont en relation avec quelques-uns de ces monuments [3]. A Elven un dolmen s'appelait la Loge du Loup, une autre, dans la forêt de Cognac, la Cabane du Loup ; les paysans ont vu rôder autour une bête monstrueuse dont les yeux lançaient des flammes. On rencontre dans le Cantal et en Maine-et-Loire des dolmens dits Pierre au Loup, dans le Vivarais il y en avait un non loin de la Fontaine au Loup. Les chats du pays se réunissaient la nuit de Noël, pour faire le sabbat, à la Pierre Couverelée de Moriers (Eure-et-Loire) [4]. Un cheval blanc, dont la vue était fort redoutée, se promenait, la nuit, près d'une Roche aux fées des environs de Saint-Brieuc.

Des noms ou de courtes mentions associent des dolmens à des gens persécutés ou à des races maudites. A Landéan (Ille-et-Vilaine) l'un d'eux est appelé Pierre des Huguenots, et l'on dit qu'ils se rassemblaient pour l'exercice de leur religion près du dolmen de la Belle Haie à Boury, dans l'Oise. La *Balma del Moro* sur la montagne de la Roque, la Loge aux Sarrasins à Saint-Germain de Tallerande, la *Lausa dai Sarrasin* près de Lodève étaient peut-être l'objet de traditions [5].

On raconte en Touraine une légende qui, si elle était véritablement

1. Galeron, in *Antiquaires de Normandie*, t. V, p.160.

2. Arnauld Poirier, in *Antiq. de l'Ouest*, t. III, p. 102.

3. Des noms se rattachent à une idée de défaveur : telles sont les Pierres Folles à Montguyon (Charente-Inférieure), Lucay le Captif (Indre) (Fr. Daleau. *Légendes des mon. még.* p. 693), à Bournan (Vienne), les Pierres péteuses à Saulgré (Maine-et-Loire) (L. Bousrez. *L'Anjou aux âges de la pierre*, p. 25, 79.) En Corse plusieurs dolmens du sud de l'île sont appelés *Tola diu peccatu*, Table du péché (Mattei, in *Matériaux pour l'histoire de l'homme*, t. VIII, 2ᵉ série, p. 214).

4. Guyot-Jomard, *Géographie du Morbihan*, p. 103 ; Ducourneau. *La Guyenne*, t. I, p. 7 ; Cartailhac. *La France préhistorique*, p. 116 ; C. Fraysse. *Le Folk-Lore du Baugeois*, p. 16 ; Ollier de Marichard. *Mégalithes du Vivarais*. Privas, 1882, p. 13 ; *Soc. des Antiquaires*, t. I, p. 15.

5. P. Bézier. *Még. de l'Ille-et-Vilaine*, p. 73 ; G. Fouju, in *Rev. des Trad. pop.*, t. XIV, p. 477 ; Jaubert de Réart. *Souvenirs pyrénéens*, p. 175 ; *Antiquaires de l'Ouest*, t. VI, p. 407 ; *Rev. langues romanes*, 2ᵉ série, t. I, p. 213.

ancienne, serait un souvenir des destructions de mégalithes opérées par les apôtres des Gaules ; les paysans de Continvoir montrent les débris d'un dolmen qui aurait été détruit par saint Martin [1].

Je parlerai des prétendus sacrifices humains faits sur les dolmens dans une section spéciale où sont rapportés ceux qui auraient eu lieu sur les autres mégalithes.

1. L. Bousrez. *Még. de la Touraine*, p. 89.

# CHAPITRE III

# LES TUMULUS

## § 1. LA CONSTRUCTION ET SES MOTIFS

Les fées occupent le premier rang parmi les constructeurs des tumulus ; plusieurs des noms qu'ils portent sont en rapport soit avec cette croyance, soit avec l'opinion qu'elles les fréquentent. On trouve la Motte aux Fées en Anjou [1], le Terrier aux Fades dans la Gironde, et l'on a traduit par Montagne de la fée le nom de *Mané er H'roech*.

Le tablier des personnages surnaturels, qui joue un rôle important en matière mégalithique, leur sert aussi pour former les tumulus. C'est une fée qui apporta dans le sien les matériaux de celui de Tumiac (Morbihan) et ceux du Mont Saint-Michel de Carnac [2]. Les deux tumulus de Migny ont été élevés par deux fées : l'une, afin de pouvoir franchir l'Arnon à pied sec, remplit de terre et de pierres son tablier de gaze et vint les secouer dans la rivière ; l'autre, se changeant en moucheron, vola piquer le nez de sa rivale ; celle-ci en cherchant à se débarrasser de l'importune, laissa tomber dans le pré voisin le reste de la terre qui était encore dans son tablier [3]. Lorsque la fée Mate eut laissé tomber dans les flots de la Charente son fils qu'elle allaitait, elle voulut lui ériger un tombeau en rapport avec sa grande douleur, et elle remplit son tablier de pierres et de terre ; mais les cordons se dénouèrent, et la charge qui lui échappa forma le Terrier de la Fade dans l'île de Courcoury [4]. Voici comment fut amassée la butte du dolmen de Mané er H'roeck : Une veuve avait son fils unique à la mer, et comme il ne revenait pas, elle allait tous les jours à la pointe de Kerpénir pour voir si elle n'apercevrait pas son bateau. Un soir une vieille femme lui ayant demandé le sujet de ses pleurs, lui conseilla d'amonceler un gros tas de pierres afin qu'étant montée dessus elle pût voir de plus loin.

1. *Mém. de l'Acad. Celtique*, t. II, p. 190.
2. E. Souvestre. *Les Derniers Bretons*, t. I, p. 119.
3. L. Martinet. *Légendes du Berry*, p. 44.
4. Gautier. *Statistique de la Charente Inf.* p. 34 ; Cette tombelle porte aussi le nom de Peux de la Fade, et en 1770 La Sauvagère l'appelait Mont des Fées. (*Antiquités dans la Gaule*, p. 79).

Pendant toute la nuit, les deux vieilles apportèrent dans leurs tabliers les pierres qu'elles ramassaient éparses dans la lande et quand au matin leur œuvre fut finie, la bretonne fut effrayée de l'énorme butte qu'elles avaient entassée ; mais l'autre la rassura, l'aida à monter au sommet et bientôt la mère consolée apercevait le bateau de son fils ; la fée avait disparu [1].

L'épisode du tablier se retrouve dans des traditions où ne figurent plus les fées, mais des personnages qui semblent les avoir remplacées. C'est la Vierge qui a transporté dans le sien les pierres d'un galgal du Morbihan [2]. Comme Notre-Dame de Cléry s'ennuyait dans l'église de Mézières, elle prit de la terre dans sa *dorne* et la porta à l'endroit où elle voulait être adorée ; mais poursuivie par Judas, elle ramassa une autre charge et alla la déposer plus près de la Loire, où elle forma une seconde motte sur laquelle elle se reposa. Près d'une excavation de la Mayenne appelée la Grande Cave se trouvent des monticules que la diablesse apporta dans son tablier ; d'autres buttes à Saint-Aubin, près de la Fosse Louvain, ont la même origine. Le tumulus de Mancey à Uchon a été constitué par la charge qu'elle portait quand elle aidait son mari à construire le pont de Toulon-sur-Arroux ; surprise par le chant du coq, les coins du tablier glissèrent entre ses mains et laissèrent échapper les matériaux [3]. Le terrier de Beaumont à Saint-Port sur Gironde est dû à la femme de Gargantua qui voulait bâtir un pont sur le fleuve et dont les cordons de tablier se rompirent en cet endroit [4].

Des traditions, ou des noms qui en supposent, font de son gigantesque mari un des principaux auteurs de tumulus. A Dormont près Vernon, il y en a deux, appelés la Hottée de Gargantua et qui avaient sans doute la même origine que les montagnes de l'est qui portent ce nom [5]. Le plus ordinairement les buttes proviennent du nettoyage de ses chaussures : en Touraine tous les tertres factices ont été ainsi formés ; en Poitou le tertre de la Garette, celui où s'éleva depuis la chapelle de sainte Macrine, en Berry le tertre isolé de la plaine de Montlevic proviennent de la boue qu'il ôta de ses sabots. Lorsqu'il venait de Bourges en une seule enjambée, il laissa tomber le monticule que l'on voit près de Clion, et qui s'appelle Pied de Bourges, et les Départures de Gargantua à Châtillon-sur-Indre [6].

Quelques tumulus sont l'œuvre de personnages réels, qui parfois

1. René Galles, in Soc. *Polymatique du Morbihan*, 1863, p. 31.
2. Mahé. *Ant. du Morbihan*, p. 122.
3. Legier, in *Acad. celtique*, t. II, p. 219 ; E. Moreau, in *Soc. d'em. de la Mayenne*, 1880-1, p. 75 : *Mém. de la Société éduenne*, t. IX, p. 47.
4. P. Lesson. *Ere celtique de la Saintonge*, p. 299.
5. F. Bourquelot. *Notice sur Gargantua*, p. 4.
6. Paul Sébillot. *Gargantua*, p. 169 ; Léo Desaivre. *Gargantua en Poitou*, p. 2-3 ; L. Martinet. *Lég. du Berry*, p. 5.

accomplissent une tâche : Des prêtres ou des seigneurs obligèrent toutes les femmes du pays à venir, un même jour, déposer au lieu dit *Tossen ar Gonifled*, terrier aux lapins, non loin de Plouigneau (Finistère), une certaine quantité de terre, et c'est ainsi que s'éleva ce tumulus [1]. Deux légendes apparentées s'attachent à la gigantesque tombelle de Carnac : Autrefois, la pénitence imposée par les prêtres consistait à apporter sur la colline, soit un sac de terre, soit un sac de pierres pour construire une butte en l'honneur de saint Michel. En se rendant au pardon de saint Cornély les pèlerins passaient à travers les rangées de soldats pétrifiés, les femmes portant de la terre dans leur tablier et les hommes des pierres entre leurs bras ; ils les mettaient dans le même tas sur la montagne de Saint-Michel, et c'est ainsi qu'a été formé cet immense tumulus [2].

Plusieurs noms, qui ne sont pas accompagnés de légendes, constatent la destination funéraire, la plupart du temps réelle, de ces monuments. A Tréhorenteuc (Morbihan) trois tumulus sont dits Buttes des tombes, à Meillac (Ille-et-Vilaine) est la Butte des Défunts ou des Fées, à Marcé-sur-Esves en Touraine le cimetière des Fées ou des Pucelles ; à Cressensac (Lot) le Tombeau de la Géante. On rencontre dans le Senonais plusieurs tombelles de saint Martin. Une tradition de la Sologne faisait d'un tumulus le tombeau de Renaud de Montauban ; un marquis est enterré sous celui du Tertrais en Meillac (Ille-et-Vilaine). D'après l'opinion la plus fréquente, ils renferment des restes de guerriers : celui de Chassenon (Charente) est appelé Tombeau du soldat ; dans l'Aisne ces monticules sont regardés comme des sépultures de généraux, soit espagnols, soit romains ; une butte a Pléneuf (Côtes-du-Nord) recouvrait les ossements de généraux [3]. On raconte dans le pays de Carnac que César y étant mort, il fut enterré sur le Mont avec ses bottes en or et son trésor, et que pour qu'on ne puisse le dépouiller, ses soldats l'ont recouvert de terre et de pierres. Pour honorer la mémoire du chef d'une armée romaine tué dans une bataille près de Fontenay-le-Marmion, chacun de ses soldats vint déposer sur son tombeau autant de pierres que pouvait en contenir son casque : c'est ainsi que fut élevée la butte des Hogues. Dans l'Artois des géants, qui primitivement habitaient la contrée, ont construit un tumulus qu'on appelait la tombe du

1. G. Le Jean. *Ass. bret.*, in *Bull. archéologique*, t. III (1854), p. 63.
2. Z. Le Rouzic, in *Rev. des Trad. pop.*, t. XVI, p. 72.
3. Fouquet. *Monuments celtiques*, p. 111 ; P. Bézier, *Még. de l'Ille-et-Vilaine*, p. 46 ; L. Bousrez, *Még. de Touraine*, p. 74 ; *Matériaux*, t. V, p. 116 ; Bulliot et Thiollier, *La mission de saint Martin*, p. 41 ; Legier, in *Acad. celt.*, t. II, p. 221 ; P. Bézier, l. c., p. 240 ; Michon. *Statistique de la Charente*, p. 139 ; *Soc. des Antiq.*, t. V, p. 57 ; Habasque. *Notions hist. sur les Côtes-du-Nord*, t. III, p. 83.

général Fourdène [1]. Celui de la Butte du Hou près d'Argentan est formé d'une poignée de terre qu'un géant prit dans une de ses poches et qu'il alla déposer sur la tombe des braves morts pour la patrie, et il vient de temps en temps le visiter. Celui des Hogues en Cuigny a été également bâti par un géant. Dans une commune du Pas-de-Calais appelée les Tombelles, une petite élévation, au pied du mont Blanque-Jument, était le cimetière d'une armée étrangère qui avait occupé, il y a bien longtemps, les environs de Questreque. Le tumulus voisin de Boiry Notre-Dame (Pas-de-Calais) aurait été élevé en souvenir d'une grande bataille livrée en cet endroit [2].

Les paysans expliquent par des légendes la présence des pierres que l'on voit parfois sur la plate-forme des tumulus. Au-dessus de celui de Sailly en Ostrevent sont plantées six petites pierres que l'on appelle les Sept Bonnettes, les Sept Fillettes ou les Sept Marconnettes; il y en avait autrefois une septième; six jeunes filles réunies pour danser à l'heure où l'on célébrait la messe, furent ainsi métamorphosées, la pierre du milieu représentait le ménétrier. Le tumulus du Fayet à Marchezal est surmonté de pierres vitrifiées qui faisaient partie de la maison des fées; quand elle eut été brûlée, elles quittèrent le pays [3].

### § 2. HANTISES

Les tumulus et les buttes artificielles qui leur ressemblent sont habités ou hantés par des personnages surnaturels. Une poipe à Buellas, dans l'Ain était autrefois la résidence de plusieurs fées qui étaient devenues chrétiennes. D'autres fées mettaient leur linge à sécher sur le tumulus de Fresnay-le-Buffart et sur celui d'Ecouché (Orne) [4]. Le sommet d'une butte très bien arrondie près du Bois de la Danse en Quévert (Côtes-du-Nord) est la table où elles prenaient leur repas avant d'aller danser sous les arbres du taillis [5]. Suivant quelques traditions, elles se rassemblaient la nuit sur les tumulus pour y danser, et parfois elles faisaient repentir de leur curiosité ceux qui osaient s'aventurer auprès. Les bergers évitaient naguère deux petits monticules des environs d'Aurillac, prétendant que les fades qui y formaient des rondes auraient bien pu jeter un sort sur leurs troupeaux.

1. Z. Le Rouzic, in *Rev. des Trad. pop.*, t. XVI, p. 72 ; Amélie Bosquet. *La Normandie romanesque*, p. 192 ; Paul Sébillot. *Gargantua*, p. 227.

2. Louis Duval. *Gargantua en Normandie*. Alençon, 1880, in-8°, p. 9 ; Vaïdy, in *Mém. de l'A. Celt.*, t. V, p. 108 ; Quarré-Reybourbon. *Még. du Nord et du Pas-de-Calais*, p. 12 ; A. de Mortillet, in *Compte-rendu de l'Association française*, 1899, p. 581-582.

3. A. de Mortillet, l. c. ; Claudius Savoye. *Le Beaujolais préhistorique*, p. 170.

4. D. Monnier et A. Vingtrinier. *Traditions*, p. 395 ; Chrétien de Joué du Plein. *Veillerys argentenois*. MMS.

5. Lucie de V.-H., in *Rev. des Trad. pop.*, t. XVII, p. 247.

La dame des Chaumes se montrait entre Pantlier et Sivry près de
quatre tumulus, et les voyageurs qui y passaient après le soleil couché
étaient suivis par le rouleau (sic), à la troisième fois, ils étaient ren-
versés et écrasés par lui. Jadis une fée apparaissait au sommet de la
Motte de la Guerne à Lunery, et les bergers qui en approchaient étaient
poursuivis par un homme à longue barbe ; on ne les voit plus, mais
toutes les nuits le chant du coq se fait entendre sur le haut [1].

Les fées semblent avoir eu aussi leur demeure souterraine sous ces
monticules ; on prétend avoir entendu crier sous la Butte à Chapeau :
« Apportez la pâte au four, car il est chaud [2] ». C'est la phrase que l'on
attribue en maints endroits aux fées qui vivent sous terre dans les
grottes ou sous les gros rochers.

Comme les autres monuments mégalithiques, les tumulus sont la
résidence de nains, surtout en Basse-Bretagne. À Coat-Bihan, on appelle
les barrows châteaux des Poulpicans. Un beau tumulus à Saint-Nolf
est la retraite des Boléguéans ou Poulpiquets, suivant l'abbé Mahé des
Poulpicans, qui y pratiquaient des terriers comme des lapins. On assure
même que ce fut autrefois leur capitale, et qu'ils y vivaient par milliers ; mais le malheur des temps a tellement diminué la tribu, que
c'est à peine si l'on voit deux ou trois de ces nabots par semaine. Les
impiétés que commit la Révolution et les guerres civiles les firent émi-
grer avec les nobles du pays, et l'on sait qu'une fois partis, ces bons
petits hommes ne reviennent plus. Autrefois, lorsqu'on avait perdu
quelque chose, il suffisait de se rendre à leur résidence au commencement de la nuit et de dire : « Poulpican, j'ai perdu tel ou tel objet »
Le lendemain on le trouvait à la porte [3]. Les paysans qui venaient à la
tombée de la nuit, près d'un tumulus de Kerfolben à Vieux-Bourg-
Quintin (Côtes-du-Nord), sous lequel demeurait un Korandon et lui
demandaient une paire de bœufs, les trouvaient le lendemain à l'aube,
au pied du tumulus, liés sous le joug. Ces bœufs étaient entièrement
noirs ; mais il fallait avoir soin, dès que le jour baissait, de les reconduire à l'endroit même où on les avait pris, et l'on devait mettre sur le
joug cinq sous pour le Korandon [4]. Dans l'Allier le Foulet n'était pas
aussi bienveillant et il prenait plaisir à venir cravacher les chevaux sur
la plate-forme du tumulus de Saint-Loup à Varennes [5].

Des esprits de diverses natures se montraient aussi sur ces buttes ou
dans leur voisinage immédiat. Au tertre des Hogues, une blanche létice

1. L. Durif. Le Cantal, p. 550 ; Clément-Janin. Trad. de la Côte-d'Or, p. 49 ; L.
Martinet. Légendes du Berry, p. 15.
2. L. Coutil. Mégalithes de l'Orne. p. 73.
3. E. Souvestre. Les Derniers Bretons, t. I, p. 115 ; Vérusmor. Voyage en Bretagne, p. 48 ; abbé Mahé. Antiquités du Morbihan, p. 140.
4. Paul Sébillot. Contes de la Haute-Bretagne, t. II, p. 188, note.
5. François Pérot. Légendes du Bourbonnais, p. 8.

prend tout à coup un aspect hideux ; un autre soir, c'est une dame blanche qui emploie ses charmes à faire tomber dans un bourbier le voyageur tardif ; d'autres fois, c'est un esprit qui égare ou qui fascine les plus résolus sans qu'ils puissent changer de place [1]

Le grand tumulus de Saint-Loup près de Varennes servait de lieu de réunion, les nuits de sabbat, aux meneurs de loups, aux sorciers et aux cornemuseux [2]. Les sorciers, les lutins et les farfadets s'assemblaient chaque nuit pour le sabbat à celui de Pujeau de la Potence dans le voisinage de Lamothe (Gironde) [3]. D'après les habitants de Samer (Pas-de-Calais) le mont de Blanque Jument est ainsi nommé parce qu'on voyait autrefois sur son sommet une jument blanche, d'une beauté parfaite, qui n'appartenait à aucun maître et s'approchait familièrement des passants, en leur présentant sa croupe pour les inviter à monter. Des apparitions nocturnes se montraient sur le tumulus de Fontenay-le Marmion ; de celui de Château-Serin à Plévenon (Côtes-du-Nord) sortaient d'anciens moines condamnés à des pénitences posthumes ; à minuit une femme tantôt blanche, tantôt couverte d'un vêtement de brouillard quittait celui de Créhen pour aller laver son linge à l'Arguenon [4].

Nombre de tumulus cachent des trésors qui consistent, tantôt en argent monnayé, tantôt en statues en matières précieuses. Un monticule d'origine incertaine à Versigny, dans l'Aisne, appelé Château Julien, renferme un veau d'or et les richesses que les Templiers y ont cachées. Il y a environ cinquante ans, les habitants voisins fouillèrent le Terrier de la Fade à Anglade (Gironde), croyant y trouver le veau d'or ; un autre tumulus à Villegrouge dans le même pays, recèle un lion d'or ; un veau d'or se promène avec croix et bannière dans un champ voisin de celui de Soulac. On voit souvent des pièces d'argent sortir de la partie est du Mont Saint-Michel de Carnac, où est enfoui le trésor de César [5]. Le jour de Noël et celui de la Toussaint l'or qui est caché sous un tumulus du Finistère n'est enfoncé en terre que de l'épaisseur d'une pièce de six francs [6].

Ces richesses étaient protégées non seulement par la couche épaisse de terre qui les recouvrait, mais aussi par des personnages surnaturels

1. Chrétien de Joué du Plein. Veillées argentenois. MMS.
2. François Pérot. Légendes du Bourbonnais, p. 8.
3. A. Ducourneau. La Guyenne historique, t. I, p. 16.
4. Vaïdy, in Acad. Celtique, t. V, (1810), p. 109 ; Amélie Bosquet. La Normandie romanesque, p. 192 ; Paul Sébillot, Trad. t. I, p. 30 ; Habasque. Notions hist. sur les Côtes-du-Nord, t. III, p. 188.
5. Soc. des Antiq. de France, t. VII, p. 121 ; F. Daleau. Carte préhistorique de la Gironde, p. 4 ; Légendes des monuments mégalithiques, p. 694 ; Z. Le Rouzic, in Revue des Trad. pop. t. XVI, p. 72.
6. Baron Halna du Fretay. La Bretagne aux temps néolithiques. Quimper, 1890, in-8, p. 59.

qui s'y montraient. Près des tumulus de l'Auvergne, on voyait errer la nuit des fantômes [1]. Un spectre apparaît au clair de la lune sur un tertre factice de la plaine de Fresney-le-Buffard, qui renferme des trésors dans des chambres souterraines éclairées par des lustres d'or. Le génie qui le garde se promène parfois aux environs, sous l'aspect d'un géant couvert d'une longue robe blanche ; il prend aussi la forme d'un lièvre ou d'un lapin, ou même d'un chat noir [2]. On raconte qu'un paysan ayant trouvé moyen de l'amener chez lui, et de le faire dorloter et abreuver par sa femme, courut en son absence à la butte et s'empara du trésor. Un pauvre fermier de Penhouët errait un soir près de l'esplanade du Castellic à Lanvaux, quand il lui sembla voir sur la motte de petits hommes noirs, les uns dansant au clair de lune, les autres sortant de la motte ou s'y enfonçant ; dans sa surprise, il poussa une exclamation et aussitôt tous disparurent. Le fermier résolut de savoir à quoi s'en tenir ; il alla au Moten, et après un travail opiniâtre de toute une nuit il parvint à une maison souterraine, où les Corrigans se tenaient accroupis autour d'un vieux pot qu'ils semblaient surveiller avec soin ; à sa vue ils poussèrent des cris d'effroi et se mirent à fuir dans toutes les directions. Le fermier se hâta de s'emparer du vieux pot, dans lequel il trouva le trésor des Corrigans [3].

On peut prendre en se donnant au diable celui qui est enfoui sous une butte dite Château Vert près de Couligny ; un autre moyen consiste à enfoncer en entier un aiguillon dans la butte, puis à attendre que l'orfraie ait fait par trois fois le tour du monticule en poussant des gémissements plaintifs : le chemin du trésor s'offre alors aux yeux, mais celui qui s'y engage meurt dans l'année [4].

Le plus habituellement les gardiens réussissent à éloigner les fouilleurs. Le tumulus de Soulac (Gironde) est surveillé par des chiens invisibles qui dévorent ceux qui veulent y toucher [5]. Un homme qui s'était rendu au tertre des Hogues pour prendre le trésor qu'il renferme, eut à se défendre contre les esprits qui l'obsédaient en lui faisant voir des dangers imaginaires. Après avoir marché longtemps, il se retrouva au pied du tertre, près d'une large et longue pierre, disposée en forme de table ; minuit sonna à l'église de Saint-Germain d'Argentan, un coq parut sur la pierre, et après avoir chanté trois fois, il passa dessous et disparut ; la pierre avait tourné trois fois et le prestige était dissipé [6].

La Butte à l'écuyer dans la commune de Vatteville contient des ri-

1. Bouillet. *Album auvergnat*, p. 51.
2. Chrétien de Joué-du-Plein. *Veillerys argentenois*, MMS.
3. Dr Fouquet, in *Soc. Poly. du Morbihan*, 1863, p. 6-7.
4. François Pérot. *Légendes du Bourbonnais*, p. 8-9.
5. F. Daleau. *Lég. des Mon. mégalithiques*, p. 892.
6. Chrétien de Joué-du-Plein. *Veillerys argentenois*, MMS.

chesses qui parfois se découvraient aux yeux des passants ; mais les animaux étranges qui les surveillent ont toujours soin d'effrayer ceux qui tenteraient de s'en emparer. C'est ainsi que deux voyageurs furent suivis un soir depuis la butte jusqu'à la Vacherie par une bête mince et de formes déliées qui, arrivée à cet endroit, prit tout à coup une taille gigantesque et se précipita dans la Seine avec un fracas épouvantable. On a plusieurs fois essayé de faire des fouilles à cette butte, mais les animaux ont toujours su écarter les travailleurs et remplir les excavations qu'on avait creusées. Un paysan, ayant été la nuit fouiller la butte de Gourmalon vit se dresser devant lui un bouc horrible [1].

Le diable ne permet pas que l'on élève des constructions sur la Motte Boussingault à Porchères (Gironde) ; il démolit la nuit ce qui a été édifié pendant la journée. Le tumulus de Soulac avait beau être nivelé le jour, il se reconstituait la nuit. Celui de Créhen ne diminuait point, bien que l'on eût pris à charretées la terre jaune qui le composait, pour la faire servir aux constructions du voisinage [2].

Le tumulus de Naillac avait le privilège, que l'on attribue fréquemment aux montagnes et aux grottes, de s'ouvrir tous les ans quand on célébrait la messe de minuit [3].

1. Amélie Bosquet. *La Normandie romanesque*, p. 152 ; P. Bézier, *Még. de l'Ille-et-Vilaine*, suppl. p. 91.
2. F. Daleau. *Lég. des mon. mégalithiques*, p. 192; Paul Sébillot. *Trad.* t. I, p. 31.
3. L. Duval. *Esquisses marchoises*, p. 26.

# CHAPITRE IV

# PIERRES DIVERSES

## § 1. LES PIERRES BRANLANTES

Les pierres branlantes ont, pendant assez longtemps, été considérées comme des ouvrages humains, et en 1880, elles figuraient à ce titre dans *l'Inventaire des Monuments mégalithiques*. On admet en général aujourd'hui que ce sont des monuments naturels, qui suivant une définition de M. des Molins, appartiennent à la géologie par leur origine, à l'archéologie par leur usage [1].

L'inventaire relevait près de 90 de ces pierres dans les divers pays de France, et sans doute sa liste n'était pas complète. Les régions qui en avaient le plus étaient celles où l'on constate fréquemment des phénomènes géologiques de la désagrégation des roches. Voici les chiffres relevés pour les départements qui en conservaient cinq ou davantage : Côtes-du-Nord, 15 ; Puy-de-Dôme, 11 ; Dordogne, 9 ; Haute-Saône, Haute-Vienne, Corrèze, 6 ; Morbihan, Finistère, Savoie, Maine-et-Loire, 5.

On rencontre quelques mentions anciennes de ces pierres ; au XIIIᵉ siècle il y avait près d'un village du diocèse d'Embrun une grosse roche que l'on remuait facilement avec un seul doigt, mais qui restait immobile si l'on essayait de la pousser de toutes ses forces [2]. On remarquait jadis à l'extrémité du faubourg d'Auron à Bourges une pierre branlante qu'un titre de la Sainte-Chapelle de cette ville et un autre du chapitre de Saint-Étienne, tous deux du XIIIᵉ siècle, désignent le premier sous le nom de *Petra quæ vertitur* et le second sous celui de la « Pearre que tornoie [3]. » On voyait vers 1630 une pierre branlante près de la porte de Saint-Just à Lyon [4]. Un poëte du XVIIᵉ siècle fait allusion à l'un de ces mégalithes dont je n'ai pu trouver la situation géographique :

---

1. *Bull. de la Soc. des Antiq. de France*, février 1850.
2. Gervasius de Tilbury. *Otia imperialia*, éd. Leibnitz, p. 966.
3. L. Martinet. *Le Berry préhistorique*, p. 104.
4. Abraham Gölnitz. *Ulysses belgico-gallicus*, p. 329.

Au rocher Harpaza la France estoit semblable,
Qui meu de tout le corps demeuroit ferme et stable,
Mais si quelqu'un du doigt seulement le touchoit
Aussi tost ce rocher mobile devenoit[1]

Plusieurs des noms que portent ces blocs font allusion à la facilité avec laquelle on peut les mettre en mouvement. C'est pour cela qu'ils s'appellent Pierres chabranles, Pierres qui branlent dans la Creuse, Roches branlantes, Roches branlaires en Puy-de-Dôme, Roches qui branlent en Ille-et-Vilaine, Pierres qui croulent en Saône-et-Loire, Pierres tremblantes dans l'Aude, Pierres qui dansent en Auvergne, Perrons qui dansent dans la Côte-d'Or. A Combronde (Puy-de-Dôme), il il y avait la Pierre du Cœur balant, dite aussi Pierre du Devin, probablement à cause des oracles qu'on lui demandait. Le Roc de Saint-Estapin dans la Dordogne oscille si délicatement sous la pression de l'épaule et même du doigt qu'on l'a nommé le Casse-noisettes, et il les casse en effet très proprement sans écraser l'amande. Une de ces pierres, dans un bois des environs de Moulins-Engilbert (Nièvre) était appelée Pierre de Bon Courage, ce qui suppose qu'on lui attribuait une influence sur la force ou la bravoure[2].

Les légendes sur l'origine de ces pierres présentent une grande ressemblance avec celles des divers monuments mégalithiques : c'était la sainte Vierge qui, en filant sa quenouille, avait apporté de bien loin, dans son tablier, la Roche branlaire de Mont de la Côte (Tarn) et celle de Gelles (Puy-de-Dôme) qui se balance sur un grand tourillon d'or ; à Rennes-les-Bains le diable en personne avait mis en équilibre la Pierre tremblante[3].

La tradition populaire attribue à ces blocs, ainsi que d'ailleurs à des pierres plus incontestablement naturelles, des gestes analogues à ceux des mégalithes. A Louvigné-du-Désert, il en avait une, aujourd'hui détruite, qui allait boire tous les ans pendant la messe de minuit dans le ruisseau du bas de la vallée[4]. D'autres se mettaient en mouvement. On nomme la Pierre Branlante, à Lardy (Seine-et-Oise), une énorme roche en grès posée sur deux autres blocs plus petits, quoiqu'il soit difficile aujourd'hui de lui imprimer le moindre mouvement ; la tradition veut qu'elle tourne à différentes époques ; mais il est difficile de s'en rendre compte, car elle se meut seulement lorsqu'on

---

1. Courval-Sonnet. *Satyre*, IV.
2. M. de Cessac. *Mon. még. de la Creuse*, p. 40, 41 ; Cambry. *Monumens celtiques*, p. 236 ; P. Bézier. *Mégalithes de l'Ille-et-Vilaine*, p. 104 ; A. Dulaure. *Des cultes qui ont précédé l'idolâtrie*, p. 296 ; Gaston Jourdanne. *Cont. au F.-L. de l'Aude*, p. 215 ; *Bull. Monumental*, t. XVI, p. 109 ; J.-G. Bulliot et Thiollier. *Le culte de saint Martin*, p. 403.
3. Dulaure, in *Soc. des Antiquaires*, t. XII, p. 86 ; *Revue des l. rom.*, 3e série, t. III, p. 158 ; Gaston Jourdanne. *Contribution au F.-L. de l'Aude*, p. 215. Dans l'Auxois quelques-unes s'appellent Roches du diable (Com. de M. H. Marlot).
4. P. Bézier, l. c., p. 89.

ne la regarde pas[1]. Celle de Dame-Sainte tournait le dimanche des Rameaux lorsque la procession rentrait à l'église; celle de la Tour près de la Verrie, la nuit de Noël, et elle était alors entourée d'un cercle de lumières; des lutins androcéphales forment des rondes autour pendant une partie de l'hiver[2].

On est venu et l'on vient encore interroger ces roches singulières; le plus souvent ce sont les maris qui leur demandent des oracles. Le nom de *Men dogan*, la pierre des cocus, à Trégunc (Finistère) y fait allusion : le doigt d'un enfant suffit pour la remuer, aussi bien qu'une autre pierre des environs de Pontivy, mais elles demeurent immobiles sous tous les efforts des époux trompés qui les consultent[3]. Il y a une centaine d'années la même pratique avait lieu près de roches branlantes de la Brie et de quelques autres pays, et naguère encore elle était usitée sur un bloc des environs de Sarrebourg. Dans la vallée d'Arbey, non loin de Colmar, les maris se rendent au point du jour à une pierre placée en équilibre sur une pointe de rocher; ils se mettent dessous, et s'ils réussissent à la faire remuer en la touchant avec l'index seulement, c'est que la femme est fidèle; mais si l'épouse au sujet de laquelle on l'interroge se trouve présente, l'oracle répond tout de travers[4].

Les consultations faites pour d'autres motifs sont plus rares. La pierre branlante du Yaudet (Côtes-du-Nord), appelée *Roc'h Werhet*, la roche aux Vierges, servait à prouver la vertu des filles; d'après une légende de Trégunc l'amoureux qui parvenait à faire remuer la pierre tremblante n'était pas aimé[5].

Les pierres branlantes sont quelquefois en rapport avec les éléments; on en voyait une dans les Pyrénées qui, lorsqu'on la mettait en mouvement, produisait le tonnerre et les tempêtes[6]. La Pierre folle, détruite dans la première moitié du XIXe siècle, se dressait non loin des Balais sur le roc le plus élevé. C'étaient deux énormes rochers dont l'un supportait l'autre, équilibrés de telle façon que le vent suffisait pour imprimer au bloc supérieur une oscillation marquée, que les paysans nommaient la *danse*; ils tiraient des présages de cette danse, suivant qu'elle était plus ou moins vive : *La Foulada dansa, auren be quoque tien,* disaient-ils[7].

1. G. Fouju, in *Revue des Trad. pop.*, t. X, p. 574.
2. L. Martinet, *Le Berry préhistorique*, p. 94; Abbé F. Baudry. *Antiquités Celtiques de la Vendée*, p. 29.
3. E. Souvestre. *Les Derniers bretons*, t. I, p. 114.
4. Ladoucette. *Mélanges*, p. 429; *Soc. d'ém. de Montbéliard*, t. II, 3e série, p. 155; *Le Petit bleu de Bruxelles*, 22 février 1903.
5. *Académie Celtique*, t. III, p. 217; Du Laurens de la Barre, in *Le Conteur breton*, t. III (1867), p. 133.
6. J.-A. Dulaure. *Des Cultes qui ont précédé l'idolâtrie*, p. 295.
7. Abbé Grivel. *Chroniques du Livradois*, p. 42.

Dans l'Aude on pouvait évoquer le diable en agitant la Pierre tremblante de Rennes-les-Bains, à condition d'avoir un pacte à lui proposer[1].

Il est vraisemblable que ces pierres ont été aussi l'objet d'un culte;
les traces ont été, à part les ordalies, rarement constatées. D'après la
tradition de Moulins-Engilbert, on célébrait chaque année deux fêtes,
l'une au premier mai, la seconde à la fin de la moisson, à la Pierre du
Bon Courage, détruite au commencement du XIXᵉ siècle[2]. L'auteur ne
décrit pas la cérémonie, de sorte que l'on ne sait si elle était restée
païenne, ou si on l'avait associée à une fête chrétienne comme à Guernesey, où l'on dansait le jour Saint-Jean sur le sommet de la Roque
Balan, qui était presque plat, et le refrain d'une vieille chanson y faisait allusion:

> J'irons tous à la Saint-Jean
> Dansair à la Roque Balan[3].

## § 2. LES POLISSOIRS

Le folk-lore des polissoirs est peu considérable, et en réalité il ne
leur est pas spécial : ils sont l'objet de croyances analogues à celles qui
s'attachent à des blocs naturels ou à ceux érigés de main d'homme.
J'ai parlé au chapitre des Empreintes (t. I, p. 400 et surtout p. 408, 409,
410, 411), des bassins et des rainures qui les parsèment.

Quelques-uns des noms qu'ils portent sont conformes à leur ancienne
destination. Un polissoir à Avant-lès-Marcilly s'appelle Pierre à repasser, un autre à Saint-Nicolas, Pierre à repasser les sabres. Parfois ils
semblent indiquer une relation avec le monde infernal : Un polissoir
du Vendômois à Villers-Faux est dit Pierre Sorcière ; dans la commune
d'Arroux, le diable ne souffre pas que la terre demeure sur celui que
l'on appelle Pierre du diable[4]. Un dicton attribue un rôle fatidique à un
polissoir de la Beauce, appelé la Pierre d'Houdouenne : si elle s'enfonçait Chartres serait noyé[5].

Je donnerai au chapitre des Cultes mégalithiques, en même temps
que les pratiques en relation avec les autres blocs, celles, assez rares,
dont les polissoirs sont l'objet. Celle qui suit se rapporte au voisinage
de celui de Saint-Avit, dans l'Aube, plutôt qu'au monument lui-même:
Les fiévreux attachent des fils de laine aux arbrisseaux qui l'entourent,
dans l'espoir de se débarrasser de leur maladie[6].

---

1. Gaston Jourdanne. *Contribution au Folk-Lore de l'Aude*, p. 215.
2. J.-G. Bulliot et Thiollier, l. c., p. 403.
3. Edgar Mac Culloch. *Guernsey Folk-lore*, p. 113.
4. E. Pillot. *Les Polissoirs de l'Aube*. Troyes, 1881, in-18 p. 12 ; *Soc. des Antiq.
de l'Ouest*, 1868, p. 24 ; *Rev. des Trad. pop.*, t. V, p. 155.
5. G. Fouju, in *Rev. des Trad. pop.*, t. V, p. 283.
6. Ph. Salmon, *ibid.*, t. III, p. 512.

# CHAPITRE V

# CULTES ET OBSERVANCES MÉGALITHIQUES

Pendant les premiers siècles qui suivirent l'établissement du christianisme en Gaule, les conciles (Arles, 452, Tours, 567, Nantes, vers 658 etc.) se sont maintes fois élevés contre le culte des pierres, et ont ordonné de renverser celles auxquelles on rendait hommage, et de les enfouir de façon à ce que leurs fidèles ne pussent les retrouver[1]. Les instructions des évêques, et spécialement celles, si connues, de saint Eloi, les capitulaires, renouvellent ces prescriptions, ce qui montre la persistance des dévotions populaires aux mégalithes. Il est vraisemblable que parmi les causes qui empêchèrent la destruction de ces pierres vénérées entra, pour une large part, la croyance qu'elle pouvait attirer à bref délai de graves malheurs sur les sacrilèges et même sur le pays tout entier. Cette idée, qui était peut-être une survivance des anathèmes lancés, des milliers d'années auparavant par ceux qui avaient élevé ou consacré ces rudes monuments, contre ceux qui leur auraient porté atteinte, a traversé le moyen âge, et elle est loin d'avoir disparu. On en a relevé peu de témoignages anciens ; cependant une vieille chronique raconte qu'un chevalier normand, contemporain de Henri II d'Angleterre, ayant démoli, en construisant un château à Guernesey, un antique cromlech, les gens du voisinage lui prédirent qu'il serait maudit à cause de cette action, et en effet, depuis ce moment jusqu'à sa mort, il éprouva une suite ininterrompue de disgrâces[2]. Deux observations très précises, faites vers le milieu du XVIIIᵉ siècle, montrent que des croyances apparentées subsistaient toujours. Les habitants voisins du ménir (sic) de la Haute-Borne près le village de Fontenai, non loin de Joinville, en Champagne, accoutumés de temps immémorial et par tradition à respecter ces monuments sans savoir le motif de leur respect, prétendent qu'on n'y avoit jamais tenté une fouille sans qu'il leur soit arrivé quelque malheur, et de fait, l'année qui suivit les travaux de Legendre (1750) les récoltes du canton

---

1. Ducange. *Glossarium*, vᵒ Petra. Voici le canon XX du Concile de Nantes : Lapides quos in ruinosis locis et sylvestribus dœmonum deceptũ venerantur ubi et vota vovent et deferunt, funditus effodiantur atque in tali loco projiciantur ut nunquam a cultoribus suis inveniri possent.

2. Edgar Mac Culloch. *Guernsey Folk-Lore*, p. 117.

furent mauvaises, et ils les attribuèrent à sa curiosité[1]. Un archéologue
qui, presque à la même époque, avait visité les pierres de Carnac,
écrivait au cours de sa description : Il s'en voit dans le grand nombre
quelques-unes de couchées, soit qu'elles aient été renversées naturellement, soit qu'on ait eu l'intention d'en faire usage, ce que les paysans
de ces contrées n'ont osé pendant longtemps par esprit de superstition[2].
Ogée, qui dit la même chose, ajoute qu'aujourd'hui, « on est parvenu
à détruire cette ridicule superstition ». Le clergé y contribua sans doute
en les employant à la construction des édifices sacrés, et la tradition
locale est d'accord avec les vers de Brizeux où il parle du

> ...portail de l'église
> Dont les menhirs brisés ont bâti chaque assise[3]

Il y a une centaine d'années les villageois des environs de Vert
disaient que si on déracinait la Pierre piquée, il sortirait de la place
qu'elle occupe un torrent qui ravagerait toute la Beauce. La même
catastrophe arriverait si on détruisait le menhir de Doingt en Picardie ;
et si on enlevait celui de Saint-Samson près Dinan, la mer envahirait
toute la France[4]. A Guernesey le propriétaire du champ de l'Autel prévint celui qui l'avait acheté pour en faire une carrière, que s'il touchait
au dolmen qui s'y trouvait, il ne serait jamais riche ou heureux. Cette
idée fut confirmée par une singulière coïncidence que les paysans
racontent, et dont il existe plusieurs versions. L'auteur de la plus
complète la tenait du neveu de celui qui éprouva de multiples mésaventures pour avoir détruit La Roque qui sonne, énorme pierre qui
avait fait partie d'un dolmen. Lorsque le propriétaire du terrain où elle
se trouvait eut annoncé son intention de l'employer à faire des portes
et des fenêtres, les gens du voisinage lui prédirent que cet acte sacrilège attirerait sur lui des infortunes ; il se moqua d'eux, et la maison
s'éleva. Le jour même où deux domestiques y préparaient l'emména-
gement de leurs maîtres, le feu y prit, et se développa si rapidement
qu'ils périrent dans les flammes. Les débris de la maison furent débités
en petites pierres, et embarqués sur deux navires dans lesquels cet
homme était intéressé, et qui périrent en mer : le feu détruisit la
maison qu'il habitait à Aurigny où il s'était établi ensuite, et les agrès
du bateau qui le ramenait à Guernesey lui brisèrent le crâne[5]. Quand

---

1. Legrand d'Aussy. *Des sépultures nationales*, p. 202. *Ménir* est ainsi écrit par
cet auteur, qui proposa d'adopter les mots bretons *ménhir* et *dolmen* pour désigner
les deux principales formes des monuments dits alors celtiques.
2. La Sauvagère. *Antiquités dans la Gaule*, p. 254.
3. *Les Bretons*, ch. III.
4. Fréminville, in *Soc. des Antiq.*, t. II, p. 163 ; G. Fouju, in *Rev. des Trad. pop.*
t. V, p. 283 ; cf. *Folk-Lore de France*, t. I, p. 418.
5. L. Lane Clarke. *A guide to Guernsey*, p. 37 ; Edgar Mac Culloch. *Guernsey
Folk-Lore*, p. 114-117.

on déplaça le menhir de Grand-Couronne pour en orner le tombeau de l'archéologue Langlois, les bonnes femmes du voisinage assaillirent les ouvriers de prédictions funestes et l'on alla même jusqu'à affirmer que la pierre retournerait au lieu où on l'avait prise. Dans l'Indre et dans la Charente-Inférieure, ceux qui enlèvent les pierres des dolmens meurent dans l'année, et l'on cite en Anjou la mort subite d'un homme qui en avait détruit un situé sur ses terres. Suivant une croyance relevée à Begadan (Gironde) le propriétaire lui-même qui permet de les fouiller est exposé à voir succomber un de ses proches, avant un an ; dans l'Aveyron celui d'un dolmen ruiné refusa de le laisser explorer, craignant de commettre un péché. Lors des fouilles de la butte de Run près de Treffiagat (Côtes-du-Nord) les habitants redoutaient les représailles des Corriquet, et l'un d'eux assurait plus tard que pour se venger, ils venaient lutiner les chevaux dans son écurie [1].

Si l'on creusait au pied des dolmens d'Ardillières (Charente-Inférieure), on y trouverait le chemin de l'enfer et l'imprudent qui s'y engagerait ne reviendrait jamais [2]. Lorsqu'on voulut diviser la grande dalle de *Peyrolebado*, dans l'Aveyron, à chaque coup de marteau sur les coins on en vit jaillir du sang et ils étaient rejetés au loin. Le menhir de Saint-Quantin près de Felletin se défendit contre les ouvriers envoyés pour le renverser, en faisant sortir de terre des langues de feu. Des jeunes gens qui avaient essayé de déplacer une Roche branlaire d'Auvergne furent enveloppés dans une nuit profonde [3].

Les vieillards de Plonnéour-Trez racontaient qu'on avait souvent essayé d'enlever les pierres d'un cromlech pour les utiliser comme matériaux ; le fer s'émoussait dessus et si on les renversait, elles se relevaient toutes seules [4]. Le propriétaire du menhir de Vieux dans le Tarn ayant voulu déplacer cette pierre que les habitants regardent comme sacrée, des mains invisibles venaient la nuit boucher le trou fait à sa base [5]. On prétend même dans le Morvan que les esprits gardiens des mégalithes interviennent en leur faveur : Au temps jadis un riche baron fit attacher plusieurs paires de bœufs pour abattre le

1. Amélie Bosquet. *La Normandie romanesque*, p. 186 ; L. Martinet. *Le Berry préhistorique*, p. 60 ; F. Daleau. *Légendes des mon. mégalithiques*, p. 692 ; C. Fraysse. *Le F.-L. du Baugeois*, p. 15 ; abbé Valadier, in *Mém. de la Soc. des lettres etc. de l'Aveyron*, t. IX, 1859-1867, p. 218 ; P. du Châtellier, in *Soc. d'émulation des Côtes-du-Nord*, 1879.

2. On employa des paires de bœufs à renverser le dolmen d'Ardillières (Charente-Inférieure) mais la table déplacée le soir était revenue à sa place le lendemain (*Soc. des Antiq. de l'Ouest*, t. V, p. 88) ; Une grosse pierre informe, supposée recouvrir un trésor, s'appelait la Porte d'Enfer. (Amélie Bosquet. *La Normandie romanesque*, p. 87).

3. Abbé Valadier, in *Soc. des lettres etc. de l'Aveyron*, p. 218 ; L. Duval. *Esquisses marchoises*, p. 26 ; *Rev. des langues romanes*, 3ᵐᵉ série, t. III, p. 158.

4. L.-F. Sauvé, in *Rev. des Trad. pop.*, t. II, p. 136.

5. *Rev. des l. romanes*, 2ᵉ série, t. III, p. 54.

menhir de Pierre Pointe (Côte-d'Or). Il commençait à s'incliner lorsque
la fée qui y avait sa résidence s'échappa sous forme d'un oiseau blanc,
et lança cet appel à un autre bloc situé un peu plus loin et appelé
Pierre Sarrasine :

> Sarazine [1],
> Ma bonne voisine,
> Si tu ne viens à mon aide,
> Les bœufs de Pierre-Pointe m'emmènent.

A l'instant les cordes se brisèrent et les bœufs furieux se sauvèrent
dans toutes les directions [2].

La terre qui provient de ces mégalithes est funeste aux récoltes ;
vers 1830, on disait dans les Côtes-du-Nord que celle des tumulus les
faisait périr ; un chercheur de trésors ayant démoli le dolmen de
Penestin (Loire-Inférieure) n'y trouva qu'une terre jaunâtre qu'il eut
l'imprudence d'étendre sur son champ, et qui brûla toute sa moisson [3].

Le simple manque de respect peut être dangereux : Depuis plusieurs
générations on recommande aux faucheurs de ne pas couper le foin
autour et au-delà d'une grosse pierre debout du champ de la Houmière,
avant que le reste du foin n'ait été logé, car dès que l'on touche à celui
qui l'entoure, fît-il le plus beau temps, il s'élève aussitôt un orage. Si
l'on aiguisait son couteau sur la pierre de Hollain près de Tournay, on
serait sûr de le perdre, ou il se retournerait contre celui qui aurait
commis cette imprudence [4].

Il est rare que l'on relève des actes irrévérencieux accomplis près de
ces monuments par les indigènes ; parfois au contraire, on rencontre
des vestiges de l'antique vénération qui s'y attachait, et il n'est pas
sans exemple de constater des pratiques où les anciennes religions et
celle actuellement régnante se trouvent pour ainsi dire associées. Dans
l'Aveyron, les vieillards se découvraient respectueusement quand ils
passaient près du dolmen des Claparèdes, dit l'*Oustal de los Foderollus* ;
mais ils faisaient aussi un signe de croix. Pour détourner les maléfices,
on ne manquait pas de se signer devant le menhir de la Femme
Blanche, dans la forêt de Marcon. Lorsque les enfants étaient auprès
d'un polissoir de Nettonville (Eure-et-Loir) appelé Bénitier du Diable,
parce que la cuvette en a été creusée par lui, ils puisaient un peu de
l'eau qui y séjourne et faisaient le signe de la croix. En 1833, on se

1. C'est le nom d'un grand bloc couché dans la forêt voisine de Theizy.
2. Hipp. Marlot, in *Rev. des Trad. pop.*, t. XII, p. 498 ; *Mém. de la Société
éduenne*, t. XVIII, p. 315.
3. Habasque. *Notions hist. sur les Côtes-du-Nord*, t. III, p. 86 ; H. Quilgars, in
*Rev. des Trad. pop.*, t. XVI, p. 390.
4. Edgar Mac Culloch. *Guernsey Folk-Lore*, p. 129 ; Alfred Harou, in *Rev. des
Trad. pop.*, t. V, p. 234, cf. t. I, p. 293, du *F.-L. de France*, le célèbre passage de
Lucain où les haches se retournent contre ceux qui en frappent les arbres.

souvenait d'avoir vu des gens dire leur prière devant les Roches Pouquelaies de Vauville dans la Manche[1].

Parfois même des cérémonies, auxquelles les prêtres prenaient part, avaient lieu près de ces vestiges d'un autre culte. Avant 1789, le clergé allait en procession au dolmen de Sainte-Madeleine (Charente-Inférieure), et, vers la même époque, on disait la messe en bateau, au-dessus de pierres druidiques que l'on apercevait, à quinze pieds sous l'eau, entre Le Guilvinec et Penmarc'h[2].

Une coutume, qui était peut-être une survivance d'un antique hommage ou d'une dévotion phallique, fut relevée, il y a une trentaine d'années dans le pays de Luchon ; lorsqu'on traversait, pour aller cueillir des fraises, la pelouse où se dresse la *Peyra de Peyrahita*, les hommes forçaient les femmes et les filles à embrasser ce menhir[3]. Maintenant encore plus d'une jeune femme va le baiser en secret[4].

C'est probablement à cause de son nom et de son origine diaboliques que, antérieurement à 1821, un menhir de la Belgique wallonne était l'objet de pratiques qui se terminaient par un acte naturaliste : Chaque année en revenant du pèlerinage de N.-Dame de Walcourt, les garçons et les filles formaient une ronde autour de la Pierre du Diable à Thy le Beaudhuin près de Namur, puis, pour témoigner leur mépris au diable, ils souillaient la pierre d'une étrange façon[5].

On sait que le clergé, ne pouvant détruire d'emblée le culte que le peuple rendait aux mégalithes, s'efforça de le christianiser. Aux uns il imposa des noms de saints, d'autres furent surmontés de calvaires ; on y grava, on y sculpta des croix ou d'autres figures, et même des inscriptions pieuses[6]. Cette coutume n'est pas tombée en désuétude ; j'ai vu dans le Finistère des croix qui avaient été burinées sur des menhirs à des époques très récentes. Une légende du Morbihan est en partie fondée sur cet usage : un paysan qui a gravé une croix sur la plus grosse pierre de Plouhinec est ensuite protégé par elle, qu'il a rendue chrétienne ; elle se place devant lui au moment où les autres blocs qui revenaient de boire à la rivière allaient l'écraser[7]. Ainsi qu'on le verra, un petit nombre seulement de superstitions sont pratiquées près de ces monuments christianisés.

1. Michel Virenque, in *Mém. de la Soc. des lettres de l'Aveyron*, 1868-73, p. 34 ; Ph. Salmon. *Dict. arch. de l'Yonne*, p. 53 ; G. Fouju, in *Rev. des Trad. pop.*, t. V, p. 155 ; Amélie Bosquet. *La Normandie romanesque*, p. 166.

2. *Société des Antiquaires de France*, t. VII, p. 48 ; Cambry. *Voyage dans le Finistère*, p. 350.

3. Julien Sacaze, *Le culte des pierres au pays de Luchon*, Ass. française, 1878, p. 903.

4. Piette et Sacaze, in *Matériaux*, t. IX, p. 250.

5. *Messager des sciences historiques*, 1878, p. 173, cité par A. Harou, in *Rev. des Trad. pop.*, t. XVIII, p. 182.

6. Voir sur cette question une étude d'A. de Mortillet, in *Revue de l'École d'Anthropologie*, 1897, p. 322-338 (avec figures).

7. E. Souvestre, *Le Foyer breton*, t. II, p. 188-194.

## § 1. LA FRICTION, L'ASCENSION ET LA STATION

Les monuments mégalithiques sont l'objet de pratiques analogues à celles qui s'accomplissent encore sur les pierres naturelles remarquables par leur masse ou leur aspect. Il est du reste probable qu'elles se sont d'abord attachées à celles-ci, et qu'elles furent plus tard transportées aux blocs érigés de main d'homme, dont quelques-uns en étaient vraisemblablement une imitation réduite.

On ne rencontre pas d'exemple authentique du rite de la glissade (cf. t. I, p. 335); mais la friction (cf. t. I, p. 330, 404) est toujours usitée, avec un certain mystère pourtant. Naguère à Carnac, les jeunes filles qui désiraient un mari se déshabillaient complètement et se frottaient le nombril à un menhir spécialement affecté à cet usage; les garçons à marier faisaient bonne garde, à une distance respectueuse[1]; en Eure-et-Loir, elles retroussaient leur jupon, et, le soir, se frottaient le ventre contre une aspérité de la Pierre de Chantecoq, dite aussi Mère aux Cailles, qui est à une hauteur convenable[2]; vers le milieu du XIXᵉ siècle, les filles amoureuses se livraient à la même pratique sur une pierre de l'allée couverte de la Roche-Marie, près de Saint-Aubin du Cormier (Ille-et-Vilaine)[3].

Les nouveaux époux se rendent au pied du menhir de Plouarzel, qui présente sur deux de ses faces opposées, à un mètre environ du sol, une bosse ronde, et après s'être en partie dévêtus, la femme d'un côté, le mari de l'autre, se frottent le ventre sur une de ces bosses; l'homme prétend, en agissant ainsi, avoir des enfants mâles plutôt que des filles, et la femme espère obtenir d'être la maîtresse au logis[4]. D'après Cambry, qui rapporte cette coutume presque dans les mêmes termes, les nouvelles mariées faisaient baiser la pierre à leur mari, afin d'être maîtresses chez elles; pour les deux époux la friction avait pour but d'obtenir des enfants mâles[5]. Près du bourg de Moëlan les nouveaux mariés se frottent pour la même raison à un menhir qui a aussi une aspérité[6]. On m'a assuré que le rite accompli sur la pierre de Plouarzel se serait modifié récemment: les époux s'y rendent la seconde nuit après le mariage; la femme embrasse le menhir d'un côté, l'homme de l'autre, et si leurs lèvres se trouvent juste en face les unes des autres,

1. *Matériaux pour l'histoire de l'homme*, t. X, p. 123.
2. Gustave Fouju, in *Rev. des Trad. pop.*, t. X, p. 673.
3. Paul Sébillot, *Trad.*, t. I, p. 48.
4. Paul du Châtellier, *Inventaire des Monuments mégalithiques du Finistère*, p. 24. Bien que les observateurs n'aient pas toujours noté la présence sur les menhirs à friction d'une protubérance, il est vraisemblable qu'elle a existé sur ceux qui sont l'objet de cette pratique, et que c'était cette circonstance qui l'avait motivée à l'origine.
5. *Monumens celtiques*, p. 270.
6. Paul du Châtellier, l. c.

le ménage est assuré d'avoir des garçons. Autrefois les époux sans enfants se frottaient à ce menhir; à celui de Saint-Cado, près de Ploërmel, la femme seule vient encore se livrer à cette pratique. En Eure-et-Loir les jeunes femmes, pour être fécondes, se frictionnaient le ventre contre une aspérité de la Pierre de Chantecoq; celles des environs de Simandre (Ain) accomplissaient cet acte sur le menhir qui s'y dresse. Pour accoucher tous les sept mois (sic) les femmes rendaient le même hommage à la Pierre longue près de Dax, dans les Landes. Vers le milieu du XIX⁰ siècle, celles du pays de Luchon, désireuses d'être mères, se frottaient contre un menhir sur la montagne du Bourg d'Oueil, et elles l'embrassaient avec ferveur [1]. Des paysannes allaient naguère encore, la nuit, dans un bois situé près de Saint-Laurent-lès-Mâcon et, après s'être dépouillées de tout vêtement jusqu'à la ceinture, elles se frottaient le ventre contre une pierre levée pour avoir des enfants, et les seins pour avoir du lait [2].

Le menhir adossé à la nef de la cathédrale du Mans est l'objet d'une observance dont les similaires mégalithiques sont rares. Les femmes désireuses d'être mères se frottent le doigt dans une sorte de cupule que l'on remarque sur son fût, à laquelle cet acte, répété souvent, a donné un véritable poli [3]. Une pierre druidique sur la grève de Perros, à laquelle on s'adressait, il y a une centaine d'années, pour la guérison de plusieurs maladies présentait aussi à une hauteur d'environ un mètre cinquante, un trou d'un pouce et demi de profondeur et assez large pour permettre d'y enfoncer facilement le doigt; le fond et les bords étaient devenus lisses par un usage journalier [4].

L'usage thérapeutique de la friction est plus rare sur les mégalithes que sur les gros blocs naturels (cf. t. I, p. 338); cependant on le retrouve à Landunnevez (Finistère) où les pèlerins à force de se frotter l'épaule avaient rendue très lisse une échancrure du menhir de Saint-Samson; ceux qui vont à Saint-Jean-du-Doigt, en passant par Guimaec, se frictionnent le dos contre la plus élevée des treize pierres d'un groupe mégalithique appelé *Bez-an-Inkinérez*, tombeau de la fileuse, aussi pour être préservés des rhumatismes. Beaucoup de

1. D'Ault du Mesnil, in *Rev. des Trad. pop.*, t. XVIII, p. 117-118; G. Fouju, *Ibid*, t. X, p. 673; Tardy. *Le menhir de Simandre*, p. 3; J.-F. Bladé. *Contes de Gascogne*, t. II, p. 377; Julien Sacaze. *Le Culte des pierres au pays de Luchon*, p. 903.

2. A. Callet. in *Rev. des Trad. pop.*, t. XVIII, p. 502.

3. Comm. de M. A. de Mortillet. On peut rapprocher cet acte d'une superstition provençale : une statue très fruste dans le mur de clôture de la fontaine de Saint-Sumian près de Brignolles présente à la hauteur du nombril une petite cupule circulaire faite avec un burin de carrier et aussi nette que si elle venait d'être burinée ; elle est entretenue dans cet état par les baisers que lui donnent les jeunes gens à marier ou les femmes stériles (Bérenger-Féraud. *Superstitions et survivances*, t. I, p. 415-416).

4. Boucher de Perthes. *Chants armoricains*, p. 63.

personnes accomplissent le même acte sur le fût de la croix des Sept
Douleurs au Bourg-de-Batz (Loire-Inférieure) qui est fort ancienne, et
a vraisemblablement remplacé un menhir, et pour les douleurs on
venait de fort loin se frotter au dolmen de la Pierre à Berthe[1]. Certaines
maladies de l'enfance sont guéries par le toucher ou le port d'un
vêtement qui aura été frotté à des pierres sacrées, telles que celle de
Sent Cristau à Bentayou-Séro[2]. On verra plus loin que des statues ont
le même privilège.

En grimpant sur des pierres remarquables par des particularités,
ou difficiles à gravir, parfois même en s'asseyant dessus, on obtient des
faveurs analogues à celles que procure la friction (cf. t. 1, p. 339, 404,
407). Les jeunes filles, pour avoir un mari, s'asséoient au moment de
la pleine lune, après avoir relevé leur jupon, sur la table du dolmen
ruiné de Cruz Moquen, à Carnac, qui porte le nom de Pierre Chaude.
Celui qui peut arriver au haut du menhir de Saint-Samson (Côtes-du-
Nord) est assuré de se marier dans l'année ; les personnes qui ont le
même désir doivent monter sur le sommet de la pierre levée de
Colombiers (Calvados), y déposer une pièce de monnaie, et sauter du
haut en bas ; deux autres pierres aux environs de Bayeux étaient
l'objet de semblables observances. Les filles du Crocq dans la Creuse,
se précipitaient du sommet d'un dolmen[3].

### § 2. LE PASSAGE À TRAVERS LA PIERRES OU SOUS LA PIERRE.

L'influence sur la destinée ou la santé que l'on attribue à plusieurs
pierres, tient au trou naturel ou artificiel dont elles sont percées : le
rite le plus ordinaire consiste à y introduire la tête ou les membres. Dans
l'Aisne, où l'on en voyait plusieurs, on passait la tête par le trou, généralement par interroger l'avenir, et les jeunes filles pour voir celui qu'-
elles étaient destinées à épouser. Les paysans attachent une valeur particulière aux actes qui sont attestés par le passage à travers l'ouverture du
dolmen de Draché (Indre-et-Loire) ; les fiancées ne sont tranquilles que
lorsque les promesses de mariage ont été faites de cette manière[4]. Les
serments prêtés sur la Pierre Percée de Fouvent le Haut, dans la Haute-
Saône, étaient sacrés ; il est vraisemblable qu'autrefois ils étaient

1. Paul du Châtellier. Még. du Finistère, p. 71 ; Le Bourg-de-Batz. Histoire et
légendes. 1895, in-18, p. 158 ; Pitre de l'Isle. Dict. arch. de la Loire-Inf., St-Nazaire,
p. 12.
2. Rosapelly. Au pays de Bigorre, p. 36.
3. D'Ault du Mesnil, in Rev. des Trad. pop., t. XVIII, p. 117 ; Paul Sébillot. Trad.,
t. I, p. 30 ; Amélie Bosquet. La Normandie romanesque, p. 178 ; M. de Cessac.
Még. de la Creuse, p. 4.
4. E. Fleury. Antiquités de l'Aisne, t. I, p. 106 ; L. Bousrez. Még. de la Touraine, p. 71. L'herbe qui pousse au pied préserve des sorts.

échangés au moyen de pressions de mains. A Ancelle (Hautes-Alpes) les jeunes mariés doivent introduire leur bras dans l'orifice d'une Pierre percée au sommet de la montagne de Faudon [1]. Un usage parallèle se pratiquait en Franche-Comté au début du XVIIᵉ siècle : Dans une contestation sur des limites de juridiction, (1519) un bourgeois de Besançon déposa qu'elles étaient « à un trou ou pertuis qui est entre les colonnes de pierres qui sont en la montagne où est assise l'église de Saint-Etienne, auquel trou ou pertuis on a coutume de mener les espousés qui se font à Besançon le lendemain de leur nopces, et illec en manière d'ébatements, l'on leur fait boucler leurs pieds en icelluy trou ou pertuis [2] ». Les villageois de la Saintonge faisaient passer leurs enfants nouveaux-nés par des trous qui existaient dans la table de certains dolmens pour les préserver de tout mal, présent ou futur. A Fouvent, les parents de celui qui venait d'être baptisé, le passaient par l'ouverture de la Pierre percée ; c'était le *baptème de la pierre*, qui devait le préserver de toutes sortes de maladies, et lui porter bonheur pendant tout le cours de son existence ; on lui faisait subir une seconde fois cette opération dès qu'il était souffrant [3]. Un usage analogue fut noté à la fin du XVIIIᵉ siècle par un antiquaire qui visita le dolmen de Trie (Oise). La pierre de fond est, dit-il, percée de part en part d'un trou irrégulier, par lequel les habitants des environs ont l'usage, de temps immémorial, de faire passer les enfants faibles et languissants, dans la ferme confiance que cette pratique peut leur rendre la santé ; naguère encore, pour les préserver de la fièvre, on les introduisait dans ce même trou, de dehors en dedans, la tête la première [4]. Dans l'Aisne, les jeunes mères, pour conjurer la malechance, faisaient passer leurs enfants par une pierre trouée ; en Eure-et-Loir pour garantir les nouveaux-nés des maléfices, on les faisait aussi passer par le trou du dolmen d'Allaines, aujourd'hui détruit [5]. Cette pratique semble avoir été plus rarement employée par les adultes. A Courgenay, entre Porrentruy et Délémont, dans la partie française du canton de Berne, une pierre d'origine incertaine fichée en terre, est percée à la partie supérieure d'un trou par lequel il suffisait de passer pour être guéri de la colique. Les paysans qui ont un membre blessé ou affligé vont le plonger dans celui que l'on remarque dans un gros

1. Poly, in *Rev. de l'École d'Anthropologie*, 1896, p. 116 ; *Dict. arch. de la Gaule* t. I, p. 57.

2. Henri Gaidoz. *Un vieux rite médical*, p. 28, d'a. Mém. de la Soc. d'Em. du Doubs, 1863, art. de M. Castan.

3. Henri Gaidoz, l. c., p. 26 ; d'a. le *Bull. monumental*, 1834, p. 58 ; Poly, l. c. p. 113.

4. Ch. Coquebert, in *Bulletin des sciences, etc.*, Paris, t. II (1799-1801), p. 39, cité par J. Deniker. *Bull. de la Société d'Anthropologie*, 1900, p. 111 ; G. Fouju, in *Rev. des Trad. pop.*, t. XIV, p. 477.

5. Fleury, *Antiq. de l'Aisne*, t. I, p. 196 ; G. Fouju, l. c., p. 478.

bloc, autrefois dans un champ de Gouesnou, et maintenant dans une chapelle près du bourg [1].

Lorsque l'ouverture n'était pas suffisante pour introduire le corps du suppliant ou le membre qu'il s'agissait de guérir, ou lui substituait une offrande ou un objet qui était censé le représenter. Ceux qui amenaient les bêtes malades à la Borne percée de Marlay-le-Vicomte faisaient glisser par le trou une pièce de monnaie qu'on ne ramassait pas [2]. On agissait vraisemblablement d'une façon analogue dans la Haute-Saône où de nombreuses pierres percées de trous de petites dimensions sont réputées pour leur vertu curative. A Polaincourt une dalle percée que l'on prenait pour le tombeau de sainte Félicie, et qui était vraisemblablement à l'origine une pierre érigée verticalement, était placée dans une chapelle, et attirait une foule de pèlerins qui venaient lui demander surtout la guérison des yeux. La chapelle fut détruite à la Révolution, et la pierre disparut, mais il en existe un dessin, qui montre que l'ouverture avait à peu près la forme d'un œil, et c'est sans doute cette ressemblance qui lui avait fait attribuer une vertu pour la guérison de cet organe. Ceux qui avaient chez eux des malades venaient munis d'une bouteille d'huile avec laquelle ils oignaient avec abondance la pierre percée de Traves, et après ils recueillaient le plus possible de cette huile, qu'ils administraient au patient soit à l'intérieur, soit à l'extérieur, suivant le cas [3].

L'acte qui consiste à passer en rampant au-dessous d'une dalle dont les supports ne laissent que peu d'espace entre elle et le sol, ne se rattache pas aussi directement que les précédents aux cultes mégalithiques. Bien qu'on l'ait pratiqué anciennement, il ne semble pas qu'il ait lieu sous les pierres de recouvrement des dolmens. Comme ceux-ci étaient presque toujours cachés sous un tumulus, ils n'ont pu, sinon très exceptionnellement, servir à cette pratique, et même dans ce cas, elle n'a dû se produire qu'à l'époque, relativement moderne, où leur destination funéraire était oubliée. Dans les exemples relevés jusqu'ici ceux sous lesquels il a lieu ont subi une certaine déformation. En 1816, les personnes qui ne craignaient pas de se coucher ventre contre terre pour passer sous le rocher assez élevé qui servait de base à une croix située à l'entrée du bourg de Cressac (Creuse) se mariaient dans l'année. D'après un document plus récent, elle s'appelait Pierre gingue, et aurait fait partie d'un dolmen ; elle avait la vertu de rendre fécondes les femmes qui accomplissaient ce rite [4].

1. Henri Gaidoz, in *Mélusine*, t. VIII, col. 205, d'a. Golbéry. *Suppl. aux Ant. des pays limitrophes du Haut-Rhin*, 1828, p. 5 ; Paul du Châtellier, *Még. du Finistère*, p. 25.

2. Ph. Salmon, *Dict. archéologique de l'Yonne*, p. 86.

3. Poly, in *Revue de l'École d'Anthropologie*, 1896, p. 113, 114 ; ce dessin y est reproduit.

4. Henri Gaidoz. *Un vieux rite médical*, p. 28, d'a. L. Duval. *Esquisses marchoises*, p. 130 ; M. de Cessac. *Még. de la Creuse*, p. 4, 22.

Le chanoine Jacques Demai, dans sa *Vie de sainte Clotilde*, (Rouen 1613) parle de la coutume qu'avaient les pèlerins de passer, à trois reprises différentes, sous une table de pierre qui se trouvait sur la place des Andelys, près de la fontaine de la sainte, et qui fut détruite en 1799. C'était peut-être un ancien dolmen, comme paraît l'avoir été le tombeau de saint Etbin, dans l'Eure, taillé vers 1875, et transformé en une table supportée par quatre colonnes, sous laquelle on rampe pour être guéri des maux de reins, comme le fut probablement la grosse pierre d'Ymare dans la Seine-Inférieure, qui forme maintenant une table grossièrement équarrie, avec une croix gravée sur un de ses angles ; elle n'est qu'à 80 centimètres du sol : pour être guéri du rhumatisme et même de la rage, il ne faut pas la toucher avec le dos, et les genoux ne doivent pas porter sur la terre [1]. On verra d'autres exemples de ce rite au chapitre des églises. La description des blocs, aujourd'hui détruits, qui étaient l'objet de l'observance qui suit n'est pas assez précise pour que l'on sache au juste si c'était un dolmen ou un jeu de nature : A Lande-lies, dans la vallée de la Sambre, le *Trou-deux-Trous* présentait une roche avancée suffisamment haute pour laisser passer un couple debout ; l'ouverture allait ensuite se rétrécissant en un tunnel étroit où l'on ne pouvait plus passer qu'à plat ventre et successivement. On prétendait que personne n'aurait pu revenir à rebours dans le couloir rocheux ; cet endroit était le théâtre de divertissements pris en communauté de sexe ; on y entrait deux, on n'en sortait qu'un à la fois [2].

### § 3. LE TOUR DE LA PIERRE

Cette pratique qui a lieu près des blocs naturels (cf. t. I, p. 340) ou autour de mégalithes réputés pour leurs vertus prend, surtout lorsqu'elle n'est pas individuelle, la forme d'une danse ou d'une procession.

Elle est souvent en relation avec l'amour et la fécondité ; en Auvergne, les nouveaux mariés du village de la Noulède, au pied du Plomb du Cantal, vont danser autour de leur menhir, ceux de Chassagnette de Colture autour d'une croix qui, selon toute apparence, occupe la place d'une pierre debout [3]. Autrefois, le jour du mariage, tous les invités formaient une ronde autour d'une statue de la Vierge, sur le plateau du Puy-de-Mouton, qui a remplacé un mégalithe appelé Pierre-Fade, tandis que les époux en faisaient trois fois le tour en dansant, pour que leur union fût féconde et la femme bonne nourrice [4]. Vers 1880, non

1. Léon Coutil, *Mégalithes de l'Eure*, p. 48 ; *Még. de la Seine-Inférieure*, p. 21.
2. Jules Lemoine, in *Wallonia*, t. V, p. 14.
3. A. Delort, *Dix ans de fouilles en Auvergne*, p. 67.
4. Bérenger-Féraud, *Superstitions et survivances*, t. II, p. 189.

loin de Carnac, des gens mariés depuis plusieurs années, et qui n'avaient point d'enfants, vinrent, au moment de la pleine lune, à un menhir; ils se dépouillèrent de leurs vêtements, et la femme se mit à tourner autour de la pierre, essayant d'échapper aux poursuites de son mari, auquel elle finit pourtant par se rendre; les parents faisaient le guet aux environs pour écarter les profanes[1]. Pour que les enfants marchent, on leur fait faire neuf fois le tour de la Pierre de Gribère près de Sabres dans les Landes[2].

Un écrivain originaire du Croisic décrivait ainsi, au milieu du XVIIIe siècle, une coutume qui n'a pas été relevée ailleurs: On voit sur le bord de notre côte une grosse pierre haute d'environ douze pieds. Je ne sais quel hasard ou quelle fantaisie l'a placée debout comme elle est. Les femmes et les filles qui attendent le retour de leurs maris ou de leurs galants vont danser autour le jour de l'Assomption; les plus légères montent sur le sommet, et de là elles crient de toutes leurs forces en chantant:

> Goëlans, goëlans, goëlans gris,
> Ramenez-nous nos amans, nos amis![3]

Il semble qu'une cinquantaine d'années après, cette incantation et le but de la cérémonie étaient oubliés; un historien local n'en parle plus lorsqu'il relate une autre pratique qui avait lieu à cette date du 15 août, probablement au même endroit: Les femmes désertaient leurs maisons avant le lever du soleil, et se tenant toutes par la main, et en poussant de grands cris, se dirigeaient vers *Hirmen*, la pierre longue, autour de laquelle elles dansaient des rondes toute la matinée[4].

D'autres pratiques, dont le motif n'est pas clairement indiqué, étaient vraisemblablement des survivances d'un ancien culte, et elles étaient parfois accompagnées d'un feu de joie: Les jeunes garçons se sont longtemps réunis pour danser auprès du *Cailhaou d'Arriba Pardin* près de l'église de Poubeau; naguère encore ils allaient en procession,

---

1. Paul Sébillot. *Trad.* t. I, p. 50.

2. J.-F. Bladé. *Contes pop. de la Gascogne*, t. II, p. 379. On verra au chapitre des églises nombre d'exemples des tours numériques, et surtout de ceux que l'on fait trois fois.

3. Dreux du Radier. *Journal de Verdun*, février 1752, d'a. une lettre de Desforges-Maillard à Mme Hallay. En 1794 Cambry rapportait autrement cet usage, auquel il donnait comme théâtre un rocher qui s'élevait au-dessus de la mer: les femmes, les filles du Croisic parées avec recherche, les cheveux épars, ornées d'un beau bouquet de fleurs nouvelles, couraient s'élançant sur la roche, et là, les yeux au ciel, les bras levés, chantaient ces mots:

> Goëlans, Goëlans,
> Ramenez-nous nos maris et nos amans.

(*Voyage dans le Finistère*, p. 71). On sait que Brizeux a employé cette formulette comme refrain de sa pièce des Goëlands.

4. J. Morlent. *Précis historique sur Guérande, Le Croisic*, etc. Nantes, 1819, p. 166.

le Mardi Gras, faire un grand feu de paille sur la pierre, marchant un à un, chacun tenant par derrière celui qui le précédait, et ils s'avançaient dans une attitude et avec des gestes burlesques et obscènes : le feu allumé, ils dansaient autour, *penem suam manu proferentes* [1]. Les jours de fêtes patronales, la jeunesse des deux sexes qui venait danser et s'ébattre près de la Pierre percée de Fouvent le Haut, dans la Haute-Saône, allumait des feux autour [2].

En 1836, un archéologue vit un dimanche deux hommes et une femme, venus à Poitiers pour fêter sainte Radegonde, s'arrêter au pied de la Pierre Levée, se mettre processionnellement en marche, et en faire trois fois le tour ; arrivés à la place d'où ils étaient partis, ils baisèrent la pierre, et après s'être signés, continuèrent leur route [3]. Il ne dit pas le but de cette cérémonie ; mais on sait ailleurs pourquoi on s'adresse aux pierres ; dans le Bocage normand, les mères des conscrits qui vont à la Pierre Dyallan, pour que leurs fils aient un bon numéro, en font neuf fois le tour à reculons [4]. A Beurey, les malades après avoir bu à la fontaine de saint Martin, doivent faire trois fois le tour d'une pierre qui repose sur deux supports, puis se coucher dessous en travers dans le vide, à plat ventre ; s'ils parviennent à s'y endormir, c'est l'annonce certaine de la guérison [5].

## § 4. LES OFFRANDES

Ceux qui viennent demander aux pierres le bonheur ou la santé font, avant ou après l'accomplissement du rite principal, des offrandes destinées au génie qu'ils sont venus implorer. Plusieurs de ces présents sont en rapport avec l'amour. Les jeunes filles qui grimpaient, pour se marier dans l'année, sur la pierre levée de Colombiers y laissaient une pièce de monnaie. Dans la première moitié du siècle dernier, elles déposaient des flocons de laine et des amulettes dans les fissures des menhirs de Long-Boël (Seine-Inférieure). M. de Montbret, membre de l'Institut, trouva dans les fentes d'un dolmen près de Guérande, en 1820, des touffes de laine rose liées avec du clinquant, et on lui dit que ces offrandes étaient faites, en cachette des curés, par des jeunes filles, dans l'espoir de rencontrer un épouseur dans l'année [6]. Maintenant encore on découvre presque dans chaque trou ou fissure du menhir de Pierre-Frite dans la vallée du Lunain (Seine-et-Marne) un clou ou tout au moins une épingle qui y ont été enfoncés par les

1. Julien Sacaze. *Le culte des pierres du pays de Luchon*, p. 303.
2. Poly, in *Rev. de l'Ecole d'Anthropologie*, 1896, p. 113.
3. Mangon de la Lande, in *Antiquaires de l'Ouest*, 1836, p. 41.
4. V. Brunet. *Contes du Bocage normand*, p. 137.
5. J.-G. Bulliot et Thiollier. *La Mission de saint Martin*, p. 283.
6. A. de Caumont. *Antiquités monumentales*, t. I, p. 120.

jeunes gens du pays dans la croyance que cette action les fera se marier vite. On trouve de temps en temps sur la pierre Saint-Martin-de-Brèche (Indre-et-Loire) des sous, des fruits, du pain, du fromage, qui y sont offerts par ceux qui leur attribuent des propriétés merveilleuses [1]. Les enfants portent à la Mère-aux-Cailles (Eure-et-Loir) des tartines de beurre, de confitures, etc., qu'ils placent dans un trou assez profond creusé dans un des côtés du menhir [2]. C'est peut-être en raison d'un usage rituel tombé en désuétude qu'à l'île d'Yeu, les enfants ramassaient naguère au hasard deux petites pierres, et les déposaient sur un petit monolithe, situé entre le bourg et le port, en disant : « Grand'-mère, voilà du pain et du lard [3]. » Tous les ans, la veille de Noël, les magayantes ou pêcheuses de varech de l'île de Ré mettaient dans la cavité d'un mégalithe appelé la Pierre qui vire, des morceaux de pain destinés aux oiseaux. Grâce à cette offrande, elles espéraient avoir de bonnes pêches toute l'année, mais à la condition d'avoir apostrophé la pierre par ces mots : « Tourne ou vire ! » répétés trois fois, car cette pierre avait la réputation de tourner trois fois sur elle-même, lorsque la veille de Noël sonnait minuit [4]. Autrefois on plaçait au printemps une poignée de trèfle sur le dolmen appelé Palet de Gargantua à Saint-Benoît-sur-Mer (Vendée) pour être préservé du cheval Malet, qui allait jeter dans les précipices ceux qui montaient sur son dos [5]. Les mères des conscrits posent sur la Pierre Dyallan, avant de l'invoquer, une branche d'arbre [6].

La Pierre Percée de Traves, dans la Haute-Saône, a été pendant de longs siècles l'objet d'un culte spécial : à certaines époques, surtout à la Saint-Jean et à Noël, les croyants venaient y brûler de petites chandelles [7]. Autrefois les âmes pieuses, non contentes de prier près du dolmen renversé des Pierres d'Amuré (Deux-Sèvres), lui offraient encore de petites pièces de monnaie.

Quelquefois les objets placés auprès des mégalithes ne constituent pas une simple offrande ; ils se rattachent plutôt à la croyance, fort répandue, suivant laquelle on peut faire passer son mal dans un objet inanimé, et s'en débarrasser en le transmettant à celui qui le ramasse. A l'île de Sein les fiévreux font déposer au pied des menhirs neufs galets apportés dans le mouchoir du malade ; celui qui les recueille prend la fièvre [8].

1. Th. Volkov, in *Rev. des Trad. pop.*, t. VIII, p. 446 ; L. Bousrez. *Mégalithes de la Touraine*, p. 5.
2. G. Fouju, in *Rev. des Trad. pop.*, t. X, p. 673.
3. Richard. *Guide à l'île d'Yeu*, p. 40.
4. Atgier, in *Bull. de la Soc. d'Anth.*, 1902, p. 204.
5. Abbé F. Baudry, 3e mémoire, p. 44.
6. Victor Brunet. *Contes du Bocage normand*, p. 137.
7. Poly, in *Revue de l'Ecole d'anthropologie*, 1896, p. 112.
8. Joanne. *Bretagne*, p. 569.

Les habitants voisins de la Pierre de Saint-Martin, à Saint-Cyr du Bailleul (Manche) dite aussi la Pierre qui coupe la fièvre, se rendaient à ce polissoir dès qu'ils tombaient malades, ou, s'ils n'en avaient pas la force, envoyaient à leur place un parent ou un ami. Aussitôt que le patient ou son mandataire avait franchi la haie qui sépare des prés voisins la prairie où il est situé, il allait droit à la pierre sans en détourner la vue, et surtout en observant le silence le plus absolu; il y déposait une pièce de monnaie, faisait son invocation au saint, puis continuait son chemin, marchant toujours droit devant lui, sans se retourner et sans prononcer le moindre mot, jusqu'à ce qu'il eût atteint l'extrémité du pré opposée à celle par laquelle il était entré; de là il devait regagner directement aussi sa maison, où, dès son arrivée, il recouvrait la santé [1].

A la fin du XVIIIe siècle, les paysans des rives du Lot oignaient avec de l'huile et couvraient de fleurs certaines pierres de leur voisinage; l'évêque de Cahors en fit détruire une pour mettre fin à cette superstition. La pierre levée située dans le même pays près de Livernon recevait aussi les hommages des habitants qui croyaient qu'en y répandant des fleurs sans être aperçus, ils seraient préservés ou guéris de la fièvre [2].

## § 5. PRATIQUES DIVERSES

Une des pierres du dolmen de Roch enn-Aud à Saint-Pierre Quiberon, est l'objet d'une pratique traditionnelle: en frappant avec un marteau dans l'intérieur de la cupule placée dans la direction d'où l'on veut que le vent souffle, on peut obtenir celui qui est favorable au retour du navire sur lequel est embarqué le marin dont la femme se livre à cette superstition [3]. C'est le seul trait de ce genre qui soit venu à ma connaissance; mais un autre exemple de percussion magique figure dans un conte de marins; pour évoquer un genie de la mer, le héros doit placer à l'arrière du navire une pierre bien droite et la frapper de trois coups de baguette [4].

On n'a pas relevé de nos jours la croyance à la vertu guérissante des eaux provenant du lavage des pierres sacrées, qui servaient ensuite à baigner les malades. Quoique le trouvère normand Robert Wace qui en fait mention, parle de monuments de l'Irlande, il est possible que l'observance qu'il décrit ait été usitée dans son pays natal:

> Molt soilent estre salvables
> Et à malades porfitables,

1. E. Rivière, in *Bull. de la Société d'Anthropologie*, 1902, p. 201-203.
2. Dulaure. *Des Cultes qui ont précédé l'idolâtrie*, p. 305.
3. D'Ault du Mesnil, in *Rev. des Trad. pop.*, t. XVII, p. 99.
4. Paul Sébillot. *Contes*, t. III, p. 138.

> Li gens les soloient laver
> Et de l'eve lor bains temprer,
> Cil qui estoient engroté,
> Et d'aucun enferté grevé,
> Des laveures bains faisoient,
> Baignoient soi, si gariesoient[1].

On verra, à la section suivante, que l'on attribue un pouvoir thérapeutique analogue à l'eau dans laquelle a trempé une hache en pierre polie. On peut aussi en rapprocher une médication qui jusqu'ici, n'a été relevée qu'une seule fois, dans le Finistère, mais qui est vraisemblablement usitée ailleurs. Pour se guérir de la fièvre, on n'a qu'à se plonger dans l'auge qui se trouve sous un dolmen sur une petite hauteur entre Audierne et Primelin[2].

Les fragments de certaines pierres exercent sur l'amour, la fécondité et le bonheur, une influence semblable à celle qu'on attribue aux blocs naturels ou aux mégalithes dont ils ont été détachés. La médecine superstitieuse en fait un fréquent emploi[3]. L'usage est ancien, et si aujourd'hui les poussières mélangées aux boissons proviennent, la plupart du temps, de tombeaux ou de statues de saints, il est vraisemblable qu'on les a aussi recueillies sur des mégalithes. Je n'en connais toutefois qu'un petit nombre d'exemples contemporains. Un fragment de grès rouge à Nohant-Vic, sanctifié sous le nom de saint Greluchon, est le reste d'un dolmen qui, jusqu'en 1789, fut adoré, gratté et avalé par les femmes stériles. A Saint-Cénery, dans l'Orne, on grattait un menhir pour guérir les coliques des enfants[4].

### § 6. LES OBJETS PRÉHISTORIQUES

Parmi les préhistoriens français qui ont fait avec tant de zèle et de succès des recherches sur les monuments mégalithiques, il en est peu qui se soient occupés d'une façon suivie du rôle que les ustensiles de l'âge de pierre jouent dans les croyances contemporaines[5]. Les uns n'ont guère songé à s'en informer, d'autres s'en sont désintéressés quand ils se sont aperçus que les réponses à leurs questions étaient négatives, ou tout au moins évasives. Les paysans accomplissent, en effet, avec un certain mystère les plus curieuses de ces pratiques, et ce sont

---

1. *Le Roman de Brut*, éd. Leroux de Lincy, t. I, p. 286.
2. Yves Sébillot, in *Rev. des Trad. pop.*, t. XVIII, p. 30.
3. Cf. sur cet emploi de parcelles de grosses pierres, le t. I, p. 343-345, *du Folklore de France*.
4. L. Martinet. *Le Berry préhistorique*, p. 50 ; Amélie Bosquet. *La Normandie romanesque*, p. 182.
5. M. Emile Cartailhac a publié *L'âge de pierre*. Paris, 1878, in-8, avec figures, où il a résumé les faits observés jusqu'alors. Ce livre est particulièrement intéressant pour sa partie rétrospective et celle des parallèles étrangers. Cf. aussi Marcel Baudouin et Lionel Bonnemère. *Les haches polies dans l'histoire*. Bull. de la Soc. d'Anthropologie, 1904, p. 496-548, où sont cités in-extenso nombre de textes anciens.

surtout celles-là dont ils ne parlent pas volontiers. Il est relativement aisé de recueillir celles qui sont d'un usage, sinon ordinaire, du moins assez courant en certains pays, et dont on ne se cache pas trop ; mais il est difficile de savoir celles qui sont purement païennes, qui se mêlent à des croyances religieuses, et qui sont peut-être des survivances de cultes anciens. Nous ne connaissons vraisemblablement qu'une faible partie des faits qui se rattachent à cet ordre d'idées ; mais il est probable que des enquêtes en révèleraient beaucoup d'autres. C'est ainsi que celle dont j'ai tracé le programme dans le numéro de Janvier 1906 de la *Revue des Traditions populaires*, a provoqué d'assez nombreuses réponses : les unes confirment l'existence, dans des pays où elles n'avaient pas été relevées jusqu'ici, des pratiques connues ailleurs, d'autres apportent des faits nouveaux, et parfois d'un grand intérêt, qui montrent que ce folk-lore est plus important et mieux conservé qu'on ne l'avait cru jusqu'ici.

Parmi les objets préhistoriques, les haches en pierre polie tiennent incontestablement le premier rang, et leurs noms les plus habituels constatent leurs rapports avec l'orage. Les plus répandus sont ceux de *Pierres de foudre*, *Pierres de tonnerre*, qui ont de nombreuses variantes dialectales, telles que *Pierres à tonnerre*, (elles désignent, en Hainaut, celles en silex) ou *Roches de tonnerre* en Haute-Bretagne, *Pierres dou Tounarre* dans l'Allier, *Peiros de Trounaire* en Lauraguais, *Peiros del trou* dans les Hautes-Alpes, *Peiros del tro* dans l'Aveyron, *Peiros de tron*, *Peiros dou trou* en Languedoc, *Peyres de toun* en Gironde, *Donneraxt*, *Donnerkeil*, *Donnerstein* (haches, coins ou pierres de tonnerre), en Alsace, *Carreaux de tonnerre* dans l'Ain, *Fouidres* à Guernesey[1]. *Peyre de prigle* dans les Landes, *Peirat d'et periglés* à Luchon, *Pedra de llamp* en Roussillon, *Strahlstein*, pierre de l'éclair en Alsace, se rattachent à cette lueur aveuglante. Les pointes de flèches sont aussi en relation avec la foudre ; dans la Gironde on les nomme *Peyres de tounes* ou Pierres d'orage[2].

Le nom de *Pointes des fées* donné en Hainaut aux bouts de flèches constate la croyance, assez rare dans les pays de langue française, suivant laquelle ils auraient servi d'armes à ces êtres surnaturels. Une tradition de la Loire-Inférieure parle d'une bataille livrée près du

1. Paul Sébillot. *Trad.*, t. I, p. 5 ; *Soc. arch. de Charleroi*, t. II, p. 232 ; F. Pérot, in *Rev. des Trad. pop.*, t. XXI, p. 291 ; P. Fagot. *Le F.-L. du Lauraguais*, p. 303 ; Dr Tournier, in *Bull. Soc. Anthropologie*, 1874, p. 686 ; Valadier, in *Soc. des lettres de l'Aveyron*, 1859-1861, p. 227 ; Mistral. *Tresor* ; Comm. de M. Fr. Daleau ; Bleicher et Faudel. *Matériaux pour une étude préhistorique de l'Alsace*. Colmar, 1878, in-8°, p. 33 ; A. Caillet, in *Rev. des Trad. pop.*, t. XVIII, p. 502 ; Edgar Mac Culloch. *Guernsey Folk-Lore*, p. 407.

2. J. de Laporterie, in *Rev. des Trad. pop.*, t. V, p. 246 ; J. Sacaze. *Le culte des pierres au pays de Luchon*, p. 3 du tirage à part ; L. Martinet. *Banyuls sur Mer*, 1883, in-8, p. 77 ; Bleicher et Faudel, l. c. ; C. de Mensignac. *Sup. de la Gironde*, p. 99.

Pont d'Os par des géants qui avaient pour armes des pierres à tonnerre.
Aux environs de Dinan, les haches sont les outils des fées qui se sont
retirées sous terre ; elles les laissent parfois dans les champs afin d'en
éloigner tout mal et de les faire fructifier. On dit au Cap Sizun que les
Corricks constructeurs de dolmens avaient une passion pour les objets
de pierre ; dans le langage usuel les haches en pierre polie sont appelées *boc'hilli corriked*, haches de Corriks, et non *Mœn gurun*, pierres de
tonnerre [1].

Voici quelques traits isolés qui se rattachent peut-être à un lointain
souvenir de l'usage des instruments de pierre : A Saint-Aubin du
Cormier (Ille-et-Vilaine) on disait qu'un four banal très ancien avait
été construit à l'époque où les hommes fendaient le bois avec des
pierres pointues ; une légende du Morbihan parle de celle où l'on
coupait la paille en la frottant entre deux pierres aiguisées [2].

Les termes où figure le tonnerre, et dont les parallèles étrangers
sont fort nombreux, se rattachent à la superstition quasi universelle
qui attribue à ces objets une origine en rapport avec les phénomènes
électriques, et aussi à l'idée qu'ils constituent un talisman contre la
foudre. En beaucoup de pays de France, le peuple croit, comme dans
le midi, que des haches tombent du ciel avec elle, et qu'elles sont la
cause des dégâts qu'elle fait ; les paysans des Vosges disent qu'elles
sont lancées dans l'éclair, traversent dans sa longueur le tronc des
arbres et percent la terre jusqu'à une grande profondeur. Cette croyance
à la pénétration dans le sol des haches de pierres est très répandue :
dans la Gironde et dans les Landes elles s'y enfoncent jusqu'à neuf
pieds (dans la région landaise les flèches en silex pénètrent aussi
jusqu'à neuf pieds) dans l'Aveyron à six seulement [3]. Elles ne restent
pas enfouies, mais remontent peu à peu ; dans ces pays elles s'avancent
vers la surface d'un pied chaque année, en Alsace d'un degré, dans les
Vosges, elles reparaissent à fleur de terre au bout de neuf ou de onze
ans, dans le pays de Luchon, la septième année révolue, heure pour
heure [4]. D'après les paysans du midi, elles prennent leur forme incisive
en germant pour sortir du sol [5].

Il n'est pas rare de voir des gens s'empresser, après un orage, de

1. *Soc. arch. de Charleroi*. t. II, p. 232 ; H. Quilgars, in *Rev. des Trad. pop.* t.
XIV, p. 318 ; Lucie de V. H. ibid, t. XXI, p. 123 ; H. Le Carguet. *L'occupation
néolithique dans le Cap Sizun*. Ext. du 63e Congrès arch. 1897, p. 3, 8.

2. Paul Yves Sébillot, in *Rev. des Trad. pop*, t. XVI, p. 46 ; Paul Guieysse, ibid,
t. XII, p. 177.

3. P. Mistral. *Tresor* ; Voulot, *Les Vosges avant l'histoire*. Mulhouse, 1875, in-f°, p.
32 ; F. Daleau. *Trad. de la Gironde*, p. 16 ; C. de Mensignac. *Sup. de la Gironde*,
p. 99 ; E. Cartailhac. *L'âge de pierre*, p. 15.

4. L. Martinet. *Banyuls*, p. 77 ; Bleicher et Faudel, l. c. p. 83, 84 ; Julien Sacaze,
l. c.

5. Mistral. *Tresor*.

faire des recherches à l'endroit où la fulguration s'est produite, avec l'espoir de trouver la pierre merveilleuse ; dans le pays de Luchon, si l'on n'y réussit pas, on le marque avec un morceau de bois pour y revenir au bout d'un certain nombre d'années. Dans la Bresse mâconnaise, on croit que si l'on cherche autour d'un arbre sur lequel le tonnerre est tombé on y trouvera des hachettes ou des pointes de flèches [1]. Ceux qui rencontrent par hasard les haches ont en général soin de les mettre de côté en raison des vertus qu'ils leur accordent ; les paysans du midi les recueillent, ou tout au moins les déposent en lieu sûr où ils pourront les retrouver, choisissant pour cela l'entrée d'un souterrain, une excavation de rocher, le pied d'un arbre, les bornes d'un champ [2]. Elles sont en effet d'une grande utilité en maintes circonstances [3] ; toutefois on leur attribue en quelques pays une puissance néfaste. C'est pour cette raison que les cultivateurs du sud de la Gironde s'empressent d'enfouir profondément la hache qu'ils ont trouvée ; ceux des îles de la Manche se hâtaient de la broyer entre deux pierres ; dans les Alpes Maritimes, il faut l'ébrécher sans délai, sans quoi elle retournerait dans les nuages former une seconde foudre [4].

Suivant quelques-uns toutes les haches ne sont pas également favorables ou puissantes. Dans la Lorraine allemande, on en admet deux sortes, les chaudes et les froides ; les premières allument l'incendie, les secondes l'éteignent ; il paraît qu'il est difficile d'acquérir une hache froide, tandis que les paysans se débarrassent volontiers de celles qui passent pour chaudes. Le Dr Faudel ne put savoir à quels signes on les reconnaissait. Peut-être employait-on pour cela des procédés analogues à ceux usités dans le midi de la France. Les paysans des Pyrénées-Orientales faisaient subir aux *Pedras de llamp* une épreuve, en les suspendant au-dessus d'une flamme par un fil, qui ne devait pas brûler ; dans le Tarn on procédait d'une façon semblable [5].

On a relevé dans la Basse-Alsace la croyance à la relation entre la

1. Julien Sacaze, l. c. ; M. Limart, in *Rev. des Trad. pop.*, t. XXI, p. 171.
2. Dr Noulet, in *Rev. arch. du Midi*, 1867, cité par H. Vaschalde. *Les pierres mystérieuses du Vivarais*, p. 35.
3. Le passage d'un poëte breton du XIIe siècle montre qu'on attribuait à ces pierres des vertus plus nombreuses encore que de nos jours :

> Qui castè gerunt hunc a fulmine non ferientur,
> Nec domus aut villæ, quibus affuerit lapis ille
> Sed neque navigio per flumina vel mare vectus
> Turbine mergetur, nec fulmine percutietur...
> Et dulces somnos et dulcia somnia præstat...
> Ad causas etiam, vincendaque prælia prodest.

(Marbode, évêque de Rennes, † 1123. *De Gemmis*, cité par Cartailhac. *L'âge de pierre*, p. 53 et note.)

4. Cartailhac, l. c., p. 22, 23 ; F. Mistral. *Tresor.*
5. Faudel et Bleicher, l. c. fasc. III, p. 40-41 ; L. Martinet. *Banyuls sur Mer*, p. 77 ; *Matériaux*, t. IV, p. 165.

foudre et la hache en pierre : un paysan de Hochfelden affirmait qu'en en plaçant une sur le sol pendant un orage, elle sautillait à chaque coup de tonnerre [1].

D'après une opinion très répandue, ces objets constituent pour les choses, les hommes et les bêtes, une puissante sauvegarde. Ils sont souvent placés dans les constructions afin de les garantir de divers inconvénients, et surtout de les préserver de la foudre. Naguère encore les paysans de la Bresse avaient soin d'enterrer sous les fondations, ou dans l'angle, un carré ou pierre à tonnerre, ceux des Pyrénées observent le même usage talismanique, qui est fréquent dans la Loire-Inférieure. Il a existé en d'autres pays, ainsi que le prouvent des démolitions faites en Basse-Bretagne et en Picardie ; on a trouvé il y a une trentaine d'années, une hache en diorite dans les murs de l'église de Trévron (Côtes-du-Nord), et dans ceux de maisons de Dinan qui remontaient au XVIIIᵉ siècle [2]. Ces talismans occupent des endroits déterminés ; le plus habituellement ils sont posés sous l'entrée même des édifices. On a constaté leur présence sous le seuil de maisons de l'Yonne, des Landes, de l'Anjou, de la vallée inférieure de la Garonne, de la Gironde, de l'Eure. Les paysans landais en placent sous celui de leurs bergeries, surtout de celles couvertes en chaume, et ceux du Vivarais et de la Gironde font de même. Dans le Morbihan on en a trouvé au-dessus d'une porte d'écurie que l'on démolissait ; dans la Seine-Inférieure, sur la poutre faîtière, près du tuyau de la cheminée. Dans le Morbihan, on fixe sur le toit des haches polies auxquelles on attribue la même efficacité qu'aux paratonnerres ; dans le Tarn-et-Garonne on les met au milieu des toitures ; dans l'Ille-et-Vilaine et dans la Gironde sur les fenêtres [3].

L'intérieur des habitations est aussi pourvu de ces pierres protectrices. On a trouvé des haches sous le foyer d'une vieille maison de l'Yonne, et dans le Morbihan c'est là qu'on en découvre le plus fré-

1. Faudel et Bleicher, l. c.
2. Henry Corot. Sur l'emploi des haches celtiques comme amulettes. Dijon, 1889, in-12, p. 13 ; A. Callet, in Rev. des Trad. pop., t. XVIII, p. 502 ; F. Mistral, Trésor ; Pitre de l'Isle, in Rev. des Trad. pop., t. XXI, p. 169 ; H. Quilgars, ibid., t. XIV, p. 319 ; B. Souché. Croyances, p. 17 ; Alcius Ledieu, in Rev. des Trad. pop., t. XXI, p. 169 ; Paul Sébillot. Trad., t. I, p. 56.
3. Hipp. Marlot, in Rev. des Trad. pop., t. XVII, p. 160 ; J. de Laporterie, ibid., t. V, p. 215 ; Lionel Bonnemère, in Bull. de la Soc. d'Anthropologie, 1904, p. 499 (une cachette contenait en même temps des cendres, des os de poulet et une médaille en bronze du temps de Louis XVI), E. Cartailhac, l. c. p. 73 ; C. de Mensignac. Sup. de la Gironde, p. 99 ; L. de Vesly. Lég. et vieilles coutumes. Rouen, 1902, p. 15 ; J. de Laporterie, l. c. H. Vaschalde. Les pierres mystérieuses du Vivarais, p. 34 ; C. de Mensignac, l. c. ; D'Ault du Mesnil, in Rev. des Trad. pop., t. XVIII, p. 117 ; Léon de Vesly, ibid., t. XXI, p. 169 ; abbé C. Daux. Croy. du Montalbanais, p. 8 ; Paul Sébillot. Trad. de la Haute-Bretagne, t. I, p. 56 ; C. de Mensignac, l. c.

quemment : elles sont placées sous la maçonnerie du foyer même, mais le plus souvent dans celle du pignon à la hauteur du foyer[1]. On les rencontre associées à cet endroit pour ainsi dire sacré, et qui était aussi l'un de ceux par lesquels la foudre pouvait pénétrer : dans le canton de la Brède, une hache en silex était souvent suspendue à une ficelle dans l'intérieur de la cheminée. Dans la Bresse Châlonnaise, on place, pendant l'orage, des hachettes polies dans le foyer, et si parfois elles éclatent, on prétend que c'est la foudre qui est tombée sur elles et a par conséquent épargné la maison. En Alsace, on en dépose dans les greniers. Ces objets sont aussi enterrés sous le sol, comme en Basse-Bretagne, en Ille-et-Vilaine et dans le Morbihan, où on en trouve dans la partie avoisinant le seuil, ou comme dans le Vivarais sous celui des bergeries. En Ille-et-Vilaine et en Basse-Bretagne, on les cache dans les trous des murs ; en Lauraguais, dans ceux voisins des étables à moutons[2].

On les conserve aussi dans des meubles ; dans la partie de la Gironde voisine des Landes, on serre précieusement dans les armoires les flèches en silex et même leurs fragments qui préservent le logis du feu du ciel ; les marins des îles normandes pensent aussi en être sauvegardés quand un coin de foudre est caché dans la cabine du capitaine ; à Guernesey, la maison qui possède une de ces haches est à la fois à l'abri du tonnerre et de l'incendie[3].

Vers 1839, les bergers du Tarn suspendaient dans les étables des haches celtiques, dites *Peyres de Picota*, pierres de variole, afin de garantir les moutons de la clavelée ; dans les Hautes-Alpes, *la peyro de la picotto* cachée dans quelque coin secret, sur une fenêtre ou dans un trou de la crèche ou du mur, éloignait le mal par sa seule présence ; en Vivarais, on met les pierres de la *picóte* dans la crèche ou sous la crèche. Dans la Gironde, pour empêcher les porcs d'être malades, on place une pointe de flèche en silex sous une des pierres de la fenêtre du parc, et en Alsace, on pose des haches dans les écuries, à proximité du bétail[4].

L'usage de ces objets comme amulette individuelle a été relevé plusieurs fois. Beaucoup de paysans landais portent sur eux des pointes de flèches ou des haches en silex, persuadés qu'elles les garan-

1. H. Marlot, in *Rev. des Trad. pop.*, t. XVII, p. 100 ; Comm. de M. Z. Le Rouzic.

2. C. de Mensignac, l. c. ; M. Limard, in *Rev. des Trad. pop.* t. XXI, p. 171 ; Faudel et Bleicher. *Matériaux*, fasc. III, p. 40 ; *Bull. de la Soc. d'Anth.*, 1886, p. 682 ; Paul Sébillot, l. c. ; H. Vaschalde, l. c. p. 34 ; P. Fagot. *Le Folk-Lore du Lauraguais*, p. 303.

3. J. de Laportérie, l. c. ; E. Cartailhac, l. c., p. 17, d'a. Lukis. *The Star*. Guernsey, 7 déc. 1869 ; Edgar Mac Culloch. *Guernsey Folk-Lore*, p. 405.

4. A. de Chesnel. *Usages de la Montagne Noire*, p. 365 ; Dr Tournier, in *Bull. Soc. Anth.*, 1874, p. 683 ; H. Vaschalde, l. c., p. 34 ; C. de Mensignac, l. c. p. 162 ; Faudel et Bleicher, fasc. III, p. 41.

tissent de la foudre. Naguère encore, des gens croyaient en Haute-Bretagne que celui qui avait dans sa poche ou dans son chapeau une pierre de tonnerre, n'avait rien à craindre pendant les orages, parce que, disaient-ils, les pierres ne peuvent s'entre souffrir, et que celle qui se trouverait dans le nuage tomberait à côté de celle de l'homme. D'autres en mettaient dans leur poche quand le temps était à l'orage, et s'il éclatait, ils lui adressaient une prière pour la supplier de les « garder du tonnerre ». (Cf. cette prière, t. I, p. 105. Je ne crois pas qu'on en ait recueilli en France d'un caractère aussi nettement païen). Elles constituent aussi des talismans en relation avec la santé ou le bonheur. Au XVIIIᵉ siècle, le *Dictionnaire de Trévoux*, Supp¹, disait que le peuple avait la superstition d'attribuer à la pierre à tonnerre la vertu de résister au mauvais air, étant portée dans la poche. Des personnes d'Obermodern en avaient constamment sur elles pour se garantir de toute influence malfaisante. Au milieu du siècle dernier, des paysans du centre de l'Ille-et-Vilaine plaçaient au cou des enfants, pour les préserver des maladies du premier âge, et surtout de la râche et des maux d'yeux, des colliers composés de toutes petites pierres à tonnerre, auxquels ils donnaient le nom de colliers de saint François[1].

Une observation, unique jusqu'ici, montre qu'on les a associées aux rites de la plantation. Aux environs de Roye (Somme), on a trouvé des haches en abattant de vieux pommiers, et l'on disait qu'elles y avaient été mises pour les préserver de la foudre[2].

Suivant une superstition relevée en Alsace, on peut acquérir une redoutable puissance en s'incorporant un fragment de hache. Un habitant de Weisslingen affirmait qu'en s'ouvrant une plaie au bras et en y introduisant quelque parcelle d'un celt, si la plaie guérit, l'homme ainsi opéré devient invincible à la lutte, et peut tuer son adversaire en le touchant légèrement avec le poing fermé et en disant tout bas : Que la foudre t'écrase ![3]

L'emploi de ces instruments à des usages vulgaires est dangereux. A Hirtzbach, on ne doit pas se servir de celts comme pierre à aiguiser, attendu que si on se blesse pendant l'opération, la plaie qui en résulte ne guérit plus. A Assewiller, celle faite avec un couteau aiguisé avec une hache de pierre est très dangereuse. Dans le Bocage vendéen, où l'on croit que les chardons ne repoussent plus s'ils ont été coupés avec une faux aiguisée avec une pierre polie trouvée dans un cercueil, la blessure faite ensuite avec cet instrument était mortelle[4].

1. C. de Mensignac, *Sup. de la Gironde*, p. 99 ; Paul Sébillot, *Trad.*, t. I, p. 55 ; Faudel et Bleicher, fasc. III, p. 44 ; Paul Sébillot, l. c. p. 53-54.
2. Alcius Ledieu, in *Rev. des Trad. pop.*, t. XXI, p. 169.
3. Faudel et Bleicher. *Matériaux*, fasc. III, p. 42.
4. Bleicher et Faudel, l. c. fasc. I, p. 85, fasc. III, p. 42 ; Jehan de la Chesnaye, in *Rev. des Trad. pop.*, t. XXI, p. 170.

En Basse-Bretagne, à Guernesey, dans les Cévennes, etc., les haches de pierre préservent les troupeaux de maladies contagieuses. C'est aussi pour cette raison que les bergers corses en attachent au cou de leurs bestiaux, que ceux de l'Ariège, de l'Aude, du Cantal, qui les appellent *Peiros de verin*, en mettent au cou de leurs moutons ou de leurs chèvres [1]. Dans les Hautes-Alpes, où les tondeurs laissent sur le dos et sur la tête des plus beaux moutons une riche touffe pour faire juger de la qualité de la laine et pour donner de l'importance à celui qui la porte, c'est sur la tête d'un de ces *menons*, soigneusement caché et retenu, que voyage le talisman. En Lauraguais la hache est pendue avec un fil au cou du chef du troupeau [2]. Les bergers du Vivarais, qui ont souvent des pierres à tonnerre dans leur havre-sac, en suspendent au cou d'une de leurs brebis, soit dans sa toison, soit dans sa sonnette fermée avec de la laine : par là tout le troupeau est préservé de la maladie redoutée, lors même qu'il habiterait un bercail déjà infecté, lors même qu'il traverserait un troupeau atteint et que le bercail en serait traversé. Dans le Bas-Commingeois les battants des clochettes sont appelés *Peirés de pigotés* et ce sont souvent des haches polies ou des pointes de flèches ; dans les Corbières, on perfore les haches pour les transformer en battants ; dans l'Aveyron, une *peiro del tro*, ou même un fragment, est suspendu à la sonnette de la maîtresse brebis [3].

Aux environs de Dinan, il y a une cinquantaine d'années, quelques personnes plaçaient des haches dans le nid des poules, pour assurer la réussite de la couvée ; un cultivateur de Plouharnel en conserve une dans son charnier pour empêcher le lard de tourner [4].

Un paysan de Saint-Pourçain dans l'Allier avait au fond de l'auge où venaient boire ses animaux une grande hache en silex destinée à les préserver de toutes sortes de maladies [5].

On a relevé plusieurs exemples de l'emploi thérapeutique des haches de pierre. Les paysans corses s'en servent pour soigner un mal quel-

---

1. D'Ault du Mesnil, in *Rev. des Trad. pop.*, t. XVIII, p. 117 ; E. Cartailhac, l. c., p. 18-19 ; Paul Tomasi, in *Bull. Soc. anth.*, 1899, p. 534 ; F. Mistral, *Tresor*.

2. Dr Tournier, in *Bull. Soc. anth.*, 1874, p. 687 ; P. Fagot, *Le Folk-Lore du Lauraguais*, p. 303.

3. H. Vaschalde, *Les pierres mystérieuses*, p. 34 ; F. Mistral, *Tresor* ; E. Cartailhac, l. c. ; Valadier, in *Soc. des Lettres*, etc. *de l'Aveyron*, p. 227. Dans les Alpes-Maritimes, nombre de bergers attribuant des propriétés spéciales aux lamelles de schiste, s'amusent encore à les tailler en pendeloques pour les attacher au cou du bélier de leur troupeau et le mettre à l'abri de toutes maladies. (H. Le Guay, in *Bull. de la Soc. d'Anthropologie*, t. XII, p. 297).

4. Lucie de V.-H., in *Rev. des Trad. pop.*, t. XXI, p. 170 ; (cf. *Folk-Lore de France*, t. III, p. 229, l'usage parallèle de clous placés dans le nid). Comm. de M. Z. Le Rouzic. Aux environs de Pontivy, on met un clou dans le charnier pour empêcher le lard de se corrompre pendant l'orage. (Fr. Marquer, in *Rev. des Trad. pop.*, t. VII, p. 178).

5. Francis Pérot, in *Rev. des Trad. pop.*, t. XXI, p. 291.

conque, et ils leur attribuent la vertu magique de guérir, à condition
que le patient ait foi en leur efficacité ; ceux de l'Ain pour la guérison
de la petite vérole, des maladies de foie, etc. Dans le canton de
Hochfelden (Basse-Alsace), les celts arrêtent les hémorragies et surtout
les pertes chez les femmes ; à Hambach, ils combattent les convulsions
des enfants ; à Ratzwiller ils favorisent les accouchements difficiles ; il
suffit d'en frotter doucement le ventre de la femme pour que les douleurs cessent et que le travail marche régulièrement ; aux environs de
Lesparre, on vient chercher une fort belle hache en jade, pour en frotter
le ventre de la parturiente ; le prêt de cette amulette peut être payé en
nature, mais non en argent, ou elle perdrait toute son efficacité ; elle
sert aussi à guérir les coliques néphrétiques. Aux environs de Quimperlé les haches polies, que leurs possesseurs cachent, ont entre autres
vertus secrètes, celles de guérir la rage, l'épilepsie, et la fièvre
typhoïde [1].

Ces instruments servent aussi fréquemment à la guérison du bétail.
Dans la Loire-Inférieure, on frotte la hache avec de la graisse et on la
met dans un sac qui est attaché au cou de la bête malade ; à la Turballe
où elle est appelée *Pierre de Contreprin*, on la graisse aussi avant de
frictionner l'animal, plus elle est grosse, plus le remède est efficace [2].
En Alsace on applique une hache de pierre sur les mamelles des vaches
atteintes de mammite ; à Niederbronn (Basse-Alsace), on les leur frotte
avec ; ailleurs on guérit les bestiaux malades en les frictionnant à
rebrousse poil [3]. Dans les Vosges on pratique sur eux, le *Donneraxt* à la
main, trois passes, à trois reprises différentes [4].

Les paysans de Guernesey donnent à boire aux animaux malades
l'eau dans laquelle un celt a été plongé ; ceux de la Lozère les font
bouillir dans celle destinée à guérir les moutons ; dans l'Aveyron on y
trempe une de ces variolithes qu'on trouve quelquefois dans les
dolmens [5]. A la Turballe (Loire-Inférieure) on fait boire à la vache
qui a des coliques l'eau dans laquelle on a placé une hache. En Alsace,
on fait parfois avaler aux animaux atteints d'enflure une certaine dose
de la pierre réduite en poudre [6].

Dans le canton de Hochfelden (Basse-Alsace) il suffit, pour rendre
l'appétit aux chevaux de déposer une hache dans leur mangeoire ; à

1. Paul Tomasi, in *Bull. de la Soc. d'Anth.* 1899, p. 554 ; A. Callet, in *Rev. des
Trad. pop.*, t. XVIII, p. 502 ; Bleicher et Faudel, l. c., III, p. 41 ; Fr. Daleau, in
*Rev. des Trad. pop.*, t. XXI, p. 123 ; Georges Hervé, *Ibid.*, t. XXI, p. 168.
2. Pitre de l'Isle, in *Rev. des Trad. pop.*, t. XXI, p. 169 ; H. Quilgars. *Ibid.*, t. XV,
p. 292.
3. E. Cartailhac, p. 19 ; Faudel et Bleicher, fasc. I, p. 84.
4. Voulot. *Les Vosges avant l'histoire*, p. 32.
5. E. Mac Culloch. *Guernsey Folk-Lore*, p. 403 ; E. Cartailhac, p. 20 ; Valadier,
in *Soc. de l'Aveyron*, 1859, p. 225.
6. H. Quilgars, l. c. ; Bleicher et Faudel, fasc. III, p. 41, 42.

Saint-Philbert, village situé entre la Trinité et Locmariaquer (Morbihan)
les femmes font bouillir les haches de pierre dans l'eau destinée aux
vaches afin qu'elles donnent du lait[1] ; un cultivateur de cette commune
conservait une hache en diorite qui avait surtout la propriété [de faire
revenir le beurre que des voisins jaloux avaient enlevé par des procédés
magiques ; il suffisait pour cela d'en frotter le pis de la vache[2].

Quelques paysans des environs de Dinan croient que celui qui
trouve dans son propre champ, une hache ou un couteau de pierre est
assuré de sa part de Paradis. Dans l'Ain, on considère la trouvaille
d'une flèche en silex, ou d'une hache en pierre polie comme un présage
de chance exceptionnelle. Un cultivateur des environs de Mâcon qui a
recueilli dans ses terres une hachette polie la conserve précieusement,
persuadé que sa vie en dépend. Il croit constater une diminution dans
son volume ; quand elle n'existera plus, dit-il, ma dernière heure aura
sonné[3]. Une vieille femme du pays de Dinan, tombée dans la plus
profonde misère, prétendait que tous ses malheurs provenaient de ce
qu'on lui avait volé une hache en pierre polie, trouvée par son grand
père près de la fontaine de Saint-Maudez[4].

Dans le pays de Luchon des jeunes gens, pour ne pas être pris à la
conscription, portaient sur eux une pierre à tonnerre[5].

Les ustensiles, et plus rarement les parures de l'âge de pierre, sont
associés à la mort et aux rites funéraires. A Corseul (Côtes-du-Nord)
on empruntait, pour que les agonisants pussent l'embrasser, une hache
en pierre qu'un habitant du pays tenait de ses anciens[6]. Dans le
Morbihan, les haches-marteaux sont appelées marteaux bénits, et l'on
dit qu'elles servaient à casser la tête des vieillards au temps passé où
les gens vivaient trop vieux[7]. Des traditions relatives à cette pratique
des temps reculés ont été recueillies de nos jours ; l'instrument de l'âge
de pierre avait été remplacé par une arme en bois. Les habitants
voisins de la Montagne de Mané-Guen prétendaient, vers 1845, que les
vieillards lassés de la vie se rendaient jadis sur son sommet afin que
l'un des druides qui y résidaient les en débarrassât en les frappant
avec sa massue sacrée. On raconte à Caurel (Côtes-du-Nord) qu'autrefois
on assommait les vieillards avec le premier bâton venu ; mais que
depuis l'introduction du christianisme, on fit bénir un mât (espèce de

1. Bleicher et Faudel, fasc. I, p. 84 ; D'Ault du Mesnil, in *Rev. des Trad. pop.*,
t. XVIII, p. 117.
2. Comm. de M. Z. Le Rouzic.
3. Lucie de V. H. in *Rev. des Trad. pop.*, t. XXI, p. 123 ; M. Roux, *ibid.*,
p. 171-172 ; M. Lafay, *ibid.*, p. 172.
4. Lucie de V.-H., *ibid.*, t. XXI, p. 170.
5. Julien Sacaze. *Le culte des pierres*, p. 2 du tirage à part.
6. Lucie de V.-H., in *Rev. des Trad. pop.*, t. XXI, p. 123.
7. Comm. de M. Z. Le Rouzic.

gros marteau en bois) qui était déposé dans le creux d'un if près de la porte de l'église, où on allait le prendre en cas de besoin. Il n'est pas rare d'entendre dire d'un vieillard à charge à sa famille : Le pauvre vieux, il a été oublié, il faudra aller chercher le mât béni de Caurel. On assure dans le pays qu'on venait jadis de très loin l'emprunter et c'était surtout les vieilles femmes que l'on assommait avec[1].

Les possesseurs de haches en pierre polie semblaient parfois vouloir les emporter dans l'autre monde. Un homme de Corseul (Côtes-du-Nord) décédé il y a peu d'années, voulut que la sienne fût mise entre ses mains dans sa bière en même temps que son chapelet. Dans le Bocage vendéen des pierres polies étaient déposées dans les cercueils, et le mort s'en servait, dit-on, pour reconnaître sa route quand il revenait parmi ses proches[2]. Cet usage, qui était peut-être une survivance préhistorique, avait subi une christianisation comme dans l'exemple suivant : Une pointe de flèche était attachée à un chapelet du XVII° siècle provenant de la sépulture d'un moine bourguignon[3]. Quelquefois les paysans du Morbihan, qui avaient porté toute leur vie comme talisman le collier appelé *gougad patereu*, recommandaient de le poser près d'eux dans la tombe[4]. Jadis dans le Bocage vendéen, on mettait une pierre polie dans la bouche du trépassé, pour l'empêcher, disait-on, de discuter avec trop de vivacité devant ses juges suprêmes[5].

Plusieurs objets qui se rattachent au préhistorique, soit qu'ils aient été rencontrés dans les champs, soit qu'ils aient fait partie de mobiliers funéraires, sont regardés comme possédant des vertus talismaniques ou thérapeutiques analogues à celles qu'on attribue aux haches de pierre. Leur emploi en France n'a été jusqu'ici relevé que dans le centre et surtout dans le sud de la Bretagne. Dans le pays de Guérande, des colliers trouvés aux environs de la Grande Brière sont conservés dans les familles ; ils constituent des préservatifs contre tous les maux et empêchent les maléfices des sorciers[6]. Le *gougad patereu* (mot à mot : gorgée de grains) en usage autrefois dans plusieurs communes du Morbihan, était un collier-talisman composé de grains de diverses matières parmi lesquels dominaient les grains d'ambre jaune et les haches polies. Aux environs de Pontivy, de Cléguérec, etc., on donne à ces talismans les noms de *patereu* ou *patereu catare* ; dans

1. Cayot-Delandre, *Le Morbihan*, p. 389 ; Émile Enaud, in *Rev. des Trad. pop.*, t. VII, p. 153 ; L. Bonnemère, *ibid.*, p. 538.
2. Lucie de V.-H., in *Rev. des Trad. pop.*, t. XXI, p. 123 ; Jehan de la Chesnaye, *ibid.*, p. 170. On n'a pu savoir quelles étaient au juste ces pierres dont la destination rappelle les cailloux du Petit Poucet.
3. E. Cartailhac, *La France préhistorique*, p. 6.
4. Aveneau de la Grancière, *Les parures préhistoriques*, p. 103.
5. Jehan de la Chesnaye, in *Rev. des Trad. pop.*, t. XXI, p. 170.
6. H. Quilgars, in *Rev. des Trad. pop.*, t. XV, p. 292.
7. De Closmadeuc, in *Revue archéologique*, 1er décembre 1865, p. 338.

la partie française du Morbihan, on les appelle *Patenôtre de catare*,
dans le pays de Goarec (Côtes-du-Nord), *Pater de catare*. Quand on
interroge le breton sur la nature et l'origine de son précieux bijou,
il répond, suivant les régions, qu'il a été fait jadis du temps des fées
et des saints, soit avec des herbes, soit avec des ossements de saints,
ou que ce sont des chapelets de saints. En raison de cette dernière
croyance, les paysans ont une grande répugnance à les vendre ; et
c'est un sacrilège de s'en défaire pour de l'argent. Jadis, au moment
du partage du mobilier, ils n'étaient cédés que moyennant une
compensation, toujours en nature, qui était importante ; le plus
souvent cet objet restait la propriété de l'aîné, à charge de le prêter à
ses frères et sœurs. Au commencement du XIXe siècle, les mariées du
pays de Vannes et de Pontivy portaient parfois au cou un collier
composé de grains multicolores qui était conservé dans la famille
depuis un temps immémorial[1]. Des possesseurs de ces colliers les prêtent
ou les louent aux personnes malades ; ils guérissent la fièvre, les maux
d'yeux, le catharre, les coups, rendent le lait aux nourrices, font sortir
la dent des enfants et conjurent les sorts. On s'en servait autrefois pour
la guérison des bestiaux malades ou ensorcelés. Chacune des perles a
une grande renommée, et quelques-uns de ces grains ne sont efficaces
que si les malades invoquent quelques saints particuliers du pays, et
font une neuvaine. Avant de porter le collier, toujours composé d'un
nombre impair de grains, le malade a soin de le défaire et d'enfiler les
grains, en plaçant à dessein la pierre qui a le plus de vertu au milieu,
sur trois fils de chanvre n'ayant encore jamais servi ; après cette opération, il ne manque pas de passer neuf fois le collier, en tournant,
dans la flamme du foyer, à l'encontre du soleil, puis il le met à son
cou et le garde pendant neuf jours[2].

On rencontre des exemples de la christianisation de ces colliers :
plusieurs chapelles en sont dépositaires, et le chapelain les prête aux
malades moyennant un gage de cinq francs au moins, qu'il leur rend
lorsqu'ils les rapportent[3]. Le curé-doyen de Baud a seul le droit de
bénir les bracelets et les colliers spécialement attachés au sanctuaire
de la Clarté ; on les confie, contre garantie, aux pèlerins qui les portent
au bras ou au cou pendant un temps déterminé, neuf jours par exemple[4]. A Locoal Mendon (Morbihan) une belle pendeloque en calcédoine

---

1. Aveneau de la Grancière. *Les parures préhistoriques*, p. 101, 102, 105.
2. Aveneau de la Grancière, l. c., p. 104.
3. Aveneau de la Grancière, l. c., p. 110-111.
Lors du pardon de N.-D. de la Clarté à Baud, les possesseurs des colliers profitent des cérémonies pour les faire bénir.
4. *Journal de Rennes*, 15 août 1889. L'auteur de l'article ajoute : Ces pierres ressemblent pour la plupart aux pendeloques et aux pierres polies retrouvées souvent
sous les dolmens, de sorte qu'on peut se demander si cet usage ne remonte pas à
une haute antiquité.

translucide, supportée par un cordon de laine bleu et rouge, était accrochée avec un chapelet à un bénitier près d'un lit-clos ; elle provenait d'un dolmen, était portée depuis plusieurs générations comme amulette et était employée pour aider les menstruations difficiles des jeunes filles ; si la guérison ne se produisait pas, il fallait l'attribuer à la mauvaise conduite de la porteuse [1].

## § 7. LES LÉGENDES DE SACRIFICES HUMAINS

Pendant une bonne moitié du XIXe siècle, une opinion courante et que partagèrent des savants, associait les druides aux menhirs et aux dolmens, et en conséquence ces mégalithes, qui passaient pour avoir servi à leur culte, portaient le nom de monuments druidiques. Bien que, depuis les découvertes de la palethnologie, il ne soit plus possible d'attribuer aux druides la construction, tout au moins des dolmens, on voit encore ce terme « druidique » figurer au lieu de « mégalithique » dans des ouvrages publiés surtout en province, et dont quelques-uns ne sont pas sans mérite. Ces monuments ayant été construits par les druides, devaient avoir joué un rôle dans leur religion ; l'assimilation à un autel de certains dolmens, surtout lorsqu'ils ne subsistent qu'en partie, et qu'ils présentent l'aspect d'une table posée sur deux ou plusieurs supports, était très tentante, et elle était commode pour expliquer leur destination et les particularités que l'on y remarquait. Elle ne manqua pas d'être faite.

L'idée que les mégalithes, et en particulier les dolmens étaient destinés à servir d'autels ne semble pas ancienne : je ne l'ai trouvée nulle part antérieurement au XVIIIe siècle. En 1732, le P. Grégoire de Rostrenen écrit : les païens, dit-on, offroient autrefois des sacrifices sur ces pierres [2]. Il n'ajoute rien à cet on dit. Une vingtaine d'années après, quelques écrivains locaux sont plus affirmatifs ; c'est ainsi que le curé Joussemet écrit à propos des dolmens de l'île d'Yeu : les druides gaulois y avoient des autels faits de grosses pierres naturelles, dont le plus entier est la Roche aux petits fadets, assise sur un tertre auprès du bord de la mer. La table de dessus a environ quatorze pieds de long sur sept pieds et demi de large ; neuf pierres debout la soutenoient, mais une partie a été cassée par la foudre et couchée d'un costé par terre. Il y avoit, dit-on, d'autres autels de mesme origine qui ne sont plus en place, sçavoir : la pierre levée qui étoit en face du Château-Gaillard ; la Pierre Saint-Martin sur laquelle on dit que ce serviteur de Dieu est monté pour prescher l'Evangile ; l'Aiguille de

---

1. Z. Le Rouzic. *Carnac*, fouilles faites dans la région (1901 et 1902). Vannes, 1902, p. 16. Ext. du *Bull. de la Soc. poly. du Morbihan*.
2. *Dictionnaire françois celtique*.

Chiron, débitée, il y a une cinquantaine d'années pour faire les marches de l'église Saint-Sauveur[1]. Le Rouge, après avoir parlé des dolmens de Jersey, ajoute : il parait par leurs figures et la grande quantité de cendres que l'on trouve autour de ces pierres que c'étoient des autels. Elles sont presque toutes placées sur des éminences au bord de la mer, ce qui pouvoit faire croire qu'elles étaient dédiées aux divinités de l'Océan. A dix ou douze pieds de distance de chacun de ces autels on trouve une plus petite pierre en forme de dé à peu près, où l'on présume que le prêtre faisoit ses cérémonies tandis que le sacrifice brûloit sur l'autel[2].

La Sauvagère et Caylus, à propos d'une concavité sur un bloc de Carnac, disent qu'elle a peut-être été creusée à dessein et que cette pierre servait d'autel où l'on sacrifiait aux faux dieux ; mais ni l'un ni l'autre ne généralisent, et on ne retrouve pas cette hypothèse dans les divers endroits où ils décrivent des dolmens véritables. C'est la preuve que, vers 1764, la théorie des sacrifices humains sur les mégalithes ne s'était pas nettement manifestée : mais Caylus la réfute par avance dans le passage fort intéressant où il émet des idées conformes à ce que les fouilles modernes ont révélé, et où il conclut que ces monuments sont antérieurs aux druides : La quantité de ces pierres qui ne sont point l'ouvrage d'un petit nombre d'années, prouve notre profonde ignorance sur les anciennes révolutions de la Gaule ; car je suis bien éloigné de donner ces monuments aux anciens Gaulois... ces pierres donnent l'idée d'un culte bien établi ; et nous savons assez quelles étoient les mœurs et la religion des Gaulois pour ne point leur attribuer cette espèce de superstition... Ces réflexions augmentent la singularité du silence absolu que la tradition même a gardé sur un usage si répété ; on peut en inférer une antiquité d'autant plus reculée que du temps des Romains la trace en étoit perdue, César auroit parlé de ces monuments singuliers, ils le méritoient par eux-mêmes ; ils faisoient preuve de l'ancienne habitation du pays[3].

L'opinion que certains mégalithes avaient pu servir à des cultes sanglants est exprimée à diverses reprises dans le Dictionnaire de Bretagne d'Ogée (1778-1780). L'article Carnac[4], rédigé en grande partie d'après La Sauvagère et Caylus, se termine par une dissertation de M. de Pommereul, qui conclut que ces pierres et les autres, telles que la

---

1. Mémoire sur l'ancienne configuration du littoral bas-poitevin, 1755, p. 16.
2. H. Le Rouge. Histoire des îles de Jersey et de Guernesey, 1757, p. 141.
3. Recueil des antiquités dans la Gaule, p. 254 ; Recueil d'antiquités, t. VI, p. 386, 387.
4. Les dolmens, qui d'après l'Inventaire des Monuments mégalithiques (1880), sont dans cette commune au nombre de 20, étaient encore enfouis sous terre. On n'en voit point là, dit Ogée, de posées en jambages qui en portent une troisième et fassent une espèce de porte.

Pierre levée de Poitiers, étaient consacrées à un culte religieux et public, et venant à parler de la pierre située vers l'ouest de l'extrémité de l'alignement de Carnac, déjà signalée par ses devanciers, et creusée en demi-sphéroïde allongé, il ajoute : Cette forme est si voisine de la régularité et si propre à recevoir des holocaustes, qu'il est difficile de ne pas croire qu'elle étoit l'autel où sacrifiaient les Barbares qui avait fait de ce lieu le temple de divinités non moins barbares qu'eux. Le rédacteur de la notice sur Locmariaker se contente de dire que ces pierres (près du Mont Hellu et dans les environs) avaient été érigées par les Romains pour offrir des sacrifices. Les prêtres gaulois reparaissent dans la description de Saint-Nic, et sous forme très affirmative : En regardant une grande pierre plate, posée sur quatre piliers de pierre brute, sur le sommet d'une montagne qui domine la baie de Douarnenez, on est convaincu que sur ce monument se faisoient les sacrifices humains qu'on reproche aux Druides.

Cette note (1780) est antérieure d'une vingtaine d'années à la théorie des immolations sanglantes sur les dolmens, ainsi dogmatiquement formulée par la Tour d'Auvergne : On remarque à quelque distance de Carnac, entre Locmariaker et les bois de Kerantré, un autel antique, dont la table est soutenue par trois énormes quartiers de rocher. L'énorme pierre qui couvre ce monument de l'antiquité s'appelle en notre langue *dolmin*.... C'est sur de tels autels... que les Druides sacrifioient à la divinité, choisissant le plus souvent des hommes pour victimes. *Publica ejus generis habent sacrificia.* (César, l. VI) [1]. Cette affirmation ne fut pas acceptée sans réserve par les savants. Legrand d'Aussy qui s'était préoccupé des monuments alors appelés druidiques du centre de la France, lut devant l'Institut, le 7 ventôse an VII, un mémoire dans lequel il la réfutait : Puisque M. Coret (La Tour d'Auvergne) cite pour son autorité César, je le prierai d'observer qu'à la vérité César nous apprend que les sacrifices humains étaient en usage chez les Gaulois, qu'il fait mention de grandes cages d'osier dans lesquelles les Druides en certaines circonstances et pour appaiser leur dieux faisoient brûler des hommes et spécialement des criminels, mais nulle part il ne dit que des hommes fussent égorgés sur de grandes pierres [2]. Plus tard Cambry écrira qu'un passage des *Commentaires*, mal entendu, est la cause des cruautés que l'on attribue faussement aux Druides [3], et en 1840 Mérimée remarque que cette pratique est en évidente contradiction avec le témoignage de Diodore de Sicile (v. 31) qui

---

1. *Origines gauloises*, p. 22, note. Chateaubriand avait une idée plus juste lorsqu'il parlait de : l'une de ces roches isolées que les Gaulois appellent Dolmin et qui marquent le tombeau de quelque guerrier. (*Les Martyrs*, ch. IX.)
2. *Les sépultures nationales*, p. 208.
3. *Monumens celtiques*, p. 59.

affirme que la victime était debout, puisque c'était d'après sa chute que les druides tiraient leurs présages[1].

En dépit des réfutations de Legrand d'Aussy et de Cambry, la théorie dont la Tour d'Auvergne avait été le propagateur eut une rapide fortune. Elle la devait à son caractère simpliste qui expliquait d'une façon en apparence très claire, les motifs qui avaient conduit à ériger ces masses de pierres; la présence sur certaines de cupules, intentionnelles ou naturelles, des jeux de nature ou des érosions passèrent pour des rigoles destinées à l'écoulement du sang, ou pour des creux disposés pour recevoir le corps des victimes. Les romanciers auxquels cette barbarie supposée fournissait des incidents dramatiques ou des descriptions saisissantes, l'accueillirent avec empressement, et les peintres et les dessinateurs la popularisèrent. Pourtant quelques esprits critiques ne se laissaient pas séduire par ce pittoresque romantique, et l'examen même des prétendus autels leur inspirait des doutes, qui ajoutaient le poids d'observations d'après nature aux réserves faites par Legrand d'Aussy et Cambry, qui s'appuyaient surtout sur des textes. A leur tête se place en 1840, un inspecteur des Monuments historiques, Prosper Mérimée, déjà célèbre par ses écrits : S'il est un point, dit-il, sur lequel les archéologues soient d'accord, c'est que les dolmens servaient aux sacrifices humains. Vingt fois des gens très instruits m'ont montré sur la table de ces monuments certaines cavités dans lesquelles on couchait la victime au moment de l'égorger. J'ai déjà dit que j'avais eu le malheur de ne jamais voir là que des accidents naturels... Ce n'est que par une série de suppositions probablement gratuites, qu'on est venu à les considérer comme des autels de la religion druidique. Du silence complet des auteurs anciens, qui ont cependant accordé quelque attention aux doctrines des prêtres gaulois, on pourrait inférer que ces monuments étaient préexistants à la religion des druides[2].

Les observations de l'éminent critique ébranlèrent le système des sacrifices humains. Le *Magasin pittoresque* qui, en 1833, p. 71 et suiv.

1. *Notes d'un voyage en Corse*, p. 54 (lire 34) note. Une vignette de la *Bretagne ancienne et moderne*, de Pitre Chevalier (1844) représente un homme étendu sur un dolmen.

2. *Notes d'un voyage en Corse*, 1840, p. 54 (c'est une erreur de pagination, il faut lire 34. Il avait écrit précédemment :

«Puisque j'ai parlé d'autels, je dois dire que dans aucun des dolmens à qui l'on peut supposer cette destination et que j'ai examinés, je n'ai vu de ces rigoles dont on a tant parlé, pratiquées de main d'homme et destinées à l'écoulement du sang des victimes égorgées. Tous, sans exception m'ont paru recouverts d'une pierre brute en dessus, ayant il est vrai quelquefois certaines cavités ou des espèces de canaux, mais tels qu'en présenteraient toutes les pierres extraites d'une carrière. J'y ai cherché vainement (sur la Pierre Levée de Poitiers) des canaux pour l'écoulement du sang des victimes dont plusieurs personnes m'avaient parlé. Les creux qu'on observe ont évidemment une cause fortuite, et de plus ils seraient beaucoup plus propres à retenir un liquide qu'à favoriser son écoulement (*Notes d'un Voyage dans l'Ouest de la France*, 1836, p. 308 n. et 368).

et en 1839, p. 8 et suiv. avait publié des articles où ils étaient admis, en donnait en 1845, p. 293 et suiv. un troisième, très étudié, dont l'auteur anonyme avait visité nombre de monuments, et il concluait en disant : L'opinion la plus répandue est que les dolmens ont été élevés pour servir de sépulture, et elle s'appuie sur ce qu'on y trouve des ossements, des joyaux et des armes enfouies. Cette opinion n'était pas aussi généralement admise que le disait le rédacteur de cette notice. Dix ans après, Chéruel écrivait encore dans son *Dictionnaire des Institutions de la France* : On considère ces monuments (les dolmens), comme des autels druidiques, et en 1876, on pouvait lire dans le *Dictionnaire breton-français* de Troude, v° dolmen : Ils (les Gaulois) y faisaient des sacrifices humains ou autres, ainsi que semblent l'attester les petites haches et les coins trouvés sous ces monuments, ainsi que les rigoles tracées sur les pierres pour l'écoulement du sang.

Les fouilles, faites scientifiquement depuis le milieu du XIXᵉ siècle, ont montré que les dolmens n'étaient autre chose que des monuments funéraires remontant à des époques très reculées. En 1853, et dans le pays précisément où l'on avait jusqu'alors pratiqué le plus d'explorations, le Dʳ Fouquet s'élevait contre les diverses explications, et en particulier contre celle qui faisait de ces monuments des autels destinés à des sacrifices humains, et il déclarait nettement que les dolmens étaient des tombeaux [1]. L'Académie des Inscriptions et Belles-Lettres, qui avait mis au concours la question de « déterminer par un examen approfondi, ce que les découvertes faites depuis le commencement du siècle ont ajouté à nos connaissances sur l'origine, les caractères et la destination des monuments celtiques », couronna en 1862 un mémoire d'Alexandre Bertrand. Celui-ci se prononçait catégoriquement contre l'ancienne théorie, qu'il rangeait parmi les hypothèses à réfuter et il concluait ainsi : Quant à l'opinion qui veut que l'on ait sacrifié sur les dolmens des victimes humaines, elle doit être définitivement abandonnées. Quelques tables creusées par les ravages du temps, et très exceptionnellement, s'il y en a même de telles, par la main des hommes sans qu'il soit possible de savoir à quelle époque ; quelques rigoles, quelques trous pratiqués dans les supports de la chambre intérieure, sont des faits tout à fait insuffisants pour servir de base à une affirmation aussi grave. Les arguments tirés de quelques textes de la Bible, où il est parlé d'autels de pierre brute, ne prouvent pas que l'on sacrifiât des victimes humaines sur ces dolmens. On a fait d'ailleurs justement

---

1. *Monuments celtiques dans le Morbihan*, p. 5-8.

En 1843, Francheville écrivait très judicieusement en parlant d'un monticule de cendres et d'ossements à demi-consumés, dans le voisinage de la Table des Marchand : Il a fallu un bien grand nombre de victimes immolées à la divinité des Celtes pour parvenir à réunir un amas de cendres aussi considérable (Ogée. *Dict. de Bretagne*).

observer que la forme inégale et bombée de beaucoup de tables, plus unies à leur partie inférieure qu'à leur partie supérieure, rendait tout à fait improbable que l'on y ait jamais étendu des victimes pour les égorger [1].

Les explorations faites méthodiquement depuis n'ont fait que confirmer la justesse du point de vue auquel étaient arrivés Mérimée, le Dr Fouquet et Alexandre Bertrand. Mais il est des théories, surtout celles dont l'apparente simplicité dispense de réfléchir, qui ont la vie dure : à l'heure actuelle, les dolmens sont encore parfois considérés comme des autels à sacrifices sanglants, non pas seulement par des personnes étrangères à la science, mais, quoique plus rarement, par des gens qui les étudient, sans se tenir au courant du résultat des fouilles et des conclusions qu'en a tirées la palethnologie [2].

Voici quelques légendes dans lesquelles des éléments traditionnels sont venus se souder à ceux qui, jusqu'à preuve contraire, dérivent des idées archéologiques émises par les divers visiteurs des monuments : les habitants de Saint-Nectaire, interrogés par le Dr Chabory au sujet du dolmen dit pierre de Jonas, se souvenaient que leurs anciens l'appelaient la Guillotine ; c'est là que la Révolution égorgeait ses victimes. D'après la tradition on sacrifiait tous les ans, à jour déterminé, un jeune garçon sur le principal dolmen de Peyrussas, à Saint-Jean d'Alcas. Chaque année on dressait un autel sur le tumulus de Château-Bu, à St-Just (Ille-et-Vilaine) et on y immolait une jeune fille [3]. Près du dolmen de la Putifaix, à la Ferrière, où l'on voit une grosse pierre à cuvette très naturelle, la légende dit que lorsque la victime avait rendu assez de sang pour remplir le bassin, on lui faisait grâce de la vie.

A Corzé, où un monument se compose de deux dolmens de taille sensiblement différente, juxtaposés, les victimes étaient égorgées sur la table du petit qui semble l'antichambre du grand, et comme preuve, les habitants montrent dans la pierre, un trou teint d'une matière rouge.

1. *Archéologie celtique et gauloise*, p. 116. Ce mémoire y est reproduit in extenso, avec d'intéressantes annexes.

2. Dans une communication sur les mégalithes de la Nièvre faite à la Société d'Anthropologie en 1893, le Dr Jacquinot a décrit plusieurs pierres qu'il appelle autels à sacrifices.
M. de Panaguia voit dans le dolmen un autel, au sommet duquel on invoquait Agni, en le faisant jaillir de l'arani et où l'on sacrifiait des victimes au soleil. (*Les sanctuaires de Karnak et de Locmariaker*. Léroux, 1897, in-8 p. 32.) Dans un mémoire sur les mégalithes de l'Allier M. Levistre dit qu'on ne saurait douter que cette pierre (le monument du ré Bougnoux) ait été un autel, arrosé jadis de sang humain ; son aspect, sa forme ses dimensions, son site, la disposition de ses cuvettes et des rigoles, la présence d'un goulot forcé, le voisinage d'autres bassins, tout conspire à lui assigner cette destination. (*Revue scientifique du Bourbonnais*, août 1900, p. 194).

3. R. Chabory. *Notice sur les dolmens de Jonas et de Saint-Nectaire*, Mont-Dore, 1879, p. 17 ; Michel Virenque, in *Mém. de la Soc. des lettres et de l'Aveyron*, 1868-1873, p. 391 ; P. Bézier, *Még. de l'Ille-et-Vilaine*, p. 203.

On prétendait qu'une pierre plate, à Changé, posée en équilibre sur deux pierres ordinaires, et qui forme un plan incliné et déversé avait été ainsi disposée pour que les hommes destinés à servir au sacrifice pussent gagner facilement la partie élevée d'où ils se précipitaient sur les lances et les épées [1].

Ces affirmations répétées de sacrifices humains, dont on montrait des traces sur les pierres devaient avoir une répercussion sur les paysans. Si l'on prend garde à la multitude des explications d'empreintes merveilleuses que l'on a relevées, il est aisé de se rendre compte de la facilité avec laquelle ont pu se former, à une époque très moderne, des légendes que l'on pouvait croire anciennes, d'autant qu'à titre accessoire s'y sont joints parfois des épisodes incontestablement populaires. Pendant longtemps, ceux qui, dans un but scientifique, ou par simple curiosité, visitaient ces monuments, trouvaient en effet sur beaucoup des creux, qui pour des gens suggestionnés par les récits romantiques ou par les affirmations des celtomanes, représentaient la place de la tête et des membres de la victime : les érosions en longueur leur semblaient les rigoles creusées pour l'écoulement du sang. Sans doute ils faisaient ces remarques devant les paysans qui leur servaient de guides, en exprimant leur horreur pour ces actes barbares, et leur dires étaient répétés dans les villages, où peu à peu ils subissaient une certaine déformation. C'est là, vraisemblablement, l'origine des quelques récits recueillis de la bouche des paysans, dans lesquels il est parlé de sacrifices humains.

Ce sont aussi probablement les dires des archéologues qui ont amené les pâtours et les bergères à ces espèces de parodies de sacrifices que l'on a relevées en quelques endroits, comme dans la presqu'île guérandaise, et dans l'Allier où, il y a une cinquantaine d'années, on jouait au saigneur et au saigné, sur une pierre où, disait-on, on immolait jadis des jeunes filles [2]. Ceux qui connaissent l'esprit imitateur des primitifs et des enfants penseront qu'il aura suffi pour les leur suggérer, de parler devant eux de ces prétendus sacrifices [3].

Un mémoire sur des monuments du Bourbonnais parle à deux reprises différentes de ses pratiques : « Les gens de Courtine sont persuadés que leur roche à bassin a été arrosée de sang humain ; le propriétaire en personne assurait que les *Gaôlois* sacrifiaient sur cet autel les fils de

1. L. Bousrez. *L'Anjou aux âges de la pierre*, p. 96 ; G. Fraysse, in *Journal de Baugé*, 21 Juin 1902. *Société des Antiq.*, t. 1, p. 31.

2. Quilgars. *La pierre de Crugo*, *Revue des Trad. pop.*, t. XV, p. 543 ; *Revue des Trad. pop.*, t. XIV, p. 253.

3. Le dolmen de Penhâp (Mauricet. *L'Isle-aux-Moines*, 1878, p. 85), à l'Isle-aux-Moines, plus connu actuellement sous le nom de Pierre des sacrifices, a dû recevoir ce nom à une époque récente, et sous la même influence qui a fait appeler Autel des Druides, Cordons des Druides, etc., plusieurs mégalithes.

leurs meilleurs familles ; la valeur du sacrifice était en raison du rang de la victime ». La précision même de ce témoignage le rend suspect de modernité ; les paysans ignorent, à moins qu'ils ne l'aient appris dans les livres, que leurs ancêtres se sont appelés des Gaulois. On peut supposer que l'attribution à ce peuple de sacrifices humains vient d'une lecture qui aura été répétée, ou de théories arriérées émises par des maîtres d'école et des archéologues : le sacrifice des fils de famille rappelle trop ceux dont les histoires accusent plus justement que les Gaulois les Carthaginois et d'autres peuples orientaux, pour qu'il n'y ait pas lieu de soupçonner l'intervention d'un document écrit. Les mêmes réserves s'appliquent à ce second passage : La tradition veut que les pierres des Fées dans les bois de Molette (Loire) aient servi à immoler des chrétiens, comme on dit dans le pays, où ce nom est synonyme d'homme [1]. Les paysans voisins de la Pierre Saint-Guillaume à Montenay font du diable une sorte de Croquemitaine antropophage qui apporte la nuit sur ce polissoir, les enfants qu'il a volés, les égorge et les mange ; les traces rougeâtres qu'on aperçoit sur la pierre sont les taches de leur sang [2]. Voici enfin une légende de sacrifices d'animaux : Entre Pradelles et Langogne, on raconte que les moines de Pradelles venaient chaque année égorger un porc dans la grande cavité du Rocher de la Barrique [3].

Il me paraît que l'on peut conclure de tout ceci, que jusqu'à ce qu'un document antérieur au siècle dernier, et présentant des garanties de sincérité, nous ait donné des légendes parlant de sacrifices humains sur les dolmens, il est à supposer qu'elles se sont formées à une époque récente sous l'influence des touristes ou des savants qui, en les visitant avec les gens du pays, répétaient les théories en faveur pendant la première moitié du XIX° siècle.

1. Levistre, in *Revue scientifique du Bourbonnais*, août 1900, p. 191 à 196.
2. E. Moreau, *Notes sur la préhistoire de la Mayenne*, p. 10.
3. Aymard, *Rochers à bassins de la Loire*, p. 49.

# LIVRE SECOND

# LES MONUMENTS

# CHAPITRE PREMIER

# LES RITES DE LA CONSTRUCTION

Des faits assez nombreux, relevés en des pays divers par des auteurs dignes de foi, constatent qu'à plusieurs époques de l'histoire de l'humanité, on a cru que la durée des constructions importantes n'était assurée que si, avant de les entreprendre, on avait accompli certains actes religieux. Ils avaient pour but d'apaiser les divinités sur le domaine desquelles on empiétait, et aussi d'implorer la faveur de celles qui pouvaient avoir de l'influence sur la solidité de l'édifice ou sur le bonheur de ses habitants. Parfois on immolait une victime humaine, qui devenait un génie protecteur, ou qui était députée aux dieux comme un messager chargé d'implorer leur pardon ou de se les rendre propices.

Si loin que l'on remonte, on ne rencontre en France aucun exemple authentique du rite le plus cruel employé en pareil cas, l'emmurement d'un homme vivant[1]. Il est vraisemblable qu'à des périodes reculées, il a été pratiqué en Gaule ; le souvenir en est resté tout au moins dans les légendes. Celles qui suivent, recueillies sur trois points du sud de la Basse-Bretagne, par trois observateurs différents, localisées par les conteurs, constatent la persistance de l'idée de la nécessité du sacrifice, et les deux premières, bien que la date en soit indéterminée, semblent indiquer que, dans l'esprit des gens, elle n'est pas extrêmement lointaine. Les ponts de Rosporden (Finistère), avaient été successivement détruits, lorsque l'on consulta une sorcière. Elle répondit qu'il fallait enterrer vivant sous les fondations, un petit garçon de quatre ans ; il devait être placé dans une futaille défoncée, tout nu, et tenir d'une main une chandelle bénite, de l'autre un morceau de pain. Une mère consentit à livrer son fils ; et après une grande fête, l'innocente créature fut murée. Dès lors, le pont s'éleva sans difficulté, et il dure depuis des centaines d'années ; mais depuis on a maintes fois

---

1. Cf. sur ce rite qui a été usité chez les peuples les plus variés, Paul Sébillot. *Les Travaux publics*, p. 91 et suiv., et les exemples cités dans la *Revue des Trad. pop.*, principalement par M. René Basset, t. XI, p. 583 (Transilvanie), XVI, 401, 441 (Allemagne, Livonie, Courlande), t. VII, 691, 692 (Franconie, Livonie, Montenegro), XVIII, 480 (Brunswick), VIII, 49 (Russie, Serbie), IX, 563 (Ecosse), XX, 370 (Mecklembourg), IX, p. 90 (Cedans), XX, 470 (Djenné, Afrique), VIII, 454 (Japon), VII, 691 (Dahomey), VI, 172 (Océanie).

entendu, la nuit, l'enfant appeler sa mère, et se lamenter comme au premier jour, en répétant sans cesse :

> Ma chandelle est morte, ma mère,
> Et de pain, il ne m'en reste guère.

On plaça aussi sous les fondations du pont de Caudan (Morbihan), qui s'écroulait toujours, un enfant qu'on avait préalablement enfermé dans une barrique, après l'avoir acheté fort cher [1]. On raconte aux environs de Pontivy qu'au temps jadis, quand on construisait un pont, on offrait aux dieux des eaux un sacrifice qui devait comprendre autant d'hommes que le pont avait de piles. On choisissait de préférence des prisonniers, mais s'ils manquaient, on prenait des innocents. Il était d'usage d'enfouir ces malheureux tout vivants, sous la première pierre de chaque pile. L'une de celles d'un pont que les Romains bâtissaient sur une rivière du Morbihan s'étant effondrée plusieurs fois, on décida de l'établir sur pilotis ; mais les pieux disparaissaient comme par enchantement. C'est alors qu'on résolut de sacrifier un homme vivant. On enfouit dans la vase un des ouvriers, puis on recommença à jeter des pierres ; on trouva le solide et l'on put achever le pont. Depuis, et pendant longtemps, lorsqu'on voulait mener à bien une entreprise difficile construite sur l'eau, on continua la même pratique barbare [2].

La légende a moins bien gardé le souvenir de l'époque où, suivant une évolution si fréquente qu'on peut la considérer comme régulière, des animaux furent substitués aux hommes. Sans doute cet acte, qui était déjà une atténuation, si cruel qu'il fût, inspirait moins d'horreur. Il est vraisemblable que les premiers animaux appelés à remplacer les hommes furent ceux que l'on regardait comme les plus nobles et les plus précieux [3]. Peu à peu, on arriva à n'offrir aux divinités que des bêtes réputées inférieures. L'usage d'emmurer dans les constructions une créature vivante, une grenouille par exemple, pour assurer la solidité de la muraille, s'est perpétué en Anjou et dans le Maine jusqu'à une époque récente et il est possible que les chats, dont on a retrouvé les squelettes sous les fondations de plusieurs vieilles maisons de Quiberon, y avaient été placés vivants. En exécutant des réparations au château de Saint-Germain, on a mis au jour une pierre de taille dans laquelle était, en parfait état de conservation, un chat qui y avait été enfoui vivant en 1547, suivant la superstition du temps qui voulait

---

1. L.-F. Sauvé, in *Mélusine*, t. IV, col. 147 ; René Kerviler, in *Rev. des Trad. pop.*, t. VI, p. 288 (cf. aussi t. II, p. 170-171 du *Folk-Lore de France*).
2. François Marquer, in *Rev. des Trad. pop.*, t. VII, p. 65-66.
3. Je n'ai pas retrouvé en France la trace de ce stade d'évolution, qui a été relevé en Danemarck, où le vulgaire croit que lorsque l'on construit une église, il faut enterrer un cheval vivant sous ses fondations (W. Zuidema, in *Rev. des Trad. pop.*, t. XVI, p. 512).

qu'un de ces animaux fût enfoui vivant pour que la construction fût durable. Il y a une vingtaine d'années, pareille trouvaille fut faite à Saint-Quentin dans un des piliers d'une ancienne église dédiée jadis à saint Jacques [1].

L'arrosement de la première pierre avec le sang de la victime fut un adoucissement de l'acte cruel de l'emmurement, et il est probable, bien que les traditions françaises soient muettes à cet égard, qu'il eut la même évolution, et qu'à l'origine on égorgeait un homme [2]. On a constaté jusque dans la dernière moitié du siècle dernier des survivances de cette coutume. Jadis aux environs de Pontivy, il était d'usage d'asperger les fondations des maisons ou des églises avec du sang d'animal, principalement avec du sang de bœuf, et on l'offrait aux génies de la terre pour les empêcher de détruire les murs ; on disait aussi que cela donnait de la chance aux bâtiments et qu'ils duraient davantage. Au commencement du XIXe siècle, on ne bâtissait pas une maison à Quimperlé sans répandre le sang d'un coq sur les premières pierres ; à Quimper, cette coutume s'est perpétuée jusqu'en 1862. Lorsque l'on construit une route ou un chemin de fer aux environs de Florenville, dans la Belgique wallonne, on fait encore au génie de la route le sacrifice d'une poule, d'un lapin, et quelquefois même d'un veau. Naguère dans le Morbihan, avant d'entreprendre une construction neuve, on offrait aux génies de la terre une couple de poulets : il fallait les plumer et les enfouir dans le sol au milieu de l'édifice qu'on allait élever. Quelque temps après, on les déterrait, et s'ils étaient intacts, c'était un signe de malheur ; car on disait que la colère des génies n'était pas apaisée ; mais, s'ils avaient disparu, on se figurait que le présent leur avait été agréable et qu'ils les avaient enlevés [3].

L'offrande d'un liquide, surtout celle du vin, dont la couleur rappelle le sang, a été vraisemblablement une troisième atténuation du rite primitif ; elle subsiste toujours : parfois elle consiste en une libation faite sur le sol lui-même ; plus ordinairement, le sens en ayant été oublié peu à peu, c'est un simple rafraîchissement, une sorte de pourboire dont profitent les ouvriers. L'usage, sous sa forme rituelle, semble avoir persisté en Haute-Bretagne jusqu'à une époque assez

1. X. de la Perraudière. Trad. du Maine, p. 8 ; P.-M. Lavenot, in Rev. des Trad. pop., t. VI, p. 576 ; Petit Bleu de Bruxelles, 24 août 1904 ; Joseph Orset, in Rev. des Trad. pop., t. XXI, p. 16.

2. Cf. René Basset, in Rev. des Trad. pop., t. VIII, p. 194 (ancienne légende galloise), ibid., t. XI, p. 533 (Inde et pays des Ashantis).

3. François Marquer, in Rev. des Trad. pop., t. VII, p. 179 ; H. de la Villemarqué, in Bull. Soc. arch. du Finistère, t. XXI, p. 254. Le coq égorgé se retrouve à Leucade. (René Basset, in Rev. des Trad. pop., t. XVII, p. 565) ; Alfred Harou, in Rev. des Trad. pop., t. VIII, p. 394 ; F. Marquer, l. c.

récente pour que l'on en conserve encore le souvenir. On dit que jadis avant de commencer une route, on creusait un trou dans le sol et que l'on y versait du vin ou des liqueurs pour se concilier la faveur des esprits de la terre. Si pendant toute la durée de la construction, il ne se produisait aucun mécompte, on croyait qu'ils avaient trouvé l'offrande à leur goût, et qu'en reconnaissance ils avaient protégé les travaux ; si au contraire, il survenait des accidents, on disait qu'on leur avait donné trop à boire, et que s'étant enivrés, ils étaient devenus méchants. Parfois on mettait aussi dans ces trous de l'huile et des œufs pour rendre ces génies doux comme les objets qu'on leur offrait, et l'on était persuadé qu'après cela ils ne troubleraient jamais les travailleurs [1]. En Poitou, des maçons auxquels on avait donné à boire après la construction d'une voûte en arrosèrent la clef avec du vin. Un ingénieur des Ponts-et-Chaussées, fut comme M. Dessaivre, le témoin oculaire de cette pratique. Vers 1877, à Gap (Hautes-Alpes), au moment de la pose du dernier voussoir formant clé, les maçons déclarèrent que la voûte ne tiendrait pas si on ne lui faisait pas boire un coup avant d'être clavée. Deux bouteilles de vin furent apportées : le premier verre fut versé dans le mortier, et c'est avec du mortier rouge que la clé de voûte fut fichée. Le surplus de la libation fut, bien entendu, distribué aux ouvriers du chantier [2].

Une singulière coutume qui se rattache aux libations a été relevée à Paris en 1892, lors de la pose de la première pierre d'un hôtel : les maçons demandèrent qu'on leur donnât les verres dans lesquels ils avaient bu ; ils prétendaient que sans cela il serait arrivé malheur à celui qui faisait construire la maison [3].

Suivant une légende de la Loire-Inférieure, les fondements du Pont d'Os auraient été posés sur les ossements des envahisseurs, vaincus dans une grande bataille ; on peut la rapprocher de la croyance écossaise d'après laquelle un château-fort n'était assuré de ne pas être pris, que si des ossements d'ennemis étaient placés dans ses murailles [4].

Pour détourner les mauvaises influences ou pour éloigner les esprits malfaisants, on plaçait parmi les matériaux des substances ou des objets qui sont réputés leur être odieux ; les vieillards racontent en Haute-Bretagne qu'autrefois, quand on construisait un pont, on mélangeait du sel avec le mortier employé à la maçonnerie des piles, pour empêcher les fées et les sorciers qui, comme on sait, ont horreur du

---

1. Paul Sébillot. *Les Travaux publics*, p. 4-5.
2. Léo Dessaivre. *Croyances*, p. 37 ; Louis Fargue, in *Rev. des Trad. pop.*, t. VI, d. 139.
3. Prince Roland Bonaparte, in *Rev. des Trad. pop.*, t. VII, p. 353.
4. Pitre de l'Isle. *Dict. arch. de la Loire-Inférieure.* St-Nazaire, p. 136 ; W. Gregor, in *Rev. des Trad. pop.* t. IX, p. 563.

sel, de hanter le pont après son achèvement [1]. Une autre pratique relevée en Hainaut, a un sens moins clair : le vieux château de La Roche fut construit avec de la farine de froment en guise de mortier [2]. On a vu, p. 70-71, que des objets préhistoriques ont été fréquemment placés dans les murs ou sous le seuil des maisons, dans un but de protection.

La pose de la première pierre d'un édifice est, encore maintenant, accompagnée d'usages qui ont perdu beaucoup de leur caractère primitif ; mais auxquels le monde officiel lui-même prend part. C'est ainsi que les chefs d'état ou les ministres lui donnent un coup de marteau ou font avec une truelle le simulacre d'y mettre un peu de mortier. Au-dessous a été placée une boîte qui contient en général des pièces de monnaie au millésime de l'année. Il n'est pas impossible qu'elles aient remplacé les objets auxquels on attribuait autrefois une vertu protectrice. Il semble même que l'on regarde comme nécessaire qu'une pièce de monnaie de l'année soit déposée sous les fondations. Lors de la pose de la première pierre du pont de Conflans-sur-Seine, en 1890, en présence de M. Yves Guyot, ministre des travaux publics, au moment où l'on allait sceller dans la maçonnerie la boîte contenant le procès-verbal de l'opération, quelqu'un fit observer qu'on avait oublié d'y mettre la monnaie d'usage. Aucune des personnes présentes n'avait sur elle une pièce au millésime de l'année ; pourtant on ne passa pas outre, et sur les instances des maçons et de quelques assistants, on alla dans le voisinage chercher des pièces portant la date de 1890, qui furent placées dans la boîte [3]. Dans le Morbihan, les ouvriers pratiquaient autrefois un trou dans la première pierre et y posaient une pièce de monnaie frappée de l'année, puis tous, ainsi que le propriétaire, allaient donner un coup de marteau, ensuite l'un d'eux se mettait à genoux, récitait une petite prière pour demander à Dieu de protéger la nouvelle construction, puis, s'adressant à la pièce d'argent, il disait :

> Quand cette maison tombera,
> Dans la première pierre on te trouvera ;
> Tu serviras à marquer
> Combien de temps elle a duré.

On pratique plusieurs autres actes qui attestent l'importance que l'on attache à la première pierre : les maçons du pays de Menton croient qu'il arrivera malheur à celui qui la pose, s'il n'a pas soin de faire une prière. Aux environs de Namur, le propriétaire l'asperge avec un buis bénit trempé dans l'eau bénite et qui est ensuite scellé dans le mur. Dans le Bocage normand, il doit prendre la truelle et le marteau

1. Paul Sébillot. *Les Travaux publics*, p. 102.
2. Alfred Harou. *Le F.-L. de Godarville*, p. 135.
3. Paul Sébillot. *Les Travaux publics*, p. 103.

et donner aux ouvriers la pièce tapée ; on a soin aussi de lui demander
force pots pour arroser le mortier. En Hainaut, il offre autant de
tournées qu'il a frappé de fois avec la truelle sur la pierre. En Franche-
Comté, c'est l'aîné de ses enfants qui la pose et lui donne trois coups
de marteau. Aux environs de Dinan, s'il y a une jeune fille, c'est elle
qui vient frapper le premier coup ; elle apporte une pichetée de cidre
et tous les maçons l'embrassent[2]. Ordinairement cet acte n'entraîne pas
pour son auteur de fâcheuses conséquences, et je n'ai pas retrouvé
ailleurs une croyance analogue à celle qui a été relevée dans le Puy-
de-Dôme : si c'est un enfant qui pose la première pierre d'une maison,
l'année ne s'écoulera pas sans qu'une maladie ou un accident vienne
lui ravir l'existence[3].

La construction de la charpente est aussi accompagnée d'observances
traditionnelles ; il est rare qu'elles présentent un caractère quasi-
cultuel aussi caractérisé que celui qui existe encore en Auvergne : une
fois la toiture terminée, on place sur le point culminant un gros
bouquet de fleurs ou de feuillages, et le propriétaire donne aux ouvriers
un certain nombre de bouteilles de vin. Ces bouteilles et les verres qui
ont servi aux libations sont considérés comme des objets sacrés :
on les bâtit, soit au faîte de la maison à côté du bouquet, soit en
rangées symétriques au-dessus de la porte ou dans l'épaisseur d'un
mur apparent. Parfois verres et bouteilles sont couchés horizonta-
lement, parfois ils sont en position verticale. En certains villages de
l'arrondissement d'Ambert, si le propriétaire refuse aux ouvriers
d'offrir le vin du chantier, de payer la fête du bouquet, ils mettent dans
la bâtisse des ossements humains ou des ossements d'animaux[4].

Ailleurs les ouvriers ont des façons plus ou moins ingénieuses de
rappeler les anciens usages à ceux qui seraient tentés de les oublier.
En Franche-Comté, lorsqu'on place les deux principales pièces, ils
font intervenir le propriétaire dans un travail soi-disant difficile ; son
rôle est d'enfoncer à coups de marteau une cheville dans un trou trop
petit. Pendant qu'il s'y évertue, les charpentiers comptent les coups,
et chacun représente une bouteille, qu'il est obligé de payer sur le
champ[5]. Dans le Bocage normand, lorsque la dernière pièce a été posée,
les ouvriers offrent à la femme du propriétaire une croix de bois ornée

1. Paul Sébillot. _Légendes et curiosités des métiers_, Les Maçons, p. 15, 16.
2. Paul Sébillot. _Coutumes de la Haute-Bretagne_, p. 255.
3. Dr Pommerol. _Le Culte de Taranis_, Extr. du Bull. de la Soc. d'Anthropologie,
1887, p. 6.
En Haute-Bretagne on fait frapper les enfants sur la première pierre d'une
maison pour qu'ils se souviennent de l'époque à laquelle elle a été bâtie. S'il s'agit
d'un édifice important une partie des gens de la commune y amènent les leurs.
(Paul Sébillot. _Additions aux Coutumes_, p. 27).
4. Dr Pommerol, l. c.
5. Paul Sébillot. _Les charpentiers_, p. 4.

de rubans et d'une branche de laurier, et ils invitent le maître à les suivre pour la placer au faîte de la maison, et enfoncer une des chevilles de l'assemblage ; ordinairement, il décline cette faveur et leur remet une gratification [1]. En Ille-et-Vilaine, c'est habituellement un enfant qu'on monte sur la charpente quand elle est levée, pour y placer un bouquet de rubans. Depuis quelques années, surtout si la construction est importante, on y ajoute des drapeaux ; le soir, on mange un coq, et, à défaut d'un coq, une poule [2].

En Béarn, lorsqu'on vient de construire une maison, il est d'usage dans les communes rurales, d'enchâsser avec du mortier, à l'une des pointes du toit, un vase de terre rempli d'eau bénite qui la préservera de tout péril ; dans le pays de Luchon on pose sur le haut une pierre debout brute ou grossièrement taillée ; dans les Landes, on y remarque des tuiles et parfois des bouteilles debout, qui ont pu remplacer les haches polies autrefois placées là comme paratonnerre [3].

Plusieurs légendes racontent que des couvreurs chargés de poser le coq sur le clocher se sentent attirés par le vide et périssent. L'ouvrier qui devait fixer le coq sur le nouveau clocher en poivrière de Saint-Sébastien près Nantes (1726), arrivé à la croix, cria à son patron resté au bas de la tour : « Où est le trou pour mettre le coq ? — Ah ! s'écria le patron, mon homme est perdu ! » et à l'instant même le garçon cédant au vertige s'abattit sur la place de l'église. On dit en Haute-Bretagne qu'un jeune couvreur étant monté avec son père, lui cria tout à coup : « Papa, voilà les gens d'en bas qui montent ! » Le père comprit que son fils allait tomber, et il fit le signe de la croix en récitant le *De profundis* [4]. En Franche-Comté, avant de poser sur le clocher le coq de cuivre, on le promène solennellement par le bourg. Dans la Côte-d'Or, quand pour réparer un clocher on en descend le coq, les ouvriers après l'avoir restauré, le portent sur un brancard enguirlandé de verdure et ils parcourent le bourg ou la ville avant de le replacer ; on leur offre des rafraîchissements et aussi des pièces de monnaie. Le même usage, mais plus simple, existe dans le Maine et dans les Côtes-du-Nord, où le coq est porté par le couvreur, et orné d'un ruban ou d'une guirlande [5].

Des coutumes qui jadis ont été rituelles accompagnent encore la fin de certains ouvrages. On raconte aux environs de Dinan, et aussi dans

1. J. Lecœur. *Esquisses du Bocage normand*, t. II, p. 343.
2. Paul Sébillot. *Coutumes*, p. 256.
3. V. Lespy. *Proverbes du Béarn*, p. 155 ; J. Sacaze. *Le Culte des pierres au pays de Luchon*, p. 905 ; J. de Laporterie, in *Rev. des Trad. pop.*, t. V, p. 246.
4. Abbé A. R., in *Revue hist. de l'Ouest*, t. XIV, p. 229 ; Paul Sébillot. *Légendes des métiers, les couvreurs*, p. 28.
5. A. Tausserat, in *Rev. des Trad. pop.*, t. XIII, p. 411-412 ; Fertiault, *ibid.*, t. III, p. 374 ; Paul Sébillot. *Ibid.*, t. XIII, p. 412 ; Mme Destriché, *ibid.*, t. XVIII, p. 481.

le centre de la Bretagne, que lorsque les Romains avaient achevé
un de ces beaux chemins qui subsistent encore en partie, ils immolaient
un homme et offraient son sang aux esprits de la terre, afin d'assurer
la durée de leur œuvre ; le sang était recueilli et répandu goutte à
goutte sur la voie. Une survivance de l'efficacité attribuée à cette
offrande a été relevée en 1890. Deux personnes ayant été écrasées par
un train de ballast sur la ligne de Verneuil à la Loupe, avant son
inauguration, les gens du voisinage disaient qu'elle était assurée contre
les accidents, parce qu'elle avait été arrosée de sang [1].

La croyance suivant laquelle il faut que la mort passe dans une
maison pour qu'elle puisse être habitée sans danger existe en un grand
nombre de pays. En Basse-Bretagne, c'est la Mort personnifiée qui
exige ce tribut ; dès que l'on a mis en place la marche du seuil, l'Ankou
s'y vient asseoir pour guetter la première personne de la famille qui la
franchira. Il n'y a qu'un moyen de l'éloigner, c'est de lui donner en
tribut la vie de quelque animal : un œuf suffit pourvu qu'il ait été
couvé [2]. En Wallonie lorsqu'une créature vivante, même d'ordre inférieur,
a péri dans une maison, elle est « signée » c'est-à-dire garantie ; jadis à
Liège, avant d'entrer dans un logis neuf, on y enfermait un chat qu'on
laissait crever de faim [3]. Cette cruelle coutume semble avoir disparu,
mais on a constaté la persistance de l'usage d'immoler un coq, qui
est destiné à préserver les nouveaux habitants, ou, comme dans la
Sarthe, à empêcher qu'une personne de la famille ne meure dans
l'année. Le plus ordinairement, lorsque la victime a été égorgée, on la
fait saigner dans tous les appartements [4]. Le préjugé s'applique même
aux édifices dans lesquels on ne fait que séjourner quelques instants.
En 1845, lorsqu'on célébra pour la première fois un mariage dans la
mairie nouvellement construite de Marzy, près de Nevers, où l'on
n'avait pas observé l'usage, les parents des mariés, cultivateurs aisés,
prétendirent qu'il devait leur arriver malheur. Pour le détourner, au
moment où l'officier de l'état-civil prononçait les paroles sacramentelles,
un des jeunes gens de la noce, aposté dans un cabinet attenant à la
salle, égorgea un poulet qu'il avait apporté sous son habit [5]. À Neu-
ville Chant d'Oisel, où de peur de mourir dans l'année, aucun paysan
n'aurait consenti, jusque vers 1860, à habiter une maison neuve si
préalablement le seuil n'eût été arrosé du sang d'un coq, personne ne

---

1. Paul Sébillot. Les Travaux publics, p. 7, 282.
2. A. Le Braz. La légende de la Mort, t. 1, p. 136-137.
3. E. Monseur. Le Folklore wallon, p. 114.
4. Mme Destriché, in Rev. des Trad. pop., t. V, p. 563 ; Henri Marion, in Mélusine, t. I, col. 72 (Allier) ; Mme E. Vaugeois, in Rev. des Trad. pop., t. XVII, p. 278. (Côtes-du-Nord).
5. Echo de la Nièvre, 21 juin 1845, cité par Quitard. Études sur le langage proverbial, p. 240.

voulut se marier dans la nouvelle mairie, avant l'accomplissement de
ce rite [1]. Dans la première année du XXe siècle, a eu lieu à Deville, à
trois kilomètres de Rouen, le sacrifice suivant dont M. L. de Vesly,
architecte, fut témoin oculaire. Lorsqu'il arriva devant la maison
neuve où il devait s'accomplir, la porte s'ouvrit et une vieille femme
tenant à la main un poulet *noir* entra dans la première pièce ; dès
qu'elle en eut passé le seuil, elle assujettit le poulet entre ses jambes
et lui trancha le cou avec la lame d'un couteau ; elle arrosa de son
sang le devant de la maison, et lorsque l'animal fut sur le point
d'expirer, elle versa les dernières gouttes sur le seuil. La bête morte
devait être ensuite rôtie et servie au repas qui suivait le sacrifice. M.
de Vesly interrogea la vieille femme qui lui répondit : « C'est pour
éviter qu'un des locataires de cette maison ne meure dans l'année.
J'agis de même pour toutes les constructions neuves, et il n'est personne ici qui consente à habiter une maison nouvellement construite
sans qu'au préalable quelques gouttes de sang d'un pigeon, d'un canard
ou d'un lapin aient été répandues sur le seuil. Demandez à Mme X.,
route de Dieppe ; elle avait négligé de suivre l'usage et son mari est
mort quelques mois après son installation dans sa nouvelle demeure ».
Cet usage est conservé dans quelques communes des cantons de Boos
et de Gournay [2]. L'immolation est accompagnée parfois de rites acces-
soires ; aux environs de Moncontour de Bretagne, le coq est encavé au
milieu de la place. En Beauce, en Sologne et ailleurs, après que le sang
avait été répandu aux quatre coins et un peu partout, on jetait au dehors
le corps tout plumé comme une pâture pour le diable, que l'on croyait
empêcher par ce sacrifice de s'introduire dans le logis, et de nuire à
ses habitants. A Caudan (Morbihan) il y a une quarantaine d'années,
après que le sang du coq eut arrosé la terre battue qui forme l'aire de la
pièce d'habitation, on jeta son cadavre à l'extérieur. Si on l'avait
mangé, cela aurait porté malheur, on ne l'enterre même pas, il faut
qu'il se consume à l'air. En Touraine, quelques personnes jettent par
dessus le toit la tête de l'animal tué [3]. Dans l'Autunois, avant de faire
bénir la maison, des gens l'aspergent avec du sang de coq, pour
conjurer le mauvais sort et les maladies [4].

L'usage d'égorger un coq dans l'étable nouvellement construite est
encore pratiqué dans un grand nombre de localités de la Beauce et du
Gâtinais ; après l'avoir arrosée de son sang, on l'enterre sous la place
que doit occuper le taureau. En Saintonge avant d'introduire aucun

1. F. Baudry, in *Mélusine*, t. I, col. 12.
2. L. de Vesly. *Légendes et vieilles coutumes*. Rouen, 1902, p. 12-14.
3. Paul Sébillot: *Coutumes*, p. 256 ; Quitard, l. c. ; René Kerviler, in *Rev. des Trad. pop.*, t. VII, p. 37 ; Léon Pineau, *ibid*, t. XVIII, p. 387.
4. Paul Bidault. *Sup. médicales du Morvan*, p. 83.

7

quadrupède dans un bercail, on y égorgeait une poule noire, dont il fallait faire rejaillir le sang sur les murs. A Mouâtre en Touraine, on mettait un poisson à mourir dans la nouvelle construction [1].

En Basse-Bretagne, celui qui entre pour la première fois dans une maison neuve peut se préserver de tout inconvénient en se faisant précéder par un animal domestique quelconque, chien, poule ou chat : le mal qui le menaçait tombe sur la bête [2].

Dans un grand nombre de légendes le diable se charge de construire un pont, à la condition que la première créature vivante qui y passera lui appartiendra ; il est toujours dupé par les hommes qui s'arrangent de façon à le faire traverser par un chat (ponts de Saint-Cloud, de Saint-Cado, de Pont-Christ, Beaugency, Saint-Guillem, d'Anzème (Creuse), etc., plus rarement par un lièvre (Pont du Gard) ou par un chien (Pont de Rilly, dans les Ardennes) [3]. Le fait qui suit remonte à une quinzaine d'années et il est peut-être une survivance de la nécessité d'un sacrifice pour assurer la durée d'une construction importante. Peu de temps après l'achèvement du pont de Garabit (Cantal) des habitants du pays portèrent un chat sur le pont et le précipitèrent dans la vallée : cette chute de plus de cent mètres ne l'ayant pas tué, un second chat fut jeté et se brisa sur la terre [4]. En Haute-Bretagne, quand un pont était terminé, on l'aspergeait d'eau bénite et une statuette de la Vierge était placée à chacune de ses extrémités pour empêcher le diable et les esprits de le fréquenter. Lorsque, il y a quelques années, le curé vint bénir le pont de Vérnières, près de Troyes, des dragées furent mises à la disposition de tous les passants, comme à un baptême [5].

Vers le milieu du XIXe siècle, quand on construisit près de Guisseny (Finistère), une digue qui enfermait un vaste bras de mer, les paysans prétendirent que l'entrepreneur ne pourrait jamais parvenir à l'élever. Lorsqu'il eut réussi, ils attribuèrent son succès à des moyens surnaturels, disant qu'il avait fait un pacte avec les mauvais génies, et ils donnèrent à sa digue le nom de Môle du diable. Ils ne cessèrent de la regarder d'un mauvais œil que lorsqu'elle eut été bénie par le curé et qu'elle eut supporté les aspersions d'eau bénite sans s'écrouler [6].

En beaucoup de pays on fait bénir les maisons ; on prétend en cer-

1. E. Rolland. Faune pop., t. VI, p. 102; J.-M. Noguès. Mœurs d'autrefois, p. 178; Léon Pineau, in Rev. des Trad. pop., t. XVIII, p. 387.

2. A. Le Braz. La Légende de la Mort, t. I, p. 136.

3. Paul Sébillot. Les Travaux publics, p. 145, 147, 150, 151, 153, 154, 348 ; Bonnafoux. Légendes de la Creuse, p. 19, 20.

4. Paul Sébillot. Les Travaux publics, p. 110.

5. Paul Sébillot, l. c., p. 108.

6. Paul Sébillot, l. c., p. 311.

taines parties de la Haute-Bretagne que le diable vient dans celles qui
n'ont pas été aspergées d'eau bénite par un prêtre, et que le maître
serait exposé à être emporté par lui ; suivant d'autres on y entend des
bruits étranges et inexplicables [1].

Le foyer est aussi l'objet d'une sorte de consécration : aux environs
de Dinan, si l'on allumait du feu dans une cheminée neuve sans auparavant y jeter trois gouttes d'eau bénite, le diable en prendrait possession et bientôt délogerait le bon Dieu du reste de la maison. La
première fois que l'on cuit un œuf dans une cheminée, il faut en
brûler soigneusement la coque, sans quoi on ajouterait aux souffrances
de saint Laurent sur son gril [2].

La plantation de la crémaillère qui joue un rôle assez important en
folk-lore (cf. t. I, p. 120, 122, t. III, p. 84, 109, 111, 219) a vraisemblablement été accompagnée autrefois d'une sorte de cérémonial et peut-
être d'actes superstitieux ; actuellement encore elle est suivie d'un repas
auquel sont invités les amis et les voisins.

1. Paul Sébillot. *Coutumes de la Haute-Bretagne*, p. 257.
2. Lucie de V.-H., in *Rev. des Trad. pop.*, t. XIX, p. 91.

# CHAPITRE II

# LES MONUMENTS ANTIQUES

Les débris des monuments antiques qui subsistent dans nombre de pays de l'ancienne Gaule sont encore assez imposants pour frapper l'imagination populaire. Toutefois les légendes qui s'y rattachent paraissent rares, même dans la région du Midi, où se trouvent les plus beaux et les mieux conservés; mais les noms par lesquels on les désigne montrent qu'on attribue presque toujours leur construction à des personnages surnaturels. Ce sont les mêmes que ceux qui ont présidé à l'origine des circonstances les plus remarquables du monde physique, ou qui ont bâti les édifices dont la masse ou la beauté semble au-dessus de la puissance humaine.

Les fées tiennent le premier rang parmi eux. A Cimiez, les paysans donnent à l'amphithéâtre le nom de *Tino dei Fati*, la Cave des fées, d'après Milin, de la *Tino dei Fada* suivant un auteur plus moderne [1]; à Saint-Cybardeaux, ils appellent Château des fées la partie la mieux conservée d'un cirque [2]. Les deux aqueducs, qui pendant la domination romaine, amenaient les eaux à Chartres, et dont une partie est encore apparente, prennent le nom de « Cave aux fées » ou de « Crot aux fées » dans les différents territoires qu'ils traversent; un autre aqueduc près de Saint-Nicolas (Hautes-Alpes) est le *Murao di Fado*, le Mur des fées [3]; au XVIIᵉ siècle les habitants de Saint-Martin-le-Beau, en Touraine, appelaient la Maison des fées une ruine, probablement romaine [4], et dans la même région, vers 1763, les paysans regardaient la Pile Cinq Mars comme un ouvrage des fées [5]. Les bonnes dames sont aussi en relation avec les voies romaines qui se nomment « Chemin des fées »

---

1. *Voyage archéologique dans le Midi*, t. II, p. 345; Négrin. *Guide à Nice*. Nice 1870, in-12, p. 268.
2. A.-G. Chauvet. *Une ville gallo-romaine près Saint-Cybardeaux*. Ruffec, 1902 in-8.
3. Paul Sébillot. *Les travaux publics*, p. 342; *Revue des langues romanes*. t. I p. 201.
4. Léo Desaivre. *Ext. des Notes*, MMs du *voyage* de Dubuisson-Aubenay, in *Rev. des Trad. pop.*, t. XVI, p. 590.
5. La Sauvagère. *Antiquités dans les Gaules*, p. 191.

dans le pays de Caux, à Nuits-sous-Ravière, à Sennevay-le-Bois, dans
l'Yonne ; dans le Boucheneau (Côte-d'Or), elles se rendaient au sabbat en
suivant une route romaine qui est désignée sous le même nom, comme
celle de Houldigny dans les Ardennes ; il y a dans le voisinage de cette
dernière de nombreuses traces de constructions qui ne laissent pas
aux arbres la faculté de pousser de longues racines, et l'on dit que des
fées malfaisantes les ont frappés de malédiction [1]. En Poitou, c'est à la
Mère Lusine que le peuple attribue les anciennes voies qui sillonnent
la contrée, aussi bien que les arènes et les aqueducs de Poitiers ;
aujourd'hui encore, lorsque les terrassiers viennent à rencontrer
quelque vestige d'édifice romain, ils se plaignent de ce que la Mère
Lusine gêne leurs travaux [2]. A Sours (Eure-et-Loir), un sentier qui suit
un conduit souterrain partant d'une villa romaine est nommé Sente des
fées, et les petits cubes de mosaïque que la charrue met au jour sont les
Pavés des fées [3].

Le diable partage avec les fées l'honneur d'avoir construit les
monuments romains. On trouve dans les environs de Toul le Chemin
du Diable, la Chaussée du Diable, près de Charleroi ; dans les Ardennes
françaises, des Pavés du Diable. En Normandie, il a été l'architecte de
plusieurs de ces voies, et il les exécute parfois, de même que d'autres
édifices, avec une rapidité prodigieuse : à Condé-sur-Iton, il se chargea
de faire un chemin en si peu de temps, qu'un cheval lancé au galop ne
pourrait suivre les progrès de son travail ; dans les Ardennes, il en termine un en trois jours, en Belgique plusieurs ont été achevés par lui en
une seule nuit [4]. C'est dans le même espace de temps qu'il bâtit le Pont du
Gard, en stipulant cette condition qui se rattache à l'origine de tant de
ponts, que la première créature qui passerait dessus lui appartiendrait [5].
Une légende relevée au XVIIIe siècle disait qu'il y avait à Bordeaux une
porte appelée le Palais Gasiel, et qui fut autrefois un palais que le
diable avait fait en une nuit [6]. Les paysans de Corseul (Côtes-du-Nord)
où l'on a mis au jour à diverses reprises les ruines d'une cité gallo-
romaine importante, disent qu'il y en a une autre sous terre qui est
très étendue, et dont les maisons sont en or ; c'est le diable qui l'a
construite et qui l'habite toujours [7].

Plusieurs constructions, qui sont en effet généralement romaines,

1. Amélie Bosquet. La Normandie romanesque, p. 194 ; Ph. Salmon. Dict. arch.
de l'Yonne, p. 95, 109 ; H. Marlot. Le Merveilleux dans l'Auxois. Semur, 1894, in-18,
p. 19 ; A. Meyrac. Villes des Ardennes, p. 293.
2. Léo Desaivre. Le Mythe de la Mère Lusine, p. 56.
3. G. Fouju, in Rev. des Trad. pop., t. VIII, p. 610.
4. Paul Sébillot. Les Travaux publics, p. 21-24.
5. Armana prouvençau, 1868.
6. Extrait du Voyage d'un paysan pour Bourdeaux, 1726, dans Nicolaï. Voyage de
Monsieur saint Jacques de Compostelle. Bordeaux, 1877, in-8, p. 67.
7. Paul Sébillot. Légendes locales, t. II, p. 4.

passent pour avoir été élevées par des personnages de la Rome historique, ou sont désignées par leur nom. Celui de César leur est associé
à peu près dans toute la France ; c'est même dans les pays de langue
d'oïl le seul qui soit connu ; dans le sud, on y ajoute ceux de Marius et
d'Annibal. Il n'est pas certain qu'il s'agisse de noms transmis d'âge en
âge ; il semble plus probable que beaucoup de ces appellations ne
remontent pas très loin, et que de même que les noms romains imposés
à des mégalithes à l'époque où il était de mode de faire tout remonter
aux conquérants de la Gaule, ceux des autres constructions, sont pour
la plupart assez modernes. César est, à l'heure actuelle, le constructeur
par excellence des monuments réputés antiques, et à ce point de vue
il joue un rôle presque comparable à celui de Gargantua en matière
mégalithique. Il n'est guère de camp romain ou présumé tel qui ne
soit baptisé : Camp de César. La fondation de la ville de Graçay, suivant
une tradition d'une ancienneté fort douteuse, lui est due, et beaucoup
de villes du Berry le réclament pour leur père [1]. On verra au chapitre
des souvenirs historiques que bien d'autres ruines auxquelles s'attachent
des légendes qui n'ont pas trait à leur fondation, portent aussi le
nom de cet illustre capitaine.

On raconte en Provence qu'une chaussée, le Jaï ou le Caïon, longue
de trois kilomètres et demi, qui traverse l'étang de Berre, fût construite
par Marius en une seule nuit. Pour mener à bien ce travail, il avait fait
prendre à chacun de ses soldats un sac de terre, et chacun venant le
vider à son tour à l'endroit prescrit, la multitude fit cette chaussée
d'une manière qui, par sa rapidité, parut tenir du prodige [2].

Ainsi que le fait remarquer Bizeul, la construction des voies romaines
a si vivement frappé les esprits, qu'on a été porté à les attribuer à une
puissance surhumaine, à la baguette des fées (cf. p. 101) ; presque
partout c'est une femme, une reine, une princesse qui selon le peuple
était douée d'une puissance surnaturelle [3]. Voici les plus populaires :
Dans le nord, c'est la reine Brunehaut ; la reine Blanche dans l'est,
la reine Houdiotte en Lorraine, en Guyenne, la princesse Galienne,
et Aliénor, en Bretagne Ahès, Madame Aleno, la Rohanne, la Jouyance,
la duchesse Anne [4]. Celle-ci figure comme bâtisseuse de routes dans
un texte du commencement du XVIIe siècle : un chemin aux environs
de Nantes était appelé « chaucée de la duchesse, aucuns disans que
c'est la duchesse Anne qui l'a fait faire, d'autres que c'est un duc » [5].

1. L. Martinet, Le Berry préhistorique, p. 67.
2. Bérenger-Féraud, Superstitions et survivances, t. II, p. 341. Cette légende où
l'on trouve des éléments traditionnels dont il existe des parallèles est vraisemblablement ancienne ; on ne saurait être aussi affirmatif quant au nom du constructeur.
3. Bizeul, Quelques voies romaines du Poitou, Nantes, 1844, in-18, p. 9-10.
4. Paul Sébillot, Les Travaux publics, p. 13 et suiv., on y trouvera un assez
grand nombre d'autres noms.
5. Dubuisson-Aubenay, Itinéraire de Bretagne, t. II, p. 143.

Près de Langres une ancienne voie, probablement romaine, est nommée Chemin de sainte Reine [1].

Les constructeurs masculins sont plus rares ; cependant au XVII° siècle le vulgaire d'Ecouis (près Les Andelys) appelait « chaucée d'Enguerrand de Marigny la voie romaine qui y passe ». L'une de celles qui traversent le Poitou porte le nom de Chemin de saint Hilaire depuis son départ de Poitiers jusque vers l'Anjou ; on trouve aussi dans ce pays, comme en Bourgogne et ailleurs, un chemin de Charlemagne [2].

Certaines de ces routes, encore assez bien conservées et fort reconnaissables, cessent brusquement, sans aucun motif apparent. Des légendes que l'on n'a jusqu'ici relevées qu'en Bretagne, expliquent cette interruption [3]. Elles sont assez nombreuses, mais leur thème est à peu près uniforme ; une princesse puissante, qui ne pense pas qu'elle devra mourir, rencontre tout à coup, en visitant les travaux, un oiseau qui ne bouge plus, et elle demande ce que c'est. Quand elle apprend qu'il est mort et que tout ce qui a vie doit mourir aussi, elle renonce à son entreprise. Cette mélancolique donnée est anciennement connue en Bretagne, et on l'y retrouve dès le XII° siècle dans le *Roman d'Aquin*, ne différant guère que par la forme des récits contemporains où la « femme d'Ohès le veil barbé » devenue plus tard Ahès, est remplacée par des princesses ou des châtelaines [4]. Je reproduis la légende qui suit, parce qu'elle est moins connue, qu'elle met en scène un personnage historique, et que l'oiseau, pie ou merle, qui figure dans les autres récits est remplacé par une taupe : Le château de l'Isle était autrefois habité par des princes puissants. Ils gardaient tout le pays et la navigation de la Vilaine, sur laquelle on jetait chaque soir une grande chaîne de fer qui allait d'un bord à l'autre. La duchesse Anne s'y plaisait et souvent y revenait ; mais comme ses affaires la demandaient parfois ailleurs, et que faute de chemin les voyages étaient longs et fatigants, elle résolut d'en faire un de son château à sa bonne ville de Nantes. Elle fit venir des ouvriers et réunit tous ses vassaux qui commencèrent un grand travail, qu'elle avait tant à cœur d'achever qu'elle y pensait jour et nuit. Un matin qu'elle visitait l'ouvrage, elle vit quelque chose de noir sur la terre fraîchement remuée et demanda à un ouvrier ce que c'était : « C'est madame, une taupe qui faisait aussi sa route, et la mort l'a prise. » La duchesse peu après ordonna d'abandonner les travaux [5]. Dans la Loire-Inférieure, une de ces

1. Balliot, in *Bull. Soc. Anthropologie*, 1899, p. 630.
2. Dubuisson-Aubenay, l. c. ; Bizeul, l. c. ; Balliot, l. c., cf. sur les noms masculins, Paul Sébillot, l. c., p. 17-19.
3. Paul Sébillot. *Les Travaux publics*, p. 27 et suiv. ; *Légendes locales de la Haute-Bretagne*, t. II, p. 77-81.
4. Cf. sur la légende de la pie morte, Gaston Paris, in *Romania*, 1900, p. 416-424 ; la rédaction primitive du Roman d'Aquin remonte au XII° siècle, celle qui nous est parvenue est du XIV°.
5. G. de Closmadeuc, in *Société polymatique du Morbihan*, 1866, p. 13-14.

interruptions est attribuée à une autre cause : à Auverné, si la route s'arrête tout à coup, c'est que le seigneur de la Motte-Glain ne voulut pas permettre à la duchesse du Rohan de traverser ses terres ; on assure même qu'il appela à son secours un sorcier : celui-ci, par ses enchantements, fait venir toutes les bêtes de la forêt ; en courant après une boule de fougère qu'il lance sur la route, elles la piétinent si bien qu'elle est défoncée, et qu'à sa place, il n'y a plus qu'une sorte de fondrière [1].

Les paysans qui enlèvent parfois aux Romains l'honneur d'avoir construit plusieurs monuments, leur en attribuent en revanche d'autres auxquels ils n'ont eu aucune part ; dans la Charente-Inférieure, on désigne sous le nom de Tombes romaines les dolmens en auge de l'Houmée près de Saint-Jean de la Prée [2] ; les gens des environs de Dol, qui regardent tout monument ancien comme l'œuvre des Romains, disent que ce sont eux qui ont érigé les mégalithes [3]. Il est probable que ces idées sont récentes, et qu'elles dérivent d'explications entendues par eux et mal comprises, ou d'hypothèses émises par des visiteurs, même archéologues, à l'époque où l'on ramenait tout aux conquérants des Gaules.

Quelques bornes milliaires portent des noms qui supposent un souvenir ou une légende : en Forez, l'une d'elles est appelée « Pierre de César » [4] une autre, entre Taulanne et le col saint Pierre est la « masse de saint Pierre » Elle a la forme d'un gigantesque marteau, et les paysans disent que saint Pierre, patron de la paroisse et très vénéré dans le pays, l'y a apportée et laissée [5]. A Chazé (Maine-et-Loire) une borne milliaire romaine couchée à la porte de l'église est appelée Bâton de Gargantua. En Provence le peuple donne le nom de *Lou Bastoun de Sant Trefume,* bâton de saint Trophime, à une colonne antique sur la route d'Aix à Tarascon, qui servait de délimitation entre les abbayes de Montmajor et de Saint-Césaire [6].

Il est assez rare que le peuple raconte les circonstances qui ont amené ou accompagné la ruine des monuments antiques, et il ne l'attribue guère au courroux du ciel qui a enseveli sous les eaux ou sous les sables tant de villes criminelles. Vers 1849, lorsque l'on mit au jour près du Guildo, dans les Côtes-du-Nord, des bains romains enfouis depuis des siècles sous les dunes, les paysans disaient que la mer avait détruit ces constructions, et que les fées qui les habitaient étaient allées ensuite se réfugier dans une grotte du voisinage [7]. Cette

1. Pitre de l'Isle, in *Rev. des Trad. pop.*, t. XII, p. 291.
2. G. Musset. *La Charente-Inférieure avant l'histoire,* p. 142.
3. Paul Sébillot. *Traditions de la Haute-Bretagne,* t. I, p. 25.
4. E. Noëlas. *Traditions foréziennes,* p. 21.
5. Abbé Thédenat. *Les bornes milliaires,* in *Antiquaires,* t. XLVIII.
6. Paul Sébillot. *Gargantua,* p. 468 ; F. Mistral. *Nerto,* p. 183 note.
7. Paul Sébillot. *Légendes locales,* t. II, p. 5.

légende se forma, vraisemblablement par besoin d'explication, quelque
temps après la découverte. Il est de tradition dans le pays de Plédran
que l'enceinte vitrifiée de Péran fut brûlée, et que l'incendie dura sept
ans [1]. Au XVII⁰ siècle, on attribuait à une sorte de miracle certaines
ruptures d'une célèbre construction romaine : on voit plusieurs grosses
pierres de l'Amphithéâtre de Nismes qui sont fendues, et on dit que
cela arriva du temps que Notre-Seigneur souffrit la mort pour le salut
du Genre humain [2].

### § 2. HABITANTS ET HANTISES

Ainsi que les diverses circonstances du monde physique, dont la
grandeur ou l'étrangeté sont propres à frapper l'imagination, les débris
des monuments antiques sont, à certaines heures, le rendez-vous de
personnages surnaturels ou diaboliques, qui y accomplissent des actes,
tantôt gracieux, tantôt répugnants ou terribles. Quelquefois l'on n'est
pas bien fixé sur leur nature, et il semble qu'on les suppose hantés par
des êtres qui appartiennent à toutes les catégories du fantastique ;
c'est ainsi que le *Touroun dous Mourous*, le ballon des Maures, vaste
camp maure à Lay-Lamidou, en Béarn, est à la fois le séjour des fées,
des sorcières et des loups-garous [3]. Tous les ans, à la pleine lune de
septembre, des fées tiennent une grande foire dans la cité de Limes,
dont l'origine gauloise semble démontrée : celui qui la traversant laisse
ses yeux se fixer sur les précieuses marchandises qu'elles étalent sur
le gazon, ne peut plus continuer son chemin ; les belles fées vêtues
de belles robes blanches l'entraînent, le caressent, il oublie les heures,
et il est peu à peu entraîné à l'autre bout de la cité, au bord de la
falaise, d'où la fée perfide le précipite en riant dans la mer [4].

Le folk-lore des débris de l'antiquité est sensiblement pareil à celui
des constructions plus modernes, inhabitées et ruinées, et les mêmes
personnages fantastiques s'y meuvent dans des circonstances analogues :
un souterrain qui part d'un beau fragment romain appelé tour du
Haut-Bécherel, va aboutir au bourg de Corseul (Côtes-du-Nord), à un
kilomètre de là, suivant d'autres, au château de Montafilant, qui en est
beaucoup plus éloigné. En voici la preuve, d'après les gens du pays :
il y a quelques années, une bonne femme qui demeurait auprès de la
tour, perdit son cochon et le chercha pendant deux jours. Pendant ce
temps, les habitants d'une ferme du voisinage étaient très effrayés
d'entendre sous leur foyer des grognements sourds ; ils coururent
chercher un prêtre pour chasser le lutin ou le diable qui les troublait

1. B. Jollivet. *Les Côtes-du-Nord*, t. I, p. 54.
2. Jordan. *Voyages historiques*. C'est vraisemblablement un souvenir des pierres
qui se fendirent, d'après l'Evangile de saint Mathieu, ch. 28.
3. *Coundes biarnès*, p. 249.
4. L. Vitet. *Histoire de Dieppe*, p. 381.

ainsi. Celui-ci entendit le bruit, et conseilla de creuser une ouverture sous le foyer. Lorsqu'elle eut été faite, on découvrit le cochon de la bonne femme, qui était probablement tombé dans une fissure communiquant avec le souterrain. On n'a pas continué les fouilles ; mais les paysans content qu'entre le Haut-Bécherel et Corseul, il y a une ville souterraine dont les maisons sont en or ; elle est habitée par le diable qui y mène joyeuse vie. Un peu plus loin, un endroit s'appelle la Ville-Dé, parce que, dit-on, Dieu avait là jadis une ville à lui. C'est pour lui faire la nique que le démon a bâti sa ville souterraine, d'où partent d'étranges bruits ; parfois, on voit des dames blanches qui viennent se baigner à l'étang ou y laver leur linge ; ce sont les « femmes à Satan » qui sortent de sa ville pour venir sur la terre [1]. En Franche-Comté existe aussi la tradition d'une cité appelée la Ville d'Or à Osselles, où des ouvriers trouvèrent, dit-on, dans une cavité, un trésor considérable [2].

A la fin du XVII° siècle on faisait mille contes sur le souterrain de Carhaix, qui n'est autre qu'un ancien aqueduc ; c'était la demeure des démons, et une retraite où les hommes se retiraient à l'approche de l'ennemi. Ceux qui prétendaient l'avoir examiné jadis ou racontaient ce qu'ils tenaient de leurs pères, déclaraient qu'on y voyait de grandes portes de fer [3]. L'amphithéâtre romain de Grohan près Angers fut totalement détruit pour y bâtir une église et un couvent, parce qu'on disait qu'il y revenait [4]. Les ruines du Palais Gallien à Bordeaux ont longtemps passé pour être un des rendez-vous diaboliques où les sorciers et les sorcières exécutaient, la nuit, des danses échevelées ; au XVII° siècle, une femme avoua au juge qu'elle allait au sabbat au carrefour du Palais Galienne, qui en était voisin [5].

Les excavations pratiquées sous terre à des époques qu'il n'est pas toujours facile de déterminer, mais dont plusieurs semblent fort reculées, portent le nom de *Traucs* (trous), dans presque toute l'étendue du bassin sous-pyrénéen. Le vulgaire y voit des souterrains destinés à cacher des richesses ou à protéger les personnes en temps de troubles ou de guerres. On raconte que le Trauc de l'Anglès, commune de Villefranche, fut creusé pour échapper aux Anglais ; que le premier qui y pénétra rencontra un squelette tenant à la main un vase à boire, et qu'il existait un souterrain aboutissant à la plaine de Villefranche, distante d'environ deux kilomètres [6]. Le souterrain-refuge de Monbon à

1. Lucie de V. H., in *Revue des Trad. pop.*, t. XIV, p. 209.
2. Ch. Thuriet. *Trad. du Doubs*, p. 116.
3. Cambry. *Voyage dans le Finistère*, p. 116.
4. C. Robin. *Le Mont-Glonne*. Paris, 1774, in-12, t. I, p. 106.
5. C. de Mensignac. *Superstitions de la Gironde*, p. 69 ; De Lancre. *De l'inconstance des démons*, p. 105.
6. P. Fagot. *Folk-Lore du Lauraguais*, p. 305.

Saint-Martin-le-Mault (Haute-Vienne) était, d'après les habitants, une cachette où des gens qui étaient cachés furent surpris par les Sarrasins qui les massacrèrent tous ; leurs ossements sont encore dans leur retraite, qui est redoutée par les paysans des environs[1]. Ceux du voisinage de la Motte aux Caves-Fort, qui s'appelle aussi le Château Robin, regardent avec terreur des caves très anciennes et assez compliquées qui se trouvent au-dessous, et ils en ont fait l'habitation du diable[2].

Les paysans de Desnié, commune de La Reid (prov. de Liège), racontent que, certaines nuits, ils ont aperçu les légions romaines défiler sur la chaussée d'une ancienne voie romaine, nommée La Vecquée. Le cliquetis des armes était bien perceptible, et chose singulière, les pieds des soldats ne foulaient point la chaussée, mais semblaient s'agiter à quelques centimètres du sol, sans jamais le toucher ; on eût dit des fantômes marchant sur des nuages à ras terre[3].

Les monuments dont la forme ne rappelle ni des temples ni des habitations paraissent avoir peu préoccupé les paysans et je n'ai pas retrouvé à l'époque moderne des explications dans l'esprit de celle qui fut notée par un voyageur du XVIIe siècle : A Arles se trouve une pyramide de pierre dure, située hors de la ville, dans un lieu appelé la Roquette, c'est-à-dire petite roche. Les habitants soutiennent qu'elle avait jadis soixante pieds de haut ; elle n'en a maintenant que vingt-quatre. On prétend que c'était un autel sur lequel on immolait à Diane deux jeunes gens dont on répandait ensuite le sang sur la foule[4].

Les légendes les plus nombreuses qui s'attachent aux ruines antiques, et leur sont communes avec beaucoup d'autres endroits remarquables, sont celles qui placent dessous des richesses considérables, mais en général difficiles à acquérir : une charrette ne saurait sortir du camp vitrifié de Péran, près de Saint-Brieuc, qui recèle d'immenses trésors, sans passer sur une barrique d'or[5]. A Trizac, dans le bois de Marlhiou, où se trouvent plusieurs entassements de terrain, restes d'une cité gauloise, Cottenghe, d'invisibles trésors ont été laissés à la garde des couleuvres. Un Jeudi saint, une pauvre femme vit deux serpents sortir des décombres, portant chacun un anneau d'or au cou. La vieille, les ayant laissés s'éloigner, fouilla juste au point où elle les avait aperçus d'abord et découvrit un grand vase rempli de pièces d'argent. Elle le porta toute tremblante à l'église, et le posa sur l'autel ; le lendemain, le trésor était intact ; mais les couleuvres qui avaient voulu le reprendre pendant la nuit furent trouvées mortes près du bénitier[6]. Suivant une

1. E. de Beaufort, in *Antiq. de l'Ouest*, t. XVIII, p. 477.
2. L. Bousrez. *Mégalithes de la Touraine*, p. 56.
3. Alfred Harou, in *Rev. des Trad. pop.*, t. XV, p. 660.
4. Jodocus Sincerus. *Itinerarium Galliæ*, p. 210.
5. *Soc. des Antiquaires*, t. XVIII, p. 285.
6. L. Durif. *Le Cantal*, p. 373.

autre légende, les fées obligées d'abandonner Cottenghe, y ont laissé
des trésors immenses qu'elles viennent rechercher au milieu de ses
débris ; il y a quelques années, un montagnard, égaré dans la forêt, se
trouva tout à coup en présence d'une petite vieille, toute décrépite,
qui traînait à grand'-peine une énorme marmite de bronze, sans doute
toute remplie d'or, et qui disparut dès qu'elle l'aperçut. Dans la forêt
une vaste dalle portant un anneau de bronze recouvre l'entrée du
souterrain où sont enfouis les trésors des fées ; mais il n'est donné de
la découvrir que le Jeudi saint ou le dimanche de Pâques pendant la
célébration des offices [1].

C'est aussi au moment où, le jour des Rameaux, le prêtre chante
l'*Attolite portas* que s'ouvre le rocher de l'ancien camp du Châtelard
près d'Ambierle, où la tradition place le trésor d'une légion romaine.
Une pauvre vigneronne qui se trouvait auprès voit le rocher s'entrou-
vrir lentement et elle découvre une chambre qui s'étend sous la
montagne avec un beau lit d'or au milieu, et au fond de l'or et de
l'argent à profusion. Elle dépose son nourrisson sur le lit, elle entasse
des richesses dans son tablier, elle sort pour le déposer hors de la
caverne, et revenir chercher son enfant ; mais derrière elle le roc se
referme. Elle va trouver un vieux moine qui lui conseille de dépenser
son or en œuvres pies, de porter tous les jours sur le roc Py-le-Mortier
le berceau vide, les langes et la nourriture de l'enfant, et de retourner
l'année suivante au Châtelard. Au bout de l'année, le rocher s'ouvre
de nouveau, la mère retrouve son enfant en bonne santé, et il avait à
son bonnet un rameau garni de pommes d'or [2]. Au XVIIIᵉ siècle, il y
avait dans le Camp, lieu fortifié situé à l'île D'Yeu, sur un rocher
détaché présentement de la côte, un trésor que les habitans de l'isle
n'osoient se risquer à enlever, crainte du mauvais sort ; mais des Bretons qui prendroient le diable par les cornes en vue d'un gain, ont
tenté l'aventure, et ont été engloutis dans les flots dès que leur navire
a pris la mer avec le trésor [3]. Aux environs d'Argentan, les camps
romains ou prétendus tels, les endroits où l'on trouve des tuiles à
rebords et des poteries anciennes, contiennent des trésors ; quelques-
uns se trouvent dans de mystérieuses galeries souterraines défendues
par des grilles ou par des monstres. On prétendait qu'il y en avait un au
camp du Châtelier, dit aussi de César. A certaines époques on y entendait le son des cloches, et au clair de la lune, on y voyait étalées
d'énormes sommes d'or et d'argent. Un homme qui était sorti de chez
lui la nuit de Noël, non pour aller à la messe, mais pour assister à un
réveillon, rencontra une poule d'or, suivie de douze poussins d'or, qui

1. Deribier du Châtelet. *Statistique du Cantal*, t. V, p. 482.
2. Noëlas. *Trad. foréziennes*, p. 163-173.
3. Joussemet. *Notes sur la configuration du littoral poitevin*, p. 16.

paraissait se diriger vers l'église. Il la suivit sans oser toucher à ses poulets ; mais quand il vit la couvée arriver à peu de distance des maisons, il s'enhardit et voulut s'emparer d'un poussin d'or qui restait toujours en arrière des autres ; le poulet glissa dans sa main, et sans rien voir, l'homme sentit mille coups lui tomber sur les épaules. Il suivit la couvée avec plus de prudence et la vit faire, comme chaque année, un long parcours avant de rentrer dans le camp du Châtellier [1].

Les débris de monuments romains passent pour recéler, non seulement des espèces monnayées, mais des animaux en or, qui le plus habituellement sont des veaux ou des chèvres. Dans le Limousin, près des Arènes de Tintignac, et dans bien d'autres endroits de la Corrèze est enfoui un Veau d'or, dont on ignore au juste l'emplacement ; mais les Anglais le savent et ils donneraient un million pour devenir possesseurs de l'endroit où il est caché ; mais si cette vente était consentie, la guerre éclaterait entre la France et l'Angleterre, et l'avantage ne serait pas de notre côté [2]. A Moisdon, on assure qu'on a trouvé un veau d'or dans de vastes retranchements du voisinage, d'origine probablement romaine [3]. Dans l'Aisne, les murs des constructions sarrazines, nom que portent en ce pays comme dans le Midi les monuments romains, ont été fouillés plus d'une fois pour y trouver la Cabre d'or, qui doit être cachée dans un trésor. Des fondations romaines près de Dinant (Belgique) furent détruites par les paysans, la nuit, dans l'espoir d'y découvrir une Gatte d'or ; cette chèvre d'or passe pour être enfouie sous d'autres monuments de la Belgique wallonne ; parfois elle n'est qu'en bronze ; suivant une tradition de la province de Namur, on l'aurait autrefois adorée. En Provence le peuple croit que la *Cabro d'Oro* a été enfouie par les Sarrasins dans les anciens monuments ; il lui était donné parfois d'en sortir ; à Arles on disait qu'elle passait tous les matins sur la colline de Montmajor [4].

Les voies romaines recouvrent aussi des trésors ; l'un d'eux, caché sous les grosses pierres de celle que l'on voit près de Puceul, contient près d'une barrique d'argent enfermée dans un vase cerclé de cercles d'argent ; à Pluguffan (Morbihan) trois barriques d'or sont enterrées près de Kersantec sur le bord de la voie romaine [5] ; une tradition de Basse-Normandie rapporte qu'il y a un tonneau d'argent et une pipe d'or sous le grand chemin voisin du cimetière de Joué, près duquel on

1. Chrétien de Joué du Plein. *Veillerys Argentenois*. MMS.
2. *Lemouzi*. Mai 1887.
3. Pitre de l'Isle. *Dict. arch. de la Loire-Inférieure. Châteaubriant*, p. 35.
4. Fleury. *Antiquités de l'Aisne*, t. I, p. 60 ; A. Harou. *Contribution au F.-L. de la Belgique*, p. 56-58 ; F. Mistral. *Tresor dou Felibrige*.
5. Pitre de l'Isle. *Dict. arch. St-Nazaire*, p. 48 ; Avenau de la Grancière, in *Rev. hist. de l'Ouest*, 1895, p. 306.

a trouvé des cercueils gallo-romains, des armes et des monnaies [1]. En 1782, au moment de fouilles faites aux ruines de Tauroentum, les paysans les bouleversèrent, guidés par de prétendus devins, pour y prendre des trésors enfouis. Ils regardaient comme de puissants talismans quelques médailles trouvées dans ces terres, et refusaient de les céder à prix d'argent, pour ne pas perdre la fortune qu'ils imaginaient y être attachée [2].

Les superstitions, autres que celles des trésors, qui s'attachent aux ruines antiques, sont rares : Les paysans s'imaginent qu'un tronçon de colonne de marbre, qui est peut être un fragment de colonne milliaire et qui se trouve à un carrefour près de Saubusse, a le pouvoir d'amener la pluie ou le beau temps selon qu'elle est couchée ou debout : en conséquence ils la couchent ou la redressent, suivant qu'ils désirent l'eau ou le soleil [3]. On a pu voir, t. I, p. 101, que le même privilège était attribué à un débris d'autel du Dauphiné.

Un auteur, assez sujet à caution, a rapporté une singulière croyance morbihannaise, d'après laquelle le passage sur un de ces chemins serait aussi efficace qu'un pèlerinage : Celui qui peut suivre, sans dévier un instant de sa route, et sans tourner la tête derrière lui, une ancienne voie romaine que l'on voit à Férel (Morbihan), est assuré d'arriver au Paradis sans passer par les flammes du Purgatoire [4].

1. Chrétien de Joué du Plein. *Vellerys Argentenois*, MMS.
2. Ch. Lenthéric. *La Provence maritime*, p. 104.
3. J. F. Bladé. *Contes de la Gascogne*, t. II, p. 381.
4. O. d'Amezeuil. *Récits bretons*, p. 140.

# CHAPITRE III

# LES ÉGLISES

## § 1. LA DÉLIMITATION ET LE CHOIX DE L'EMPLACEMENT

Plusieurs légendes racontent dans quelles circonstances, souvent assez singulières, fut accordé le terrain nécessaire à la construction d'une église, d'un couvent et de leurs dépendances. Quelques-unes rappellent le trait de la peau de bœuf coupée en courroies qui servit à délimiter l'emplacement de Byrsa, la citadelle de Carthage ; mais il est rare qu'elles s'en rapprochent autant que la tradition suivant laquelle le comte de Cornouaille, ayant été soigné par saint Galonnek, lui concéda toutes les terres cultivables qu'il pourrait enfermer dans les lanières de sa robe déchirée pour panser la blessure, chaque lanière dût-elle n'avoir qu'un fil [1].

Bien plus fréquente est la donation comprenant seulement le terrain qui, dans un temps déterminé, sera cultivé ou clôturé ; un miracle permet aux saints de s'emparer d'un espace beaucoup plus grand que celui que les donateurs avaient l'intention de leur concéder. L'évêque saint Faron ayant accordé à saint Fiacre toute l'étendue de la forêt qu'il pourrait, à lui seul, bêcher en un jour, celui-ci commença à ouvrir la terre avec une bêche, et voilà qu'à sa seule présence les arbres s'abattaient d'eux-mêmes pour agrandir la concession [2]. Lorsque le seigneur de Quelen eut fait don à saint Hernin, pour bâtir son ermitage, de toute la terre qu'il parviendrait à enclore en une journée, le saint prit son bâton et marcha une demi-lieue devant lui, après quoi il revint à son point de départ par un circuit ; partout où il traînait son bâton les fossés s'élevaient. Saint Gouesnou, en un cas analogue, se sert d'une fourche [3]. Les habitants de Diélette accordèrent à saint Germain, pour bâtir une église et ses dépendances, l'espace qu'il parviendrait à entourer d'un sillon de charrue avant le déjeuner ; il promena sur la terre son bâton qui creusait un sillon aussi profond que si le soc y avait passé [4]. Le roi breton Judicaël donna à saint Méen, qui était venu

1. E. Souvestre. *Le Foyer breton*, t. 1, p. 86.
2. Bérenger-Féraud. *Superstitions et survivances*, t. IV, p. 157.
3. Albert Le Grand. *Vies des saints de Bretagne*, saint Hernin, § 1, saint Goulven, § 9, saint Goëznou, § 2.
4. Jean Fleury. *Litt. orale de la Basse-Normandie*, p. 20.

le trouver pendant qu'il était à table, le terrain qu'il réussirait à délimiter avec son bâton pendant la fin du repas[1]. Lorsque le comte Even eut concédé à saint Goulven autant de terre qu'il pourrait en cernoyer en un jour en marchant, à mesure qu'il s'avançait, la terre s'élevait à ses talons comme un fossé[2].

La légende qui suit se rattache plus directement à la délimitation par le simple parcours; elle sert à expliquer les dimensions inégales de plusieurs paroisses des environs de Montfort (Ille-et-Vilaine). Il fut dit à saint Eloi d'Iffendic, à saint Maugan, à saint Uniac, à saint Ouen, à saint Méen, à saint Maurice de Montauban : « Votre paroisse sera formée du terrain dont vous ferez le tour dans le même temps. » Saint Eloi qui courait merveilleusement eut la plus grande paroisse[3]. Clovis ayant accordé à saint Rémi toute l'étendue qu'il aurait réussi à parcourir pendant que le roi ferait sa sieste, le saint se mit en campagne et marqua les limites par des signes; le roi à son réveil lui garantit tout le pays compris dans le cercle de sa tournée[4]. Saint Arnec fit don à son oncle saint Guinien de tout le terrain qu'il visiterait pendant son sommeil. Le saint prit un cheval, monta sur la tour de l'église de saint Eloi, d'où prenant son essor, il parcourut en l'air tout l'évêché, si bien qu'à son réveil, saint Arnec fut obligé de le céder en entier à saint Guinien[5]. Le seigneur de Landeleau ayant proposé à saint Teilo, pour sa paroisse, le territoire qu'il pourrait parcourir du coucher du soleil au chant du coq, le bienheureux monta sur un cerf, et eut ainsi une belle étendue de terrain[6]. Ces saints bretons semblent avoir usé d'une supercherie que leur bienfaiteur n'avait pas prévue; mais parfois le donataire est autorisé à se servir d'une monture ; c'est ainsi que Charlemagne aurait concédé à la Vierge, pour l'abbaye de la Grasse (Aude), tout le terrain qu'une mule pourrait circonscrire en un jour[7]. Lorsque le roi de France, pour remercier saint Léonard d'avoir contribué à l'heureuse délivrance de la reine qui s'était trouvée en mal d'enfant dans la forêt de Limoges, voulut la lui céder, le saint répondit : « Je ne la veux pas toute, mais seulement la partie dont je puis faire le tour, la nuit, monté sur mon âne[8]. »

Dans plusieurs légendes étrangères, la concession s'étend aussi loin que porte le son d'un instrument; elle est fort rare dans celles de

1. F. Duine, in *Rev. des Trad. pop.*, t. XIX, p. 21.
2. Albert Le Grand. *Vies des saints de Bretagne*, saint Goulven, § 9.
3. H. de Kerbeuzec, in *Rev. des Trad. pop.*, t. XXI, p. 166.
4. Grimm, *Veillées allemandes*, t. II, p. 91, d'a. Flodoard. *Hist. remensis*, I, 14.
5. Albert Le Grand, éd. Kerdanet, p. 221 note.
6. F. Duine, in *Rev. des Trad. pop.*, t. XX, p. 399 ; une ancienne statue au Musée de l'évêché de Quimper représente le saint monté sur un cerf.
7. René Basset, in *Rev. des Trad. pop.*, t. VIII, p. 409.
8. J. de Voragine. *Légende dorée*, t. II, p. 190.

France, et on ne la retrouve, je crois, qu'en Bretagne. Childebert dit à saint Lunaire : « Quand tu seras de retour chez toi, va sur le point le plus élevé de ce territoire, et là sonne ta cloche : aussi loin qu'on l'entendra cette terre sera tienne » [1].

C'est parfois le jet d'un outil ou d'une pierre qui détermine l'étendue de la donation. Le comte Rainard Hugues, chassant dans la forêt de Maulné, se trouva en présence de saint Robert, au moment où celui-ci coupait un arbre avec sa hache, et il l'accusa de dévaster ses bois. Le saint reprocha au seigneur sa dureté et ses dérèglements, et, celui-ci, touché de ces paroles, lui dit qu'il abandonnera non-seulement les arbres nécessaires à la construction d'une église, mais encore tout le terrain qui s'étend devant Robert, aussi loin que celui-ci pourra envoyer sa cognée ; le saint la lança avec tant de force qu'elle alla s'enfoncer en terre, à plus d'une lieue de distance. A Dol, un puissant seigneur ayant rencontré saint Samson, lui dit : « Vois cette grosse pierre ; lance-la : autant d'espace elle parcourra, autant de terrain je te concéderai. » Le saint, s'étant placé à l'extrémité de la chapelle qui porte encore son nom, projeta la pierre vers l'Occident, et elle tomba juste à l'endroit où se termine aujourd'hui la cathédrale [2].

Lorsqu'il s'agit non plus de délimiter un terrain, mais d'indiquer le lieu où sera construite une église, le marteau, instrument caractéristique du maçon, intervient très fréquemment. Dans les trois légendes qui suivent, il sert à mettre fin à des rivalités entre deux saints. Après avoir déterminé la place de l'église de Saint Léger-sous-Beuvray, saint Léger et saint Julien se donnèrent rendez-vous pour le lendemain : le lieu où ils se rencontreraient serait choisi pour bâtir l'église de Laizy ; or la rencontre se fit à cinq cents pas du bourg de Saint-Léger ; saint Julien voulait bâtir en cet endroit, mais saint Léger s'y opposa en disant que les églises seraient trop rapprochées : les saints allèrent un peu plus loin, et arrivé sur la montagne de Meslé, saint Léger dit à saint Julien de lancer son marteau, et que là où il tomberait, serait construite l'église de Laizy [3]. Saint Eloi et saint Georges qui voulaient bâtir une église exploraient séparément la campagne, chacun tenant à l'honneur d'en désigner l'emplacement. Ils se rencontrèrent à mi-côte d'une colline au bord de l'Erve ; saint Eloi, trouvant la position excellente, proposa à son compagnon d'y édifier le nouveau temple. Mais saint Georges n'y consentit pas ; bientôt la dispute dégénéra en rixe, et saint Eloi, terrassé par le guerrier, demanda grâce. Saint Georges s'empara du marteau du vaincu, le lança au loin et déclara que là où il tomberait on construirait l'église. Il alla choir près de l'Erve, à un kilomètre de là, et les deux bienheureux

1. A. de la Borderie. *Hist. de Bretagne*, t. I, p. 407.
2. C. Moiset. *Usages de l'Yonne*, p. 90 ; Paul Sébillot. *Petite légende dorée*, p. 107.
3. J. G. Bulliot et Thiollier. *La Mission de saint Martin*, p. 287.

y bâtirent l'église de Saint-Georges de l'Erve [1]. Saint Hervé voulait édifier la sienne près de l'église de Plounevez ; mais saint Pierre qui en était le patron, s'y opposa et dit au saint de lancer son marteau de toutes ses forces pour déterminer un autre emplacement [2]. Lorsque, après la mort de saint Rigaud, il vint tant de moines dans son monastère qu'ils ne pouvaient tous y tenir, l'un d'eux, qui était maçon, proposa de construire un autre couvent « Oui, mais où ? lui répondit-on. — Je vais lancer mon marteau, et où il tombera nous bâtirons ». Le moine jeta son outil, qui alla tomber à la place où est l'abbaye de Cluny [3]. Lorsque, plus tard, saint Hugues en reconstruisit les bâtiments, il lança son marteau en l'air pour marquer l'emplacement de la chapelle. C'est de la même manière que, dans les Vosges, saint Bozon indiqua celui de l'église de Bouzemont [4]. Après l'achèvement de la cathédrale de Coutances, saint Jouvin monta sur le dôme, et lançant son marteau, il dit : « Qu'on me fasse une chapelle où il tombera » [5].

Ce mode de consultation figure plus fréquemment dans les nombreuses légendes où il s'agit de travaux exécutés le jour et défaits la nuit parce que la divinité à laquelle le sanctuaire est destiné a des préférences pour un autre lieu. Quand on commença à élever une chapelle à l'endroit où un bœuf avait découvert dans un chêne une statue de la Vierge, les maçons trouvaient chaque matin leur ouvrage détruit ; ce n'était pas là où la sainte voulait être honorée ; mais on ne savait quel emplacement lui plaisait. Un prêtre dit au maître maçon de jeter en l'air son marteau et que la main divine saurait bien le conduire au lieu de son choix ; le maçon obéit, et le marteau alla tomber à l'endroit où est maintenant la chapelle de Fauboulpin [6]. On avait d'abord choisi pour y bâtir l'église de Saint-Pierre-la-Vieille un des champs occupés jadis par une ville disparue, et on s'était mis à l'œuvre avec ardeur ; mais un matin les ouvriers virent que des murs construits il ne restait pas pierre sur pierre ; ils les recommencèrent, mais peu après tout était de nouveau anéanti. Ils allaient renoncer à leur entreprise, lorsque le maître maçon s'écria que sans doute Dieu ne voulait pas que l'église s'élevât sur la place de la cité païenne ; il fit un signe de croix et lança son marteau en annonçant que là où il tomberait s'élèverait l'édifice chrétien. Le marteau alla s'abattre assez loin près d'une vieille bergère qui filait sa quenouille ; l'enceinte de l'église fut tracée en cet endroit et le travail se poursuivit

1. Georges Soreau et Marc Langlais. *Légendes du Maine*, p. 84-85.
2. F. Duine, in *Rev. des Trad. pop.* t. XVIII, p. 276.
3. Combier, in *Rev. des patois*, t. I, p. 211.
4. J.-F. Cerquand. *Taranis lithobole*, p. 31, d'a. Champly. *Histoire de l'abbaye de Cluny* p. 171.
5. A. Lerosey, in *Le Chercheur de l'Ouest*. Oct. 1902.
6. Jean Simon. *Statistique de la commune de Fretoy* (Nièvre), Château-Chinon 1884, in 8, p. 248.

désormais sans encombre[1]. On raconte ailleurs des variantes de cette légende: en Poitou elle s'applique à l'église d'Amuré ; en Basse Normandie, c'est à la suite du jet du marteau, après la destruction nocturne des travaux, que l'église paroissiale de la Croix Blanche ne se trouve pas au milieu de la commune. En Berry, l'eau envahissant les fondations d'une chapelle que l'on bâtissait, près de la fontaine de Vaudouan où l'on avait découvert une statue miraculeuse, l'architecte jeta aussi son marteau en l'air, et le vent l'emporta à 500 mètres plus loin. Celui de l'église d'Orcival, ne sachant quel était l'endroit préféré par la Vierge, monta sur une hauteur et lança son marteau qui fut emporté par un ange qui le laissa choir au fond du val, sur l'emplacement actuel de la crypte[2]. Après l'achèvement de l'église de Lafeline, le maître maçon jeta son marteau du haut du clocher, en disant qu'il élèverait une flèche semblable à l'endroit où il tomberait ; l'outil de celui qui avait bâti l'église de Franchesse écrasa dans sa chute un serpent, et c'est là que fut construite l'église de la Couleuvre[3].

D'autres instruments servent, moins fréquemment il est vrai, à cette consultation : saint Bernard lance sa crosse qui va tomber à deux kilomètres, là où fut bâtie l'abbaye de La Bénissons-Dieu ; la hache de saint Méen ne parcourt pas un moindre espace et touche terre à Talansac où une église lui est dédiée[4] ; saint Gobrien lance en l'air sa faucille, et construit son église et son ermitage à l'endroit où il la retrouve[5] ; l'abbesse de Robert-Mont se servit de son trousseau de clés pour savoir où devait être construite l'église du couvent[6].

Pendant que saint Seny traversait la mer sur une auge, il pria Dieu de lui accorder la grâce de bâtir son église à l'endroit où il jetterait l'ancre, et il la jeta dans un champ de lin nouvellement ensemencé[7].

Suivant une légende dont les parallèles sont assez rares, un saint détermine au moyen d'un jalonnement l'étendue que devra occuper son église. Lorsque les cardinaux envoyés pour apaiser le débat entre les écoliers de l'Université et les Parisiens arrivèrent en la vallée approchant Paris, ils trouvèrent, dit un vieil historien, une personne en semblance d'Hermite, tenant en sa main un manequin ou panier

1. D[r] Fr. Pommerol, in l'Homme, 1887, p. 466.
2. Monuments religieux, etc. du Poitou (Deux Sèvres), p. 11-10 ; Chrétien de Joué du Plein. Veillerys argentenois M[ss] ; L. Martinet. Légendes du Berry, p. 12 ; Dr Pommerol, in l'Homme, 1886, p. 624.
3. J. Lecœur. Esquisses du Bocage normand, t. I, p. 318 ; F. Pérot. Légendes du Bourbonnais, p. 12.
4. F. Noëlas. Trad. foréziennes, p. 123 ; P. Bézier. Még. de l'Ille-et-Vilaine ; En Bourgogne, saint Valentin et saint Vordes en litige au sujet de la possession d'une forêt décident qu'elle appartiendra à celui qui lancera le plus loin sa hache ; (Mémorial Cauchois, 18 février 1892).
5. E. Herpin. La Cathédrale de Saint-Malo, p. 42-43.
6. Dr Bovy. Prom. hist. au pays de Liège, t. I, p. 131.
7. F. Duine, in Rev. des Trad. pop., t. XVIII, p. 275.

rempli de pierres. Et iceluy Hermite, le iettoit sur terre par espace d'une enjambée en compassant et environnant le lieu d'icelle Eglise (Saint Antoine), où elle est à présent fondée. Auquel Hermite ils s'addressèrent, en disant qu'il leur dis qui il estoit et signifioit ce qu'il faisoit. Lequel tantost leur dict : Ie suis Anthoine icy envoyé par la volonté du tout puissant, pour compasser et faire l'enceinte de ce lieu, auquel i'ordonne que l'on édifie une Eglise. Et ces choses dites, les dits Cardinaux lui faisants plusieurs prières et requestes le virent esuanouir[1]. En Hainaut, la Vierge indiqua le plan de sa chapelle de Pommeraul en faisant entourer d'un fil de soie un champ où elle voulait être honorée[2]. Une légende du Tarn-et-Garonne fait intervenir une arme : Clovis ayant perdu mille soldats dans une bataille, monta au pied du Calvaire, et bandant son arc, il dit : « Où s'arrêtera ma flèche, je bâtirai un couvent ». La flèche tomba dans un lac, et c'est là que Clovis fit élever sur pilotis l'abbaye de Moïssac[3].

Le choix de l'assiette du sanctuaire est parfois déterminé par l'arrêt d'animaux qu'on laisse marcher à leur guise. Sainte Noluenn, qui sous le nom de sainte Noyale, est révérée dans le Morbihan, ordonna à un laboureur d'atteler à sa charrette deux jeunes taureaux qui n'avaient pas encore subi le joug, et d'aller la charger de pierres à la carrière; c'est à l'endroit où ils s'arrêteraient que devait être construite sa chapelle[4]. Lorsque la statue de sainte Catherine eut été découverte sous une grosse pierre, et vue baignant dans une fontaine de lait, on la chargea sur deux bœufs qui ne voulurent point marcher; on imagina alors d'y atteler deux jeunes vaches qui n'avaient pas encore porté le joug; on leur donna la liberté en disant que l'endroit où elles s'arrêteraient serait celui où l'on construirait une chapelle. L'attelage après avoir parcouru environ trois kilomètres, arriva à un endroit désert; on entendit une voix crier : Retis (arrête)! et aussitôt les génisses cessèrent de marcher[5]. A Ploërdut, un gentilhomme qui avait été au service du roi de France fit un vœu d'élever une chapelle au lieu où son cheval s'agenouillerait en rentrant sur ses domaines[6].

L'épisode de la destruction pendant la nuit des travaux exécutés en jour, qui motive parfois le jet d'un objet lourd destiné à découvrir la place agréable à la divinité, figure dans un grand nombre d'autres récits.

1. Jacques du Breul. *Le Théâtre des Antiquitez de Paris*, p. 10, 21.
2. *Annales du cercle arch. de Mons*, t. XVI, p. 674.
3. Froment de Beaurepaire, in *la Tradition*, 1894, p. 31.
4. François Marquer, in *Rev. des Trad. pop.*, t. XIV, p. 248. Dans une autre légende du même pays, ce sont des bœufs n'ayant pas subi le joug, qui porteurs du corps de saint Jugon, désignent l'endroit où il sera enterré, et c'est là que plus tard fut construite sa chapelle. (D' Fouquet. *Lég. du Morbihan*, p. 45).
5. Augier, in *Soc. arch. de la Gironde*, t. VIII, p. 202.
6. Cayot-Delandre. *Le Morbihan*, p. 445.

Quelquefois il sert à expliquer comment, au lieu de se trouver au milieu de la circonscription ecclésiastique, les temples sont à l'une de ses lisières, et même dans une situation assez mal choisie : c'est le saint lui-même qui a manifesté sa préférence. L'église de Varengeville est à une des extrémités de la paroisse, sur la pointe la plus élevée de la falaise ; les habitants l'ayant démolie et apporté ses débris au milieu du village pour l'y reconstruire, saint Valéry, patron de la vieille église, transporta pendant une nuit toutes les pierres qu'on avait déjà charriées loin de la falaise et les remit en place [1]. La paroisse de N.-D. du Castel à Guernesey, qui est fort étendue, a son église sur les confins de celle de Saint-André : on avait apporté tous les matériaux nécessaires à sa construction dans un champ assez central appelé les Fuzés ; mais en une seule nuit tout disparut, et fut trouvé le lendemain sur le site de l'ancien castel du Sarrasins ; les pierres ayant été reportées à l'endroit d'où elles avaient été enlevées, on les retrouva toutes, le matin, sur le champ du château. Cela arriva par trois fois ; on renonça à la bâtir en cet endroit, et elle s'éleva sans encombre à celui où on la voit aujourd'hui. Les vieilles gens disent que les fées qui affectionnaient particulièrement le champ des Fuzés, et qui ne voulaient pas qu'on les en chassât, transportèrent les pierres dans leurs *devantiaux* (tabliers) ; d'autres affirment qu'elles furent emportées par les anges, et qu'ils travaillaient sous les ordres de la sainte Vierge qui avait choisi ce lieu pour y établir son sanctuaire. Une légende analogue s'attache à l'église de la Trinité de la Forêt qu'on avait d'abord voulu construire sur un emplacement occupé par un dolmen appelé la Roque ès faïes [2].

Les habitants de Poggio avaient amené dans un champ la pierre nécessaire à la construction d'une église ; quand les maçons arrivèrent le matin, ils ne trouvèrent plus un seul des matériaux, ils avaient été déposés dans une vallée, de l'autre côté du hameau. Les Poggiolinchi les ramenèrent au lieu de leur choix, mais le lendemain les pierres étaient retournées au bas de la colline. Ils se cachèrent, et virent, après minuit, un âne sur lequel un inconnu chargea plus de la moitié des pierres, puis, le conduisant par la corde, s'achemina vers la vallée. Quand il revint, l'un des hommes lui demanda pourquoi il prenait ainsi leur bien : « Je suis saint Jean, répondit-il, et j'ai choisi moi-même l'emplacement ; car le vôtre est maudit ; il y a cent ans, un homme a assassiné une femme et un enfant, et c'est ici même que le misérable a été enterré » [3].

La tradition associe au déplacement nocturne des matériaux des per-

1. L. Vitet. *Histoire de Dieppe*, p. 447.
2. E. Mac Culloch, in *Rev. des Trad. pop.*, t. IV, p. 404.
3. Frédéric Ortoli. *Contes de l'île de Corse*, p. 302-306.

sonnages étrangers au christianisme ; il est opéré par les fées ou leurs
congénères, auxquels on attribue, ainsi qu'on le verra, la construction
de plusieurs églises dont la beauté semble au-dessus du génie humain.
Les gens d'Arros qui désiraient que l'église s'élevât sur la place, y
avaient réuni tous leurs matériaux ; mais chaque soir les Lamignac
les emportaient sur le haut de la montagne, d'où les Arrosiens les
descendaient chaque matin. L'un d'eux s'assit sur une poutre pour
attendre la venue des Lamignac ; mais il s'endormit, et, sans qu'il
s'aperçût de rien, ils transportèrent la poutre au sommet de la montagne
et la posèrent sur les murs qui étaient terminés ; alors les Arrosiens
laissèrent les Lamignac achever l'église à cet endroit [1]. Lorsque l'emplacement choisi ne plaisait pas à Mélusine, qui est en Poitou la bâtisseuse
par excellence, elle portait, chaque nuit, les pans de murailles élevés
pendant le jour au lieu où elle voulait qu'elle fût construite ; c'est pour
cela que l'église de Saint-Paul (Vendée) est éloignée du chef-lieu ; la
même légende s'attache à celles de Clossais et de Verruyes, avec cette
circonstance que lorsque les habitants ont obéi à Mélusine, elle se met,
dès la nuit suivante, à construire elle-même, et elle achève promptement
son travail [2].

Satan se mêle aussi quelquefois de contrecarrer le choix des fidèles.
L'église d'Etretat avait été commencée au centre de la paroisse, mais à
peine s'élevait-elle sur ses fondements qu'il la transporta au bas de la
côte Saint-Clair ; on rapporta les pierres, mais chaque nuit l'ouvrage
du jour se trouvait déplacé, et on se lassa de lutter avec le diable. La
même mésaventure arriva aux habitants de Saint-Sylvestre de Cormeilles,
mais il paraît que le diable se serait fait complice des moines qui la
trouvaient trop éloignée de leur couvent [3]. Il est fort possible en effet
que les moines aient parfois attribué au démon des agissements qui
leur étaient profitables, et dont ils connaissaient très bien les auteurs.
Dans une légende bretonne, le diable s'amuse à contrarier les projets
de saint Maudet, qui bâtissait son monastère de l'île ; une main invisible en renversait chaque nuit les murs ; l'abbé résolut de veiller, et il
aperçut un loup en train de démolir le travail de la journée ; c'était le
diable ; Maudet empoigna la bête par la queue et la jeta à la mer ; et
depuis la construction s'acheva sans encombre [4].

Plusieurs récits racontent que les pierres, sans intervention d'aucun
personnage visible, quittent l'endroit où elles ont été déposées ; dans
l'un d'eux la merveille semble avoir lieu en plein jour, et non, comme
d'habitude, la nuit ; on avait apporté sur le mont Rupierre les matériaux

1. J.-F. Cerquand. *Légendes du pays basque*, t. II, p. 60.
2. Léo Desaivre. *Le Mythe de la Mère Lusine*, p. 87, 86, 87.
3. Amélie Bosquet. *La Normandie romanesque*, p. 500.
4. Abbé Y.-M. Lucas, in *Rev. hist. de l'Ouest*, 1893, p. 230.

destinés à l'église de Menil-Jean (Orne), mais quand les maçons eurent
commencé leur ouvrage, pierres, sable, mortier et truelles se mirent
en mouvement; et, traversant la vallée, allèrent se poser sur la colline
où on la voit. Le tombeau de saint Loyer devait être assez loin de
l'endroit où est maintenant son oratoire ; mais le maître maçon ne put
faire tenir les fondations ; il fit une fervente prière, et le mortier, les
pierres, les truelles et le marteau s'envolèrent à la place où est encore
le tombeau [1]. Saint Mammès voulait bâtir une église sur le sommet d'une
colline, et saint Manvieu préférait le voisinage de l'étang ; l'édifice fut
commencé sur la hauteur, mais pendant la nuit, la construction fut
portée dans la vallée ; démolie et reconstruite sur la colline, elle fut, à
trois reprises différentes, reportée dans le lieu où elle se dresse.
D'autres déplacements nocturnes servent à expliquer pourquoi N.-D.
de la Ferté est sur un sol bas, et la chapelle de sainte Evette (Finistère)
tout au bord de la mer [2].

Quelquefois les saints manifestent leur aversion pour l'endroit choisi
par les fidèles en y envoyant des animaux importuns. Les premières
constructions du monastère de Neufons furent faites au Creux de la
Fosse, parce que Neufons était malsain ; de nombreux oiseaux se
précipitèrent sur les maçons et les charpentiers, et non-seulement les
empêchèrent de travailler, mais emportèrent dans leur bec et dans
leurs griffes de petits fragments de bois à Neufons [3]. A peine les fondations de l'église que saint Benoît de Macérac (Loire-Inférieure),
bâtissait au village de Pen-Bu étaient-elles sorties de terre, que des
milliers de grenouilles se mirent à coasser dans les marais voisins, et
troublèrent les prières et les méditations du saint, puis, les eaux étant
devenues plus grandes, les grenouilles poussèrent l'audace jusqu'à
s'établir dans les constructions, et il ne put les en chasser ; croyant
alors à un avertissement de la providence, il alla poser les premières
pierres de son oratoire un peu plus loin, près de sa fontaine [4].

Des églises ou des chapelles, ont été érigées par des gens qui, punis
d'actes d'impiété, espéraient apaiser la vengeance des divinités : Une
tailleuse de Saint-Pol-de-Léon, à laquelle saint Gwevroc reprochait de
travailler le dimanche, lui ayant répondu que ce jour-là exigeait sa
nourriture comme les autres, tout-son corps devint aussitôt
froid et immobile. Elle demanda pardon au saint, qui fit un signe de
croix sur chacun de ses membres et leur rendit le mouvement ; en
reconnaissance, elle lui donna sa maison qui était au milieu de la ville,

1. Chrétien de Joué du Plein. *Veillerys argentenois*, MMS.
2. V. Brunet. *Contes pop. du Bocage*, p. 72-78 ; E. Sereau et Langlais. *Légendes
du Maine*, p. 222 ; H. Le Carguet, in *Soc. arch. du Finistère*, 1899, p. 199.
3. Ach. Allier. *L'ancien Bourbonnais*. Voy. pitt., p. 328.
4. Cte Regis de l'Estourbeillon. *Saint Benoit de Macérac*, 1883, in-8.

et l'on y bâtit le Kreisker[1]. Une dame riche qui passait en voiture, près
du tombeau de Saint-Santin à Courville, un jour de pèlerinage, témoi-
gna sa surprise d'y voir une si grande affluence, et on lui répondit
qu'on rendait hommage au saint qui guérissait de la gale. « Mes chiens
l'ont, s'écria-t-elle ; ne pourrait-il les guérir ? ». Son char s'arrêta
aussitôt, et il ne put rouler que quand elle eut fait vœu de bâtir là
une église[2]. Le seigneur de Conzié, furieux de n'avoir pu tuer aucun
gibier, lança une flèche contre la statue de la Vierge qui ornait le tronc
d'un vieux chêne, mais, au lieu d'atteindre l'image, la flèche revint
d'elle-même le frapper en plein visage et lui creva les yeux. Il promit,
s'il recouvrait la vue, d'édifier une belle chapelle à l'endroit où il avait
été coupable. Sa prière ayant été exaucée il fit construire la chapelle
de Notre-Dame de l'Aumône[3].

Les monuments érigés en expiation d'un meurtre se retrouvent en
un grand nombre de pays ; en France le récit se borne d'ordinaire à
l'énonciation du motif. C'est ainsi que la chapelle des Sept Saints à
Yffiniac (Côtes-du-Nord) aurait été construite au lieu où un seigneur,
égaré par la jalousie, martyrisa ses sept enfants, tous d'une ressemblance frappante, et vêtus habituellement de la même manière. Une
petite chapelle, sur la route de Dijon à Plombières, au-dessus de
laquelle on voit encore un gros morceau de bois fixé au roc par un
tenon de fer, fut bâtie, à ce qu'on dit, à la suite d'une erreur judiciaire :
une jeune fille, dont l'innocence fut reconnue plus tard, y fut pendue à
une potence dont ce morceau de bois est le dernier reste[4].

Suivant une conception ancienne, dont la vitalité est attestée par
des exemples contemporains bien connus, des divinités en personne
se montrent aux croyants pour désigner l'emplacement du sanctuaire
où elles désirent qu'on vienne leur rendre hommage. Dans l'Ain, la
Vierge Noire des Préaux, comme celle de Mazière, au fond des immenses forêts de sapins d'Hauteville, sont apparues toutes deux dans un
arbre s'entrouvrant, toutes deux ayant l'Enfant Jésus dans leurs bras
et demandant une chapelle en ce lieu miraculeux[5]. D'après une tradition corse, trois frères qui fuyaient leurs ennemis s'endormirent
dans une forêt, et ils allaient être surpris, lorque saint Pierre se montra à eux dans un rêve et les prévint que leur trace était découverte.
Lorsqu'ils furent revenus sains et saufs chez eux, le saint leur apparut
de nouveau, et leur ordonna de construire une chapelle à l'endroit
même où ils trouveraient une barre de fer fichée en terre[6].

1. E. Souvestre. *Le Foyer breton*, t. I, p. 130 ; *Kreis* milieu, *Ker* ville.
2. Vaugeois, in *Soc. des Ant.* t. III, p. 378.
3. Antony Dessaix. *Trad. de la Haute-Savoie*, p. 16.
4. B. Jollivet, *Les Côtes-du-Nord*, t. I, p. 69 ; Morel-Retz, in *Rev. des Trad. pop.* t.
XIII, p. 157.
5. Alexandre Bérard, in *Revue des Revues*, 15 Mars 1901.
6. Léonard de Saint-Germain. *Itinéraire de la Corse*, p. 146-147.

Des légendes encore plus répandues racontent que des statues, trouvées miraculeusement, quittent l'endroit où la piété des fidèles les avait déposées, pour se rendre à celui où elles veulent qu'on leur érige un sanctuaire. Un ermite qui avait établi sa cellule dans une forêt des Vosges, possédait une madone en bois grossièrement sculptée ; on cessa de le voir, et la statuette disparut en même temps que lui ; bien des années après, on la retrouva fortuitement dans le creux d'un arbre. Les paroissiens de Fontenay-le-Château l'emportèrent processionnellement dans leur église ; mais la statuette retourna d'elle-même à l'arbre où elle avait été retrouvée, et elle y revint encore deux fois ; c'est alors que les habitants, jugeant que la Vierge désirait se fixer en ce lieu, résolurent de lui élever une chapelle [1]. Des pêcheurs, ayant ouvert une grande caisse en bois qui avait été jetée par les flots, sur la grève de Prunetta, y virent une Vierge qui paraissait animée, et était éclairée par quatre cierges que le vent ne pouvait éteindre. Les habitants de Cervione la transportèrent en grande pompe sur un plateau en face de la ville, avec l'intention de lui ériger là une chapelle ; le lendemain elle était sur le sommet du pic voisin ; ils la descendirent, mais elle disparut de nouveau et alla se replacer sur le rocher. Après une seconde descente, la Vierge remonta encore, et l'on se décida à construire à l'endroit qu'elle semblait avoir choisi [2].

Lorsque la statue de N.-D. de Brébières eut été découverte par les brebis qui s'engraissaient merveilleusement en broutant l'herbe qui couvrait la place où elle était ensevelie, on la porta solennellement dans l'église paroissiale d'Ancre ; le lendemain, elle avait disparu, et on la retrouva dans un coin isolé de la ville, tout près de la rivière ; reportée à l'église trois fois, elle la quitta pour aller se placer à l'endroit où l'on construisit N.-D. de Brébières [3].

Plusieurs des églises sous le vocable de N.-D. de l'Épine, ou auxquelles se rattache la légende, très répandue en France, de la statue trouvée dans cet arbuste, ont été bâties à la suite d'indications analogues données par l'effigie de la Vierge ; rien qu'en Haute-Bretagne, on en rencontre cinq ou six. Une légende de Basse-Normandie, présente quelques circonstances intéressantes. Le seigneur de Nignon revenait d'un voyage lointain, et sa femme était allée au-devant de lui en compagnie d'un homme qui l'avait séduite pendant son absence. Lorsque selon l'usage, on fit une décharge en son honneur, le seigneur fut frappé par l'amant de sa femme qui avait chargé un fusil à balle, et en tombant il s'écria : « Notre-Dame, secourez-moi ! » La statue, qui

1. Ch. Thuriet. *Trad. de la Haute-Saône*, p. 99-100.
2. Léonard de Saint-Germain. *Itinéraire de la Corse*, p. 316.
3. H. Carnoy. *Litt. orale de la Picardie*, p. 128-131.
4. Paul Sébillot. *Petite légende dorée*, p. 95-97 et 128.

se trouvait dans une chapelle élevée près du château par la piété de ses ancêtres, apparut aussitôt au milieu d'une épine blanche plantée au bord du grand chemin, près de son protégé expirant. Quand on voulut rendre les derniers honneurs au sire de Nignon, on emporta la statue; mais par trois fois, elle revint dans l'épine. C'est alors qu'on lui fit bâtir une chapelle en ce lieu [1]. Celle de N.-D. du Nid de Merle, dans la forêt de Rennes, fut érigée à la suite de la découverte dans un nid de merle d'une statuette de la Vierge qui jetait une céleste clarté; transportée à l'église paroissiale, elle retourna par trois fois au nid, dans le voisinage duquel on finit par lui construire un sanctuaire [2].

On rencontre à peu près dans toute la France des églises ou des chapelles qui ont été élevées à la suite de la découverte par des animaux de statues enfouies sous la terre; comme les légendes présentent une assez grande uniformité et ne diffèrent que par les détails, je me contenterai d'en rapporter quelques-unes: Un berger avait observé qu'un de ses moutons par plusieurs fois se retiroit du troupeau et couroit en un lieu près de la pâture, et là, de pied et de cornes frappoit et fouilloit la terre, puis étant las se couchoit; ce mouton ne prenoit aucune nourriture et étoit néanmoins le plus gras de la bergerie; le comte du Bessin croyant que ce lui étoit avertissement du ciel se transporta sur le lieu accompagné de sa noblesse et d'un saint hermite avec le peuple qui y accourut des lieux circonvoisins. Il commanda de parachever la fosse que le mouton avoit commencée, et on y trouva l'image de Nostre-Dame, et l'on construisit la chapelle de N.-D. de la Délivrande [3]. Un bouvier d'Odello ayant remarqué la persistance de l'un de ses taureaux à s'approcher d'une fontaine, trouva une statue de la Vierge enfouie parmi les ronces et les épines; on y éleva une chapelle qui est devenue célèbre sous le nom de Font-Roméu [4]. D'après une tradition angevine, une bergère voyant depuis longtemps qu'une de ses brebis, qui, au lieu de brouter l'herbe s'obstinait à lécher une énorme pierre à demi enfoncée dans le sol, était la plus grosse du troupeau, consulta le curé de sa paroisse; celui-ci rassembla le clergé des environs et la pierre fut levée solennellement; elle recouvrait les reliques de saint Tibère; on les recueillit avec respect et, plus tard, une chapelle s'éleva sur le lieu où elles avaient été miraculeusement retrouvées [5].

Quelquefois la divinité parle pour manifester son désir: Un berger

1. Chrétien de Joué du Plein. *Veillerys argentenois*, MMS.
2. Guillotin de Corson, in *Semaine religieuse de Rennes*, 31 Mai 1873.
3. F.-G. Fossard. *L'ancienne fondation de la chapelle de N.-D. de la Délivrande.* Caen, 1841.
4. Vidal, *Guide des Pyrénées-Orientales*, p. 413.
5. A. Lemarchand. *Une excursion dans le pays des Mauges*, p. 11-12.

ayant découvert dans la bruyère une petite statue de la Vierge Marie, voulut l'emporter chez lui pour la placer dans son foyer ; mais tout à coup, il entendit une voix des plus harmonieuses qui lui disait : « Laisse-moi, je suis de Dieu la part ! » Le berger courut chez ses maîtres et chez les notables de l'endroit ; ils furent convaincus que la statue ne voulait pas une meilleure place. Et dans ce vallon on construisit l'église isolée qui a gardé le nom de Dieupart [1].

L'emplacement indiqué par la neige se retrouve avec des circonstances différentes dans deux pays fort éloignés. La Vierge qu'un taureau avait miraculeusement fait retrouver et qui avait été placée dans l'église de Sorède, s'enfuyait la nuit pour montrer sa volonté de voir s'élever une chapelle sur la montagne. Un matin du mois de juillet on constata la présence d'une épaisse couche de neige à un certain endroit tandis que tout autour le sol était à nu ; on pensa que c'était le lieu désigné par la Vierge pour le nouvel édifice, et l'on s'empressa d'y construire Notre-Dame d'Err [2]. La cathédrale de Liège fut bâtie sur le plan tracé par une pluie de neige tombée en juillet [3].

Un grand nombre de chapelles ou d'églises ont été construites à la suite de vœux faits par des personnages qui, grâce à des secours surnaturels, échappèrent à des dangers imminents. Dans une enquête faite par un juge de paix archéologue pour une délimitation, des témoins lui dirent que le grand saint Martin se trouvait au Suc de la Violette, cheminant sur un grand âne noir, accompagné du chien qui ne le quittait jamais. Tout à coup s'élance du bois un loup enragé qui eut en un instant dévoré le chien ; aussitôt après il se mit à déchirer l'âne. Saint Martin s'élançant vivement à terre se mit à genoux pour implorer l'aide de Dieu, mais le loup, envoyé par le diable, lançait sur lui des regards de convoitise. Le moine fit alors vœu de construire une chapelle à l'endroit même où fuyant, il pourrait s'arrêter en sûreté. Aussitôt, il se sentit soulevé comme par une force mystérieuse, il lui semblait qu'un ange le tenait suspendu et l'entraînait au-dessus des eaux du lac de Forez, vers une île où il se trouva bientôt déposé. C'est là qu'avec l'aide des pêcheurs qu'il avait convertis, il posa la première pierre d'une chapelle qui fut appelée église de Saint-Martin [4].

Deux chapelles à Champeaux (Ille-et-Vilaine) doivent leur origine au seigneur d'Espinay, qui cerné par ses ennemis et serré de si près qu'il ne pouvait se sauver qu'en franchissant une large vallée, promit à saint Job et à saint Abraham de leur élever à chacun une chapelle s'il pouvait leur échapper ; aussitôt éperonnant son cheval, il le fit s'élancer

1. Aug. Hock. *Croyances du pays de Liège*, p. 180.
2. Horace Chauvet. *Légendes du Roussillon*, p. 58.
3. *Académie d'Archéologie de Belgique*, t. II, p. 154.
4. Révérend du Mesnil. *La pierre à écuelle du Suc*. Lyon, 1880, in-8 p. 15.

du haut du rocher de Saint-Job sur le coteau voisin ; la chapelle de Saint-Abraham indique le lieu où son coursier toucha terre [1]. Les Sarrasins ayant surpris une sainte femme nommée Olive, qui se baignait près d'Etretat, tentèrent de l'emmener ; elle fit vœu de bâtir une église près du rivage si elle évitait la captivité ; presque aussitôt une tempête repoussa leurs vaisseaux au large [2].

D'autres constructions attestent la reconnaissance de services rendus : Un voyageur qui traversait la forêt de Montauban (Ille-et-Vilaine) mourant de soif et épuisé de fatigue, se mit à genoux, et implora la Vierge ; quand il se releva, il vit couler une source à laquelle il se désaltéra, et promit s'il devenait riche, de faire bâtir une chapelle ; la fortune l'ayant favorisé, il construisit celle de Notre-Dame de Launelou. La chapelle de Notre-Dame de Miséricorde à Sautron (Loire Inférieure) fut élevée à la place où fut tué un serpent qui dévorait les voyageurs [3]. L'église paroissiale de Jumiéges fut dédiée à saint Valentin, parce que les reliques de ce bienheureux ayant été portées par les moines à travers le pays que les rats dévastaient, tous les rongeurs se rassemblèrent et allèrent se noyer dans la Seine [4].

## § 2. LA CONSTRUCTION

Ainsi que d'autres monuments, plusieurs églises ont été construites en un espace de temps prodigieusement court, par des personnages légendaires. La Vierge acheva elle-même, en une nuit, la chapelle de N.-D. du Bois-Béni, dont les travaux avaient été interrompus ; un pèlerin en état de grâce la vit placer et maçonner les pierres que des anges lui apportaient. Saint Valéry mécontent de l'emplacement de son église à Varengeville (Seine-Inférieure), la reconstruisit aussi, avec l'aide des anges, en une nuit, sur la falaise où elle se dresse encore [5]. Ce sont surtout les fées qui bâtissent des églises avec la même rapidité : elles élevèrent le clocher de Saint-Philibert à Dijon, et, non loin de là l'église de Premières ; il ne leur restait qu'une pierre à poser lorsque le jour les força à s'enfuir ; Mélusine surprise par le chant du coq, ne put maçonner la dernière pierre de la chapelle de Ménigoute (Deux-Sèvres) ; une semblable mésaventure arriva à la fée qui bâtissait l'église de Châtel-Montagne, (Loire) parce que l'Angelus sonna. Les fées n'ont pas réussi à terminer avant minuit l'église de Jailly, et depuis on a vainement essayé de reprendre leur œuvre. La fée qui élevait pendant

---

1. A. Orain. *Curiosités de l'Ille-et-Vilaine*, 1884, p. 9.
2. Amélie Bosquet. *La Normandie romanesque*, p. 499.
3. *La Semaine religieuse de Rennes*, 26 sept. 1874 ; Ogée. *Dict. de Bretagne.*
4. Amélie Bosquet. l. c. p. 360.
5. Ch. Thuriet. *Trad. de la Haute-Saône*, p. 100 ; *Rev. des Trad. pop.*, t. VI, p. 419.

une nuit de Saint Jean l'église de Bardon ne put l'achever, parce que
les fées ne doivent travailler qu'à l'abri du regard humain et qu'elle fut
surprise par une femme qui apportait du lait à Moulins [1].

Les fées qui avaient construit en une seule nuit la chapelle de Hirel
en Ruca (Côtes-du-Nord) voulaient la joindre à l'église paroissiale ;
mais la nuit suivante, l'une de celles qui apportaient les matériaux
rencontra sur son chemin une pie crevée, et ayant appris que tout ce
qui a vie mourait, elle jeta là sa charge et courut dire à ses compagnes
de ne pas continuer, puisqu'elles devaient mourir comme la pie. D'autres ont pu achever leur œuvre sans encombre. Les Lamignac bâtirent en une nuit l'église d'Espès ; Mélusine, la chapelle de l'abbaye
de Valence, dans les Deux-Sèvres, et il a suffi de deux heures aux
Margot-la-Fée pour bâtir N. D. de Lamballe [2]. Dans la Côte-d'Or, on
attribue aux bonnes dames, sans donner de détails, l'aiguille du clocher
de Meursault, les églises de Hauteville et de Saint-Sauveur ; en Vendée,
celles de Mareuil, d'Angles, de Moutiers-les-Mauxfaits, dans les Côtes-
du-Nord, celles de la chapelle de N.-D. du Haut ; dans l'Allier, on leur
fait honneur de l'église de Souvigny ; une laitière la vit tout à coup
surgir au milieu du brouillard du matin ; elle fut tellement frappée de
cette apparition qu'elle devint pierre, et l'on voit encore sa tête à l'angle d'une des tours [3].

Les trois églises de Seffonds, de Blaincourt et de Doulencourt, dans
l'Aube, qui ont des rapports frappants, ont été bâties en trois jours
par trois fées qui étaient sœurs. Elles se servaient d'une truelle enchan-
tée qu'elles se passaient tour à tour et qui allait d'elle-même se placer
dans leurs mains en traversant les airs [4]. Pendant la construction de
l'église de la Ferté, les maçons ébauchaient le travail le jour ; quand
venait la nuit, des lueurs multicolores flottaient à la hauteur des murs,
on entendait l'acier d'invisibles outils mordre la pierre, et le lendemain, les ouvriers apercevaient, finement sculptée, telle pierre seulement dégrossie la veille. C'étaient les fées qui faisaient la besogne, et
quelques-uns affirment même qu'elles la construisirent en entier pendant une nuit de printemps [5].

Satan partage avec les fées l'honneur d'avoir bâti des églises qui,

1. Clément-Janin. *Trad. de la Côte d'Or*, p. 33, 49 ; Léo Desaivre. *Le Mythe de
la Mère Lusine*, p. 94 ; Noëlas. *Trad. foréziennes*, p. 219-227 ; J.-G. Bulliot et Thiollier. *La mission de saint Martin*, p. 422 ; Francis Pérot. *Légendes du Bourbonnais*,
p. 13.

2. Paul Sébillot. *Petite Légende dorée*, p. 129 ; J.-F. Cerquand. *Lég. du pays
basque*, t. I, p. 31 ; Léo Desaivre, l. c. p. 85, ; Paul Sébillot, l. c. p. 126.

3. Clément-Janin. *Trad. de la Côte-d'Or*, p. 44, 40, 50 ; Léo Desaivre. *Le Mythe
de la Mère Lusine*, p. 80 ; E. Hamonic, in *Reo. des Trad. pop.*, t. II, p. 438 ; A. de
Chesnel ; *Dict. des Superstitions*, col. 1150.

4. Arnaud. *Voyage arch. dans l'Aube*. Troyes, 1837, in-4, p. 228.

5. Soreau et Langlais. *Légendes du Maine*, p. 227.

par leur beauté, semblent au-dessus du génie humain. A Saint-Pol-de-
Léon, on appelle le Kreisker, la tour du diable : celui-ci voulant avoir
pour lui-même une église plus belle que toutes celles qui avaient été
élevées à Dieu par les hommes, la fit en une seule nuit ; mais quand le
coq fut posé sur le clocher, saint Pol survint avec de l'eau bénite et le
chassa. Suivant une autre version, le saint avait reçu de Dieu le pouvoir de faire construire cette chapelle par le démon lui-même, à la
condition qu'il resterait les yeux ouverts et en prières jusqu'au moment
où elle serait achevée [1]. Le bourgmestre d'Aviotte que sa femme tour-
mentait pour avoir une église, conclut un marché avec le diable qui
s'engagea à parfaire, en une nuit, avant le chant du coq, une église qui
surpasserait toutes celles de la contrée. Satan se mit à l'œuvre, mais la
femme du bourgmestre, ayant eu connaissance du pacte, se mit en
observation, et quand l'édifice fut à peu près terminé, elle chassa son
coq qui se mit à chanter, et Satan s'enfuit. Il ne manquait à l'église
qu'une seule pierre, mais on n'est jamais parvenu à faire tenir celle que
l'on mettait pour combler la lacune [2].

Cet épisode se rencontre dans plusieurs légendes, et il sert à expliquer pourquoi certaines églises ne sont pas achevées ou présentent
des imperfections. Celle de Parthenay-le-Vieux fut élevée en trois nuits
par la Mère Lusine ; le jour l'ayant surprise, elle partit au galop, et
son cheval a laissé son empreinte sur la dernière pierre qu'elle voulait
fendre ; c'est en vain que les maçons ont tenté de remplacer la pierre
absente, celle qu'ils plaçaient retombait toujours. La même mésaventure est arrivée aux ouvriers qui ont essayé de parfaire une fenêtre du
clocher de Verruyes (Deux-Sèvres), qu'elle n'avait pas achevée. En
Bourbonnais, la fée Mélusonnette n'étant pas parvenue à poser la dernière pierre sur le clocher Chatel-Montagnel de alla, de honte, se réfugier sous la pierre aux fées. Les Bonnes dames n'ont pas achevé le portail de Saint-Jacques le Majeur en Saint-Alban (Côtes-du-Nord), parce
qu'elles eurent peur de Gargantua, ou, suivant d'autres, parce qu'elles
rencontrèrent le cadavre d'une pie [3]. Les habitants de Chavanod ayant
essayé de découvrir les personnages mystérieux qui travaillaient la
nuit au portail de leur église, et ayant répandu du sable fin autour,
entendirent le lendemain matin une voix railleuse qui disait :

> *Chavanô ! Chavanâ !*
> *Te n'saré jamai cham'na !*

Chavannes, Chavannes — Tu ne seras jamais achevé [4] ! Saint Samson ne

---

1. E. Souvestre. *Le Foyer Breton*, t. I, p. 126.
2. *Wallonia*, t. VI, p. 149, d'a. Pimpurniaux. Guide dans les Ardennes, t. II, p. 267.
3. Léo Desaivre. *Le Mythe de la Mère Lusine*, p. 82, 87 ; Francis Pérot. *Les Légendes du Bourbonnais*, p. 13 ; Paul Sébillot. *Gargantua*, p. 70.
4. A. Dessaix. *Légendes de la Haute-Savoie*, p. 141-142.

put terminer la tour du nord de la cathédrale de Dol ; on a souvent essayé depuis de compléter son œuvre, mais toujours une main mystérieuse a fait tomber les pierres que l'on a tenté de placer sur la vieille tour. Voici pourquoi l'un des clochers de la cathédrale de Senlis est inférieur à l'autre ; la construction en avait été confiée à deux frères, et chacun s'ingéniait à faire plus beau que l'autre. L'un d'eux s'étant aperçu que la base du clocher nord était plus large et plus belle que la sienne, creva les yeux de son rival pour l'empêcher de terminer son œuvre, et comme en effet il n'avait pas fait de plan, ce clocher ne put être fini ; en souvenir de ce crime, la cathédrale prend parfois des teintes de sang au coucher du soleil [1].

L'architecte chargé de reconstruire la chapelle de N.-D. de Caillouville (1334) s'étant trompé dans ses calculs, et voyant qu'il allait être ruiné, il invoqua le diable ; celui-ci consentit à lui venir en aide, sous condition que l'architecte lui livrerait les âmes de ses deux enfants le jour même où l'édifice serait complètement achevé. L'architecte eut des remords, et implora tous les saints, et en particulier saint Regnobert. Le bienheureux, touché de son repentir, vint le visiter et lui recommanda expressément de s'en tenir à la lettre du contrat et de ne pas agréer le travail du diable qu'il ne fût complet de tout point. Lorsque Satan livra son œuvre et en réclama le salaire, l'architecte se mit à examiner la chapelle avec la plus vive attention ; mais il ne pouvait y trouver le plus léger défaut. Éperdu il cherche l'image de saint Regnobert ; mais la statue est absente de la place d'honneur que Satan lui avait ménagée. Le maître-maçon adresse au diable ses plus énergiques réclamations, et Satan affirme que dès le lendemain la statue sera remplacée. Il tient parole ; le saint, de son côté, ne manque pas de recommencer son manège. Cela eut lieu tant de fois que le démon lassé abandonna lui-même son droit [2].

Plusieurs traditions racontent l'assistance miraculeuse que des animaux envoyés par des saints prêtèrent à ceux qui s'employaient à leur service. Une grande mule et deux bœufs blancs attelés à un char allaient chercher dans une carrière de la montagne les pierres destinées à l'église de Chamalières, et faisaient sans guide le voyage aller et retour. Deux bœufs noirs rendirent le même office à saint Armel quand il construisait celle de Ploërmel, et à ceux qui bâtissaient l'église de Malestroit : l'un d'eux étant mort de fatigue, l'autre continua seul sa tâche ; l'architecte plaça sa statue au portail pour commémorer son intelligence et sa force. Lors de la construction de l'église de Vèze six vaches fournissaient clandestinement du lait aux ouvriers ; une

1. Paul Sébillot. *Petite Légende dorée de la Haute-Bretagne*, p. 107 ; A. Dauzat, in *Rev. des Trad. pop.*, t. XVII, p. 592.
2. A. Bosquet. *La Normandie romanesque*, p. 485-487.

vache nourrissait les maçons qui travaillaient à la chapelle de Kernascleden, et une autre fut envoyée par la Vierge à ceux qui étaient occupés à son sanctuaire de Lannelou près de Montauban de Bretagne.
Trois chèvres suivies de leurs chevreaux venaient chaque jour nourrir
de leur lait les trois maçons qui construisaient la chapelle d'Héas
(Hautes-Pyrénées); au bout de trois ans, elle était presque achevée lorsqu'ils eurent la mauvaise idée de manger un des chevreaux; mais à
partir de ce moment les mères ne reparurent plus [1].

La légende de la bête sauvage contrainte à remplacer l'animal
domestique qu'elle a dévorée s'attachait à la fondation de l'église
d'Ourscamps : Quand sainct Eloy, adonc evesque de Noyon, voulut
édifier une chapelle au pourprins de la dicte abbaye, il fit par un bœuf
et un varlet qui le menoit commencer mener les pierres. Lequel bœuf
un ours sauvage issant desdites forests estrangla. Et à la clameur du
dict varlet faicte au dict sainct de son bœuf estranglé, le dict sainct
alla au lieu où le dict ours s'estoit retraict, ès dictes forests; et au
nom de Dieu le conjura que puisque son bœuf avoit estranglé, il feist
son office et amenast les pierres de la dicte chappelle. Et tantost le dict
ours entra ès limons et de faict amena les dictes pierres au conduict
du dict varlet, comme il appert en figure sur ce faict par sculpteur.
Et est vérité; et pour ce proprement est dicte Ourscamps, camp de
l'ours [2]. Lorsque saint Thégonnec travaillait à construire sa chapelle, un
loup osa manger son cheval; le bienheureux attacha le loup à la place
de sa victime [3].

Plusieurs sources dont il a été parlé au chapitre des fontaines (t. II,
p. 178), ont été créées par des saints pour la commodité des ouvriers
qui bâtissaient leur sanctuaire.

On raconte aussi divers épisodes miraculeux ou singuliers qui se
produisirent au cours de ces constructions : Les habitants du Mont
Saint-Michel montrent sur un bloc des empreintes qui sont celles d'un
nommé Bain qui remua cette pierre que personne ne pouvait faire
bouger, ou celle du pied de son plus jeune fils dont la pression
suffit pour la pousser [4]. Un jeune ouvrier vint offrir ses services à
l'architecte de Kernascleden en lui assurant qu'il était propre à tout;
pour l'éprouver, l'architecte lui commanda de faire toutes les chevilles

1. V. Smith, in *Mélusine*, t. I, col. 405; E. Herpin. *La cathédrale de Saint-Malo*.
p. 499.; Comm. de M. F. Duine; à St-Thégonnec l'effigie d'un bœuf attelé commé-
morerait le souvenir de celui qui aida le saint à en transporter les matériaux
(Ogée); L. Durif. *Le Cantal*, p. 422; D' Fouquet. *Lég. du Morbihan*, p. 148; *Semaine
religieuse de Rennes*, 26 sept. 1874; Millin. *Promenades archéologiques dans le Midi*,
t. IV, p. 533; la première partie de cette légende s'appliquait à la chapelle d'Ar-
rayé, dans la même région. (Jubinal. *Les Hautes-Pyrénées*, p. 132).
2. *Extr. des Archives de l'abbaye d'Ourscamps*, in *Magas. pitt.*, 1844, p. 327.
3. F. Duine, in *Rev. des Trad. pop*, t. XVIII, p. 471.
4. E. Le Héricher. *Itinéraire du Mont Saint-Michel*, p. 9 et 15.

dont on aurait besoin pour la toiture. Le lendemain, l'ouvrier avait disparu, mais on voyait à la place où il avait travaillé un énorme tas de chevilles, toutes de la même grosseur, qui s'adaptèrent merveilleusement aux dimensions de tous les trous [1].

Lorsque saint Julien bâtissait l'église de Bansat, il réquisitionnait tous les voyageurs qui traversaient cette localité. Or des montagnards qui descendaient dans la Limagne et devaient passer par Bansat, eurent recours à un stratagème pour s'en dispenser : l'un d'eux se coucha sur le char en faisant le mort ; lorsqu'ils arrivèrent devant la construction, saint Julien leur demanda de l'aider. « Hélas, répondirent-ils, nous le voudrions bien, mais notre compagnon est mort, et nous avons hâte de le reconduire chez lui. » — « Prenez garde, dit Julien, que ce ne soit vrai. » En effet, quand les montagnards eurent passé le village, ils s'aperçurent que leur compagnon était bien mort [2].

L'église de Saint-Évroult à Mortain, l'abbatiale du Plessix-Grimoult ont été bâties en trente-deux ans par trente-deux maçons, dont deux seulement moururent avant de les voir achevées [3] ; ceux qui construisaient les deux petites chapelles de Saint-Job et de Saint-Abraham à Champeaux n'avaient qu'un seul marteau et qu'une seule truelle, qu'ils se lançaient d'un côté à l'autre de la vallée, à mesure qu'ils avaient à placer ou à tailler une pierre [4].

En même temps que l'on bâtissait le clocher du prieuré d'Huanne, on travaillait à la construction du clocher de Rougemont. Celui-ci s'élevait déjà à plusieurs mètres du sol, que les fondations du clocher d'Huanne n'étaient pas encore terminées. Les constructeurs se vantaient réciproquement de travailler vite, et ils convinrent que ceux qui atteindraient les premiers une certaine élévation placeraient sur le mur une pierre en saillie représentant un objet ridicule pour faire honte aux autres. Ceux de Rougemont, qui croyaient gagner la partie, avaient préparé à l'avance une pierre sculptée en forme de figure humaine, tirant une langue monstrueuse. Mais ils furent punis de leur fanfaronnade, car ceux d'Huanne parvinrent les premiers à la hauteur convenue et y placèrent, en regard de Rougemont, cette pierre ronde qui affecte encore grossièrement la forme de deux fesses. Le lendemain, ceux de Rougemont placèrent, en regard d'Huanne, leur figure avec sa langue tirée démesurément, et ils eurent grand'honte quand ils apprirent le tour qui leur avait été joué la veille par les maçons d'Huanne [5].

Quand la chapelle de Kernascléden fut achevée, le duc de Rohan

1. Dʳ Fouquet. *Légendes du Morbihan*, p. 149.
2. A. Dauzat, in *Revue des Trad. pop.*, t. XIII, p. 197-198.
3. J. Lecœur. *Esquisses du Bocage*, t. II, p. 345.
4. Guillotin de Corson, in *Revue de Bretagne*, mai 1904, p. 402-403.
5. Ch. Thuriet. *Trad. de la Haute-Saône*, p. 131.

donna un grand banquet, et comme il levait son verre en l'honneur de l'architecte, le maître maçon nia la perfection de l'édifice et soutint qu'une pierre tout au moins n'était pas à sa place. L'architecte se leva de table, prit une bouteille et un verre, puis montant au balcon de la tour, et remplissant son verre, il dit : « Si dans tout l'édifice, il existe une seule pierre qui ne soit pas à sa place, que cet édifice s'affaisse et tombe comme va tomber et se briser mon verre ! » À ces mots il lança le verre dans l'espace, mais le verre arriva doucement à terre sans qu'une seule goutte du vin qu'il contenait se répandît au dehors[1].

### § 3. LE POURTOUR DES ÉGLISES

Le vent se fait sentir avec plus de violence qu'ailleurs dans les rues étroites qui longent les hautes constructions des églises et surtout des cathédrales, souvent bâties sur des lieux élevés, où tout au moins peu abrités. Nombre de légendes que l'on retrouve ailleurs qu'en France[2] expliquent cette particularité par des causes surnaturelles, auxquelles se mêle d'ordinaire une pointe de satire. Suivant le thème le plus répandu, c'est le vent personnifié qui y souffle pour se distraire d'une attente prolongée. Lorsque la Discorde et le Vent voyageaient de compagnie, ils passèrent par Chartres et s'arrêtèrent à l'Ane qui vielle ; la Discorde voulant visiter la cathédrale pria son camarade de l'attendre à cet endroit ; mais depuis qu'elle est entrée dans l'église, elle n'a plus reparu. C'est pour cela que la Discorde est toujours au chapitre et le Vent toujours à l'Ane qui vielle[3]. Le Vent et le Diable qui parcouraient le monde ensemble, se trouvèrent un jour près de la cathédrale d'Autun, et le Diable ayant appris que le chapitre était réuni et ne pouvait se mettre d'accord, dit à son ami qu'il voulait entrer pour rétablir la paix, et qu'il ne serait qu'un moment ; il y est resté, les chanoines étant toujours en discussion, et le Vent qui s'ennuie souffle tout autour, relevant les robes et emportant les chapeaux[4]. Ces légendes avec des variantes assez légères s'appliquent aux cathédrales de Langres et de Coutances, à la collégiale Saint Vulfran d'Abbeville[5]. Une version alsacienne présente des détails un peu différents : Satan s'ennuyant en enfer fit venir un vent du Harz pour lui servir de coursier aérien ; il tira vers Strasbourg, descendit de sa monture et entra dans la cathédrale en laissant le Vent sur la place. Il visitait toutes les

1. Dr Fouquet. *Légendes du Morbihan*, p. 149-150.
2. *Romania*, t. IX, p. 443. (Florence, Copenhague, Rome, Chartres, Langres).
3. P. Vallerange. *Le clergé la bourgeoisie*, etc. p. 109. La statue est très populaire à Chartres où l'on dit : Il fait du vent comme à l'Ane qui vielle, et quand le froid est très rigoureux : Il fait froid comme à l'Ane qui vielle.
4. Mme J. Lambert, in *Rev. des Trad. pop.* t. X, p. 222.
5. *Romania*, t. IX, p. 443 ; *Rev. des Trad. pop.* t. X, p. 450 ; Alcius Ledieu. *Blason pop. de la Picardie*, t. I, p. 37.

curiosités de l'église, quand le prêtre éleva l'hostie : Satan se trouva aussitôt enfermé dans un pilier. Lequel ? on l'ignore ; mais le Vent l'attend toujours au dehors, et quand il s'impatiente, il remue les fenêtres et occasionne aux passants des aventures désagréables [1].

En Auvergne une légende parallèle sert à expliquer pourquoi il vente toujours aux abords de la chapelle Saint-Laurent, placée sur un lieu fort élevé. Le Vent et saint Laurent s'étaient promis de ne jamais se quitter ; mais parvenu en ce lieu, le saint dit à son camarade : « J'ai à prier dans cet oratoire, attendez-moi ». Mais il n'en est plus sorti, et le Vent l'attend toujours à la porte [2].

D'autres personnages qui n'appartiennent pas au monde mythologique, mais à celui des trépassés, se manifestent dans le voisinage immédiat des églises rurales. La plupart de celles qui sont anciennes ont été bâties au milieu du cimetière qui dans beaucoup de petites paroisses sert toujours aux inhumations. Jusqu'à une époque assez récente, il n'était pas rare, en Bretagne surtout, de voir, adossé à l'un des bas-côtés, un édicule destiné à recevoir les ossements que le fossoyeur découvrait en creusant de nouvelles tombes : à travers une large baie garnie de barreaux on apercevait

Les testes
Entassées en ces charniers [3]

au-dessus des autres débris [4]. Suivant des croyances bretonnes, il leur était donné de recouvrer la parole lors de certaines fêtes ; dans le pays de Tréguier elles devisaient entre elles la nuit de la Toussaint, et celui qui aurait assisté à leur conversation aurait été renseigné sur ce qui se passe de l'autre côté de la mort ; il aurait en outre entendu nommer tous ceux qui devaient trépasser dans l'année. Un mendiant qui avait eu la curiosité d'écouter les colloques des morts des ossuaires du cimetière de Saint-Pol-de-Léon, situé à l'écart de la ville, mourut de peur en entendant dire que ce serait lui qui mourrait le premier [5].

Ailleurs ce sont les âmes qui viennent auprès du charnier, à minuit, crier les noms de ceux qui sont pour trépasser dans l'année. Dans le nord du Finistère, celui qui a le courage de se blottir au fond du reliquaire pendant la messe de minuit de Noël, voit venir le dernier décédé,

1. P. Ristelhuber, in *Rev. des Trad. pop.* t. XI, p. 554.
2. L. Durif, *Le Cantal*, p. 268.
3. Villon. *Grand Testament*, CXLIX.
4. Vers 1860, quatre des onze églises paroissiales du canton de Matignon (Côtes-du-Nord) mon pays natal, avaient encore leur ossuaire ; l'un était ruiné, un second en médiocre état ; des deux autres l'un, à la suite du déplacement de l'église paroissiale, a cessé de servir, l'autre est encore en exercice. Il y a aussi des ossuaires qui forment des monuments séparés et dont quelques-uns, surtout en Basse-Bretagne, sont d'une belle architecture.
5. A. Le Braz. *La Légende de la Mort*, t. I, p. 263-265.

qui lui apprend le nom de toutes les personnes de la paroisse qui mourront avant le retour de l'anniversaire [1]. A Aurillac, la nuit du 2 novembre, les spectres de ceux des habitants qui trépasseront dans l'année traversent un à un le porche de l'église Saint-Géraud et se dirigent vers le cimetière où le squelette de la Mort les conduit en dansant jusqu'au cercueil où ils seront ensevelis [2].

Les hôtes de l'ossuaire semblent informés par des voies mystérieuses des évènements qui les intéressent. Une jeune fille qui avait parié d'aller la nuit chercher une tête de mort dans celui de Lancieux (Côtes-du-Nord) en stipulant que le prix de la gageure serait employé à faire dire des messes pour le repos de l'âme de celui auquel la tête aurait appartenu, vit, à son arrivée au charnier, toutes les têtes sauter autour d'elle, chacune s'efforçant de se placer sous sa main pour être emportée. Une pauvre petite gardeuse de vaches du pays de Tréguier ayant, pour gagner un écu, déclaré qu'elle passerait bien là nuit dans l'ossuaire, quand elle y fut entrée, les ossements se rangèrent le long du mur pour lui faire place, parce que les âmes défuntes savaient que cet argent était destiné à une messe à l'intention de l'âme du purgatoire qui en avait le plus besoin [3]. Le soir qui précéda le décès d'une dame de Servon (Ille-et-Vilaine) un homme qui sortait de l'église entendit les os du reliquaire s'entrechoquer et même sauter dans le cimetière ; le bedeau fut obligé de barricader le charnier et d'en attacher la porte avec des cordes [4].

Quelques-uns des récits qui racontent la punition de ceux qui ont manqué de respect aux ossements des morts, et surtout à leur tête, sont en relation avec le reliquaire : un jeune bambocheur qui, pour faire peur aux gens, y a dérobé un crâne l'invite, avant de l'y replacer, à souper le lendemain avec lui ; à l'heure dite il voit entrer un squelette qui se met à table, va ensuite se coucher près de lui dans son lit, et le fait mourir de peur. La ballade du « Carnaval de Rosporden » présente à peu près les mêmes épisodes : quand le mort est entré dans le logis du sacrilège il lui dit de venir s'asseoir à la table dressée dans sa fosse, et le jeune homme épouvanté tombe à terre et s'y brise le crâne [5]. Un gwerz recueilli à Plougasnou raconte que pendant la semaine sainte trois jeunes gens se déguisent avec une peau de loup et vont au cime-

1. *Le Conteur breton*, t. 1, p. 175 ; L.-F. Sauvé, in *Rev. des Trad. pop.* t. II, p. 536.
2. L. Durif. *Le Cantal*, p. 667. En Berry un revenant appelle auprès de la Croix Tremble ceux qui doivent mourir dans l'année (Laisnel de la Salle. *Croyances du Centre*, t. I, p. 165).
3. Paul Sébillot. *Notes sur les traditions*, p. 6 ; A. Le Braz, l. c. t. I, p. 267-271.
4. A. Orain. *Le Folk-Lore de l'Ille-et-Vilaine*. t. II, p. 278.
5. Paul Sébillot. *Trad. de la H⁰ᵉ Bretagne*, t. I, p. 263-264 ; H. de la Villemarqué. *Barzaz-Breiz*, p. 263 et suiv. ; une légende analogue est populaire à Nantes ; (Marie Edmée Vaugeois, in *Rev. des Trad. pop.*, t. XVIII, p. 413).

tière enlever trois têtes de mort. Quand ils les rapportent à l'ossuaire,
l'un d'eux les invite à souper le lendemain ; à l'heure indiquée, il voit
entrer trois squelettes ; des flammes sortent de terre et il est englouti[1].
Un sonneur du Morbihan coiffe de son chapeau une tête de mort qui
gisait dans le sentier du cimetière, et lui dit qu'il va la faire danser ;
elle répond qu'elle accepte, et au son du biniou tous les morts sortent
de leur tombe ; le sonneur invite aussi la tête à souper avec lui, et le
lendemain un squelette entre à la maison et le tue en le touchant de sa
faux[2]. Un garçon de la Haute-Bretagne sur le point de se marier donne
un coup de pied à une tête de mort qu'il voit dans le cimetière et
convie à ses noces celui auquel elle a appartenu ; il y vient en effet et
s'assied à côté du marié, puis l'invite à un repas chez les morts[3].

Les défunts qui font pénitence dans le cimetière sont ordinairement
des femmes. Un jeune homme qui passait à minuit dans celui de Saint-
Suliac (Ille-et-Vilaine) en voit trois agenouillées devant le reliquaire ; il
enlève la coiffe de l'une d'elles et l'enferme dans son armoire ; il y
trouve le lendemain une tête de mort, qu'il va reporter la nuit suivante
en ayant soin de tenir entre ses bras un enfant nouveau-né. Dans une
autre légende, localisée dans le même cimetière, c'est une jeune fille
qui prend la coiffe d'une morte agenouillée sur une tombe[4]. Plusieurs
récits associent cet épisode à des danses macabres. Un homme pris de
boisson ayant aperçu à minuit dans le cimetière de Guéret trois femmes
blanches qui dansaient une ronde en se tenant par les mains, arracha
la coiffe de l'une d'elles, rentra chez lui et la mit dans son armoire. Le
lendemain, en l'ouvrant, il vit une tête de mort ; il alla consulter son
curé qui lui conseilla de retourner au cimetière à la même heure et de
déposer le crâne sur le cou de celle des danseuses qui manquerait de
tête. Il revit les trois femmes qui dansaient, et posa la tête sur celle
qui était décapitée ; elle se recolla comme par enchantement, et la
femme lui dit : « Tu as bien fait[5]. » Un garçon du pays de Tréguier
ayant vu dans le cimetière des formes noires qui semblaient se balancer

1. H. de Kerbeuzec. *Cojou-Breiz*, p. 70.
2. C. d'Amézeuil. *Légendes bretonnes*, p. 270. La tête de mort invitée figure
aussi dans un récit picard (H. Carnoy. *Litt. orale de la Picardie*, p. 120 et suiv.)
3. Paul Sébillot. *Trad.*, t. I, p. 260 et 263 ; Paul Sébillot. *Contes des provinces
de France*, p. 227, conte alsacien où un passant invite à déjeûner une tête de mort
qui l'entraîne ensuite dans un pays inconnu, cf. sur d'autres invitations : A. Le
Braz ; l. c. t. I, p. 123 et suiv.
4. Elvire de Cerny. *Saint-Suliac*, p. 33-35, 46-52 ; des récits de Haute-Bretagne
parlent de pénitences qui ont lieu en dehors du cimetière, et qui sont aussi inter-
rompues par des indiscrets, dans des circonstances analogues (Paul Sébillot. *Traditions*, t. I, p. 255-269) ; on les retrouve aussi dans l'Aube et dans la Nièvre (L.
Morin, in *Rev. des Trad. pop.*, t. XI, p. 105) ; cf. aussi la légende de la fille qui a
parié d'aller prendre une tête de mort dans l'ossuaire. (Paul-Yves Sébillot. *Contes
du pays de Gouarec*, p. 10).
5. J.-F. Bonnafoux. *Légendes et sup. de la Creuse*, p. 11.

comme des bretonnes en danse, enjambe l'échalier et revient apportant une coiffe ; le lendemain, il trouve dans l'armoire où il l'avait mise une tête de mort qui lui parle. Le soir, il va, sur le conseil du recteur, la reporter dans le charnier, et il ne lui arrive rien de mal parce qu'il avait dans ses bras un enfant non encore baptisé[1].

Les morts sortent aussi de leurs tombes pour se promener dans les cimetières. Dans le pays de Tréguier les âmes en peine y font, la nuit de la Toussaint, des processions que sont obligés de suivre tous ceux qui viennent à passer. A Saint-Mengès dans les Ardennes, les morts s'y promenaient en rang, et, avant de le quitter pour aller dans les rues du village, ils dansaient une ronde autour des fosses, tout en chantant des litanies[2].

Le cimetière est un lieu redouté où il n'est pas prudent de s'aventurer à certaines heures. Dans les Ardennes, si on en traverse un à minuit on meurt dans l'année. En Basse-Bretagne il ne faut pas s'y risquer la nuit, à moins que ce ne soit aux heures impaires[3].

Les saints apparaissent parfois dans le voisinage de leur sanctuaire : en Basse-Bretagne, ils se montrent surtout près de ceux qui ont été détruits. Depuis qu'il ne reste que des débris de l'oratoire de saint Coulaouen à Brasparz, le saint n'ayant plus où reposer sa tête, erre comme une âme en peine à travers les prés et les taillis du ravin ; des gens l'ont rencontré, vêtu comme l'était sa statue dans sa chapelle ; il rôde sans cesse autour des ruines de sa maison, suppliant qu'on la lui rebâtisse. Au milieu des décombres de la chapelle de sainte Anne à Plonéis, on entend comme le bruit d'un marteau frappant sur les pierres ; c'est la sainte qui demande qu'on lui relève son sanctuaire[4]. A Kerdenoye deux pans de murs soutenus par le lierre sont les derniers vestiges d'une chapelle dédiée à Saint-Tual ; plusieurs fois l'an, le saint, précédé d'un enfant, portant une lanterne suspendue au haut d'un bâton, revient voir si on a rebâti sa chapelle et la trouvant dans le même état, il s'en va par les champs, suivi de toutes les âmes des morts du village qui font la procession[5]. Voici ce qu'on racontait en Cornouaille à la fin du XVIII° siècle : Notre-Dame des Portes est une chapelle située près de Châteauneuf ; cette vierge fut trouvée dans un chêne énorme. Un bois sacré descend jusque sur le rivage par une pente de cinq à six cents pieds, sur laquelle on a pratiqué des allées,

---

1. A. Le Braz, *La Légende de la Mort*, t. I, p. 287-291.
2. G. Le Calvez, in *Rev. des Trad. pop.*, t. III, p. 51 ; A. Meyrac, *Trad. des Ardennes*, p. 23.
3. A. Meyrac, *Trad. des Ardennes*, p. 171 ; A. Le Braz, l. c., t. I, p. 259.
4. A. Le Braz, *Les saints bretons d'a. la tradition*, p. 25 ; abbé J.-M. Abgrall, in *Société arch. du Finistère*, 1902, p. 168.
5. Elvire de Cerny, in *Revue des Trad. pop.*, t. XIV, p. 240.

C'est là que dans les nuits, on voit errer Notre-Dame en robe blanche, éblouissante de lumière. Le frottement de sa robe de soie se fait entendre au loin dans la campagne ; cette apparition annonce de beaux jours, d'amples récoltes et des succès à ses adorateurs. On n'ose pas alors approcher de l'enceinte ; on s'agenouille, on s'humilie, on chante un hymne en l'honneur de la Vierge ; on se retire enfin à reculons et sans tourner le dos à la déesse[1].

Le rite qui consiste à faire un nombre de tours déterminés autour de l'objet réputé puissant, assez fréquent près des arbres ou des pierres, est aussi en relation avec les édifices sacrés. Un fabliau du XIIIᵉ siècle y fait allusion. La dame dit à son mari, pour s'excuser d'une absence prolongée :

> Voirs est que je sui de vous grosse
> Si m'enseigna l'en à aler
> Entor le moustier sans parler
> Iij. tors, dire trois patrenostres
> En l'onor Dieu et ses apôstres ;
> Une fosse au talon féïsse
> Et par trois jorz i reveñïsse.
> S'au tiers jorz ouvert le trovoie
> C'estoit. i. filz qu'avoir devoie,
> Et s'il estoit clos, c'estoit fille[2].

Je ne crois pas que cette espèce de consultation figure de nos jours parmi celles, fort nombreuses, qui ont pour but de connaître le sexe de l'enfant à naître. Mais on a souvent constaté des observances dont la condition essentielle consiste en un nombre déterminé de tours ; celui de trois est le plus fréquent. Jusque vers 1870, des femmes pour obtenir la grâce d'être mères le faisaient, parfois à genoux, à Notre-Dame de Quelven, dans le Morbihan[3] ; il est encore pratiqué autour de la chapelle de Sainte-Marguerite à Colloree (Finistère) avant ou après le coucher du soleil, par des femmes dont la fécondité est en retard ; à chaque tour elles rentrent dans le sanctuaire pour réciter cinq *Pater* et cinq *Ave*, puis elles touchent à la statue de la sainte, le nombril à nu, se confessent et déposent une offrande[4]. A Liège, pendant les douleurs de l'enfantement, des personnes de la famille allaient faire trois fois le tour de la cathédrale de Saint-Lambert, et les pèlerines par procuration celui de l'église Saint-Paul[5]. Les nourrices dont les seins sont malades ou taris font, en invoquant sainte Agathe, sept fois

1. Cambry, *Voyage dans le Finistère*, p. 143.
2. Rutebeuf. *De la Damme qui fist trois tours entour le Moustier*. Œuvres, éd. Jubinal, t. II, p. 114.
3. Ayeneau de la Grancière. *A N.-D. de Quelven*. Vannes, 1902, in-8, p. 19-20.
4. Dʳ Liégard. *Les Saints guérisseurs de la Basse-Bretagne*, p. 19.
5. Aug. Hock. *Croyances et remèdes*, p. 236.

le tour de la chapelle qui lui est dédiée à Langon (Ille-et-Vilaine). Pour avoir du lait, il faut faire, le corsage déboutonné, trois fois celui de la chapelle de N.-D. de Treguron à Gouézec, et après chaque tour se laver les seins à la fontaine. Le triple tour est pratiqué à la chapelle de N.-D. de Pitié à Lanvellec, et à celle de Saint-Vizia, par les mères qui portent sur leurs bras leurs enfants lents à marcher [1]. Celui qui souffre des maux d'oreilles l'accomplit autour de l'église Saint-Georges près de Spa, coiffé d'une couronne de fer très lourde et garnie de pointes. A Dourgnes (Tarn) il fallait faire neuf fois le tour de la chapelle de Saint-Stapin avant d'aller mettre ses membres dans les trous guérissants [2]. A Berven (Finistère) on conduit, trois lundis de suite, les enfants à une chapelle dont ils font neuf fois le tour, et quand ce pèlerinage est fini, ils commencent à marcher. En Basse-Bretagne, le jour de la fête de Saint-Eloi, on fait faire aux chevaux trois fois le tour des sanctuaires qui lui sont consacrés [3].

Lorsqu'un moribond souffre des douleurs infinies sans pouvoir mourir, un pèlerin fait à trois reprises le tour de la chapelle de N.-D. de Rumengol, pieds nus, en marchant à l'encontre du soleil, afin de mettre un terme à ses souffrances. Pour connaître le destin des morts on va à pied à la chapelle de N.-D. des Peines à Poullaouen (Finistère); on en fait trois fois le tour, on prie et l'on s'en revient à la maison : si on est fatigué, le défunt est en Purgatoire, si l'on ne ressent aucune lassitude, il est au ciel [4].

Dans un conte du littoral de la Haute-Bretagne, de forme littéraire, mais dont le fond est certainement traditionnel, un prêtre impose à une femme qui avait eu trois enfants morts-nés pour ne pas s'être ménagée pendant sa grossesse, la pénitence de faire neuf fois, à minuit, le tour de l'église qu'entourait le cimetière ; à chaque troisième tour, elle voit apparaître les ombres de ses trois enfants sous l'apparence de la profession qu'ils auraient eue s'ils avaient vécu [5]. Cette promenade ne doit pas être accomplie sans nécessité : il arriva malheur à une jeune fille du pays de Tréguier qui, par bravade, avait parié de faire la nuit en chantant et sans presser le pas, trois fois le tour d'une église entourée d'un cimetière [6].

1. Paul Sébillot, in *Rev. des Trad. pop.*, t. VIII, p. 35 ; H. Liégard, l. c., p. 24, 36, 34.

2. Aug. Hock, l. c. p. 155 ; cf. *Le Folk-Lore de France*, t. I, p. 406.

3. E. Faujour, in *Rev. des Trad. pop.*, t. XXI, p. 211 ; L.-F. Sauvé, in *Rev. Celtique*, t. VI, p. 77.

4. A. Le Braz. *Au pays des pardons*, p. 108 ; A. Dagnet, in *Rev. des Trad. pop.* t. XX, p. 500.

5. Judith Gautier, in *Le Rappel*, 5 août 1889. En Normandie quelques prêtres prescrivaient aux mères qui avaient, par négligence, laissé périr leur enfant, ou aux filles-mères d'aller à minuit faire une station près de l'église. (L. du Bois, *Recherches sur la Normandie*, p. 336).

6. A. Le Braz. *La Légende de la Mort*, t. I, p. 279 et suiv.

Ces déambulations dont le chiffre est déterminé ont lieu aussi pour accomplir une promesse ou en remerciement de grâces obtenues. Une femme, après un vœu, fait trois fois à genoux le tour de l'église de Moncontour, et on aurait pu la suivre à la trace de son sang[1]. A N.-D. de Quelven, quand la grâce était importante, ce tour était fait les sabots à la main ou même à genoux[2]. Autrefois les marins d'Audierne sauvés du naufrage tournaient neuf fois, après s'être plongés dans la mer, autour de la chapelle de Sainte-Evette[3].

Voici d'autres tours dont l'efficacité ne dépend pas toujours des nombres. A l'île de Batz, lorsqu'on est inquiet sur le sort d'un navire, neuf veuves de l'île font, pendant neuf jours de suite, le tour de l'église en priant en silence, et depuis leur sortie de la maison jusqu'au retour elles ne doivent pas non plus prononcer une parole[4]. Les malades font, le dimanche, celui de l'église de Saint-Gilles-Pligeaux, les hommes portant un coq, les femmes une poule, qui sont ensuite placés dans une cage disposée au fond du sanctuaire[5]. Les bêtes, pour être garanties de tout mal, sont menées en procession autour de la chapelle de N.-D. de Quelven (Morbihan) ; à Flastroff, dans la Lorraine allemande, les chevaux conduits à la main étaient promenés autour de celle de Saint-Eloi ; dans le pays de Liège, lors de la fête de ce saint, on leur faisait faire une course autour de l'église du Mont[6].

L'usage d'offrir aux saints, pour se concilier leur bienveillance ou pour les remercier, un cordon de cire de la circonférence de la ville[7], s'applique aussi à leur sanctuaire, et quelquefois il se lie aux nombres. Une bretonne en péril de mer promet à saint Mathurin de Moncontour une ceinture de cire qui fera trois fois le tour de son cimetière et de sa chapelle[8]. Un vœu analogue est formulé par une femme lors de la peste d'Elliant[9]. Cette coutume est encore observée en Bretagne : A Prat, le jour du pardon, on voit tout autour de la chapelle

1. F.-M. Luzel, Gwerziou Breiz-Izel, t. I, p. 129.
2. Aveneau de la Grancière. A N.-D. de Quelven, p. 38. Dans toutes les églises fréquentées des pèlerins on trouve des femmes qui offrent d'en faire le tour à genoux à votre intention : cela coûte deux sous. (Boucher de Perthes, Chants armoricains, p. 19).
3. Paul Sébillot. Le F.-L. des pêcheurs, p. 90, cf. p. 93, les trois tours d'église faits par des pêcheurs écossais.
4. G. Milin, in Rev. des Trad. pop., t. XV, p. 600.
5. Dr H. Liégard. Les saints guérisseurs de Basse-Bretagne, p. 50.
6. Aveneau de la Grancière. A N.-D. de Quelven, Vannes, 1902, p. 27, in-8 ; E. Auricoste de Lazarque. Saint Eloi et le pèlerinage de Flastroff. Strasbourg, 1888, in-8, p. 6 ; A. Hock. Croyances et remèdes, p. 160.
7. Cette offrande a été relevée en plusieurs endroits, à Paris (Chéruel. Dict. des Inst de la France, t. I, p. 155) à Chartres (A.-S. Morin. Le prêtre et le sorcier, p. 85) etc., à Quimper où elle était faite chaque année à la Chandeleur. (Soc. arch. du Finistère, 1885, p. 299).
8. F.-M. Luzel, Gwerziou Breiz-Izel, t. I, p. 129.
9. H. de la Villemarqué. Barzaz-Breiz, p. 53.

de Sainte-Anne sous la corniche extérieure, d'immenses cordons de bougie qui en font plusieurs fois le tour[1]; j'ai vu cette offrande à une chapelle voisine de Lanvollon (Côtes-du-Nord).

Une pratique parallèle à celle qui a pour but d'interdire aux carnassiers l'accès d'un endroit déterminé (cf. t. III, p. 30), a été relevée dans le val d'Aoste : pour empêcher les sorcières d'entrer dans une église ou d'en sortir, on l'entoure d'un fil dissimulé sous les portes. D'autres procédés ont une efficacité analogue. En Languedoc, le curé sème du sel devant la porte ; les sorcières de la paroisse s'y arrêtent et ne peuvent y entrer. En Wallonie, si on répand sur le seuil une poignée de terre ramassée sur un cercueil, une sorcière ne peut sortir sans appeler le semeur de terre et sans enlever le sort qu'elle a jeté. Deux dents de herse, qui ont été trouvées et placées sous le seuil pendant la messe ont le même pouvoir[2].

J'ai donné, t. III, p. 425, des exemples du clou ou de l'épingle fichés dans l'arbre par ceux qui veulent se débarrasser de leurs infirmités en les lui transmettant. Cet antique usage est aussi pratiqué sur les parties extérieures des églises. Les gens de Béchérel qui allaient en pèlerinage à Sainte-Anne du Rocher, près de Dinan, cognaient un clou dans les murs de la chapelle. Les personnes atteintes de névralgies faciales ou de maux de tête vont ficher une de leurs épingles à cheveux dans le plâtre des murs d'une chapelle de construction assez récente, près de Nivelles (Brabant wallon), consacrée à N. D. de Lourdes[3]. A Fontaine-la-Guyon (Eure-et-Loir), c'est dans les portes de la chapelle de Saint-Antoine que les pèlerins enfoncent des épingles pour fixer le mal[4].

A Solliès-Pont (Var), les jeunes filles désireuses de se marier essayaient de toucher avec la main, en s'élevant sur la pointe du pied ou en se faisant élever par les bras d'un ami complaisant, une tuile saillante placée dans le mur de la petite chapelle de Saint-Roch[5].

Les ferrures du portail de certaines églises sont l'objet de pratiques qui sont d'ordinaire en rapport avec l'amour ou la fécondité. Les jeunes filles remuaient le loquet de la porte de la chapelle de Saint-Nicolas, à Provins, en répétant cette formule :

> Saint Nicolas, saint Nicolas,
> Mariez vos filles et ne m'oubliez pas[6].

Vers 1820, on observait en plusieurs parties du Périgord une coutume

---

1. B. Jollivet. *Les Côtes-du-Nord*, t. IV, p. 207.
2. J.-J. Christillin. *Dans la Vallaise*, p. 282 ; L. Lambert. *Contes du Languedoc*, p. 150 ; Aug. Hock. *Croy. et remèdes*, p. 125 ; F. Renkin, in *Wallonia*, t. III, p. 23.
3. Paul Sébillot. *Blason pop. de la Haute-Bretagne*. Ille-et-Vilaine, p. 1 ; O. Colson, in *Wallonia*, 1893, p. 47.
4. A.-S. Morin. *Le Prêtre et le Sorcier*, p. 263.
5. Bérenger-Féraud. *Superstitions et survivances*, t. II, p. 178.
6. Fourtier. *Dictons de Seine-et-Marne*, p. 87.

apparentée : Lorsqu'une femme était stérile, elle allait en dévotion soit à l'abbaye de Brantôme, soit à la chapelle Saint-Robert ou à Saint-Léonard, et toutes celles qui étaient dans le même cas s'invitaient à assister à la messe. Après la cérémonie, elles prenaient le verrou de la porte et le faisaient aller et venir jusqu'à ce que leurs maris les ramènent chez elles par la main avec l'appareil d'usage. A Rocamadour, dans le Rouergue, elles se contentaient de baiser le verrou. Il est possible que, suivant l'hypothèse de Dulaure, les prêtres catholiques aient substitué à un culte priapique des objets qui blessaient moins la décence [1].

Dans la Gironde, on fait toucher aux enfants le verrou d'une église, le jour saint Fort, pour leur donner de la force. A la chapelle de Saint-Roch, à Fumay, près de Rocroy, les jeunes filles vont baiser un des clous qui maintiennent la gâche de la serrure, dès qu'elles ont la taille nécessaire pour y atteindre ; elles croient que c'est un moyen infaillible pour se procurer un mari [2].

Vers 1840, on allait, pour la guérison des ophtalmies, mettre le doigt dans un trou percé dans le vantail gauche de l'église Notre-Dame du Blanc (Indre), en mémoire du miracle de saint Genitour ; celui-ci portant sa tête dans sa main, était venu frapper à la porte de l'église alors gardée par un aveugle, qui lui ayant demandé qui frappait, lui répondit en faisant un trou dans la porte : Regarde, je suis saint Genitour, et les yeux de l'aveugle s'ouvrirent sur le champ à la lumière [3].

En Bretagne, où les furoncles sont appelés clous, il est d'un fréquent usage d'offrir au saint réputé pour les guérir, des clous de fer qui ne doivent être ni pesés ni comptés, et qui sont déposés au pied de sa statue ou dans un trou du mur, ou même sur l'autel, comme à la chapelle de Saint-Laurent en Sion ; lorsque les pèlerins venus à cette intention la trouvaient fermée, ils les jetaient par les fentes de la porte ou par les fenêtres [4]. Pour guérir les furoncles des petits cochons on lance des clous ou des épingles par une ouverture pratiquée dans la porte d'une petite chapelle de Saint-Antoine, voisine de Guingamp [5].

Plusieurs consultations par le jet sont en relation avec les ouvertures des églises. Les jeunes filles pour savoir si elles se marieront dans l'année jettent un sou à travers la porte d'une petite chapelle d'Echemiré, dédiée à la Vierge, dans la direction de l'autel ; s'il reste sur la table, la réponse est favorable ; s'il retombe, elle devra attendre, avant de trouver un époux, autant d'années qu'il y a de pavés séparant le sou de l'autel. Vers 1892, les jeunes gens et les jeunes filles, placés à deux

1. W. de Taillefer. *Antiquités de Vésone*, t. I, p. 253 ; J.-A. Dulaure. *Des divinités génératrices*, p. 286.
2. Fr. Daleau, *Trad. de la Gironde*, p. 37 ; O. Colson, in *Wallonia*, t. V, p. 36.
3. Alfred Maury. *Croyances du moyen âge*, p. 294.
4. (Abbé Gougé). *Hist. et légende du pays de Châteaubriant*, p. 330.
5. Yves Sébillot, in *Rev. des Trad. pop.*, t. XX, p. 19.

pas de la fente d'un volet de la chapelle Saint-Goustan au Croisie, y
lançaient une épingle ; si elle y passait du premier coup, le mariage
avait lieu dans l'année, sinon il était reculé d'autant d'années que l'on
avait essayé en vain de faire passer l'épingle [1].

Les jeunes filles s'efforcent de faire pénétrer une pierre dans une sorte
de niche au dessus du portail d'une chapelle voisine de Saint-Brieuc.
A Jodoigne, une statuette très ancienne, aujourd'hui dans une chapelle,
était autrefois contenue dans une niche fixée à un arbre séculaire : à
une hauteur d'environ cinq mètres les maîtresses branches formaient
une autre niche où les amoureux tâchaient de faire tenir une pierre
lancée ; si elle restait le vœu était exaucé, si elle retombait, la jeune
fille n'avait pas son galant [2].

Parmi les nombreux moyens usités au XVII⁰ siècle pour se débarrasser
du nouement d'aiguillette figure celui qui consiste à pisser dans le trou
de la serrure de l'Eglise où l'on a épousé. Quelques-uns disent qu'afin
que ce moyen ait tout le succès qu'on peut espérer, il faut pisser par
trois ou quatre matins dans ce trou [3]. Cet acte n'entraînait pas de
conséquences aussi dangereuses que celles qui, au XV⁰ siècle,
menaçaient les irrévérences commises au pourtour des églises : Qui se
met à pissier contre un moustier c'est grant merveille se avant sa
mort il ne chiet en apopelisé. Cellui qui pisse ou fait sa nécessité contre
l'église l'eaue benoite qu'il rechoit le dimence ne le puet aidier contre
le tonnoire pour celle sepmaine [4].

## § 4. LES CLOCHERS ET LES CLOCHES

Les gens voisins des églises dont les tours présentent des inclinai-
sons apparentes expliquent cette anomalie par des légendes. Il y a
bien longtemps, lors de la procession qui a lieu à Saint-Jean du Doigt
la veille de la fête, on fit partir du haut de la tour, suivant l'usage, une
fusée qui devait allumer, à trois cents mètres de là, le feu de joie.
Mais la fusée s'arrêta en route, la procession s'arrêta aussi, et les
fidèles en se détournant, virent le diable qui poussait la tour pour la
faire tomber sur le peuple qui remplissait le cimetière. Pendant ce
temps, l'enfant qui fait le rôle du petit saint Jean disparaît, et on le
voit, tout en haut du clocher, qui s'oppose de toutes ses forces à
l'entreprise de Satan, et finit par le chasser ; c'est depuis ce temps que

1. C. Freysse. Le Folk-Lore baugeois, p. 31-32 ; Paul Sébillot. Petite légende
dorée de la Haute-Bretagne, p. 39.
2. Paul Sébillot. Coutumes, p. 98 ; O. Colson, in Wallonia, t. V, p. 35.
3. J.-B. Thiers. Traité des Sup., t. IV, p. 588.
4. Les Evangiles des Quenouilles, III, 3 ; à Anvers quand on urine dans un
cimetière on gagne une inflammation des paupières. (Alfred Harou, in Rev. des
Trad. pop., t. 1, p. 156).

la flèche est penchée [1]. Voici pourquoi une des tours de Saint Vulfran à Abbeville n'est pas parfaitement droite. Il y avait sur l'emplacement qu'elle occupe une église sous le vocable de saint Firmin qui, ruinée par le débordement de la Somme, fut reconstruite et dédiée à saint Vulfran; mécontent de se voir déposséder de son titre de patron, saint Firmin la fit aussi détruire par les eaux. Lors de la troisième reconstruction, on décida de placer une des trois tours sous l'invocation de saint Firmin; celui-ci, jaloux de saint Vulfran, tendit à écarter du corps de l'édifice la partie qui lui appartenait, et de grandes fissures se déclarèrent dans la maçonnerie; mais quand, après avoir détaché sa tour de l'église, il reconnut qu'elle penchait au-dessus de l'eau, et qu'elle serait la première à disparaître, il la laissa telle qu'on la voit aujourd'hui [2]. La flèche de l'église du Vieil-Baugé est déjetée dans son sommet depuis qu'elle a été heurtée au passage par la monture du duc de Clarence, qui, fuyant après sa défaite, fit un bond mal calculé. Les habitants de Fortmoville dans l'Eure disent que leur clocher fut primitivement fort élevé, mais que Gargantua l'ayant renversé d'un coup de pied, on lui donna la forme en bâtière qu'il a aujourd'hui. L'inclinaison du clocher de Polleur au pays de Liège est due à une aventure qui rappelle un des épisodes de M. de Crac. La neige était tombée en si grande abondance qu'on n'apercevait plus que la croix du clocher; un paysan, surpris par la tourmente, y attacha sa vache; mais le dégel étant promptement survenu, elle se trouva suspendue en l'air et par ses mouvements désordonnés elle tordit et fit incliner la tour. Voici pourquoi celle de Mézières (Ille-et-Vilaine), est toute de travers; un jour que la neige était haute, la mère de Gargantua qui était une géante, ne voyant plus son clocher, se mit à le chercher avec son bâton; elle l'attrapa par le haut mais si rudement qu'elle le tordit. Celui de Seneffe est aussi penché, par une sorte de punition divine; c'est sur le territoire de cette paroisse que fut assassiné saint Phollien [3].

On explique par un récit facétieux la forme du clocher de Cussey. Les habitants indécis sur celle à lui donner députèrent deux notables à Dijon, et comme ils passaient sur le bord d'un étang, une voix partie du milieu des roseaux cria : Kara ! Kara ! (carré !) c'est le chant qu'on attribue à la rousserole [4].

Quelques légendes parlent des hantises des clochers. On voyait parfois la nuit sur la pointe de celui de Saint-Martin une fée, non pas jeune et avenante, mais toute décrépite; elle avait une quenouille atta-

---

1. Elvire de Cerny, in *Rev. des Trad. pop.*, t. XIV, p. 158.
2. Alcius Ledieu. *Le Blason pop. de la Picardie*, t. I, p. 41-42.
3. C. Fraysse, in *Rév. des Trad. pop.*, t. XIX, p. 188 ; A. Harou, *ibid.*, t. XIV, p. 114 ; Paul Sébillot. *Gargantua*, p. 154-155, 50-51 ; cette église a été récemment rebâtie. A. Harou. *Le Folk-Lore de Godarville*, p. 135.
4. Clément-Janin. *Sobriquets de la Côte-d'Or*, Dijon, p. 29-30.

chée à son sein, et de ses doigts s'échappait un fuseau qui dévalait lentement sur la pente ardoisée, et remontait pour redescendre encore;
quelques notes, tantôt lugubres, tantôt gaies arrivaient affaiblies à
l'oreille du passant. A Guernesey les vieilles filles sont condamnées à
rapetasser éternellement, assises sur le clocher, les chausses usées des
célibataires. Au Crocq dans la Creuse, une flamme bleue qui vacille
pendant les orages sur la pointe d'un clocheton est l'âme d'une bonne
châtelaine qui revient visiter les habitants du village[1].

Les oiseaux des clochers ne semblent pas jouer un rôle important
dans les récits populaires; cependant une corneille qui résidait dans
la tour de Sainte-Marguerite à Liège allait pondre, la nuit du vendredi
saint, un œuf d'or dans le grenier d'un des paroissiens de cette église;
aussi chacun se gardait de fermer cette nuit-là toutes ses fenêtres[2].

On a relevé au commencement du XIXe siècle de singuliers actes
de dévotion en rapport avec les clochers : des pêcheurs en détresse faisaient vœu de monter à la flèche de N.-D. du Folgoat (Finistère) et de se
laisser pendre la tête en bas et les bras étendus; l'ascension toute seule
semble avoir été assez souvent pratiquée par les marins bretons sauvés
du naufrage[3].

Les cloches sont l'objet d'un baptême, et elles ont un parrain et une
marraine qui leur donnent un nom, sous lequel plusieurs sont familièrement désignées. Le peuple ne les regarde pas seulement comme des
bronzes sonores destinés à annoncer les diverses manifestations de la
vie religieuse; il leur accorde, outre une certaine puissance, une sorte
d'animisme; ainsi qu'on l'a vu aux divers chapitres de la Mer et des
Eaux, il en est qui se précipitent dans l'eau ou qui sonnent d'elles-
mêmes. Cette faculté de se faire entendre sans aucun secours humain
est attribuée à celles qui sont encore en place. Lorsque mourut à Rome
le seigneur picard Simon de Crespy, qui par pénitence s'était fait charbonnier, toutes les cloches sonnèrent spontanément[4]. Le Propre de l'évêché de Vannes, imprimé en 1627, disait que celles de l'île de Groix se mirent en branle d'elles-mêmes au moment où saint Guenhaël y aborda;
suivant un ancien cantique comtadin, celles de Monteux sonnèrent une
nuit que saint Gens y passait avec sa mère[5]. Après le trépas de sainte
Rolende, celles de Liège tintèrent mélodieusement, sans aucune inter-

1. J. Lecœur. *Esquisses du Bocage normand*, t. II, p. 416; Métivier. *Dict. franco-
normand*, Vo coquet; J. F. Bonnafoux. *Légendes de la Creuse*, p. 24.
2. E. Monseur. *Folklore wallon*, p. 13.
3. Habasque. *Notions sur les Côtes-du-Nord*. t. I, p. 308; Alex. Bouet. *Breiz-
Izel*, t. III, p. 15.
4. Etienne de Bourbon, *Anecdotes*, p. 67.
5. Du Buisson Aubenay. *Itinéraire de Bretagne*, p. 211. P. L. Berkenmager. *Le
Curieux Antiquaire*, Leyde, 1729, cité par L. de Laincel, *Avignon et le Comtat*, p.
317.

vention humaine, comme celles de toutes les églises lors de la translation des reliques de saint Martin et celles de Reuss (Cap Creuss) quand on débarqua celles de saint Abdon et de saint Sennen. Suivant une ancienne croyance avignonnaise, une cloche d'argent placée dans le palais des papes se faisait entendre chaque fois qu'un pape mourait et qu'un autre était élu à sa place [1]. Ce prodige figure dans la légende de saint Grégoire: quand il fut choisi comme pape, devant qu'entrer en la cité de Rome) les campanes sonnèrent sans que personne les eût mises en branle [2]; un conte de la Haute-Bretagne rapporte que les candidats à la papauté passaient sous une cloche, qui se mettait d'elle-même à tinter quand celui qui devait être élu se trouvait au-dessous [3]. La cloche de l'église Saint-Sauveur carillonna miraculeusement lorsqu'un homme apporta, pour en faire cadeau à son patron, le chandelier qu'il avait dérobé à une dame sauvage qui se peignait avec un peigne d'or [4]. La cloche de Saint-Quay a eu longtemps la réputation de déceler les voleurs; à Guingamp une cloche sonna toute seule, quand un larron voulut dépouiller N. D. de Rochefort de ses riches ornements [5].

Quelquefois elles se mettaient en branle pour signaler aux fidèles un événement heureux, ou pour les avertir des entreprises des ennemis. Celle de la chapelle du pont de Serres à Carpentras, qui était fermée carillonna la nuit, pendant un quart d'heure, pour annoncer la cessation de la peste. Une cloche, appelée Marie, placée autrefois dans la tour de Plomb de la cathédrale de Sens, sonna, un jour d'alarme, pour prévenir la population, comme celles de l'église Saint-Sauveur de Rennes qui firent découvrir une mine que les Anglais avaient pratiquée sous les murs. Au moment où le ligueur La Fontenelle allait achever le massacre des habitants de Pont-Croix, les cloches de l'église de N.-D. de Boscudon sonnèrent toutes seules, et La Fontenelle s'adressant à son lieutenant lui dit: « *Alla, Boule, ma Mari o facha!* Ah! la Boule, voilà Marie qui se fâche! », et il donna le signal du départ [6].

Les cloches ont longtemps passé, et cette croyance n'est pas éteinte, pour posséder la vertu de dissiper les orages; quelques-unes portent même des inscriptions qui la constatent. Lorsque Janotus de Bragmardo vient haranguer Gargantua pour qu'il restitue celles de Notre-Dame de Paris, il ne manque pas de citer, parmi leurs mérites, cette puissance qui était si grande que « ceulx de Bourdeaux en Brie les

1. Aug. Hock. *Croyances du pays de Liège*, p. 192; Horace Chauvet. *Légendes du Roussillon*, p. 61; L. de Lincel, l. c. p. 74.
2. J. de Voragine. *Légende dorée*, t. I, p. 353; Le *Violier des Histoires romaines*, p. 212.
3. Paul Sébillot. *Contes de la Haute-Bretagne*, t. II, p. 133, 136.
4. J. F. Cerquand. *Légendes du pays basque*, t. I, p. 22.
5. B. Jollivet. *Les Côtes-du-Nord*, t. I. 116, t. III, p. 64.
6. L. de Lincel, l. c., p. 30; C. Moiset. *Usages de l'Yonne*, p. 103; Ogée. *Dict. de Bretagne*; *Soc. arch. du Finistère*, 1905, p. 156.

vouloient achapter pour la substantifique qualité de leur complexion élementaire pour extraneiser les halots et les turbines sur nos vignes [1]. A Tulle, une cloche était appelée Sauvo-Tero, parce que l'on croyait qu'elle sauvait les récoltes de l'orage ; quand il tonnait, les paysans lui criaient : *Sono ! sono !* Dans la même région on disait en proverbe :

> *Tous lous cops que Courreza bourrat,*
> *Lou retardat d'un houra.*

Tous les coups de battant que la cloche de Corrèze donne, repousse à une heure de là (le nuage orageux). En Savoie, la clochette de l'ermitage de Saint-Rupt dissipait les nuées menaçantes ; en Berry, où nombre de cloches sont reputées pour conjurer les orages, celles de Chabris avaient un tel pouvoir qu'on les avait surnommées les chiens de saint Phalier. Suivant une croyance du Centre, certaines sonneries avaient le pouvoir d'éteindre l'incendie allumé par le feu du ciel [2]. Autrefois il était d'usage dans le pays de Tréguier de sonner, pendant les tempêtes, les cloches des églises et des chapelles du littoral [3], et dans les environs d'Angles (Tarn) on mettait en branle celles du pays pour préserver le grain en fleurs de l'action malfaisante de la rosée. Il y a moins de deux cents ans, à Ramonchamps (Vosges) on les mettait en volée pour garantir les campagnes des dernières gelées de l'hiver [4].

Leur pouvoir n'est pas borné aux météores : à Saint-Sauveur, on les sonnait pour éloigner le Basa Jaun ou seigneur sauvage [5]. On disait autrefois, et l'on en citait des exemples, que lorsque les démons les entendaient ils étaient forcés de laisser tomber à terre les sorciers et les sorcières qu'ils portaient au sabbat ; cette croyance est encore populaire dans la Gironde, et dans le pays de Belfort un seul coup de la cloche de Rouge-goutte faisait disparaître toute trace de sabbat. En Limousin, on sonnait les cloches pendant la nuit du 22 au 23 juin pour empêcher les sorciers d'enlever au lumier sa vertu fécondante [6].

1. Rabelais. *Gargantua*, l. I, c. 19.
2. Béronie. *Dict. du patois limousin* ; J.-B. Champeval. *Proverbes bas-limousins*, p. 13 ; A. Dessaix. *Légendes de la Haute-Savoie*, p. 22 ; Laisnel de la Salle. *Croy. du Centre*, t. I, p. 257 ; Jaubert. *Glossaire du Centre*.
Cet usage existe encore en nombre de pays, et notamment dans la Gironde où les paysans croient que le son des cloches est odieux au diable, auteur des tempêtes. Dans une certaine partie de la Charente-Inférieure, le sacristain est encore tenu de sonner l'orage, aussi bien que midi et l'Angelus du soir. (C. de Mensignac, *Sup. de la Gironde*, p. 97 ; J.-M. Nogues. *Mœurs d'autrefois en Saintonge*, p. 128). cf. G. Moïset. *Usages de l'Yonne*, p. 120 ; au XVIII° siècle, c'était une obligation pour les habitants.
3. Paul Sébillot. *Légendes de la Mer*, t. II, p. 324.
4. A. de Chesnel. *Usages de la Montagne Noire*, p. 371 ; Richard. *Trad. de Lorraine*, p. 238.
5. J.-F. Cerquand. *Légendes du pays basque*, t. II, p. 35.
6. J.-B. Thiers. *Traité des cloches*, 1781, in-12, p. 130 et suiv. ; C. de Mensignac. *Sup. de la Gironde*, p. 97 ; H. Bardy. *Le F.-L. du Rosemont*, p. 6 ; J.-J. Juge. *Changements dans les mœurs des habitants de Limoges*, p. 59.

En Saintonge, des gens prétendaient qu'il fallait sonner son glas à la Toussaint, pour éviter d'être emporté par le diable avant la fin de l'année. Une sorcière brûlée à Saint-Dié en 1572 conseillait, pour guérir un enfant qui ne cheminait ni ne parlait, de tirer bien fort les cordes des cloches [1].

Autrefois lorsqu'une femme était prête d'accoucher, on liait sa ceinture à la cloche de l'église, et on la faisait sonner trois coups ; en Saintonge cet acte était accompagné d'une certaine prière, et selon d'autres, de paroles mystérieuses [2].

Certaines cloches influent sur la génération et l'amour : dans la Lozère un battant de cloche est l'objet d'une pratique qui est assez fréquemment usitée près des menhirs. Lorsque le capitaine de Merle voulut faire des canons avec la grosse cloche de Mende, il ne réussit pas à fondre le battant qui avait 2m30 de haut et 1m10 de circonférence et on le planta près de la porte de gauche de la cathédrale ; de nos jours encore toute femme qui désire un enfant vient se frotter le ventre contre ce bronze, en implorant la Vierge [3].

Henri Estienne a rapporté un usage du XVIe siècle, qu'il semblait croire en voie de disparition : J'adjouteray ce qu'on raconte de Nostre dame de Liesse : c'est que les femmes qui ne peuvent auoir enfans, tirent à belles dents (au moins souloyent tirer) les cordes des cloches de son temple. Cette superstition, à peine modifiée, se retrouve aux portes de Paris et en Bretagne : avant l'incendie de l'église d'Aubervilliers, chaque année, le deuxième mardi de mai, suivant une tradition demeurée vivace dans le pays, il suffisait aux jeunes mariées, après les prières d'usage, de toucher la corde de la cloche pour voir sûrement leur union bénie par le ciel ; la même observance subsiste dans une chapelle du pays de Vannes, mais les deux époux doivent saisir ensemble la corde [4]. Autrefois les jeunes filles qui réussissaient à attraper la corde, assez haut placée, de la cloche de la chapelle du Fossé, étaient sûres de se marier dans l'année, pourvu qu'elle n'eût pas été sonnée le 31 décembre [5].

Quelques pratiques individuelles sont en relation avec les hommes. En Savoie la cloche de l'ermitage de saint Ruph faisait, on ne dit pas comment, retrouver les enfants perdus. La femme de marin qui ne

---

1. Lemarié. *Fariboles saintongheaises*, nº 26 ; Ch. Sadoul, in *Rev. des Trad. pop.*, t. XVIII, p. 595.

2. J.-B. Thiers, *Traité des Sup.*, t. I, p. 374 ; J.-M. Noguès. *Mœurs d'autrefois en Saintonge*, p. 19.

3. Cord et Viré. *La Lozère*, p. 218-220, et renseignements fournis par M. Cord à M. Van Gennep. (J.-A. Dulaure. *Des Divinités génératrices*. Paris, 1905, p. 327, note).

4. *Apologie pour Hérodote*, l. II, c. 29 ; *Le Gaulois*, 23 avril 1900 ; *Le Chercheur de l'Ouest*, t. I, p. 182.

5. A. Meyrac. *Villes et villages des Ardennes*, p. 213.

reçoit pas de ses nouvelles va faire tinter la cloche de N.-D. de Béléan [1].
A la Villedieu, on conduit les enfants peureux sous les cloches et on
leur fait dire un évangile en l'honneur de saint Paul, appelé en Poitou,
saint Pou ; comme en patois ce terme veut dire peur, la dévotion a
peut-être pour origine un jeu de mots ; à Saint-Paul en Gâtine, le
pèlerin pour se préserver du mal de la peur se place, le jour de la
conversion de saint Paul, de manière que la corde tombe sur son dos [2].

La corde de la cloche figure dans un pèlerinage assez compliqué où
l'on retrouve le rite du tour numérique (cf p. 63, 135) du passage à
travers l'arbre ou la ronce (cf t. III, p. 416 et suiv.) et de la mesure du
mal. A Saint-Michel la Rivière on faisait faire aux enfants atteints
du « mal bleu » sept fois le tour des piliers du clocher : deux femmes
appelées matrones passaient sept fois le petit malade dans un grand
nœud fait à la corde de la cloche, et prenaient ensuite mesure avec de la
bougie filée de l'épaisseur de la tête, de la grosseur et de la longueur
du corps de l'enfant. La bougie devait brûler devant l'autel de Saint-
Michel ; en 1882 cet usage n'était aboli que depuis quelques années [3].

Le rôle augural des cloches est assez considérable. Il est parfois en
relation avec des décès futurs, comme en Anjou et en Vendée, où l'on
a relevé au XVIIe siècle, cette superstition ; on lit dans une lettre écrite
de Loudun le 27 avril 1680 : Lors de l'enterrement d'une religieuse, la
roue de la cloche s'étant cassée avec grand bruit, une des sœurs dit tout
haut que c'était le présage de quelque malheur qui devait arriver à la
communauté, et en effet quinze jours après on enterra, à la même heure,
la prieure du couvent. Lorsque la cloche donne un son lugubre, les
paysans de la Gironde, ceux des Ardennes et du Val d'Aoste en tirent
l'augure d'une mort prochaine dans le voisinage [4] ; à Menton, comme
en Basse Bretagne, c'est quand elle vibre longtemps après qu'on a cessé
de la sonner. En Haute-Bretagne, la tonalité du glas indique le sort de
celui qu'on va mettre en terre ; un recteur reconnaissait en l'écoutant si
la personne dont il faisait l'enterrement était perdue ou sauvée [5]. Dans
le pays de Tréguier si la femme qui vient d'avoir son premier enfant
peut de chez elle entendre les cloches du baptême, elle sait s'il doit vivre
ou mourir jeune : il vivra, si pendant le son des cloches la mère a dans
l'oreille un vague bruit d'harmonie, de joyeux carillon ; si les cloches
produisent comme des coups répétés à différentes reprises, il mourra [6].

1. A. Dessaix. Légendes de la Haute-Savoie, p. 23 ; Dr Fouquet. Légendes du
Morbihan, p. 80.
2. Beauchet-Filleau. Pèlerinages du diocèse de Poitiers, p. 520.
3. Augier. in Soc. arch. de Bordeaux, 1882, p. 131-132.
4. G. de Launay, in Rev. des Trad. pop., t. VI, p. 247 ; C. de Mensignac, Sup. de
la Gironde, p. 62 ; A. Meyrac. Trad. des Ardennes, p. 170 ; J.-J. Christillin. Dans la
Vallaise, p. 282.
5. J.-B. Andrews, in Rev. des Trad. pop., t. IX, p. 116 ; A. Le Braz. La lég. de la
Mort, t. I, p. 9 ; Paul Sébillot. Coutumes, p. 162.
6. G. Le Calvez, in Rev. des Trad. pop., t. XVIII, p. 76.

Les cloches figurent dans plusieurs observances en relation avec le baptême. Les vieillards des Côtes-du-Nord prétendent qu'elles refusent de sonner à celui d'un enfant illégitime [1]; en réalité, il est d'usage de ne pas les mettre en branle en cette occasion. Elles influent sur les qualités, physiques ou affectives des enfants présentés au baptême. Au XVIII<sup>e</sup> siècle des gens simples s'imaginaient que quand on ne les sonnait point les enfants devenaient sourds ou n'avaient point de voix pour chanter ; la première de ces croyances existe encore dans la Gironde [2]. En Basse-Normandie et en Poitou le parrain et la marraine doivent la tirer ensemble pour que leur filleul ne soit pas sourd ; en Beauce, où les deux sont invités à sonner la cloche, le parrain doit la sonner longtemps pour qu'il chante bien ; en Haute-Bretagne et en Berry, plus la cloche aura bien sonné, plus il aura la voix forte ou sera bon chanteur [3]. En Saintonge pendant qu'elle sonne, le parrain et la marraine s'embrassent, afin que l'enfant ne soit ni morveux ni malpropre ni baveux, en Poitou c'était pour éviter ce dernier inconvénient [4]; en Haute-Bretagne pour empêcher le filleul d'être *innocent*, en Berry d'être bègue ou muet, en Beauce d'être trop pleureur. En Saintonge le parrain devait embrasser sa commère pour que le filleul fût amoureux [5].

Les carillons sont aussi en rapport avec la santé. Dans la Vallaise, si on se lave dans une fontaine pendant que sonnent les cloches du samedi saint, on est préservé des maux d'yeux. En Wallonie on se débarassait des verrues en trempant la main dans un ruisseau pendant que sonnait un glas et en les souhaitant au défunt [6].

### § 5. LE PAGANISME DANS LES ÉGLISES

Dans cette section, comme dans la plupart de celles où j'ai été amené à parler des dévotions populaires, j'ai presque toujours laissé de côté celles qui sont collectives et publiques, parce que le caractère païen y est beaucoup plus atténué que dans les observances individuelles. Nombre de celles-ci, et ce ne sont pas les moins curieuses et les moins typiques, se font à l'insu des prêtres ou même malgré eux ; ceux qui les accomplissent pensent parfois que le secret est une des conditions

1. Lucie de V. H. in *Rev. des Trad. pop.* t. XIX p. 114.
2. J. B. Thiers. *Traité des Sup.* t. II, p. 164 ; C. de Mensignac. *Sup. de la Gironde* p. 39.
3. J. Lecœur. *Esquisses du Bocage*, t. II, p. 337 ; B. Souché. *Croyances*, p. 5 ; Chapiseau. *Le F. L. de la Beauce*, t. II, p. 12 ; Paul Sébillot. *Coutumes*, p. 18 ; Laisnel de la Salle, *Croy. du Centre*, t. II, p. 9-10.
4. J. M. Noguès. *Mœurs d'autrefois*, p. 23 ; B. Souché. *Croyances*, p. 5.
5. Paul Sébillot. *Coutumes*, p. 18 ; Laisnel de la Salle. *Croyances du Centre*, t. II, p. 90 ; Chapiseau. *Le F.-L. de la Beauce* t. II, p. 12 ; E. Lemarié. *Fariboles sainlongheoises*, p. 100.
6. J.-J. Christillin. *Dans la Vallaise*, p. 281 ; E. Monseur. *Le Folklore wallon*, p. 39.

de leur réussite, et lorsqu'elles se traduisent par des actes facilement
visibles; ils ont soin de choisir pour les pratiquer le moment où les
églises sont désertes. On peut ajouter qu'elles se font assez souvent
dans les chapelles isolées, où l'opérateur risque peu d'être troublé.
C'est ce qui explique pourquoi les traités de superstitions rédigés par
des ecclésiastiques en mentionnent seulement quelques-unes, soit que
leurs auteurs les aient ignorées, soit qu'ils aient fermé volontairement
les yeux sur celles que recouvrait un vernis chrétien et que l'accoutu-
mance les empêchait peut-être de remarquer. On en relève aussi moins
qu'on ne serait tenté de le supposer dans les œuvres des traditionnistes; la plupart du temps elles s'y rencontrent comme par hasard;
et jusqu'à présent elles n'ont pas fait l'objet d'une enquête spéciale et
systématique. Ce qui a été recueilli suffit pourtant à montrer la
vitalité de plusieurs survivances ou de parallèles des cultes primitifs.

La série des vaines observances et des pratiques hétérodoxes commence dès qu'on a franchi le seuil du temple, elle se poursuit à travers
ses diverses parties, même les plus sacrées, et s'attache à presque tous
les objets que l'on peut désigner sous le nom de mobilier sacerdotal.

D'après une croyance très répandue, si en entrant pour la première
fois dans une église on forme trois vœux, l'un d'eux sera sûrement
exaucé; dans la Nièvre la condition essentielle est d'en faire trois, ni
plus ni moins[1]. La première visite confère aussi une valeur particulière
à l'eau des bénitiers : en Poitou, les mains qui y ont été lavées sont
préservées de la transpiration; dans la Gironde les taches de rousseur
qui en ont été ablutionnées s'effacent, pourvu que l'on ait soin de ne
pas les essuyer; au pays de Liège on se débarrasse des verrues en
plongeant la main dans le bénitier, et en partant sans se retourner,
après avoir dit : *Tins ! volo po l'ci qui vinret après mi !* En Anjou les
maladies de peau disparaissent si on les lave avec de l'eau prise dans
le bénitier de trois églises où le patient ne soit jamais entré, et il doit
rester dehors pendant que la personne qui l'accompagne va puiser
l'eau nécessaire à la lotion[2].

La condition de la première visite n'est pas toujours requise : en
Haute-Bretagne, il suffit pour se guérir d'un panaris de le tremper
dans le bénitier de l'église paroissiale, et de faire avec le doigt malade
sept signes de croix dans la terre du cimetière. En Saintonge, on se
délivrait de la fièvre en prenant une bonne lampée dans le bénitier la
veille de Pâques ou de la Pentecôte. Au XVIII° siècle le malade après

---

1. B. Souché, *Croyances*, p. 23 ; Mᵐᵉ E. Vaugeois, in *Rev. des Trad. pop.*, t.
XV, p. 190 (Loire-Inférieure) ; H. Le Carguet, *ibid.*, t. XX, p. 193 (Finistère) ; Mᵐᵉ
Paul Sébillot, *ibid.*, t. V, p. 229 (Nièvre).
2. R.-M. Lacuve, in *Rev. des Trad. pop.*, t. XXI, p. 201 ; C. de Mensignac, *Sup.
de la Gironde*, p. 163 ; Aug. Hock, *Croyances et remèdes*, p. 215 ; Queraud-Lamerie,
in *Rev. des Trad. pop.*, t. XXI, p. 306.

avoir passé sous la châsse de saint Gurloës à Quimperlé déposait au bénitier une poignée de cheveux [1].

L'efficacité du bénitier ne s'applique pas seulement à la thérapeutique ; son eau intervient dans des actes qui touchent à la religion, aux choses du cœur, à la chance et même à l'autre monde. Dans la Gironde et en Provence quelques personnes croient que chaque fois que l'on trempe ses doigts dans le bénitier, en entrant dans l'église, pour faire le signe de la croix, tous les péchés que l'on a pu commettre restent au fond ; mais qu'on les reprend si, en sortant, on procède de la même manière [2].

Les jeunes filles, désireuses de se marier dans l'année viennent déposer un de leurs cheveux dans le bénitier d'une petite chapelle voisine de Plougasnou (Finistère) en invoquant saint Yves [3]. En Armagnac, les sorcières avaient pouvoir sur l'épousée si elle ne s'abstenait pas d'y mettre la main en entrant dans l'église ; dans l'Yonne, le nouveau marié doit, pour éviter des infortunes conjugales, y boire à même, avant de sortir de l'église. En Haute-Bretagne pour guérir un homme de sa jalousie, il suffit d'y mouiller sa chemise [4]. A Nivelles la jeune fille qui veut que son galant ait un bon numéro, trempe son mouchoir, la veille et le jour du tirage, dans le bénitier de l'église et récite trois Pater et trois Ave [5]. En Saintonge on y baignait les trois pièces qui, mises à l'insu du conscrit dans un de ses vêtements, lui portaient chance ; en Basse-Normandie, les jeunes gens, en sortant de la messe dite à leur intention la veille du tirage, y enfonçaient la main et le bras gauche jusqu'au coude, et faisaient un signe de croix avec cette main qui, le lendemain, était celle qu'ils plongeaient dans l'urne. En Wallonie, le conscrit qui entend une messe pendant neuf jours, laisse tomber chaque fois une pièce de monnaie dans le bénitier à la sortie [6].

D'autres objets y sont déposés à diverses intentions. A Menton, l'on empêche les sorcières de sortir de l'église en y plaçant des épingles en croix [7]. Les dents tombées ou arrachées doivent être mises dans le bénitier paroissial ; en Basse-Bretagne on agit ainsi pour les retrouver sans trop de difficulté au jour du jugement ; dans les Côtes-du-Nord, pour

1. Lucie de V.-H., in Rev. des Trad. pop., t. XVI, p. 398 ; J.-M. Noguès. Mœurs d'autrefois en Saintonge, p. 157 ; H. Gaidoz. Un vieux rite médical, p. 54.
2. C. de Mensignac. Sup. de la Gironde, p. 138 ; Regis de la Colombière. Cris de Marseille, p. 277.
3. Irène Paquet, in Rev. des Trad. pop., t. XIV, p. 349.
4. Paul Duffard. L'Armagnac noir, p. 79 ; C. Moiset. Usages de l'Yonne, p. 124 ; Paul Sébillot, in Rev. des Trad. pop., t. VII, p. 99.
5. O. Colson, in Wallonia, t. III, p. 26.
6. J.-M. Noguès. Mœurs d'autrefois, p. 153 ; J. Lecœur. Esquisses du Bocage, t. II, p. 63 ; O. Colson, l. c.
7. J.-B. Andrews, in Rev. des Trad. pop., t. IX, p. 255.

les reprendre en Paradis, en divers pays du Finistère pour n'avoir plus mal à l'avenir à celles qui restent[1].

On rencontre en Ille-et-Vilaine, appliqué à une cérémonie orthodoxe, un parallèle de la superstition qui attribue une valeur particulière aux prémices des eaux. Le Samedi saint, à Bain, quand le prêtre a béni dans un grand bassin de cuivre placé au milieu de l'église l'eau qui doit être versée toute l'année dans les bénitiers, les bonnes femmes se précipitent, se bousculent, se battent même pour arriver les premières à remplir les petites bouteilles de verre qu'elles ont apportées, persuadées que celles qui y parviendront, prenant la crème, seront plus favorisées que les autres, et surtout que le lait de leurs vaches sera plus abondant. A Luceau (Sarthe), les paysannes se disputent les gouttelettes de cire que le sacriste fait dégoutter d'un cierge allumé dans l'eau bénite nouvelle et elles les mêlent à la nourriture de leurs cochons[2].

L'observance qui suit peut être rapprochée de celle du pied posé sur les empreintes merveilleuses (c. f. t. I, p. 404-405). Les femmes stériles marchaient sur un carreau rond en marbre vert qui formait le centre d'une rosace dans l'église de Pontigny. Un procédé en usage au XVIIe siècle était fondé sur une analogie entre le nom du mal (le carreau) et l'objet employé pour sa guérison ; il consistait à prendre un pavé d'église et à dire : *Ave Pavé ! Carreau tout...*[3]

La croyance à l'efficacité médicinale ou prophylactique de la terre en relation avec des personnages ou des objets (cf. t. I, p. 208-209) s'applique aussi à celle de l'intérieur des églises, et plus souvent des chapelles. On m'a montré en 1874, au-dessous du jubé de N.-D. de Kergornet en Nizon (Finistère) un espace assez grand où la terre paraissait fraîchement remuée ; on était obligé, me dit-on, d'en apporter de temps en temps pour remplacer celle qui était emportée par les croyants. A Plounevez-Lochrist après avoir fait embrasser la statue de saint André à l'enfant qui tousse, on prend dans une cavité au-dessous de la niche une poignée de terre qu'on introduit en partie dans la nuque du petit malade ; le reste est mis dans ses chaussures et doit y être maintenu jusqu'à la guérison. A Plougrescant (Côtes-du-Nord) on gratte avec les ongles la terre au-dessous du tombeau de saint Gonery, qui recouvre peut-être une fontaine comblée, et l'on en enferme quelques pincées dans un sachet qui est placé au cou des fiévreux[4].

On a relevé sur plusieurs points du littoral breton des exemples d'une sorte de magie sympathique. Vers 1630, les femmes de la côte

---

1. Paul Sébillot, in *Rev. des Trad. pop.*, t. XX, p. 451 ; F. Duine, *ibid.*, t. XX, p. 394.
2. A. Orain. *Le Folk-Lore de l'Ille-et-Vilaine*, t. I, p. 266-267 ; Mᵐᵉ Destriché, in *Rev. des Trad. pop.*, t. V, p. 337.
3. C. Moiset. *Usages de l'Yonne*, p. 123 ; J.-B. Thiers. *Traité des Sup.*, t. I, p. 419.
4. H. Liégard. *Les saints guérisseurs*, p. 37-38, 62.

quimpéroise dont les maris étaient en mer, allaient balayer la chapelle la plus voisine et jetaient la poussière au vent, dans l'espérance que cette cérémonie produirait un vent favorable à leur retour. A la fin du XVIIIe siècle, les femmes de Roscoff, qui faisaient le même acte dans une chapelle spéciale, lançaient la poussière du côté par lequel leurs hommes devaient revenir. Naguère lorsque des bateaux étaient retenus par le vent contraire dans un port voisin de la chapelle de Sainte-Marine en Combrit (Finistère), deux hommes de l'équipage étaient chargés de la nettoyer, de pousser les balayures dehors, et de les jeter à pleines mains dans la direction où ils désiraient que la brise soufflât. Les femmes de marins balayaient aussi la chapelle de la Jóie en Penmarc'h, puis elles amoncelaient la poussière dans le coin qui, par son orientation, répondait à la partie du ciel où les vents étaient invités à se porter. Celles qui vont à la chapelle Saint-Charles en Saint-Méloir des Ondes (Ille-et-Vilaine) doivent en essuyer le sol avec leur tablier de noces, du côté où elles souhaitent que vienne le vent[1].

Ce rite est aussi pratiqué en Bretagne dans un but thérapeutique. Le malade atteint de fièvre, de migraine, d'épilepsie, etc., balayait ou faisait balayer la chapelle de l'ancien château d'Elven en arrosant le sol d'eau bénite ; cet acte commençait avec la messe qui y était célébrée ; à la fin le balayeur jetait au vent une poignée de poussière et le malade était guéri dans huit jours. Les fiévreux nettoient d'un bout à l'autre avec un balai de genêt la chapelle de Saint-Roch à Blain (Loire-Inférieure)[2].

Les jeunes filles qui se rendent, pour une consultation amoureuse, à l'église de N.-D. de Condat, jettent des épingles par-dessus leur épaule ; si elles tombent l'une sur l'autre, elles se marient dans l'année[3].

Les actes qui suivent sont en relation avec les murailles ou leur voisinage immédiat. Les fiévreux grattent avec un couteau le mur de la chapelle de Sainte-Barbe à Marolles-les-Buis, et avalent dans un verre d'eau la poussière ainsi obtenue[4]. Les personnes affligées de furoncles déposent des clous dans un trou de la paroi de N.-D. de Lamballe.

Dans les villages protestants du pays de Montbéliard il était d'usage, au moment de la célébration du mariage, d'enfoncer un clou sur la tribune de l'église pour le « clouer » ; dans d'autres villages on l'enfonçait avec le pied dans le plancher. En Saintonge des sorciers, pour produire l'urotopegnie dite aussi chevillement, enfonçaient dans le mur

---

1. Cambry, *Voyage dans le Finistère*, p. 340, 71 ; L.-F. Sauvé, in *Mélusine*, t. II, col. 207 ; H. Harvut, in *Rev. des Trad. pop.*, t. VII, p. 308.
2. Vérusmor. *Voyage en Basse-Bretagne*, p. 40 ; H. de Kerbeuzec, in *Rev. des Trad. pop.*, t. XIX, p. 475.
3. Fr. Daleau. *Trad. de la Gironde*, p. 55.
4. A.-S. Morin. *Le Prêtre et le Sorcier*, p. 270.

pendant que sonnait le *Sanctus* à la messe de mariage, une grande
cheville de bois, en grommelant un anathème à chaque coup [1].

Les autels sont l'objet d'observances dont plusieurs rappellent des
actes dont les parallèles sont bien connus en folk-lore. Quelques-unes
consistent en une déambulation dont l'efficacité est soumise à des
nombres déterminés. La pèlerine qui vient au Relecq-Plounéour
(Finistère) pour les coliques des nourrissons fait trois fois le tour du
chœur en se frottant le dos des mains aux angles de l'autel. En Saône-
et-Loire, la mère en fait faire neuf fois le tour, après la messe, et sans
s'arrêter, à son enfant débile qu'elle a soin de soutenir ; la même pratique était usitée à l'autel de saint Féréol à Lublon, dans les Landes.
A Penvenan, la mère portant sur les bras son enfant lent à marcher
faisait trois ce tour [2].

Ce rite avait lieu aussi à la suite d'un vœu : dans un gwerz breton,
une jeune fille promet de faire sept fois, si elle est exaucée, le tour du
grand autel de N.-D. de Rumengol ; des pèlerins font, à genoux nus,
celui du maître-autel de Saint-Mathurin-de-Moncontour [3].

Quelques actes sur lesquels le clergé ferme les yeux accompagnent
le baptême à l'église. En Limousin dès la cérémonie terminée, le parrain et la marraine vont le plus vite qu'ils peuvent à la balustrade,
parce qu'alors le bon Dieu dégourdit bien l'enfant [4]. En Basse-Bretagne,
si le nouveau chrétien est mâle, on lui fait baiser l'autel, si c'est une
fille, il n'en baisera que la balustrade [5]. En Saintonge aussitôt que le curé
s'est retiré (et cette condition est obligatoire pour la réussite de l'opération) on roule l'enfant sur l'autel d'un bout à l'autre, comme une
barrique, pour qu'il ne se casse jamais les membres, ou pour qu'il soit
préservé des coliques [6].

Ces actes ou leurs similaires sont pratiqués à d'autres moments : En
Poitou, on couche parfois les enfants sur l'autel afin qu'ils ne soient
pas méchants. Ceux qui sont débiles sont roulés sur la pierre d'autel
de la chapelle de Saint-Vizia [7] ; à Plœmeur, près Lorient, on les assied
sur la pierre sacrée, enchâssée au milieu ; à Savigny, on les roule à
plusieurs reprises sur l'autel de saint Fort, le lundi de la Pentecôte [8].

1. Henri Gaidoz. *Rome et Congo*, p. 6-7 ; J.-M. Noguès. *Mœurs d'autrefois*, p. 137.
2. Dr Liégard, *Les saints guérisseurs*, p. 29 ; F. Fertiault, in *Rev. des Trad. pop.*,
t. I, p. 173 ; de Métivier. *De l'agriculture des Landes*, p. 375 ; Dr Liégard, l. c.,
p. 30.
3. A. Le Braz. *Au pays des pardons*, p. 185 ; E. Hamonic, in *Rev. des Trad. pop.*,
t. III, p. 279.
4. M. M. Gorse. *Au bas pays de Limosin*, p. 137.
5. Alex. Bouet. *Breiz-Izel*, 1888, t. I, p. 37.
6. J.-M. Noguès. *Mœurs d'autrefois en Saintonge*, p. 23 ; E. Lemarié. *Fariboles
saintongheaises*, p. 100.
7. Léo Desaivre. *Croyances*, p. 34 ; Liégard. *Les saints guérisseurs*, p. 34.
8. F. Duine, in *Rev. des Trad. pop.*, t. XIX, p. 177 ; Beauchet-Filleau. *Pèlerinages
du diocèse de Poitiers*, p. 521.

Une superstition de la fin du moyen âge se rapporte à une coutume tombée en désuétude : Quant le prestre a chanté messe et que les aucuns vont baiser l'autel, ceulx en celle sepmaine ne doivent baiser femme nulle s'ils ne l'ont espousée, ceulx qui font contre cest article ne fauldront avoir mal aux dens ou à la teste[1].

Les autels reçoivent comme offrandes plusieurs de ces objets pointus dont l'emploi folk-lorique est si fréquent : Au XVIIe siècle en Bretagne les pèlerins avant de hocher la tête dans le trou (v. p. 156), mettaient des épingles croches sur l'autel[2]. Des personnes atteintes de furoncles ou d'autres tumeurs allaient naguère déposer sur celui de saint Cloud, dans l'église du Pin (Deux-Sèvres) une certaine quantité de clous[3] ; le même usage est pratiqué à la chapelle de Saint-Malo près Moncontour (Côtes-du-Nord)[4]. La jeune fille qui désire se faire aimer d'un homme qui ne pense pas à elle, va neuf matins de suite, à jeun, s'agenouiller devant la statue de N.-D. de Boulogne à Saint-Saens (Seine-Inférieure) et récite trois *Ave*, entre chacun desquels elle jette une épingle au pied de l'autel. Ces épingles sont agréées par la Vierge qui les emploie à attacher fortement le cœur du jeune homme désiré[5].

D'autres actes ont un caractère plus nettement superstitieux. Un théologien du XVIIe siècle en signalait deux qui semblent avoir disparu : Pour être guéri de certaines maladies on cachait sous l'autel une image de terre, et pour retrouver les objets perdus, on disposait pendant le *Sanctus* deux fétus en croix qu'on allait ensuite déposer dessus[6].

Plusieurs observances contemporaines sont en relation avec le pouvoir attribué à cet endroit sacré. En Wallonie des conscrits mettent un écrit sous la nappe d'autel, pendant la messe qui précède le tirage ; la pièce de cinq francs qui y a été cachée acquiert, au moment de la consécration, la vertu de procurer un bon numéro à celui qui la porte[7]. En Saintonge, les trois pièces de monnaie qui avaient la même destination, avaient dû être, pendant tout un jour, déposées sur la pierre sacrée[8].

Beaucoup de paysans de la Haute-Bretagne disent que si le prêtre passe à diverses reprises la main sur la nappe d'autel, c'est pour s'assurer qu'il n'y a aucun objet caché dessous. Celui sur lequel le prêtre célèbre la messe acquiert des vertus merveilleuses : la bourse devient inépuisable, le miroir fait toujours voir à côté de la sienne l'image de celui qui le lui a donné, et il est forcé de l'aimer. Si c'est un

1. *Les Evangiles des Quenouilles*, IV, 8.
2. J.-B. Thiers. *Traité des Sup.*, t. III, p. 203.
3. Beauchet-Filleau. *Pèlerinages du diocèse de Poitiers*, p. 528.
4. J.-M. Carlo, in *Rev. des Trad. pop.*, t. IX, p. 488.
5. B. Reyac, in *Rev. des Trad. pop.*, t. XI, p. 329.
6. J.-B. Thiers. *Traité des sup.*, t. I, p. 379, t. III, p. 209.
7. Jules Dewert, in *Wallonia*, t. VIII, p. 28 ; O. Colson, *ibid*, t. III, p. 29.
8. J.-M. Noguès. *Mœurs d'autrefois en Saintonge*, p. 153.

couteau, ou une alêne ou un tire-bouchon, il suffit qu'il le pique dans un tonneau, et qu'il fasse ensuite une incision, dans un bois voisin, à un arbre de la même essence pour qu'il en coule autant de cidre qu'il y en a dans le tonneau. On dit en Ille-et-Vilaine que l'on peut se rendre invisible si l'on réussit à porter sur l'autel, pendant la messe, et sans que l'officiant le voie, la cendre des os d'un chat noir qu'on a fait brûler au pied d'une croix [1].

La superstition qui suit est pratiquée par les Juifs bordelais : un des proches parents de la femme en couches va à la synagogue et ouvre la porte du tabernacle, qui doit rester en cet état pendant tout le temps de l'opération, et il en rapporte la clé afin de la placer sous le lit de la malade [2].

Les cierges allumés sur les autels ou dans leur voisinage servent à plusieurs actes superstitieux ; quelques-uns se rattachent à des consultations augurales. Vers 1820, quand on voulait connaître si un malade devait guérir ou succomber, on posait de chaque côté de l'autel de saint Abibon cinq cierges de cire jaune, cinq pour la vie, cinq pour la mort ; si les cierges pour la vie s'éteignaient les premiers le malade devait mourir. En Hainaut, si la flamme des chandelles que l'on fait brûler à l'autel du saint qu'on invoque pour un malade est vacillante, c'est mauvais signe pour lui. On tirait vraisemblablement des augures semblables lors des neuvaines faites à la Vierge de Pâquis, dans les Vosges, où le regard des pèlerines se fixait sur les flammes de trois bouts de cierges que les gens du village baptisaient saint Mort, saint Languit, saint Revit [3].

Les femmes de marins qui sont sans nouvelles de leurs hommes allument un cierge au pied du saint de Saint-Lanloup, le Petit en Lanloup (Côtes-du-Nord) ; il brûle joyeusement si le mari se porte bien ; s'il est mort, il luit d'une flamme triste, intermittente, et tout-à-coup s'éteint. Dans le Luxembourg belge, si la flamme du cierge allumé le jour du tirage à la messe des conscrits reste droite et brûle bien, celui qui l'a offert prendra un bon numéro [4].

En Saintonge, pour rendre efficace les pièces déposées sur l'autel à l'intention des conscrits, on faisait flamber auprès, en l'honneur de quelques saints protecteurs des militaires, un cierge qui avait été allumé près d'un mort [5].

1. Lucie de V.-H., in Rev. des Trad. pop., t. XIV, p. 560 ; R. Le Chef, Ibid, t. X, p. 581.
2. C. de Mensignac, Sup. de la Gironde, p. 29.
3. Boucher de Perthes, Chants armoricains, p. 227 ; A. Harou, in Rev. des Trad. pop., t. IX, p. 489 ; Edmond et Jules de Goncourt, La fille Élisa, p. 281.
4. A. Le Braz, La Légende de la Mort, t. I, p. 7 ; O. Colson, in Wallonia, t. III, p. 27.
5. Abbé J.-M. Noguès, Mœurs d'autrefois en Saintonge, p. 113.

A Paris, vers 1830, quand on « faisait un cierge » à sa... à Roch, on ne manquait jamais de trouver « un homme pour se mettre avec lui [1] ». Des pratiques analogues sont encore en usage dans le monde galant ; quelquefois on y cache des épingles destinées à faire souffrir l'infidèle, ou l'indifférent à l'intention duquel elles ont été placées.

En Wallonie on pique des épingles en spirale dans une chandelle, (treize à Liège, vingt et une, c'est-à-dire trois fois sept à Nivelles), on l'allume et l'on se met en prières ; au fur et à mesure que les épingles tombent, la personne visée ressent de mortelles souffrances ; elle ne peut détacher sa pensée de l'opératrice et finit par lui revenir. Cette pratique, qui s'accomplit maintenant à domicile, a eu lieu autrefois dans les églises ; un vieux sacristain a raconté à M. Colson que jadis il y a vu maintes fois des femmes planter des épingles dans les chandelles qu'il leur vendait pour être brûlées devant l'autel. Il ne se souvient plus de la façon dont elles étaient plantées [2].

Une pratique qui revêt une forme d'envoûtement plus caractérisée consiste à introduire dans un cierge que l'on fait brûler soit à la maison, soit à l'église, trois aiguilles ou trois épingles ; si toutes les trois tombent pendant l'opération la personne visée meurt au bout de trois semaines, de trois mois ou de trois ans [3]. Dans la Gironde, on peut faire sécher son ennemi à petit feu en allumant un cierge dans la première église venue, et en disant, tant qu'il brûlera, le *Pater*, l'*Ave*, le *Credo*, et d'autres prières à rebours [4].

La lampe rituelle des églises est l'objet de plusieurs croyances. On dit en Basse-Bretagne que tant qu'elle restera allumée, le monde est assuré de vivre ; mais que si on ne voyait pas sa lueur en passant la nuit près d'une église, ce serait le signe que la fin du monde approche. A Marseille le bedeau qui la laisse éteindre meurt dans le mois. Dans le pays d'Aoste, si elle brille la nuit d'un éclat inaccoutumé, c'est l'annonce d'un décès prochain. Une fève jetée dans celle d'une église de Marseille servait à découvrir le voleur, ou le faisait mourir à bref délai [5].

On a aussi tiré des présages des craquements du mobilier sacré ; quand quelqu'un doit mourir on entend du bruit aux bancs des églises où il a coutume de s'asseoir [6]. Cette croyance relevée par un théologien de la fin du XVIe siècle n'a pas été constatée de nos jours ; mais on en a retrouvé un parallèle dans le Morbihan, où une vieille femme attachée à une

1. P. Mérimée. *Nouvelles*, 1857, in-12, p. 131.
2. O. Colson, in *Wallonia*, t. V, p. 39 ; Comm. de M. O. Colson.
3. Comm. de M. P. Guyot Daubès.
4. C. de Mensignac. *Sup. de la Gironde*, p. 84.
5. A. Le Braz. *La légende de la Mort*, t. I, p. 80 ; Regis de la Colombière. *Les Cris de Marseille*, p. 274 ; J. J. Christillin, *Dans la Vallaise*, p. 284 ; Regis de la Colombière l. c. p. 280.
6. N. Taillepied. *Traité des apparitions*, p. 145.

chapelle, était avertie de la venue des pèlerins par des bruits de pas invisibles, par des craquements sourds et prolongés dans les boiseries du chœur[1].

Plusieurs des nombreuses pratiques qui s'accomplissent à l'église, parfois en secret, assez souvent en public, sont des parallèles, à peine christianisés, des observances antiques qui se font encore près des arbres et surtout près des blocs naturels ou érigés de main d'homme. Des exemples anciens montrent que le passage à travers le trou a été jadis fréquent dans les temples catholiques. Un procès verbal de visite à l'église de Saint-Jean de Marillais en Anjou disait que le clergé « avait fait boucher un trou qui est au bas de l'autel pour empescher la superstition qu'aucuns commettent en y faisant mettre la teste de leurs enfants ». Vers la même époque, en quelques églises de Bretagne, les paysans pour être guéris ou préservés de certaines maladies, allaient hocher la tête trois fois dans un trou qui était proche des autels[2]. Des traits analogues ont été relevés plus récemment. Vers 1817, à Ivry près de Paris, les fidèles passaient la tête dans une ouverture carrée qui se trouvait derrière l'autel de la chapelle de Saint-Frambour, parmi les pierres sur lesquelles le saint se reposait. A Courville (Eure-et-Loir), les mères pour que leurs enfants marchent seuls, introduisaient leurs petits pieds dans une pierre percée de la chapelle de la Madeleine[3]. Cette pratique est encore usitée dans une chapelle voisine de Bain (Ille-et-Vilaine). Dans l'Allier pour qu'un jeune enfant ne devînt jamais imbécile, on lui plaçait la tête dans une ouverture d'un tombeau de l'église Saint-Menoux. Les pèlerins introduisaient la leur, pour être préservés de la surdité, dans une excavation d'un bloc de pierres agglomérées, appelé autel de Saint-Cado, dans l'église de Caduod, une des îles du Morbihan[4]. En Poitou, le pèlerin qui souffrait de maux de tête passait la sienne à travers une fenêtre étroite qui existait autrefois dans l'escalier du clocher de Saint-Mard-la-Lande ; depuis qu'elle a été bouchée, on l'appuie à l'endroit où elle se voyait naguère ; le patient atteint de la même affection mettait sa tête dans une cavité du mur d'une chapelle à B... dans la Vienne, récitait une prière, et avant de la retirer, y déposait des épingles aussi grosses que possible[5].

Dans la Gironde, où existaient plusieurs trous réputés, on passait les enfants dans celui de l'église de Saint-Michel à Rieufort, pour leur assu-

1. Aveneau de la Grancière, A N. D. de Quelven, p. 17.
2. Célestin Port, in Ant. de France, 1884, p. 76 ; J.-B. Thiers, Traité des Sup., t. III, p. 203 : à défaut de trou ce rite était pratiqué dans une armoire.
3. Soc. des Antiq. t. I, 1817, p. 430 ; Vaugeois, ibid. t. III, p. 376.
4. A. Orain, Le F.-L. de l'Ille-et-Vilaine, t. I, p. 15 ; Bardoux, in Soc. d'émulation de l'Allier, 1867, p. 345 ; H. Liégard, Les saints guérisseurs de Basse-Bretagne, p. 14 ; 5. Beauchet, Filleau, Pélerinages du diocèse de Poitiers, p. 532 ; Dr L. Ponteil, in Rev. des Trad. pop., t. XIII, p. 268.

rer une longue existence. A Saint-Broladre (Ille-et-Vilaine) un trou dans
la muraille de la chapelle de saint Guinefort « qui donne la vie ou la
mort » servait à une consultation : on y mettait la tête de l'enfant qui
était malade depuis longtemps ; s'il la redressait, c'était signe de vie,
s'il la laissait tomber, c'était une réponse de mort [1]. Dans la Gironde, le
nom de veyrines désigne des ouvertures étroites, ménagées dans l'é-
paisseur des piliers ; les personnes attaquées de douleurs rhumatismales, ou de paralysie, en faisaient d'abord neuf fois le tour en répétant
quelques prières, puis elles passaient la tête la première dans l'ouverture, et on les poussait par les pieds pour les en faire sortir. Cette cérémonie superstitieuse que les archevêques de Bordeaux avaient essayé
de détruire, était encore pratiquée en secret dans la première moitié du
siècle dernier [2]. Un usage parallèle, mais qui n'avait pas un but thérapeutique, a été relevé en Wallonie : dans une chapelle de la collégiale
de Sainte-Gertrude à Nivelles, un pilier monolithe de 1m.30 de hauteur
et de 24 c. de diamètre environ, sans utilité spéciale dans la bâtisse, est
appuyé sur une base reliée au mur et distancée du sol par deux marches. Le peuple prétend que toute personne qui n'est pas en état de grâce
ne peut passer entre le mur et le pilier ; l'espacement est environ 30
centimètres [3].

Le passage sous la pierre, qui se pratiquait sous des monuments qui
avaient pu à l'origine être des mégalithes, et que l'on avait christianisés (cf p. 61), s'accomplit aussi dans les églises. On conserve dans celle de
Villers Saint-Sépulcre (Oise) une pierre sous laquelle on fait passer les
enfants malades [4]. Le plus souvent cette pratique a lieu sous des
tombeaux de saints. En 1603, le capucin Gonzague disait que ceux qui,
pris de maux de tête, introduisaient la tête sous le tombeau du couvent de Saint-François à Quimper étaient guéris. Ce passage semble
n'avoir été que partiel ; mais à Quimperlé en 1778, celui qui rampait
trois fois à plat ventre sous celui de saint Gurloës, dans la chapelle souterraine de l'abbatiale, était guéri de certaines maladies [5]. Plus récemment les pèlerins passaient sous le tombeau de sainte Radegonde à Poitiers ; les fiévreux accomplissent encore ce rite sous celui de saint Phil-
bert à Noirmoutier ; il est pratiqué à La Gacilly (Ille-et-Vilaine) sous
celui de saint Jugon ; à Reguiny (Morbihan) pour les maux d'yeux, sous

1. Fr. Daleau. Trad. de la Gironde, p. 44, 40 ; F. Duine, in Rev. des Trad. pop.
t. XIX, p. 178.

2. Métivier. De l'Agriculture des Landes , p. 438, sf. sur cette pratique. Augier
Dévotions pop. dans la Gironde, in Mém. soc. arch. de Bordeaux. 1882, p. 124 et
suiv.

3. O. Colson, in Wallonia, t. III, p. 45.

4. G. Fouju, in Rev. des Trad. pop. t. XIV, p. 437.

5. Soc. arch. du Finistère, 1890, p. 156 ; Henri Gaidoz. Un vieux rite médical, p.
44, 45 ; cet intéressant mémoire cite d'autres passages ; cf. aussi H. Gaidoz, in
Mélusine, t. VIII, col. 247 et suiv.

celui de saint Clair [1]. A Loc-Ronan la statue de saint Ronan repose sur une table massive soutenue par des anges ; il tient dans ses mains jointes son bâton pastoral et en appuie l'extrémité sur la face grimaçante d'un diable qui rampe à ses pieds ; les malades passent sous la table de granit et, pour compléter la cure, ils crachent en signe de mépris sur le diable [2].

A Saint-Dizier (Haut-Rhin) une ouverture en plein cintre permettait de passer sous un cénotaphe placé au milieu du chœur ; ce saint avait la spécialité du traitement des fous. On cessa de le leur appliquer vers 1845 ; mais la croyance à la vertu de la pierre avait survécu en subissant une transformation : en 1871 on y faisait passer les enfants au moment de leur première communion [3]. C'est un des rares exemples où cette pratique ne se lie pas à la guérison des malades ; on en rencontre un autre à Noirmoutier : deux conduits perpendiculaires où l'on peut passer en se courbant et en se traînant sur les genoux, sont creusés sous le tombeau du saint ; ceux qui les traversent dans les deux sens se marient dans l'année [4].

Le passage sous la châsse portative du saint a surtout lieu lorsqu'on la promène pocessionnellement ; il était aussi pratiqué sous celles qui étaient fixes [5]. Vers 1830, on l'observait, en Basse-Bretagne : à Quimperlé, comme en plusieurs autres endroits, il y a dans l'église des châsses placées très bas ; on passe dessous en se traînant sur le ventre, et il faut se faire arracher quelques cheveux par les clous [6]. A Thiais (Seine) les femmes, pour préserver leurs enfants du croup et d'autres maladies, les font bénir et consacrer en les faisant passer sous la châsse de saint Leu, patron de la paroisse, à la fête de ce saint [7].

La friction est associée d'ordinaire à un autre rite : Les femmes pour devenir mères se frottaient, après en avoir fait trois fois le tour, à un pilier de la chapelle d'Orcival dans le Puy-de-Dôme [8]. On frictionne les enfants qui ne marchent pas seuls à une pierre de la longueur d'un homme environ, dans une chapelle de Saint-Samson, à deux lieues de Lannion, et l'on en fait trois fois le tour en disant des oraisons [9]. Les

---

1. Henri Bourgeois. *La Vendée, les Îles*, p. 21 ; (Ducrest de Villeneuve). *Le Château et la commune*. Rennes, 1842, in-18, p. 143 ; Guillotin de Corson, in *Rev. Morbihonnaise*, 1893, p. 394.

2. André Theuriet. *Rev. des Deux-Mondes*, 15 janvier 1881, cité par H. Gaidoz in *Mélusine*, t. VIII, col. 250-251.

3. Henri Gaidoz. *Un vieux rite médical*. p. 38-40 ; in *Mélusine*, t. VIII, col. 248.

4. A. Danzat, in *Rev. des Trad. pop.* t. XV, p. 613.

5. H. Gaidoz. *Un vieux rite médical*, p. 47 et suiv. cf. aussi *Mélusine*, t. VIII, col. 249.

6. Boucher de Perthes. *Chants armoricains*, p. 17.

7. Zaborowski, in *Bull. de la Soc. d'Anthropologie*, 1893, p. 174.

8. Dr Pommerol, in *l'Homme*, 1885, p. 623.

9. Dr H. Liégard. *Les saints guérisseurs*, p. 35.

nourrices faisaient neuf fois celui du tombeau de saint Fort dans sa chapelle souterraine de l'église de Saint-Seurin à Bordeaux, et à chaque tour elles passaient leur nourrisson sur la pierre sépulcrale [1]. Ceux qui venaient demander la force à Saint-Fort de Tourtenay, après avoir fait le tour de son tombeau, touchaient un fragment de sa crosse qui y était déposé [2]. Lorsque la statue de saint Féréol eut été brulée, la dévotion dont elle était l'objet passa à une des colonnes en bois de son autel, et l'on vint y frotter soit avec un linge, soit avec la partie du corps atteinte de maladie [3].

La station sur la pierre, assez rare maintenant, a été autrefois plus fréquente, et elle était souvent en rapport avec la fécondité et l'amour. Au XVIe siècle, une statue qui portait le nom d'un saint dont il existe plusieurs variantes (Greluchon, Grelichon, Guerlichon etc.), auxquelles on a attribué une signification phallique, était réputée pour ses vertus fécondantes. Un écrivain de cette époque décrit ainsi la pratique dont elle était l'objet : Saint Guerlichon qui est en une abbaye de la ville de Bourg-dieu, tirant à Romorantin, et en plusieurs autres lieux se vante d'engroisser autant de femmes qu'il en vient, pourvu que pendant le temps de leur neuvaine, elles ne faillent à s'étendre sur la benoite idole qui est gisante de plat, et non pas debout comme les autres. Outre cela il est requis que chacun jour elles boivent un certain breuvage mêlé de la poudre raclée de quelque endroit d'icelle et mesmement du plus deshonnête à nommer [4]. Il y a une centaine d'années une pierre nommée le Fauteuil de saint Fiacre, dans une chapelle de la petite ville de Saint-Fiacre. avait la vertu de rendre fécondes les femmes qui venaient s'y asseoir, mais pour que le miracle se fît, il fallait qu'aucun vêtement ne se trouvât entre le corps de la pèlerine et la pierre [5]. A une époque assez voisine de la nôtre, les jeunes filles désireuses de se marier allaient, au mois de Juin, à une chapelle située sur la montagne de Brandes, près du bourg d'Oisans ; elles se mettaient à genoux, pour invoquer le saint de l'endroit, sur une pierre conique, appelée Pierre de Saint-Nicolas, que l'on voit près de l'oratoire. Si cette position était trop pénible, elles se prosternaient, au cours de l'invocation, en ayant soin que la pierre restât placée entre

---

1. P. Cusacq. *La Naissance, le mariage*, etc. p. 28 ; d'a. Jouannet. *Stat. de la Gironde*, 1839.
2. Beauchet-Filleau. *Pèlerinages du diocèse de Poitiers*, p. 524.
3. De Métivier. *De l'agriculture des Landes*, p. 474, 475.
4. Henri Estienne. *Apologie pour Hérodote*, t. I, ch. 38 ; d'après L. Martinet, la dernière partie du rite aurait été usitée jusqu'à la Révolution sur le saint Greluchon de Gargilesse, et il cite d'autres saints berrichons, saint Phallier à Chabris, saint Genitour au Blanc, qui ont été ou sont encore invoqués par les femmes stériles (*Légendes du Berry*, p. 18, 19).
5. J.-A. Dulaure. *Du culte des divinités génératrices*, p. 286-287.

leurs deux genoux, c'est-à-dire dans une position qui indique suffisamment l'origine et la signification de la pratique [1].

Les stations faites sur les tombeaux dans un but de guérison ne sont
pas très usitées dans les églises ou leur pourtour immédiat. Une
estampe du XVIIIᵉ siècle représente une malade étendue sur celui du
diacre Pâris dans le cimetière de Saint-Médard [2]. Les mères couchent
leurs enfants atteints de la coqueluche sur un cercueil placé près de
l'autel dans la chapelle de Lomarc'h en Crac'h (Finistère) qui passe
pour être le tombeau de saint André. Les fiévreux viennent de plusieurs lieues à la ronde se coucher sur le tombeau d'un curé de Nay,
diocèse de Coutances, dont le nom est ignoré [3].

On a relevé en Ille-et-Vilaine un parallèle d'une observance fréquente
près des arbres (t. III, p. 414, 417) des croix, ou des menhirs (t. IV, p.
63). A Saint-Armel les jeunes filles, dans l'espoir de faire venir les
amoureux, piquent des épingles dans le tombeau du saint, encastré
dans un mur. A Saint-Servant dans le Morbihan, elles les déposent, pour
se marier à bref délai, sur celui de saint Gobrien dans la chapelle qui
lui est dédiée ; on y en voit un grand nombre à côté des sachets de
clous, des pointes ou des épingles d'hommes offerts pour la guérison
des furoncles et des inflammations [4].

Une croyance dont on rencontre des traces écrites dès le sixième
siècle, attribue aux parcelles ou à la poussière des tombeaux placés
dans les églises le même pouvoir médical ou fécondant qu'à celles des
blocs naturels ou des mégalithes (cf. t. I, p. 338, et t. IV, p. 57). Grégoire de
Tours vit à Autun le sépulcre du bienheureux Cassien, gratté par un grand
nombre de malades, de telle manière qu'on pouvait le croire presque
transpercé, et, ajoute-t-il, les malades qu'on lave avec une dissolution
de cette poudre ressentent aussitôt combien est grand son pouvoir.
Il parle encore de tombeaux presque perforés à Clermont en Auvergne,
et à Poitiers [5]. J'ai donné, t. I, p. 344-345, plusieurs exemples contemporains de cette pratique, qui est parfois associée au culte des eaux.

## § 6. ANIMISME ET POUVOIR DES STATUES

Les paysans qui attribuent à leurs saints favoris presque autant de
puissance qu'à Dieu lui-même [6], qui les considèrent, non comme des

1. Pilot de Thorey. *Usages et Croyances du Dauphiné*, p. 53 cité par Bérenger-
Féraud. *Sup. et survivances*, t. II, p. 181 ; *Matériaux pour l'histoire de l'Homme*,
t. IX, p. 287.
2. *Mag. pittoresque*, 1845, p. 309.
3. H. Liégard. *Les saints guérisseurs*, p. 37 ; abbé Lecanu. *Histoire de Satan*,
p. 232.
4. A. Orain. *Le Folk-Lore de l'Ille-et-Vilaine*, t. I, p. 99 ; F. Duine, in *Rev. des
Trad. pop.*, t. XVIII, p. 535 ; *Semaine religieuse de Rennes*, 28 Mars, 1890.
5. *De gloria confessorum*, ch. 74, 36, 53.
6. Quelques-uns auraient pu être le bon Dieu, mais ont refusé cette place à
cause de ses embarras : Saint Mathurin, cf. *Rev. des Trad. pop.*, t. I, p. 48 ; F.-M.

intermédiaires entre lui et les croyants, mais comme des espèces de divinités pouvant accorder directement des grâces, arrivent souvent à les confondre avec leurs effigies, et par suite à croire celles-ci douées d'un pouvoir égal au leur.

Une croyance de Basse-Normandie suppose un échange de résidence entre les bienheureux et leur représentation matérielle, et elle semble aussi indiquer que celle-ci va au ciel, peut-être pour faire renouveler ses vertus. Le voile que l'on met sur les statues au temps de la Passion est destiné à empêcher que l'on ne s'aperçoive que les saints ont alors quitté la terre. Suivant d'autres, Dieu les envoie prendre la place de leur statue ; celui qui, à minuit, soulèverait la draperie pourrait voir le saint ou la sainte debout sur son piédestal et vivant comme autrefois ; mais l'homme assez hardi pour le faire mourrait sur le champ [1].

Je n'ai pas relevé le parallèle de cet échange de place ; le plus ordinairement la légende est muette sur les rapports terrestres entre les statues et les bienheureux dont l'imagier leur a donné l'attitude et les attributs caractéristiques. Celles qui deviennent l'objet d'un culte vraiment populaire ne tardent pas à reléguer au second plan, et même à absorber le saint qu'elles avaient pour but, à l'origine, de glorifier ou de rappeler à la piété des fidèles. Chacune de ces représentations devient une personnalité dont le nom est suivi d'une épithète ou d'une qualification territoriale ; c'est ainsi que les innombrables Vierges, matérialisées par leurs images, sont pourvues, comme les châtelaines, d'un titre de lieu, ou désignées par leur spécialité de puissance. Bien des croyants sont persuadés que celle de leur sanctuaire favori possède des qualités ou des pouvoirs supérieurs à celles du voisinage et même à toutes les autres ; leur statue devient une véritable divinité locale, rivale préférée de celle des autres pays. On ne retrouve pas partout l'éclectisme qui semble en faveur sur le littoral trécorrois, où l'on dit que toutes les Notre-Dame sont sœurs et se rendent mutuellement visite la veille de leur pardon, croyance qui, dans la Meuse, s'attache aussi aux Vierges de Palameix et de Benoîtevaux, qui sont également sœurs [2]. Une légende, qui n'est peut-être pas unique, attribue un antagonisme jaloux à deux effigies du même saint : A Agonges en Berry, une vieille statue de la Vierge, objet d'une vénération séculaire, ayant été dépossédée de son piédestal par une neuve, et

---

Luzel. *Légendes chrétiennes*, t. I, p. 2), saint Cornély (A. Bouet. *Breiz-Izel*, t. II, p. 81), saint Léonard en Limousin (Paul Sébillot. *Légendes des métiers*. Les Maçons, p. 22), cf. sur des similaires russes. *Rev. des Trad. pop.*, t. II, p. 187, t. III, p. 321.)

1. Lucie de V.-H. in *Rev. des Trad. pop.*, t. XIII, p. 250.
2. G. Le Calvez, in *Rev. des Trad. pop.*, t. VIII, p. 388 ; H. Labourasse. *Vieux us, etc.*, de la Meuse, p. 119.

réléguée dans un coin, retourna à plusieurs reprises à sa place primitive, alors que chaque matin on retrouvait sa rivale à l'endroit moins éminent qu'on avait assigné à l'ancienne [1].

En bien d'autres occurrences les primitifs attribuent aux statues, comme d'ailleurs aux saints eux-mêmes, les sentiments qu'ils éprouveraient dans des circonstances pareilles, et ils croient qu'ils les manifestent par des actes qui rappellent ceux des créatures vivantes. Les manifestations de cet animisme sont fréquentes dans les légendes relatives au choix de l'emplacement des églises ; des statues trouvées dans des conditions réputées miraculeuses quittent le lieu où la piété des « inventeurs » les a déposées pour revenir à celui où elles ont été découvertes, et bien montrer que c'est là qu'elles veulent être honorées (cf. p. 117).

Les effigies qui se mettent d'elles-mêmes en mouvement pour ne pas subir un changement de sanctuaire sont beaucoup moins nombreuses que celles qui n'y résistent que d'une façon passive. La plus curieuse des légendes de cette catégorie est très moderne, puisqu'elle remonte au Concordat. Lorsque Saint-Germain de la Mer cessa d'être paroisse, on chargea la statue du patron sur une charrette, pour l'amener à Matignon, mais quand on arriva au Pont-au-Prouvoire qui formait la limite entre l'antique paroisse et la grève qui venait de l'absorber, elle s'échappa et s'en alla à travers champs jusqu'à son ancienne église [2]. On verra plus loin que d'autres statues deviennent lourdes juste à l'endroit où se termine leur paroisse ; c'est là que l'image « comprend » qu'on veut l'enlever à son peuple pour la porter chez le concurrent, qui désire profiter de son pouvoir. Le cas de saint Germain fait même songer aux légendes antiques où les statues sont emportées par le vainqueur comme des captives ; le territoire de ce saint venait d'être annexé à sa dépendance séculaire, et son sanctuaire, jadis le centre de toute une circonscription ecclésiastique, était réduit au rôle d'une simple chapelle où l'on ne célébrait plus la grand'messe qu'une fois par an, le jour de la fête du patron. On pourrait presque dire que la légende est une sorte de traduction des regrets des habitants du bourg, devenu simple village, regrets qui n'avaient pas encore disparu complètement il y a une quarantaine d'années. Saint Mathurin, saint Père, et d'autres saints de la Haute-Bretagne, plusieurs fois pieusement volés par des gens de paroisses voisines, retournent aussi à la leur ; sainte Blanche mise par les Anglais sur un de leurs navires pour être

1. *Soc. d'émulation de l'Allier*, 1867, p. 346.
2. Paul Sébillot, *Trad. de la Haute-Bretagne*, t. 1, p. 324. Le passage de saint Germain est attesté par une empreinte dans les champs, celui de sainte Blanche par un chemin de la mer, cf. *Folk-Lore de France*, t. II, p. 22-23.

emportée à Londres, saute à la mer et vient se replacer dans sa chapelle de Saint-Cast.

L'exode des statues est parfois motivé par un outrage : on ne revit plus sur son socle la Vierge d'Agonges le lendemain du jour où le sacristain l'avait fouettée, pour la punir de n'avoir pas détourné un orage ; suivant d'autres parce qu'elle refusait de céder sa place à une nouvelle image ; après sa disparition la paroisse n'eut pendant sept ans que de mauvaises récoltes [1].

Les déplacements des effigies des bienheureux sont aussi attribués au désir qu'ils ont de ne pas contrarier les fidèles venus à l'époque où elles sont tout spécialement honorées. Une année que le mauvais temps n'avait pas permis de reporter la statue de la Vierge à Cuzance, au moment de la procession solennelle, elle revint d'elle-même près de son sanctuaire où on la retrouva dans le creux d'un saule. Notre-Dame de Givermont, oubliée dans l'église de Fumay, descendit de son piédestal et retourna toute seule à sa chapelle le jour du pèlerinage ; celle de saint Germain qui, lors de sa fête, se trouvait de l'autre côté d'une baie, et qu'on ne pouvait reporter à son église, à cause de la tempête, se mit en mouvement et traversa la mer [2].

Dans toutes ces légendes c'est la statue entière qui marche comme un être vivant, mais quelquefois une partie seulement s'anime pour faire un geste. Pendant la reconstruction de Notre-Dame de Paris, un garçonnet ayant offert son anneau à une image de la Vierge, celle-ci plia le doigt de telle façon qu'on n'aurait pu lui arracher cet anneau sans le briser [3]. Au moment d'un siège, le doigt d'un des saints de l'église Notre-Dame de Lamballe, qui était primitivement élevé, se baissa un peu tous les jours ; en fouillant dans la direction qu'il indiquait on trouva le souterrain que les Anglais étaient en train de creuser. Vers la fin du XVIIe siècle, la Vierge de la Grand'Porte à Saint-Malo allongea le bras et fit découvrir un dépôt de matières inflammables destinées à faire sauter la ville [4]. La main de N.-D. de Rochefort à Guingamp saisit le doigt d'un voleur qui essayait de la dépouiller de ses riches ornements, et il ne put être délivré que lorsqu'on eut fait une procession expiatoire ; le bras de saint Seny s'allongea pour retenir le larron qui dérobait les offrandes placées près de lui [5].

Les gestes temporaires des statues ont aussi pour but de répondre

---

1. Rolland de Denus. *Dict. des appellations ethniques.* Paris, 1889, in-8, p. 6 ; *Soc. d'émulation de l'Allier,* 1867, p. 346.
2. Ch. Thuriet. *Trad. du Doubs.* p. 183 ; A. Meyrac. *Villes et villages des Ardennes,* p. 221. Paul Sébillot. *Légendes de la Mer,* t. I, p. 184.
3. P.-L. Jacob. *Curiosités de l'histoire du vieux Paris,* p. 53-54.
4. Paul Sébillot. *Petite légende dorée de la Haute-Bretagne,* p. 216, 221.
5. B. Jollivet. *Les Côtes-du-Nord,* t. III, p. 64 ; F. Duynes, in *Rev. des Trad. pop.,* t. XVIII, p. 275.

aux désirs des fidèles. Lorsque la veille de la fête de saint Yves de
Vérité, le peuple était réuni dans l'église, le saint étendait le bras à
minuit pour bénir l'assistance prosternée[1]. La Vierge de la chapelle de
Somay sur Ognon, que les amoureux vont consulter pour savoir s'ils
doivent se marier, hoche la tête quand elle approuve leur projet[2]. Si la
statue de saint Blaise de l'église de Torcieu (Ain) à laquelle les jeunes
filles viennent faire des prières, cligne de l'œil ou baisse la tête, elles
sont assurées d'avoir un mari dans l'année[3]. La jeunesse de Verviers
assiste à la grand'messe qu'on y dit le 19 Mars en l'honneur de saint
Joseph, pour voir le *niquet*, c'est un hochement de tête par lequel le
saint indique les ménages heureux[4].

Des simples d'esprit, auxquels on a recommandé de ne vendre leur
toile ou leur bétail qu'à des gens qui ne marchandent pas, les propo-
sent à des statues qu'ils prennent pour des personnes vivantes ; dans
des versions de la Lorraine, de la Gascogne et du Languedoc, le vent
fait remuer de haut en bas la tête de l'effigie, et le garçon croit qu'elle
accepte ; plus tard, quand il s'adresse à elle pour recevoir le prix, la
tête s'agite comme pour dire non, et s'imaginant qu'elle refuse de
payer, il la frappe et parfois la brise ; cet acte, en la détachant du socle,
y fait découvrir un trésor (Bourgogne), ou fracture le tronc des
offrandes (Gascogne). Deux contes de la Haute-Bretagne, un conte
champenois parlent de louis d'or ou d'écus trouvés dans la statue
brisée. Dans un conte haut-breton, deux sots demandent la charité
« pour la fortune du feu », à des saints de bois, et, n'en obtenant pas
de réponse, se mettent à les frapper, et trouvent un trésor dans la tête
de l'un d'eux[5]. D'autres contes parlent de personnes dévotes qui
s'adressent verbalement aux images pour savoir la conduite à tenir en
telle ou telle circonstance : c'est ainsi que lorsque la mère du garçon
qui veut être voleur interroge à ce sujet la statue de la Vierge ou celle
d'un saint, un farceur, ou le garçon lui-même, répond que c'est là en
effet la vocation de son fils. Une vieille fille qui supplie tout haut la
Vierge de lui accorder un mari, entendant éclater de rire un petit

---

1. E. Renan, in *Rev. des Deux-Mondes*, 1876, p. 245.
2. Dr Perron. *Prov. de la Franche-Comté*, p. 30.
3. Aimé Vingtrinier, in *Revue du siècle*, (Lyon). Mars 1900.
4. Aug. Hock, *Croy. et remèdes*, p. 178.
5. E. Cosquin. *Contes de Lorraine*, t. II, p. 177-178 ; J.-F. Bladé. *Contes de Gascogne*, t. III, p. 126-128 ; Louis Lambert. *Contes du Languedoc*, p. 74-75 ; E. Beauvois. *Contes de la Norvège et de la Bourgogne*, p. 216-217 ; Paul Sébillot, in *Rev.
des Trad. pop.*, t. XI, p. 505, t. XII, p. 51 ; L. Morin. *ibid.*, t. XI, p. 461. Un Jean
le Diot se paie aussi en prenant les sous déposés devant la statue qu'il a frappée
(Paul Sébillot. *Contes*, t. I, p. 224). Un simple frappe un crucifix auquel il avait
mis un écheveau de toile (C. Roussey, *Contes de Bournois*, p. 220). Kiot Jean vend
du beurre à un christ de carrefour et prend l'argent du tronc (H. Carnoy. *Litt.
orale de la Picardie*, p. 190-191). Un sot basque attache sa vache à une statue (J.
Vinson. *Le F.-L. du pays basque*, p. 95).

chóriste caché derrière la statue, croit que c'est l'Enfant Jésus qui se moque d'elle, et lui dit de se taire, parce qu'il est trop jeune pour s'occuper de ces sortes de choses [1].

Les effigies manifestent aussi leur sensibilité par des secrétions : En 1793, des larmes coulèrent sur la figure de N.-D. de Nanteuil ; en 1815, sur celle d'une statuette de la Vierge, à La Loupe, que les Prussiens frappaient [2]. Il y a une trentaine d'années, une antique statue de saint Joseph que l'on avait reléguée au bord de la mer pour y substituer une icone toute neuve, pleura si abondamment que l'eau devint d'une amertume exceptionnelle sur la côte de Belle-Isle. La Vierge de N.-D. dés Places, trouvée miraculeusement en 1664, passa pour suer continuellement, et l'on fit même une gravure qui représentait cette Vierge « de laquelle le visage sue toujours et fait grands miracles. » Le jour de la fête de saint Ferréol sa statue se couvrait d'une sueur abondante, et les pèlerins atteints de douleurs rhumatismales y frottaient un linge qu'ils appliquaient sur les parties douloureuses. Celle de la Vierge de la Certenue paraît en sueur, parce que la chapelle est petite et qu'il y a beaucoup de pèlerins ; c'est alors que la dame accomplit son œuvre et que les croyants sont exaucés. Au moment de l'invasion anglaise de 1758, la Vierge du Temple (Côtes-du-Nord) suait tellement que deux hommes étaient occupés à l'essuyer [3].

Dans les exemples qui précèdent, les statues se mettent en marche ou certaines de leurs parties font preuve de sensibilité. Elles opposent aussi une sorte de force d'inertie que ne peuvent vaincre ceux qui veulent les déplacer, elles deviennent prodigieusement lourdes, on sans cause apparente, bêtes et gens sont, à un certain endroit, invinciblement arrêtés. Dans plusieurs cas, l'image ne résiste que lorsque parvenue à la lisière de sa paroisse favorite, elle s'aperçoit qu'on veut l'emmener au dehors. Quand les Morbihannais, qui avaient enlevé pour la transporter chez eux, la statue de saint Julien de Vouvantes arrivèrent au bois de la Bâtardière, il leur fut impossible de la porter plus loin, parce qu'elle devint subitement trop pesante ; en 1793, le cheval attelé à la voiture sur laquelle les habitants du faubourg de Noyers à Auxerre, avaient chargé une statue de la Vierge pour la cacher dans une grange à la campagne, refusa d'avancer à la limite du territoire de Noyers ; on en attela successivement plusieurs

1. F.-M. Luzel. *Veillées bretonnes*, p. 220 et suiv. ; Paul Sébillot. *Contes*, t. I, p. 209-210 ; *Litt. orale*, p. 112-113 ; Jean Fleury. *Litt. orale de la Basse-Normandie*, p. 167 ; Lucie de V. H., in *Rev. des Trad. pop.*, t. XII, p. 335.
2. Paul Parfait. *Le Dossier des pèlerinages*, p. 232 d'a. Les Petits bollandistes ; P. Vallerange. *Le clergé, la bourgeoisie, etc.*, p. 101-102.
3. L. Duval. *Esquisses marchoises*, p. 46 ; De Métivier. *De l'agriculture des Landes*, p. 473-474 ; J.-G. Bulliot et Thiollier. *La mission de saint Martin*, p. 311 ; Habasque. *Notions historiques sur les Côtes-du-Nord*, t. III, p. 102.

qui furent tout aussi récalcitrants, mais le cheval se remit en route
dès qu'on eut décidé de la ramener à Noyers. A Bovel, une statue que
l'on venait de trouver fut placée sur une charrette à bœufs ; mais à un
certain endroit, ils s'arrêtèrent subitement ; et il fut impossible de les
faire démarrer[1]. Pour soustraire aux profanations des huguenots N.-D.
de Leyre, très vénérée à Ambert, un dévot la fit murer dans un coin
de sa maison. Il mourut avec son secret, et l'on ignorait où se trouvait
l'image, lorsqu'une inondation ayant abattu la muraille qui la cachait,
elle fut précipitée dans les eaux, et y surnagea, sans jamais s'éloigner ;
lorsqu'on put l'atteindre, on la plaça au coin d'une maison, et comme
elle faisait des miracles, on voulut la transporter dans l'église paroissiale ; mais ceux qui tentèrent de la déplacer devinrent tout à coup
immobiles, sans pouvoir avancer ni reculer[2].

L'idée suivant laquelle des statues sont de véritables entités, puis
santes, ayant une volonté propre, douées de la même sensibilité que si
elles étaient en chair et en os, amena leurs adorateurs à les traiter
comme des êtres intelligents et responsables, susceptibles de comprendre les reproches ou de redouter les menaces. Une anecdote recueillie
au XVIIe siècle montre d'une façon pittoresque cet état d'âme des
rustiques : Une paysanne, comme on portoit en procession le chef de
saint Marc, le jour de sa fête, par les vignes qui avoient été gelées
pendant la nuit, dit naïvement : « Haussez-le, haussez-le bien, qu'il
voie le beau ménage qu'il a fait[3]. » Les gens de Disertines (Allier)
interpellent presque dans les mêmes termes leur saint quand les
vignes ont été gelées au printemps, et en défilant devant sa statue, ils disent ironiquement : *Fazes ly don vaire son n'ouvrège a que
M'sieu saint Georges !* et au lieu de lui laver les pieds avec du bon vin,
on les asperge d'eau, que l'on essuie avec un grossier chiffon en disant :
*Ouessé ben bon pre ly*[4].

Les procédés sont parfois plus violents : Quand la récolte était mauvaise, les paysans du Quercy couraient aux églises, en arrachaient les
saints et les fustigeaient pour les punir d'avoir laissé grêler les champs
et geler les vignes. Les habitants d'Agonges (Allier), ayant vainement
supplié la Vierge de détourner un orage, ordonnèrent au sacristain de
la frapper. Au XVIe siècle, la statue de saint Georges fut jetée dans la
Seine à la suite d'une gelée, celle de saint Révérien subit le même sort

1. Abbé Goudé. *Hist. et lég. de Châteaubriant*, p. 137 ; C. Moiset. *Usages de
l'Yonne*, p. 98 ; Guillotin de Corson. *Récits historiques de la Haute-Bretagne*, p. 144.
2. Abbé Grivel. *Chroniques du Livradois*, p. 329. La pierre du tombeau de saint
Lunaire n'a jamais pu être déplacée ; toutes les fois qu'on l'a essayé, elle est
devenue si lourde que l'on a dû y renoncer. (Paul Sébillot. *Petite légende dorée*,
p. 36).
3. Tallemant des Réaux. *Historiettes*, t. X, p. 172.
4. Francis Pérot, in *Rev. des Trad. pop.*, t. XIX, p. 476.

pour avoir donné trop d'eau [1]. Un écrivain du XVI° siècle note comme
fréquente dans le sud-est de la France, l'immersion des statues en
temps de sécheresse, qui était beaucoup plus ancienne et dont on
trouvera des parallèles au t. II, p. 165, 227, 338, 377, 378, 465 de ce
livre : Ceste coustume de traîner crucifix et images en la riviere pour
avoir la pluye se pratique encore en Gascoïgne et l'ay veu faire à Tho-
loze en plein jour par les petits enfans devant tout le peuple qui
appelle cela la Tiremasse : et se trouva quelqu'un qui ietta toutes les
images dedans le puis de Salin, l'an 1557 ; lors la pluye tomba en
abondance [2]. Des statues étaient enlevées de leur sanctuaire et n'y étaient
reportées qu'après une ondée abondante ; d'autres étaient menacées et
même battues si la pluie ne tombait pas. (cf. t. I, p. 100). Des vignerons brûlèrent l'antique statue de saint Féréol pour avoir laissé geler
les vignes [3].

Au commencement du XVII° siècle des paysans de la Cornouaille
menaçaient les saints de la chapelle la plus proche de leur village de
toute sorte de mauvais traitements s'ils ne leur assuraient le retour
des personnes qui leur étaient chères, et elles exécutaient en effet ces
menaces en fouettant ces saintes images ou en les mettant dans l'eau
quand elles n'en obtenaient pas tout ce qu'elles en prétendaient. Les
marins, pour avoir du vent liaient parfois les statuettes en leur adressant des menaces, parmi lesquelles figurait celle de les jeter à la mer si
elles n'obéissaient pas à la prière assez irrévérencieuse qu'ils leur
faisaient. Lorsque le vent était contraire, les femmes de Saint-Quay,
(Côtes-du-Nord), lançaient de la poussière à la statue de ce saint, qui
passe pour avoir la vertu de faire tourner le vent [4]. En Bretagne, les
saints qui n'avaient pas accordé la guérison étaient éclaboussés et
même immergés dans la fontaine miraculeuse (cf. t. II, p. 285). Si
saint Vildbrock reste sourd pendant une huitaine aux prières que les
filles de Sorbey ont adressées à sa statue, elles l'interpellent de nouveau
et la lapident pour la contraindre à leur accorder leur demande [5]. Quand
les Petites Sœurs des Pauvres de Charleroi ont attaché au cou de celle
de saint Joseph qui se trouve dans leur chapelle un exemplaire de ce
qu'elles désirent, s'il tarde trop à les exaucer, elles lui tournent la
figure du côté de la muraille [6] ; en Bretagne, on attribue la même irré-
vérence à des religieuses de cet ordre.

---

1. Monteil. *Hist. des Français des divers états*, t. I, p. 365 ; Rolland de Denus. *Dict. des appellations ethniques*. Paris, 1869, in-8, p. 6 ; Paul Sébillot. *Le Folk-Lore de France*, t. II, p. 377.
2. Bodin. *Le Fléau des sorciers*, l. II, c. 8.
3. De Métivier. *De l'agriculture des Landes*, p. 474.
4. Vie de Michel Le Nobletz, in *Rev. Celtique*, t. II, p. 484 ; Paul Sébillot. *Légendes de la mer*, t. II, p. 230-231, 257.
5. H. Labourasse. *Vieux us.*, etc. de la Meuse, p. 33.
6. O. Colson, in *Rev. des Trad. pop.*, t. XI, p. 31.

Les bienheureux sont d'ailleurs avertis du traitement que subira leur statue. Dans le Minervois, à chaque nouveau mariage, les filles défilent une à une devant celle de saint Sicre, placée sous le porche de l'église, et la menacent d'une petite hachette qui passe rapidement de main en main ; en la levant sur sa tête, elles disent :

> Grand saint Sicre, si dans le cours de l'an,
> Tu ne me donnes pas un galant,
> Voici pour t'entailler le flanc.

Les jeunes filles de l'Ain en faisant leur prière à saint Blaise, lui disaient qu'elles le jetteraient dans le Rhône s'il ne les mariait dans l'année [1].

Les moyens matériels destinés à attirer sur les postulants l'attention des saints, en s'adressant à leurs statues elles-mêmes, sont nombreux et variés ; on y voit figurer des offrandes en nature et des choses en relation avec la faveur sollicitée. L'une des pratiques les plus fréquentes consiste à employer un objet de toilette, qui sert à bien d'autres observances (t. II, 223, 231, etc. t. III, 414, 417, etc.). Les garçons et surtout les jeunes filles qui désirent se marier piquent dans les jambes de la statue de saint Christophe de l'église d'Avenières à Laval, dans les genoux de saint Nicolas à Nevez (Finistère), des épingles qui, dans ce second exemple, sont ensuite retirées et emportées comme talisman. Elles en enfoncent dans une statue de saint Gildas sur le bord de la Manche bretonne, dans celles de saint Quirec à Ploumanac'h (Côtes-du-Nord), de saint Gobrien (Morbihan), de saint Laurent près de Quintin (Côtes-du-Nord) ; ici il est nécessaire qu'elle se pique du premier coup : autant de fois la jeune fille manquerait de la faire tenir, autant d'années son mariage serait reculé. A Séné (Morbihan), il faut aussi planter solidement les épingles dans le pied de la statue en bois de saint Uférier « qui marie les filles dans l'année », car leur chute entraînerait celles des espérances ; on doit aussi les choisir neuves et bien droites, ou le mari demandé pourrait bien être tortu, boiteux ou bossu [2].

Pour se marier dans l'année, on pique une épingle en dedans du cou d'une statue de sainte Barbe à Guimiliau, puis on remet la tête à sa place ; dans la Dordogne, on en fixe à la robe de la madone de N.-D. de Donchapt, le jour de la fête patronale [3]. C'est un procédé de mnémotechnie populaire appliqué à la divinité, sous une forme plus vulgaire que dans les exemples précédents, qui peuvent aussi se rattacher,

1. H. Babou, *Les païens innocents*, p. 230 ; A. Callet, in *Rev. des Trad. pop.*, t. XVIII, p. 503.

2. Mme L. Texier, in *Rev. des Trad. pop.*, t. I, p. 82 ; L.-F. Sauvé, in *Mélusine*, t. III, col. 376 ; J.-M. Comault, in *Rev. des Trad. pop.*, t. II, p. 528 ; Dr Fouquet. *Légendes du Morbihan*, p. 67 ; Henri Gaidoz, *Rome et Congo*, p. 7, 8.

3. F. Duine, in *Rev. des Trad. pop.*, t. XX, p. 394 ; P. Bouscaillou, *ibid.*, t. X, p. 309.

ainsi que l'a conjecturé M. Gaidoz, à un *memento* destiné à se faire comprendre de l'idole et à attirer son attention sur cette « prière par signe [1] ». A Chuisne (Eure-et-Loir), on enfonce des épingles dans la statue de saint Santin, qui guérit de la gale [2]. Un conte de la Haute-Bretagne fait allusion à cette pratique : un garçon que l'on a décidé à prendre, le jour du pèlerinage, la place d'une statue qu'il avait brisée, s'enfuit quand on lui pique, en formulant le vœu, des épingles dans les jambes [3].

Les fidèles emploient d'autres moyens matériels pour prévenir les saints ou pour leur indiquer formellement leur désir. Lors du pardon de N.-D. des Grâces près Guingamp, les pèlerins doivent, en déposant leur offrande, faire résonner une cloche déposée dans la chapelle [4]. Les femmes des marins vont à une chapelle de l'île de Bouëd près de Sané et tournent le sabre de saint Victor vers le point de l'horizon d'où doit souffler le vent favorable ; jadis celles de Saint-Malo viraient aux mêmes intentions la crosse de saint Ouen, et les marins de l'île de Sein, celle de saint Corentin [5]. A Henanbihen (Côtes-du-Nord), c'est la tête elle-même d'une statuette qui se meut sur un boulon de fer destiné primitivement à la raccommoder, que les filles désireuses de se marier dans l'année, doivent tourner un certain nombre de fois, avant le soleil levé [6]. La tête de cette statuette est l'objet d'une autre pratique : suivant qu'on désire de la pluie ou du beau temps on la pose entre ses deux épaules ou on la rentre dans la ferme voisine [7].

Le patron du village de Darnac, dans la Haute-Vienne guérissait les maladies des différentes parties du corps, mais il fallait pour cela toucher les parties correspondantes du saint avec un peloton de laine lancé d'une certaine distance ; si l'on a manqué d'adresse une première fois, on peut recommencer jusqu'à ce qu'on ait touché le membre qu'on veut atteindre, mais le même peloton ne peut servir qu'une seule fois [8].

Comme les pierres de plein air et celles des églises, les effigies des saints sont soumises à la friction par ceux qui leur demandent des grâces : jadis au fond d'une chapelle des environs de Pleubian, le jour du pardon, un saint Nicolas vermoulu se balançait au bout d'une corde jetée au travers d'une poutre, et les paysannes, soulevant tour à tour leurs jupes, se frottaient désespérément le ventre au fétiche fécondant [9].

1. H. Gaidoz, in *Mélusine*, t. VI, col. 155.
2. A.-S. Morin. *Le Prêtre et le Sorcier*, p. 154.
3. Paul Sébillot. *Contes*, t. I, p. 226.
4. *Le Chercheur des provinces de l'Ouest*, août 1900.
5. Dr Fouquet. *Légendes du Morbihan*, p. 80 ; E. Herpin. *La côte d'Emeraude*, p. 267 ; *Revue des revues*, oct. 1900.
6. Paul Sébillot. *Trad.*, t. I, p. 324.
7. Comm. de Mme Lucie de V.-H.
8. A. de Nore. *Mythes, coutumes, etc.*, p. 175.
9. D. Liégard. *Les saints guérisseurs*, p. 18.

Au milieu du siècle dernier la statue de saint Guénolé, qui jouit entre tous les bienheureux de ce privilège, était l'objet de la même pratique. Elle est aussi efficace pour les maladies : à Santec près de Roscoff, on frotte le ventre des nourrissons atteints de coliques, à la statue de saint Adrien ; à Bourbriac, pour se débarrasser de la migraine, on se frotte la tête à celle de saint Briac, pour les rhumatismes à celle de saint Victor à Poullaouen [1].

Jadis on se rendait, en marchant à rebours, à une statue de saint Bernard dans l'église de Cirey-sous-Vezouse (Meurthe-et-Moselle), et on lui frictionnait le chef avec un balai neuf [2]. Le jour de la fête, les personnes attaquées de douleurs faisaient toucher leur mal par un petit saint Nicolas de bois attaché à une corde à l'entrée de l'église de Tredarzec [3]. A Saint-Maur-d'Auneau, le pèlerin a soin de passer la main sur la partie de la statue du corps correspondant au siège du mal dont il vient demander la guérison [4].

Le malade peut être représenté par un de ses vêtements ou par un objet ayant été en contact avec lui. La chemise des enfants atteints de tranchées est frictionnée sur les entrailles que saint Memor de Ploudaniel (Finistère) tient en main. A Saint-Paixent on fait toucher aux figures d'anges ou de saints, des linges destinés à frotter l'estomac des gens qui en souffrent [5].

Le procédé de ligature est aussi employé, et parfois il semble qu'il ait pour but de transmettre la maladie à l'image. Lorsqu'un tout petit enfant a des coliques (mal saint Nicolas) le parrain et la marraine mesurent son ventre avec un écheveau de fil, et vont le passer au cou de la statue de saint Nicolas dans l'église de Gosné. En d'autres parties de l'Ille-et-Vilaine, on le dépose au pied des statues ou même on leur lie des rubans, pour attacher la maladie au saint [6]. Il y a une cinquantaine d'années, les femmes qui éprouvaient des irrégularités dans leurs purgations mensuelles attachaient à une statue de sainte Venice, dans l'église N.-D. de Nogent-le-Rotrou, un ruban blanc ou rouge ; le blanc avait pour but de ralentir, le rouge de stimuler [7].

L'habillement des statues par les fidèles a pour but d'honorer la

1. Alex. Bouet, *Breiz-Izel*, t. II, p. 143 ; Dr Liégard, l. c., p. 28, 41, 57.
2. Charles Sadoul, in *Rev. des Trad. pop.*, t. XVIII, p. 470.
3. Boucher de Perthes. *Chants armoricains*, p. 19.
4. A.-S. Morin, *Le Prêtre et la Sorcier*, p. 157.
5. F. Duine, in *Rev. des Trad. pop.*, t. XIX, p. 223 ; Beauchet-Filleau. *Pèl. du diocèse de Poitiers*, p. 524.
6. P. S. in *Rev. des Trad. pop.*, t. XII, p. 486-487 ; l'église de Gosné a été reconstruite et je ne sais si la pratique a lieu dans l'église neuve ; H. de Kerbeuzec, *ibid.*, t. XX, p. 454.
7. A.-S. Morin. *Le Prêtre et le Sorcier*, p. 123 ; cette pratique avait lieu à Ceton, dans l'Orne, où la statue était en plâtre, et l'on disait que si sa figure s'illuminait d'une aimable rougeur, la prière serait exaucée (p. 126).

divinité qu'elles représentent, de se concilier leur bienveillance, ou d'appeler leur attention sur la grâce ou la guérison sollicitée. Bien que cet usage soit moins répandu en France que dans d'autres pays, quelques effigies, comme celle de N. D. du Pilier dans la cathédrale de Chartres, possèdent un trousseau magnifique. Vers 1820, on voyait dans toutes les églises de village et dans une infinité d'églises de villes des statues de saints, et surtout des images de la Vierge revêtues de robes et d'ajustements, ouvrages de la piété des fabriciens et des filles de conférences. Actuellement il n'est pas rare de rencontrer des statuettes habillées souvent de telle sorte que lorsqu'il s'agit de la Vierge, l'enfant Jésus disparaît presque complètement. Dans une mine de Belgique, une Vierge sculptée dans un bloc de houille était revêtue d'une robe de velours noir constellée d'étoiles d'argent ; des statues de sainte Barbe avaient aussi des robes [1]. Les traditionnistes, même ceux qui se sont occupés spécialement des pèlerinages, n'ont relevé qu'un petit nombre d'exemples de la partie la plus intéressante de ce rite, l'habillement des statues fait par ceux qui s'adressent individuellement à elles pour obtenir des guérisons ou des grâces. Dans le Haut-Léon, un saint Vizia en pierre fruste dont la spécialité est de donner de la force aux enfants débiles est paré par les mères des vêtures les plus belles qui ont servi à leur nouveaux-nés. Après la guérison. saint André de Plounéour-Lochrist, que l'on a fait embrasser aux petits qui toussent, est affublé d'un des bonnets et d'une des chemises du petit malade. A Saint-Hernin, sainte Brigitte est représentée par une poupée aux traits grossièrement sculptés. Les fiévreux l'envoient chercher en lui promettant un vêtement neuf. Dès que la sainte a franchi le seuil de la maison, le malade éprouve un soulagement subit : on garde la poupée chez soi jusqu'à ce qu'elle ait été revêtue d'une parure nouvelle ; mais il ne faut pas la retenir trop longtemps, sinon elle s'en retourne d'elle-même à sa niche, et la maladie rentre à tout jamais dans la maison que la sainte a quittée [2]. Il y a une centaine d'années les femmes du Limousin, pour devenir fécondes, allaient pendant neuf jours coiffer la statue de sainte Anne [3].

J'ai cité, t. III p. 108, 317, quelques offrandes en nature faites aux saints protecteurs pour la santé des animaux ou des abeilles. En Poitou,

---

1. A. S. Morin. *Le prêtre et le Sorcier*, p. 52-53. M. Monnier, in *Ant. de France*, t. IV, p. 397 ; G. Fouju, in *Rev. des Trad. pop.* t. X, p. 96 ; Paul Sébillot. *Les Travaux publics*, p. 516, 613.
Je me souviens que le jour de saint Joseph aux Mathurins, on avoit habillé saint Joseph d'une robe de M. le chancelier Seguier, et la Vierge avoit la cravate de Mme d'Aiguillon (Tallemant des Réaux. *Historiettes*, t. IV, p. 222 note).

2. Dr H. Liégard. *Les saints guérisseurs de Basse-Bretagne*, p. 34, 38, 61.

3. Béronie. *Dict. du patois limousin.*

on attache à la main de la statuette de saint Laurent, dans l'église d'Avanton, une grappe de raisin pour la protection des vignes[1].

Comme les monuments préhistoriques, les effigies des saints ont été l'objet d'onctions ; elles semblent tombées en désuétude ; elles étaient encore pratiquées en 1741, puisque l'évêque de Dol interdit aux paysans de son diocèse de graisser ou de débarbouiller « les images en relief de certains saints » dans l'espoir d'obtenir de l'embonpoint[2].

Le rite du tour de la statue est rarement usité ; je n'en connais qu'un exemple, qui fut observé en Bretagne vers 1820. On faisait tourner les enfants autour de la statue de sainte Thèque à Plèbère (Pleibert) pour leur fortifier les jambes[3]. L'emploi thérapeutique ou fécondant de la poussière provenant des images est beaucoup plus usité. Dans une petite chapelle du fond de la rivière de la Penfeld existait le fameux saint Guignolet et cette cheville éternelle si favorable à la fécondité. Le bois de cette cheville râpée était avalé par les femmes infécondes ; elles concevaient au bout de quelque temps[4]. Ce même saint Guignolet était honoré dans une chapelle du village de la Chatellette, commune d'Alichamp, en Berry ; les femmes stériles venaient faire des neuvaines, invoquaient le saint fécondateur, râclaient sa branche phallique, et la poussière qui en résultait, mêlée dans du vin, était avalée par elles. Quoique défendue par un archevêque de Bourges, la dévotion subsista jusqu'à la révolution ; au Puy en Velay, la râclure de saint Foutin était bue jusqu'à une époque très voisine du commencement du XIX° siècle. Dans le faubourg du Château à Bourges était une statuette placée dans le mur d'une maison, dont les formes du sexe étaient usées par des femmes qui en avalaient la râclure, dans l'espoir de devenir fécondes ; elle était appelée dans le pays le bon saint Greluchon[5]. En Saône-et-Loire, le peuple venait et vient encore à un oratoire de la vallée du Mesvrin gratter une statue faisant partie d'un bas-relief antique, auquel on a donné le nom de saint Freluchot ; pour la guérison des enfants infirmes et de la stérilité, les femmes grattent un peu de poussière et la boivent mélangée à l'eau d'une fontaine voisine ; à la chapelle de la

1. Beauchet-Filleau. *Pèlerinages du diocèse de Poitiers*, p. 518.

2. F. Duine in *Rev. des Trad. pop.*, t. XVIII, p. 590.
A un petit oratoire (voisin de Plougasnou (Finistère) des jeunes filles pour trouver un épouseur dans l'année suspendent leur chevelure et en font don à la Vierge. (L. F. Sauvé, in *Mélusine*, t. III, col. 377).

3. Boucher de Perthes. *Chants armoricains*, p. 18.

4. Cambry. *Voyage dans le Finistère*, p. 238 ; la chapelle ne fut fermée que vers 1740 ; la poudre était infusée dans un verre pris à la fontaine. Cambry assure à Dulaure que, lorsqu'elle fut rouverte, on y découvrit saint Guignolet avec sa cheville miraculeuse (*Des divinités génératrices*, p. 278-279).

5. Dulaure. *Des divinités génératrices*, p. 279-280, 271. D'après M. Pastoureau de Vaux qui donna ce renseignement à l'auteur, cette pratique n'avait pas disparu vers 1810.

certenue, on agit de même, pour demander la guérison, sur le socle d'une statue de la Vierge[1]. A Neuillé-Pont Pierre en Touraine, on creuse avec la pointe d'un couteau les jambes d'une gigantesque statue en pierre tendre de saint Christophe, et la poudre ainsi recueillie est mélangée à la bouillie des enfants pour les guérir du mal de jambes[2].

### § 7. LES HANTISES

La plupart des hantises des temples chrétiens sont en relation avec l'autre monde, mais des entités redoutables, qui appartiennent à une sorte de mythologie christianisée, peuvent aussi pénétrer dans les églises. Deux légendes, l'une de la partie des Côtes-du-Nord qui parle français, l'autre du Morbihan breton, disent que la Mort en personne y vient pendant la messe de minuit de Noël; invisible pour tous, sauf pour le vivant auquel elle a accordé le privilège de la voir, ou pour celui qui a accompli le rite de jeûner toute la journée jusqu'à la levée de neuf étoiles au ciel, et qui a tenu l'index de la main droite dans le bénitier paroissial pendant toute la messe, elle se promène dans les rangs des fidèles, effleurant avec sa baguette ou son doigt ceux qui mourront dans l'année[3]. La Peste personnifiée entre aussi à l'église d'Elliant pendant la messe du pardon, et touche de la même façon tous ceux qui doivent être atteints par le fléau[4].

La croyance d'après laquelle les morts reviennent dans les églises remonte aux premiers siècles du christianisme. Evode dans sa lettre à saint Augustin assure qu'on en a vu s'y réunir pour y prier[5], et Grégoire de Tours raconte que deux habitants d'Autun passant dans le cimetière voisin de la basilique de saint Etienne, entendant psalmodier des cantiques, entrèrent dans le temple et virent que tous les objets brillaient d'une parfaite clarté; mais ils n'aperçurent d'abord personne; ils restaient frappés de surprise lorsqu'un des chanteurs s'approcha d'eux et leur dit qu'ils avaient mal fait d'oser se mêler à ceux qui célébraient les mystères de la prière, et que s'ils ne se hâtaient de se retirer, ils mourraient[6].

L'auteur d'un livre ascétique du XVIe siècle place en Bretagne la

1. J. G. Bulliot et Thiollier. *La Mission de saint Martin*, p. 298-299, 311.
2. Raphaël Blanchard, in *Rev. des Trad. pop.* t. V, p. 745.
3. Paul Sébillot, in *Archivio per le tradizioni popolari*, t. IV, p. 430-431; P.-M. Lavenot, in *Rev. des Trad. pop.*, t. VII, p. 568-569.
4. H. de la Villemarqué. *Barzaz-Breiz*, p. 54.
5. Alfred Maury. *La Magie et l'astrologie*, p. 182.
6. *De gloria confessorum*, ch. 73.
Les Juifs d'Alsace croient que la veille du Kippour la synagogue ne doit point être vide; un homme reste assis sur l'estrade, il ne doit point être effrayé des crépitations de la lampe ni des bruits insolites qui se font vers minuit quand les morts viennent à leur tour adresser des prières au dieu d'Israël. (Stauben. *Scènes de la vie Juive en Alsace*, p. 85).

légende suivante : Un diacre revenant une nuit de porter le Saint-
Sacrement à un homme qui, toutes les fois qu'il passoit dans le cimetière, s'y arrêtoit et prioit pour les trépassés, vit la porte principale de
l'église qu'il avoit bien fermée, ouverte de part et d'autre, et de plus
il fut invisiblement arrêté en ce lieu. En cet état il ouït du cimetière
une voix qui s'écrioit : Sus, fidèles, levez-vous de là où vous reposez,
et trouvez-vous ensemble à l'église, parce que votre bien-faicteur est
mort lequel passant par icy ne manquoit iamais de prier Dieu pour
nous ; rendez-lui ce devoir de recommander à Dieu son âme. » Il ouït
alors un grand bruit dans le cimetière des corps sortans de ces monumens et l'église fut remplie de cierges allumez. Alors tous ces Trepassez
se mirent à chanter solennellement l'Office des Morts. Cet office para-
chevé, chacun retourna à son repos et le mesme bruit s'entendit, les
cierges peu à peu furent esteints, le Diacre fut délivré de ce qui le
tenoit là arresté et alla remettre le ciboire en sa place [1].

C'est surtout pendant la nuit de la Toussaint que les morts se
pressent dans les églises. Dans le Puy-de-Dôme, ils y font la procession,
et ceux que l'on a trop pleurés marchent péniblement ; à Saint-Gildas
de Rhuis ils assistent à une messe dite par un mort ; les trépassés se
rendent processionnellement à l'église de Pont-l'Abbé Lambourg, revê-
tus de leurs linceuls ; la cloche sonne d'elle-même et l'autel est orné
et éclairé comme pour les grandes fêtes ; les cérémonies sont les
mêmes que celles des vivants, mais les prières ne profitent pas aux
défunts. En Wallonie c'est dans la nuit de Vendredi au Samedi saint
que se dit la « peineuse messe, » principalement dans les églises
situées à l'écart des villages. Les assistants sont des morts, l'officiant
est un mort, le servant est un vivant ; il se présente toujours pour la
célébrer un ancien curé de la paroisse, jouissant de la béatitude céleste ;
la difficulté est de trouver un vivant qui consente à répondre à l'appel
d'un père, d'un aïeul décédé auquel il est donné pour cela de revenir
sur la terre ; par la vertu de cette messe, les âmes en souffrance peuvent rentrer en grâce auprès de Dieu [2].

Ces visites de trépassés ne coïncident pas toujours avec des fêtes

---

1. Vincent Charron. *Kalendrier historial de la Glorieuse Vierge Marie*, p. 739-
740, cité par G. de Wismes. *La Toussaint*, Nantes, 1901, in-8°, p. 7-8 ; cf. le chantre
de Paris qui avait l'habitude de dire un *De Profundis* en traversant un cimetière et
que les morts, sortant de leur tombe, viennent secourir (Jacques de Voragine.
*Légende dorée*, t. I, p. 387).
  Un homme passant par le cimetière de l'île d'Arz vit les portes de l'église ouvertes, un prédicateur en chaire, et l'église pleine de morts (Mahé. *Antiquités du
Morbihan*, p. 114).
2. Dr Pommerol, in *Rev. des Trad. pop.*, t. XIII, p. 199 ; cf. t. II, p. 102, un épisode semblable dans une légende de Noirmoutier ; C. d'Amézeuil. *Légendes bretonnes*, p. 235 ; H. Le Carguet, in *Rev. des Trad. pop.*, t. III, p. 599 ; Alfred Harou,
*ibid.*, t. XIV, p. 98.

chrétiennes. Les vieillards de Béré racontent que chaque nuit, dès que minuit a sonné, les cierges s'allument d'eux-mêmes dans l'église, et qu'un prêtre de l'autre monde commence une messe funèbre, à laquelle assiste la foule muette des âmes en peine[1]. La légende suivante était, vers 1846, bien connue à Dieppe : Il y a quelques siècles, le lendemain d'une grande tempête, le bedeau de Notre-Dame des Grèves entendit vers minuit sonner la messe. Il ouvre sa lucarne ; la lune cachée derrière les nuages, répandait une faible clarté. « Le soleil va se lever, dit-il ; j'ai donc bien sommeillé ? » Il endosse sa casaque et descend à l'église ; la porte est ouverte, un prêtre est au pied de l'autel : « Sers-moi la messe, » lui dit le prêtre, et le pauvre bedeau prend les burettes en tremblant. Mais quand au moment du sacrifice, le prêtre va pour porter le calice à ses lèvres, il pousse un cri ; sa chasuble tombe, il n'est plus qu'un squelette : « Maître Pierre, dit-il au bedeau, tu ne reconnais pas Raynaud, dont le bateau a péri le lundi de Pâques sur la roche d'Ailly ? J'avais fait vœu d'une messe à Notre-Dame et j'ai oublié mon vœu. Je voudrais, pour m'acquitter, la dire moi-même, cette messe ; mais quand je vais pour communier, tout l'enfer passe par ma gorge ; je brûle, maître Pierre ! Dis à mon fils de ne pas oublier la messe qu'il a promise à Notre-Dame. » Le squelette est parfois celui d'un prêtre[2].

Les apparitions les plus fréquentes sont en effet celles de prêtres condamnés à revenir, ordinairement à minuit, dans l'église où ils officiaient de leur vivant, pour y célébrer une messe qu'ils n'ont pas dite, parce qu'ils l'ont négligée, ou que la mort est venue les surprendre ; pour qu'ils soient débarrassés de cette obligation, il faut que la réplique leur soit donnée par un vivant[3]. La légende est probablement ancienne, bien qu'elle n'ait été constatée qu'au XVIIIe siècle. Les *Mémoires d'Outre-tombe* ne contiennent pas le récit suivant qui avait été lu à l'Abbaye aux Bois, et avait fortement ému les assistants ; nous n'en connaissons que le résumé de Jules Janin : « La nuit, à minuit, un vieux moine dans sa cellule, entend frapper à sa porte. Une voix plaintive l'appelle ; le moine hésite à ouvrir. A la fin il se lève, il ouvre ; c'est un pèlerin qui demande l'hospitalité. Le moine donne un lit au pèlerin et il se repose sur le sien ; mais à peine est-il endormi que tout à coup il voit le pèlerin au bord de son lit qui lui fait signe de le suivre. Ils sortent

---

1. (Abbé Goudé), *Histoire et lég. du pays de Châteaubriant*, p. 35.
2. L. Vitet. *Histoire de Dieppe*, p. 382-383.
3. Dans le Mentonnais, un prêtre qui meurt avant d'avoir dit toutes ses messes est obligé de revenir les dire (J.-B. Andrews, in *Rev. des Trad. pop.*, t. IX, p. 117). Il est reconnu qu'un prêtre qui a reçu de l'argent pour des messes qu'il n'a pas dites vient les célébrer après sa mort, et même achever les mots qu'il aurait oubliés. Il n'est pas rare de rencontrer des sacristes qui ont répondu et servi à minuit ces offices nocturnes (L. du Bois. *Recherches sur la Normandie*, p. 344).

ensemble : la porte de l'église s'ouvre et se referme derrière eux. Le
prêtre à l'autel célébrait les saints mystères. Arrivé au pied de l'autel,
le pèlerin ôte son capuchon et montre au moine une tête de mort. « Tu
m'as donné une place à tes côtés, dit le pèlerin ; à mon tour je te donne
une place sur mon lit de cendres [1] » C'était une des nombreuses
légendes que l'on racontait au château de Combourg, lorsque M. de
Chateaubriand père était remonté dans ses appartements. Il est probable que son fils a « romantisé » celle-ci. La donnée populaire
contemporaine se rapproche beaucoup plus du récit qui suit, écrit
pendant la période révolutionnaire, par un sceptique, qui n'y voit
qu'une comédie organisée par les prêtres. Le voici, dégagé des réflexions de l'auteur et des incidents inutiles : Un ouvrier de Lamballe
étoit dans l'usage d'aller chaque soir faire sa prière dans une église.
Un jour, le sommeil le surprend ; l'église se ferme, la nuit s'avance,
une heure du matin sonne, l'ouvrier s'éveille, tremblant, respirant à
peine ; il écoute, une porte s'ouvre, c'est celle de la sacristie, il regarde.
Un prêtre s'avance ; il marche lentement, une bougie est dans ses
mains, ses yeux sont éteints, ses joues sont décharnées, une pâleur
livide est sur son front ; il monte à l'autel en silence, les cierges s'allument, il se revêt de ses habits sacerdotaux, puis il se retourne : « Au
nom du Dieu vivant, dit-il d'une voix sépulcrale, si quelque être res-
pire dans cette église, qu'il s'approche et vienne m'aider au sacrifice. »
L'ouvrier crut entendre la voix de l'Eternel ; il se lève, s'avance. Le
prêtre commence, l'ouvrier se prosterne et la cérémonie s'achève :
« Que Dieu vous bénisse, lui dit le fantôme, vous m'ouvrez aujourd'hui
la porte du séjour éternel. Il y a vingt ans que la malice des hommes
m'a conduit au supplice. Le Tout-Puissant m'a reçu dans sa grâce et,
pour l'expiation de quelques péchés de ma vie, il voulut que je vinsse
chaque nuit à pareille heure dans cette église, jusqu'à ce que je trou-
vasse quelqu'un pour me servir la messe [2]. »

Ce thème est encore très populaire en Haute-Bretagne, où l'on en a
recueilli sept versions, localisées par les conteurs dans des églises de
leur voisinage ; les récits ne diffèrent pas beaucoup de celui-ci, à part
le dénouement. Il y est dit expressément que le prêtre est condamné
à revenir, soit pour expier une faute, soit pour n'avoir pas célébré une
messe qui lui avait été payée d'avance. Lorsque l'office terminé, il
remercie le répondant, il lui recommande de sortir au plus vite, de
crainte d'accident, ou il lui promet, souvent à bref délai, une
récompense dans l'autre monde. Les parties essentielles de légendes
dont les conteurs placent la scène au pays de Lannion, dans la

---

1. Jules Janin, in *Revue de Paris*, 1834.
2. *Voyage dans les départements*, par les citoyens La Vallée et Louis Brion, 1794,
in-18, Côtes-du-Nord, p. 37.

cathédrale de Vannes, aux environs de Brest, dans la cathédrale d'Angers, sont à peu près les mêmes qu'en Haute-Bretagne[1]. En Vendée, un voyageur endormi dans les ruines de l'abbaye de Chaudion, où il s'était réfugié pendant une nuit d'orage, s'éveille au son de la cloche, et voit se dresser un autel dans l'abside ; un prêtre y arrive, et prononce trois fois l'*Introibo* ; le paysan se décide à lui donner la réplique ; quand la messe est terminée, l'officiant lui dit que depuis dix ans il était condamné à revenir ainsi chaque nuit, à cause d'une messe oubliée[2].

Dans une version recueillie en Canada, le prêtre ne semble pas condamné à une pénitence, et sa venue est motivée par un acte de charité. Une mère, inconsolable de la mort de son enfant, s'étant endormie dans l'église, voit à minuit un vieux curé mort depuis vingt ans, qui célèbre la messe ayant pour répondant un ancien bedeau, trépassé lui aussi depuis nombre d'années. Quand sonne la clochette du *Sanctus* une procession de petits enfants sort de la sacristie, et ils défilent devant le chœur, portant de petites coupes d'or et d'argent remplies d'une liqueur transparente. Seule, à l'extrémité de la procession, une petite fille semblait suivre péniblement les autres, chargée qu'elle était de deux immenses seaux pleins d'eau jusqu'au bord. La femme reconnaît sa fille et s'évanouit ; le lendemain son curé lui explique que les coupes d'or et d'argent étaient remplies des larmes que la nature avait fait verser aux mères, mais que sa fille à elle ployait sous le poids de ses larmes qu'elle avait recueillies goutte à goutte[3].

Le prêtre-fantôme apparaît aussi, non à une personne endormie dans l'église, mais à un voyageur dont quelque circonstance insolite excite la curiosité. C'est ainsi qu'en Auvergne un homme voit l'église illuminée et y jette un regard par le trou de la serrure : l'ancien curé, mort depuis peu de mois, se tient à l'autel et se retourne de temps en temps, comme s'il attendait quelqu'un pour servir sa messe. Le passant va réveiller un enfant de chœur, qui, sans regarder l'officiant, lui fait les répons. Après le dernier Evangile, le prêtre lui adresse un sourire, et tous les cierges s'éteignent à la fois[4]. C'est aussi par le trou de la

---

1. Paul Sébillot. *Contes*, t. I, p. 275 ; *Littérature orale*, p. 192. *Notes sur les traditions*, p. 6-8 ; R. Le Chef, in *Rev. des Trad. pop.*, t. IX, p. 577 ; A. Orain. *Le F.-L. de l'Ille-et-Vilaine*, t. II, p. 321 ; F.-M. Luzel. *Veillées bretonnes*, p. 5-9 ; A. Le Braz, *La Légende de la Mort*, t. II, p. 104 ; Dr Fouquet. *Légendes du Morbihan*, p. 106 ; Paul-Yves Sébillot, in *Rev. des Trad. pop.*, t. XLII, p. 179 ; *Bull. hist. de l'Anjou*, 1858, p. 188.
2. Abbé F. Charpentier. *Veillées vendéennes*, 1900, in-8 ; p. 40-42. Dans l'Albret une messe de fantôme a lieu en plein air, au milieu des bois (L. Dardy. *Anthologie de l'Albret*, t. II, p. 47.)
3. Ph. A. de Gaspé. *Les anciens Canadiens*, t. I, p. 216-226, cf. pour l'épisode des larmes, le t. II, p. 202 et t. IV, p. 174.
4. A. Dauzat, in *Rev. des Trad. pop.*, t. XIV, p. 98.

serrure que, dans un étrange roman dont la scène se passe en Basse-Normandie, un voyageur de nuit voit l'abbé de la Croix-Jugan essayer de dire sa messe [1].

Une légende du Velay contient des détails curieux : un prêtre, mort depuis huit jours, vient réveiller son sacristain et le prie de venir lui répondre à l'église une messe à laquelle le salut de son âme est attaché. Il lui recommande de ne détourner la tête sous aucun prétexte pendant le saint sacrifice, et de ne pas soulever sa chasuble au moment de l'élévation. Tous deux se dirigent vers l'église, et au moment où le prêtre prononce l'*Introibo* les portes s'ouvrent à deux battants, et une foule nombreuse, munie de cierges, mais qui ne fait aucun bruit, remplit l'église. A l'élévation le sacristain oublieux soulève la chasuble, un jet de flammes en sort et l'oblige à tourner la tête. Il avait sous les yeux tous les trépassés du cimetière [2].

Plusieurs récits se rapportent à un thème de la messe du fantôme, moins répandu, mais qui se présente d'une façon à peu près semblable, dans les versions recueillies dans des pays assez variés : une femme, éveillée avant le jour, ou croyant entendre le son des cloches, pense que c'est l'heure de l'office matinal. Elle se rend à l'église, qui est illuminée, pleine de fidèles, et elle assiste à une messe dite par un prêtre de l'autre monde qu'elle ne reconnaît pas. Lorsqu'on vient quêter pour l'offrande, elle s'aperçoit qu'elle n'a pas d'argent, et donne son alliance, en se proposant de la reprendre ensuite. L'office terminé, les assistants s'évanouissent. L'anneau resté dans le plateau, sur l'autel ou dans la pierre consacrée, prouve qu'elle n'a pas été le jouet d'un rêve, mais qu'elle a assisté à une messe dite à des morts par un fantôme [3].

1. Barbey d'Aurevilly. *L'Ensorcelée*, p. 57, 336.
2. *Auvergne et Velay*, p. 46-47.
3. Paul Sébillot. *Littérature orale de l'Auvergne*, p. 103 ; J.-F. Bladé. *Contes et proverbes d'Armagnac*, p. 44 ; A. Le Braz. *La légende de la Mort en Basse-Bretagne*. t. I, p. 66-67.

# CHAPITRE IV

# LES CHATEAUX

## § 1. LA CONSTRUCTION

Lors même qu'il n'en subsiste plus que des ruines, les anciens châteaux conservent un aspect de puissance, de solidité, on pourrait presque dire d'indestructibilité, qui étonne les personnes même habituées à voir les grands édifices des capitales ; il est tel château isolé sur un mamelon au milieu de la campagne, ou au bord de l'eau, qui dans ce cadre, semble plus imposant que bien des palais, dont l'immensité des villes et l'importance des constructions voisines empêchent d'apprécier les proportions. Il n'est pas surprenant que ce sentiment, que ressentent les plus civilisés, se soit imposé avec plus de force encore aux paysans ; ils établissent, sans trop s'en rendre compte, une sorte de comparaison entre les murs de leurs chaumières, élevés à peine de quelques pieds au-dessus du sol, et les hautes murailles, parfois épaisses de plusieurs mètres, revêtues de pierres échantillonnées, des anciennes forteresses, et ils ne comprennent pas facilement, à l'heure actuelle, comment ces masses de pierres ont pu être amenées et mises en place dans les lieux, parfois déserts et isolés, où elles se dressent.

Les tours, mieux construites encore parce qu'elles constituaient les parties essentielles de la défense, les frappent d'un grand étonnement qui se traduit par des espèces de formules. Pour en atteindre le faîte, il faut gravir beaucoup de marches, jamais moins de cent, parfois trois cent soixante-cinq, comme dans le donjon de Marmande à Vellèche (Vienne) [1]. Les tours sont au reste, de la base au sommet, l'objet d'une considération analogue à celle qui s'attache aux clochers des églises ; dans le bas se cachent des souterrains mystérieux, et c'est assez souvent sur la partie la plus élevée de leurs murs découronnés que se montrent les apparitions, à l'endroit où, au temps de leur splendeur, sœur Anne se postait pour regarder si les cavaliers libérateurs n'allaient pas apparaître sur la route qui poudroie, où madame montait « si haut qu'elle peut monter » quand son époux tardait à revenir de ses périlleuses expéditions.

[1] L. Desaivre. *Le Mythe de la Mère Lusine*, p. 102.

Le nombre des ouvertures, qui est vraiment considérable, surtout par rapport à celles des maisons rustiques, a fait attribuer à certaines de ces demeures un chiffre invraisemblable de fenêtres ; en général ils en ont autant qu'il y a de jours dans l'année. C'était le cas du château du Pont-Hus (Loire-Inférieure), de celui de Laillé (en Ille-et-Vilaine) d'un grand nombre d'autres châteaux de la Haute-Bretagne ; ceux de Thury-Harcourt, Dampierre, Lessy, Ducey, etc., dans la région normande, de Colembert dans le Boulonnais, de Pont-sur-Seine (Aube) de Servoules (Hautes-Alpes) avaient pareillement trois cent soixante cinq fenêtres [1].

Parmi les traditions, assez rares si on les compare à leurs parallèles ecclésiastiques, qui visent la concession du terrain à bâtir, il en est qui sont très apparentées à la légende de Didon : L'une d'elles, qui remonte à la fin du XIVe siècle, figure dans le *Roman de Mélusine* de Jean d'Arras ; sur le conseil de sa dame, Raimondin demande au comte de Poitiers une roche et à l'environ autant de place qu'un cuir de cerf peut comprendre et enclore. Son désir ayant été approuvé, il fait tailler par un sellier un cuir de cerf en forme de courroie, et le dévidant derrière lui, en ayant soin de le maintenir avec des pierres de temps à autre, il enclôt deux lieues de tour [2]. En Roussillon, le château de Paracoles fut bâti par un peuple très ancien, auquel on céda autant de terrain qu'en pouvait circonscrire la peau d'un bœuf découpé en lanières [3]. Quelques légendes s'appliquent, non pas au château lui-même, mais à la délimitation des terrains qui formeront son domaine : un seigneur du Poitou accorda à un de ses vassaux tout le terrain qu'il parcourrait à cheval en une journée ; les limites de la seigneurie de Fallais au pays de Liège furent déterminées par le jet d'une pierre [4].

Alors qu'on a relevé par douzaines les traits légendaires qui motivent l'assise des édifices sacrés, on en rencontre peu qui se rapportent à celle des châteaux. Un seigneur du Bas-Limousin avait choisi pour bâtir sa forteresse une montagne d'un accès difficile ; mais une nuit l'armée des lutins renversa les murailles commencées, et il ne put venir à bout de leurs maléfices. Il se recommanda à saint Martial, monta à cheval et lança en l'air le marteau du maître-maçon, en faisant le vœu de construire à l'endroit où il tomberait. Guidé par son patron, il trouva le marteau au sommet d'une colline, où le vent soufflait avec

1. Paul Sébillot. *Lég. locales*, t. II, p. 64 ; Lecœur, *Esquisses du Bocage*, t. II, p. 345 ; *Revue des Trad. pop.* t. X, p. 256 ; t. IX, p. 719.
2. Ed. Ch. Brunet, 1854, p. 47-53, Bibl. elz.
3. Horace Chauvet. *Légendes du Roussillon*, p. 205 ; Henry. *Guide en Roussillon*, p. 205.
4. Léo Desaivre, in *Rev. des Trad. pop.* t. XIV, p. 90 ; Bovy. *Promenades historiques*, t. II, p. 285, cité par Alfred Harou, in *Rev. des Trad. pop.* t. XI, p. 524. En Poitou Mélusine renversait aussi ou changeait de place les châteaux que l'on élevait dans un site qui ne lui plaisait pas. (Léo Desaivre. *Le Mythe de la Mère Lusine*, p. 59).

violence. C'est là qu'il bâtit le célèbre château de Ventadour, qui fut achevé sans trop grands obstacles, parce que saint Martial en éloigna le drac et les lutins qui s'étaient opposés à la construction du premier édifice [1].

Les fées interviennent dans le choix de l'emplacement, et plus souvent dans la construction des châteaux qui sont remarquables par la beauté du lieu où ils se dressent, la solidité ou l'élégance de leurs murailles. Celui de Montauban (Ille-et-Vilaine) leur doit son origine : un soir elles vinrent se reposer sur un tertre, qui leur plut tellement qu'elles voulurent y bâtir un château. Aussitôt elles se mirent activement à l'œuvre, et il ne restait plus qu'une pierre à poser lorsque le coq chanta ; elles s'enfuirent en disant : « Adieu, gentil château, il ne manque qu'une pierre à ton portail, mais sois sans crainte, il ne tombera jamais [2]. Celles de Pirou, filles d'un seigneur qui était un célèbre magicien, construisirent le château de ce nom, bien avant l'invasion des Normands [3]. D'autres fées avaient entrepris d'élever la tour de Cesson, près de Saint-Brieuc, mais elles ne l'achevèrent pas ; celle qui avait la direction des travaux aperçut une pie crevée. — Pourquoi cet oiseau ne bouge-t-il plus ? demanda-t-elle — C'est qu'il est mort, lui répondit-on. — Ah ! puisqu'on meurt, s'écria la fée, cessons ! » C'est l'origine du nom que porte cette tour [4].

En Poitou on fait remonter à Mélusine la construction de plusieurs châteaux : elle y travaillait elle-même au clair de lune, de minuit au chant du coq, apportant les matériaux dans son tablier de mousseline ; comme les habitants de Pouzauge (Vendée) s'étonnaient de trouver les murs plus avancés chaque matin et de voir la bâtisse marcher vers son achèvement sans le concours d'aucun ouvrier, l'un d'eux se cacha dans les broussailles, en face de la tour carrée, alors bien près d'être finie ; à minuit sonnant, Mélusine apparut et se mit à monter le ciment et les pierres ; mais elle aperçut l'importun, et furieuse d'avoir été découverte, elle disparut en criant :

> Pouzauge, Tiffauge, Mervent, Châteaumur et Vouvent
> Iront chaque an, je jure, d'une pierre en périssant.

Et depuis, tous les ans, une pierre se détache de chacune de ces forteresses. Elle en a bâti d'autres avec plus de rapidité encore ; il lui suffit de trois nuits pour l'érection du château Salbart ; elle construisit en une seule nuit le château de Lusignan, et les sept tours de Vouvent avec trois dornées de pierres et une goulée d'eau. D'après une légende recueillie à la fin du XVIII° siècle, lorsque le borgne de Py-Chabot allait

1. *Lemouzi*, mai 1895.
2. L. de Villers, in *Revue des Trad. pop.* t. XII, p. 360. Ce portail est en effet la seule partie bien conservée.
3. Amélie Bosquet, *La Normandie romanesque*, p. 100.
4. Paul Sébillot, *Trad. de la Haute-Bretagne*, t. I, p. 86-87.

être forcé dans Fontenay, que saint Louis assiégeait à la prière d'un
seigneur dont il avait enlevé la fille, on vit s'élever dans les airs
la Mrelusine à califourchon sur un manche à balai, emportant en
croupe Py-Chabot, sa captive, les 799 défenseurs de la place, et un gros
matou noir. Le balai rapide comme l'éclair va déposer sa charge sur la
motte de Vouvent, où Mrelusine se hâte de ramasser dans son devan-
teau de mousseline une dornée de pierres, dont elle bâtit, en virant la
main, la grosse tour [1].

Le diable a construit autant de châteaux que les divinités féminines
et avec une rapidité aussi grande. Il les entreprend d'ordinaire à la
suite d'un arrangement, qu'il remplit avec sa bonne foi habituelle,
mais dont il ne recueille aucun profit, parce qu'il est victime de la ruse
de ses contractants. On raconte en Haute-Bretagne, sans localiser le
récit, qu'il vint au secours d'un maître maçon qui avait entrepris d'édifier une tour ayant autant de marches que l'année compte de jours, et
que ses ouvriers pris de vertige avaient abandonnée. Il lui proposa
de la terminer en une nuit, à la condition qu'il lui livrerait le matin
un de ses hommes ; l'architecte accepta, en stipulant toutefois que le
diable n'emporterait sa proie que s'il pouvait l'attraper du premier
coup. Au lever du soleil, l'édifice étant achevé, le maçon donna à un
de ses ouvriers son chat qui était très méchant, en lui disant de le
monter en haut de la tour, mais de redescendre au plus vite. Quand
l'ouvrier y arriva, le diable étendit la main, mais il ne prit que le chat
qui lui sauta au visage et lui arracha un œil ; il voulut démolir son
ouvrage ; mais le curé, appelé par le maître maçon, aspergea d'eau
bénite les murs de la tour et en chassa les démons [2]. C'est aussi Satan
qui construisit le château de Villegougis dans l'Allier, et il devait
l'avoir terminé avant le premier chant du coq. La femme du seigneur
alla, un peu avant le lever du soleil, frapper à la porte du poulailler ; le
coq poussa trois fois son cocorico, et le diable qui se disposait à placer
le linteau à la fenêtre de la grande tour, dut le laisser tomber, et ne put
achever son entreprise [3]. Un seigneur ardennais qui n'était pas assez
riche pour édifier une forteresse sur les rochers qui surplombent la
Semoy, eut aussi recours au diable, et celui-ci lui promit, en échange
de son âme, d'élever en une seule nuit, et avant le chant du coq, le
plus beau château qu'il y eût au monde. Le soir même, il se mit à l'œuvre, mais ses ouvriers menaient si grand tapage, qu'un coq, réveillé
juste au moment où allait être posée la dernière pierre, crut en voyant
les feux follets qui éclairaient ce travail nocturne, que le jour était venu,

1. Léo Desaivre. Le Mythe de la Mère Lusine, p. 79-80, 83, 86 ; B. Fillon. Poitou
et Vendée. Fontenay-le-Comte.
2. Paul Sébillot. Légendes locales, t. II, p. 66-68.
3. Francis Pérot. La légende des Abrioux et le château de Villegougis. Château-
roux. 1890, in-8°.

et il le salua de son cri retentissant. Le diable, d'un seul coup de patte, démolit les murailles qui dégringolèrent dans la Semoy, et y formèrent une sorte de barrage [1]. En Dauphiné il stipule avec Lesdiguières que son âme lui appartiendra s'il a terminé les remparts du château de Vizille avant que le duc soit parvenu à faire faire à son cheval le tour de ses domaines ; les murs se fermaient quand Lesdiguières arrivait vers la fontaine de la Dhuys et son cheval se trouva pris par la queue ; mais le duc la coupa avec son épée et réussit à gagner le bord de la Romanche [2].

C'est aussi à la suite d'un pacte que le diable construisit en une seule nuit le château de Montfort près de Semur, qui avait quatre-vingt-dix-neuf chambres, dont il s'était réservé une. Il mit tous ses soins à ce que rien ne manquât à celle du seigneur et elle fut parfaitement belle ; mais il laissa la sienne inachevée, et elle n'a pu jamais être terminée, ce qu'on faisait un jour était défait le lendemain ; elle est habitée par un oiseau blanc que beaucoup de personnes disent avoir vu. Le diable ayant oublié de faire un puits, le seigneur voulut en creuser un ; Satan pour se venger de ce qu'on le faisait sans sa permission, excita les ouvriers à le creuser à une si grande profondeur, qu'en peu de temps, ils eurent presque percé la terre de haut en bas. Heureusement ils entendirent très distinctement ces paroles : « *Ma tante Guillemette, lâchez vos vaches !* » ils comprirent aussitôt qu'ils touchaient l'autre bout de la terre et arrêtèrent leurs travaux. L'archevêque de Besançon voyant que les habitants de sa ville épiscopale démolissaient pendant les ténèbres les murs du château de Rosemont qu'il faisait bâtir, appela le diable et le força de l'achever en une nuit [3].

Satan intervient aussi dans d'autres circonstances : à l'époque où l'on bâtissait le magnifique château d'Annebaut, qui ne put être achevé, le peuple qui ne s'expliquait pas la lenteur du travail, prétendait que le diable démolissait la nuit l'ouvrage fait pendant le jour. On raconte souvent en Auvergne que des maçons n'avaient pu mettre la dernière pierre tant qu'un prêtre n'avait pas exorcisé les démons qui, chaque nuit, défaisaient ce qu'on avait bâti la veille ; cette légende s'applique en particulier au château de Chazeron [4].

On a déjà vu que certaines parties des châteaux sont inachevées, ou tout au moins présentent quelque défaut, parce que leurs constructeurs surnaturels n'ont pu terminer leur tâche au terme fixé. Cette

1. A. Meyrac. *Trad. des Ardennes*, p. 347.

2. Ardouin-Dumazet. Supp. du *Temps*, 19 juillet 1894, Une touffe d'herbes qui se balançait sur les murs passait pour être la queue du cheval.

3. Hippolyte Marlot, in *Rev. des Trad. pop.*, t. X, p. 240 ; cf. t. II, p. 323 du *F.-L. de France* ; Ch. Thuriet. *Trad. du Doubs*, p. 72.

4. Amélie Bosquet. *La Normandie romanesque*, p. 457 ; Dr Pommerol, in l'*Homme*, 1887, p. 493.

tradition s'attache à la plupart des édifices que Mélusine a élevés. Il manque une pierre au donjon du Bouchet en Berry, parce que la fée qui l'apportait fut surprise par le chant du coq[1].

Une légende explique pourquoi le château de Lisle à Mousterus, près de Guingamp, est sur la droite d'une magnifique avenue qui ne conduit à rien. Il était autrefois au bout de cette avenue, mais le soleil levant, en frappant sur les vitres, aveuglait le seigneur du Bois de la Roche. Il alla trouver un sorcier qui lui demanda trois écus d'argent et lui donna trois graines, en disant de les planter la nuit de Noël, et que les arbres viendraient si grands qu'il ne verrait plus le château de Lisle. Pour qu'ils vinssent plus vite, le seigneur sema ses graines la veille de Noël, dans de grands trous remplis de bonne terre et de fumier. Les arbres se mirent de suite à pousser, avec des feuilles noires comme celles des arbres étrangers. Mais comme on avait trop bien graissé les trous, ils montèrent si haut, qu'on voyait par-dessous les branches les vitres du château de Lisle flamboyer toute la matinée; il fit revenir le sorcier, qui lui demanda trois écus d'or et lui donna trois tisons en lui disant de les allumer le matin dans la vallée. Quand on l'eut fait, il s'en leva tant de fumée qu'on ne voyait plus le vitrage de Lisle, mais les gens de la maison en étaient étranglés. Le seigneur se fâcha et menaça le sorcier de le jeter dans le feu s'il ne lui donnait pas cette fois un bon secret. Alors le petit homme demanda les trois plus grands poëlons à galette, tous les verres et tous les vases de la maison, et il se mit à les piler bien menu. Lorsque le four fut chauffé à blanc, il y mit ses trois poëlons et quand il les sortit, il y avait dans chacun une grosse galette de verre, si brillante que les yeux en brûlaient. Il monta sur le toit de la maison et braqua ses trois verres sur le château de Lisle. Aussitôt les fenêtres se mirent à pétiller, les murs à fumer, le toit à flamber, si bien que le soir il n'en restait rien. Il n'y eut que le logis du curé de la chapelle où le feu ne put se mettre. Quand le seigneur de Lisle revint de la guerre, il ne trouva au bout de l'avenue qu'un morceau de son château. Sans débrider, il courut avec ses soldats jusqu'à Quintin; puis ils revinrent, le sire de Quintin et lui, et ils brûlèrent le Bois de la Roche. Mais depuis ce temps-là, le château de Lisle est resté tout du côté de la chapelle, pour qu'on ne le brûle pas une autre fois[2].

Les corvées auxquelles étaient soumis les vassaux des seigneurs qui ne pouvaient charger des puissances surnaturelles de la construction de leurs forteresses, semblent avoir laissé peu de traces dans les souvenirs populaires. Cependant on raconte que les femmes du

1. Léo Desaivre. *Le Mythe de la Mère Lusine*, p. 81, 83 ; Ludovic Martinet. *Légendes du Berry*, p. 7.

2. Pitre de l'Isle du Dréneuc, in *Rev. des Trad. pop.*, t. XII, p. 222.

Champsaur auraient perdu leurs cheveux à porter les pierres destinées à la construction du château des Diguières [1].

Les avenues qui forment un des attributs essentiels des châteaux inspirent aux paysans une considération presque aussi grande que les demeures seigneuriales elles-mêmes : elle se traduit, tout au moins en Bretagne, par des légendes. Suivant l'une d'elles, voici pourquoi le château des Aulnais possède la plus belle avenue qu'on ait jamais vue, et pourquoi aussi elle présente beaucoup de vides. Le seigneur des Aulnais venait de parier contre celui de Trévran qu'avant un an et un jour il aurait une avenue longue d'une-lieue, lorsque survint un inconnu ; il déclara qu'il tenait le pari, et que l'avenue serait plantée en une heure, si après le dîner et l'avenue terminée, le seigneur des Aulnais consentait à lui donner une signature sans condition. Celui-ci accepta, et aussitôt le diable courut de ci, de là, frappant la terre avec un bâton et criant : Un chêne ici, un hêtre là, un ormeau là ; derrière lui les arbres désignés sortaient de terre et poussaient à vue d'œil. Tout alla bien jusqu'au moment où un vieillard qui disait son chapelet dans le coin d'un fossé, le menaça de le lui jeter à la figure ; le diable recula, et pendant la dispute, le seigneur des Aulnais arriva, monté sur son meilleur cheval, et lui déclara que son pari était perdu, puisqu'il n'avait pas fini avant la fin du dîner. Satan se mit alors à renverser les arbres qu'il venait de faire pousser ; mais le seigneur emprunta le chapelet du bonhomme, et le diable s'enfuit à cette vue, sans avoir pu détruire l'avenue, mais après y avoir fait toutefois quelques vides [2].

Les murailles du vaste parc de la Thébaudaye à Saint-Ganton ne furent point achevées parce que la châtelaine qui les faisait bâtir aperçut, à côté du mur déjà assez avancé, le cadavre d'une pie morte, et qu'ayant appris que tout puissant qu'il fût, tout homme devait mourir, elle renvoya ses ouvriers, et ne pensa plus qu'à se préparer à la mort [3].

Le peuple croit que le pouvoir des seigneurs était si grand que tout devait céder à leurs caprices, et ils en avaient parfois d'assez étranges. C'est ainsi que, pour mieux voir le pays, la duchesse de Rohan fit couper, à cinq pieds de hauteur, tous les chênes qui avoisinaient son château [4].

1. *Revue Dauphinoise*, t. II, p. 551. Cette circonstance tient probablement à ce fait que, comme dans la région des Pyrénées jusque vers le milieu du XIXᵉ siècle, des femmes servaient les maçons en portant les briques sur leur tête.
2. Dʳ Fouquet, in *Société polymatique du Morbihan*, 1860, p. 127.
3. Guillotin de Corson. *Trad. historiques de la Haute-Bretagne*, p. 176.
4. Paul Sébillot. *Notes sur les Traditions*, p. 12.

## § 2. LÉGENDES DIVERSES

Il est vraisemblable que certains noms de châteaux sont l'objet de légendes explicatives, comme la suivante qui a été recueillie dans le Finistère. Le manoir de Trégont-Mab (trente fils) doit ce nom aux trente fils d'une châtelaine qui l'habita. Un jour que la duchesse Anne, dont elle avait été l'amie d'enfance, était venue la voir, elle la pria de vouloir bien prendre un repas chez elle. La duchesse accepta, mais à la condition que la famille seule y assisterait. En entrant dans la salle, elle voit une immense table de trente-deux couverts ; elle reproche à la châtelaine d'avoir fait des invitations contre sa défense. « Mais, Madame, j'ai trente fils, et tous les jours leurs trente couverts sont mis, et nous mangeons en famille. » La duchesse émerveillée accorda bon nombre de privilèges à cette légion d'enfants, et depuis la terre a gardé le nom de Trégont-Mab [1].

On raconte en plusieurs pays de France que des seigneurs ou des dames dont les châteaux étaient voisins avaient établi entre eux une sorte de télégraphie lumineuse. Ceux qui habitaient une haute tourelle dont on voit encore les ruines sur une colline de l'Auxois, montaient chaque soir à son sommet et ils élevaient une lumière qui était répétée au même moment sur trois ou quatre de ces châteaux-forts, assez éloignés les uns des autres ; Thil avec Mont-Saint-Jean et Montfort : ces cousins se disaient ainsi bonsoir ; en Nivernais, des récits semblables s'attachent aux châteaux de Chandiou et d'Arzembouy. Deux reines enfermées, l'une dans le château qui couronnait la butte de Nonette, l'autre à la tour de Montecelet (Puy-de-Dôme), se faisaient, la nuit, des signaux avec leurs lumières [2]. Sur le territoire de Pointre, au bois de Cronge, on dit qu'il y avait un château et qu'une sœur de la chasseresse du château de Moissey y habitait. Ces deux dames avaient établi entre leurs donjons pour correspondre, des signaux faits avec tel nombre de bougies qui avaient telle ou telle signification différente [3]. Deux frères qui demeuraient l'un au château de Saint-Ulrich, l'autre à celui de Girsberg à Ribeauvillé, séparés l'un de l'autre par un ravin, se servaient d'un autre moyen de correspondance. Chaque jour, au premier chant du coq, le seigneur de Saint-Ulrich envoyait une flèche dans le volet de la tour qu'habitait son frère, afin que le bruit le réveillât et l'avertît qu'il était temps de partir pour la chasse. Un matin, ce dernier, réveillé naturellement et étonné de ne pas entendre le signal habituel, entr'ouvrit le volet ; à ce moment son frère qui venait

1. Abbé J.-M. Abgrall, in Soc. arch. du Finistère, 1898, p. XXIII-XXIV.
2. Hipp. Marlot, in Rev. des Trad. pop., t. XII, p. 221 ; A. Dauzat, ibid., t. XIII, p. 199.
3. D. Monnier et A. Vingtrinier, Traditions, p. 440.

d'ouvrir le sien, lui envoya la flèche destinée à l'avertir : elle le tua[1].

Ainsi qu'on l'a vu aux divers chapitres où il est question des engloutissements sous les eaux, plusieurs châteaux y ont disparu à cause du manque de charité ou des crimes de leurs possesseurs. D'autres ont été ruinés pour les mêmes causes, mais d'une manière différente. Le maître du château de Volcamp en Badailhac ayant battu un soir d'hiver deux vieillards qui demandaient l'aumône, ceux-ci qui étaient des anges s'en allèrent en pleurant et peu après le donjon s'écroula. Saint Marcoul, auquel le seigneur de la Balue en Carentoir avait refusé l'hospitalité, prédit que le château serait englouti, ce qui ne tarda pas à arriver ; celui de la Motte-Brûlon, à Baulon, où l'on maltraitait les pauvres gens, fut maudit et bientôt détruit. La foudre frappa celui de Goas Hamon en Plouisy, un dimanche pendant la grand'messe, pour punir ses habitants qui jouaient aux cartes au lieu d'assister aux offices[2]. La ruine du château de Gourmâlon en Ille-et-Vilaine suivit de près le meurtre d'un prêtre que son possesseur avait poignardé à l'autel. Une de ses servantes se hâta de sortir de l'église après ce sacrilège, et comme elle allait entrer dans l'intérieur du château, elle entendit un oiseau perché au-dessus de la porte qui lui répétait : « Serre tes hardes et sauve-toi ! ». Elle se hâta de suivre son conseil, et comme elle dépassait la muraille extérieure, un bruit épouvantable la fit se retourner ; c'était le vieux donjon qui s'écroulait, ensevelissant sous ses décombres le coupable châtelain. Le château de Bellevue, en Auvergne, fut dévoré par le feu du ciel à la suite d'un crime analogue[3]. Je donnerai au chapitre des sièges les légendes des châteaux dont la destruction est due à des faits de guerre.

### § 3. LES HANTISES DES CHATEAUX HABITÉS

La croyance populaire entoure les anciens châteaux d'un peu de merveilleux, et il n'est pas en général d'une nature agréable. « Il y revient » dans certaines pièces, où l'on ne peut demeurer sans voir, et surtout « sans entendre de quoi. » Il n'est que juste de dire que, dans ces vastes constructions, on observe à endroits déterminés, surtout au milieu du silence de la nuit, des bruits dont on ne peut toujours se rendre exactement compte. Des idées apparentées à celles que l'on constate encore assez souvent ont été vraisemblablement populaires au moyen âge ; ainsi qu'on le verra plus loin Mélusine et quelques autres esprits manifestaient leur présence dans les châteaux habités, ou dans

1. *Magasin pittoresque*, 1863, p. 262.
2. Durif: *Le Cantal*, p. 216 ; abbé Le Clerc, *La paroisse de Carentoir*, p. 217 ; B. Jollivet. *Les Côtes-du-Nord*, t. III, p. 132.
3. P. Bézier. *Még. de l'Ille-et-Vilaine*, suppl. p. 90 ; Abbé Grivel. *Chroniques du Livradois*, p. 366.

leur voisinage immédiat, à l'approche de certains évènements. Mais les hantises habituelles sont beaucoup plus rares; en voici une qui remonte à la Renaissance : un seigneur retournant à sa maison dont il avoit esté absent plus de deux ans trouva sa femme dans une autre terre là auprès.... qui lui dist qu'il revenoit un esperit en sa maison qui les tourmentoit tant que nul n'y povoit demeurer [1].

Deux romans du XVIIe siècle rapportent avec de curieux détails les idées du temps : Ce chasteau (Kernosy) est un bâtiment à l'antique : on y voit des portes de fer, de grosses tours, des fossés profonds, des ponts-levis à demi rompus; ensuite de grandes galeries sans aucun ornement, des salles et des chambres spacieuses, dont les fenêtres sont si étroites que le jour n'y peut entrer qu'imparfaitement; enfin ce château est précisément sur le modele de ceux où l'on dit qu'il revient des esprits C'étoit aussi l'opinion commune de ce pais-là; on en contoit depuis plus de cent ans des choses merveilleuses. Messieurs de Kernosy savoient dès leur enfance toutes les histoires des Lutins de ce chasteau; leurs gouvernantes leur en avoient fait mille fois le récit [2]. A celui d'Ardivilliers en Picardie, il revenoit un Esprit et ce maistre Lutin y faisoit un bruit effroyable. Toute la nuit c'estoient des flames qui faisoient paroistre le Chasteau tout en feu. C'estoient des hurlemens espouvantables et cela n'arrivoit qu'à un certain temps de l'année vers la Toussainets. Personne n'osoit y demeurer que le Fermier avec qui cet Esprit s'estoit apprivoisé. Si quelque malheureux passant y couchoit une nuit il estoit estrillé d'importance. Les Païsans d'alentour voyoient bien davantage... quelqu'un avoit veu de loin une douzaine d'autres Esprits sur ce chasteau. Ils estoient tous de feu et ils dansoient un branle à la païsanne [3].

De nos jours encore il est nombre de châteaux dont certaines parties ont mauvaise renommée. En 1880, alors que je faisais réparer, pour en faire ma chambre à coucher, une pièce du château de la Saudraie en Penguily (Côtes-du-Nord) un de mes fermiers vint me prévenir qu'elle était hantée, et que personne n'avait osé y demeurer, et il me déclara

1. *L'Heptaméron*. Nouvelle XXXIX.
2. Mme de Murat. *Les Lutins du château de Kernosy*, éd. de Leyde, 1753, in-12, p. 4-5.
3. *La Fausse Clélie*. Nymègue, 1680, in-12, p. 253 et suiv. Un président ayant acquis cette terre fit monter dans sa chambre deux gentils hommes de ses amis. Les gens de la ferme se jeter à ses genoux pour l'empescher de monter dans cette chambre en lui racontant ce qui estoit arrivé à ses prédécesseurs. Il persista et finit par découvrir que c'était le fermier lui-même qui faisait toute cette fantasmagorie. C'était aussi une chambrière qui avait rendu inhabitable le château dont parle la reine de Navarre et Ladoucette raconte que des fermiers de la Brie avaient trouvé moyen, par des apparitions dans un château, d'éloigner les concurrents et d'obtenir des baux à vil prix, mais les propriétaires découvrirent la trappe et expulsèrent les lutins. (*Mélanges*, p. 433).

que pour lui, il n'y passerait pas une nuit, même si je lui donnais, pour rien, toute ma terre. Une chambre du château de Monchoix près de Plancoët (Côtes-du-Nord) est inhabitée parce qu'on y entend, de minuit à deux heures, un bruit de pas ; il en est de même d'une chambre d'un manoir voisin de Rennes où d'invisibles musiciens font un concert mélodieux [1]. George Sand a parlé des hantises du château de Briantes, près de La Châtre. Tout en haut il y a, dans la carcasse du grenier, un trou dont on ne connaît pas le fond. Bien souvent on entendait la nuit dans cet endroit-là, des beuglements, des alas ! mon Dieu ! tantôt comme des bestiaux, tantôt comme du monde. Un jardinier ayant voulu allumer du feu dans une chambre d'en bas, toutes les chaises se mirent à danser, à lui tomber sur le dos, et à le battre jusqu'à ce qu'il s'en aille. Il essaya cent fois sans jamais y parvenir à faire du feu dans cette chambre enragée [2].

Quelquefois les propriétaires de ces demeures finissent par abandonner la place aux esprits qui y ont élu domicile ; c'est ainsi qu'on a cessé d'habiter un vieux château près de Tremblay (Ille-et-Vilaine) parce qu'il est plein de diables et de revenants ; ceux-ci sont les ombres des personnes tuées jadis par les gens cruels qui le possédaient. Le château du Tertre-Volant en Plénée-Jugon était aussi inhabitable parce qu'un ancien seigneur, fort méchant, y revenait [3].

Des personnages de l'autre monde se sont montrés à des gens bien éveillés, dans des pièces éclairées ; sans paraître gênés par ceux qui les regardent, ils s'y conduisent comme de leur vivant et semblent y répéter quelque scène où ils ont joué un rôle. Plusieurs des épisodes de légendes recueillies à une époque plus moderne étaient connus au XVIᵉ siècle : On a ouy semblablement pourmener des esprits par la chambre, feuilleter un livre, conter argent, arranger les tables. Tels esprits ont aussi en se pourmenant saisi et empoigné quelqu'un par les bras ou par les cheveux [4]. Châteaubriand qui, dans sa jeunesse, habita quelque temps le château où s'était montrée, peu auparavant, une de ces apparitions, l'a ainsi notée : Quand M. Livoret fut nommé régisseur à Lascardais, le comte de Châteaubourg le père venait de mourir. M. Livoret, qui ne l'avait pas connu, fut installé gardien du castel. La première nuit qu'il y coucha seul, il vit entrer dans son appartement un vieillard pâle, en robe de chambre, portant une petite lumière. L'apparition s'approche de l'âtre, pose son bougeoir sur la cheminée, rallume le feu et s'assied dans un fauteuil. M. Livoret tremblait de tout son corps. Après deux heures de silence, le vieillard

1. Lucie de V.-H. in *Rev. des Trad. pop.*, t. XVI, p. 9.
2. George Sand. *Correspondance*, t. IV, p. 203 et suiv.
3. Paul Sébillot. *Traditions de la Haute-Bretagne*, t. I, p. 354.
4. N. Taillepied. *Traité de l'apparition des esprits*, p. 173-174.

se lève, reprend sa lumière et sort de la chambre en fermant la porte.
Le lendemain, le régisseur conta son aventure aux fermiers qui, sur la
description de la lémure, affirmèrent que c'était leur vieux maître.
Tout ne finit pas là : si M. Livoret regardait derrière lui dans une forêt,
il apercevait le fantôme ; s'il avait à franchir un échalier dans un
champ, l'ombre se mettait à califourchon sur l'escalier. Un jour le
misérable obsédé s'étant hasardé à lui dire : « Monsieur de Châteaubourg, laissez-moi ! » le revenant répondit : « Non ». M. Livoret,
homme froid et positif, très peu brillant d'imagination, racontait tant
qu'on voulait son histoire, toujours de la même manière et avec la même
conviction [1]. Plusieurs châteaux du Morbihan, qui, il est vrai, n'étaient
pas toujours habités par leurs propriétaires, étaient naguère encore
renommés pour leurs hantises. Une nuit de Noël, la gardienne de celui
de Bauvrel, pendant que tout les gens assistaient à la messe, vit entrer
un grand et beau jeune homme vêtu d'habits noirs d'une forme
inconnue de nos jours. Grave et silencieux, il vint s'asseoir près d'elle
au foyer, approcha ses pieds du feu, prit un livre de messe déposé sur
la cheminée, lut quelques lignes à voix basse, puis inclinant le front
sur sa main, il se mit à méditer et à soupirer ; enfin, toujours sans mot
dire, il replaça le livre où il l'avait pris, et disparut. Un homme qui,
revenant de l'armée, avait voulu par bravade coucher dans une
chambre à revenants du Châtellier, vit un peu avant la pointe du jour,
deux hommes qui, après s'être salués en silence, s'assirent à une table,
l'un feuilletait un rouleau de papier tandis que le second versait sur la
table un sac d'écus qu'il se mit à compter et à recompter. Le garçon
leur ayant demandé s'ils avaient bientôt fini, fut saisi, jeté hors du lit
et traîné sur le plancher [2].

Je n'ai pas jusqu'ici retrouvé le parallèle d'une singulière légende
qui avait pour théâtre un château bien connu en Haute-Bretagne : Les
gens étaient persuadés que la jambe de bois d'un certain comte de
Combourg, mort depuis trois siècles, se promenait toute seule avec un
chat noir dans le grand escalier de la tourelle [3]. Dans la *Revue de Paris*,
26 avril 1834, Edgar Quinet qui venait d'entendre à l'Abbaye aux Bois
la lecture de cette partie des *Mémoires d'Outre-tombe*, donne une version
un peu différente ; la jambe était celle de M. de Coatquin (Coëtquen)
qui tous les ans, la veille de Noël, sortait seule ; elle montait, elle
descendait, elle s'arrêtait devant les portes ; elle frappait, elle ouvrait,
elle fermait, elle piétinait et s'engouffrait avant le jour dans les
caveaux. Ces revenants se montraient aussi, non sous la forme qu'ils
avaient de leur vivant, mais sous celle d'un animal. Cette croyance à

---

1. *Mémoires d'Outre-tombe*, t. I, p. 258, éd. Biré.
2. (Dr Fouquet. *Légendes du Morbihan*, p. 49, 125.
3. *Mémoires d'Outre-tombe*, t. I, p. 136.

une sorte de métamorphose posthume est assez répandue (cf. t. III, 58, 149) et quelques-uns de ceux que j'ai cités fréquentaient, comme dans la légende qui suit, leur ancienne demeure : Un des seigneurs de Villeret, qui avait des contestations violentes avec sa sœur au sujet d'un héritage s'écria un jour : Que celui de nous deux qui a tort soit frappé de la foudre ! Au moment où il venait de prononcer ces mots, un violent coup de tonnerre se fit entendre, bien qu'il n'y eût aucun nuage et la foudre frappa le seigneur, dont la tête, abattue du coup, bondit sur la terre et y creusa un trou où elle disparut. Depuis un beau lévrier vint chaque soir dans la grande salle du château où il se tenait toujours à la place d'honneur, à côté de la cheminée. Durant les longues soirées d'hiver, jamais il ne lui arriva de déserter le foyer, et si quelqu'un s'avançait pour lui disputer sa place, il se dressait sur son séant, et de sa patte droite allongeait un soufflet à cet hôte incivil. L'un des habitants du château voulut tenter par des voies plus douces de l'éloigner. Il s'approcha, et lui dit avec beaucoup de respect : « M. de Villeret, voudriez-vous me céder votre place ? » L'animal merveilleux ne se le fit pas dire deux fois ; il disparut pour jamais [1].

A plusieurs châteaux s'attache la légende d'après laquelle des personnages qui ne sont pas de ce monde se montrent dans les appartements ou dans le voisinage lorsqu'il doit s'y produire un évènement funeste. En Ecosse cet esprit avertisseur attaché à la famille est désigné sous le nom de « banshie » qui a été assez généralement adopté pour qualifier ce genre d'apparitions, qui n'est pas particulière à ce pays. Cette croyance est beaucoup plus répandue en France à notre époque qu'on ne le pense généralement. Elle était connue au XIV° siècle, et probablement auparavant ; un passage du *Roman de Mélusine* de Jehan d'Arras, parle ainsi de la fée serpente : Encore est-il vérité qu'il y a ung Lieu à Lusignan auprès du puits, qu'elle (Mélusine) se montroit plusieurs fois à un homme qui est encore en vie. Item Ivon de Gales jura par sa foi à Monseigneur qu'il l'avoit veue par deux fois sur les murs de Lusignan par trois jours avant que la forteresse fust rendue [2]. Deux siècles plus tard la dame apparaissait non seulement lorsque le château devait éprouver quelque désastre, mais lorsqu'un de ses possesseurs devait mourir. Voici ce que dit Brantôme, qui semble rapporter des dépositions : Les unes disoyent qu'ils la voyoient se pourmener toute vestue avecque une très grave majesté ; les autres qu'elle paroissoit sur le haut de la grosse tour en femme très belle et en serpent ; les autres disoient que, quand il debvoit arriver quelque grand desastre au royaume, ou changement de règne ou mort

1. A. Bosquet. *La Normandie romanesque*, p. 267.
2. Léo Desaivre. *Le Mythe de le Mère Lusine*, p. 100.

et inconvénient de ses parens, les plus grands de la France, et fussent roys, que trois jours avant on l'oyoit cryer d'un cry très aigu et effroyable par trois fois ; on tient cestuy-cy pour très vray ; plusieurs personnes de là qui l'ont ouy l'asseurent, et le tiennent de peres en fils ; et mesmes que, lorsque le siege y vint, force soldats et gens d'honneur l'affirment qui y estoient ; mais surtout, quand la sentence fut donnée d'abattre et ruyner son chasteau, ce fut alors qu'elle fit ses plus hauts crys et clameurs ; cela est très vray, pour le dire d'honnêtes gens. Du depuis on ne l'a point ouye. Aucunes vieilles pourtant disent qu'elle s'est appareue, mais très rarement [1].

Cette fée banshie apparaissait ailleurs qu'à Lusignan : une femme blanche que l'on appelait la Merluisaine sortait la nuit d'une cheminée du château de Piney en Champagne ; elle poussait des cris aigus que l'on entendait du village voisin, et l'on pouvait être certain que l'un des châtelains mourrait dans l'année ; à Sassenage en Dauphiné, Mélusine se montrait trois jours avant la mort du seigneur, sous la forme d'une grande femme se promenant à pas lents. Une dame blanche errait autour des douves et du château de la Vergne (Vendée) quelque temps avant l'agonie d'un de ses habitants [2].

Les deux récits qui suivent sont particulièrement curieux ; ils sont dûs à des personnes qui connaissaient, par tradition familiale, l'origine de l'apparition. Au château de la Ville Even (Côtes-du-Nord) l'on vit en 1886, une semaine avant la mort du propriétaire, alors bien portant, une dame blanche échevelée et les mains jointes ; on raconte qu'il y a environ trois siècles, une dame de la famille à qui appartient encore cette ancienne demeure, dit à son lit de mort à son fils aîné qu'elle reviendrait avertir ses descendants quand ils devraient passer de vie à trépas. Chaque fois qu'un malheur menaçait ceux de la châtelaine du Mas, près de Brioude, morte sans confession après avoir été infidèle à son mari, elle était condamnée à apparaître pour les prévenir. Quand quelqu'un devait mourir, la dame blanche rôdait plusieurs nuits de suite autour du château, puis pénétrait dans la grande chambre, où elle réveillait ceux qui dormaient en les gifflant, puis elle disparaissait. La dernière fois que l'on prétend l'avoir vue, c'est le 13 décembre 1880, à la mort d'une dame, mariée à un descendant de la châtelaine du Mas [3].

Chaque fois que quelqu'un doit mourir au château de la Métairie (Vendée) la cloche est sonnée par l'homme rouge ; si quelqu'un descend, l'apparition disparait en poussant un cri. Des fantômes tenant à

---

1. Brantôme. *Vie des dames illustres*, éd. du Panthéon littéraire, t. I. p. 485.
2. Paul Chardin, in *Rev. des Trad. pop.* t. VI, p. 296 ; Léo Desaivre, *l. c.* p. 100 ; G. de Launay, in *Rev. des Trad. pop.* t. V, p. 353.
3. Paul Sébillot. *Légendes locales*, t. II, p. 127 ; E. de Roure, in *Rev. des Trad. pop.* t. XVI, p. 197.

la main des cierges se promenaient dans l'avenue d'un château des environs de Granville peu de temps avant la mort de son possesseur. Lorsqu'on aperçoit dans la cour d'honneur du château de Prémorvan en Pluduno (Côtes-du-Nord) un cierge qui brûle la lumière vers le sol, et qui s'éteint ensuite, on peut être certain que dans les douze heures il y aura un défunt dans le village. Le décès de chacun des membres d'une ancienne famille de Montilly est annoncé par l'apparition d'un être dont on distingue mal la forme et qui court la nuit [1].

Nombre de gens prétendaient avoir aperçu pendant les nuits noires les *damettes*, petites dames, à la fenêtre du château de Maubelle près d'Hyères ; ceux qui avaient pu les regarder suffisamment disaient qu'elles étaient toutes petites, jeunes, jolies, vêtues richement, et on les considérait comme bienveillantes ; quand la lune éclairait le logis, on les voyait parfois danser, à travers les fenêtres ouvertes, on les entendait remuer des chaises, parler, chanter. Lorsqu'une circonstance heureuse arrivait dans la famille, on constatait leur joie ; on entendait leurs pleurs et leurs plaintes quand un malheur la frappait [2].

Dans la légende qui suit, l'avertisseur de trépas semble n'être aperçu que par ceux qui ont le don de seconde vue. Lorsqu'en 1587, Jacques d'Amboise quitta Ambijoux pour rejoindre l'armée royaliste, il remarqua dans la cour du château un mendiant nommé Dreil, qui le regardait tristement et il lui jeta une aumône. Le vieillard ramassa l'écu et, quand le comte disparut, on le vit verser des larmes. Interrogé sur son chagrin, il expliqua que ce matin même, au moment où messire Jacques faisait, devant l'autel de la chapelle seigneuriale, sa prière d'adieu, lui, Dreil, agenouillé dans un coin, avait vu le fantôme des d'Amboise se placer derrière le comte et y rester silencieux. Comme cette apparition présage toujours une mort, tenez pour certain, ajouta t-il, que le maître d'Ambijoux ne reviendra plus. Deux mois après, Jacques d'Amboise fut tué à Coutras [3].

Des esprits qui veillaient sur la vertu des femmes manifestaient leur présence sans se faire voir. Monteil parle de revenants attachés à la grande salle de certains châteaux ; c'était l'ombre d'un seigneur qui frappait un grand coup sur la boiserie, quand une jeune fille avait forfait à l'honneur, et à plus grands coups, lorsqu'une femme allait y forfaire. Une légende apparentée est encore populaire en Auvergne ; lorsqu'une châtelaine avait été coupable, une ombre revenait dans la tour basse du château de Saint-Paul-en-Cornillon, et réveillait par

1. G. de Launay, in *Rev. des Trad. pop.*, t. V, p. 353 ; Paul-Yves Sébillot, *ibid.*, t. XIII, p. 151 ; Lucie de V.-H, *ibid.*, p. 145 ; J. Lecœur, *Esquisses du Bocage*, t. II, p. 23.

2. Bérenger-Féraud. *Superstitions et survivances*, t. I, p. 7.

3. Durif, *Le Cantal*, p. 426.

différents bruits la moitié du logis. Il paraît, quelquefois, que la cloche de la chapelle sonnait[1].

Les lutins qui faisaient leur résidence dans les châteaux se plaisaient quelquefois à rendre service. L'un deux qu'on appelle Jeannotte hante, depuis un temps immémorial, le vieux manoir des Hautes-Bruyères à Proussay, et il prenait grand soin de l'intérieur. Le château de Prévasy, près de Carhaix, fut longtemps habité par un esprit doux et poli envers les femmes, mais qui ne pouvait souffrir les hommes[2]. Le follet du château de Callac était espiègle ; il lutinait surtout une vieille femme qui le gardait en l'absence du maître ; quand elle s'endormait, il roulait de grosses boules dans la pièce au-dessus pour la réveiller ; il brouillait son fil, flambait sa filasse à la chandelle de résine ou mettait force sel dans sa soupe au lait. D'autres fois il dérangeait sa coiffe, nouait ses cheveux ou lui traçait au charbon de belles moustaches noires ; il se permit même un soir de lui rire au nez, en lui passant au cou un grand trépied de fer[3]. On montrait encore au milieu du XIXe siècle le Trou du Gobelin au château de Mortain, la pierre qui lui servait d'âtre, la petite margelle dans laquelle il se désaltérait, et le creux taillé dans le roc dans lequel il passait sa journée, car la nuit il avait l'habitude de se retirer à l'entrée de la voûte[4].

Voici une légende qui a trait à un évènement ancien, et qui est localisée dans le château de la Grimaudière près de Tourouvre (Orne) ; il appartenait à un seigneur huguenot, M. de Tournebœuf, dont la famille entière était catholique. Les fêtes de Noël arrivées, toute la famille de Tournebœuf se rendit à l'église ; ce dernier, invité à suivre l'exemple commun, répondit en jurant qu'il aimerait mieux être rôti vif que de prendre part à un tel acte de superstition. Lorsque la famille rentra au logis, on trouva le mécréant embroché devant la grande cheminée de la cuisine et rôtissant comme un simple poulet. Un gros chat noir, dans lequel on reconnut immédiatement le diable en personne, faisait tourner la broche. Au milieu du XIXe siècle on montrait encore la cheminée où avait eu lieu cette terrible exécution[5].

### § 4. LES HANTISES DES CHATEAUX INHABITÉS

Les légendes sur les hantises des châteaux délaissés ou en ruines sont assez rares chez les écrivains antérieurs au XIXe siècle, mais il

1. Monteil. *Histoire des Français*, t. I, p. 264 ; Baron de Roure, in *Rev. des Trad. pop.* t. XVI, p. 497.
2. J. Lecœur. *Esquisses du Bocage normand*, t. II, p. 411 ; Boucher de Perthes. *Chants armoricains*, p. 9.
3. Dr Fouquet. *Légendes du Morbihan*, p. 51.
4. Hipp. Sauvage. *Légendes normandes*, p. 44.
5. H. de Charencey, in *Mélusine*, t. I, col. 98.

en reste assez pour montrer que, de tout temps, on a cru que des personnages surnaturels en prenaient possession quand les hommes avaient cessé de les habiter. Le château de Vauvert, qui était aux portes du Paris des Valois, est l'un des premiers dont des documents écrits fassent mention : Lorsque, après la mort de Philippe le Bel, il fut abandonné, on dit qu'il était occupé par un malin esprit appelé vulgairement, le diable de Vauvert, lequel tourmentoit et affligeoit grandement tous ceux qui passoient par cette voye ; car personne n'y pouvoit passer qu'il ne fust frappé, offencé ou navré. Il faisoit aussi de grands cris et par ces voix horribles il effroyoit un chacun[1]. En 1257, Louis IX en fit donation aux chartreux et les esprits s'en allèrent. Au XVIe siècle, les adeptes de la sorcellerie, comptant sur les craintes populaires pour ne pas être dérangés, choisissent parfois comme lieu de réunion ces lieux inhabités. Des sorciers de Vercon, auxquels on fit le procès en 1566, s'assemblaient ordinairement dans un chasteau vieil et ancien en guise de nombre infini de chats. Quatre ou cinq hommes qui résolurent d'y demeurer la nuit, se trouvèrent assaillis de la multitude de chats ; l'un de ces hommes y fut tué, les autres blessés, néanmoins ils blessèrent aussi plusieurs chats qui se trouvèrent après muez en femmes et bien blessées[2]. Un château de la banlieue de Paris était bien connu pour ses hantises :

> Auguste chasteau de Bissestre ;
> Les Lutins et les Loups-garous
> Reviennent-ils toujours chez vous
> Faire la nuict leurs diableries ?
> Et les Sorciers de suif graissez
> N'y traînent-ils plus les voiles
> Des pendus et des trépassez ?[3]

Ces croyances étaient fort répandues à cette époque et on en rencontre d'autres témoignages curieux :

> Que j'aime à voir la décadence
> De ces vieux chasteaux ruinez
> Contre qui les ans mutinez
> Ont déployé leur insolence !
> Les sorciers y font leur sabat,
> Les demons follets s'y retirent,
> Qui d'un malicieux ébat,
> Trompent nos sens et nous martirent,
> L'orfraye, avec ses cris funèbres,
> Mortels augures des destins,

1. Jacques du Breul. Théâtre des Antiquitez de Paris, p. 345-346.
2. Jean Bodin. Le fléau des Sorciers, l. II, ch. 6.
3. Claude Le Petit. La Chronique scandaleuse, (1668), dans : Paris ridicule et burlesque. Paris, 1859, in-8, p. 19-20. L'éditeur ajoute en note que le comte de Soissons donna au Louvre, en 1632 le « ballet du chasteau de Bissètre et des personnes, animaux ou esprits auxquels il sert de rendez-vous la nuict. »

> Fait rire et danser les lutins
> Dans ces lieux remplis de tenebres [1].

Le personnage mis en scène dans la *Lettre pour les sorciers* est conduit à travers des masures sous les effroyables ruines d'un château déshabité où les siècles depuis mille ans travailloient à mettre les chambres dans les caves, et Agrippa, après lui avoir dit qu'il demeure là depuis un siècle, lui énumère ses divers pouvoirs : Je commande aux démons d'habiter les châteaux abandonnés, d'égorger les passants qui y viendront loger, jusqu'à ce que quelque résolu les contraigne de lui montrer le trésor [2].

Nombre de légendes recueillies depuis racontent les apparitions de personnages surnaturels dans les châteaux inhabités ou ruinés : en Gascogne, les fées blanquettes dansent souvent sur les vieilles tours ; au sommet du donjon à demi ruiné de Marguerite, parsemé de violettes, elles forment pendant les nuits d'été des rondes où nul mortel n'est admis, et sous leurs pas naissent ces jolies petites fleurs [3]. Mélusine montait chaque nuit une des 365 marches du donjon de Marmande (Vienne) et à la fin de l'année, arrivée en haut, elle s'envolait en poussant de grands cris pour reprendre son ascension dès la nuit suivante. La nuit de la Toussaint, Mélusine qui fut cruelle envers ses sujets, venait sur le donjon de Vendeuvre, et demandait à grands cris la fin du monde, espérant voir terminer ses souffrances, puis elle se rendait aux châteaux de Brienne et de Chassenay où elle criait aussi en faisant les mêmes prières [4].

Les ombres des anciens possesseurs des châteaux apparaissent près de leurs débris : les gens de Montfaucon disaient naguère encore que Thierry l'Excommunié revenait par les nuits d'orage dans les ruines de sa forteresse, blanc comme un suaire et toujours enveloppé d'une robe rouge qui semblait le brûler ; il allait boire et se laver à la fontaine qui est au-dessous de l'enceinte. Un chevalier armé de pied en cap se montrait sur les restes du château de Delle, et un seigneur sans tête et sans bras vient, la nuit, visiter les vestiges de celui de la Ville-Auxerre [5]. On voit toujours des rosiers fleuris parmi les ruines d'un château près de Léré (Cher). Ce petit coin était un jardin que son dernier hôte cultivait de ses mains ; c'est au pied d'un rosier planté par lui-même qu'il fut blessé mortellement en se défendant contre un

---

1. Saint-Amant. *Œuvres complètes*, éd. Jannet, t. I, p. 25.

2. Cyrano de Bergerac. *Œuvres comiques*, éd. Delahays, p. 47-48.

3. *La Revue d'Aquitaine*, t. I, p. 28 ; Karl des Monts. *Légendes des Pyrénées*, p. 361.

4. Léo Desaivre. *Le Mythe de la Mère Lusine*, p. 102 ; Boutiot. *Notice sur Vendeuvre*, in *Ann. de l'Aube*, 1860.

5. Ch. Thuriet. *Trad. du Doubs*, p. 48 ; H. Bardy. *Le Val d'Ajoie*, p. 6 ; C. Moiset. *Usages de l'Yonne*, p. 99.

puissant voisin ; son sang coula sur l'arbuste dont les fleurs, depuis ce
temps, se colorent d'une pourpre plus vermeille. Il y aura toujours
des rosiers en cet endroit ; si quelqu'un s'avisait de les remplacer par
un plant de chêne, son œuvre serait bientôt détruite par une main
invisible. Souvent, dans les nuits d'été, quand de longues chaleurs ont
desséché le sol, on voit descendre par le sentier qui conduit à la
Loire l'ombre silencieuse du vieux châtelain qui va puiser de l'eau
pour ses arbustes altérés [1].

Des âmes de l'autre monde venaient accomplir la nuit à l'intérieur
des châteaux délabrés les mêmes actes qu'ils y faisaient de leur vivant.
Entre onze heures et minuit, quand la lune est sans nuages, les fenêtres
de la tour d'Elven (Morbihan) s'illuminent et l'on entend les sons
joyeux d'une fête, puis les ombres passent et repassent entre les
lumières par l'ouverture des fenêtres sans vitres. Cela dure une heure,
et tout rentre dans un profond silence [2]. On voyait vers minuit dans la
grande salle du château de Rustephan une bière couverte d'un drap
mortuaire, dont quatre cierges blancs comme ceux qu'on faisait brûler
pour les jeunes filles nobles, marquent les quatre coins [3].

Les gens du voisinage d'un château d'Auvergne dont les ruines
dominent le village d'Audes-sur-Couze, racontent qu'une scène tragique
dont il fut le théâtre s'y reproduit périodiquement : le duc de Mercœur,
alors partisan d'Henri IV, l'invita à venir dans ce château. Mais
pendant que le duc combattait ses ennemis, le roi séduisit la duchesse,
et son mari en ayant été averti, la tua et la jeta du haut de la muraille,
puis il se fit ligueur. Il ne reste plus qu'un pan de mur ; mais le 29
octobre, anniversaire de la mort de la duchesse, le château redevient
ce qu'il était, et à deux heures après minuit, on voit le duc poignarder
sa femme et la précipiter du haut de la muraille. Mais personne n'ose
aller s'assurer du fait, car ceux qui ont eu cette curiosité n'ont jamais
reparu [4].

Plusieurs de ces dames avaient une attitude triste et conforme à la
destinée tragique que leur attribuait la légende. Lorsque la lune brille
il n'est pas rare de voir sortir des ruines du manoir de Kerprigent en
Saint-Jean-du-Doigt, une jeune femme très belle ; ses cheveux épars
sur ses épaules indiquent qu'elle vient d'être surprise au moment où
elle allait se livrer au sommeil ; sa bouche entr'ouverte exprime une
profonde douleur, et sa main droite, tenant sur son cœur un linge

1. *Compte-rendu des travaux de la Société du Berry*, 1866, p. 392.
2. Elvire de Cerny. *Contes de Bretagne*, p. 84.
3. H. de la Villemarqué. *Barzaz-Breiz*, p. 266. L'ancienne coutume de danser sur le
tertre de ce château a cessé parce qu'un soir les danseurs aperçurent la tête chauve
d'un vieux prêtre, les yeux étincelants, qui les regardait à travers la lucarne du
donjon.
4. Edmond de Roure, in *Rev. des Trad. pop.*, t. XVI, p. 95.

souillé, montre une large plaie d'où s'échappe le sang. Souvent elle jette des cris perçants qui attirent la Biche blanche des landes ; elle se couche à ses pieds, la flatte et lèche les gouttes de sang qui souillent ses mains et sa robe. D'après la tradition, un seigneur du Bois-Lou, amoureux de la châtelaine qui repoussa ses hommages et lui défendit l'entrée du manoir, jura de se venger, et la nuit qui suivit son départ, les serviteurs de la dame de Kerprigent la trouvèrent baignée dans son sang et couchée sur le pied de son lit. Depuis elle revient demander justice, mais son mari, mort en pays étranger, n'a jamais appris ses malheurs, et ses parents n'ont pas essayé de venger sa mort ; aussi reviendra-t-elle jusqu'à la fin des temps [1]. A la Noël apparaissait au château de Corlay la femme du ligueur La Fontenelle, que l'on reconnaissait à sa démarche lente et grave et à la pâleur de sa figure aussi blanche que ses vêtements [2]. Sur les ruines d'une poterne au bas de la tour de Ganne à Chef-Boutonne, à minuit, surtout à l'approche des grands évènements, une femme vêtue de blanc s'élève comme une légère vapeur, en plaçant un doigt sur sa bouche ; c'est la fille de Gannes, que son père tua au moment où elle livrait cette poterne à un chef Maure dont elle était amoureuse. L'ombre de Midone, frappée par son père un jour qu'elle s'interposait entre lui et son époux, revient chaque nuit, prier et pleurer sur les débris du château de Montaigle ; elle erre en silence, comme si elle cherchait son mari ; mais tous les dix ans, au coup de minuit, elle l'appelle en poussant un seul cri : « Gilles ! », qui était le nom de son bien-aimé. Chaque année une dame blanche sans tête apparaît sur les ruines du château de Montaigu, et en fait le tour à minuit. On croit reconnaître dans cette légende le mémorial du supplice par lequel aurait péri la châtelaine. Une dame blanche revient au château de Darches (Ain) ; jadis poursuivie par un châtelain voisin, elle se jeta, pour se soustraire au déshonneur, dans un torrent avec une cassette remplie d'or et de bijoux [3]. Une châtelaine morte sans les secours de la religion, erre, en poussant des cris plaintifs, sur les machicoulis du château de Marçay près de Chinon. Lorsque les bergers voient la dame blanche sur les ruines de Montmirey et qu'ils lui crient : « Dame blanche de Montmirey, que mires-tu là haut ? ». Elle répond en disparaissant ces mots qui composèrent longtemps la devise des comtes de Montmirey : « Je ne mire que le ciel ! » [4]

1. Elvire de Cerny, in *Journal d'Avranches*, mars 1891.

2. B. Jollivet, *Les Côtes-du-Nord*, t. IV, p. 334.

3. G. Musset, *La Charente-Inférieure avant l'histoire*, p. 117 ; H. de Nimal, *Légendes de la Meuse*, p. 298, 307 ; D. Monnier et A. Vingtrinier, *Traditions*, p. 452 ; Alex. Bérard, in *Revue des Revues*, mars 1901.

4. G. d'Espinay, *La fée Mélusine*, p. 7 ; Ch. Thuriet, *Trad. de la Haute-Saône*, p. 361.

La Dame blanche de la tour de l'Ebihen qu'on appelle aussi la « Mourioche », est l'âme d'une ancienne propriétaire de l'île qui revient le soir, voilée de brouillard, pour coucher sur son antique domaine et s'envole avec les mouettes, au matin, lors de la marée. Une jeune fille vêtue de blanc se promène, quand le soleil brille, sur les ruines du château de Tonquédec ; on la voit de fort loin ; dès qu'on en approche, elle s'éloigne[1].

L'apparition de plusieurs de ces châtelaines était redoutée des gens du voisinage, qui parfois racontaient les périls auxquels étaient exposés ceux qui les rencontraient. Quelques-unes de ces revenantes avaient comme attribut une quenouille, qui probablement se liait, comme dans la légende suivante, à quelque épisode de leur vie. Lorsqu'on entend gémir le vent dans les ruines du château de Saissac, les vieillards disent à leurs enfants : « Prenez garde ! c'est là châtelaine qui file sa quenouille ! » Cette châtelaine était jadis une bergère orgueilleuse de sa beauté ; un jour qu'elle pensait qu'elle aurait dû être grande dame, un moine d'une haute stature se trouva devant elle, et lui dit : « Je viens exaucer ton désir ; prends cet anneau, tu n'auras qu'à prononcer les paroles gravées autour, et ce que tu auras souhaité sera accompli ». Quelques jours après elle forma le vœu de devenir châtelaine, et dans la quinzaine, elle épousa le jeune seigneur de Saissac. Mais elle souhaita la mort du père de son mari, et par une nuit d'orage, peut-être par la puissance de l'anneau, le vieux seigneur expira ; son mari lui-même mourut peu de temps après ; devenue maîtresse du château, elle fit la guerre à ses voisins, et comme l'un d'eux disait à ses envoyés qu'en terre de France la quenouille ne devait jamais se heurter contre l'épée, elle prit pour arme une quenouille de fer, et grâce à son anneau elle fut victorieuse. Elle devint altière et cruelle, et un soir elle vit apparaître le terrible moine qui posa sa main sur son épaule, la saisit dans ses bras, et prenant son élan, poussa du pied le château qui s'écroula sous ce puissant effort ; on dit dans le pays que jamais on n'a pu le reconstruire[2]. La dernière châtelaine de Linchamps s'asseyait naguère toutes les nuits sur une anfractuosité d'une tourelle que l'on appelait la Chaise de la Fileuse ; vêtue de blanc, elle se reposait là de longues heures. On pouvait voir tourner son rouet qui ne faisait aucun bruit ; et quand elle se levait, elle poussait du pied quelques pierres qui tombaient dans la Semoy, comme si elle eût voulu faire disparaître tout vestige de son ancienne demeure. Les mères disaient souvent aux enfants ! « Prends garde à la fileuse ! si tu n'es pas sage, elle t'écrasera en te jetant une grosse pierre ». La

1. E. Herpin. *La côte d'Emeraude*, p. 149 ; Mourioche est ordinairement un lutin protéiforme. Boucher de Perthes. *Chants armoricains*, p. 8.
2. A. de Beaufort. *Légendes de France*, p. 205-215.

fée fileuse du château de Bon-Bigot, poursuivait, sa quenouille à la main, les voyageurs attardés [1]. Une dame blanche qui a été vue par plusieurs personnes vivantes aux ruines de château de Rolhbo (Suisse romande) court parfois après les passants ; un paysan la vit naguère en plein jour ; elle l'appelait par son nom en ajoutant : « Viens ici que je te peigne, que je te peigne avec mon peigne d'ivoire [2] ».

Quelques-uns des fantômes féminins qui revenaient visiter leur ancienne résidence y laissaient, comme les fées, des traces de leur passage ; une dame arrive parfois sur le haut de la tour de l'Ebihen (Côtes-du-Nord) et se couche sur un lit de fleurettes roses où sa place est marquée le matin : l'herbe qu'elle a foulée porte bonheur ; une pierre est souvent humide des larmes qu'elle a versées [3]. Une princesse vêtue de deuil se repose des nuits entières, à la clarté de la lune, sur les ruines du château de Castenec en Bieuzy, et la pierre sur laquelle elle s'est assise est, le lendemain, toute mouillée de ses pleurs [4]. L'eau en filtrant dans les caves du château de la Ville près Juillé-sur-Loir (Sarthe), dessine sur le sol la forme d'un soulier ; c'est la marque du pied de madame de Vabre qui est venue le visiter la nuit [5].

Parfois ces personnages apparaissent sous forme animale. Un esprit revient une fois par siècle au château de Maiche sous l'aspect d'un cochon noir ou d'un homme à tête de porc. On dit que c'est un ancien seigneur de cette terre qui aurait été condamné aux flammes éternelles, à moins qu'il ne parvînt à trouver un homme assez hardi pour lui prendre entre les dents une clé toute rouge de feu, à l'aide de laquelle on peut s'emparer de ses trésors qui sont encore cachés dans les décombres de son château. Un seigneur de Ville Auxerre se promenait en plein jour, sous l'apparence d'un bouc, près de son manoir ruiné. Un lapin blanc d'une grandeur extraordinaire qui sort la nuit des ruines de Penhoët descend dans les douves, disparaît sous les ronces, va, vient, repasse cent fois par le même endroit, puis monte au sommet de la tour où il fait entendre des cris lamentables. Lorsque les chiens le rencontrent, ils s'arrêtent ou s'enfuient la queue basse ; le plomb du chasseur ne peut l'atteindre : si on le poursuit sans armes, il ne s'enfuit pas, il vous promène, vous égare dans les douves ou il s'éloigne tout doucement en perdant de sa taille, puis il disparaît tout à coup, sans que l'on puisse découvrir sa retraite. Madame de Boloi sous la forme d'un lapin blanc, hantait les ruines de La Roche-Jagu [6]. Celles du

1. A. Meyrac. *Trad. des Ardennes*, p. 196.
2. Blavignac. *L'Empro genevois*, p. 274-275.
3. Lucie de V.-H., in *Revue des Trad. pop.*, t. XIII, p. 445.
4. Vérusmör. *Voyage en Basse-Bretagne*, p. 140.
5. Mme Destriché, in *Rev. des Trad. pop.* t. XII, p. 340.
6. D. Monnier et A. Vingtrinier. *Traditions*, p. 499 ; C. Moiset. *Usages de l'Yonne*, p. 99 ; Elvire de Cerny, in *Journal l'Avranches*, mars 1861 ; B. Jolivet. *Les Côtes-du-Nord*, t. III, p. 239.

château d'Isserpont sont gardées par un chien noir dont voici la légende : Une vieille femme prédit à deux chevaliers en train de boire qu'avant une heure l'un d'eux vendrait son âme au diable. Le château est assiégé, et le sire, sur le point d'être forcé, est sauvé par l'apparition d'un chien noir qui chasse ses ennemis. Alors la vieille apparaît et veut lui acheter son âme ; il refuse, mais le chien ayant disparu, les ennemis reviennent, et le seigneur consent à la vente. La vieille lui dit qu'il aura des trésors et que le chien les gardera dans le château d'Isserpont. Elle ajoute que plus tard le château s'effondrera et qu'il y croîtra un buisson qui aura un pouvoir magique. Depuis ce buisson s'agite la nuit, et l'on entend les aboiements du chien. On a tenté de déblayer le château ; mais les gens sont morts et les pierres reviennent à leur place ; quand on essayait de pénétrer, le chien noir apparaissait[1]

Un vouivre à l'étincelante escarboucle volait de la tour de Mamelay à celle de Montcroissant ; un autre serpent ailé qu'on nomme Mélusine et par corruption Mère Lusine habite la tour de Vadans-lès-Arbois, et on la voit encore quelquefois voltiger du château de Vaugrenans à celui de Vadans. Dans le mur du château de Montélier près de Valence, on montre un trou de forme circulaire par lequel Mélusine aimait à faire passer l'extrémité de sa queue[3].

Des animaux fantastiques sont parfois les gardiens jaloux des trésors enfouis sous les ruines des vieilles forteresses : un bouc horrible se dressa devant un paysan qui fouillait, la nuit, la butte de l'ancien château de Gourmalon. Le château de la Motte en Héric contient de grandes richesses. Un magister essaya de le fouiller, mais des flammes sorties de terre le dévorèrent avec ses élèves[4]. Deux gars d'un village voisin du château de la Cuve, sur l'un des points culminants du Meué, avaient trouvé la tonne d'or qu'il contient, mais oubliant la recommandation qui leur avait été faite de garder pendant l'opération un silence absolu, l'un d'eux s'écria au moment où la tonne touchait les bords de l'excavation : « Je la tenons ! » aussitôt la corde écourta et tout disparut, et depuis ils ne purent même la revoir. Quelquefois les chercheurs de trésors ont plus de chance, et l'on cite des personnes qui se sont fortuitement enrichies en démolissant d'anciens châteaux : on trouva dans celui de la Ville-Avran près de Louvigné, une poule d'or et ses douze poulets qui, vendue à Rennes, fit la fortune de celui qui l'avait découverte[5].

1. Bardoux, in Soc. d'émulation de l'Allier, t. XIV, p. 43.
2. L. Desaivre. Le Mythe de la Mère Lusine, p. 117.
3. Ch. Thuriet. Trad. de la Haute-Saône, p. 463. Chaque année la veille de Noël, à minuit, une chèvre d'or apparaît dans les ruines du château de Faujaux près de Largentière (H. Vaschalde. Croy. et sup. du Vivarais, p. 7).
4. Guillotin de Corson. Trad. de la Haute Bretagne, p. 176 ; Bizeul. De Rété et du pays de Raiz, p. 87.
5. Paul Sébillot. Légendes locales, t. II. p. 74.

## § 5. SOUTERRAINS ET OUBLIETTES

Le peuple attribue des longueurs extraordinaires aux souterrains des châteaux : celui de Lesneven (Finistère) aboutissait à deux lieues de là, à une autre forteresse ; celui du Bordage (Ille-et-Vilaine) au château de Saint-Aubin du Cormier encore plus éloigné. Quelques-uns étaient l'ouvrage de fées, comme celui qui allait du château de la Hunaudaye à Lamballe. Mélusine avait construit la longue galerie qui, partant de Lusignan, débouchait dans les arènes de Poitiers, distantes de six lieues. Elle faisait le trajet de son château de Sucinio (Morbihan) au couvent des Trinitaires de Sarzeau par un large souterrain où il y avait un canal et une voie carrossable ; tantôt elle se servait d'un bateau, tantôt d'un carrosse traîné par des bœufs [1]. Le souterrain d'un château assez voisin de l'île Chevalier, appelé *Toul ar Serpent*, va jusqu'à Combrit, qui en est séparé par un bras de mer ; le serpent qui l'habite, s'attaque à ceux qui sont assez hardis pour y pénétrer [2].

Bien que vraisemblablement la croyance aux hantises des souterrains soit ancienne, on en rencontre, antérieurement à nos jours, peu de mentions écrites : un écrivain du XVIe siècle parle cependant de « la tour de Realmont..... une vieille mazure sur une montaigne... où il y a des caves profondes, où le pays tient qu'il y reside des Demons [3] ». Les caveaux du château de Marsan auraient servi autrefois de demeure à une peuplade étrangère, nommée Lutons, Nutons ou Sottais. Ils étaient de petite taille et exerçaient divers métiers ; les gens du pays allaient déposer à l'entrée les objets qu'ils voulaient faire raccommoder, avec le salaire qu'ils supposaient exigible, et le lendemain ils trouvaient à la même place l'ouvrage réparé [4]. En Vendée le Frère Fadet ou Farfadet, petit lutin gracieux et bienfaisant, habite les souterrains des anciens châteaux [5].

Les bruits que l'on entend dans ces longs couloirs et qui sont dûs à des phénomènes acoustiques passent pour des manifestations d'esprits de l'autre monde ; à Kertanouarn c'étaient les âmes des faux-monnayeurs qui venaient y travailler : au château de La Lières, c'était la voix d'un prisonnier qui, il y a trois cents ans, fut attaché par une chaîne de fer au fond du souterrain et y mourut de faim ; il revient la

1. Cambry. *Voyage dans le Finistère*, p. 171 ; Paul Sébillot. *Légendes locales*, t. II, p. 71 ; Léo Desaivre. *Le Mythe de la Mère Lusine*, p. 78, 84.
2. G.-P. de Ritalongi. *Les Bigoudens*, p. 376-377.
3. Claude Gauchet. *Le Plaisir des champs*, p. 36, note.
4. Alfred Harou. *Contribution au F.-L. de la Belgique*, p. 64 : cette même légende est en relation avec les rochers et les dolmens.
5. *Revue des provinces de l'Ouest*, juillet 1854.

nuit, secoue ses entraves, et collant sa bouche à la fente du mur, il gémit et il appelle, et ses chiens mettent le nez à la fenêtre et aboient[1]. Les souterrains de Tonquédec sont hantés par les âmes des huguenots morts dans ce château ; ils soufflent sur la lumière et l'éteignent chaque fois que l'on tente d'y pénétrer trop avant[2]. Plusieurs personnes croient qu'il existe encore un passage secret qui, partant du château du Guildo (Côtes-du-Nord) vient aboutir, par dessous la rivière d'Arguenon, au manoir du Val, et qu'à certains jours on en voit sortir, tenant dans ses mains une potée de soupe, du lard et un pain d'orge, l'ombre d'une vieille domestique du Val, qui jadis se servit de ce passage pour porter à manger à Gilles de Bretagne prisonnier[3].

Les gens du voisinage regardent beaucoup de ces souterrains comme des lieux à trésors. Les dames fades de Viviers près de Metz, à l'arrivée de saint Colomban, enfermèrent leurs richesses dans celui du château et ne reparurent plus. Le souterrain du château de la Villeneuve en Saint-Donan se compose d'appartements remplis d'or ; un habitant conduit par un étranger en a pris quelques poignées, comptant bien y revenir, mais il n'a jamais pu retrouver l'entrée. Un trésor renfermé dans un coffre surnage au-dessus des eaux qui ont envahi les parties basses du château d'Annebaud, mais nul ne pourra s'en emparer, parce que celui qui tenterait cette entreprise serait entraîné au fond de l'abîme par une force surnaturelle[4].

Ces souterrains contiennent, comme les grottes, des animaux fantastiques en or. La femme d'un serf qui n'avait pour tout bien qu'une chèvre s'écria un matin en la conduisant aux champs : « Qu'au moins nous ayons du pain, le diable vînt-il nous l'apporter ! » — « Me voici, dit Satan, qui apparut aussitôt : vends-moi ton âme, je te la paierai ce que tu demanderas. » — « Prends-la donc, et fais que ma chèvre soit transformée en chèvre d'or. » — « Qu'il en soit ainsi et quand tu mourras, je viendrai chercher ton âme. » Puis il disparut, laissant la chèvre changée en une chèvre d'or ; la femme voulut l'emporter, elle était devenue aussi lourde que du plomb. « Mon doux Jésus ! cria-t-elle à bout de fatigue, aidez-moi à reprendre ma chèvre. » A peine avait-elle dit ces mots que la terre s'entr'ouvrit, et qu'elle fut précipitée avec sa chèvre d'or, dans un souterrain sans issue, en même temps qu'une énorme pierre bouchait la fissure par où elles étaient disparues. Mais en punition de son péché, elle restera toujours vivante sous terre pleurant et gémissant ; la nuit parfois on entend des plaintes sortir de

1. E. Souvestre. Les Derniers Bretons, t. I, p. 69 ; F. Noëlas. Légendes foréziennes, p. 81-85.
2. B. Jollivet. Les Côtes-du-Nord, t. IV, p. 174.
3. Fr. Marquer, in Rev. des Trad. pop., t. XII, p. 354.
4. Alfred Maury. Légendes du moyen âge, p. 60 ; B. Jollivet, Les Côtes-du-Nord, p. 61 ; Amélie Bosquet. La Normandie romanesque, p. 157.

ces cavités du château de la Roche, où depuis cette aventure nul n'a pu pénétrer. Les anciens d'Eteignères racontent que cette chèvre d'or apparaissait quelquefois la nuit ; on supposait autrefois qu'elle gardait dans de longs souterrains, des trésors immenses [1]. Les paysans disent que l'on voyait, dans les souterrains du château de Puy-de-Pont (Dordogne) par le trou d'une porte de fer, un veau d'or étendu sur une table, et à côté un bâton de bronze et un manteau d'écarlate ; certains ajoutent que toutes les fois qu'on a voulu y faire des fouilles il est survenu une furieuse tempête. Ils citent le nom d'un homme qui y trouva un mouton qu'il emporta sur ses épaules. Quelques moments après, il l'entendit faire une conversation avec le diable qui le suivait par derrière [2]. Une poule en or et ses douze poussins, également en or, sont cachés sous les décombres de la Tour de Bonneau [3].

Comme ceux des grottes plusieurs de ces trésors ne sont accessibles qu'au moment de certaines fêtes solennelles. De la petite ville de Charly dépend une ferme appelée Morny, à laquelle s'applique ce proverbe :

> Il n'est qu'un seul Morny en France
> Où soyent l'or et la finance.

On croit qu'à l'instant où le prêtre dit l'évangile du premier dimanche de l'Avent, le démon qui garde les trésors dans une des caves en ouvre la porte, mais qu'elle se referme aussitôt après l'évangile [4]. Le gardien des richesses que recèle le souterrain du château de Gisors (Eure) s'endort quand le célébrant commence la généalogie à la messe de Noël, mais il se réveille dès qu'elle est finie, et l'audacieux qui se trouverait encore là ne reverrait jamais la lumière du jour. Le trésor du château de Montlandon n'est accessible que pendant la messe de minuit ; l'homme qui a réussi à y pénétrer est tellement ébloui par ces richesses qu'il ne songe plus au temps qui s'écoule ; s'il n'est pas sorti avant la fin de la messe, il est forcé d'y rester au moins pendant un an ; rien ne lui manque, mais s'il vient à y mourir son âme appartient au diable [5]. Au premier coup de la cloche de l'élévation de cette messe l'entrée d'un souterrain près du château de Marolles est libre à tout venant ; on y voit trois monceaux de monnaie : or, argent, billon, et chacun peut prendre ce qui lui plaît, mais doit ne choisir que dans un seul tas ; la grande dame rouge qui les garde dit à celui qui y pénètre de prendre ce qu'il voudra, mais de ne pas s'attarder ; la cave se

---

1. A. Meyrac, *Trad. des Ardennes*, p. 351-352.
2. Abbé Audierne, *Notice historique sur la ville de Saint-Astier*, Périgueux, 1841, in-8, p. 15.
3. L. Martinet, *Le Berry préhistorique*, p. 61.
4. Ladoucette, *Mélanges*, p. 438.
5. L. de Vesly, *Légendes et vieilles Coutumes*, 2e fasc. 1895, p. 9 ; P. Vallerange, *Le clergé, la bourgeoisie*, etc., p. 102.

referme en effet au dernier coup de la cloche et garde celui qui n'a pas été assez prompt pour sortir auparavant[1].

Le dimanche des Rameaux, lorsque la procession s'arrête devant les portes closes de l'église, une cachette pratiquée dans les murs du château de l'Ormeteau s'ouvre d'elle-même, et laisse voir le trésor gardé par le diable. Une femme ayant son enfant à la mamelle eut jadis l'audace d'y pénétrer, et pour remplir son tablier des pièces du monceau d'or qu'elle découvrit, elle posa l'enfant, et sortit, emportant une faible partie du trésor, puis elle revint précipitamment chercher son nourrisson : la muraille s'était refermée, et c'est en vain que la pauvre mère affolée implora la Vierge et les Saints. La nuit suivante, une fée lui apparut et lui dit : « Ne pleure plus ; dans un an, jour pour jour, heure pour heure, ton enfant te sera rendu, si tu rends, toi, intégralement tout ce que tu as pris. Mets tous les samedis soirs une chemise blanche au pied du mur, vis-à-vis de la cache ; tous les dimanches matins, tu trouveras à la place la chemise sale de la semaine ». Ainsi fut fait ; l'année suivante, le dimanche des Rameaux, à l'instant précis où le prêtre s'arrêtait à la porte de l'église, la muraille s'entr'ouvrit de nouveau. La mère courut reporter le trésor à sa place, reprit son fils, et la muraille se referma pour toujours. Quant à l'enfant, il avait grandi, profité, et il se portait à merveille[2]. Une légende analogue, mais moins détaillée, s'attache au souterrain du château de Pyramont, qui ne s'entr'ouvre pour montrer les trésors gardés par le diable et ses acolytes, que tous les siècles, le jour des Rameaux, aussi pendant l'espace qui s'écoule entre le moment où le prêtre frappe à la porte de l'église et celui où elle s'ouvre. Le diable a rassemblé dans les caves du château de Preuilly et de celui de Montaiguillon d'immenses richesses qu'il distribue le dimanche de la Passion ; mais il faut se présenter juste au moment où commence la lecture du grand évangile, et sortir à l'instant même où elle s'achève[3]. Des êtres surnaturels veillent sur ces trésors ; au château du Thil, c'est une vouivre cachée dans le souterrain qui les garde ; elle prend aussi les enfants assez hardis pour oser s'y aventurer seuls[4]. Des spectres effrayants apparaissent fréquemment dans les ruines du château de Sogren (Suisse romande) ; ils sont condamnés en expiation de leurs crimes à être gardes des trésors volés, enfouis dans les débris de leur ancien domicile. La croyance populaire est, qu'à l'heure de minuit, des fantômes armés de pied en cap se montrent en haut de ces masures et y font la

1. C. Fraysse. *Le Folk-Lore du Baugeois*, p. 42.
2. Martinet. *Légendes du Berry*, p. 8.
3. Ach. Allier. *L'ancien Bourbonnais*. Voy. pitt., p. 293 ; A. Fourtier. *Dictons de Seine-et-Marne*, p. 69-70.
4. Clément-Janin. *Trad. de la Côte-d'Or*, p. 7.

ronde jusqu'à ce que le chant du coq les force à rentrer dans leurs prisons souterraines pour y gémir sur les monceaux d'or mal acquis. Aux ruines de Franchimont, un bouc appelé Verbo est un démon qui se tient couché sur le coffre ; à certains jours de l'année, il est relevé de sa faction pendant une heure, et c'est alors seulement que l'on peut chercher à s'emparer de ces richesses ; une gatte d'or est enfouie dans les débris de l'ancien château de Samson à Namur ; elle est protégée par l'esprit malin, qui ne manquerait pas de jouer un mauvais tour au dénicheur du trésor[2].

Presque tous les anciens châteaux passent pour avoir eu des oubliettes ; dans les parties basses de simples manoirs, comme celui de la Morlaye en Saint-Aubin d'Aubigné, qui fut une des résidences du conteur Noël du Fail, on montre encore les lames de fer qui hérissaient le fond et les parois de la pièce à laquelle on donne cette attribution ; à Kerlanouarn, on fit voir à Souvestre la basse fosse humide que traverse une immense poutre garnie d'anneaux auxquels le seigneur attachait ses prisonniers. Lorsque les marquis du Bordage voulaient enfermer quelqu'un dans leurs oubliettes, ils l'invitaient à venir visiter leur château et ils les promenaient partout : à un certain endroit, une planche basculait au moyen d'un mécanisme que le maître connaissait, et l'homme y était précipité. Longtemps on entendit, après le départ Montbourcher, dans la chambre au-dessus de l'ancienne prison, des cris et des gémissements pareils à ceux que poussent les personnes qui souffrent ; on disait que ceux qui étaient morts dans les oubliettes revenaient se plaindre la nuit, et pendant plus de cent ans, ces chambres furent inhabitées[3].

Cette tradition des oubliettes était courante, il y a deux ou trois siècles, même à Paris : Depuis la démolition de la grosse tour du Louvre, le lieu où elle avoit été bâtie, quoi qu'on l'eût comblé et aplani, plus de cent ans après, a toujours été un peu plus creux et enfoncé que le reste de la cour. Le peuple ingénieux à se tromper conte quantité de fables de cette tour, et, non content de la faire passer pour la prison la plus obscure et la plus affreuse qui ait jamais été au monde, il veut encore que dans ses fondemens il y eut de profonds abîmes où nos rois se défaisoient sans bruit de ceux dont la punition publique auroit donné lieu à des séditions, ou servi à les rendre odieux[4].

1. E. Rolland, *Faune pop.*, t. VI, p. 88.

2. E. Monseur. *Le Folk lore wallon*, p. 5 ; Alfred Harou. *Contrib. au F.-L. de la Belgique*, p. 58.

3. Paul Sébillot. *Légendes locales*, t. II, p. 70 ; E. Souvestre. *Les Derniers Bretons*, t. I, p. 69 ; Paul Sébillot, l. c.

4. Sauval. *Antiquités de Paris*, t. II, p. 19. Cet enfoncement même qui paroissoit toujours leur faisoit imaginer qu'à cet endroit sous terre il y avoit une infinité de tours et de retours embarrassés les uns dans les autres, qu'on n'avoit point comblés, et qu'on ne combleroit jamais.

Lorsqu'on rencontre des débris humains dans des parties basses ou cachées des châteaux, il n'est pas rare de voir se former aussitôt une légende pour expliquer leur présence. Au Châtelier, dans le Morbihan, on découvrit sous une trappe un réduit profond et humide, sans porte ni fenêtre, et dans lequel gisaient des ossements dispersés : un squelette était assis dans un coin ; on raconta alors qu'un sire de Malestroit ayant fait prisonnier un seigneur dont il était à la fois l'ennemi et le rival, l'avait enfermé dans cet affreux cachot, où il avait dû mourir de froid et de faim [1]. On trouva aussi en démolissant au château de Launay Mur une vieille cheminée murée, le squelette d'un homme, le casque en tête, revêtu de sa cuirasse et l'épée suspendue à son côté ; d'après la tradition l'ancien seigneur ayant surpris des signes d'intelligence entre sa femme et l'un de ses hommes d'armes, enferma celle-ci dans une barrique remplie intérieurement de clous et la jeta par dessus les remparts dans l'étang ; quant à l'écuyer, il fut placé tout vivant et tout armé dans une cheminée du château que l'on mura soigneusement [2].

### § 6. LES ENVIRONS

Plusieurs légendes parlent des personnages de l'autre monde qui, après s'être montrés près des douves des châteaux, s'y engloutissent soudain. On voit parfois passer sur le plateau de Montechéroux un cavalier noir dont le visage est ensanglanté et le front couvert d'un bandeau ; rien n'arrête sa course et une force irrésistible l'attire vers les précipices qui servent de fossés au château, et il y disparaît avec sa monture. La nuit de Noël un carrosse à six chevaux part du vieux donjon de Pandy et va s'abîmer à la place où était jadis le pont-levis du château de l'Ormeteau [3]. On entend souvent là nuit un cheval arriver dans la cour de Kercabin, et quand les domestiques se présentent pour le mettre à l'écurie, ils ne trouvent ni cavalier ni cheval, et rentrent en disant : « C'est encore ce diable de Margéot. » Ce Margéot était un homme d'une grande force physique, violent et emporté, qui avait habité ce château au commencement du XIXe siècle. On disait qu'il avait vendu son âme, et quelques vieilles femmes prétendent que deux diables rouges enlevèrent son corps pendant qu'on le veillait, et que le cercueil qui fut enterré dans le cimetière de Plouec était vide [4].

Une dame de Galinée (Côtes-du-Nord) morte à la suite des mauvais traitements que lui fit subir son mari parce qu'elle ne lui donnait pas

---

1. Dr Fouquet. *Légendes du Morbihan*, p. 122.
2. B. Jollivet. *Les Côtes-du-Nord*, t. IV, p. 422.
3. D. Monnier et A. Vingtrinier. *Trad.* p. 64 ; L. Martinet. *Le Berry préhistorique*, p. 69.
4. F.-M. Luzel. *Veillées bretonnes*, p. 49.

d'enfant, est revenue pendant de longues années réciter son chapelet pour le salut de son cruel époux, et jadis on entendait dans les avenues le bruit de son rosaire qu'elle égrenait [1]. On raconte aux veillées, aux environs du château de la Bellière, qui fut habité par la première femme de Du Guesclin, qu'une dame en longue robe blanche vient durant les nuits d'automne, se promener dans les sentiers jonchés de feuilles mortes des bois de la Bellière ; c'est l'ombre attristée de Tiphaine, regrettant au ciel même les verts abris de son berceau. D'après le chanoine de Garaby, qui était originaire de Pleudihen, la belle châtelaine revient chaque soir visiter la Bellière et ses environs, cherchant encore des veuves et des orphelins à soulager [2].

Au temps de la Révolution, le château du Vaurouault (Côtes-du-Nord) fut occupé par une garnison de bleus qui avaient avec eux une femme nommée Catherine, dont le nom se retrouve encore écrit avec des inscriptions amoureuses ou badines, en quelques parties du château. Catherine ayant été tuée, on l'enterra sous un des chênes de l'avenue. Depuis on voit souvent comme un feu qui, après avoir erré dans les marais voisins s'évanouit au pied de ce chêne ; c'est Catherine qui revient demander des prières ; si cette flamme apparaît à un fiancé pendant le temps des bannies, c'est le présage certain que celle qu'il va épouser lui sera infidèle [3].

On voit la nuit dans l'avenue du château du Val Saint-Rieu (Côtes-du-Nord), quatre fantômes noirs retenus par une grosse chaîne ; une jeune fille qui n'a plus de bras les conduit en les faisant passer par les ronces et les épines ; ce sont quatre seigneurs condamnés à cette pénitence pour avoir maltraité les filles et les femmes. Ils supplient la jeune fille de leur pardonner ; celle-ci, à qui l'un d'eux a fait couper les bras, ne semble pas entendre leur prière, elle les promène à travers les buissons, et elle continuera jusqu'au jour du jugement. On y entend la nuit des chevaux au galop et un bruit de ferraille insupportable ; ce sont les anciens seigneurs qui reviennent à cheval visiter leur propriété [4].

Quelquefois ces personnages reproduisent des actes qu'ils ont faits de leur vivant. Chaque nuit on rencontre un beau cavalier dans l'avenue du château de Lapeuly. Il met pied à terre sous un vieux sapin auquel il attache son coursier ; puis, se mettant en ligne, comme pour un combat, il attend quelques instants comme s'il voulait laisser à son adversaire le temps d'arriver et de tirer le premier. Alors allongeant-

1) Lucie de V.-H., in Rev. des Trad. pop., t. XVI, p. 92.
2. Le Maout. Collection de pièces inédites, t. II, p. 573 ; B. Robidou. Histoire d'un beau pays, t. II, p. 100.
3. Lucie de V.-H., in Rev. des Trad. pop., t. XII, p. 528.
4. F. Marquer, in Revue des Trad. pop., t. XII, p. 355.

le bras, il pose le doigt sur la détente et chaque fois l'air retentit du bruit sec d'une arme à feu[1]. Dans un lieu qui fit partie du parc, aujourd'hui détruit, du château de Rouvron, deux beaux messieurs, le chapeau galonné sous le bras, les cheveux poudrés et en culotte courte se promenaient et semblaient s'entretenir tout bas[2].

Un prêtre marche lentement la nuit dans les allées désertes du jardin du château de la Fosse à Calian en paraissant lire son bréviaire avec une grande attention[3]. Un autre sort vers dix heures du soir lorsque le ciel n'a ni lune ni étoiles, de l'avenue de la Ville Even en Saint-Pôtan (Côtes-du-Nord) ; son approche est très redoutée, car on entend distinctement le cliquetis de ses os ; il prend la route du Guildo et ne s'arrête qu'à la Croix aux Merles ; lorsqu'il y arrive, il se retourne vers ceux qui l'ont suivi, et à la place des yeux on voit dans sa tête de mort, et il disparaît tout-à-coup. Personne n'a eu le courage de l'interroger ; il faudrait avoir soin, pour ne pas éprouver quelque mal, de le tutoyer[4].

D'autres ombres sont celles de personnages méchants. La demoiselle de La Loyère, qui fit tant de misères au pauvre monde, est revenue pendant des siècles sous toutes formes d'animaux, et c'est elle qui est connue sous le nom de Bête de la Loyère. Il y avait un moyen d'éviter ses maléfices ; si au lieu de l'injurier, on lui disait bien gentiment : « Te voilà, belle Jeannette, laisse-moi, ne me fais pas de mal, je t'aime bien, je suis ton ami, etc. », elle s'en allait tranquillement, ou même s'employait à rendre service[5]. Le docteur Fouquet qui rapporte aussi cette tradition, ajoute que lorsque le château fut abandonné, la Piphardière descendit au village, erra par les chemins, et se hasarda même souvent à se glisser le soir dans les maisons, mais alors elle était timide, et quand les ménagères et les enfants la frappaient sur le nez en lui criant : « Hors d'ici, la Piphardière ! », la bête s'en allait aussitôt la queue basse ; mais elle se vengeait en maltraitant plus rudement encore les paysans attardés qu'elle rencontrait par les chemins[6]. En Bourgogne, la baronne de Montfort, qui faisait mettre au carcan les gens qui ne la saluaient pas comme elle voulait, erre sous la forme d'une louve que l'on ne peut tuer[7].

Champion de Cicé, qui vivait au XVII⁰ siècle, ayant mené joyeuse vie, fut obligé de vendre son château ; sous forme de loup, il se précipita sur la comtesse de Villeneuve en 1693, furieux de voir qu'elle possédait son château, et la blessa si fort qu'elle mourut. Il vient gémir

1. Hipp. Sauvage. *Légendes normandes*, p. 115.
2. J. Lecœur. *Esquisses du Bocage normand*, t. II, p. 393.
3. J. Lecœur. *Esquisses du Bocage normand*, t. II, p. 393.
4. Lucie de V.-H. *Rev. des Trad. pop.*, t. XIII, p. 545.
5. E. Herpin, in *Rev. des Trad. pop.*, t. XII, p. 684.
6. Dr Fouquet. *Légendes du Morbihan*, p.
7. *Musée des familles*, 2⁰ série, t. XII, p. 277.

sur ses ruines où se montre encore aux environs tantôt sous cette forme tantôt sous celle d'un chien, d'un lion, ou d'un animal fantastique [1].

Mélusine qui, après avoir, de colère, jeté dans un puits sa servante favorite, s'y précipita de désespoir, se montre souvent autour de son ancien manoir de Maulne et crie en sanglotant : « Maulne! Maulne! tant que Maulne sera, malheureuse serai! »; elle a pris en haine les habitants de ces contrées ; celui qu'elle rencontre à l'écart est roué de coups ; celui-là frappé d'un sommeil irrésistible est obligé de passer la nuit dans un fossé. C'est aux enfants surtout qu'elle s'attaque; en saisit-elle un, elle l'emporte pour toujours dans l'antre inconnu qu'elle habite [2].

Les lieux où s'élevaient autrefois les fourches patibulaires sont hantés et maudits. Il ne pousse pas de grain sur la lande de la Justice où était dressée la potence du Bordage et l'on y entend des plaintes la nuit [3]. Chaque année, pendant les Avents de Noël, les fantômes de ceux qui avaient succombé sous les coups des suppliciés s'assemblaient en grand nombre autour des potences du Carroir des Pieds pressés, et, dansaient des rondes désordonnées, dont les pas n'étaient réglés que par le cliquetis des squelettes qu'agitaient les rafales de la saison. On assure encore que durant la messe de minuit, les pendus des deux justices recouvraient tout à coup la parole, et se racontaient avec des éclats de rire effrayants, toutes les iniquités auxquelles ils devaient leur damnation [4].

Dans la commune de Poligné, sur la lisière du bois de Ferchaud, se trouve un lieu nommé la *Penderie*, et il s'y élevait, dit-on, un château, aujourd'hui disparu, habité par un seigneur qui haïssait les blasphémateurs. Il fit construire une butte entourée d'un fossé pour y placer « sa penderie » et y pendre tous les charretiers qu'il entendait jurer en montant la côte de Mandon. « Mais à ce compte-là, lui dit son domestique, vous allez dépeupler le pays ». Reconnaissant la justesse de cette observation, il eut recours à un autre expédient : il établit, dans le bois de Mandon que traverse la route de Nantes, une forge perpétuellement allumée et un *fer* toujours *chaud* avec lequel on perçait la langue des pauvres charretiers [5].

1. A. Orain, in *L'Hermine*, t. XVII, p. 149.
2. C. Moiset. *Usages, etc. de l'Yonne*, p. 88.
3. Paul Sébillot. *Légendes locales*, t. II, p. 100, cf. *Folk-Lore de France*, t. I, p. 197.
4. L. Martinet. *Légendes du Berry*. p. 4.
5. Paul Sébillot. *Légendes locales de la Haute-Bretagne*, t. II, p. 100.

# CHAPITRE V

# LES VILLES

Jusqu'ici j'ai eu rarement à parler des villes : à moins qu'il ne s'agisse de cataclysmes qui ont englouti des cités réelles ou supposées, elles ne figurent qu'à titre épisodique dans cet ouvrage. Il ne faudrait pas cependant croire qu'elles n'ont pas de légendes. Sans doute elles sont moins nombreuses, moins bien sues que dans les campagnes ou vers la ceinture de la mer, dont la population plus dispersée, moins sceptique, a constamment sous les yeux le spectacle des phénomènes naturels mystérieux et la vue des endroits où se sont passés les événements dont la tradition garde le souvenir. Pourtant, les cités ne sont pas dépourvues de légendes, et elles ont même un caractère assez spécial pour mériter quelque attention.

A ma connaissance, on a rarement relevé celles qui se racontaient jadis parmi le peuple dans les agglomérations urbaines, et c'est presque par hasard que les auteurs des monographies des villes nous en ont conservé quelques-unes. Maintenant elles sont en voie d'effacement, sinon de disparition, et il est grand temps d'en recueillir les derniers échos. Cette enquête aurait été bien plus fructueuse à une époque qui n'est pas fort éloignée de nous, et dont peuvent se souvenir, pour l'avoir connue dans leur enfance, ceux qui sont nés vers le milieu du siècle dernier. En ce qui concerne la Haute-Bretagne, — et il en était de même dans beaucoup d'autres régions, — les villes, surtout les moyennes et les petites, étaient habitées par une population assez fixe ; quelques fils de bourgeois les quittaient pour achever leurs études, des gens de métiers allaient faire leur tour de France, mais la plupart revenaient quand ils avaient complété leur éducation scientifique ou manuelle. L'immigration se bornait aux fonctionnaires, à des ouvriers venus des campagnes environnantes ; mais ils étaient en trop petit nombre pour ne pas être promptement assimilés. Quant à la vieille cité, elle restait à peu près telle qu'elle pouvait être avant la Révolution ; l'aspect des rues ne changeait guère, sinon que de temps en temps des maisons neuves remplaçaient celles qui tombaient de vétusté. Rarement on faisait des percées, et presque toujours les rues nouvelles étaient en dehors l'enceinte. Dans ce milieu qui ne se modifiait qu'avec len-

leur, chaque quartier gardait avec son ancien aspect, à peine changé,
ses mœurs et ses souvenirs, et il s'y trouvait toujours quelque lieu,
maison ou couvent, fontaine séculaire ou vieille croix, auquel se rattachait un récit singulier ou merveilleux. On racontait leurs chroniques
aux veillées, ou dans les petites villes par les chaudes soirées d'été,
lorsque les voisins, assis sur le pas des portes, causaient en prenant le
frais. Il y avait même des rues où ces réunions étaient pour ainsi dire
de fondation, si bien qu'elles avaient pour cette raison, à côté de leur
nom officiel, un sobriquet qui le constatait. C'est ainsi qu'à Matignon
(Côtes-du-Nord), la rue Saint-Jean, siège de l'un de ces « parlements »,
était surnommée le Pertuis-Caquet ; dans la même petite ville, il y
avait un autre centre de réunions d'été, dans la rue du Four, qui
n'avait pas, que je sache, d'autre nom spécial, Four étant synonyme
de bavardage. Je l'ai mieux connu que le premier, parce qu'il se trouvait plus près de la maison paternelle, et que l'on me permettait parfois d'y aller. Je me rappelle très bien qu'on y parlait assez souvent de
ce qui s'était passé jadis à Matignon et aux environs, et bien longtemps
après, en écrivant mes livres, je me suis souvenu de quelques traditions
locales que j'y avais entendues, et qui étaient restées dans un coin de
ma mémoire, alors que j'en avais oublié beaucoup d'autres, dont
pourtant il me reste un souvenir, mais pas assez précis pour que je
puisse le noter utilement.

### § 1. ORIGINE ET DÉCADENCE

Au milieu du XVII<sup>e</sup> siècle Bonaventure Des Periers faisait une mor-
dante critique des fables que plusieurs auteurs de son temps avaient
adoptées relativement à l'origine des villes, et aux circonstances dans
lesquelles elles avaient pris leurs noms [1], et l'on verra plus loin un passage de Rabelais qui se rapporte au même ordre d'idées. Plusieurs de
ces étymologies étaient fondées sur des jeux de mots, et on en retrouve
un certain nombre dans des légendes postérieures, ou dans d'autres,
recueillies de nos jours, qui ne sont parfois que semi-populaires. Un
voyageur du XVII<sup>e</sup> siècle relevait dans ses notes l'explication suivante
du nom d'une petite ville de Béarn : « L'étimologie de Morlaas est
qu'anciennement un seigneur de Béarn, traitant extrêmement mal ses
vassaux, iceux ayant pris les armes contre luy deffirent ses gens et le
tuèrent luy-mesme, d'où est induit le mot de Morlaas comme qui diroit
*Mort Las*, ton seigneur estant *Mort* [*Tu*] *Las* [2]. » On raconte en Cham-

---

1. *Discours non plus mélancoliques que divers de choses mesmement qui appartiennent à notre France*. Poitiers, 1556, pet. in-4°, cité par Leroux de Lincy. *Introd.
du Livre des Légendes*, p. 71. Dans les pages suivantes plusieurs passages de Des
Periers sont reproduits.

2. *Voyage de Léon Godefroy en Gascogne, Béarn et Bigorre*, 1644-1646, cité dans
*Rev. des Trad. pop.*, t. XVI, p. 103.

pagne que Nogent-sur-Seine s'appelait autrefois Richebourg; un jour
que cette ville était assiégée et allait succomber, l'évêque de Troyes
qui y commandait s'étant écrié : « Mon Dieu ! ayez pitié de *nos gens !* »
sa prière aurait été exaucée par la déroute des ennemis et la ville en
aurait conservé le nom de Nogent[1]. Quand Jésus créa le monde, il se
promenait à travers l'espace laissant tomber la terre de ses mains.
Arrivé près de Saint-Brieuc il s'aperçut que sa provision s'épuisait, et
il dit : « Cessons. » Il fit néanmoins encore un pas, mais quand il
ouvrit la main, il vit qu'elle était vide et il s'écria : « Plus rien ! » D'où
le nom des communes de Cesson et Plurien[2]. Celui d'une autre commune
des Côtes-du-Nord est aussi dû à un jeu de mots : lorsque les Romains
envahirent le pays de Corseul après l'engloutissement de la forêt de
Scissey, ils massacrèrent tous les habitants, à l'exception d'une femme
qui se cacha dans un puits ; lorsqu'ils surent qu'elle avait échappé à la
mort ils dirent : « C'est un corps seul » et ils donnèrent ce nom au pays
qui l'a toujours porté depuis[3].

A la muraille sud de l'église de Sains (Ille-et-Vilaine) on voit un
cadran en ardoise avec cette inscription : « Pour Sainct, 1585. » Ce sont
les Romains qui l'ont planté là, disait un habitant du pays ; ils avaient
fondé en ce lieu le plus salubre de la terre, un hôpital, et comme tous
les malades en revenaient *sains*, le nom est resté au pays. Le nom
d'Etrabonne (Doubs) viendrait de ce que l'un des trois mages, d'autres
disent Jésus-Christ, saint Pierre et saint Jean, voyageant dans ce pays,
firent jaillir une source avec leur bâton, et y ayant goûté s'écrièrent :
*Et très bounè*, elle est très bonne ! Mandeure s'appelle en patois Main-
deure, ou Maindure : le peuple prétend que César se trouvant en ce lieu
et voulant corriger sa femme, lui dit en la fouettant vigoureusement :
« Attends, i m'en vais te faire ai vor s'i i ai la main deure[4] ! » Le bourg
d'Issandon a tiré son nom de l'exclamation *Y sens dounc !* que répétaient les gens obligés de gravir ce haut piton calcaire[5].

Le nom d'une petite ville du Cantal se lie aussi à une légende fondée
sur un jeu de mots : Lorsque Dieu le père eut créé le comté d'Auver-

---

1. Paul Lutel. *La légende de Champagne*, Paris, 1891, in-18, p. 147.
2. J.-M. Carlo, in *Rev. des Trad. pop.*, t. XII. p. 310.
3. Paul Sébillot. *Légendes locales*, t. II, p. 221-222.
   Les exemples de ce que M. Gaidoz a ingénieusement appelé l'étymologie populaire et le folk-lore sont nombreux en dehors de celles qui concernent les villes ; en
voici une assez singulière : Dans une ancienne prière populaire du Berry, espèce de
légende de sainte Marguerite, la sainte est martyrisée par les ordres du Pée (père)
Catoribus, personnage burlesque dont elle a dédaigné les avances (Jaubert, *Glossaire du Centre*).
4. B. Robidou. *Histoire et panorama d'un beau pays*, t. II, p. 170 ; Ch. Beauquier.
*Blason pop. de la Franche-Comté*, p. 125 ; Dr Perron. *Proverbes de Franche-Comté*,
p. 146.
5. J.-B. Champeval. *Prov. bas-limousins*, p. 58.

gne, il donna à Lucifer la permission de bâtir trois villes dans la province. Le démon se plaça sur un rocher au-dessus de Roussy, arracha un de ses cheveux et le jeta du côté de l'Est: immédiatement Laroquebrou naquit; un autre cheveu, lancé au Midi, enfanta Maurs, et enfin le troisième produisit Montsalvy. Les mauvais plaisants ajoutent que cette visite du diable ne peut être contestée, car elle laissa à sa suite une odeur brûlée si particulière, que la paroisse actuelle en prit le nom de Roussy [1].

Un blason populaire explique ainsi l'origine de la naïveté proverbiale attribuée aux habitants d'une petite ville : Le peuple provençal tient pour certain que quand Dieu sema les badauds, le sac se creva au-dessus de Tarascon, et y répandit d'innombrables graines qui ont abondamment fructifié depuis [2].

Les traditions sur la fondation des villes sont peu nombreuses. Celle qui s'attache à Baugé rappelle la légende de Didon. Un comte d'Anjou, Foulques Nerra, qui venait de forcer un sanglier dans une forêt située à l'endroit où se trouve la ville de Baugé actuelle, fit découper en lanières très minces la peau de l'animal et il en entoura un espace de terrain pour y bâtir une ville [3]. En Berry l'emplacement d'une cité est déterminé, comme celui de plusieurs édifices sacrés ou profanes, par le jet d'un objet lourd. On avait d'abord voulu construire Neuvy Saint-Sépulcre sur une colline ; mais chaque nuit les travaux de la journée s'engloutissaient dans un lac voisin, à l'endroit appelé aujourd'hui Ville perdue ; un matin le chef des ouvriers jeta de désespoir son marteau loin de lui. Soudain, le marteau s'élève dans les airs et va retomber dans la vallée de Bouzanne ; à l'endroit même où il tomba fut bâtie la ville [4].

Rabelais se souvenait probablement de quelque dire analogue à ceux encore populaires en plusieurs pays quand il écrivit ce passage où il parle de la cave peinte de la première ville du monde. Où est, demanda Pantagruel, et qui est ceste première ville que dites. Chinon, dis-je, ou Caynon en Touraine. Je sçay, respondit Pantagruel, où est Chinon et la cave peinte aussi, et ne fais doute aucune que Chinon ne soit ville bien antique, son blason l'atteste, auquel est dit :

> Chinon, deux fois, trois fois Chinon,
> Petite ville, grand renom,
> Assise sur pierre ancienne,
> Au haut le bois, au pied la Vienne.

Mais comment seroit elle ville première du monde? où le trouvez vous par escrit ?.. Je dis : Je trouve en l'escriture sacrée que Cayn fut

1. Durif. *Le Cantal*, p. 312.
2. H. Vaschalde. *Dictons et sobriquets du Midi de la France.*
3. C. Fraysse. *Le Folk-Lore du Baugeois*, p. 28-29.
4. L. Martinet. *Le Berry préhistorique*, p. 52.

premier bastisseur de ville : vray donc semblable est, que la premiere il de son nom nomma Caynon, comme depuis ont à son imitation tous fondateurs et instaurateurs de villes, imposé leurs noms à icelles[1].

Plusieurs villages, aujourd'hui de peu d'importance, et qui parfois semblent n'en avoir jamais eu beaucoup davantage, élèvent aussi bien que Chinon, des prétentions à la plus haute antiquité ou se targuent d'avoir été presque des capitales. Les habitants du Gavre, dans la Loire-Inférieure, donnent à leur bourgade le nom de ville, et ils disent que c'est la première qui ait été bâtie sur la terre[2], Bruneval est un mélancolique village entre le cap de la Hève et celui d'Antifer, que ses habitants assurent avoir été jadis la première ville de France[3]. Les gens d'Aubigné, en Ille-et-Vilaine, peuplé de 170 habitants, disent que c'est la plus ancienne ville de Bretagne ; il y a sept ou huit cents ans la reine d'Angleterre qui l'habitait fit creuser un souterrain pour aller de sa résidence à Bécherel[4]. A une demi-lieue du village de Terrats a existé une ville du nom de Mirmande qui, d'après la tradition, était florissante quand Barcelone n'existait pas encore[5]. Les habitants du Plessix-Balisson, (Côtes-du-Nord) microscopique commune de 7 hectares, assurent que le Plessix était la plus importante ville de France, au temps où Paris n'était qu'un village[6].

Les légendes de la mer et des eaux douces mentionnent assez souvent des villes qui ont disparu en entier dans des circonstances tragiques, et l'histoire écrite nous apprend que plus d'une cité, ruinée par des faits de guerre, n'a jamais pu se relever. D'autres ont, pour des circonstances diverses, subi une décadence profonde, alors que des bourgades du voisinage devenaient des cités florissantes. Ces transformations sont dues en réalité à des causes économiques, à des modifications du sol, parfois à des évènements politiques. Le peuple les explique autrement : les villes dépérissent en punition d'un acte coupable commis par un petit nombre de ses habitants, et dont tous ont porté la peine. D'après une tradition poitevine, les fées obligées de quitter Curbon, à la suite de méchancetés dont elles avaient été victimes, la condamnèrent à se nommer Curzon, et à varier chaque année d'une maille et d'un denier[7]. Des lavandières de Rieux, qui était alors une grande ville, refusent tout secours à un enfant porté dans une nacelle qui, entraînée par la marée montante, était venue s'échouer près d'elles ; la barque qu'elles repoussèrent attérit près d'un petit village

1. Rabelais. *Pantagruel*, l. V, c. 35.
2. E. Richer. *Voyage à la forêt de Gâvre*, p. 91.
3. Amélie Bosquet. *La Normandie romanesque*, p. 498.
4. F. Duine, in *Rev. des Trad. pop.* t. XVIII, p. 380.
5. Pierre Vidal. *Guide des Pyrénées-Orientales*, p. 144.
6. L. de Villers, in *Rev. des Trad. pop.* t. XVIII, p. 45.
7. Léo Desaivre. *Le mythe de la Mère Lusine*, p. 80.

appelé Redon, où d'autres laveuses furent plus compatissantes : l'enfant grandit tout à coup, et dit : « Rieux s'appauvrira tous les jours d'un sou, et chaque jour Redon s'enrichira de la même somme [1]. » Le dicton comparatif : Il est comme la ville de Briards, il périt tous les tous les jours d'un denier, usité en Normandie, fait allusion à une légende. Un ermite qui habitait auprès avait un âne qui allait de lui-même quêter de porte en porte pour son maître malade ; un jour des méchants lui enlevèrent le produit de sa quête, et y substituèrent un fardeau si lourd de pierres, que le malheureux baudet gravit avec peine le rocher de l'ermitage, et vint expirer aux pieds de l'ermite. Celui-ci quitta peu après la contrée, après l'avoir maudite, et depuis chaque jour la cité des Briards dépérit. Lorsqu'on demande aux gens du pays pourquoi sur la route on aperçoit tant de maisons en ruines, ils répondent invariablement par ce dicton connu à dix lieues à la ronde :

> La ville des Briards
> Décadit tous les jours d'un liard [2].

Le village du Chemin-Chaussée dans les Côtes-du-Nord dépérit parce que l'un de ses habitants a retenu en paiement de son écot le bréviaire de saint Guillaume [3].

D'autres villes ont été détruites totalement ou en partie à cause du mauvais cœur de leurs habitants : ceux d'une ville de Provence ayant tous, à l'exception d'une pauvre veuve, mal accueilli saint Isarn qui visitait les domaines que son abbaye de Saint-Victor avait dans le pays, il survint un orage épouvantable dans la nuit ; seules l'église et la cabane furent épargnées [4]. En Forez les contes des campagnards placent au village d'Amions une grande ville ruinée à la suite d'un refus d'hospitalité. Elle s'appelait Lisbonne et était plus grande que Paris : un homme marchant pendant deux heures n'aurait pu faire le tour de cette cité que César avait bâtie pour en faire une capitale. Les habitants étaient impies et débauchés : un jour de fête, une mendiante demanda en vain le chemin de Sauternon ; elle fut moquée et insultée ; seule une vieille femme prit pitié d'elle et voulut la conduire au but de son voyage. Elles sortirent ensemble de la ville, et quand elles furent arrivées près d'un carrefour où se dressait une croix, la mendiante dit à son guide de regarder ; il n'y avait plus de ville, et l'on ne voyait sur la terre brûlée que l'église et la maison de la femme charitable. La mendiante qui était la Vierge de la chapelle du Val, appuya sa main sur la pierre où l'empreinte est restée [5].

1. Dr Fouquet. Légendes du Morbihan, p. 19-20.
2. Hipp. Sauvage. Légendes Normandes, p. 80 ; Canel. Blason populaire de la Normandie, t. I, p. 157.
3. Habasque. Notions historiques sur les Côtes-du-Nord, t. III, p. 92.
4. Bérenger-Féraud, Réminiscences de la Provence, p. 306.
5. Noelas. Légendes foréziennes, p. 368-377.

La peste qui, au moyen âge, exerça si souvent ses ravages, passe pour avoir dépeuplé des cités ; c'est à une de ses invasions que l'on attribue la situation isolée de l'ancienne cathédrale de Digne. Une tradition du Cantal indique dans les bois, au-dessus de Bounac, l'emplacement d'Encousse, ville pestiférée et morte tout d'un coup ; car les populations voisines, épouvantées, murèrent ses portes et ne laissèrent plus sortir aucun de ses citoyens, afin que le mal fût étouffé avec eux. Plusieurs légendes de Normandie, qui semblent s'appliquer à des cités gallo-romaines, racontent qu'à des époques très reculées elles furent détruites par la peste, qui épargna seulement quelques habitants ; à Banville, près de Courseulles, il ne resta que deux jeunes filles. Trois femmes du nom de Marie survécurent seules à une épidémie qui éclata au hameau des Trois Marie, à Saint-Martin de Sallen, jadis chef-lieu d'une paroisse [1].

La tradition locale veut qu'il ait existé à Saint-Brevin (Loire-Inférieure), une grande ville appelée Pontoise, au sujet de laquelle court un dicton :

> Pontoise, tu passeras
> Et Saint-Brévin deviendras.

Le peuple de Pontoise s'insurgea contre le collège qui existait dans cette ville et tua non-seulement les professeurs, mais les élèves ; parmi ceux-ci était le fils d'un seigneur puissant qui vengea sa mort en saccageant la ville : c'est depuis qu'elle est réduite au petit bourg de Saint-Brevin [2].

Des proverbes et des dires populaires assurent que des villes que l'histoire ignore ou qu'elle connaît à peine, deviendront florissantes lorsque la ville la plus considérable de France, ou de la province aura disparu à son tour :

> Pa ziveuzo Is
> E veuzo Paris.

Quand des flots Is émergera — Paris submergé sera.

> Nantes périra
> Saint-Brevin renaîtra.

> Quand Nantes périra
> Louan renaîtra.

Dans le bassin de Goulaine on croit voir près de l'île de Verdon une ville engloutie dont on place le centre près du pont de Louan, et qui disparut comme Herbauges par la malédiction du ciel. Les gens de Lanfains (Côtes-du-Nord) racontent qu'on y voyait une ville appelée Rillan, et il a été prédit qu'elle renaîtra lorsque Quintin périra [3].

1. Durif. Le Cantal, p. 536 ; J. Lecœur. Esquisses du Bocage, t. II, p. 360.
2. Bizeul. De Rezay et du pays de Raiz, 1857, p. 109.
3. L.-F. Sauvé. Lavarou Koz, p. 165 ; Bizeul, l. c. ; B. Jollivet, Les Côtes-du-Nord, t. I, p. 336.

Des prophéties indiquent le genre de catastrophe qui détruira des villes ; les suivantes sont fondées sur la situation de celles qu'elles visent.

> *Aullilous deubt peri péi fœc,*
> *Tulla per l'aygua,*
> *Et Courreya per la merda.*

Egletons doit périr par le feu, parce qu'étant située sur un lieu élevé, il y fait beaucoup de vent, ce qui rend les incendies terribles, Tulle par l'eau, à cause des ravages produits par la Solane et la Corrèze ; la ville de Corrèze est éloignée de cours d'eau[1]. On dit aussi en Haute-Bretagne que Saint-Malo dont le système d'égouts est défectueux, éprouvera le même sort que Corrèze. Dijon périra par Suzon, rivière qui passe en terre sous Dijon même, et qui un jour en minera les assises de sorte qu'elle s'abîmera tout entière ; suivant d'autres les égouts qui s'y déchargeaient autrefois devaient y amener la peste[2].

### § 2. LES HANTISES.

Comme les campagnes et les châteaux, les villes ont eu, surtout autrefois, des hantises, qui du reste n'en sont guère différentes. On s'est bien moins attaché à les noter, et c'est par hasard que plusieurs sont parvenues jusqu'à nous. Il est probable qu'on en racontait jadis en assez grand nombre ; dans la seule petite ville de Boulai en Lorraine, une dame en recueillit vers la fin du XVIII° siècle, une quarantaine ; madame Vaugeois en a relevé plusieurs à Nantes[3].

Quelques personnages dont les gestes présentent des affinités avec ceux des coryphées des chasses fantastiques se montraient dans les villes, parfois aux mêmes époques où l'on disait qu'ils se promenaient dans la campagne. Le roi Hugon était censé chevaucher la nuit autour des villes et des remparts des places de guerre ; de sa puissante main ou d'une baguette invisible, il frappait et abattait les mortels assez peu chanceux pour se trouver sur son passage ; il les chassait devant lui et très souvent les faisait disparaître du milieu des vivants. A Tours, disait-on, était établi le siège de son empire : une porte et l'ancien port de cette ville lui étaient assignés pour séjour par la crédulité populaire ; une tour même au commencement du XIX° siècle se nommait encore Tour feu Hugon[4]. Une dame blanche montait autrefois une des rues de Moncontour de Bretagne ; son corps avait l'air d'une fumée et elle semblait seulement effleurer la terre. Dans le faubourg Sainte-Marguerite à Liège, on redoutait les apparitions de *li p'tite blanque femme,* petit

1. J.-B. Champeval. *Proverbes bas-limousins,* p. 31.
2. Canisset-Carnot. *Vocables dijonnais.*
3. E. Auricoste de Lazarque, in *Rev. des Trad. pop.,* t. XIX, p. 257, 403, 497 ; Mme E. Vaugeois, *ibid,* t. XIV, p. 129-140.
4. Péan. Le roi Hugon, in *Mém. de la Société arch. de Touraine,* t. XVII, (1865) p. 141.

être au visage grimaçant, tout habillé de blanc, qui se promenait par les nuits sombres à minuit ; on la voyait de temps à autre errer derrière l'église dans les allées désertes du cimetière, où jetant un cri strident et angoissé, elle disparaissait tout à coup. Parfois on la rencontrait aussi assise sur le seuil des maisons ; c'était un signe de malheur pour leurs habitants, et l'un d'eux devait mourir avant huit jours [1].

Au XVIIe siècle, le Moine bourru, ou le moine gris se montrait la nuit dans les rues de Paris, et tordait le cou aux personnes qui avaient la curiosité de mettre le nez à la fenêtre. D'après le *Cabinet satyrique*, dès le règne de Louis XIII, ce n'était plus guère qu'un épouvantail, bon tout au plus pour faire tenir les enfants sages :

> Moine bourru dont on se moque.
> A Paris l'effroi des enfants.

Pourtant Cyrano de Bergerac l'a cité dans l'énumération des personnages diaboliques qui figure dans le *Pédant Joué*, et en 1665, le petit peuple le redoutait encore[2].

Dans les archives de la ville de Vevey, il est fait mention d'un servant « esprit follet » ou « tschauteret » qui au milieu du XVIe siècle et spécialement en 1551, habitait derrière la Villeneuve et entrait dans la tour de Boillet, où il se livrait à toute espèce de farces, de tapage et de malice. Le conseil de ville, après grave et mûre délibération, donna ordre au maître des travaux de « maçonner toute issue de la susdite tour » afin que le tschauteret ne pût pas y entrer s'il était dehors et ne pût pas en sortir s'il était dedans [3].

Bien que les esprits, qu'ils se rattachent à la féerie, au monde infernal ou à celui des revenants, affectionnent les endroits solitaires, ils manifestent parfois leur présence au milieu des villes ; les plus peuplées, les plus sceptiques, comme Paris, ont eu, à diverses reprises, et à des époques très rapprochées de nous, des maisons que l'on a supposé hantées. Dans des cités de moindre importance, il en est qui ont été abandonnées par la crainte des esprits ; l'une d'elles, dans la rue principale d'Anthume, ne put être louée pendant plus de trente ans, parce qu'on assurait que le diable y revenait et qu'il tirait par les pieds ceux qui avaient l'audace de lui en disputer la jouissance [4]. A Vitré une maison est inhabitée depuis un temps immémorial : dans l'une des pièces se trouve un puits d'où sort un démon qui a terrifié tous ceux qui ont essayé d'y passer la nuit ; les mères disent aux enfants « Si vous n'êtes pas sages, on vous enfermera dans la maison du diable [5]. »

1. Paul Sébillot. *Légendes locales*, t. II, p. 217 ; *Wallonia*, t. IV, p. 83.
2. Molière, *Don Juan*, acte III, sc. 1.
3. Ceresole. *Légendes des Alpes vaudoises*, p. 34.
4. Ch. Thuriet. *Trad. de la Haute-Saône*, p. 356.
5. Paul Sébillot. *Légendes locales*, t. II, p. 219.

Ce sont surtout les revenants qui se montrent ou qui, plus habituellement, produisent des bruits extraordinaires. A Menton, une dame paraît dans une maison avec sa tête sous le bras, depuis qu'un ouvrier, en faisant des fouilles sur son emplacement, décapita accidentellement le cadavre que renfermait un tombeau de l'époque romaine[1]. A Saint-Suliac (Ille-et-Vilaine) on entend, disait-on vers 1850, depuis le commencement du siècle, un râle d'agonie qui ressemble à un cri d'enfant ; il semble venir d'un cellier de la rue Besnier où un père impatienté tua une petite fille maladive[2]. A Nantes où l'on connaissait plusieurs maisons hantées, un bruit extraordinaire paraissait sortir d'un mur près duquel s'appuyait le lit de deux jeunes mariés ; le mari fouilla le mur et y trouva une excavation pleine d'ossements ; ils furent transportés au cimetière et tout bruit cessa. Sur une place de la même ville, une fort belle maison était appelée la « Maison des revenants », parce que personne ne pouvait et ne voulait y rester à cause d'un bruit qu'on entendait la nuit. Elle finit par trouver un acheteur et l'on reconnut que le bruit mystérieux venait tout simplement d'une source qui coulait dans les fondations, et que l'on entendait la nuit, où le silence se faisait partout[3].

Des animaux diaboliques ou fantastiques se promenaient dans les villes. A Quimper, à la fin du XVIIIe siècle, où il tombait souvent des gens dans la rivière, alors dépourvue de garde-fous, les vieilles et les enfants supposaient que le diable, sous la forme d'un gros chien noir, précipitait les passants dans l'eau[4]. Le Rongeur d'os était un grand chien, traînant des chaînes et rongeant des os, qui parcourut longtemps la ville de Bayeux et ses environs. Un homme avait été ainsi métamorphosé par des fées malfaisantes ; on ne pouvait le délivrer qu'en lui faisant avec une clef une blessure d'où il sortit quelques gouttes de sang[5]. A Nantes, vers 1850, on disait que l'on voyait toutes les nuits une bête blanche se promener sur les murs de la rue Noire[6]. Les gens qui rencontraient, la nuit, la male bête dans les rues de Toulouse, ou ceux qui le dévisageaient mouraient le lendemain[7]. Au commencement du XIXe siècle la Grand'Queue courait par les rues du Loroux-Bottereaux (Loire-Inférieure) et passait sa queue sous les portes des maisons généralement assez mal closes. Les enfants en avaient tellement peur qu'ils n'osaient plus jeter les yeux sur la porte quand le soir venait[8].

---

1. J.-B. Andrews, in *Rev. des Trad. pop.* t. IX, p. 256.
2. Elvire de Cerny. *Saint-Suliac*, p. 23.
3. Mme E. Vaugeois, in *Revue des Trad. pop.* t. XIII, p. 129.
4. Cambry. *Voyage dans le Finistère*, p. 332.
5. Ladoucette. *Mélanges*, p. 449 ; Pluquet. *Contes de Bayeux*, p. 7.
6. Mme E. Vaugeois, in *Revue des Trad. pop.* t. XIII, p. 132.
7. Collin de Plancy. *Dictionnaire infernal*, t. IV, p. 45.
8. Madame E. Vaugeois, *l. c.* p. 146.

On rencontre dans les villes des parallèles du char de la Mort (cf. t. I, p. 152 et suiv.). Le Jour des Morts on entend un char funèbre parcourir les rues du Pollet. Il est traîné par un attelage de huit chevaux blancs, et des chiens blancs le précèdent en courant. Au moment où ce convoi défile, on distingue aisément la voix des gens qui sont morts dans le cours de l'année qui vient de finir. Mais très peu de personnes ont vu cette apparition, car ceux qui ont été témoins doivent s'attendre à une mort prochaine. C'est pourquoi chacun ferme ses fenêtres lorsqu'on entend ce lugubre cortège [1]. A Nantes, on disait autrefois que toutes les nuits on entendait un roulement de voiture qui passait sur la place Bretagne et dans les principales rues ; on l'appelait la « Voiture de Minuit » et l'on croyait que c'était le diable qui se promenait ; dans ce quartier, au moindre roulement de voiture qu'ils entendaient un peu tard, les enfants se fourraient la tête sous leurs couvertures, dans la frayeur de voir passer la voiture de Minuit [2].

A Bordeaux, on désigne dans plusieurs quartiers de la ville certains carrefours où ceux qui croient au Sabbat prétendent que les sorciers et les sorcières exécutent des danses échevelées [3].

Comme les châteaux, les villes ont leurs légendes de trésors cachés. Les païens en ont laissé à Tour Valletta et à Saint Roch dans la ville de Menton. A Nantes existe la tradition de trésors découverts parfois dans des circonstances merveilleuses ; et l'on prétendait que plusieurs se trouvaient dans des maisons de la ville de Baugé [4].

### § 3. PARTICULARITÉS DES RUES.

Certaines villes avaient des pierres populaires, qui vraisemblablement avaient été jadis l'objet d'une sorte de culte, puisque l'on accomplissait près d'elles des actes assez analogues à ceux que l'on a relevés pour les monuments mégalithiques. C'est ainsi qu'on voyait à Nantes, au bas de la rue de l'Ermitage, un grand rocher incliné, que l'on appelait la pierre nantaise et qui fut détruit en 1837. Les enfants du quartier s'amusaient à s'y laisser glisser, et quand il y venait des étrangers le voir ils montaient dessus et y dansaient. A Saint-Brieuc on invitait les simples à appuyer l'oreille, pour entendre le « chant des fées » sur la Pierre ès Sonnoux, qui avait peut-être été une roche sonnante, et lorsqu'un garçon naïf s'en approchait, le mauvais plaisant de la troupe lui poussait brusquement la tête sur la pierre [5].

1. Amélie Bosquet. *La Normandie romanesque*, p. 276.
2. Mme E. Vaugeois, in *Revue des Trad. pop.* t. XIII, p. 132.
3. C. de Mensignac. *Sup. de la Gironde*, p. 69.
4. J.-B. Andrews, in *Rev. des Trad.* t. IX, p. 256 ; Mme E. Vaugeois, *ibid*, t. XIII, p. 133-139 ; C. Fraysse, *Le Folk-Lore baugeois*, p. 40 ;
5. Paul Sébillot. *Légendes locales*, t. II, p. 215 ; Du Bois de la Ville Rabel. *Le Vieux Saint-Brieuc*, p. 218.

Il est probable que les anciennes villes possédaient des statues ou d'autres objets qui constituaient pour elles une sorte de palladium, dont la perte pouvait amener les plus graves conséquences. On ne les a guère relevées; cependant on disait à la fin du XVIII° siècle que si la bougie du Guéodet s'éteignait, Quimper devait être submergé. A Saint-Malo, la Croix du Fief et la Vierge de la Grande Porte mettent la ville à l'abri de toute épidémie [1]. D'après Grégoire de Tours, les Parisiens disaient pour expliquer l'invasion soudaine des rats à la suite des Vandales, que leur ville de Lutèce avait toujours été préservée des incendies et des animaux malfaisants par la protection d'un dieu, auquel on avait fait hommage de certaines figures, enfouies dans un lieu consacré. Le malheur voulut qu'en creusant un égout, on déplaçât ces saintes images. Alors les bêtes malfaisantes s'emparèrent de la ville, et l'incendie la ravagea. Vers 1649, une nouvelle espèce de rats ayant fait son apparition, on reparla des images d'airain enfouies comme talisman dans un coin de Paris, puis dérangées par accident. On ajouta cependant une variante; cette fois, c'était un chaudronnier qui les avait trouvées, puis fondues; dès le lendemain, disait-on, les rats de nouvelle espèce avaient fait leur entrée dans la ville [2].

A l'approche des catastrophes, les saints protecteurs des cités se montraient parfois pour en prévenir les habitants. Chaque fois que Besançon était menacé de quelque malheur, saint Ferréol et saint Ferjoux sortaient de leur tombe miraculeuse, pour parcourir les rues un flambeau à la main [3]; à Grenoble, un ancien évêque, chassé par ses ouailles, vient en pareille occurence à la porte des Adieux, ainsi nommée parce que c'est là qu'il fit ses adieux à sa ville épiscopale avant de se retirer dans les montagnes; on y voit aussi une ombre blanche qui pousse des gémissements; cette apparition se montra, dit-on, au moment du retour de l'île d'Elbe [4].

Des statuettes que l'on voyait sur certaines maisons, et dont quelques unes subsistent encore, ont reçu du peuple des noms qui se rattachent au folk-lore; le plus ordinairement elles personnifient la ville assimilée à un personnage masculin et sa femme est auprès de lui. A Thouars (Deux Sèvres), deux figures grotesques représentent une femme qui envoie un baiser à un homme qui fait la grimace : les habitants ne manquent pas de demander à ceux qui se vantent d'avoir visité leur ville, s'ils ont bien vu Thouars et sa femme, noms que portent ces sculptures [5]. A Nantes, où existaient des statuettes de ce genre, on

1. Cambry. *Voyage dans le Finistère*, p. 331; F. Duine, in *Rev. des Trad. pop.*, t. XVI, p. 505.
2. Fournier. *Chroniques des rues de Paris*, p. 143-146.
3. Ch. Thuriet. *Trad. du Doubs* p. 30.
4. Jean de Sassenage, in *Rev. des Trad. pop.*, t. XVI, p. 450.
5. Léo Desaivre, in *Rev. des Trad. pop.*, t. XIII, p. 201.

menait les étrangers qui venaient en ville pour la première fois, voir
Nantes et sa femme. A Malestroit un homme saisit aux cheveux une
femme qu'il bat à coups de bâton ; c'est Malestroit et sa femme. A
Vannes deux grosses figures, rue Noë, sont appelées communément
Vannes et sa femme ; de même à Questembert deux bustes sont Ques-
tembert et sa femme. A Bain (Ille-et-Vilaine) il y a cinquante ans deux
statuettes, aujourd'hui détruites, représentaient Bain et sa femme, au
Croisic deux personnages sculptés se nomment Croisic et sa femme[1]. A
Quintin était la figure grotesque et réjouie du Papa au Lait, à l'angle de
la rue de ce nom[2].

Des statues bien connues étaient usitées dans les comparaisons.
Quand on veut parler d'un hypocrite ou quelqu'un de mauvaise foi,
on dit à Nantes : « Il est comme la figure à deux faces du tombeau des
Carmes ». Ce mausolée, actuellement à la cathédrale, était jadis placé
au couvent des Carmes, et le sculpteur Michel Colomb y a représenté
la Prudence avec deux visages ; l'un de jeune femme, l'autre de vieillard[3]. A Tulle le dicton *Redde couma Merloudan*, Raide comme Aymar
le Dom, fait allusion à une statue que l'on voyait avant 1793 sous le
porche de la cathédrale[4].

Des légendes s'attachaient à quelques images de l'ancien Paris. On
veut, dit Sauval, que les deux statues que l'on voit sur le bord de la
rivière, vis à vis de la rue de Bièvre, soient celles du duc de Bethfort,
régent en France sous Henri VI, roi d'Angleterre, et de l'amiral Talbot,
et qu'eux mêmes l'y ont fait mettre ; la première est le duc de Bethfort ;
de l'autre, il ne reste plus que les pieds et les jambes et l'on tient par
tradition, ou pour l'avoir songé, qu'au moment que Calais fut repris
sur les Anglois, la tête et le ventre tombèrent en pièces d'eux-mêmes[5].
La statue du traître Perrinet Leclerc était l'objet, au commencement
du XVIIᵉ siècle, d'actes qui témoignaient du mépris que l'on avait pour
lui : Depuis que les Anglois furent expulsés et le roi Charles VII resta-
bli en sa ville capitale, le peuple fit une statue de pierre semblable à
Jean Le Clerc qui avait livré la porte aux Anglois, laquelle pour note de
perpétuelle ignominie fut posée au bout du pont Sainct Michel contre la
maison angulaire des ruës de la Harpe et de Bussy. Où elle se void
encore, excepté le visage qui est tout effacé de coups de pierre, de
fange et autres ordures qu'on a jetté contre, en detestation du dit Le
Clerc[6].

1. Mᵐᵉ Vaugeois, *ibid*, p. 149 ; Rosenzweig. *Rép. arch. du Morbihan*, p. 144, 230,
204.
2. Baron Dutaya, *Brocéliande*, p. 222.
3. Mᵐᵉ Vaugeois in *Rev. des Trad. pop.*, t. XIII, p. 149 ;
4. J. B. Champeval. *Proverbes bas-limousins*, p. 16.
5. *Antiquités de Paris*, t. II, p. 347.
6. Du Breul. *Théâtre des Antiquitez de Paris*, p. 291.

D'autres sculptures servaient à des facéties dont les naïfs étaient victimes. Il y en avait une à Paris qui était bien connue : On force, dit Sauval, les apprentis nouveaux venus chez les marchands et les artisans des halles d'aller baiser la figure d'une truie qui file, sculptée contre une maison du Marché aux Poirées, non pas sans leur bien cogner le nez en la baisant. A la mi-carême les garçons de boutique des environs, les apprentis, les servantes et les portefaix des halles y faisoient des folies[1]. On disait autrefois aux gens des environs de Sens qui allaient pour la première fois à Paris, qu'ils devaient, sous peine de ne pas y entrer, embrasser le derrière d'une vieille femme qui se trouvait à la barrière ; à Montbard (Côte-d'Or), c'était celui du Jacquemart placé sur l'hôtel-de-ville[2].

Certains noms de lieux ou de rues avaient une origine légendaire, ou parfois la légende était faite après coup pour les expliquer. Au XVIIIe siècle Mercier disait : Je regarde avec respect le Puits d'amour, rue de la Truanderie ; c'étoit l'autel où les amants du bon vieux temps se juroient et se gardoient fidélité[3]. Ce nom, d'après d'autres, lui venait des suicides qui s'y étaient accomplis ; au XIIe siècle, une jeune fille abandonnée par son amant s'y était noyée ; au XVe siècle, un jeune homme, désespéré de ne pouvoir obtenir une jeune fille qu'il aimait s'y précipita aussi, mais il fut secouru à temps, et épousa la demoiselle. Il fit refaire le puits à neuf et y grava cette inscription :

> L'amour m'a refait
> En 1525 tout à fait.

Et c'est de là que lui vint son nom de Puits d'amour[4].

Suivant une vieille tradition, la peste qui sévissait à Perpignan cessa à l'apparition d'un ange armé d'un glaive, qui se montra à l'extrémité de la rue qui a pris, en raison de cette circonstance, le nom de rue de l'Ange[5]. Une rue de Dôle s'appelait rue de la Diablerie, en souvenir de l'aventure de douze jeunes libertins qui, déguisés en diables un jour de mardi gras, allèrent se divertir dans un mauvais lieu et furent tout ébahis de voir qu'ils étaient treize au lieu de douze. Ils voulurent chasser ce treizième, mais ils ne purent jamais se défaire de lui[6].

Le peuple de Paris qui voulait à toute force que le nom de la rue aux Oues fût Ours, assuroit qu'anciennement on y gardoit et vendoit des ours, et pour preuve montre là un logis à porte cochère, entre la rue Salle-au-Comte et la rue Quincampoix, où au-dessus de la porte, à

1. *Antiquités de Paris*, t. II, p. 618, t. III, p. 57, t. I, p. 653.
2 H. Marlot, in *Rev. des Trad. pop.*, t. XVII, p. 247.
3. Mercier, *Tableau de Paris*, t. I, p. 335.
4. Frédéric Lock. *Dictionnaire de l'ancien Paris*, p. 168.
5. Henri. *Guide en Roussillon*. 1842, p. 24-25.
6. Ch. Thuriet. *Trad. de la Haute-Saône*, p. 316.

l'arcade, est un ours sculpté. Bien plus, il assure que la plupart des caves, tant de cette maison que des autres voisines, sont faites comme des caveaux ou cavernes, avec des anneaux de fer tout autour, scellés dans les murailles et là dessus conclut qu'elles n'ont été faites ainsi que pour y mettre des ours[1]. A Dol, les anciens prétendaient qu'une tourelle de la rue Ceinte, qui était autrefois habitée par les chanoines, avait été construite pour que ceux-ci pussent savoir quand l'évêque quittait sa villa des Ormes pour rentrer en ville ; dès qu'on l'apercevait on faisait sonner les cloches, et les chanoines se hâtaient de se rendre à leur poste[2].

Une légende, qui s'attache à plusieurs villes, raconte que des maisons furent démolies à la suite de crimes commis par des charcutiers qui servaient de la chair humaine à leurs clients. La plus connue est celle que l'on avait localisée à Paris, dans une rue de la Cité : C'est de temps immémorial, dit un vieil historien, que le bruit a couru qu'il auoit rue des Marmousets, vn pâtissier meurtrier, lequel ayant occis en sa maison vn homme, aydé à ce par vn sien voisin Barbier, faignant raser la barbe ; de la chair d'iceluy faisoit des pastez. Et que cela ayant esté descouuert, la Cour de Parlement ordonna qu'oultre la punition du Pâtissier, sa maison seroit razee, et outre ce vne pyramide ou colonne erigee audict lieu, en memoire ignominieuse de ce detestable forfaict ; de laquelle reste encore part et portion en ladicte rue des Marmousets[3]. Cette historiette avait plusieurs variantes : Un écolier qu'on avait vu sortir de ce logis tout sanglant, raconta que le barbier l'avait attiré chez lui en promettant de le raser gratis, et qu'au moment où le barbier l'avait blessé, il avait pu le saisir à la gorge, et le précipiter dans une trappe ouverte. On vit en entrant qu'elle était refermée, et quand on descendit dans une cave commune aux deux boutiques, on surprit le pâtissier occupé à dépecer le corps de son complice qu'il n'avait pas reconnu[4]. Suivant une autre version, le barbier, qui tuait ses clients pour les fournir après au pâtissier qui les servait lui-même à sa clientèle, était juif. La dernière pratique rasée par lui avait un chien, qui ne quitta pas la porte de la maison, d'où n'était pas sorti son maître. La femme de celui-ci, qui le cherchait, voyant que le chien refusait de quitter la place, eut un soupçon et prévint le commissaire. Une descente fut faite chez le barbier, et on trouva dans la cave, sur un tas d'ossements, la dernière victime qui n'avait pas encore été dépecée par le pâtissier. Quand la maison fut rebâtie, le chien révélateur eut la première place sur le tableau expiatoire, sculpté en bas-relief. Elle

1. Sauval, l. c. t. I, p. 154.
2. F. Duine, in Rev. des Trad. pop., t. XVIII, p. 439.
3. Jacques du Breul. Le theâtre des Antiquitez de Paris, p. 84-85.
4. P.-L. Jacob. Curiosités de l'histoire du vieux Paris, in-12, 67 et suiv.

était sur une borne, où on la voyait encore en 1848, époque à laquelle M. Pinard publia à son sujet une notice et un dessin dans la *Revue Archéologique* [1].

La place Labourey à Besançon s'appelait autrefois place du Vieux-Marché; son nom actuel viendrait de ce qu'un assassin de ce nom qui l'habitait aurait été exécuté devant sa maison, qui fut rasée et la place qu'elle occupait labourée et semée de sel. Cet homme était un pâtissier qui, pour rendre ses pâtés plus succulents, y faisait entrer la chair de petits enfants qu'il égorgeait après les avoir attirés chez lui; un petit doigt trouvé dans un pâté amena la découverte d'ossements et du corps non entièrement haché de la dernière victime. On racontait, il y a une quarantaine d'années, dans le quartier Saint-Sulpice de Paris, qu'un charcutier avait jadis égorgé des petits enfants, et qu'une femme trouvant un petit doigt dans une saucisse, en avertit les magistrats qui arrêtèrent le coupable [2]. Il y avait aussi à Dijon, place Saint-Jean, une maison maudite, dont les combles avaient été rasés par autorité de justice, en punition d'un crime [3].

1. E. Fournier. *Chroniques des rues de Paris,* p. 364. Dans une légende de la province de Liège, le tenancier d'une auberge isolée, qui était en même temps barbier assassinait de cette façon les voyageurs (Alfred Harou, in *Rev. des Trad.,* t. XI, p. 189). Le peuple de Bruxelles racontait qu'un charcutier, dont les produits étaient renommés, avoua à son lit de mort qu'il avait tué et accommodé plusieurs hommes qu'il avait réussi à attirer au-dessus d'une trappe qui les faisait tomber dans sa cave (*ibid.,* p. 309).

2. Ch. Thuriet. *Trad. du Doubs,* p. 62-3 ; Paul Sébillot, in *Rev. des Trad. pop.,* t. XI, p. 189.

3. Morel Retz, in *Rev. des Trad. pop.,* t. XIII, p. 156.

# LIVRE TROISIÈME

# LE PEUPLE ET L'HISTOIRE

# LE PEUPLE ET L'HISTOIRE

Les légendes réunies dans le livre précédent racontent les circonstances merveilleuses ou singulières qui ont accompagné la construction des édifices, celles qui sont localisées dans leur enceinte ou dans leur voisinage immédiat ; il est en effet rationnel de ne pas les séparer du cadre où les conteurs les placent, parce que souvent il permet de mieux comprendre comment elles se sont formées et pourquoi elles sont arrivées jusqu'à nous, l'objet matériel servant en quelque sorte de jalon mnémotechnique.

Mais une autre série de traditions, bien qu'elles soient assez fréquemment rattachées à des circonstances physiques, est plus particulière aux hommes qu'aux choses ; tels sont les souvenirs que garde le peuple de ceux qui, à diverses époques, ont joué un rôle religieux, militaire ou social. Dans les deux premiers chapitres j'ai essayé de retracer l'histoire légendaire du clergé, celle des seigneurs et du tiers état, et aussi de dégager, d'après les dires populaires, la psychologie de ces divers groupes.

Comme il s'agit presque toujours de faits relativement anciens qui ont pris la forme traditionnelle, les deux ordres jadis privilégiés y tiennent une place prépondérante : on a vu que le chapitre des villes, qui est en quelque sorte celui du tiers état urbain, est bien court si on le compare à ceux des églises et des châteaux. Dans presque toute la partie qui va suivre, et que l'on peut appeler historique, le peuple apparaît assez souvent, mais il n'est en réalité qu'un personnage secondaire, qui semble graviter dans l'orbite de ceux qui détiennent la puissance religieuse ou féodale.

J'ai placé à la suite des légendes de la féodalité celles des guerres : beaucoup ne sont que des épisodes que l'on retrouve, comme ceux des sièges, dans le folk-lore international. En les mettant à leur ordre chronologique, qui n'est pas toujours facile à déterminer, je n'aurais pu donner l'une à côté de l'autre, les variantes du même thème, et j'aurais alourdi la monographie déjà longue, dans laquelle j'ai réuni, par périodes historiques, les événements du passé qui ont laissé une trace dans les récits populaires.

# CHAPITRE PREMIER

## LES GENS D'ÉGLISE

Les gens d'église, qui figurent dans beaucoup de chapitres de cet ouvrage, jouent surtout un rôle considérable dans les légendes de la construction, et un grand nombre de récits racontent ceux de leurs gestes qui, en relation avec les édifices qu'ils ont élevés, y sont expressément localisés. Les pages qui suivent constituent leur dossier personnel, tel qu'il résulte des proverbes, des croyances et des superstitions provenant de nombreux observateurs de pays variés. J'y ai réuni, par affinités de sujets, les dires et les faits qui se rapportent aux différents groupes dont se compose le clergé, de façon à montrer les idées populaires qui s'attachent à chacun d'eux. Elles diffèrent notablement suivant les catégories ; pourtant on peut constater qu'elles ont un caractère commun, et qu'il est nettement satirique. Qu'il s'agisse des prêtres ou des moines, des religieuses ou des ermites, le folk-lore ne connaît guère que leurs défauts, réels ou supposés, leur influence, la plupart du temps néfaste ; leur pouvoir même d'exorcistes y tient moins de place que les actes de sorcellerie, de malfaisance ou de méchanceté qu'on leur attribue.

Le « bon curé » semble inconnu à la parémiologie française ; c'est en vain que j'ai cherché, aussi bien dans les recueils généraux de proverbes que dans ceux dont les matériaux proviennent des pays les plus réputés pour leur religiosité, des proverbes à la louange des gens d'église, alors que ceux qui les blasonnent s'y rencontrent par douzaines[1].

Il en est qui s'appliquent aux diverses catégories, et qui conseillent la méfiance. D'après un distique du XVIᵉ siècle :

---

1. Une enquête spéciale confirme cette conclusion : aucun de mes correspondants ne se souvenait d'un seul proverbe qui ne fût pas satirique. Quoique la même carence existe pour la noblesse (qui n'a jamais été populaire), elle est moins surprenante que celle qui concerne le clergé séculier ; les prêtres de campagne qui sont aimés de leurs paroissiens, et qui le méritent, ne sont pas rares. On entend, tout au moins en Bretagne, des paysans dire : J'ons un bon p'tit prêt' qui n'est point trop long à dire sa messe, ou : J'ons un recteur ben aimable o (avec) le monde.

> Nonnains, moines, prestres et poullets
> Ne sont jamais pleins ne saoulez [1].

D'autres dictons rentrent dans l'esprit de ce proverbe corse :

> Ne prédi ne fradi
> 'Un ne fate cameradi.

Ni de prêtres ni de moines — N'en faites camarades [2]. Un quatrain de Basse-Bretagne s'exprime avec une violence toute particulière :

> Kelian ha melian,
> Menec'h ha beleïan
> Pevar seurt loned
> Ar gwasa' so er bed.

Mouches et fourmis — Moines et prêtres — Quatre sortes de bêtes. — Les pires qui soient au monde [3].

### § 1. LES PRÊTRES

Il a été souvent parlé dans cet ouvrage, ordinairement à titre épisodique, des gestes des prêtres séculiers. La présente section comprend leur folk-lore particulier.

Des proverbes conseillent d'être prudent quand on a affaire à eux. *Se cau*, dit-on en Gascogne, *mau hisa dou dauaut d'uo henno, dou darrè d'uo mulo, e d'un curè de touts coustatz*. Il faut se méfier du devant d'une femme, du derrière d'une mule, et d'un curé de tous côtés [4]. Il n'est pas bon qu'il vienne trop souvent chez ses paroissiens ; ce dicton du XVIᵉ siècle :

> Qui veut tenir nette maison
> Il n'y faut prestre ni pigeon,

est encore populaire, avec de simples variantes de formes en plusieurs pays [5], et l'on dit dans le midi :

> Per avé l'oustau net tout l'an
> Ni femo ne capelan [6].

« Avarice de prouvoire » est un « dit » du XIIIᵉ siècle. A l'époque de la Renaissance, les vieilles gens disaient : Trois choses sont insatiables,

1. Leroux de Lincy. *Le Livre des proverbes français*, t. I, p. 88.
2. J.-M. Filippi. *Recueil de sentences et dictons usités en Corse*. Paris, 1906, in-6, p. 9.
3. L.-F. Sauvé. *Lavarou Koz*, p. 130.
4. J.-F. Bladé. *Proverbes de l'Armagnac*, p. 85 ; on verra plus loin un dicton similaire sur les moines.
5. Oudin. *Curiositez françoises* ; cf. Leroux de Lincy. *Le Livre des proverbes*, t. I, p. 284. De prestres, sergens et coulombs, *libera nos, domine*, XVᵉ siècle) ; J.-F. Bladé, *l. c.* p. 98 ; F. Daleau. *Trad. de la Gironde*, p. 92 ; Vermessé. *Voc. du patois lillois* ; Reinsberg-Düringsfeld *Sprichwörter*, t. I, p. 361.
6. Mistral. *Trésor*.

les prestres, les femmes, la mer[1]. Le proverbe gascon : *Dominus vobiscum a pas jamès manquat d'arré* (de rien ; var. du Limousin : *de po =
pain*) celui de la Gironde : *Dominus vobiscum* n'est jamais mort de faim,
expriment la confiance que l'on a dans l'aptitude du clergé pour s'assurer le temporel[2].

Le souci du casuel, qui y contribue pour une grosse part, est expri-
mé sans vergogne dans des propos facétieux et des parodies irrévéren-
cieuses de chants d'églises, populaires en Ille-et-Vilaine et dans la partie française des Côtes-du-Nord. J'en ai recueilli, presque sans les
chercher, un assez grand nombre sur divers points de ces départements
essentiellement catholiques, alors qu'on en a rencontré peu, et des
moins osés dans d'autres pays réputés plus sceptiques[3]. Voici les plus
curieux : aux environs de Dinan, on interprète ainsi le chant du rouge-
gorge : Monsieur le curé dit *spiritu* pour de gros sous, pour de gros
sous[4]. Ailleurs pendant toute la messe d'enterrement le prêtre suppute,
comme le curé de La Fontaine, ce qu'il aura :

> Tant en argent et tant en cire
> Et tant en autres menus coûts[5].

C'est ainsi qu'en bénissant le cercueil à l'entrée de l'église il chante :

> Tu m'as fait venir ici,
> Dei mei,
> Tu paieras mes pas
> Dei méas.

1. *Le Dit de l'Apostoile.* Henri Estienne. *Apologie pour Hérodote*, l. I, c. 8.
2. J.-F. Bladé, *l. c.* p. 98 ; abbé M. Gorse. *Au bas pays de Limosin*, p. 89 ; F. Daleau, *l. c.*, p. 83. En Haute-Bretagne on donne parfois aux prêtres le surnom de
*Per omnia*, qui rentre dans le même ordre d'idées. Au XVIIIe siècle, on appelait
« Brûleurs de cire » ceux qui étaient trop longs à dire leur messe. (Tuet. *Matinées
senonnoises*, p. 469). En Béarn, *Yan deu presbytèri* désigne le curé de la paroisse
(V. Lespy. *Proverbes du Béarn*, p. 277). Messire Jehan le curé est un des personnages du *Testament de Pathelin* ; Messire Jean figure comme synonyme de curé
dans beaucoup d'écrivains postérieurs. A la couleur noire de la robe des prêtres
se rattachent les termes « sac à charbon », qui désigne au régiment les sémina-
ristes qui y sont incorporés ; « Ine néur biesse (bête) à blan collè », usité au pays
de Liège (Comm. de M. Alfred Harou) ; Corbeaux qui est injurieusement appliqué
à toutes les soutanes noires, et qui est souligné parfois lorsqu'ils passent en bande
par les cris de « Couac ! couac ! Il y a une quarantaine d'années dans une commune
des environs de Dinan, on murmurait assez haut sur le passage des prêtres : Au
lard ! au lard ! dont on n'a pu me donner une explication satisfaisante.
3. On trouve cependant *Te Deum laudamu'. Du iuba tabac, j'no pernon pu*, dans
le Maine (G. Dottin. *Les parlers du Bas-Maine*, p. 632) ; en Gascogne : *Te rogamus
audi nos, Jou la car* (chair) *el tu lous os* ; *Requiem æternám N. nous empourlan*
(emportons) (J.-F. Bladé, *Prov. de l'Armagnac*, p. 162) v. la série les Esprits forts
à la campagne. *Rev. des Trad. pop.* t. VII, p. 293, 684, t. XVII, p. 379, 502 (Picardie, Perche). Paul Sébillot. *Litt. orale de la Haute-Bretagne*, p. 380-385 ; J.
Fleury. *Litt. orale de la Basse-Normandie*, p. 199-202 ; F. Chapiseau. *Le F.-L. de
la Beauce*, t. II, p. 91-92.
4. Paul Sébillot, in *Rev. des Trad. pop.* t. VII, p. 293-294.
5. *Le Curé et le mort*, l. X, f. 11.

A *l'Introït* il dit, si le défunt est riche : Il y a gras. Il est censé chanter, au lieu du *Dies iræ*, et sur le même air :

> Tu n'as don' pas voulu veni',
> A don' fallu qu'on aille te cri',
> Mais tu paieras aussi nos pas,
> Car nous ferons la vente sez (chez) ta.

Suit une énumération, en plusieurs couplets, des objets à vendre pour le satisfaire. A la préface, il se moque de ceux qui ont fait de riches donations, et il la termine en disant qu'elles sont destinées « à chanter et à boire à sa gloire sans cesse ». *A porta inferi* est traduit par : *Apportez à ferdi* : Mettez à froidir (le rôti), et les paroles de l'absoute deviennent :

> *Pater noster*
> Le four est cher [1].

C'est aussi en Armorique que plusieurs contes, échos d'un temps qui n'est plus, parlent de prêtres qui refusent d'enterrer ceux qui n'ont rien laissé pour payer leur prières [2].

Parmi les droits ecclésiastiques, il en est un dont l'impopularité est encore grande en quelques pays. En Lorraine on craignait, au moment où l'on parlait d'une restauration possible, de voir revenir la dîme du clergé en même temps que le roi. Dans les Charentes des paysans détruisirent dans des églises des sculptures symboliques des attributs de l'Eglise, le raisin et le blé qu'ils croyaient représenter le droit de dîme [3].

Comme les prêtres sont en général portés pour leur famille, on prétend en Haute-Bretagne que l'officiant dit en se retournant vers les fidèles :

> *Dominus vobiscum*,
> Mon père est un riche homme.

D'après les montagnards de l'Aveyron les parents d'un prêtre ont en lui une vache noire [4].

---

1. Paul Sébillot. *Coutumes de la Haute-Bretagne*, p. 162-164. *Le Tablev de la bido del parfet crestia*. Toulouse, 1673, cite parmi les superstitions celles qui consistent à contrefaire le chant, la messe ou le sermon (J. Bauquier, in *Mélusine*, t. I, col. 527), cf. des parodies de prières et d'offices : E. Rolland. *Rimes et Jeux de l'Enfance*, p. 321 et suiv.

2. E. Souvestre. *Le Foyer Breton*, t. II, p. 3-4 ; Paul Sébillot. *Contes*, t. I, p. 2 ; F. M. Luzel. *Contes*, t. II, p. 180. Jacques de Vitry. *Exempla*, p. 82, raconte comment fut attrapé et puni un prêtre avare qui avait refusé d'enterrer une vieille femme avant d'avoir reçu de l'argent. Un pauvre venait-il à mourir sur leur paroisse, les curés laissaient là son cadavre, jusqu'à ce que, par des quêtes ou autrement, ils eussent obtenu la somme qu'ils demandaient (Achille Jubinal. *Œuvres de Rutebeuf*, t. III, p. 169) cf. les faits rapportés par Sauval. *Hist. de Paris*, t. II, p. 629, et t. I, p. 319.

3. E. Auricoste de Lazarque, in *Rev. des Trad. pop.*, t. IV, p. 521-522.

4. *La Lanterne*, 20 février 1881. En Hainaut quand les cloches sonnent on dit : Le curé tire sa vache par la queue (Comm. de M. A. Harou).

Les paysans accusent volontiers les prêtres de gourmandise ; en plusieurs pays circule le dicton : « Gras comme un recteur » ou ses similaires[1] ; le dire béarnais : Sorcières et loups-garoux font manger des chapons aux curés, date de l'époque où pour être préservé de maléfices ou de sortilèges, on faisait dire des messes que l'on payait en chapons, d'où l'expression *Cemitèri de capous,* cimetière de chapons, par lequel on désignait l'abdomen proéminent d'un curé[2]. En Haute-Bretatagne un homme gros a un ventre de recteur. Des dictons de Basse-Bretagne rentrent dans le même ordre d'idées :

> *Eva gwin, kanjoli merc'hed*
> *Setu dever ar c'hloarek.*

Boire vin, cajoler fillettes — Voilà de tout clerc le devoir.

> *Ar veleienn ne garont ket*
> *Beza distroet euz ho fred.*

Les prêtres n'aiment pas — Qu'on les dérange à l'heure des repas[3].

Comme ils ne travaillent pas manuellement, le peuple les taxe volontiers de paresse : il existe de nombreuses variantes de cette devinette :

> Qui n'a ni feu ni cheminée
> Et nourrit trois fainéants toute l'année[4].

La réponse est : l'église ; les trois fainéants sont le curé, son vicaire et le bedeau. Dans la Gironde, le père dit à son fils paresseux : Si tu ne veux pas travailler fais-toi patachayre (douanier) ou curé[5]. Vivre comme un chanoine, c'était vivre dans l'abondance et l'oisiveté. En Gascogne le *Dinnd de canounges* (chanoines) est un long et bon dîner[6].

En Limousin, pays de maçons, circule ce proverbe :

> *Se toun filh a de l'esprit, botta lou masou,*
> *S'es bestia, botta lou prestre.*

Et l'on dit à un séminariste : Tu fais bien de te faire prêtre, *viuras bien et ne trabalharas gaire.* C'est dans le même pays que circule cet adage :

> *L'om es hurous :*
> *Un jour quand l'om se marida,*
> *Huets jours quand l'om tud lou lard,*
> *Toujours quand l'om es curé ![7]*

Le ressentiment du clergé est tenace : « Rancune de prêtre » est un proverbe populaire en Wallonie comme en France. On dit en Béarn :

1. Paul Sébillot. *Littérature orale de la Haute-Bretagne,* p. 361. Ce couteau coupe comme les genoux d'un prêtre (J. Fleury. *L. O. de la Basse-Normandie,* p. 275.
2. V. Lespy. *Prov. du Béarn.* p. 154.
3. L. F. Sauvé. *Lavarou Koz,* p. 130.
4. E. Rolland. *Devinettes,* p. 114 ; J.-F. Bladé. *Proverbes et devinettes,* p. 224 ; J.-B. Champeval, *Prov. bas-limousins,* p. 108 ; Filleul Petigny, in *Rev. des Trad. pop.* t. XVII, p. 503 ; Paul Sébillot, in *Rev. des Trad. pop.* t. VII, p. 293.
5. F. Daleau. *Trad. de la Gironde,* p. 25.
6. Leroux. *Dict. comique* ; J.-F. Bladé. *Proverbes de l'Armagnac,* p. 97.
7. Abbé M. M. Gorse. *Au bas pays de Limosin,* p. 90, 91, 89. Une variante de ce dicton est connue en Haute-Bretagne (*Rev. des Trad. pop.,* t. XIV, p. 447).

*Hayne de curé, taque d'oli,* haine de prêtre, tache d'huile, qui s'étend au lieu de se restreindre. Rancune de prêtre et langue de prêtre, disent les Bas-Normands, c'est bon à faire des souliers et ça ne prend pas l'eau. En Haute-Bretagne, un « habit en haine de prêtre » est celui qui ne s'use jamais ; en Picardie, une sorte d'étoffe très solide se nomme *Rancune ed prète*, *Rancune d'prète* s'applique aux environs de Valenciennes à un tissu de laine propre à faire des culottes. En Ille-et-Vilaine, où court le dicton : Rusé comme un prêtre normand, un homme peu scrupuleux « n'a que des ruses de prêtre [1] ».

> *May bau u gnac de caa*
> *Qu'u pot de caperaa.*

Mieux vaut une morsure de chien — Qu'un baiser de prêtre, dit un proverbe béarnais [2].

Quelques traits sont en relation avec le manque d'harmonie dans les rapports entre les membres du clergé (cf. t. IV, p. 130. Le Vent, la Discorde et les Chanoines). Le dicton de Haute-Bretagne : [Le plus mauvais ménage de la paroisse est au presbytère, fait allusion au peu de cordialité qui existe entre le recteur et son vicaire.

Comme au temps des fabliaux et des conteurs de la Renaissance les prêtres sont l'objet de récits plaisants et souvent très épicés ; en Gascogne, s'il circulait un conte un peu gaillard, c'était à un curé qu'était réservé le principal rôle [3] ; il en est de même en Haute-Bretagne, en Béarn et en Poitou, en Picardie, en Anjou, où des prêtres en expédition galante sont dupés par les maris, les femmes ou les jeunes filles [4].

Quelques chansons rentrent dans le même ordre d'idées ; c'est ainsi qu'un curé surpris aux champs en conversation amoureuse, laisse sa culotte pour courir plus fort ; un autre qui essaie de séduire une fillette par ses promesses, se débarasse de sa soutane pour se sauver plus aisément [5].

Plusieurs dictons et des historiettes qu'on retrouve à peu près dans tous les pays, prétendent en effet que les prêtres n'observent pas rigoureusement le commandement de l'église sur l'œuvre de chair. Nombre de plaisanteries circulent sur les nièces et les servantes de curés.

---

1. Dejardin. *Dict. des spots wallons*, t. II, p. 267 ; Paul Sébillot. *Litt. orale de la Haute-Bretagne*, p. 371 ; V. Lespy. *Proverbes du Béarn*, p. 237 ; J. Fleury. *Litt. orale de la Basse-Normandie*, p. 377 ; Paul Sébillot, l. c., p. 373 ; Corblet. *Gloss. picard* ; Hécart. *Dict. Rouchi*.

2. V. Lespy. *Proverbes du Béarn*, p. 202.

3. E. Ducom. *Nouvelles gasconnes*, p. 9.

4. Paul Sébillot. *Contes de prêtres et de moines*. Palerme, 1895 ; *Contes de la Haute-Bretagne*, t. I, p. 116 ; Léon Pineau. *Le F.-L. du Poitou*, p. 43, 73 ; *Contes*, p. 213, 219, 69. *Coundes biarnès*, p. 137. Cf. aussi les Κρυπτάδια, t. II, p. 35 (Haute-Bretagne) 35 (Anjou) 162 (Picardie).

5. Ch. Beauquier, *Chansons pop. de la Franche-Comté*, p. 239 ; Julien Tiersot. *Chansons pop. des Alpes françaises*, p. 189 ; E. Rolland. *Chansons pop.*, t. I, p. 184.

Du côté d'Eguzon (Indre), on les appelle *trifoutets* et dans quelques cantons du Cher, putains[1]. Au XVIe siècle, quand il était question de ces chambrières, on se servait de la formule : en parlant par révérence, et on les nommait chevaux du diable[2]. Au moyen âge elles devenaient, après leur mort, ses montures (cf. t. III, p. 149-150). De nos jours les femmes qui ont eu des relations charnelles avec des prêtres subissent, même de leur vivant, des pénitences particulières (cf. t. II, p. 122).

Il est rare que l'on attribue au clergé séculier les actes de violence à l'égard des femmes, dont on accuse si souvent les moines. Cependant on raconte en Basse-Normandie qu'une jeune fille vertueuse réussit à s'échapper d'une chambre où un prêtre luxurieux l'avait séquestrée, en suivant un souterrain qui aboutissait à la mer ; c'est elle que dans le pays on a canonisée sous le nom de sainte Colombe[3].

Le préjugé qui impute à la seule présence des prêtres une sorte d'influence néfaste est sans doute antérieur au XIIIe siècle, où un prédicateur s'élève contre les gens qui se signaient à la vue d'un prêtre, considérant que la rencontre était de mauvais augure[4] ; au XVIIe siècle, il devait arriver malheur à celui qui en rencontrait un sur sa route[5]. Cette superstition, que je n'ai pas relevée en Haute-Bretagne, est courante dans les Vosges, et en d'autres pays de France, et elle n'existe pas seulement dans le peuple. On peut se préserver en touchant immédiatement un objet en fer ; en Wallonie la conjuration n'est efficace que si on l'a faite avant de perdre de vue la soutane noire[6]. Bien des gens croient qu'il est funeste de rencontrer un prêtre à n'importe quel moment de la journée ; suivant d'autres, le danger n'existe que s'il se trouve à la gauche de celui qui le croise. En Saintonge, voir trois prêtres à la fois est un mauvais présage[7]. Au XVIIe

1 Laisnel de la Salle. *Croy. du Centre*, t. II, p. 135.

2. Henri Estienne. *Apologie pour Hérodote*, I, ch. XXI ; Béroalde de Verville. *Le Moyen de parvenir*, p. 349 ; cf. sur le mépris dont elles étaient l'objet (t. III, p. 38). L'évêque défendit au curé de Brou d'avoir chambrières qu'elles n'eussent cinquante ans pour le moins : le curé en prit une de vingt et l'autre de trente. (B. des Periers. *Contes et joyeux devis*, p. 170), cf. un conte de la Haute-Bretagne (Κρυπτάδια, t. II, p. 80).

En Béarn, les servantes des prêtres ont une réputation d'égoïsme et de dureté ; (*Coundes biarnès*, p. 54, note) ; en Forez et en Nivernais, l'une d'elles qui a dédaigné un pauvre est punie de mort. (V. Smith. *Vieilles chansons du Forez et du Velay*. Paris, 1873, in-8, p. 5 ; Achille Millien. *Chants pop.*, t. I, p. 73). Des servantes de prêtres, de porc de meunier que le bon Dieu nous préserve, est la traduction d'un dicton du Bas-Valais. (Gilliéron, *Patois de Vionnaz*, 1880, in-8).

3. J. Fleury. *Litt. orale de la Basse-Normandie*, p. 7-11.

4. Jacques de Vitry. *Exempla*, p. 112, cf. notes de la p. 230.

5. J.-B. Thiers. *Traité des Sup*., t. I, p. 209.

6. L.-F. Sauvé. *Le F.-L. des Hautes-Vosges*, p. 116 ; O. Colson, in *Wallonia*, t. III, p. 165.

7. Meyrac. *Trad. des Ardennes* ; Paul Sébillot, in *Rev. des Trad. pop.*, t. II, p. 194, t. V, p. 648 ; J.-B. Andrews, in *Rev. des Trad. pop.*, t. IX, p. 319 ; Lemarié. *Fariboles suintongh'eaises*, 1878, n° 5.

siècle, on signalait en Basse-Bretagne la superstition qui consistait à croire qu'on n'aurait pas de chance à la chasse si l'on rencontrait un homme d'église sur sa route [1]. Dans la Gironde et aux environs de Metz, si la première personne qui se présente aux chasseurs est un curé, ils ne tueront aucun gibier ; dans l'Aube les pêcheurs ne prendront pas de poisson. A Menton, il nuit à la pêche s'il y assiste ; les pêcheurs de Dieppe et ceux de Saint-Malo interdisent même de prononcer son nom en mer. Beaucoup de marins sont persuadés qu'il porte malheur à leur navire ; dans certaines régions, la voiture où il est monté est plus exposée qu'une autre à des accidents [2].

Jadis il ne fallait pas que la femme grosse voie habiller un prêtre à l'autel, principalement quand il mettait la ceinture de son aube, de crainte que son enfant ne naisse le boyau autour du cou. Dans le pays de Tréguier, perdre une dent dans le cimetière au moment où l'on voit un prêtre est un présage certain de mort [3].

Au XV° siècle, quand on songeait voir gens d'église, c'était signe de mortalité [4]. A Menton, rêver de prêtre ne présage que des disgrâces ; à Marseille elles sont surtout à craindre s'il est en surplis. Dans la Beauce, le plus mauvais songe qu'on puisse faire c'est de rêver aux curés [5].

Prêtres et bergers<br>Sont sorciers,

Suivant un dicton du pays de Bayeux [6] qui constate la puissance occulte et peu orthodoxe que les gens de campagne leur attribuent encore en certains pays. J'ai donné au chapitre des Météores et à celui des Eaux douces, de nombreux exemples de la croyance, encore assez répandue, qui les accuse, de même que d'autres tempestaires, de se promener dans les nuages, de conduire la grêle et d'exciter les orages, au moyen de pratiques qui touchent à la sorcellerie. Il est vrai qu'on leur accorde aussi le pouvoir de conjurer la tempête, de dissiper les nuages et même de changer le vent. Des gens croient encore que les curés peuvent faire crever le bétail, infester de *nuble* et inonder de taupes tel ou tel champ ; de plus ils ont autorité pour lever tous les sorts, comme dans le Mentonnais et dans la Beauce. En 1867, le curé de la Loupe fut assas-

1. *Le Fureteur breton*, t. II, p. 11, d'après les *Conférences saintes*. Morlaix, 1692. Conférences saintes sur les matières qu'on doit expliquer dans les Retraites et Missions.

2. C. de Mensignac. *Sup. de la Gironde*, p. 131 ; Ladoucette. *Mélanges*, p. 420 C. de Mensignac, l. c. ; Louis Morin. *Proverbes et dictons de l'Aube*. Troyes. 1904 in-8°, p. 9 ; J.-B. Andrews, in *Rev. des Trad. pop.*, t. IX, p. 220 ; Paul Sébillot. *Le F.-L. des pêcheurs*, p. 227.

3. J.-B. Thiers, l. c., p. 311 ; G. Le Calvez, in *Rev. des Trad. pop.*, t. VII, p. 90.

4. *Les Evangiles des Quenouilles*, Appendice A. 17.

5. J.-B. Andrews, in *Rev. des Trad. pop.*, t. IX, p. 220, 258 ; Régis de la Colombière. *Cris de Marseille*, p. 284 ; Félix Chapiseau. *Le F.-L. de la Beauce*, t. I, p. 308.

6. F. Pluquet. *Contes de Bayeux*, p. 113.

siné par un homme qui croyait par ce meurtre se débarrasser du sort qu'il prétendait lui avoir été jeté[1]. Une idée voisine semble avoir inspiré au moyen âge un acte de violence commis lors d'une épidémie qui faisait périr beaucoup de monde : des villageois résolurent de précipiter leur curé dans une fosse avant d'y enterrer un mort, et hommes et femmes se ruèrent sur lui pour l'y faire tomber[2].

Aux époques où la démonomanie était florissante, des prêtres se mêlèrent aux sabbats, et jusque vers le milieu du règne de Louis XIV cette accusation et celle de se livrer à des actes qui touchent à la magie est encore assez fréquemment portée contre eux. Un célèbre missionnaire du commencement du XVIIe siècle en constatait plusieurs chez le clergé breton de la Cornouaille : Il se trouvoit des Prestres également *ignorans et vicieux, qui se laissoient aller eux mesmes aux superstitions du peuple, ou qui du moins les toleroient autant qu'ils en pouvoient tirer quelque utilité. Ils leur faisoient croire que la guérison des hommes et des bestes dependoient d'eux, et il n'y avoit point de maux dont ils n'entreprissent de les delivrer pour de l'argent, par des exorcismes apocryphes, qui avoient apparemment esté composez par quelques Magiciens. Plusieurs qui se servoient de ces exorcismes inutiles ou impies abusoient de la coûtume louable des Chrestiens d'offrir neuf jours de suite le sacrifice de la messe pour implorer dans leurs besoins la miséricorde du ciel... la crainte de ces pauvres gens les leur faisoit payer plus libéralement qu'à l'ordinaire, et l'avarice de ces Prestres leur faisoit par cette mesme raison les conseiller avec plus d'empressement*[3].* D'après un procès-verbal de visite faite en 1650 dans l'évêché de Mende un vieux prêtre dénouait l'aiguillette au moyen de pratiques à demi-païennes, et un autre guérissait par charmes les chevaux malades[4].

Naguère encore, dans la région du Sud-Ouest, on assurait que certains prêtres se livraient à des espèces d'envoûtements. D'après une superstition répandue anciennement en Béarn et en Gascogne, pour se venger d'un ennemi, pour le réduire à l'impuissance de nuire, il suffisait de faire prononcer contre lui *l'escouminje*, l'excommunication, dont l'effet devait être le dépérissement de la personne anathématisée. Le prêtre, en surplis, portant l'étole et la chape noire, récitait douze séries d'imprécations, à la lumière de douze cierges de cire noire, qu'on éteignait l'un après l'autre[5]. En Gascogne, la messe de saint Sécaire avait pour but de faire « sécher » peu à peu celui à l'intention duquel elle était dite. Les curés qui la savaient étaient rares, et il n'y avait à se charger de la

1. Abbé J.-M. Noguès. *Mœurs d'autrefois en Saintonge*, p. 128 ; J.-B. Andrews, in *Rev. des Trad. pop.*, t. IX, p. 220 ; A.-S. Morin, *le Prêtre et le sorcier*, p. 12.
2. Jacques de Vitry. *Exempla*, p. 112.
3. *Vie de Michel Le Nobletz*, 1666, citée par H. Gaïdoz in *Rev. Celtique*, t. II, p. 485-486.
4. E. Fertiault, in *Rev. des Trad. pop.*, t. XVI, p. 132.
5. V. Lespy. *Prov. du Béarn*, p. 154.

célébrer que les mauvais prêtres, ceux qui sont damnés sans rémission. Elle ne peut être dite que dans une église où l'on ne peut s'assembler parce qu'elle est moitié démolie ou parce qu'elle a été profanée. L'officiant amène sa maîtresse pour lui servir de clerc ; il doit être seul avec elle et avoir fait un bon souper. Au premier coup de onze heures, la messe commence par la fin et continue tout à rebours, pour finir juste à minuit. L'hostie est noire et à trois pointes. Le prêtre ne consacre pas de vin, il boit de l'eau d'une fontaine où on a jeté le corps d'un enfant mort sans baptême. Le signe de la croix se fait toujours par terre avec le pied gauche [1]. Cette messe se disait, paraît-il, dans la Gironde et coûtait de 25 à 50 fr. ; en Saintonge on payait aussi fort cher les messes à l'envers. Dans la Bigorre, la messe de *male-mort* qui est surtout célébrée contre les usuriers, provoque une agonie longue et douloureuse ; après une messe de *sento Sècaïro*, le jeune homme qui n'épouse pas la jeune fille qu'il a séduite, ou la jeune fille volage, mourra de consomption. La messe de *mal amour* hâtera la conclusion du mariage qui paraît devoir se rompre ou traîner en longueur [2].

En Normandie on croyait, avant la Révolution, que les prêtres pouvaient célébrer, avec un cérémonial particulier, une messe du Saint-Esprit, dont l'efficacité était si miraculeuse, que Dieu était contraint d'accorder tout ce qu'on lui demandait, quelle que fût l'exigence d'un vœu téméraire [3]. Au temps où il était d'habitude en Basse-Bretagne de faire pour chaque défunt une série de trente services, on se rendait pour le trentième à la chapelle de Saint-Hervé sur le sommet du Mené Brez. Cette messe se disait à rebours, et sur l'autel on n'allumait qu'un des cierges. Le prêtre qui l'allait dire devait être à la fois très savant, et très hardi ; dès le bas de la montagne, il se déchaussait et gravissait la pente pied nus, car il devait être « prêtre jusqu'à la terre ». Tous les défunts de l'année se rendaient à cette messe, tous les diables aussi y comparaissaient. Le prêtre montait en brandissant un goupillon, et en faisant de tous côtés de continuelles aspersions, et les âmes défuntes s'empressaient autour de lui pour en recevoir quelques gouttes. La messe dite, il commençait l'appel des diables, dans le porche ; ils accouraient, il les faisait défiler un à un devant lui, les obligeait à montrer leurs griffes pour voir si l'âme du défunt à l'intention duquel était célébrée la neuvaine n'était pas tombée en leur possession, puis il les renvoyait en donnant à chacun une graine de lin ; s'il commettait une seule omission, il était contraint de livrer en échange sa propre personne [4]. En Norman-

---

1. J.-F. Bladé. *Contes de la Gascogne*, t. II, p. 247-9.
2. C. de Mensignac. *Sup. de la Gironde*, p. 84 ; abbé J.-M. Noguès. *Mœurs d'autrefois en Saintonge*, p. 170 ; N. Rosapelly. *Au pays de Bigorre*, p. 56.
3. Amélie Bosquet. *La Normandie romanesque*, p. 308.
4. A. Le Braz. *La Légende de la Mort*, t. I, p. 329-331. Dans le Morbihan, les exorcistes doivent avoir de la terre dans leurs bas. (J. Frison, in *Rev. des Trad. pop.* t. XXI, p. 13).

die, le curé pouvait aussi évoquer les diables, aux mêmes intentions, à condition de donner un pois à chacun de ceux qui se présentaient[1].

Les prêtres possèdent des livres magiques d'une puissance exceptionnelle, mais d'ordinaire ils ne les font pas servir à des actes coupables. Dans le Maine, le curé qui est l'ennemi né des sorciers, peut empêcher leurs maléfices à l'aide des secrets qu'il a appris dans le grimoire[2]. On raconte en beaucoup de pays que des servantes ou des domestiques, trouvant dans une chambre du presbytère ces livres qui ont été laissés imprudemment sur une table, ont la curiosité de les ouvrir; il leur arrive malheur, ou ils sont emportés par le diable; heureusement le prêtre survient à temps et parvient à les délivrer. Dans les Ardennes, si l'on touchait avec de mauvaises intentions les livres d'un curé, il pourrait s'y rencontrer des livres sacrés qui appelleraient le diable pour châtier le malintentionné[3].

Lorsque le diable se montre sur terre, ce qui suivant plusieurs récits localisés, et que les conteurs ne font pas remonter à de longues années, est assez fréquent, on a soin d'aller chercher un prêtre qui a la réputation d'être bon exorciste; mais ce n'est pas sans mal qu'il triomphe du démon; celui-ci déchire parfois, les unes après les autres, les étoles apportées pour le chasser; aussi les prêtres ont la précaution de se munir d'une douzaine de ces ornements. En Haute-Bretagne, comme dans le Maine, le curé qui conjure souffre beaucoup et sue à grosses gouttes[4]. A Menton, les prêtres ont le don de voir les mauvais esprits; ils sont surtout familiers avec la mort et les choses de l'autre monde: ils peuvent aussi dire à un mourant l'heure précise de son trépas[5]. En Basse-Bretagne, beaucoup voient l'âme se séparer du corps et certains savent le sort des trépassés. Dans ce pays, ils conjurent les mauvais revenants, et les forcent à abandonner la place qu'ils hantent[6]. En Normandie, au commencement du XIXᵉ siècle, ils visitaient les cimetières la nuit pour s'assurer de la bonne conduite des défunts, et s'ils s'apercevaient que quelque damné allait devenir loup-garou, ils ouvraient la fosse, coupaient la tête du cadavre avec une bêche neuve, et allaient la jeter dans une rivière[7].

1. L. du Bois. *Recherches sur la Normandie*, p. 319, cf. sur d'autres évocations accompagnées de présents, t. III, p. 313.
2. G. Dottin. *Les Parlers du Bas-Maine*, p. 615.
3. F. Pluquet. *Contes de Bayeux*, p. 9; Amélie Bosquet. *La Normandie romanesque*, p. 297; Paul Sébillot. *Trad.*, t. I, p. 302; A. Daguet. *Au pays fougerais*, p. 83; A. Meyrac. *Trad. des Ardennes*, p. 170.
4. Paul Sébillot, l. c., p. 192, 196; F.-M. Luzel. *Lég. chrétiennes*, t. II, p. 151.
5. J.-B. Andrews, in *Rev. des Trad. pop.*, t. IX, p. 220.
6. A. Le Braz. *La Légende de la Mort*, t. I, p. 179-180, 310; F. Le Men, in *Revue Celtique*, t. I, p. 424-5; A. Le Braz, l. c. t. II, p. 229, 281, 282, 300, 305, 316, 319, 326, 331, II, 146. En Vendée le prêtre peut renseigner les parents sur le sort du défunt (*Rev. des Trad. pop.*, t. XVIII, p. 463).
7. L. du Bois, in *Annuaire de l'Orne pour* 1809, p. 407.

Les presbytères du Berry étaient, il y a une cinquantaine d'années, hantés par les âmes des curés qui avaient manqué à leur vœu[1]. Je n'ai pas retrouvé ailleurs cette croyance, si ce n'est dans un récit de la Loire-Inférieure, où un curé voit entrer dans son presbytère, puis dans sa chambre, le fantôme d'un prêtre inconnu[2]. Il semble au contraire que les revenants ne se montrent guère que dans ceux qui ont cessé d'être habités par des ecclésiastiques. A Kercradet, dans le pays de Guérande, on entend la nuit dans une vieille maison qui fut, dit-on, un presbytère, le bruit de quelqu'un qui crie et se bat, et l'on prétend que c'est un curé d'autrefois qui y revient[3]. Un ancien presbytère de Basse-Normandie était hanté par les mauvais esprits ; on y rencontrait parfois de gros chats qui marchaient obstinément à côté des gens, et qui tout à coup se mettaient à leur dire bonsoir avec des airs fort singuliers[4]. Deux vieilles femmes virent à l'entrée d'un presbytère de Gennes-sur-Seiche, désaffecté à la Révolution, une longue procession qui leur barra le passage ; c'étaient tous les prêtres qui l'avaient habité autrefois ; les enfants de chœur eux-mêmes n'y manquaient pas : ils psalmodiaient gravement quelque chose. La procession suivit les deux femmes et quand elles passaient un échalier elle le passait aussi ; elle ne disparut qu'après un assez long trajet[5].

Les prêtres revenants figurent dans nombre de légendes : à Saint-Cast un ancien vicaire se promenait la nuit sur les dunes en chantant ; un autre lisait son bréviaire près du château de Bienassis. On cite en Haute-Bretagne bien d'autres endroits où ils apparaissaient. Ils sont condamnés à une pénitence posthume, en raison de péchés commis pendant leur vie et surtout parce qu'ils n'ont pas dit les messes qui leur avaient été payées. C'est pour cela sans doute que l'on voyait sur le pont Tinguy, près de Matignon, un autel avec un prêtre qui semblait y dire sa messe ; dans les carrières abandonnées près de Saint-Méloir de Plélan, à la nuit close, un autre demandait la charité aux passants, et il devait revenir jusqu'à ce qu'on lui eût donné le prix de la messe[6]. Le plus ordinairement, c'est dans les églises que reviennent les prêtres oublieux ; au chapitre qui parle de leurs hantises, j'ai donné plusieurs de ces légendes, qu'on retrouve à peu près dans toute la France.

1. George Sand. *Légendes rustiques*, p. 131.
2. Marie-Edmée Vaugeois, in *Rev. des Trad. pop.*, t. XVIII, p. 401-403 ; D. Calmet. *Dissertations sur les apparitions*, éd. 1766, p. 216, parle d'un chanoine de Saint-Dié, décédé depuis trois mois, qui se montre en plein jour à deux de ses confrères, à l'un desquels était échue la maison où il était décédé.
3. Comm. de M. Henry Quilgars.
4. Barbey d'Aurevilly. *L'Ensorcelée*, éd. Lemerre, p. 102.
5. Ch. Fougère, in *Annales de Bretagne*, t. XI, p. 670.
6. Paul Sébillot. *Traditions*, t. I, p. 28 ; Habasque, *Notions historiques*, t. III, p. 105 ; Paul Sébillot. *Légendes locales*, t. I, p. 48 (cf. *F.-L. de France*, t. I, p. 410, t. III, p. 209, les prêtres transformés en corbeaux après leur mort).

16

Quelques récits parlent du sort des prêtres dans l'autre monde. Un petit garçon qui va au ciel y voit beaucoup de prêtres et d'évêques. Lorsque saint Yves fut entré en Paradis, ne trouvant pas de banc destiné aux avocats, il ne se mit pas dans celui des curés, parce qu'il y avait trop peu de places vides, et que ces messieurs étaient un peu replets ; dans une variante, aussi du Morbihan, ils sont entassés sur leurs bancs [1]. Il y a des contre-parties : en Franche-Comté un petit garçon auquel auquel on demande si on se confesse au ciel répond : Non. — Pourquoi ? — Parce qu'il n'y a pas de prêtres [2]. Un homme qui avait été tout vivant en enfer, et en avait été retiré par un exorcisme, interrogé sur ce qu'il y avait vu en abondance, répondit : Des calottes de prêtres. Une servante bretonne fait à peu près la même réponse [3].

Les prêtres sont les héros de récits comiques, où ils jouent assez ordinairement le rôle de dupes ; dans plusieurs versions du Fin Voleur, celui-ci persuade à un curé qu'il est venu le chercher pour l'emmener en Paradis, et il l'emporte dans un sac, auquel il fait accomplir un trajet accidenté [4]. D'autres contes parlent d'un prêtre qu'un petit garçon contraint, par magie, à faire danser [5].

Le peuple attribue bien plus souvent aux prêtres des naïvetés, qui peignent sans amertume la *sancta simplicitas* de certains pasteurs, et aussi des répliques vives et d'une spirituelle bonhomie qui mettent les rieurs de leur côté [6]. Les sermons facétieux qui ont pris la forme traditionnelle fourniraient à eux seuls un long chapitre de littérature orale. Celui du curé de Cucugnan, bien connu en dehors du monde traditionniste grâce à la traduction faite par Alphonse Daudet du texte provençal de Roumanille (*Li conte proupençau*, p. 91), est beaucoup plus ancien. Henri Estienne a donné en patois limousin le sermon du curé de Pierrebuffière (*Apologie pour Hérodote*, l. I, c. 36), et en bien d'autres pays on le met dans la bouche de curés dont on nomme la paroisse [7].

Le clergé séculier n'avait pas toujours des sentiments charitables à l'égard des moines qu'il considérait, non sans raison, comme portés à

1. F.-M. Luzel. *Légendes chrétiennes*, t. I, p. 261 ; Dr Fouquet. *Légendes du Morbihan*, p. 104 ; Lucie Guillaume, in *Rev. des Trad.*, t. XVII, p. 221.
2. Charles Beauquier. *Blason pop. de la Franche-Comté*, p. 228.
3. F. Duine, in *Rev. des Trad. pop.*, t. XVIII, p. 523.
4. W. Webster. *Basque Legends*, p. 145 ; E. Cosquin. *Contes*, t. II, p. 273 ; Paul Sébillot. *Contes*, t. I, p. 217 ; *Litt. orale*, p. 127 ; Jean Fleury. *Litt. orale de la Basse-Normandie*, p. 178 ; J. Vinson. *Le F.-L. du pays basque*, p. 105.
5. Paul Sébillot. *Litt. orale*, p. 150 ; *Contes*, t. I, p. 52 ; A. Meyrac. *Trad. des Ardennes*, p. 482 ; Léon Pineau. *Le F.-L. du Poitou*, p. 73 ; *Contes*, p. 147 ; C. Roussey. *Contes de Bournois*, p. 68-69.
6. Paul Sébillot. *Litt. orale*, p. 380-385 ; J. Fleury. *Litt. orale de la Basse-Normandie*, p. 200-202, cf. ainsi le t. III, p. 154-155 du *F.-L. de France* ; Léon Pineau. *Le F.-L. du Poitou*, p. 59-66 ; J.-F. Bladé. *Contes de Gascogne*, t. III, p. 301, 348.
7. A. Canel. *Blason populaire de la Normandie*, t. II, p. 38 ; Paul Sébillot. *Blason pop. de la Haute-Bretagne. Ille-et-Vilaine*, p. 9 ; Daniel Bourchenin, in *Rev.*

empiéter sur ses attributions. On raconte en Gascogne que le curé de Lagarde prêchant sur le mystère de la Trinité, posa cette devinette à ses ouailles : Pieds nus comme un loup, barbu comme un bouc, sanglé comme un âne ; qu'il leur expliqua ainsi : Qui va pieds nus comme un loup? — Un capucin. — Qui porte la barbe comme un bouc? — Un capucin. — Qui est sanglé comme un âne?, — Un capucin. Pieds nus comme un loup, barbu comme un bouc, sanglé comme un âne, ne font pourtant qu'un capucin. Un curé de l'Orne disait: Voyez, mes frères, ce capucin : Il est barbu comme un bouc, sanglé comme un âne; il va nu-pieds comme un chien ; vous croyez voir trois bêtes et pourtant cela n'en fait qu'une seule[1]. Cette facétie était populaire au XVIe siècle : Un qui n'estoit pas des amis de saint François disoit que en la Trinité il y avoit trois personnes et que toutes fois ce n'estoit qu'un Dieu : tout ainsi qu'un cordelier est tondu comme un fol, gris comme un loup, lié de corde comme un larron et toutes fois n'est qu'un homme[2].

## § 2. LES MOINES

Certains moines d'autrefois se mêlaient au peuple, qui les accueillait volontiers parce qu'ils apportaient des nouvelles, avaient le mot pour rire et contaient de joyeuses histoires. Les paysans et les gens de métier les regardaient aussi comme étant en quelque sorte les prolétaires du clergé régulier, dont les prieurs et les abbés formaient l'aristocratie[3]. A ces religieux, bons diables au demeurant, qui souvent avaient la même origine qu'eux, ils ne tenaient pas trop rigueur d'actes qu'ils auraient malaisément supportés venant d'autres personnes. Cet état d'esprit se reflète assez fréquemment dans l'ancienne littérature qui

des Trad. pop., t. VIII, p. 176 (Landes) ; L.-F. Sauvé. Le F.-L. des Hautes-Vosges, p. 263 ; J.-F. Bladé, l. c. p. 323 ; cf. sur d'autres sermons facétieux. Alcius Ledieu. Blason populaire de la Picardie, t. I, p. 139 ; L.-F. Sauvé, l. c. p. 253-255 ; J.-F. Bladé, l. c. p. 309 et suiv. ; Revue des Trad. pop., t. II, p. 210-211 (Normandie), t. XIV, p. 223, 442, 650 (Haute-Bretagne), t. XVIII, p. 543 (Champagne, t. XXI, p. 400-403 (pays de Fougères) ; abbé L. Dardy. Anthologie de l'Albret, t. II, p. 93, 85. 283.

1. J.-F. Bladé. Contes de Gascogne, t. III, p. 323-324 ; Edmond Barré, in Rev. des Trad. pop., t. XV, p. 664.

2. Henri Estienne. Apologie pour Hérodote, l. I, ch. 36.

3. Dans un conte de Basse-Bretagne, où se retrouvent plusieurs incidents du Fin Voleur, c'est un abbé qui joue le rôle de dupe ordinairement attribué aux seigneurs. Le Petit Moine pauvre, mais rusé, trompe plusieurs fois le Grand Moine rouge, riche, mais de peu d'esprit, qui habite avec lui le monastère de Bégard ; et finalement il le remplace comme abbé (F.-M. Luzel. Contes de Basse-Bretagne, t. III, p. 426-438). On chantait au Quartier-Latin vers 1865, une sorte de parodie assez salée du Kyria eleison, que je n'ai pas vue imprimée ; elle était censée être chantée par les moines qui établissaient un parallèle entre le sort des abbés, et celui des « triplaillons de gueux de religieux », cf. aussi plus loin, les contes où des moines triomphent par leur esprit des nobles qui leur veulent du mal.

s'inspire souvent des idées populaires. Les fabliaux du moyen âge, les contes et devis de la Renaissance dans lesquels les moines jouent un rôle important, parlent sans doute de leurs défauts, de leur cupidité, de leurs mœurs relâchées et surtout de leurs aventures scandaleuses; mais il n'est pas rare d'y rencontrer, à côté de la satire parfois très violente, des traits qui montrent l'indulgence et même l'affection que les contemporains avaient pour ces confrères de Jean des Entomeures et de Gorenflot. Maintenant encore leur popularité et la place qu'ils occupaient dans la vie de nos ancêtres est attestée par des chansons, des formulettes et des jeux traditionnels. En ce qui concerne les chansons, — et nombreuses sont celles où ils figurent; — plusieurs qui se chantent encore, sont aimables pour les moines. Il en est qui aident les jeunes filles à traire les vaches et sont parfois victimes de leur inexpérience[1]. D'autres, fatigués ou mouillés, reçoivent une gracieuse hospitalité, ou s'étant égarés ou blessés sont bien soignés par des femmes compatissantes[2].

Des marionnettes, faciles à constituer, représentent des moines; quelques-unes sont basées sur une ressemblance entre eux et des plantes qui portent des noms conformes à cet aspect (cf. t. III, p. 524). Les enfants du Quercy en faisant lever et abaisser le capuchon d'une sorte de capucin fait avec une cosse verte de fève, chantent :

> Père capucin, confessez ma femme
> Père capucin, confessez-la bien[3].

Un jeu répandu en Haute-Bretagne, dans le Finistère et dans le Morbihan, consiste à arranger deux coins de mouchoir sur les doigts de façon à figurer frère François et sœur Jacqueline; pendant que celle-ci se confesse, on les fait mouvoir tour à tour; la saynette, dialoguée assez plaisamment, se termine par la pénitence imposée à la sœur et qui consiste à embrasser trois fois frère François[4].

Des chansonnettes se rapportent à des actes de la vie monacale. En Ille-et-Vilaine trois moines qui font la procession sous leur cloître chantent :

> Premier moine.   Nous sommes trois moines
>                  Qui faisons pénitence.
> Deuxième moine.  Pour avoir mangé des fèves
>                  Le mercredi des Cendres.
> Troisième moine. Hélas! elles étaient cuites avec du lard
>                  Mes gars[5].

1. Ch. Beauquier. *Chansons populaires de la Franche-Comté*, p. 307; A. Orain. *Glossaire de l'Ille-et-Vilaine*, p. 160; J. Bujeaud. *Chants pop. de l'Ouest*, t. II, p. 279.

2. E. Rolland. *Chansons pop.* t. I, p. 153 et suiv.; P. Fagot. *Le Folk-Lore du Lauraguais*, p. 241.

3. J. Daymard. *Vieux chants populaires du Quercy*, p. 15.

4. Paul Sébillot, in *Rev. des Trad. pop.*, t. VII, p. 231; E. Rolland. *Rimes et jeux de l'enfance*, p. 391.

5. François Duyne, in *Rev. des Trad. pop.*, t. VIII, p. 554.

J'ai souvent entendu dans mon enfance ce couplet que l'on chantait
en chœur :

> Frère Jacques, (bis)
> Dormez-vous (bis)
> Sonnez les matines (bis)
> Sim ban ban.

Le dossier satirique de ces religieux, qui, pour une bonne partie se
compose de documents rétrospectifs, est beaucoup plus abondant que
celui qui leur est favorable. Toutefois, en ce qui concerne les proverbes,
alors que la plupart de ceux qui visent les prêtres sont encore d'un
usage courant, on a oublié beaucoup de ceux ayant trait aux moines,
que les écrivains ont enregistrés jusque vers la fin du XVIIIe siècle.
Cette quasi désuétude tient vraisemblablement à la transformation
des rapports entre le peuple et ces religieux ; ceux-ci, depuis une
centaine d'années, se sont bien plus qu'autrefois tenus à l'écart des
gens de leur voisinage.

Un huitain du XVIe siècle, probablement d'origine huguenote,
semble un résumé de la médisance populaire depuis Rutebeuf jusqu'à
cette époque :

> Pour nombrer les vertus d'un moine.
> Il faut qu'il soit ord et gourmand,
> Paresseux, paillard, mal idoine,
> Fol, lourd, yvrongne et peu savant,
> Qu'il se creve à table en buvant
> Et en mangeant comme un pourceau.
> Pourveu qu'il sache un peu de chant,
> C'est assez, il est bon et beau [1].

Ce proverbe qui, appliqué aux prêtres, a de nombreuses variantes,
n'a été relevé qu'en Dauphiné :

> De moéino, ni de pingeon
> N'attafei din ta mayson [2].

On disait au XVIe siècle : Il faut se garder du devant d'une femme,
du derrière d'une mule et d'un moine de tous côtés [3].

Il est vraisemblable que l'on a adressé aux moines quelques-uns de
ces quolibets professionnels, dont l'usage était fréquent autrefois. Je
ne connais que les suivants qui sont anciens :

> Lunges fu puis par Normendie
> Retraite ceste gaberie :
> Sire Muine, suef alez,
> Al passer planche vus gardez [4].

1. H. Estienne, *Apologie pour Hérodote*, t. I, c. 20 ; cf. t. III, p. 97, la désignation de cordelier donnée aux cochons.
2. Reinsberg-Düringsfeld, *Sprichwörter*, t. I, p. 361.
3. Etienne Tabourot, *Des Entends-trois*, Œuvres, Paris, 1662, p. 100 ; var. : du
devant d'un bœuf, etc. (Des Periers, *Nouvelles récréations*, p. 204).
4. Robert Wace, *Le Roman de Rou*, t. I, p. 288.

Ce distique moqueur faisait allusion à un épisode de la vie légendaire de Richard de Normandie, où un moine qui s'était noyé en glis-
sant d'un ponceau alors qu'il allait voir une dame, fut rappelé à la vie
grâce à ce prince. Au XVIᵉ siècle des Jacobins furent assaillis dans les
rues de Paris du cri : Aux Huets ! [1] Dieu soit céans ! et moi dedans et le
diable chez les moines ! [2] semble une sorte d'imprécation.

Le reproche d'hypocrisie n'est plus un de ceux que l'on fait maintenant aux moines proprement dits ; mais on l'adresse proverbialement
aux religieux d'un ordre célèbre : appeler quelqu'un Jésuite ! ou dire :
C'est un Jésuite, c'est indiquer qu'il manque de franchise, de loyauté,
ou que faisant bonne mine à quelqu'un, il est disposé à le trahir. Le
_Dictionnaire de Trévoux_ qui cite deux proverbes peu favorables aux
jésuites ne donne pas celui-ci. Dans le patois de Bayeux « Jésuet »
signifie un hypocrite [3]. Les jésuites sont aussi appelés dindons, peut-
être parce qu'on leur attribue l'acclimatation de ce volatile, et on prétend que celui-ci se met en colère si on lui donne ce nom (cf. t. III,
p. 219).

Le proverbe « La robe ne fait pas le moine » qui, à un mot près, est
encore populaire, était déjà courant au XIIIᵉ siècle [4]. La comparaison
de la Haute-Bretagne : Troussé comme un moine qui va-t-au lard, celle
de l'Aube : Troussé comme un moine qui va au cresson, font peut-être
allusion aux ordres quêteurs [5].

Le vœu d'abstinence n'était pas rigoureusement observé par ces
religieux, et la tradition les accuse d'aimer la bonne chère et le bon
vin ; on dit toujours : gras comme un moine, mais on ne connaît plus
de dictons analogues à ce distique du XVIᵉ siècle :

> Grand nau (navire) veult grand'eau,
> Et gros moine gros veau [6].

Cent ans plus tard on parodiait ainsi l'aphorisme : _Monachus in
claustro non valet ova duo_, que Rabelais a rendu célèbre : _Monachus in
bello non valet ova duo_. Il est vray, dit le Pedant ; mais _in culina bene
valet triginta_ [7]. Le blason béarnais _Ha coum lous mounges de Luc_, Faire
comme les moines de Lucq, est ainsi expliqué ; ils s'assemblaient près
du baril et le mettaient en perce par les deux bouts pour avoir plus
vite du bon vin [8]. Dans une chanson énumérative du Poitou, le prieur
interroge frère Grégoire qui lui détaille, en les récapitulant à la fin,

1. Henri Estienne. _Apologie pour Hérodote_, l. I, c. 34.
2. _Comédie des Proverbes_, acte II, sc. 2.
3. F. Pluquet. _Contes de Bayeux_, p. 80.
4. _Roman de la Rose_, vers 11824 ; Reinsberg-Düringsfeld. _Sprichwörter_, t. I, p. 495.
5. Paul Sébillot. _Litt. orale_, p. 373 ; Louis Morin. _Proverbes de l'Aube_, p. 33.
6. Leroux. _Dictionnaire comique_ ; Leroux de Lincy. _Le livre des Proverbes_, t. I, p. 36.
7. Dassoucy. _Aventures_, p. 94.
8. V. Lespy. _Proverbes du Béarn_, p. 95.

les mets et autres choses délectables qui font partie « d'la foi, d'la loi » du couvent [1].

Des dictons constatent la richesse, parfois très réelle, de certaines communautés ; tels sont ceux de Normandie :

> De tout côté l'abbaye de Fécamp a rente,
>
> De quelque part que le vent vente
> L'abbaye du Bec a rente [2].

Le même dicton s'attachait à celle de Corbie dans la Somme [3] ; l'on disait dans les Côtes-du-Nord :

> De tout côté que le vent ventait
> Bosquen rentait.

Et en Touraine :

> De quelque côté que vient le vent
> Marmoutier argent content (comptant) [4].

Plusieurs proverbes parlent de l'avidité des moines :

> *Beizen manac'h a zo tenna*
> *Digant ann holl heb rei netra.*

Règle de moine est de tirer — De toutes gens sans rien donner.

> *Ço qu'un mouine dèu ousserva*
> *Es de tout prendre e rèn douna [5].*

Au XIII siècle le *Dit de l'Apostoile* parlait de la convoitise des moines blancs, et Crapelet, dans son commentaire, ajoutait que cette expression caractérisait l'esprit de ces ordres monastiques qui, moins anciens que les moines noirs, faisaient tout ce qu'ils pouvaient pour acquérir des richesses [6]. Suivant un dicton de l'Albret : Avant d'entrer au couvent, il faut graisser le marteau (faire une aumône) [7].

Quelques récits représentent les moines comme peu scrupuleux à l'égard du bien d'autrui ; un paysan qui a acheté à la foire un beau cochon va demander l'hospitalité à un couvent de capucins ; pendant la nuit ceux-ci lui substituent un vieil âne dont il est forcé de se contenter ; mais peu après, le bonhomme se déguise, d'abord en fille, puis en médecin, bat le supérieur, et lui extorque de l'argent. Les moines de Saint-Jacut volent l'âne d'un meunier ; un des frères se montre à lui, la corde au cou, et fait accroire au maître du baudet que, pour ses

1. J. Bujeaud. *Chants pop. de l'Ouest*, t. II, p. 271.
2. Canel. *Blason pop. de la Normandie ; La Normandie*, nov. 1897.
3. Alcius Ledieu. *Blason pop. de la Picardie*, t. I, p. 214.
4. H. Gaidoz et Paul Sébillot. *Blason pop. de la France*, p. 284.
5. L.-F. Sauvé. *Lavarou Koz*, p. 130 ; Mistral. *Tresor*.
6. Crapelet. *Proverbes et dictons populaires*, p. 24.
7. Abbé Dardy. *Anth. de l'Albret*, t. I, p. 209.

péchés, il avait été changé en âne et que sa peine vient de finir. Une
variante est populaire en Poitou [1].

Si l'on relève encore l'emploi de quelques dictons satiriques, tels
que : Sal'té d'capuchin (Verviers), Front de capucin (Albret); on ne dit
plus : Jalousie de moines ners (noirs, XIIIe siècle, qui au XVIe avait
cette forme : Il n'est envye que de moine [2].

Le proverbe : Paillard comme un moine, était courant au XVIe
siècle, et les contes de cette époque sont, comme les fabliaux, remplis
de récits en conformité avec lui. On en retrouve quelques-uns
dans la tradition contemporaine : en Haute-Bretagne, deux moines en
expédition galante, surpris par le mari, sont contraints de se réfugier,
l'un après l'autre, dans un four où ils sont étouffés ; dans le Maine, il
y a trois moines au lieu de deux [3]. Le valet d'un fermier qui croyait
qu'un moine de Lantenac (Côtes-du-Nord) en voulait à la femme de
son maître, feint que celle-ci a appelé ses gens pour manger la soupe
et il arrive à la ferme avec son patron ; le moine va se cacher
dans l'écurie des vaches ; le valet s'y rend, comme pour faire leur
litière, et il le couvre de boue et de paille ; le lendemain, même scène :
le moine se cache dans le lit du domestique qui était dans le grenier,
et celui-ci, sous prétexte de battre sa couette, le bat comme
plâtre ; le troisième jour c'est bien pis, le moine se cache dans la cuve
à lessive, et le domestique, feignant d'aider à la besogne, verse de
l'eau bouillante sur le dos du moine que l'on retrouve bouilli et mort [4].

Les moines figurent dans des chansons satiriques où leurs mésaventures sont moins tragiques. Quelques-uns font le saut par dessus
l'abbaye pour aller voir leur mie [5] ; toutefois ils n'ont pas toujours du
succès : c'est ainsi qu'une jeune fille repousse l'un d'eux qui s'est
introduit dans sa chambrette et lui souhaite toutes sortes de maux [6] ; un
autre qui fait des propositions galantes à trois villageoises, est dépouillé
par elles de son argent et de son cheval [7]. Une chanson qu'on retrouve
en Normandie, dans les Alpes, en Champagne, en Poitou, en Boulonnais,
etc., parle d'une dame qui prend les habits d'un religieux et le met

1. Paul Sébillot. *Contes de prêtres et de moines*, p. 1, 5 ; in *Revue des Trad. pop.*,
t. XI, p. 633 ; R.-M. Lacuve. *Littérature orale du département des Deux-Sèvres*.
Niort, 1905, in-18, p. 107.

2. Dejardin. *Dict. des Spots*, t. I, p. 267 ; Abbé L. Dardy. *Anthologie de
l'Albret*, t. I, p. 317 ; *Dit de l'Apostoile* ; Leroux de Lincy. *Le Livre des proverbes*,
t. I, p. 37.

3. Henri Estienne. *Apologie pour Hérodote*, l. I, c. 20 ; Paul Sébillot. *Contes de
prêtres et de moines*, p. 5-6 ; Léon Pineau, in *Rev. des Trad. pop.*, t. II, p. 461.

4. Émile Hamonic. *Le Moine amoureux*, plaquette imprimée à Moncontour par
l'auteur, 1882, in-12 ; cf. t. II, p. 379 le conte des moines et de la batelière.

5. A. Meyrac. *Trad. des Ardennes*, p. 283.

6. S. Trébucq. *La chanson populaire en Vendée*, p. 227.

7. Julien Tiersot. *Chansons des Alpes françaises*, p. 187.

ensuite à la porte[1]. Dans une chanson poitevine un moine qui dit la
messe après avoir confessé de jolies filles, entremêle le latin liturgique
de pensées lascives ; un autre qui rencontre trois filles souhaite d'en
avoir une à ses côtés[2].

Les blasons populaires, d'accord avec Rabelais, prétendent que :
« l'umbre même d'un monastère est prolifique ». Les habitants de
Molème ont comme sobriquet : Le fidieu, les fils de Dieu ; on dit que les
moines de l'ancienne abbaye étaient très débauchés, et qu'ils avaient de
nombreux bâtards[3] ; avant la Révolution, on appelait les gens de Landivy
les Mouentiaux, et l'on disait qu'ils étaient les fils des religieux de Savigny[4]. Les habitants de Montmartin (Doubs) sont surnommés les bâtards ;
il y avait là jadis un couvent de moines ; en Franche-Comté, ce sobriquet se rencontre partout où il y a eu une communauté[5]. En Picardie,
on appelait les gens de Saint-Fuscien Ches fiu de moine ; en Franche-
Comté, on donnait ce même nom de fils de moines à ceux de Pretin,
mainmortables du prieuré de Château-sur-Salins, qui passaient pour
avoir eu le droit de cuissage[6]. Dans les Côtes-du-Nord, le sobriquet des
habitants du Guildo est celui de « Les Moines » parce qu'ils descendent
des religieux d'un couvent voisin, qui, disait-on vers 1880, exerçaient
le droit de prélibation[7]. Deux monastères qui existaient jadis non loin
d'Englebelmer-Vitermont, avaient, entre autres privilèges, celui qu'ils
appelaient la Purification ; les jeunes filles qui se mariaient étaient
tenues de passer la première nuit de leurs noces avec l'un des moines,
et elles faisaient serment de ne rien révéler. La jeune femme du
seigneur d'Englebelmer, qui s'était soumise à cet usage, en revint fort
triste, et pressée de questions, raconta tout à son mari qui, pour se
venger, mit le feu aux deux moutiers[8]. Les vieilles gens disent que les
moines d'un grand couvent qui, avant la Révolution, existait à Doulon
(Loire-Inférieure) mettaient à mal les jeunes filles et les femmes
mariées, et qu'ils avaient peuplé la paroisse de leurs bâtards[9]. En
Basse-Bretagne et en Franche-Comté deux proverbes presque identi-

1. J. Bujeaud. Chants pop., t. II, p. 289 ; Jean Fleury. Litt. orale de la Basse-
Normandie, p. 325 ; J. Tiersot, l. c., p. 186 ; E. Rolland. Chansons populaires, t. I,
p. 153.
2. E. Rolland, l. c., p. 162.
3. Clément-Janin. Sob. de la Côte-d'Or. Châtillon, p. 53.
4. G. Dottin. Les Parlers du Bas-Maine, p. 608.
5. Ch. Beauquier. Blason pop. de la Franche-Comté, p. 179.
6. A. Ledieu. Traditions de Démuin, p. 231 ; Ch. Beauquier, l. c., p. 27.
7. Paul Sébillot, Blason pop. de la Haute-Bretagne. Côtes-du-Nord, p. 15.
8. H. Carnoy. Litt. orale de la Picardie, p. 152-153.
9. Mme Vaugeois, in Rev. des Trad. pop., t. XIII, p. 146.
En Lorraine on dit encore que quand les moines des couvents allaient cajoler
les femmes, ils laissaient leurs sabots à la porte, et que tant qu'ils y restaient, ni
le mari ni d'autres n'avaient le droit d'y entrer (E. Auricoste de Lazarque, in Rev.
des Trad. pop., t. IV, p. 522).

ques accusent les religieux d'entretenir des concubines en dehors de leur cloître :

> *N'eus manac'h er miniki*
> *N'en deufé grèg é Kerity.*

Il n'y a pas de moine au monastère (de Beauport) — Qui n'ait sa concubine à Kérity.

> Il n'y a pas de moines à Acey
> Qui n'ait sa gouine à Bresilley [1].

Les moines avaient la réputation de ne pas mener une vie plus édifiante dans l'intérieur de leurs couvents. Sur la porte de l'abbaye de Moissac, se trouvaient, disait-on, sculptés un coq, une caille, et une chouette ; et les gens du pays leur attribuaient ce dialogue qui est populaire en beaucoup d'endroits du Midi :

> Le coq :      *Aysi tocon !*
> La caille :     *Qauqis cops, qauqis cops !*
> La chouette :   *Chut ! chut [2] !*

D'après un recueil du XVIe siècle, un paysan ayant surpris une fille qui avait essayé de tuer son enfant nouveau-né, la suit, et la voit entrer dans le couvent des moines de saint Benoît, près de Taillebourg. Il en avertit la tante du roi François Ier qui ordonne à ses gens d'entrer dans l'abbaye et d'y amener tous ceux qu'ils y trouveraient. Ils lui obéissent, et conduisent devant la dame quinze moines, dix-sept paillardes, quatre souillons de cuisine et cinq laveuses d'écuelles [3]. Des chansons parlent de jeunes filles surprises dans la cellule des moines [4].

Les femmes qui vivent déguisées dans un couvent d'hommes figurent dans plusieurs contes, dont le plus connu est le joli fabliau de *Frère Denise* [5]. Cette donnée se retrouve dans une tradition qui s'attache à un monastère de l'ordre des Augustins à Saint-Saury. Lozette de Castelnau s'y étant rendue au lieu d'aller à la chapelle, elle entra dans la cellule du prieur, qui était un jeune religieux de noble race. Elle y resta trois semaines ; puis le prieur l'engagea à quitter ses vêtements féminins, et à changer de robe. Lozette habillée en moine fut reçue frère lai. Au bout d'une année, prise de remords, elle alla se jeter aux pieds de son père qui traversait la forêt voisine, et lui avoua sa faute en demandant merci ; Castelnau la repoussa durement et lui dit : « Je te pardonnerai, Lozette, le jour où il y aura dans ton couvent une femme

---

1. Habasque. *Notions historiques*, t. I, p. 245 ; Ch. Beauquier, l. c., p. 27.
2. Ici l'on aime — Quelquefois — Chut ! chut ! (Comm. de M. de Beaurepaire-Froment). Cf. des interprétations similaires du langage des oiseaux le t. III, p. 226.
3. Nicolas de Troyes. *Le Grand Parangon des Nouvelles nouvelles*, p. 114-116.
4. J. Fleury. *Littérature orale de la Basse-Normandie*, p. 323 ; A. Meyrac. *Trad. pop. des Ardennes*, p. 287, cf. aussi la complainte des Révérends pères, p. 291 ; E. Rolland. *Chansons pop.*, t. I, p. 154 et suiv.
5. Rutebeuf. *Œuvres*, t. II, p. 63 et suiv. ; cf. *Les Cent nouvelles nouvelles*, LX ; *Heptaméron*, N[os] XXXI.

pour prieur, et que cette forêt m'appartiendra. » Le chef du couvent
mourut, et Lozette dont on ignorait le sexe, fut élevée au priorat.
C'est alors qu'elle donna l'ordre de vendre au seigneur la forêt qu'il
convoitait depuis longtemps. Elle vint secrètement trouver son père,
et lui rappelant la promesse faite dans le bois, le supplia de lui pardonner. Depuis la forêt porte le nom de Lozette [1].

Des récits encore populaires dans le voisinage d'anciens couvents,
accusent les moines de rapts de femmes, et quelquefois de
meurtres. A Béré, on raconte qu'une jeune fille entra chez ceux du
couvent de Saint-Sauveur et ne reparut plus ; le bruit courut que,
pendant la nuit, elle avait été enterrée sous le clocher ; c'est elle qui
revient sous le nom de Bête de Béré et hante les ruines de l'ancien
monastère [2]. A Saint-Cast, des moines avaient enlevé sept jeunes filles
du pays ; quatre avaient été tuées, et quand on fit une perquisition,
on en trouva encore trois qui étaient séquestrées. C'est à la suite de
cette découverte qu'ils furent chassés [3].

F.-M. Luzel a donné deux variantes d'un gwerz intitulé *Les deux
moines et la jeune fille*, dont voici le résumé : Les moines d'un couvent
neuf bâti dans la ville de Rudon ne cessent ni nuit ni jour de débaucher
les jolies filles. L'une d'elles est amenée au couvent, et lorsqu'elle y est
devenue enceinte, deux moines la font venir à l'église ; elle les supplie
de lui laisser la vie, ils lui répondent qu'il y a déjà là neuf filles qui ont
été tuées, créature en chacune d'elles. Mais un clerc logé dans l'église
a vu le crime, et les moines sont condamnés à mort [4].

Certains de ces religieux étaient passés à l'état de Croquemitaines ;
à Paris le Moine bourru a été, pendant des siècles, l'effroi des petits
enfants. En Auvergne, les religieux de l'ancienne abbaye d'Esteil ont
eu, longtemps après sa ruine, une détestable réputation ; quand on
voulait faire peur à un marmot indocile, on lui disait : « Si tu n'es pas
sage, les moines d'Esteil viendront t'emporter [5]. »

La destruction de plusieurs abbayes a été motivée par les crimes de
leurs habitants. En Quercy le gouffre de l'Antouy, petit affluent du Lot,
occupe la place d'un monastère. Son dernier prieur voulait forcer sa
nièce à entrer en religion et à léguer ses biens à son couvent. Un soir
qu'elle était venue lui demander l'hospitalité, il la livra à la lubricité
de ses moines ; elle eut un enfant qu'elle faisait élever secrètement ; il
disparut un jour, et pour le retrouver elle vint implorer le secours de
son oncle : celui-ci la retient, et lui fait servir au repas du soir des

1. Durif. *Le Cantal*, p. 272-273.
2. (Abbé Goudé). *Hist. et lég. de Châteaubriant*, p. 35, 297.
3. Paul Sébillot. *Trad. de la Haute-Bretagne*, t. I, p. 340.
4. *Gwerziou Breiz-Izel*, t. I, p. 273-283.
5. A. Dauzat, in *Rev. des Trad. pop.*, t. XIII, p. 198.

viandes dont elle ne reconnaît pas la nature. Lorsqu'elle semble rassasiée, on pose devant elle une assiette recouverte d'un voile que le prieur soulève, et dans les débris de son épouvantable festin elle reconnaît la tête, les pieds et les mains de son enfant. Elle sort du couvent et lorsqu'elle a franchi le ruisselet, elle maudit le monastère en disant : « Faites, ô mon Dieu, que la pierre la plus basse de cette demeure en devienne la plus élevée ! » A peine a-t-elle achevé que les murailles s'engloutissent pierre à pierre dans un gouffre dont on n'a jamais pu sonder la profondeur [1]. On disait autrefois que le courroux du ciel s'était appesanti sur l'abbaye de Saint-Vincent d'Arlay, et l'avait ruinée à cause de la vie licencieuse des moines ; chaque nuit, ils revenaient crier et blasphémer parmi les décombres de leur ancienne demeure. C'est pour cela qu'on l'avait appelée l'Abbaye du Diable [2]. Le lac de Flers remplace un couvent foudroyé et enseveli sous ses eaux, une nuit de Noël, à cause de l'impiété des religieux qui l'habitaient (cf. t. II, p. 399). La terre s'entr'ouvrit pour engloutir les moines de Bosquen (Côtes-du-Nord) qui, étant à danser au moment où passait un prêtre, porteur du Saint-Sacrement, continuèrent leur divertissement au lieu de s'agenouiller comme tout le monde [3].

Les moines exercent la même influence néfaste que les prêtres. Au XVe siècle on disait : Quant on voit blans religieux aler ou chevauchier par les champs, nul ne se doit acheminer celle part, pour le lait temps qui par coustume leur survient... Le rencontrer du matin d'un blanc moisne est très mauvais signe, mais le rencontrer d'un noir est, par le contraire, bon signe [4]. Au XVIIe siècle, celui qui, le matin, trouvait un moine en son chemin était exposé à un malheur. Cette croyance est conservée en Hainaut [5]. Dans la Gironde, voir un moine, aux environs de Metz un capucin, est un présage de mauvaise chasse [6]. La présence à bord d'un navire d'un religieux est redoutée. Il y a une soixantaine d'années, un moine passager à bord d'une tartane provençale faillit, lors d'une tempête, être jeté à la mer par les matelots [7]. D'après la superstition girondine le train de chemin de fer dans lequel se trouvent des moines est plus qu'un autre exposé à dérailler ; mais on peut prévenir cet accident en touchant immédiatement du fer [8].

Les moines sont bien plus rarement inculpés de sorcellerie que les prêtres, et les récits qui leur attribuent ce rôle ont surtout été relevés

1. Frédéric Chevalier, in La Tradition, sept. 1890, p. 274-276.
2. Ch. Thuriet. Trad. de la Haute-Saône, p. 200.
3. Paul Sébillot. Trad., t. I, p. 340.
4. Les Evangiles des Quenouilles, V. 11 et glose.
5. J.-B. Thiers. Traité des Sup., t. I, p. 209 ; A. Harou, in Rev. des Trad. pop., t. IV, p. 368.
6. C. de Mensignac. Sup. de la Gironde, p. 134 ; Ladoucette. Mélanges, p. 420.
7. Jal. Glossaire nautique.
8. C. de Mensignac, l. c.

en Haute-Bretagne. Ceux de Bosquen, qui avaient des liqueurs magiques, résolurent une nuit de faire périr toutes les avoines. Ils ordonnèrent à un de leurs serviteurs de jeter par la fenêtre une bouteille qui avait le pouvoir de faire mourir tout le monde, les animaux, les gens, et les plantes quand on disait : « Berluké ». Le garçon alla à la fenêtre et dit : « Berluke ! que les avoines meurent cette nuit ». Il ne jeta pas tout le contenu de la bouteille, et les moines le lui reprochèrent. Mais la nuit, quand tout fut à repos, le garçon prit le reste de la bouteille, et le répandit en disant : « Berluke ! que tous les moines meurent ! » Et ceux de l'abbaye moururent cette nuit-même [1]. On disait en Béarn que le prieur de Saint-Savin avait, au moyen du *Petit Albert*, fait périr un grand nombre de gens [2]. Vers la fin du XVIII° siècle un des derniers prieurs de Bosquen était sorcier ; il montait sans échelle sur la tour de l'église et il prédisait l'avenir ; un jour qu'il y était grimpé, il se mit à songer, et il dit : « Dans quelque temps, nous serons persécutés, et la forme du gouvernement changera ». Un des moines qui l'entendit lui demanda : « Cela durera-t-il longtemps ? — Dix à douze ans », répondit-il. Mais il ne vit pas cette période de troubles : un jour qu'il était à se promener dans le jardin, un des moines dit à un de ses camarades : « Tu vois bien le gros prieur qui se promène, je parie que dans huit jours, il sera mort ! » Cela arriva en effet ainsi qu'il l'avait dit [3]. Une légende de la Haute-Bretagne parle de capucins qui avaient le don de lire dans l'avenir, et qu'on envoyait chercher en maintes circonstances, et surtout quand il s'agissait de la naissance d'un enfant. Dans un conte breton un moine prédit que l'enfant qui va naître est destiné à être pendu [4].

L'histoire ecclésiastique rapporte fréquemment les efforts tentés par les abbés pour amender les mœurs des couvents où la discipline s'était relâchée ; plusieurs éprouvèrent une résistance violente. Un prieur de Coëtmalouen fut enfermé par ses religieux dans un cachot, et la maréchaussée de Guingamp dut aller le délivrer [5]. Pierre Abala (Abélard) étant arrivé dans un abbaye en pauvre appareil fut mal reçu [6] ; à celle de Saint-Gildas-de-Rhuys qu'il tenta de réformer, on montre encore aujourd'hui le conduit du privé par lequel on dit qu'il se sauva pour échapper à la mort [7].

Dans la Creuse, saint Barber, prieur du Moutier-Razeille, fut d'après la tradition locale encore moins heureux ; Fatigué du tumulte de ce

1. Paul Sébillot. *Traditions de la HauteBretagne*, t. I, p. 338-339.
2. W. Webster, in *Rev. des Trad. pop.*, t. I, p. 88.
3. Paul Sébillot, l. c.
4. Lucie de V.-H., in *Rev. des Trad. pop.*, t. XIV, p. 320 ; F.-M. Luzel, in *Mélusine*, t. I, col 324.
5. R. Jollivet. *Les Côtes-du-Nord*, t. III, p. 213.
6. Etienne de Bourbon. *Anecdotes*, p. 439.
7. Albert Le Grand. *Vies des saints de Bretagne*, éd. Kerdanet, p. 15, note.

temps des guerres, le jour de l'Ascension il sortit seul du monastère, et depuis les moines ne le revirent plus ; l'on ne put retrouver le sceau de l'abbaye et la châsse de Saint Julien résista à tous les efforts et resta invinciblement close. Un siècle s'écoula, et un matin où les frères descendaient de leur cellule pour se rendre au premier office, ils apprirent qu'un moine inconnu occupait dans le chœur le siège abbatial. Le prieur alla lui demander qui il était ; le vieillard répondit : « Aujourd'hui le siècle est révolu, les temps sont accomplis, je suis Barber votre prieur. » Il le conduisit devant la châsse, s'agenouilla et elle s'ouvrit d'elle-même, et il lui montra à son doigt le sceau des anciens prieurs. Mais le prieur et les moines ne voulant pas de lui, le précipitèrent dans un puits creusé sous le pavé d'une chapelle latérale. A peine le corps du martyr eut-il touché les eaux qu'elles débordèrent ; elles atteignaient les premières cellules lorsque les moines promirent d'expier le crime qu'ils avaient commis. Aussitôt les eaux s'écoulèrent après avoir déposé le corps du saint sur le seuil même de l'église [1]. Quelquefois ces religieux accomplissent des pénitences posthumes. A Plévenon, des moines de mauvaise vie étaient condamnés à errer près du tumulus de Château-Serin. On voit souvent entre onze heures et minuit des moines faire la procession sur les murs du château de la Hunaudaye (Côtes-du-Nord). Ils ne disent rien, ne chantent pas, mais passent et repassent pendant ces deux heures [2]. Au Pont d'Enfer, à Vieu en Valromey, on entend le tintement d'une cloche agitée par des moines que le diable précipita jadis dans cet abîme, en punition de leur luxure [3]. Aux ruines du monastère d'Antoui (Lot), revient, sous forme de lièvre noir, un prieur qui après avoir tué le fils de sa nièce (cf. p. 251), lui servit ses membres à son souper ; les chiens s'enfuient devant lui, et tout homme qui le rencontre est sûr de mourir dans l'année [4]. Plusieurs légendes parlent de moines avides de richesses qui comptent ou surveillent celles qu'ils se procurèrent autrefois. On entend ceux du prieuré de Grammont compter l'argent dans les caves où ils battaient monnaie [5]. Un moine garde au fond des ruines de Meyriat les trésors de la communauté et met en fuite les imprudents qui osent s'en approcher ; chaque nuit, des moines avares qui surveillent leurs trésors enfouis en de mystérieuses cachettes, errent parmi les débris de la chartreuse d'Arvières [6].

Suivant quelques légendes, des moines ont conclu des pactes avec

1. P. Langlade. *Album de la Creuse.* Aubusson, 1847, in-4, p. 28-30.
2. Paul Sébillot. *Trad. et sup.*, p. 340 ; Lucie de V.-H., in *Revue des Trad. pop.*, t. XV, p. 50. Sur d'autres moines revenants, cf. *F.-L. de France*, t. II, p. 101, 185, 432, 433, t. II, p. 320, 270.
3. A. Bérard, in *Rev. des Revues*, Mars 1901.
4. F. Chevalier, in la *Tradition*, 1890, p. 276.
5. Chrétien de Joué-du-Plein. *Veillées argentenôts*, mms.
6. A. Bérard, l. c.

le diable. On raconte dans les Ardennes qu'un moine s'était, un jour qu'il avait fêté la bouteille, vendu au diable ; mais il s'en repentit, et une nuit qu'il était en prières, il entendit une voix qui lui disait : « Ton repentir est sincère, mais tu ne cesseras d'appartenir à l'enfer que quand tu auras acquis une âme au ciel ». Un jour qu'il se promenait dans la forêt de Toges, il abusa d'une jeune fille. Aussitôt le diable parut devant lui et lui dit : « Non seulement tu n'as pas acquis une âme au ciel, mais encore tu viens de la perdre. C'est moi qui avais envoyé cette jeune fille dans la forêt pour te tenter. Tu m'appartiens ». La terreur du moine fut si grande qu'il mourut sur le champ [1]. Le moine de Saire avait été, de son vivant, l'intendant de son père, et chargé de recevoir l'argent, il s'était approprié le versement d'un fermier. Celui-ci, qui n'avait pas eu de reçu, dit au moine qu'il n'oserait pas dire : « Que le diable m'emporte dans la mer si je l'ai reçu ! » Le moine ayant prononcé ces paroles fut emporté. On dit aussi qu'il fut l'intendant du sire de Réville, et que pendant l'absence du mari il mena joyeuse vie avec la dame. Quand le seigneur revint la caisse était vide, et le moine se donna au diable pour avoir de l'argent [2].

De même que les châteaux, certaines abbayes passent pour avoir eu des souterrains qui s'étendaient fort loin. A Trévron (Côtes-du-Nord), un pâtre montra à Bertrand Robidou une anfractuosité creusée au-dessous de la Roche aux fées et qui communiquait avec le monastère de Léon, à dix kilomètres de là. A l'île aux Moines, le sol résonne à un certain endroit sous les pieds des passants ; les habitants ont coutume de marquer le pas avec force et de dire : « Là-dessous est le souterrain des moines. » Les religieux d'Attigny correspondaient avec les chanoines d'un prieuré voisin par des souterrains dans lesquels on assure qu'il y a de nombreux squelettes. La chartreuse d'Orque (Sarthe) en avait aussi plusieurs ; l'un débouchait, dit-on, par une porte de fer dans la fontaine du bois des Chartreux et un autre allait du couvent à l'abbaye d'Etival [3].

Le souvenir des moines se rattache à un certain nombre de lieux-dits, dont quelques-uns sont l'objet de croyances légendaires. Dans le bois de la Mare en la Poterie (Côtes-du-Nord), une butte à peu près ronde, s'appelle le « château des Moines » ; le fossé qui l'entoure est souvent à sec, et l'on y voit les traces d'un puits, connu sous le nom de « Puits des Moines » ; il contient un trésor, que plusieurs personnes ont essayé de retrouver, mais jamais elles n'ont pu creuser assez profondément pour l'atteindre ; à chaque tentative il survenait de la pluie

1. A. Meyrac. *Traditions des Ardennes*, p. 346.
2. Fleury. *Litt. orale de la Basse-Normandie*, p. 34-37.
3. B. Robidou. *Hist. d'un beau pays*, t. II, p. 329 ; Mauricet. *L'Isle aux Moines.* Vannes, 1857, p. 75 ; A. Meyrac, *Villes des Ardennes*, p. 27 ; A. Daguet, *Légendes des Coëvrons*, p. 14.

et de l'orage qui forçait à interrompre les travaux [1]. Plusieurs rochers anthropomorphes sont des moines métamorphosés, à cause de leurs crimes (cf. t. I, p. 302-304, t. II, p. 93). Il en est de même de quelques mégalithes (cf. t. IV, p. 13).

### § 3. LES RELIGIEUSES

Le dossier satirique des bonnes sœurs est moins chargé que celui des autres gens d'église. Un proverbe wallon conseille de ne pas trop frayer avec elles :

> Pour avoi' 'n maison nette
> N'y faut priette ni nounette [2].

En Haute-Bretagne, on explique ainsi l'origine du dicton : « Les bonnes sœurs ont la ruse du diable. » Celui-ci ayant vainement essayé pendant huit années de troubler un bon ménage, en rencontre une qui parie d'y réussir ; elle cache un couteau sous l'oreiller du mari, et le prévient qu'elle a vu sa femme l'y mettre et qu'elle a le dessein de le tuer ; le mari trouve le couteau et l'enfonce dans le cœur de sa femme [3].

Comme les prêtres et les moines, mais beaucoup plus rarement, les bonnes sœurs ont le mauvais œil. Les pêcheurs bretons qui en voient une en se rendant à la mer ne prendront rien ; le conscrit de la Haute-Bretagne qui fait cette rencontre le matin du tirage est sûr d'avoir un bas numéro. A bord de beaucoup de navires français, la présence d'une religieuse est regardée comme funeste [4]. Le fer ne semble pas employé comme préservatif de cette fascination, comme il l'est contre celle attribuée aux autres catégories du clergé. Suivant une croyance relevée à Liège, les religieuses peuvent même porter bonheur : si au moment où l'on en aperçoit deux, on touche un objet en cuivre, on est assuré de voir se réaliser le vœu que l'on forme en cet instant [5].

Les paysans taxent les religieuses de fainéantise, de même que les

---

1. Paul Sébillot. *Traditions*, t. I, p. 143.
2. J. Dejardin. *Dict. des spots wallons*, t. II, p. 34 ; cf. aussi la p. 231 du présent volume.
3. Paul Sébillot. *Coutumes*, p. 70-71. Les patenôtres perdues dans les champs par les bonnes sœurs y font venir du chiendent. Cette méchanceté, de même que quelques autres, est tantôt attribuée à une religieuse véritable, tantôt à celles qu'on appelle bonnes sœurs trottines, trottoires, ou en plein vent. Une nouvelle du XVIe siècle, beaucoup plus détaillée, est sur le même thème que le conte haut-breton. Elle débute par un dicton similaire « une mauvaise femme sçait ung art plus fin que le diable ». C'est une vieille qui, comme la religieuse, gage avec le diable, et fait aussi accroire au mari que sa femme veut l'égorger (N. de Troyes. *Le Grand Parangon des Nouvelles Nouvelles*, p. 128, 137).
4. Paul Sébillot. *Le F.-L. des pêcheurs*, p. 183 ; *Coutumes*, p. 80 ; *Légendes de la Mer*, t. II, p. 295.
5. Alfred Harou, in *Rev. des Trad. pop.*, t. XVIII, p. 379.

autres personnes qui ne travaillent pas à des ouvrages de force : l'une d'elles n'ayant rien à faire inventa les puces pour se désennuyer (cf. t. III, p. 301). C'est peut-être parce que, en raison de leur vie sédentaire, elles sont souvent grassouillettes, que l'on dit en Haute-Bretagne d'un mauvais couteau, qu'il coupe comme les genoux d'une nonne, et en Vendée *Queum les genoils d'ine bonne sur*[1]. Je n'ai relevé aucun trait populaire sur la gourmandise des nonnes, auxquelles on attribue pourtant l'invention de plusieurs friandises. Elles sont aussi rarement accusées de manquer de charité ; cependant un monastère s'écroule parce qu'on y a refusé de secourir un pauvre (cf. t. II, p. 394-395).

Le célibat des religieuses, les regrets qu'il entraîne parfois, les circonstances qui en accompagnent la rupture, les amours au couvent, tiennent dans la littérature orale et dans les légendes, une place qui sans être aussi grande que dans la littérature écrite, ne laisse pas que d'être considérable.

En Béarn, lorsqu'une jeune fille que l'on suppose ne pas être bien sincère exprime le désir de se faire sœur, on lui répond ironiquement :

> *Religiouses de Sent Augustii*
> *Dus caps sus u couchii*[2].

En Haute-Bretagne court un dicton analogue :

> La communauté de saint José ;
> Deux têtes sus l'oreiller.
> Et deux pantoufes sous l'let (lit)[3].

Identique, au patois près et au second vers, à un dire du XVIIᵉ siècle : Estre de la religion de saint Joseph, quatre pantoufles sous le lit[4].

Plusieurs des chansons où figurent les bonnes sœurs parlent de celles qui ne restent pas volontiers, comme dit un couplet poitevin « à pourrir derrière les grilles »[5]. Quelques-unes se refusent à se séparer du monde, ou tâchent d'y rentrer. Point de couvent je ne veux ma mère, Je ne serai pas religieuse, sont les titres de deux chansons, de l'Ouest où des jeunes filles manifestent leur répugnance à prendre le voile et regrettent leur liberté[6]. Des nonnes par contrainte maudissent successivement les diverses parties de leurs vêtements professionnels[7]. Il en est qui sont malades d'amour[8] ; quelques-unes parviennent à sortir

1. Jehan de la Chesnaye. *Proverbes vendéens*. Paris, 1906, in-8º p. 10.
2. V. Lespy. *Proverbes du Béarn*, p. 194 ; ce dicton est aussi connu en Limousin, en Provence et en Corse ; cf. J.-M. Filippi. *Recueil de dictons corses*, p. 32 ; Mistral Trésor, v. Agantet.
3. Paul Sébillot. *Litt. orale de la Haute-Bretagne*, p. 367.
4. Oudin. *Curiositez françoises*.
5. J. Bujeaud. *Chants pop. de l'Ouest*, t. I, p. 136.
6. J. Bujeaud, l. c. ; A. Orain. *Gloss. patois de l'Ille-et-Vilaine*, p. 165.
7. J. Bujeaud, l. c. t. I, p. 264 ; Ch. Beauquier. *Chansons pop. de la Franche-Comté*, p. 100 ; Achille Millien. *Chansons du Nivernais*, t. I, p. 68.
8. Cénac-Moncaut. *Litt. pop. de la Gascogne*, p. 291.

de leur moutier, soit par ruse, soit avec l'aide de leurs amoureux, ou par des connivences diverses[1]. Ces évasions ne sont pas d'ordinaire aussi mouvementées que celle que raconte une légende franc-comtoise. Il était d'usage que les nonnes du Doubs envoyassent au comte de Dôle une Notre-Dame de cire ; une novice gagna la tourière et se mit dans le coffre à la place de la Vierge. Un jardinier robuste qui l'avait chargé sur ses épaules, s'arrêta à boire en route et le déposa sur la margelle d'un puits ; mais la pauvre fille se trouva les pieds en l'air et la tête en bas. Elle n'osait ni parler ni se plaindre et le moindre mouvement pouvait la précipiter dans le puits. Elle échappa pourtant à ce péril ; mais, en expiation de sa faute, elle resta toute sa vie plus jaune que la statue dont elle avait osé prendre la place[2].

Des dictons et des légendes font allusion à la conduite licencieuse de certaines nonnes d'autrefois. La piours amors, c'est de nonains[3], disait-on au XIII° siècle, et un poëte de la même époque semble s'inspirer d'un proverbe courant :

> Quant ces nonnains se vont par le pays esbatre,
> Les unes à Paris, les autres à Monmartre,
> Tel fois emmainne deux qu'on en ramainne quatre.

Plaisanterie qui, d'après Achille Jubinal, est restée populaire sous cette forme :

> C'est l'abbaye de Montmartre,
> On y va deux, on revient quatre[4].

Au XVII° siècle, on disait à Paris d'un homme qui aimait les femmes :

> Il est de l'abbaye de Longchamps
> Il tient des dames.

Cette abbaye avait mauvaise réputation, comme celle de Notre-Dame du Lys en Brie, qu'on appelait à la même époque, le vrai séminaire des Enfants rouges, à cause du débordement des religieuses qui y habitaient. Au couvent de Saint-Félix s'attachait ce dicton : « Douze lits

---

1. C^te de Puymaigre. Chants pop. du pays messin, t. I, p. 80 ; J. Bujeaud, l. c. p. 263-265 ; J. Fleury, Litt. orale de la Basse-Normandie, p. 341 ; V. Smith, Vieilles chansons du Velay, p. 23 ; J. Fleury, p. 313 ; Ch. Guillon, l. c. p. 223 ; J. Tiersot. Chansons pop. des Alpes françaises, p. 181 ; J. Daymard, Vieux Chants pop. du Quercy, p. 211 ; cf. aussi la complainte de Damon et Henriette.

2. Ch. Thuriet. Trad. de la Haute-Saône, p. 329.

3. Leroux de Lincy. Le Livre des Proverbes, t. II, p. 327. Au XVIII° siècle Gresset dira :

> Désir de fille est un feu qui dévore,
> Désir de nonne est cent fois pis encore.
> (Vert-Vert, chant II).

4. Rutebeuf. Œuvres, t. II, p. 42.

et treize berceaux ». La conduite irrégulière des religieuses de Larrey les fit appeler vouivres (sorte de serpent fabuleux) [1].

Suivant une tradition ancienne qui est venue s'attacher à des couvents bâtis de nos jours lorsqu'ils sont voisins et habités par des religieux de sexes différents, ils sont reliés par des souterrains. On prétend que celui de Baume-les-Messieurs communiquait ainsi avec celui de Château-Chalon [2]. Il en était de même de deux abbayes du Limousin, distantes de deux kilomètres, sur lesquelles courait ce blason : *Quu at nora en Couyroux al gendre Obasine*, qui a bru à Coiroux a gendre à Obasine [3].

> Orry va prendre quatorze chevaliers
> Et tous en nonnes Orry les fait habiller,
> Puis à nuit close, à la porte ils vont heurter [4].

Dit une ballade bien connue, publiée au XVIIIᵉ siècle, dont les principaux traits se trouvent dans une légende ardennaise. Le seigneur de Montcornet alla une nuit, déguisé ainsi que ceux qui l'accompagnaient, demander l'hospitalité aux religieuses des Mazures : « Il n'y a pas assez de lits, dit la supérieure. — Hé bien ! et les lits des nonnes ? nous nous en accommoderons fort bien, et vous voudrez bien, madame, m'offrir la moitié du vôtre. — Mais que diront les nonnes ? — Elles diront que chaque nonne avait son nonnain. » L'abbaye aurait été supprimée à la suite du scandale [5]. On raconte à Noirmoutiers qu'un seigneur débauché se déguisa en religieuse et se présenta à un monastère de femmes pour passer la nuit. Comme il n'y avait pas de lit vacant, la supérieure le fit coucher avec l'une des sœurs [6].

Les religieuses qui rompaient leur vœu étaient, de même que leurs

---

1. Leroux de Lincy. *Le Livre des Proverbes*, t. I, p. 1 ; Fourtier. *Dictons de Seine-et-Marne*, p. 74 ; Mme L. Figuier. *Nouvelles languedociennes*, 1860, in-18, p. 20 ; Ducourneau et Montel. *La Bourgogne*, p. 108. — Les conteurs du XVᵉ et du XVIᵉ siècle parlent souvent, comme de choses connues et fréquentes, de ces relations entre religieux et religieuses : Au gentil pays de Braibant, près d'un monastère de blancs moynes, est situé ung aultre monastère de nonnains. Ces deux maisons, comme on dit, estoient voisines, la grange et les bateurs, car Dieu mercy, la charité de la maison aux nonnains estoit si tres grande que peu de gens estoient escondis de l'amoureuse distribution. (*Les Cent nouvelles nouvelles*, XV). Ce n'est pas chose estrange ne peu accoustumée que les moynes hantent et frequentent voulontiers les nonnains (*Nouvelle*, XLVI, cf. aussi *Nouvelle*, XXII ; H. Estienne. *Apologie pour Hérodote*, l. I, ch. 20, rapporte aussi le dicton de la grange.

2. Ch. Beauquier. *Blason populaire de la Franche-Comté*, p. 279.

3. J. Champeval. *Proverbes bas-limousins*, p. 40.

4. *Chansons populaires de France*. Paris 1865, in-18, p. 94.

5. A. Meyrac. *Trad. des Ardennes*, p. 340.

6. A. Dauzat, in *Rev. des Trad. pop.* t. XV p. 574. — On rencontre aussi cet épisode dans les chansons : Bujeaud. *Chants pop. de l'Ouest*, t. II, p. 107. Cénac-Moncaut. *Litt. pop. de la Gascogne*, p. 288 ; J.-F. Bladé. *Chants pop. de la Gascogne*, t. II, p. 61 ; dans les deux dernières ce sont des laïques qui sont abusées par ce déguisement.

complices, menacées de châtiments particuliers : Quiconques cognoist charnelement nonnain sachez qu'ils morons a trop plus de doleur que les autres gens[1]. Un vers latin note une circonstance naturaliste que les *Evangiles* rapportent plus crûment :

*Arrectus moritur monacha quicumque potitur.*

En Normandie les nonnes et les curés qui se sont aimés et n'ont pas fait pénitence avant de mourir sont condamnés à suivre la Chasse Annequin (t. I, p. 171). Les fantômes des religieuses d'une abbaye située sur la rive gauche du Rhône dansent des sarabandes infernales avec les moines dans les ruines de l'abbaye de Saint-Alban à Malprage, qui était de l'autre côté du fleuve, en punition des orgies auxquelles ils se livraient ensemble de leur vivant[2]. Dans les Ardennes les religieuses d'un couvent englouti sont condamnées à danser des rondes (cf. t. II, p. 433). Une nonne est punie à cause de sa coquetterie ; elle revient dans un vieux manoir des environs de Morlaix où elle erre en retroussant sa robe et en montrant ses jambes : l'une d'elles est décharnée et livide, tandis que l'autre, très bien faite, est couverte d'ulcères. Cette revenante est une ancienne habitante de la maison, qui fut en effet religieuse, et qui sachant qu'elle avait la jambe bien tournée, la montrait à tout propos. En punition de sa vanité, elle est condamnée à revenir jusqu'à la fin du monde, et à faire voir à ceux qui la rencontrent, au lieu de ses belles jambes, des jambes répugnantes. Un jour une vieille femme se munit d'un cierge et d'eau bénite, et elle osa lui dire qu'au lieu d'effrayer les vivants, elle ferait mieux de se tenir tranquille dans sa tombe. Elle entendit un sanglot, et depuis la religieuse aux beaux mollets ne se montre plus qu'une fois l'an, la nuit du 31 décembre[3].

Des légendes racontent que des religieuses, pour garder leur vœu de chasteté, ont recours à des mutilations ou même au suicide. Lors de l'invasion normande les filles d'un monastère de Fécamp se coupèrent le nez et les oreilles pour que les barbares ne ressentissent plus à leur vue que du dégoût[4]. Celles du Moutier de Saint-Gilles (Indre) qui,

1. *Les Evangiles des Quenouilles*, IV, 4, ct. F. L. de France, t. I, p. 304 un ermite et une religieuse pétrifiés au moment où ils échangent leur premier baiser.
2. Alexandre Bérard, in *Revue des Revues*, 15 Mars 1901.
3. Lucie de V.-H. in *Rev. des Trad. pop.*, t. XV, p. 89. A Boulay en Lorraine apparaissaient, le soir semble-t-il, des religieuses ; l'une se rendait à une chapelle et retournait ensuite dans les vignes, une autre, parfois accompagnée d'un prêtre, se voyait dans une rue qui mène à la fontaine. (E. Auricoste de Lazar que, in *Rev. des Trad. pop.* t. XIX, p. 260).
4. Amélie Bosquet, *La Normandie romanesque*, p. 879. Des mutilations semblables sont attribuées à des religieuses anglaises. (Depping. *Hist. des exp. maritimes des Normands*, 1844, in-18, p. 153). Jacques de Vitry rapporte qu'une nonne dont un prince était amoureux jusqu'à menacer d'employer la violence s'arracha les yeux et les lui envoya. (*Exempla*, p. 22, et p. 158 pour les versions de cette histoire).

n'étaient plus que trois et craignaient la brutalité des infidèles qui s'avançaient dans le pays, jetèrent un matelas dans leur puits et s'y précipèrent toutes les trois [1]. Deux religieuses poursuivies par des chevaliers s'élancent dans le vide du haut de la montagne de la Sainte-Baume, et soutenues par les anges arrivent saines et sauves au bas (t. I, p. 222).

Le diable qui est si souvent vaincu par les femmes, l'est rarement par les religieuses ; cependant le Pont-aux-Nonnes en Saint-Donan (Côtes-du-Nord) est ainsi appelé parce que, un matin, le diable s'y posta pour attendre une jeune nonne qui avait coutume de le traverser pour aller à la messe à l'église du Fœil ; mais la jeune fille lui opposa un signe de croix et le précipita dans la rivière [2].

Le rôle des religieuses dans les récits non localisés est assez restreint ; elles interviennent, à titre épisodique, dans trois contes de la Haute-Bretagne : L'une est marraine d'un enfant que son père a vendu au diable ; d'autres, pendant un orage, reçoivent à défaut de prêtre, la confession des matelots, pour savoir quel est celui qui, coupable, attire la tempête sur le navire ; dans le troisième, une religieuse, lasse d'attendre son entrée en Paradis, se prête à une ruse qui la fait y pénétrer aussitôt [3]. Dans une légende morbihannaise, c'est l'une d'elles qui persuade à Saint-Pierre d'ouvrir à saint Yves la porte du séjour des bienheureux qu'il lui avait refusée, en lui entendant dire qu'il était avocat, et comme elle ne trouvait pas la plus petite place au banc des religieuses qui est au complet, elle s'assied près du saint au banc des avocats [4].

## § 4. LES ERMITES

Il est assez rare que les ermites figurent dans les récits contemporains ; presque partout en France la vie érémitique est tombée en désuétude ; les demeures de ces solitaires, bâties en matériaux fragiles et grossiers, n'ont guère survécu à ceux qui les avaient construites, et le plus souvent il n'en reste même plus assez de vestiges pour qu'ils puissent servir de jalon de souvenir. La tradition locale n'a pas cependant oublié complètement ces religieux. En Bretagne saint Viau, saint Guillaume, saint Fiacre et saint Couturier sont l'objet de récits popu-

1. E. de Beaufort, in *Antiq. de l'Ouest*, t. XVIII p. 282 ;
2. B. Jollivet. *Les Côtes-du-Nord*, t. I, p. 60.
3. Paul Sébillot. *Contes pop.* t. II, p. 213 ; *Contes de Marins*. Palerme, p. 39 ; *Litt. orale*, p. 211. Dans un conte du moyen âge, dont Rabelais a donné une version (*Pantagruel*, l. III, c. 34) un pape sollicité par des religieuses d'avoir la permission de se confesser mutuellement la leur accorde à la condition qu'elles se gardent d'ouvrir une petite boîte qu'il leur remet ; à peine a-t-il le dos tourné qu'elles l'ouvrent et il s'en échappe une linotte.
4. D' Fouquet. *Légendes du Morbihan*, p. 103-405.

laires, et un certain nombre de lieux rappellent le séjour d'anachorètes, à Messac (Ille-et-Vilaine), on montre les ruines de l'Hermitage de Beury, à Trans, sur le bord du ruisseau de l'Ermitage, et à une petite distance de la source de l'Ermite, au milieu de la forêt de Villecartier, existe la **Pierre de l'Ermite**, aujourd'hui renversée, et les sabotiers disent que de temps en temps, on voit auprès un ermite qui y dit ses prières [1]. Le P. franciscain François de Gonzague relatait en 1587 une ancienne légende d'après laquelle un ermite nommé Pierre aurait habité l'île de Césambre près de Saint-Malo, n'ayant que deux corbeaux pour toute compagnie. Jacques Doremet (1628) qui était malouin, après avoir transcrit le passage latin du général des franciscains, ajoute : « Et est vray que, quand on tue vn de ces corbeaux, soudain vn autre revient en la place du mort, et si tous deux meurent ou sont tuez, à l'instant deux autres sont substituez, et sont fort familiers et privez avec les freres ; voire autant que si c'estoient poulles ou chappons [2]. » Cinquante ans plus tard Jordan, l'auteur des *Voïages historiques de l'Europe*, constatait cette même croyance, qui me paroist, disait-il, fabuleuse, quoique les gens du lieu me l'aient donnée pour chose certaine. La petite île Notre-Dame en St-Jouan des Guérets (Ille-et-Vilaine), était occupée en 1800 par deux pénitents que la tourmente révolutionnaire y avait oubliés. Quand les brouillards couvraient la Rance, ils sonnaient la cloche sans relâche pour avertir les bateaux d'éviter les écueils ; les bateliers ne manquaient jamais, en passant devant la chapelle, de chanter à plein gosier un cantique, en l'honneur de la Vierge ; ils jetaient en même temps à l'eau une botte de paille, de foin, une bûche ou un fagot, que le courant portait vers l'île. Les ermites allaient les ramasser dans leurs criques, et plus tard les vendaient, ou en faisaient l'échange sur le continent [3]. Vers 1820 un bon observateur écrivait : On rencontre en plusieurs endroits de la Basse-Bretagne des cellules formées dans le roc ; quelques-unes sont encore habitées par des ermites ; les paysans pensent qu'ils tournent le roc à volonté pour ne jamais avoir le vent en face [4].

Plusieurs anciens dictons sont peu favorables à ces religeux isolés. Déjà au XIII⁰ siècle on disait :

L'abis ne fet pas l'ermite.

A la Renaissance courait ce dicton : De jeune hermite veil diable. Quand le diable devient vieux il se fait ermite, est encore un proverbe

---

1. Paul Sébillot. *Petite légende dorée*, p. 51, 53, 63, 133 ; A. Orain. *Géographie de l'Ille-et-Vilaine*, p. 44.
2. Jacques Doremet. *De l'antiquité de la cité d'Aleth*, p. 97.
3. Elvire de Cerny. *Saint-Suliac et ses traditions*, p. 162.
4. Boucher de Perthes. *Chants armoricains*, p. 64.
5. Rutebeuf. *Œuvres*, éd. Jubinal, t. II, p. 63 ; Rabelais. *Pantagruel*, l. IV, c. 64.

courant. *Quand lou diable n'a proun fa, si fai ermito*, dit-on en Provence, où un autre proverbe met en doute leur frugalité : *Touti lis ermito vivan pas de sautarello* [1].

Quelques-uns de ces solitaires ont laissé un souvenir aussi peu édifiant que celui dont le roman de *Gil Blas* raconte les aventures. Un ermitage sur le territoire de Ban-sur-Meurthe, dans les Vosges, fut rasé quand on eut appris que son possesseur tuait les voyageurs pour les voler ; les légendes où les ermites jouent un vilain rôle sont du reste très nombreuses en Lorraine [2]. A Asson en Béarn, un ermite, condamné par le parlement de Navarre en 1732, était aussi légendaire [3].

Les récits populaires parlent assez souvent de la luxure des ermites : l'un d'eux qui était, paraît-il, un diable déguisé, veut forcer une jeune fille et est changé en pierre ; un autre essaie de séduire la femme d'un pêcheur et cause par magie le naufrage de son mari (*Folk-Lore de France*, t. II, p. 93, 98). A Guernesey deux empreintes marquent les rendez-vous que se donnaient un ermite et une dame (cf. t. I, p. 370).

Les chansons populaires mettent plusieurs fois en scène des ermites galants : Un des personnages de la *Comédie de chansons* (1640) act. I, sc. 2, fait à Sylvie ce compliment :

> Nous sommes trois hermites,
> Tous trois vestus de gris,
> La clochette en la main
> Nous sommes icy venus,
> Belle, pour adorer vos vertus.

On a recueilli de nos jours les chansons du Petit ermite, de l'Ermite amoureux qui a pris ce déguisement ; en Ille-et-Vilaine l'amant devenu ermite reçoit dans sa cabane sa bonne amie égarée ; un ermite est joué par une jeune fille qui lui fait donner tout son argent [4]. En Corse, Frère Jean est le héros d'un conte comique où des voleurs lui font accroire qu'ils viennent de la part de Jésus, et lle font se dépouiller de tout, même de sa chemise [5].

Le diable vient tenter ces solitaires, et il emploie parfois des procédés qui rappellent la Tentation de saint Antoine de Callot : en Auvergne il fait des incongruités sur la tête d'un ermite (t. I, p. 304). En Picardie Satan

1. Mistral. *Tresor.*

2. Ch. Sadoul, in *Revue des Trad. pop.* t. XVIII, p. 380. En Franche-Comté *Ermite* est un sobriquet injurieux (Roussey. *Gloss. de Bournois*). Les *Cent nouvelles nouvelles* parlent d'un « hermite qui n'estoit pas moins luxurieux ni malicieux que ne seroit ung viel cinge » et la suite montre comment il abusait de la simplicité des villageoises. (N°lle XIV).

3. V. Lespy. *Proverbes du Béarn*, p. 17.

4. Ch. Guillon. *Chansons pop. de l'Ain*, p. 55 ; De Puymaigre, *Chants populaires du pays messin*, II, p. 128 ; L. Decombe. *Chansons pop. de l'Ille-et-Vilaine*, p. 316 ; A. Meyrac. *Trad. des Ardennes*, p. 284, 285 ; Julien Tiersot. *Chans. pop. des Alpes françaises*, p. 204 ; Ch. Beauquier. *Chansons pop. de la Franche-Comté*, p. 274.

5. Fr. Ortoli. *Contes de l'île de Corse*, p. 296-301.

ayant obtenu de Dieu la permission de faire pêcher une fois un ermite, propose à celui-ci trois péchés : tuer un homme, s'enivrer, ou séduire la femme de son voisin. L'ermite croyant bien faire, s'enivre et arrive à commettre les deux autres péchés[1].

Une petite légende de la Loire-Inférieure attribue à un ermite du temps passé une sorte de puissance d'exorciste : il tua, en faisant le signe de la croix, un sorcier fameux qui demeurait dans une grotte de la Divate[2]. Dans un conte du Mentonnais un ermite consulté en une occasion difficile, ne donne pas la réponse qui est ensuite indiquée par un sorcier. Quelquefois ces solitaires furent inculpés de maléfices : l'un d'eux qui habitait les ruines de la chapelle de Sainte-Marie des Bois périt victime de la superstition des pâtres qui l'accusaient de jeter des sorts sur leurs bestiaux, de les dénoncer aux gardes forestiers ; mais ils croyaient qu'au fond il était possesseur d'une somme d'argent[3].

Les légendes de la Basse-Bretagne accordent aux ermites une véritable puissance ; l'un d'eux gouverne les animaux des bois, les oiseaux et connaît tous les simples. Parfois ce pouvoir est réparti entre plusieurs ; des héros à la recherche de merveilles situées dans des pays inconnus, rencontrent un ermite qui les envoie à son frère plus puissant que lui, et celui-ci à un troisième ; le premier sait la vertu des herbes ; les animaux à poil obéissent au second, et ceux à plume au troisième[4]. Comme les Vents et les saints, ils donnent à leur protégé une serviette magique, en Berry une flûte, un manteau et une baguette[5]. Un ermite peut connaître d'un péché que les prêtres n'ont pas qualité pour absoudre, un autre ressuscite un enfant mort. Quelquefois leur sainteté est si grande que leur bon ange vient causer familièrement chaque jour avec eux[6].

Quelques-uns se livrent à d'épouvantables macérations : l'un est assis sur un galet chauffé au feu qui donne à sa chair une odeur de roussi ; un autre se tient dans un four, et tous les deux agissent ainsi pour s'habituer au feu de l'enfer. Ils demandent aux personnages qui vont les voir de les crucifier, puis de les enduire de poix, et de les brûler ou bien de leur arracher les ongles, de leur crever les yeux[7]. Ces procédés cruels ne suffisent pas toujours à assurer leur salut ; c'est ainsi qu'un brigand qui a fait pénitence va en paradis, alors que son frère tombe au feu de l'enfer, pour avoir accusé d'injustice la puissance

1. H. Carnoy. Littérature orale de la Picardie, p. 135-137.
2. Ogée. Dictionnaire de Bretagne.
3. J.-B. Andrews. Contes ligures, p. 197 ; Noëlas. Légendes foréziennes, p. 294.
4. F.-M. Luzel. Légendes chrétiennes, t. I, p. 209 ; in Rev. des Trad. pop., t. III, p. 479 ; Contes de Basse-Bretagne, t. I, p. 179-181, 441.
5. F.-M. Luzel. Contes, t. I, p. 439 ; cf. Folk-Lore de France, t. I, p. 298.
6. Légendes chrétiennes, t. I, p. 270, t. II, p. 80, t. I, p. 180, 190, 205.
7. Légendes chrétiennes, t. I, p. 166, 185.

divine[1]. Une version de l'ange et l'ermite a été recueillie en Basse-Bretagne : l'ermite qui accusait Dieu de ne pas être juste, voyage avec un inconnu qui accomplit plusieurs actes et qui s'envole ensuite sous forme d'ange[2].

Il est rare que les ermites, même coupables, soient condamnés à des pénitences posthumes. En Provence, un méchant ermite sous la forme d'une flamme bleuâtre était devenu un esprit noyeur. (t. II, p. 89). A Saint-Pôlan (Côtes-du-Nord) une ancienne chapelle, maintenant convertie en ferme, était l'oratoire d'un ermite qui y fut inhumé ; lorsqu'on aplanit le sol pour faire la place en terre battue, on trouva son crâne et on le porta à l'ossuaire de la paroisse. La nuit suivante, on entendit dans la maison les bruits les plus étranges, et l'on vit des lumières ; la même chose se produisit les jours suivants. Un des fermiers pensa que l'ermite voulait revenir dans son ancienne demeure ; on alla rechercher le crâne et depuis les bruits ont cessé[3].

## § 5. LES TEMPLIERS ET LES MOINES ROUGES.

Ces religieux militaires figurent dans les proverbes : « Orgueil des Templiers » qui se trouve dans le Dit de l'Apostoile (XIIIᵉ siècle) à l'époque de leur puissance, constate l'opinion qui les accusait de se croire supérieurs à tous les autres hommes. C'est au siècle suivant, voisin de la destruction de leur ordre, que l'on enregistre les comparaisons, probablement plus anciennes : Jurer comme un Templier (encore usité dans l'Aube et dans le Midi)[4], Boire comme un Templier, encore très populaire, qui semblent avoir été mises en circulation pour jeter le discrédit sur ces chevaliers.

Beaucoup de traditions les représentent comme de grands bâtisseurs, et, à ce point de vue ils rivalisent avec les Romains et avec les reines légendaires. On leur fait même honneur de constructions qui leur sont bien antérieures : dans la Gironde, vers 1820, on leur attribuait un mur romain, et une ancienne route de la Basse-Navarre par Roncevaux est dite « Chemin des Templiers »[5]. En Bourbonnais, il n'est guère de château, debout ou en ruines, dont les gens du pays ne fassent remonter la fondation aux chevaliers du Temple[6] ; aux environs de Charleroi des ruines sont appelées Couvent ou château des Templiers ;[7] en Bretagne,

1. Légendes chrétiennes, t. I, p. 209 ; Etienne de Bourbon. Anecdotes, p. 34, et Jacques de Vitry, p. 32 et p. 166.
2. Légendes chrétiennes, t. II, p. 1 ; Jacques de Vitry. Exempla, p. 50, et les similaires p. 180-182.
3. Lucie de V.-H. in Rev. des Trad. pop., t. XIII, p. 358.
4. Leroux de Lincy. Le livre des Proverbes français, t. I, p. 55. Mistral, Trésor. On dit encore dans l'Aube : Gros comme un Templier (Louis Morin. Proverbes de l'Aube, p. 30, 32).
5. La Ruche d'Aquitaine, t. I, p. 115. Paul Sébillot. Les Travaux publics, p. 19.
6. Joanne. Guide à Vichy, p. 105.
7. Wallonia, t. VI, p. 36.

ils ont construit le château de Saint-Aignan, la Tour octogone de Montbran, à Camors et à Baden; à Saint-Aubin des Châteaux on montre les vestiges de leurs habitations  Ce sont eux aussi qui ont bâti l'église de la Baussaine en Ille-et-Vilaine, des chapelles à Radenac, à Avessac, à Férel, à Camors, à Baden [1]. En Provence, près des ruines d'une de leurs commanderies, une sorte de cirque est appelé *l'escolo*, et l'on dit qu'ils s'y s'exerçaient aux maniement des armes ; une forêt voisine est *Lou bouosc dei Temple* [2].

Les Templiers furent arrêtés le même jour par ordre de Philippe le Bel; plusieurs légendes, qui racontent avec quelle rapidité furent détruites leurs demeures, semblent la traduction populaire de ce fait historique. Les nombreux châteaux qu'ils possédaient aux environs de Moncontour de Bretagne s'effondrèrent tous en une nuit ; à Yffiniac, un couvent de moines rouges dont on montre encore les ruines, à Peumerit-Quintin, un monastère isolé au milieu d'un étang, éprouvèrent le même sort ; à la Baussaine (Ille-et-Vilaine) les Templiers furent exterminés en une seule nuit [3]. A Allaines en Picardie ils disparurent dans le même espace de temps [4]. En Hainaut une de leurs citadelles fut assiégée, prise, brûlée en une seule nuit par un seigneur dont ils avaient enlevé la fille ; leur château fort de Saint-Cosmes dans la Gironde fut renversé de fond en comble par le diable [5]. Les habitants du Temple en Carentoir disent que les chevaliers qui vivaient dans la commanderie de ce nom furent massacrés au pied d'un chêne que l'on montre encore [6].

En Bretagne, en Picardie, le nom de « Moines rouges » s'applique en général aux Templiers. Cette couleur n'était pas celle de leur costume, qui était blanc avec une croix rouge sur la poitrine, mais c'est celle que les traditions assignent fréquemment aux habits du diable et de ses suppôts ; ici elle indique les accointances qu'on leur attribue avec l'esprit des ténèbres. Elle n'est pas, au reste, leur apanage exclusif; les moines rouges sont, quel que soit leur ordre, ceux qui ont laissé de mauvais souvenirs.

La tradition les dépeint surtout comme luxurieux ; les moines rouges de Saint-Agathon épiaient les jeunes filles aux lavoirs pour les enlever; en Hainaut ils s'emparèrent même d'une princesse et l'emmenèrent dans leur repaire [7]. La chanson bretonne des Trois Moines Rouges parle

---

1. Rosenzweig. *Rép. arch. du Morbihan*, p. 202 ; à Carentoir une statue en chêne est dite Tombeau du Templier (*ibid*, p. 182).

2. P. Sénéquier. *Excursion arch. aux environs de Grasse*. Grasse, 1896, in-8°, p. 9.

3. Paul Sébillot. *Légendes locales*, t. II, p. 28; Habasque. *Notions historiques*, t. II, p. 352; B. Jollivet. *Les Côtes-du-Nord*, t. III, p. 303. B. Robidou. *Histoire d'un beau pays*, p. 214.

4. C. Boulanger. *Monographie du village d'Allaines*, p. 58.

5. *Wallonia*, t.   p. 38 ; *La Ruche d'Aquitaine*, t. II, p. 115.

6. Guillotin de Corson. *Les Templiers en Bretagne*, 1902, in-8°, p. XXIV.

7. B. Jollivet. *Les Côtes-du-Nord*, t. III, p. 143 ; *Wallonia*, t. VI, p. 38.

d'une jeune fille emportée par eux : au bout de huit mois, ils l'enterrent
sous le maître-autel ; un chevalier les voit par le trou de la serrure, et
il révèle leur crime à l'évêque, qui fait creuser et trouve la jeune fille
avec son enfant endormi sur son sein. L'évêque se met en prières dans
la fosse ; la troisième nuit, l'enfant ouvre les yeux, tous les moines
étant là, et marche tout droit aux trois moines rouges, en disant « Ce
sont ceux-ci ». Ils ont été brûlés vifs et leur cendres jetées au vent[1].
Toute jeune fille d'un des villages du couvent des Templiers de Beau-
court (en Picardie) qui devait se marier, était astreinte à passer quinze
jours dans leur monastère ; ils prétendaient que c'était pour y apprendre la cuisine et les devoirs du ménage ; mais ils abusaient d'elles et
elles n'osaient raconter ce qui leur était arrivé[2]. Près de la tour de Montbran à Pléboulle dans les Côtes-du-Nord, fut jadis un cimetière où l'on
n'enterrait que des chevaliers du Temple, qui, d'après les gens du pays,
étaient des hommes grands comme au temps de Noé. Ils racontent que
l'un d'eux enleva sur la côte normande une princesse qu'il conduisit
à la tour, où elle mourut de chagrin. Le chevalier, pour conserver au
moins un souvenir de sa bien-aimée, lui coupa une de ses blanches
mains qu'il admirait tant. Tous les ans à l'anniversaire de sa mort, elle
sort de son tombeau, elle se rend à l'extrémité de l'ancien cimetière à
l'endroit où fut enterré le chevalier, et elle vient réclamer sa main que
l'amoureux dédaigné a fait mettre dans son cercueil sur son corps[3]. Le
château de Guildo, dans la même région, passe pour avoir été habité
par des Moines rouges qui pillaient et volaient partout où il passaient
et ne reculaient même pas devant le crime[4].

La tradition n'est pas d'ordinaire favorable aux Templiers ; cependant en Picardie l'un d'eux, porté à la contemplation, reste cent ans
dans un bois à écouter le chant d'un pinson, et c'est ainsi qu'il échappe
au châtiment de ses frères (F. L. de France, t. II, p. 258) ; en Auvergne un
autre détruit des monstres (t. I, p. 256). Une légende recueillie dans le
voisinage de la vieille chapelle du Temple en Pléboulle (Côtes-du-Nord)
met en scène un de leurs grands maîtres et le représente comme un
saint personnage. Des voleurs ayant rencontré un chevalier monté sur
une haridelle et suivi d'un seul domestique, se jetèrent sur eux, tuèrent
le serviteur, et croyant que le chevalier qui ne donnait plus signe de
vie était aussi mort, continuèrent leur route après avoir pris l'argent
que portaient leurs victimes. Le plus jeune des larrons resta en arrière

---

1. H. de la Villemarqué. *Barzaz-Breiz*, p. 188. On a vu p. 251, un gwerz qui attribue
des actes du même genre à des moines ordinaires.
2. H. Carnoy. *Litt. orale de la Picardie*, p. 147 ; (cf. *F.-L. de France*, t. II, p.
433 un templier séduit la femme d'un seigneur).
3. Lucie de V. H. in *Rev. des Trad. pop.*, t. XIV, p. 683.
4. François Marquer, *ibid*, t. XII, p. 355.

pour rendre les derniers devoirs à ceux qui venaient d'être tués ; mais au moment de déposer le chevalier dans la fosse qu'il avait creusée, il s'aperçut qu'il respirait encore, et il parvint à le rappeler à la vie. Il l'aida à se remettre en selle et lui offrit de le conduire à un endroit où il pourrait se faire soigner. Ils arrivèrent à la chapelle du Temple, bien après la tombée de la nuit, et le voleur vit qu'elle était splendidement éclairée. La porte s'ouvrit d'elle-même devant le chevalier, qui se prosterna sur les dalles, et après avoir prié, demanda à son compagnon s'il voulait retourner dans le monde ou demeurer avec lui à jamais. Le garçon répondit qu'il désirait rester avec lui. Depuis il vit dans le souterrain qui conduit de la chapelle à la vieille tour de Montbrun ; il en sort quelquefois, et sa barbe est si longue que, pour pouvoir marcher, il est obligé de la relever et de la mettre sur son épaule [1].

Plusieurs constructions, d'ordinaire en ruines, sont en relation avec les richesses des Templiers [2] : Près des Malavaux, on peut voir l'orifice d'un puits dont on ne connaît pas la profondeur ; il avait, dit-on, été creusé par eux pour découvrir des trésors qu'ils croyaient enfouis en cet endroit ; mais leur recherche fut vaine [3]. Les débris accumulés de la Maison-Dieu des Templiers à Gemeaux formaient autrefois un énorme monceau de pierres qu'on appelait le Murger-aux-Fosses, et l'on croyait qu'il recouvrait certains caveaux ou fosses, dans lesquels était enfoui le trésor du Temple ; mais le démon l'avait pris sous sa protection et en avait confié la garde à un génie [4].

Comme beaucoup d'autres personnages dont la vie fut souillée de crimes, ils ne peuvent trouver de repos après leur mort. Dans quelques cantons de Bretagne, le peuple croit encore voir errer la nuit les Templiers ou moines rouges montés sur des squelettes de chevaux recouverts de draps mortuaires. Ils poursuivaient les voyageurs, s'attaquant de préférence aux jeunes gens et aux jeunes filles qu'ils enlevaient et qu'on ne revoyait jamais. Les gens du pays d'Avessac qui vont en pèlerinage aux ruines de la chapelle de Trioubry, qui fut, dit la tradition, d'abord un oratoire bâti par des Templiers, n'osent guère s'y aventurer sans armes. Un habitant d'un village voisin s'était abrité un soir pour se préserver du vent dans les ruines de la chapelle. À peine entré, il la vit s'illuminer de toutes parts, se remplir de squelettes, et un grand moine tout vêtu de rouge se mit à courir après lui, en poussant des cris. L'homme se hâta de sortir, mais s'étant retourné il vit le moine rouge revenir sur ses pas et disparaître sous les pierres du coteau. On dit que c'est un Templier qui revient tous les soirs chercher

---

1. Paul Sébillot. *Légendes locales*, t. II, p. 30-34.
2. Cf. t. IV, p. 44, un tumulus qui cache leurs richesses.
3. A. Joanne. *Guide à Vichy*, p. 105.
4. Clément-Janin. *Trad. de la Côte d'Or*, p. 12.

des chrétiens en état de péché mortel, pour leur faire partager ses
supplices en enfer[1]. On racontait en Basse-Bretagne qu'une pauvre
femme attardée, passant près d'un cimetière, ayant vu un cheval noir,
couvert d'un linceul, qui broutait l'herbe des tombeaux, puis tout à
coup, une forme gigantesque avec une figure verte et des yeux clairs
venir à elle, fit le signe de la croix ; qu'à l'instant ombre et cheval
disparurent dans des tourbillons de flammes, et que depuis ce jour les
moines rouges, car c'en était un, ont cessé d'être redoutables en
perdant le pouvoir de nuire[2]. Les moines rouges du Guildo rôdent la
nuit autour du château, et de temps en temps ils poussent des gémissements. Ils sont condamnés à porter pendant l'éternité le poids de tout ce
qu'ils ont volé : un fermier ayant compté ses gerbes dans un de ses
champs en trouva une centaine de plus le lendemain quand il fut pour
faire une charretée, et l'on crut que les moines rouges lui avaient rendu
une partie de ce qu'ils avaient pris jadis à ses parents[3]. D'après une
légende picarde, les templiers reviennent dans les bois et, poursuivis
par les spectres des jeunes filles qu'ils ont mises à mal, ils pleurent
leurs crimes[4].

## § 6. — LE CLERGÉ ET LES SEIGNEURS

La tradition a conservé le souvenir de certains conflits entre le
clergé et les seigneurs : ceux-ci n'étaient pas toujours des fils respec-
tueux de l'église, surtout lorsque leur orgueil ou leur passions étaient
en jeu, et des récits populaires les représentent comme ayant exercé
envers les prêtres et surtout envers les moines, bien des actes de
violence.

Il y en avait qui, en matière de protocole, se montraient intraitables.
On racontait à Saint-Brieuc-des-Iffs (Ille-et-Vilaine) qu'autrefois cette
paroisse était habitée par beaucoup de petits nobles, aussi fiers que
s'ils avaient été les cousins du roi. Ils tenaient surtout à leurs préséan-
ces à l'église, à tel point que l'un d'eux, outré de ce que le trésorier
présentait d'abord le pain bénit à un seigneur qu'il croyait lui être
inférieur, tira un pistolet de sa poche, et tua le trésorier dont le sang
arrosa le pain bénit ; la légende ajoute que l'évêque de Saint-Malo interdit l'église pour cent ans[5]. Un dimanche le seigneur du Cray et
celui de Doran se disputèrent aussi la préséance au sujet du pain
bénit ; le marguillier embarrassé le déposa entre eux sur un tabouret
en leur disant de vider la querelle à leur guise. Les deux rivaux sor-

---

1. Cte Régis de l'Estourbeillon. *Légendes d'Avessac*, p. 7-8.
2. H. de la Villemarqué. *Barzaz-Breiz*, p. 189.
3. F. Marquer, in *Rev. des Trad. pop.* t. XII, p. 355.
4. H. Carnoy. *Littérature orale de la Picardie*, p. 149.
5. Paul Sébillot, *Contes de la Haute-Bretagne*, t. II, p. 322.

tirent et mirent l'épée à la main dans le cimetière même ; ils s'enfer-
rèrent mutuellement et tombèrent morts : on les enterra sur place [1].

D'autres nobles exigeaient que les prêtres ne commencent la grand'
messe qu'après leur arrivée ; naguère on citait en Haute-Bretagne des
châtelains qui avaient réussi à faire déplacer des recteurs qui n'avaient
pas voulu se soumettre à cette servitude. Dans des légendes, dont
l'une semble dire qu'elle faisait partie des privilèges réservés aux
descendants des fondateurs de l'église, des prêtres sont tués ou
maltraités pour l'avoir méconnue. Le curé de Dore (Puy-de-Dôme)
devait non-seulement offrir l'eau bénite et l'encens au sire de Bouchardot, comme patron de l'église, mais encore la messe ne devait commencer qu'après son arrivée. Souvent il venait fort tard et à des heures capricieuses, alléguant que le vieux curé c'était son métier de
jeûner, que les manants, ce n'était pas la peine de s'en apercevoir, et
que, quant au bon Dieu, cela ne l'ennuyait pas d'attendre. Un jour
qu'il avait dépassé ses retards ordinaires, le curé commença la messe,
pensant qu'il ne viendrait pas. Tout à coup Bouchardot se précipite
furieux dans l'église, s'ouvre un passage à travers la foule et va poignarder le prêtre à l'autel. Le sang du vieillard rejaillit sur l'hostie et
le calice, et au même moment la foudre tomba sur l'impie et le réduisit en cendres [2]. Le desservant de la chapelle de Caslou, près de Mon-
tauban-de-Bretagne, fut aussi tué par le seigneur du lieu qui survint au moment de l'élévation ; le chapelain du château de Montigny
par une flèche que lui lança son maître qui s'était attardé à chasser.
Raymond comte de Toulouse se trouvant à Cavaillon, pria l'évêque
d'attendre pour dire sa messe qu'il fût revenu de la chasse ; mais il
s'y plut tellement que la messe était finie quand il arriva. Il frappa
l'évêque d'un coup de pied, mais aussitôt il fut paralysé, et ne fut
guéri qu'après avoir fait de riches présents à celui qu'il avait outragé [3].

Pendant que saint Bieuzy disait la messe à l'église qui porte son
nom, le valet d'un seigneur des environs vint lui ordonner de venir au
château guérir ses chiens malades de la rage. Le saint répondit qu'il
irait sitôt la messe finie ; le seigneur outré de cette réponse, accourut
à l'église, et d'un coup de sabre fendit jusqu'aux oreilles la tête du
prêtre et abandonna son fer qui était resté engagé dans le crâne. A son
retour au château, le meurtrier fut déchiré par ses chevaux, ses bœufs
et ses chiens, subitement atteints de la rage [4].

Le château de Gourmalon en Ille-et-Vilaine ensevelit sous ses ruines

---

1. G.-J. Bulliot et Thiollier. *La Mission de saint Martin*, p. 284.
2. Abbé Grivel. *Chroniques du Livradois*, p. 366.
3. L. de Villers, in *Rev. des Trad. pop.* t. XII, p. 262 ; Hipp. Sauvage. *Légendes normandes*, p. 97 ; L. de Laincel. *Avignon et le Comtat venaissin*, p. 183-184.
4. Vérusmor. *Voyage en Basse-Bretagne*, p. 137.

le seigneur du lieu lorsqu'il y rentra après avoir maltraité le recteur
de Goven pendant sa messe. On raconte à Irodouër (Ille-et-Vilaine) que
le dernier châtelain de la Garenne fut obligé de fuir, après avoir
assassiné un prêtre dans des circonstances que l'on n'indique pas [1]. Un
sire de Marcellaz ayant tué un prêtre qui voulait défendre une jeune
fille qu'il poursuivait, fut décapité, par ordre du sénat de Savoie (XVIᵉ
siècle), et sa tête fut clouée au-dessus de la porte de l'église où elle est
restée jusqu'en 1843 [2]. Une tradition des Côtes-du-Nord parle d'une
châtelaine appelée Marie de Goudelin, fière à l'excès, et tellement
emportée qu'un jour elle tua de sa propre main le recteur de Goudelin,
parce qu'il s'était refusé à faire un acte de soumission qu'elle exigeait
de lui [3].

On montre encore sur la paroi d'une des tours du château de la
Hunaudaye des sculptures représentant la Passion et diverses autres
scènes, et l'on assure qu'elles ont été sculptées à l'aide d'un clou par un
moine que le seigneur du lieu y avait tenu enfermé pendant de
nombreux mois [4]. Suivant une autre version, ces sculptures seraient
l'œuvre d'un moine de Saint-Aubin que la dame de la Hunaudaye
séquestra pendant dix ans, pour le punir d'avoir osé lui adresser des
remontrances sur sa vie débauchée. Elle avait la passion du jeu, et elle
attirait à son château les nobles des environs. Un jour qu'elle en avait
ruiné un, et qu'elle voulait encore le forcer à jouer, il répondit : « Je
n'ai plus rien. — Jouons tout de même. — Alors, je joue la liberté du
moine ». Il gagna, et on mit le moine à s'en aller tout seul ; il était
devenu presque aveugle et il mourut sur la lande de Saint-Aubin, avant
d'avoir pu arriver à son couvent [5].

Des moines mis en présence de seigneurs parviennent à se tirer
d'affaire, grâce à leur finesse. Un cordelier du couvent de Saint-Martin,
qui avait tendu des collets dans la forêt de Teillay, dont le marquis de
Coetenfao seigneur de la Roche-Giffard (Ille-et-Vilaine) était propriétaire (fin du XVIIᵉ siècle) fut surpris par un garde qui l'amena devant
son maître. Celui-ci se précipita dans la cour du château, saisit un coq

1. Guillotin de Corson. *Récits historiques*, p. 183 ; L. de Villers, in *Rev. des Trad.
pop.*, t. XII, p. 262 ; cf. *F.-L. de France*, t. II, p. 960, le seigneur qui fait attacher
une cloche au cou d'un prêtre, et le précipite dans l'eau, et t. I, p. 168-169, ceux qui
pour des actes sacrilèges sont condamnés à suivre des chasses fantastiques.

2. Antony Dessaix. *Trad. de la Haute-Savoie*, p. 12.

3. B. Jollivet. *Les Côtes-du-Nord*, t. III, p. 322.

4. Paul Sébillot. *Traditions*, t. I, p. 356. Il est probable que cette légende a pour
point de départ un fait qui est ainsi rapporté par Habasque : En 1589 François
Richard prieur, aussitôt la messe dite fut prins par des soldats de la garnison qui
estoit alors au chasteau de la Hunaudaye, conduit et mené audict chasteau, par les
menées et intelligence de Jacques de Launay, l'un des religieux. Il fut mis en
basse-fosse, où il resta jusqu'au moment où il parvint à se sauver à Lamballe.
(*Notions historiques sur les Côtes-du-Nord*, t. III, p. 35).

5. Paul Sébillot. *Légendes locales*, t. II, p. 58.

qui s'y trouvait, l'apporta au moine et lui dit : — Tue ce poulet comme
tu voudras être tué, et je te jure que tout ce que tu feras sur lui, je te
le ferai sur toi. — Vous le jurez? dit le moine. — Oui, je te le jure »
Alors le cordelier enfonça un doigt dans le derrière du coq, le retira,
se le mit dans la bouche et regarda bien en face le marquis en disant :
« Vous ferez cela ? » Le seigneur de la Roche-Giffard ne put s'empêcher
de rire, et s'écria : « Tu es plus fort que moi ; je n'aurais jamais eu
pareille idée. Je te fais grâce pour cette fois ; mais ne t'avise plus de
prendre mes lièvres [1] ». La même histoire court en Basse-Normandie [2].
Cette légende se rattache à une série assez répandue de récits qui
mettent en présence un puissant seigneur et un simple moine : celui-ci,
qui joint à la finesse proverbiale des gens d'église un peu de l'astuce
paysanne, échappe aux pièges qui lui sont tendus, et, finalement,
comme dans les deux anecdotes qui suivent, se tire de l'épreuve à son
avantage ; toutes les sympathies des conteurs sont évidemment pour la
ruse et la présence d'esprit qui triomphent de la force. D'après un récit
non localisé de la Haute-Bretagne, un moine alla au logis d'un noble,
qui le retint à dîner. Un peu avant le repas, le cuisinier lui dit : « On
va vous passer un petit cochon de lait à découper ; faites bien attention ;
comme vous lui ferez, il vous sera fait ». Quand le plat fut présenté au
moine, il remarqua que le petit cochon de lait était plein de sauce ; il
trempa le doigt dans son ventre et se mit à le sucer [3]. Un jour que le
duc de Lorges était de joyeuse humeur, l'idée lui vint de s'amuser aux
dépens d'un moine quêteur. Il fit amener une jument que nul n'était
parvenu à dompter, et ordonna au religieux de monter dessus. Le
moine parut très effrayé, tourna longtemps autour de l'animal et fut
sur le point d'attraper plusieurs ruades, ce qui chaque fois provoquait
les éclats de rire de l'assistance. Mais tout à coup, sautant sur la jument
qui se cabrait, il lui presse les flancs, la force à passer près du duc,
remercie ce dernier du riche présent qu'il a bien voulu lui faire, puis,
sans attendre la réponse, part comme un trait sur la jument ; le moine
était un ancien dragon [4].

1. A. Orain, in *Rev. des Trad. pop.*, t. I, p. 395.
2. V. Brunet. *Contes pop. de Basse-Normandie*, p. 89-91.
3. Paul Sébillot. *Contes de prêtres et de moines*, p. 23.
4. B. Jollivet. *Les Côtes-du-Nord*, t. I, p. 313.

# CHAPITRE II

## LA NOBLESSE ET LE TIERS-ETAT

Le folk-lore des gens d'église leur est assez particulier pour faire l'objet d'une monographie où ils figurent à peu près seuls. Il n'en est pas de même des deux autres ordres — pour prendre l'ancienne classification politique ; — plus de la moitié des traditions qui les concernent mettent en présence, souvent en antagonisme, les nobles et les roturiers ; bien peu sont spéciales aux bourgeois, aux ouvriers ou aux paysans. C'est pour cela que je les ai traités dans une même section ; elle est suivie d'une autre, en réalité assez courte, qui parle presque toujours des seigneurs, considérés dans leurs rapports avec les gens de leur caste ou avec leurs proches.

### § 1. LES VILAINS ET LES NOBLES

Au moyen âge, le peuple, et plus particulièrement celui des campagnes, était désigné par le nom collectif de Jacques Bonhomme[1], qui faisait peut-être allusion à ses mœurs pacifiques et à sa passivité. On l'appelait aussi simplement le Bonhomme, et l'on rencontre les deux formes dans une pièce du XVI° siècle :

> Cessez, cessez, gendarmes et piétons,
> De pilloter et encager le bonhomme,
> Qui de long temps Jacques Bon-Homme se nomme[2].

Une ordonnance du 23 septembre 1523 défend aux aventuriers, etc., de baptre..... chasser et mettre le Bonhomme hors de sa maison[3].

D'autres sobriquets étaient basés sur l'aspect physique des paysans : au XVI° et au XVII° siècle, on les nommait Piedgris, et un peu plus

---

1. Leroux de Lincy. *Le Livre des Proverbes*, t. II, p. 45. *Fuit negotium per rusticos seu Jacques Bonhomme, strenue expeditum* (1359). On disait aussi : Jacques Bonhomme est une bête patiente (Blavignac. *L'Empro genevois*, p. 298) ; Jacques Bonhomme a bon dos, Jacques Bonhomme paiera tout (Froissart). On trouve : Les Jacques Bonhommes dans Roger de Collerye (1536), *Œuvres*, p. 151, et dans Rabelais. *Pantagruel*, l. IV, Prologue. Jean Bonhomme figure dans la *Comédie de Chansons*, acte II, sc. 3 (1640) et : Aux despens de Jean Vilain, dans la *Bonne response à tous propos* (1547).
2. Roger de Collerye, l. c. p. 239.
3. *Variétés hist. et litt.*, t. VI, p. 53.

tard ce terme était devenu une sorte d'injure[1]. Actuellement on donne
aux laboureurs le sobriquet de Pieds terreux, *Peterrous* en Béarn, *Peds
terrous* en Limousin et en Provence, *Pès terrouzés* en Quercy ; les
vignerons du Berry sont dits Pieds jaunes[2]. On appela Pieds nus les
paysans de l'Avranchin révoltés en 1640[3]. Pied plat, qui d'abord avait
été appliqué aux gens de la campagne parce que leur chaussure ordinaire était à peu près dépourvue de talons, avait pris, à la fin du XVIIe
siècle, un sens injurieux[4] ; en Franche-Comté, un des sobriquets des
paysans est *Tsoquants*, porteurs de sabots[5].

D'autres termes, tels que Cotissous (casseurs) de mottes en Haute-
Bretagne, *Eroqueu*, qui a la même signification en Picardie, Sabuleus
de crapaô, Krosus de crapaô dans le Maine, Eborgneurs de crapauds
dans le Blaisois, *Pico talos*, *Pico verm* en Béarn (qui frappe les vers de
terre), font allusion aux opérations agricoles. En Provence, le sobriquet
de *Cebet* est donné aux paysans parce qu'ils mangent beaucoup
d'oignons[6]. Les conscrits dont l'origine campagnarde est visible, et qui
sont gauches, sont appelés dans les régiments : Betteraves ou Pommes
de terre.

Actuellement encore, les hommes des champs sont, de la part des
habitants des villes et des gens de métiers, l'objet de propos dédaigneux.
A Nogent-le-Rotrou, les ouvriers racontent que lorsque Dieu, après
avoir créé l'homme avec de la terre, voulut faire le paysan, il prit de la
boue sous ses souliers en se disant que ce serait bien assez bon pour
un paisan (dissyllabe)[7]. Les marins de la Haute-Bretagne appellent les
laboureurs : Gâs (garçons) de métairie, ou Gas de su' le pais (pays) ;
ceux de Normandie les traitent de Berquiers (bergers) et racontent des
histoires facétieuses où ils raillent leur simplicité et leur ignorance des
choses de la mer[8]. Les habitants de Nivelles, dont le sobriquet est « les
Aclots, » disent aux gens de campagne pour se moquer d'eux :

---

1. Béroalde de Verville. *Le Moyen de parvenir*, p. 150 ; Duez, *Dict. italien et
françois* ; Leroux. *Dict. comique.*
2. V. Lespy. *Proverbes du Béarn*, 1re éd., p. 67 ; J.-B. Champeval. *Proverbes
bas-limousins*, p. 9 ; Mistral. *Tresor* ; Comm. de M. de Beaurepaire-Froment ; Jaubert. *Glossaire du Centre.*
3. Tallemant des Réaux. *Historiettes*, t. V, p. 172.
4. Duez, l. c. ; Leroux, l. c.
5. Charles Beauquier, *Blason pop. de la Franche-Comté*, p. 297.
6. Comm. de M. Alcius Ledieu ; G. Dottin. *Vocabulaire du Bas-Maine* ; Thibault.
*Glossaire du pays blaisois* ; Mistral. *Tresor.*
Les sobriquets suivants sont moins pittoresques, quoique tout aussi méprisants :
Plaud (Haute-Bretagne) ; Pelao (Maine) ; Bédat (H.-B.) ; Couyé (H.-B.) ; Couillé (Anjou). En Ille-et-Vilaine, conter couyé, c'est s'exprimer en patois ; Petra (H.-B.,
Maine, Franche-Comté, Berry) ; Pégauds (Bourgogne) ; Pacant (Picardie) ; Pacan
(Provence) ; Pégand (Franche-Comté), Pesous (Cherbourg), Chahus de paysan (homme
grossier) (pays de Blois). (Mignard. *Hist. de l'idiome bourguignon* ; H. Dottin. *Voc.
du Bas-Maine* ; Menière. *Gloss. étymologique angevin* ; Corblet. *Gloss. picard* ; Mistral. *Tresor.* Ch. Beauquier, l. c. ; J. Fleury. *Dict. du patois de la Hague*).
7. Filleul-Pétigny, in *Rev. des Trad. pop.*, t. XI, p. 44.
8. Alphonse Karr. *La famille Alain.* Paris, in-18, p. 169.

> Quand les païsan sàront brûlé
> Les Aclot dîront (iront) les tign'er (tisouner).

Ce à quoi ceux-ci répliquent :

> Quand les Aclot sàront pindu (pendus)
> Les païsan dîront chir (cacaro) dissus.

Les paysans qui, au marché d'Audierne (Finistère), se disputent avec les acheteurs, les traitent de *Chas Ker*, chiens de ville, ce à quoi les autres ripostent par : *Moc'h a zivaar maalz*, Porcs de la campagne. En Berry, les campagnards appellent les citadins : Villerots, Colidons, ou : Ch'tis laquaisioux de la ville [1].

Jusque vers le XVIe siècle, on désignait sous le nom de vilains les roturiers, et non pas seulement les paysans. Les nombreux proverbes où figure ce terme sont presque tous anciens, et pour la plupart, tombés en désuétude ; on n'en rencontre plus guère dans les recueils postérieurs à la fin du règne de Louis XIV, et bien rarement on les retrouve, si ce n'est à titre rétrospectif, dans ceux qui ont été formés depuis. Ils sont en général satiriques, et plusieurs témoignent du mépris que la caste guerrière et ses serviteurs professaient pour ceux qui vivaient de leur industrie ou du travail de leurs mains.

> Vilains qui est cortois c'est raige.
> Ce oï dire en reprovier (proverbe)
> Que l'on ne puet faire espervier
> En nulle guise d'un busart [2].

> Vilain ment volontiers tot tens (toujours) [3].

On rencontre aussi ces aphorismes dédaigneux : Vilain ne fera jà beau fait (XVe siècle). De vilain jamais bon faict (XVIe siècle). Vilain affamé, demy enragé (XVIe siècle). *Pacan afama a pas d'aurelhas* (Provence) [4]. Faites bien le vilain et il vous fera mal (XVIe siècle) [5].

> Poignez vilain, il vous oindra,
> Oignez vilain il vous poindra.
> *Vougnas villain vous pougnera,*
> *Pougnas villain vous vougnira* (Provence) [6].

Otez un vilain du gibet, il vous y mettra. Oignez le vilain la paume et il chira ains (XIIIe siècle). *Fez dè bin à on vilain, i' v' chêye es l'main* (Wallonie). Graissez les bottes d'un vilain, il vous dira qu'on les brusle.

1. J. Dejardin. *Dict. des Spots*, t. II, p. 118 ; H. Le Carguet, in *Rev. des Trad. pop.*, t. XIX, p. 194 ; Jaubert. *Glossaire du Centre*.
2. *Roman de la Rose*, v. 3716.
3. *Roman de Renart*, v. 15942.
4. Leroux de Lincy. *Le Livre des proverbes*, t. I, p. 104-105 ; F. Mistral. *Tresor*.
5. Leroux de Lincy, l. c., t. I, p. 105.
6. Rabelais. *Gargantua*, l. I, c. 32 ; Mistral.

Graissiez les bottes d'ein vilain, os n'arez que chés crottes ed' reste
(Picardie). Faites du bien à un vilain, il vous crachera au poing.

> Qui fait du bien à n'un vilain
> Est sûr qu'i li crach'ra d'ins s'min (Lille)[1].

Un dicton dans lequel entre peut-être un peu de jalousie pour la
fortune acquise par l'épargne, raille cette qualité qui a fait la force de
la France : Thésauriser est fait de vilain[2].

A ces proverbes méprisants les vilains ripostaient par d'autres dires
où les seigneurs étaient blasonnés :

> *Habilhats u baston,*
> *Qu'haura l'èr d'u barou.*

Habillez un bâton, il ressemblera à un baron[3].

> *Bestide un bastone*
> *Pare un barone*[4].

Le peuple avait fait subir au mot gentilhomme une déformation satirique ; Rabelais parle de : Certains petits janspill'hommes de bas relief ;
en Bretagne, Jean pille homme était encore employé il y a une cinquantaine d'années.

A Guernesey circule ce proverbe, réplique à : « Vilain ment volontiers » : Biauture d'hiver (beau temps d'hiver) santaï de vieil homme,
parole de gentilhomme, ne t'y fie, homme ![6]

Les vilains n'acceptaient pas sans protester les affirmations d'inéga-
lité formulées par les nobles. Au XIIIe siècle les paysans de Normandie,
en s'excitant à la révolte contre Richard II, disaient :

> Nus sumes homes cum il sunt ;
> Tex membres avum cum il unt,
> Et altresi granz cors avum,
> Et altretant soffrir poum ;...
> Ne nous faut cuer sulement[7].

Cent ans plus tard on trouve :

> Lors cors ne vault une pome
> Oultre le cors d'un charruier[8].

1. Dejardin. *Dict. des spots wallons*, t. II, p. 470, 471 ; Leroux de Lincy, l. c. ;
*Comédie des Proverbes*, act. I, sc. 6 ; Reinsberg-Düringsfeld. *Sprichwörter*, t. II,
p. 169 ; *Comédie des Proverbes* ; Dejardin, l. c.
2. Rabelais. *Gargantua*, l. I, c. 33.
3. V. Lespy. *Prov. du Béarn*, p. 236 ; Abbé L. Dardy. *Anthologie de l'Albret*,
t. I, p. 303.
4. Julie Filippi. *Recueil de dictons corses*, p. 11.
5. Rabelais. *Pantagruel*, l. IV. Prologue, cf. F.-L. de France, t. III, p. 97, l'appellation de nobles donné aux cochons.
6. Edgar Mac Culloch. *Guernsey Folk-Lore*, p. 516.
7. Robert Wace. *Roman de Brut*, t. I, p. 308.
8. *Roman de Renart*, v. 2797.

> Aussi grand cop fiert un vilains
> C'un qoeus fait u c'uns castelains [1].

Et l'on dit en Wallonie :

> On paysan qu'est-si-à l'chérôwe (charrue)
> Vàs mi qu'on signeûr avà les rôwe (rue) [2].

Et en Touraine : un bon paysan vaut bien un méchant bourgeois [3]. Des dictons constatent le rôle peu brillant, mais essentiellement utile, des travailleurs de la terre : *Diwar breac'h al labourer 'ma er bed holl o véva:* Sur le bras du laboureur s'appuie le monde entier pour vivre. Dans la main du laboureur est la clé du grenier du propriétaire [3]. La même idée est exprimée dans des chansons : un passage de l'une de celles du pays basque blâme l'ingratitude des autres hommes à l'égard des paysans : O pauvre laboureur ! — Toi même tu manges du maïs, — Et tu récoltes du froment et du vin de quoi rassasier les paresseux. — Malgré cela on t'aime comme les bergers le loup [4]. Les quatre derniers vers d'un couplet d'une version du Pauvre laboureur recueillie dans la Haute-Loire, se retrouvent, avec quelques changements de mots, dans le Forez et dans la Bresse :

> Le pauvre laboureur,
> Passant pour un vilain,
> Nourrit la noblesse
> N'y a rien de plus certain.
> N'y a pas roi ni prince,
> Ni évêque ni seigneur
> Qui ne vive de la peine
> Du pauvre laboureur [5].

Quelques images populaires, dont l'une semble remonter au XVIIe siècle, montrent avec leurs attributs caractéristiques les ordres privilégiés (plus la magistrature) et le paysan dépenaillé ; chaque état est accompagné d'une inscription ; celle du paysan est : Je vous nourris tous trois [6].

Plusieurs moralités du moyen âge et de la Renaissance mettent en scène l'Eglise, la Noblesse et le Laboureur ; dans l'une des plus audacieuses, jouée à Rouen en 1541, Eglise, Noblesse et Pauvreté font ensemble la lessive ; Eglise et Noblesse forcent Pauvreté à laver leur linge sale et elles chargent encore tout le faix sur son dos [7]. Un tableau

1. Roman de la Rose, t. II, p. 250, v. 1355.
2. J. Dejardin. Dict. des spots wallons, t. II, p. 196 ; Léon Pineau, in Rev. des Trad. pop., t. XX, p. 211.
3. L.-F. Sauvé. Lavarou-Koz, p. 13 ; Leroux de Lincy. Le Livre des Proverbes, t. I, p. 28.
4. J.-D. Sallaberry. Chants pop. du pays basque, p. 181.
5. H. Gaidoz, in Mélusine, t. VII, col. 149, t. I, col. 462 ; Julien Tiersot, in Rev. des Trad. pop., t. II, p. 54.
6. H. Gaidoz, in Mélusine, t. VI, col. 49, t. VII, col. 150.
7. H. Gaidoz, in Mélusine, t. VII, col. 148.

du XVI⁰ siècle que l'on voyait jadis à l'Hôtel-de-Ville d'Aix en Provence représentait un laboureur portant sur ses épaules un cœur au milieu duquel était une reine en manteau fleurdelisé ; il était soutenu légèrement par un gentilhomme et un cardinal, tandis que le paysan courbait la tête écrasé par le fardeau. L'inscription : *Je suis las de les porter* se lit sur plusieurs faïences révolutionnaires, parmi lesquelles on peut citer une assiette où figure un paysan appuyé sur sa bêche, et courbé sous le poids de la croix et de l'épée, et un saladier daté 1791, où le laboureur vient de les mettre par terre et ne conserve que sa bêche[1].

La misère du peuple, qui pourtant fut si grande à certaines époques du moyen âge, au XVI⁰ siècle, et à la fin du règne de Louis XIV, n'a laissé que bien peu de traces dans les chansons, même en y comprenant celles qui, comme les complaintes et les Noëls, sont semi-populaires. Dans son discours aux états d'Orléans (1560), Joachim du Chalard, avocat au grand conseil, après avoir parlé de la détresse du peuple, ajoute : Par cela se complaignant, disoit le rustique :

> Les nobles me mangent mon bien.
> En outre, me font mille alarmes,
> Puis les sergens et les gendarmes
> Me battant, vont pillant le mien[2].

Les Noëls enregistrent parfois les doléances des travailleurs de tout ordre venus près de la crèche ; elles sont surtout formulées par les gens des métiers ; dans quelques-uns cependant, comme ceux-ci qui proviennent de l'Auvergne, les laboureurs détaillent ainsi leurs maux :

> ... Lou païsan
> Ne pouodon pa grand chausa,
> Au sa ben que la tailla
> Et lou chirven
> N'en son tota la causa.
>
> Lou couletour
> Fan tou le tour ;
> Nou ranchon la ventrailla,
> Prenon le gra et la pailla,
> En bei la taxa et sou aria
> N'aven ma lou é per pura.

Ils se plaignent de l'avarice de leurs pasteurs, du seigneur du pays, des usuriers, des sergents de la taille, etc[3].

Parmi les chansons, la plus dolente et aussi la mieux venue, est

---

1. Champfleury. *Histoire des faïences patriotiques*. Paris, 1875, in-18 p. 127, 44, 106. cf. aussi les fig. de la p. 97 où le paysan supporte le poids de la royauté étayée sur une crosse et une épée.

2. Champfleury. *Histoire des faïences patriotiques*, p. 99-100.

3. Abbé Grivel. *Chroniques du Livradois*, p. 88 et suiv.

celle dont voici le premier couplet, et dont plusieurs variantes ont été recueillies.

Le pauvre laboureur,
Il a bien du malheur.
Le jour de sa naissance
L'est déjà malheureux.
Qu'il pleuve, qu'il tonne, qu'il grêle,
Qu'il fasse mauvais temps,
L'on voit toujours sans cesse
Le laboureur aux champs[1].

Les chansons haineuses sont rares : je n'en connais que deux, en patois de la Haute-Bretagne. Celle de l'Ille-et-Vilaine a comme refrain :

... J'naim' pas la noblesse ma.

Dans un couplet un paysan se plaint d'un seigneur qui « fait danser belle femme à ma ». Un autre chanson des environs d'Evran (Côtes-du-Nord) débute par :

Comme je sortas hier de not' taï,
J'vis un grand monsieu tout en naï
Qui embrassait la femme à ma,
Que je haïs la noblesse, ma ![2]

Les dictons et les formulettes satiriques où sont nommés d'anciens seigneurs ont vraisemblablement été très nombreux autrefois ; quelques-uns ont persisté jusqu'à nos jours. Au pied de la tour d'une chapelle ruinée de l'Espinasse s'ouvre un tombeau à moitié enfoncé dans l'eau, et les petits enfants font en passant injure au cruel baron dont il contient les restes :

Saint Rigaud, Saint Rigaud, est pour ses mauvais coups
Enterré dans l'eau jusqu'aux genoux.

A l'endroit où, suivant la légende, se tenait Mélusine quand elle assistait au siège d'Arthonnay, qu'elle brûla, et dont elle fit tuer les habitants, un gros amas de pierres a été formé par les cailloux que les gens du pays y jetaient pour témoigner leur ressentiment ; naguère encore les enfants d'Arthonnay, en se rendant à un apport qui se tient aux environs le jour de l'Ascension, ne manquaient pas d'y lancer une pierre en disant : « Tiens, voilà pour Mélusine ! » En passant près des ruines du château de Mauvezin (Hautes-Pyrénées) les montagnards proféraient des malédictions ; un seigneur de l'Angevinais en Calorguen

1. Ch. Guillon. *Chansons pop. de l'Ain*, p. 586 ; cf. Vincent d'Indy, in *Rev. des Trad. pop.*, t. VII, p. 137 ; V. Smith, in *Mélusine*, t. I, col. 458 ; cf. aussi la complainte du Laboureur dans La Villemarqué. *Barzaz-Breiz*, p. 369, qui semble n'avoir pas été trop retouchée.

2. A. Orain. *Glossaire patois de l'Ille-et-Vilaine*, p. 170 ; *Rev. des Trad. pop.*, t. XXI, p. 504.

près de Dinan a laissé un si détestable souvenir qu'en parlant d'un homme très méchant, on dit : « C'est un mauvais l'Angevinais [1]. »

Le dicton : *Lou senhou de Bizanos*, conservé dans le langage populaire, était comme une malédiction qui rappelait que ce seigneur fut un des derniers à percevoir quand se mariaient les serves de son domaine, le tribut établi par ses aïeux en échange du droit de *praegustator*. *Lou senhou de Coarrase* faisait allusion aux méfaits commis par ce baron vers le commencement du XVI° siècle. *Meschent couma moussa de Chaleys* vise les nobles qui habitaient le château de ce nom, en Vitrai : l'un d'eux au XVI° siècle aida au meurtre de M. de Martret, et fut condamné à la décapitation. Son fils était un duelliste déterminé ; pour l'une de ses rencontres où il y eut mort d'homme, il vit sa plus haute tour rasée. Un jour, dit-on, il obligea un passant à manger une *ourte (stercus)* arrosée d'un seau d'eau ; il couchait tout éperonné avec sa femme qui finit par le faire assassiner et jeter dans la Corrèze par un domestique. Une grande dame a été transformée en Croquemitaine : à Torcé (Sarthe) les mères menacent leurs enfants indociles de les mener à la méchante duchesse de Bouillé [2].

La plupart des récits où figurent les seigneurs considérés dans leurs rapports avec les roturiers ou les paysans, ont été recueillis postérieurement à la Révolution ; on en racontait sans doute un grand nombre auparavant [3], mais alors on n'y faisait guère attention et c'est par hasard que les écrivains antérieurs à l'époque presque contemporaine nous en ont transmis quelques-uns. Plusieurs, encore populaires au XIX° siècle, sont en relation avec un des plaisirs favoris de la noblesse, et l'un de ceux dont ils se montraient particulièrement jaloux (cf. t. IV, p. 271). En Champagne un sire d'Aigremont fit dévorer par ses chiens un manant qui avait tué un lièvre (cf. t. I, p. 277). Garnier de la Sicardière eut la fantaisie de poursuivre un pauvre hère et de vouloir le forcer comme une bête fauve [4]. La châtelaine de la Loyère en Loutehel, mademoiselle de la Billardière, s'en allait toujours escortée de deux énormes chiens qu'elle lançait sur les gens qui lui déplaisaient ; on assure que plusieurs furent dévorés par eux ; les étrangers ou les-

1. F. Noëlas, *Légendes foréziennes*, p. 108 ; C. Moiset. *Usages, etc., de l'Yonne*, p. 88 ; J. Noulens, in *Revue d'Aquitaine*, t. III, 1819, p. 9 ; Paul Sébillot. *Légendes locales*, t. II, p. 151-2.

2. V. Lespy. *Proverbes du Béarn*, p. 59, 60 ; Champeval. *Proverbes bas-limousins*, p. 24 ; Soreau et Langlais. *Traditions du Maine*, p. 445.

3. Feu Lucien Decombe, conservateur du Musée archéologique de Rennes, possédait un pamphlet de l'époque révolutionnaire, intitulé le *Caporal* (sans nom d'auteur ni d'imprimeur) qui faisait suite à « la Sentinelle du peuple » de Volney, et qui contenait un Tableau des crimes attribués aux gentilshommes. Il était divisé en articles, et le 22° du N° 2, qui n'était pas vraisemblablement le dernier, parlait d'un assassinat dont les auteurs auraient osé, vers 1768 ou 1762, couper leur victime par quartiers et la pendre aux arbres d'un champ voisin.

4. *Revue historique de l'Ouest*, 1900, p. 207.

malheureux qui osaient entrer au château sans la permission ne reparaissaient plus : ils étaient mangés par ses dogues ou jetés dans les étangs quand les animaux étaient repus [1].

La légende du seigneur qui s'amuse à tirer sur des vilains est encore très répandue. Elle a comme point de départ des faits réels, dont deux au moins sont constatés historiquement, à des époques peu éloignées de nous. Au XVIIe siècle, le baron de Locmaria tua volontairement un couvreur aux environs de Launion ; cent ans plus tard, un prince du sang, le comte de Charolais, revenant de la chasse, tira sur un bourgeois d'Anet qu'il vit sur le seuil de sa porte en bonnet de nuit [2]. On donnait le nom de Robert le Diable à un méchant seigneur du Bourbonnais qui, sous la régence, fusillait les couvreurs sur les toits [3]. En Basse-Normandie, on prétendait qu'en payant au roi cent et un écus, le meurtrier pouvait racheter son crime. On y accuse les châtelains de Rouvron, de Mesnil Robert, d'autres encore, d'avoir, en rentrant bredouilles, déchargé leur fusil sur un ouvrier occupé à réparer la toiture de leur manoir ; dans le Bessin, on cite les seigneurs de Villiers et de Creuilly ; en Maine-et-Loire le châtelain de Bré-Robert [4] ; au milieu du siècle dernier, les vieillards attribuaient le même acte au comte d'Artois, depuis Charles X, qui l'aurait commis dans sa jeunesse [5] ; il est probable qu'on le confondait avec le comte de Charolais. En Auvergne, le sire de Montsuc s'amusait parfois à prendre comme cible des femmes et des enfants ; le seigneur du Tertre Volant en Plénée (Côtes-du-Nord) tirait des coups de fusil sur ceux de ses fermiers qui lui avaient déplu. [6]

Dans le Maine, on parle encore des méfaits d'une duchesse qui habitait le château de Bouillé à Torcé ; fort belle, mais impitoyable, elle jetait ses vassaux dans les oubliettes profondes, garnies de couteaux acérés ; il suffisait de lui avoir déplu pour ressentir les effets de sa colère : ayant rencontré, en revenant de la chasse, un tailleur, laid et vieux, qui la salua gauchement, elle lui cingla le visage avec son fouet avec tant de violence qu'elle le tua net, et le fit enfouir, comme un chien, dans un coin de ce champ qu'on a toujours appelé depuis le Champ du Couturier. Un jour qu'elle chevauchait dans sa forêt de Charmi, elle s'accrocha par les cheveux à une grosse branche, et, son cheval s'étant effrayé, elle resta suspendue comme Absalon ; elle eut

1. A. Orain. *Curiosités de l'Ille-et-Vilaine*, 1887, p. 6.
2. B. Jollivet. *Les Côtes-du-Nord*, t. III, p. 137 ; Warée, *Curiosités judiciaires*. Paris, 1860, in-16, p. 490.
3. Texier. *Glossaire du patois d'Escurolles*, p. 280.
4. J. Lecœur, *Esquisses du Bocage normand*, t. I, p. 89 ; F. Pluquet. *Contes de Bayeux*, p. 25 ; E. L., in *Mosaïque de l'Ouest*, 1843, p. 30.
5. Amélie Bosquet. *La Normandie romanesque*, p. 479.
6. Antoinette Bon, in *Rev. des Trad. pop.*, t. V, p. 216 ; Paul Sébillot. *Légendes locales*, t. I, p. 89.

beau appeler au secours, personne ne vint, et elle serait morte, sans un pauvre pèlerin qui, passant par là, et ignorant ses méchancetés, eut pitié d'elle[1]. En Anjou, Garnier de la Sicardière est resté dans la tradition comme un autre Barbe-Bleue. Après avoir joui de l'impunité pendant de longues années, où il se permit des excès de toutes sortes, il fut enfin arrêté, condamné à mort et exécuté à Poitiers le 12 juillet 1737. Plus de cent ans après, les anciens disaient que l'on avait pu voir pendant longtemps sur une pierre de la vieille église de Loublande les traces du sang d'un malheureux enfant, arraché des bras de sa mère et écrasé par lui dans un de ses accès de fureur[2].

On attribue à deux seigneurs angevins, celui de la Jaille en Fongeré et celui de Fresné en Auverse, un acte de perversité atroce : un homme aurait été attaché, un pain suspendu au-dessus de sa tête, et à côté un bœuf était enchaîné près d'une ration de fourrage ; leur bourreau se serait plu à examiner les efforts de l'une et l'autre victime pour s'emparer de ce moyen de salut : le bœuf, dit-on, ne périt que le huitième jour et l'homme lui survécut quarante-huit heures ; en Bourbonnais, un prisonnier enfermé dans un souterrain de Montgibert mourut au bout de six jours ; le bœuf fut trouvé vivant après neuf jours d'épreuve ; il s'était, dit-on, nourri du salpêtre qui suintait sur les murailles[3].

L'accusation de luxure, parfois accompagnée de violence, est l'une de celles que l'on rencontre souvent : en Anjou circule ce dicton :

> Partout où Charnacé a passé
> Bâtards a laissés[4].

Le seigneur du Val Saint-Rieu à Saint-Cast (Côtes-du-Nord) offrait à ses amis de grands repas auxquels il invitait les plus jolies filles des environs et il les obligeait à danser toutes nues au moment du dessert ;

---

1. Soreau et Langlais. *Traditions du Maine*, p. 145-150. Plus tard elle eut des remords, elle ordonna par son testament de ne jamais ensemencer ce terrain. A. Dagnet qui, dans les *Légendes de Coevrons*, raconte cette légende en patois, dit que les fermiers d'à présent le laissent encore inculte.
Un poète du XVIe siècle s'élève contre les vexations qu'exerçaient à l'égard des gens du peuple les nobles de son temps :

> Qui font les petits Rois par les foires champaistres…
> Le pauvre paisant vous fait largue à Monsieur,
> Qui (tel devoir qu'il face) encor' tremble de peur
> D'avoir de son baston une lourde descharge,
> Si Monsieur au passer n'a la voye assez large.

(Claude Gauchet. *Le Plaisir des champs*, p. 95. Cela, dit-il en note, est fort commun en Normandie.)
2. *Revue historique de l'Ouest*, 1900, p. 208 et suiv.
3. E. L., in *Mosaïque de l'Ouest*, 1845, p. 30 ; C. Fraysse. *Le Folk-Lore du Baugeois*, p. 25 ; Ach. Allier. *L'ancien Bourbonnais*, Voy. pitt., p. 298.
4. C. Fraysse. *Le F.-L. du Baugeois*, p. 22.

celles qui refusaient ne reparaissaient jamais [1]. Ce divertissement rappelle l'anecdote du XVIe siècle, simplement égrillarde, du baron qui fit mettre une jeune fermière toute nue et lui commanda de ramasser des cerises jetées sur le plancher [2]. Un seigneur de Montgibert qui jouait très bien de la cornemuse eut un jour l'idée de rassembler dans une salle de son château les plus belles des filles de ses vassaux et de les obliger à danser pieds nus ; au plus fort du bal, il faisait jeter sur le sol des charbons ardents et alors il jouait avec plus d'entrain et de force [3].

D'autres faisaient subir de cruels supplices à celles qui osaient leur résister. Le sire de Montsuc en Auvergne qui emportait de force les jeunes filles dans sa forteresse, osa même enlever une belle demoiselle noble des environs, et pour la punir de ne pas lui avoir cédé, il la fit pendre par les cheveux et la laissa mourir dans une lente agonie. Un châtelain du Limousin, qu'on appelait le fils du diable, s'emparait des plus jolies filles et les enfermait dans son château. L'une d'elles s'étant saisie de la dague d'un de ses archers, se défendit vaillamment ; le seigneur accourut furieux, la tua, puis pendit son cadavre à la cime d'un arbre, après lui avoir ouvert la poitrine et détaché le cœur, qui fut enterré au pied de l'arbre [4]. Une ancienne ballade dont on chante encore quelques couplets aux environs de Lannion, parle du seigneur de Kercabin qui, repoussé par une jolie couturière, fit sauter au moyen d'un baril de poudre le pavillon où elle travaillait [5]. A Saint-Malo de Phily, on montre dans un pan de mur du château un trou sombre appelé la Chambre à la fille, où fut enfermée et où mourut une paysanne qui, vers 1714, ne consentit pas à devenir la maîtresse d'un des barons de la Fonchaye [6].

La vertu des filles du peuple attaquée par des nobles félons a fourni de nombreux sujets de romances. Il y a, par exemple, la fille d'un pâtissier que son père envoie porter des gâteaux chez le seigneur de Dammartin. Celui-ci la retient jusqu'à la nuit close et ne veut plus la laisser partir. Pressée de son déshonneur, elle feint de céder, et demande au comte son poignard pour couper une agrafe de son corset. Elle se perce le cœur et les pâtissiers instituent une fête pour cette martyre boutiquière [7]. Cet épisode d'une chanson du Valois, que Gérard

1. F. Marquer, in Revue des Trad. pop., t. XII, p. 355.
2. Béroalde de Verville. Le Moyen de parvenir, éd. Charpentier, p. 16.
3. Achille Allier. L'ancien Bourbonnais, p. 298. Le duc de Soissons, d'après Grégoire de Tours, força un serf à laisser éteindre un cierge entre ses jambes nues, et riait des contorsions qu'il faisait (E. Bonnemère. Histoire des paysans, t. I, p. 37).
4. Antoinette Bon, in Revue des Trad. pop., t. V, p. 217 ; Lemouzi, juillet 1899. Cf. F.-L. de France, t. II, p. 124, le seigneur qui décapite sainte Tanche, et p. 7, 90, 204, 401, 433 d'autres légendes de luxure et de violence.
5. F.-M. Luzel. Veillées bretonnes, p. 52.
6. A. Orain. Le F.-L. de l'Ille-et-Vilaine, t. II, p. 106.
7. Gérard de Nerval. La Bohême galante, 1874, in-18, p. 72.

de Nerval ne fait que citer, se retrouve dans plusieurs gwerziou bretons : une paysanne que le seigneur de Rozmelchon veut forcer
demande aussi un couteau pour desserrer sa robe, et elle se le plonge
dans le cœur ; ainsi fait une jeune femme enlevée le matin de son mariage par le seigneur de la Tremblaie, qui se vantait d'avoir enlevé de
la sorte dix-huit jeunes mariées. Dans d'autres versions, la jeune fille
en entrant dans la chambre de son ravisseur, aperçoit une pomme, et
c'est sous prétexte de la peler qu'elle demande le couteau qu'elle s'enfonce dans la poitrine [1].

Des belles échappent, dans des circonstances moins tragiques,
aux mauvais desseins des seigneurs qui se sont emparés d'elles.

Un des barons de La Fonchaye avait contraint à le suivre une jeune fille
de Luéhac, qu'il enferma dans une chambre d'auberge, se promettant
de l'emmener le soir au château. Elle aperçut par la fenêtre un petit
couturier auquel elle était fiancée, et lui raconta son malheur. Il réussit
à la rejoindre, changea de costume avec elle, et elle put s'échapper. Le
baron arriva à dix heures avec deux chevaux, dont l'un était monté
par son domestique, et il assit en croupe le petit couturier qu'il prenait
pour sa prisonnière. Arrivé près du manoir de la Mélatière, il descendit
et ordonna à son domestique de remmener son cheval à l'écurie, et de
ne pas s'inquiéter s'il entendait des cris. Le baron voulut prendre la
taille du couturier ; celui-ci qui cachait un solide gourdin sous sa jupe,
lui en asséna un coup sur la tête, et La Fonchaye tomba en poussant
de grands cris ; mais le domestique, suivant l'ordre qu'il avait reçu,
ne s'en inquiéta pas, et le couturier continua à frapper. Le lendemain
le baron fut emporté chez lui, et ne tarda pas à rendre le dernier
soupir [2]. Dans la vallée d'Aoste, c'est la propre femme du ravisseur qui
vient au secours de sa victime. Un seigneur de Bard fit enlever une
jeune fille de Perloz, et l'enferma dans le haut d'une tour ; la dame de
Bard prévenue de ce rapt, profita d'une absence de son mari pour donner une fête au château ; un jeune seigneur, son parent, changea de
costume avec la captive, et les gardes, trompés par ce déguisement et
alourdis par le vin, la laissèrent passer ; la châtelaine, pour faire croire à
une évasion, avait solidement attaché une longue corde au pied du
cachot [3].

Les jeunes filles qui sur le point d'être atteintes par leurs ravisseurs,
s'adressent à leurs patrons, et sont changées en bêtes, figurent dans
plusieurs récits bretons. La truie des Carmes que l'on voyait à Saint-
Pol de Léon dans l'église des Carmes, assise, les mamelles gonflées et
filant sa quenouille, était une bergère qui, poursuivie par un seigneur

1. F.-M. Luzel. Gwerziou Breiz-Izel, t. I, p. 317, 329, 311, 323.
2. A. Orain. Le Folk-lore de l'Ille-et-Vilaine, t. II, p. 106-111.
3. J.-J. Christillin. Dans la Vallaise, p. 20-24.

libertin, obtint d'être ainsi métamorphosée pour échapper à ses poursuites[1]. Suivant une légende localisée à la chapelle de Sainte-Brigitte au
Guildo (Côtes-du-Nord) une princesse serrée de près par un capitaine
qui en voulait à son honneur, se jette à la mer en invoquant sainte
Brigitte sa patronne et fut changée en cane[2]. Une autre aventure de
fille persécutée a été assez célèbre pour devenir le qualificatif d'une
ville : Montfort en Ille-et-Vilaine a porté jusqu'à la Révolution le nom
de Montfort la Cane. En 1652 le P. Barleuf imprimait le *Récit véritable de la venue d'une Canne sauvage en la ville de Montfort*, qui relatait
le miracle, d'après d'anciennes traditions. La mère de Châteaubriand
avait une longue complainte sur ce sujet que son fils a résumée : Certain seigneur avait enfermé une fille d'une grande beauté dans le
château de Montfort, à dessein de lui ravir l'honneur. À travers une
lucarne, elle apercevait l'église de Saint-Nicolas ; elle pria le saint avec
des yeux pleins de larmes et elle fut miraculeusement transportée hors
du château ; mais elle tomba entre les mains des serviteurs du félon
qui voulurent en user avec elle comme ils supposaient qu'avait fait
leur maître. La pauvre fille éperdue, regardant de tous côtés pour
chercher quelque secours, n'aperçut que des canes sauvages sur l'étang
du château. Renouvelant sa prière à saint Nicolas, elle le supplia de
permettre à ces animaux d'être témoins de son innocence, afin que si
elle devait perdre la vie, et qu'elle ne pût accomplir les vœux qu'elle
avait faits à saint Nicolas, les oiseaux les remplissent eux-mêmes à leur
façon, en son nom et pour sa personne. La fille mourut dans l'année :
voici qu'à la translation des os de saint Nicolas, le 9 mai, une cane
sauvage accompagnée de ses petits canetons vint à l'église de Saint-
Nicolas. Elle y entra et voltigea devant l'image du bienheureux libéra-
teur, pour lui applaudir par le battement de ses ailes : après quoi elle
retourna à l'étang, ayant laissé un de ses petits en offrande. Quelque
temps après, le caneton s'en retourna sans qu'on s'en aperçût. Pendant
deux cents ans, la cane, toujours la même cane, est revenue à jour fixe,
avec sa couvée dans l'église du grand saint Nicolas, à Montfort[3]. Plusieurs chansons populaires parlent de cette métamorphose : l'une
d'elles, recueillie vers 1820, place expressément l'aventure à Montfort[4],
alors que les autres parlent du « pais du Maine »[5].

Parmi les droits féodaux qui ont laissé des traces dans le folk-lore
figure celui que l'on appelait en Berry « le droit joli » et l'on y raconte

1. Habasque. *Notions historiques sur les Côtes-du-Nord*, t. II, p. 9.
2. Paul Sébillot. *Petite légende dorée*, p. 116.
3. Châteaubriand. *Mémoires d'Outre-tombe*, t. I, p. 252-253.
4. Poignand. *Antiquités historiques et monumentales*, Rennes, 1820, in-8°, p. IV.
5. Ampère. *Instructions relatives aux poésies populaires*, p. 43. Paul Sébillot.
*Traditions de la Haute Bretagne*, t. II, p. 159 ; Lucien Decombe. *Chansons d'Ille-*

que sainte Solange, la belle pastoure, se laissa trancher la tête plutôt que de s'y soumettre [1]. On disait en Normandie d'un personnage important qu'il avait le droit de jambage comme un seigneur du Mesnil Goudouin [2]. Le même dicton circule en Picardie sur les seigneurs de Drucat. Aux environs de Bécherel (Ille-et-Vilaine) on parlait encore au milieu du siècle dernier de cette redevance ; dans le pays de Dol une fille avisée trouva moyen de s'y soustraire : lorsque le baron vint le soir du mariage pour réclamer son privilège, elle le fit attendre, puis s'étant barbouillé la figure et affublée de guenilles, elle se présenta en disant d'une voix rauque : « Mon doux maître, me voici ! ». Le baron s'en alla en riant et en lui disant qu'il la tenait quitte [3].

En Savoie, une baronne de Lucinge, dame de Châtelard, s'avisa de rétablir dans son domaine et à son profit, les droits attribués jadis au seigneur seulement, et qui depuis longtemps étaient tombés en désuétude. Un vassal ayant décliné l'honneur qu'elle voulait lui faire, elle l'emprisonna dans une geôle où il resta jusqu'à ce qu'il se fût amendé [4].

La légende de la grande dame qui, après une nuit d'amour, fait mettre à mort ses amants, n'est pas exclusivement parisienne ; mais grâce aux poëtes et aux dramaturges, la plus connue des Messalines du moyen-âge est

la reine
Qui commanda que Buridan
Fût jeté en un sac en Seine [5].

Soixante ans après Villon, qui faisait allusion dans ces vers à une tradition restée populaire dans l'Université, Brantôme constatait que les gestes de Marguerite de Bourgogne étaient encore bien connus. Cette princesse se tenait à l'hôtel de Nesle, laquelle faisoit le guet aux passants, et ceux qui lui revenoient et agréoient le plus, de quelque sorte de gens que ce fussent, les faisoit appeler et venir à soi, et après avoir tiré ce qu'elle vouloit, les faisoit précipiter du haut de la tour qui paroit encore au bas de l'eau et les faisoit noyer. Je ne veux pas dire que cela soit vrai ; mais le vulgaire, au moins la plupart de Paris, l'affirme et il n'y a rien de si commun qu'en lui montrant la tour seulement, et en l'interrogeant, de lui-même ne le die [6].

et-Vilaine, p. 364 et suiv. cf. Jouon des Longrais. Jacques Doremet. Rennes, 1894, in-18, ouvrage qui contient une réimpression de la Canne de Montfort du P. Barleuf, précédée d'une intéressante introduction.

1. George Sand. Mauprat, p. 152.
2. A. Canel. Blason pop. de la Normandie, t. II, p. 50 ; Alcius Ledieu. Blason pop. de la Picardie, t. I, p. 256.
3. Paul Sébillot. Trad. t. I, p. 359 ; François Duines, in Rev. des Trad. pop. t. VIII, p. 371.
4. Antony Dessaix. Trad. de la Haute-Savoie, p. 154.
5. F. Villon. Ballade des dames du temps jadis, Bibl. elzévirienne, p. 63.
6. Brantôme. Vie des dames galantes, éd. Pant. litt. t. II, p. 595.

Ahès, la fille de Grallon, traitait ses amoureux comme la bru de Philippe le Bel et les faisait jeter dans un précipice. Plusieurs autres traditions parlent de châtelaines luxurieuses et cruelles. La dame des Hogues, qui habitait un château des environs de Fécamp, attirait dans sa tourelle les plus beaux et les plus aimables de ses jeunes vassaux, puis une mort violente payait un instant d'illusion et d'amour, et les cadavres étaient jetés dans la mer du haut des falaise d'Yport ; la châtelaine de Montange, dans l'Ain, qui revient sous forme de dame noire au Rieu d'Enfer, faisait précipiter dans le torrent les imprudents que ses charmes avaient captivés. La demoiselle de Gruchy, qui était magicienne et connaissait le moyen de se transformer en toutes sortes d'animaux, faisait entrer les jeunes gens chez elle, puis quand elle en était lassée, elle les changeait en bêtes ou en plantes ; elle faisait éventrer ceux qui osaient lui résister et mettait leurs intestins à sécher sur les haies d'aubépines [1].

On raconte en divers pays de France des légendes qui rappellent cet épisode de la *Belle au Bois dormant*, dans lequel la vieille reine ordonne à son cuisinier de lui apprêter la chair de ses petits-enfants. D'ordinaire elles accusent d'antropophagie habituelle plusieurs femmes, quelques-unes même historiques, et ayant vécu à une époque assez rapprochée de la nôtre. Le château de Sabouraud dans l'Agenais a appartenu à l'une d'elles [2]. En Auvergne la reine Margot (Marguerite de Valois) qui fut enfermée dans celui d'Usson mangeait les enfants ; on avait bien soin de les éloigner d'elle, car dès qu'elle en connaissait un gras et bien frais, elle l'envoyait quérir par ses gardes. Isabeau de Bavière, dont on montre la maison à Montferrand, avait le même goût dépravé [3]. On l'attribuait aussi dans le même pays à la comtesse Brayère : un jour son maître-queux, pris de remords, accommoda de la même manière qu'un petit enfant un veau nouvellement né et le servit à sa maîtresse, qui le trouva excellent. Elle n'avait pas encore achevé son repas quand des gémissements se firent entendre dans la cour du château ; elle envoya s'en informer, et on lui rapporta qu'une vache à laquelle on avait enlevé son veau, avait rompu pour le chercher les liens qui la retenaient à l'étable. La comtesse émue de ce récit, plaignit la pauvre bête, et ordonna qu'on lui rendit son veau ; mais on lui dit que c'était impossible, puisqu'on venait de le lui servir à la place d'un enfant. La comtesse fit venir son maître-queux et lui reprocha durement sa tromperie et sa dureté. Il lui répondit : « Vous plaignez aujourd'hui une pauvre vache dont on a pris le veau, parce que vous avez vu sa

---

1. A. Bosquet, *La Normandie romanesque*, p. 476 ; Alexandre Bérard, in *Revue des Revues*, 15 Mars 1901 ; J. Fleury, *Litt. orale de la Basse-Normandie*, p. 46-47.
2. A. Ducourneau, *La Guienne historique*, t. I, p. 223.
3. A. Dauzat, in *Rev. des Trad. pop.* t. XV, p. 374.

douleur, mais n'éprouvent-elles donc rien ces pauvres mères dont vous faites enlever les enfants? » A ces paroles la comtesse s'écria qu'elle reconnaissait ses crimes, et depuis elle se livra à la pénitence [1]. D'après une variante localisée au château de Murols, aussi dans le Puy-de-Dôme, c'est la reine Margot qui, émue par les mugissements de la vache, ordonna de prendre soin d'elle, et fit planter un sapin au pied des remparts, dans un endroit pierreux, en disant que s'il croissait, c'était signe que Dieu lui pardonnait ses crimes ; le sapin est resté rabougri [2]. La Vendée a aussi sa mangeuse d'enfants ; elle s'y nomme madame Béatrix ; le mets le plus délicat pour elle était leur cœur et leur foie. Son cuisinier ayant été parrain, elle alla jusqu'à lui demander son filleul ; cet homme prit un petit chien, dont il apprêta le cœur et le foie et les servit à Béatrix ; celle-ci trouva le plat si amer que, se doutant qu'on l'avait trompée, elle se livra à la plus affreuse colère. Elle fit venir son cuisinier qui lui avoua que, pressé par le remords, il n'avait pu exécuter ses ordres ; il s'exprima avec tant de persuasion que Béatrix, touchée de repentir, fit vœu de faire pénitence ; c'est à cette occasion qu'elle fit, dit-on, construire l'abbaye des Fonte-nelles [3]. Suivant un récit romanesque et fort arrangé du pays de Guérande, une princesse à laquelle l'auteur donne le nom de Rhéma, évidemment supposé, ordonna un jour à son cuisinier d'aller lui chercher un jeune enfant, le plus tendre qu'il pourrait trouver. Celui-ci, croyant à un caprice, lui amena une jolie petite fille blonde ; la princesse lui cria de la tuer, en lui disant que s'il n'obéissait pas, elle ferait égorger sous ses yeux son propre enfant. Elle s'habitua à ces horribles festins, et depuis, une dizaine d'enfants ayant disparu, on soupçonna si bien la princesse qu'un jour que le cuisinier était en quête d'une nouvelle victime, il vit des paysans en sentinelle qui criaient : au loup ! Cette fois, il lui servit un petit chien, mais elle reconnut qu'il l'avait trompée, et elle ordonna au cuisinier de lui apporter de la chair humaine, fût-ce celle de sa fille à lui ; il alla prendre la propre fille de la dame, et la tenant renversée sur ses genoux, il lui dit qu'il allait la tuer. La princesse demanda grâce ; le cuisinier lui reprocha ses crimes, et par mégarde, tout en parlant, il blessa la petite fille ; la princesse, la croyant morte, poussa un cri de douleur et trépassa [4].

Les excès de pouvoir et l'avarice des nobles sont l'objet de plusieurs

1. Bouillet, *Album Auvergnat*, p. 196. On montre une cavité circulaire dans le ruisseau voisin où la comtesse faisait laver les enfants. (*Rev. des langues romanes*, t. III, 3e série, p. 223).
2. Nancy Soupiron, in *Rev. des Trad. pop.*, t. XXI, p. 396.
3. De Montbail, *Monuments de Poitou*, p. 127.
4. Abbé Blanloeil, *Récits bretons*, p. 243-275.

récits. Un manant appelé Madoux ayant refusé de vendre sa chaumière
au seigneur de Rouvres, celui-ci profita de ce que le paysan accomplissait avec sa famille un pèlerinage à N.-D. de la Délivrande, et il fit
raser sa maison, abattre ses arbres et dévaster ses champs ; la charrue
promenée partout effaça jusqu'aux moindres vestiges de la demeure
du pauvre homme [1]. En Anjou M. de Charnacé employa des procédés
moins violents à l'égard d'un tailleur qui n'avait pas voulu lui vendre
une maisonnette qui défigurait son avenue. Il le fit venir au château et
lui dit qu'il avait un ouvrage très pressé, et qu'il ne sortirait qu'après
l'avoir achevé. Pendant qu'il s'y emploie de son mieux, Charnacé fait
prendre un plan exact de la maison, avec tout le détail intérieur, puis
il la fait démonter et ensuite remonter à une certaine distance de
l'avenue, où il fait disparaître jusqu'aux moindres traces de la chaumière. A la nuit le tailleur, mis en liberté, veut rentrer chez lui et ne
retrouve plus sa maison à l'endroit où elle était, mais à quelque
distance il en aperçoit une toute semblable à la sienne ; il y entre et
voyant tout disposé comme à l'ordinaire, il est convaincu que c'est un
tour de sorcier [2].

On racontait en Normandie qu'une châtelaine de Rouvres était si
avare qu'elle pesait toujours à faux poids le lin qu'elle donnait à filer
aux pauvres femmes des environs. Elle en fut punie après sa mort : un
habitant de la commune qui avait passé trois jours en enfer pour avoir
lu imprudemment dans le Grimoire, déclara à son retour qu'il avait vu
madame de Rouvres condamnée à tenir une énorme balance dont un
des bassins penchait toujours du même côté, de sorte que, obligée de
rétablir l'équilibre par le seul effort de sa main, elle en ressentait un
supplice insupportable [3].

Quelques-uns des innombrables droits féodaux, désagréables ou
simplement facétieux ou comiques, tiennent une certaine place dans les
souvenirs populaires. J'en ai déjà cité plusieurs, et parmi eux celui qui
s'appliquait à la première nuit de noces. C'est, avec l'obligation de
battre l'eau pour faire taire les grenouilles, celui qui semble avoir
le plus frappé l'imagination populaire, puisque tous les deux sont le
sujet de dictons et de récits. En 1560, Bonivard écrivait : En Bourgoigne
ha un chasteau h-aiant fossé plain d'eaue en laquelle réparent force
grenouilles et quelquefois quant elles crient, en sorte qu'elles gardent
le seigneur de dormir, quand ce seroit bien à la mynuict et il mande
ses paysans, ilz sont astrainctz d'aller avec belles gaules blanches, les
menacer de batture si elles ne se laysent. Touttes-fois si elles

1. Amélie Bosquet. *La Normandie romanesque*, p. 477.
2. C. Fraysse, in *Reu. des Trad. pop.*, t. XIX, p. 118-120.
3. Amélie Bosquet. *La Normandie romanesque*, p. 478.

n'obéissent, le seigneur n'a sus eux point d'action. Si me semble qu'ilz feroient mieux de leur tirer (arracher) à touttes les lengues[1]. Plusieurs blasons se rattachent à des pays qui étaient soumis à ce droit. Les gens de Grandfontaine-sur-Creuse (Doubs) s'appellent les « rainettes », parce que les villageois devaient battre les étangs autour du château de Passa-vant. Ceux de Mathay, pour la même raison, étaient surnommés *Cha-pe-ernouille*, tape grenouille[2]. On dit à Loulan-les-Forges :

> Ranottes coisâ voûe
> Monsieur lou marquis doue.

Grenouilles, taisez-vous, monsieur le marquis dort. Les habitants de ce village étaient astreints à la corvée de battre les étangs comme ceux de Nicey, qui doivent à cette circonstance le sobriquet de : *Le renouillei*, les grenouilles[3].

Les soulèvements des vilains exaspérés de toutes les avanies qu'on leur faisait subir n'ont laissé que peu de traces dans les souvenirs, et il n'en est aucun qui s'applique sûrement à la Jacquerie. Mélusine qui résida jadis dans un château de la forêt de Maulne était si dure pour ses vassaux que ceux d'Arthonnay finirent par se révolter. Elle assista en personne au siège du village, et l'ayant emporté, elle fit passer les habitants au fil de l'épée. A son retour tous ses gens s'empressèrent de la féliciter ; seule une jeune fille qu'elle avait prise en affection resta silencieuse, ne pouvant retenir ses larmes. Mélusine furieuse de cette attitude, s'élance sur elle et la précipite dans le puits. Revenue à elle, elle veut l'en faire retirer, mais la jeune fille n'est plus qu'un cadavre; Mélusine désespérée entre dans un nouvel accès de fureur, pousse un cri déchirant et se précipite à son tour dans le puits[4]. Suivant une tradition vendéenne le propriétaire du manoir de Moncoutant tyranni-sait ses vassaux, même nobles ; un soir il s'avisa d'apparaître dans la salle des festins monté sur un coursier sellé et, sans souci de ses hôtes, de faire caracoler sa monture au milieu des coupes et de la vaisselle. Enfin, les vilains ourdirent en silence un complot, et un valet, un soir, plaça un flambeau allumé entre la fenêtre ouverte et son maître assoupi après boire. Un bon tireur se hissa avec son mousquet dans les hautes branches d'un arbre, en face de la tour, et quand le flambeau éclaira en plein la face du seigneur, il visa derrière la lumière et le seigneur frappé à mort laissa tomber sa tête dans ses bras repliés[5].

1. Blavignac. *L'Empro genevois*, p. 111.
2. Charles Beauquier. *Blason pop.* 166, 141 de la *Franche-Comté*, p. 141, 168.
3. Clément-Janin. *Sobriquets de la Côte-d'Or*, Châtillon, p. 55.
4. C. Moiset. *Usages de l'Yonne*, p. 88.
5. L. Jacquot, in *Revue des Trad. pop.*, t. XIV, p. 401, cf. *F.-L. de France*, t. I, p. 191. La vengeance d'un pâtre maltraité par Pic de la Mirandole.

Un vilain d'Auvergne vengea d'une façon cruellement raffinée le meurtre de son fils: le seigneur de Bosfranchet avait ordonné, sous peine de pendaison, que personne ne sortît au moment où, le jour de son mariage, sa fille se rendrait à l'église; le fils d'un charbonnier, qui s'était caché dans un buisson pour voir celle qu'on disait être une merveille de beauté, et que son père avait jusque-là cachée avec soin, fut surpris par les gardes et pendu, malgré les supplications de la mariée. Pendant la cérémonie, le père du jeune homme enlève le fils du cruel seigneur, l'élève, fait de lui un brigand puis, un jour, tous les deux pénètrent dans le château, et le jeune homme frappe son père sans le savoir. Le charbonnier lui raconte que c'est lui qui, par vengeance, a enlevé son fils, en a fait un brigand et un parricide [1].

Les légendes rapportent que si emportés et si autoritaires que fussent les nobles, ils se laissaient désarmer par des traits d'esprit ou de courage. Le sire de Kermilin, qui vivait aux dernières années du quinzième siècle, jaloux de la célébrité que s'était acquise un tailleur de Plouvorn, le fit venir un soir, et lui ordonna de le suivre au donjon; lorsqu'ils y furent entrés le seigneur lui dit : « Je veux voir si tu mérites ta réputation. Il me faut mon habit pour demain matin — Et l'étoffe, Monseigneur, où est-elle? — L'étoffe, eh bien, tu t'en passeras ». Le seigneur ferma la porte à double tour sur le tailleur. Celui-ci passa la nuit sans pouvoir résoudre ce difficile problème; au matin, il réfléchissait encore, lorsqu'il aperçut un charbon sur le sol; il le prend, et il trace un habit sur le mur nouvellement blanchi. Au moment où il finissait, le seigneur entra et le tailleur lui dit : « Où êtes-vous donc resté, Monseigneur ? il y a longtemps que votre habit est fait. Il ne vous reste plus qu'à l'endosser ». Le sire de Kermilin, enchanté de son esprit, lui rendit la liberté, en lui montrant toutefois l'énorme potence qu'il avait fait élever pour le pendre [2]. Le seigneur du Bordage en Haute-Bretagne, le sire de Charnacé en Anjou, pardonnent à des manants qui leur ont résisté sans bassesse ou qui même leur ont fait peur [3].

Plusieurs seigneurs qui, comme on sait, étaient souvent impitoyables pour les braconniers (cf. t. I, p. 277-280) soumettent des chasseurs à des épreuves dont ceux-ci sortent vainqueurs grâce à leur finesse. Un manant de Touillon s'étant permis de tirer un marcassin fut amené au château avec la bête. Par ordre du châtelain, on la rôtit, la table est servie, et le pauvre homme se trouve en face de son gibier. Le terrible baron lui dit : « Va, mais sache que ce que tu feras à cette bête te sera fait ». Le manant fourre son doigt à l'opposé de la hure et le suce en

1. Abbé Grivel. *Chroniques du Livradois*, p. 348-353.
2. Elvire de Cerny, in *Journal d'Avranches*, nov. 1860.
3. Paul Sébillot, in *Rev. des Trad. pop.*, t. XIII, p. 544 ; C. Fraysse. *Le Folk-lore baugeois*, p. 24.

souriant. La cause était gagnée et le baron ne fut pas tenté de lui faire subir la peine du talion [1]. La même présence d'esprit est, en d'autres pays, attribuée à des moines (cf. p. 272). La méchante duchesse de Bouillé fit venir à son château un braconnier que ses gardes n'avaient jamais pu prendre en faute et lui ordonna de passer à la cuisine et de lui préparer un lapin. « S'il sait assaisonner ce plat, se disait-elle, c'est qu'il tue parfois mon gibier ». Mais le braconnier, fin comme tous les Manceaux, se douta de la chose, et il plaça dans une terrine le lapin en son entier, avec la peau et les intestins, et il le fit cuire de la sorte. La dame croyant à la naïveté de cet homme ne l'inquiéta plus. En Basse-Normandie un braconnier se tire de la même façon de l'épreuve à laquelle l'a soumis le seigneur de Maisoncelles [2].

J'ai donné aux chapitres de l'Air et à celui des Forêts plusieurs légendes où figurent des châtelains contraints à prendre part, en expiation de leurs méfaits, à des chasses fantastiques ; dans celle qui suit un seigneur est averti par un de ses ancêtres que s'il continue sa méchante vie, il sera puni comme lui : Un sire de Silley foulait sans pitié dans ses grandes chasses les vignes et les prés, et il tua même un cerf réfugié dans un oratoire ; une nuit qu'il était égaré, il s'endort, et est réveillé par une chasse infernale, conduite par un veneur à cheval. Au moment de la curée, celui-ci s'avance vers lui, et lui dit qu'il est son grand-père, condamné à une chasse éternelle pour avoir persécuté bêtes et gens et fait mourir des villageois surpris en délit de braconnage [3].

La légende de la dame qui accouche de sept ou neuf enfants est connue en bien des pays en dehors de France ; ordinairement cette fécondité anormale est infligée à des châtelaines orgueilleuses qui se sont moquées de femmes du peuple à cause de leur nombreuse famille. Pendant que son mari était à la guerre, la châtelaine de Montigny-le-Gannelon rencontra un soir une mendiante accompagnée de sept petits enfants qui semblaient tous du même âge. La pauvre femme lui demanda l'aumône ; mais la dame lui dit avec dureté : « Une chienne ne porte pas plus de petits que vous d'enfants ». A ces mots, la mendiante, qui était une sorcière, lui répondit : « Vous riez de moi, madame, mais pour votre punition, vous aurez en une seule couche autant d'enfants qu'une truie a de petits ». Après ces paroles, elle disparut, et la châtelaine se retira en riant. Mais quelque temps après, elle mit au monde neuf enfants le même jour. Elle ordonna de rechercher la sorcière, et de jeter huit de ces enfants dans le Loir. La

---

1. Clément-Janin. Sobr. de la Côte-d'Or. Dijon, p. 73.

2. Soreau et Langlais. Trad. pop. du Maine, p. 150 ; Victor Brunet, Contes de Basse-Normandie, p. 93-95.

3. Ch. Thuriet. Trad. du Doubs, p. 216.

servante, en allant les y porter dans un sac, rencontra le châtelain, à qui elle dut tout avouer. Il les fit élever en secret, et un jour il les amena au château, habillés comme celui qui avait été gardé, et le mit au milieu d'eux ; puis, pour punir sa femme, il la fit enfermer dans un tonneau garni de lames de couteaux et rouler jusque dans la rivière [1].

Une dame qui, il y a une centaine d'années, habitait le château de Limanton (Nièvre), dit un jour en parlant des femmes de ses métayers : « Elles font autant de petits que des truies ». Or, peu après, elle accoucha de sept enfants qui furent présentés pour être baptisés sur un plat d'argent, et qui ressemblaient à des porcelets [2]. Au XVII° siècle, un voyageur trouvait une sorte d'attestation d'une légende semblable à Arles, où on lui montra la maison où l'on avait nourri huit enfants jumeaux, la mère n'ayant conservé que le neuvième ; une servante accusée par elle d'impudicité lui en souhaita autant qu'une truie peut avoir de pourceaux [3]. Une version de Brabant wallon est un peu différente : une fermière ayant durement refusé l'aumône à un mendiant, celui-ci en montrant une truie suivie de treize petits, lui souhaita autant d'enfants que la truie en nourrissait ; quelque temps après, la femme accoucha en effet de treize enfants [4].

Dans les légendes et dans les contes, les seigneurs qui représentent la puissance et la force brutale ont d'ordinaire le dessous en matière de ruse et d'esprit. C'est ainsi qu'ils sont dupés et bafoués par des prêtres ou des moines (cf. t. IV p. 271, 272) ou par des paysans qui leur font accroire qu'ils possèdent des objets merveilleux, les leur vendent à des prix énormes et finissent parfois par les ruiner ou les noyer [5]. Dans nombre de versions du Fin Voleur celui-ci les trompe à plusieurs reprises [6]. Ce récit d'Auvergne est l'un des seuls qui les représente comme plus fins que les paysans : Les habitants de Leinhac auraient bien voulu s'affranchir de la redevance de deux oies qu'ils payaient à leur seigneur. Une année, en remettant leur tribut, placé suivant la coutume dans un panier découvert, ils renouvelèrent leurs doléances. « Soit, dit le seigneur, mais comme les oies sont intéressées à la décision, consultons-les. Voulez-vous revenir ici l'an prochain ? » leur demanda-t-il en leur serrant le cou, sous prétexte de les caresser. Les oies, dont

1. Prosper Vallerange. Le clergé, la bourgeoisie et le peuple, p. 119-121.
2. Jean Stramoy, in Rev. des Trad. pop., t. XIII, p. 680.
3. Jordan. Voyages historiques, p. 21.
4. W. Zuidema, in Rev. des Trad. pop., t. XVI, p. 561.
5. E. Cosquin. Contes de Lorraine, t. I, p. 108, 223, t. II, p. 124 ; Paul Sébillot, Litt. orale, p. 124, 128 ; F.-M. Luzel. Veillées bretonnes, p. 233 ; Contes, t. I, p. 215 ; H. Carnoy. Contes français, p. 272 (Picardie) ; J.-F. Cerquand. Lég. du pays Basque, t. II, p. 15.
6. E. Cosquin, l. c. t. II, p. 270 ; Paul Sébillot. Contes, t. I, p. 210 ; Litt. orale, p. 168 ; F.-M. Luzel. Contes bretons, Quimperlé, 1870, in 8, p. 84 ; Jean Fleury. Litt. orale de la Basse-Normandie, p. 169.

la respiration était coupée, restèrent naturellement muettes. « Vous voyez, dit le seigneur : qui ne dit rien consent, donc le contrat doit tenir ». Les manants s'en allèrent. L'année suivante, ils vinrent exposer au seigneur qu'ils n'apportaient pas les *auques*, car ils n'avaient pu s'en procurer. « C'est quelque mensonge », pensa le gentilhomme, et il monta au village. Voilà qu'en passant devant les maisons, il éleva la voix et se mit à crier : « Jean, Jean » comme s'il appelait son domestique. Les deux oies, qu'on avait enfermées dans le four banal, entendant une rumeur, crièrent à leur tour, et le châtelain, riant aux éclats les fit prendre et emporter [1].

Les nobles, qui figurent dans un grand nombre de sections de cet ouvrage, y ont presque toujours un assez vilain rôle, et les légendes qui les représentent sous un jour favorable sont à ce point rares, que j'ai essayé par des enquêtes personnelles, par des questions adressées à mes correspondants, de savoir si vraiment la contre-partie se bornait aux exceptions déjà connues. Rien n'est venu modifier les conclusions qui résultent des documents d'origine populaire publiés par divers auteurs, et qui montrent que la tradition ne s'occupa guère des seigneurs que pour en médire. En ce qui concerne les hommes, peu de traits sont en leur faveur : quelques chevaliers délivrent le pays des monstres qui le ravageaient (cf. t. I. p. 468, 469) ; lorsque le seigneur de Molley fut fait prisonnier par les Danois, les habitants du voisinage se cotisèrent pour payer sa rançon qui était énorme ; sa femme pour les récompenser leur donna des bois, des landes et des marais afin d'en jouir en commun, et c'est vraisemblablement cette circonstance qui en a conservé le souvenir [2]. Un récit de l'île de Corse parle d'un seigneur si charitable qu'il se ruine en distribuant tout son bien aux pauvres ; quand il n'a plus rien, il se met à la recherche de la Providence, et finit après un long voyage par rencontrer le cousin de Jésus-Christ, qui lui donne un sac rempli de diamants avec lequel il continue ses bonnes œuvres [3].

Les châtelaines sont mieux traitées ; si les légendes leur attribuent de nombreux méfaits, elles parlent aussi de la charité de quelques-unes. Naguère les paysans de Pleudihen (Côtes-du-Nord) disaient que Tiphaine Raguenel, la première femme de Du Guesclin, parcourait encore le soir les environs de son château, cherchant des veuves et des orphelins à soulager (cf. t. IV, p. 208). Lorsque la vertueuse Éléonore de Baffie rendit le dernier soupir, une colombe blanche partit de la tour où elle demeurait et s'envola pour ne plus revenir [4]. Dans les

1. Durif, *Le Cantal*, p. 241.
2. F. Pluquet, *Contes de Bayeux*, p. 4.
3. Julie Filippi, in *Rev. des Trad. pop.*, t. XXI, p. 456.
4. Abbé Grivel, *Chroniques du Livradois*, p. 144.

versions assez nombreuses du miracle des roses (t. III, p. 440-441) ce sont des filles ou des femmes de seigneurs avares qui portent à manger en cachette à des pauvres ou à des ouvriers qu'on nourrissait mal. Les gens de Sainte-Anne sur Vilaine parlent encore de la bonne dame de Port-de-Roche, morte en 1758. Lors d'une année de disette où elle avait distribué le blé que contenaient ses greniers, ses serviteurs l'avertirent un jour qu'ils étaient épuisés ; elle leur ordonna d'aller voir s'il ne restait pas quelque tas de blé, et elle se mit en prière. Quand ils lui eurent obéi, ils virent un grand monceau de froment au milieu du grenier, et bien qu'on fût en hiver, il y avait sur le tas une guirlande de roses fraîches [1].

Quoique certains serviteurs aient été aussi durs que leurs maîtres, et qu'ils aient parfois trempé dans les crimes qu'on leur attribue, ils n'ont guère laissé de trace dans la légende. Cependant aux environs de Nantes on disait naguère que les empocheurs de Gilles de Rais étaient devenus des loups-garous ; en Auvergne, on menaçait les enfants indociles de les mener au Roux ; c'était le surnom donné à un intendant du château de Baffie connu pour sa méchanceté. En Franche-Comté un autre intendant est, sous l'apparence d'un cavalier fantastique dont le visage est ensanglanté, condamné à errer pour avoir été dur envers le pauvre monde [2].

### § 2. LES NOBLES ET LEURS PAIRS

Le peuple émerveillé de l'opulence et de l'étendue des possessions territoriales de certains seigneurs explique parfois ces dons par des interventions surnaturelles. Quelques-uns ont conclu un pacte avec le diable ; celui-ci venait tous les soirs s'entretenir dans la Tour maudite avec un noble auquel, grâce à lui, tout réussissait ; le châtelain y fit porter un coffre d'argent, et déclara à Satan qu'il ne voulait plus avoir affaire à lui ; aussitôt le château fut rempli de flammes, et il eut à peine le temps d'en sortir [3]. Le sire de Changé s'était aussi donné au diable à la condition d'avoir quinze ans de vie, la richesse et le meilleur

---

1. Guillotin de Corson. *Récits historiques de la Haute-Bretagne*, p. 73-76.

On racontait au moyen âge un parallèle de ce miracle ; un Sarrasin qui pendant une famine s'était montré aussi charitable, croyait ses greniers vides, lorsque ayant été imploré par un pauvre, il y monta et les trouva pleins. (Etienne de Bourbon, *Anecdotes*, p. 84).

D'après une croyance encore vivante, les dames des châteaux connaissent des remèdes particuliers auxquels les paysans attribuent beaucoup de vertus. Les voisines de Mme de Sévigné lui en indiquèrent plusieurs dont elle fit usage dans ses diverses maladies ou malaises. (Dr Cabanès et Barraud. *Remèdes de bonne femme*, Paris, 1907, in-16 p. 8).

2. Abbé Lecanu. *Histoire de Satan*, p. 297 ; Abbé Grivel. *Chroniques du Livradois*, p. 445 ; D. Monnier et A. Vingtrinier. *Trad.* p. 64.

3. Paul Sébillot. *Contes de la Haute-Bretagne*, t. II, p. 284-285.

cheval de l'enfer pour le transporter où il voudrait[1]. Dans le Maine, le seigneur de Montdragon, sur le point d'être exproprié, l'appela aussi, et lorsqu'il se fut engagé à lui livrer son âme au bout de vingt ans, ses coffres regorgèrent d'or. Les vingt ans révolus, le diable arrive, madame de Montdragon va le recevoir avec une torche à demi consumée, et lui demande d'accorder à son mari, pour faire son testament, le temps que durera la torche. Le démon y consent, mais la dame ayant soufflé la torche, il comprend qu'il est dupé et s'en va furieux en faisant une brèche dans le château[2].

D'autres seigneurs devaient leur pouvoir et leur richesse à des talismans. Une fée malheureuse s'étant arrêtée au seuil d'une chaumière où des paysans mangeaient leur soupe, ils lui donnèrent l'hospitalité et lui prêtèrent une vieille terrine pour se faire à manger. Quand elle se fut réconfortée, elle prit congé d'eux et leur dit : « Tant que vous conserverez cette terrine, toutes sortes de biens vous arriveront. » En effet la chaumière devint une ferme qui, après quelques années, se transforma en un magnifique château, qui était celui de Monceaux, dont on voit encore les ruines. En 1793, les Bleus saccagèrent le château ; la vieille marmite porte-veine fut brisée et peu après le château fut incendié[3]. D'après une légende lorraine, un comte d'Angeweiller rencontra un jour une fée, comme il revenoit de la chasse, couchée sur une couchette de bois, dans une chambre qui étoit au dessus de la porte du château d'Angeweiller ; c'étoit un lundi. Depuis, durant l'espace de quinze ans, la fée ne manquoit pas de s'y rendre tous les lundis, et le comte l'y alloit trouver. Il avoit accoutumé de coucher sur ce portail, quand il revenoit tard de la chasse, ou qu'il y alloit de grand matin, et qu'il ne vouloit pas réveiller sa femme, car ce'a étoit loin du donjon. Enfin la comtesse ayant remarqué que tous les lundis il couchoit sans faute dans cette chambre, et qu'il ne manquoit jamais d'aller à la chasse ce jour-là, quelque temps qu'il fît, elle voulut savoir ce que c'étoit, et ayant fait faire une fausse clef, elle le surprend couché avec une belle femme : ils étoient endormis. Elle se contenta d'ôter le couvre-chef de cette femme de dessus une chaise, et après l'avoir étendu sur le pied du lit, elle s'en alla sans faire aucun bruit. La fée, se voyant découverte, dit au comte qu'elle ne pouvoit plus le voir, ni là, ni ailleurs, et après avoir pleuré l'un et l'autre, elle lui dit que sa destinée l'obligeoit à s'éloigner de lui de plus de cent lieues ; mais que pour marque de son amour, elle lui donnoit un gobelet, une cuiller et une bague, qu'il donneroit à trois filles qu'il avoit, et qu'elles apporteroient tout bonheur dans les maisons dans lesquelles elles

1. A. Orain, Le sire de Changé, Rennes, s. d., in-12.
2. Filleul-Petigny, in Rev. des Trad. pop., t. XI, p. 373-374.
3. L. Duplais, Bagnols de l'Orne, Paris, 1889, in-12, p. 31-32.

entreroient, tandis qu'on y garderoit ces gages ; que si quelqu'un déroboit un de ces gages, tout malheur lui arriveroit [1]. Tant que l'on conserva au château de Clairon un clairon magique, ses possesseurs prospérèrent ; mais l'un d'eux ayant eu le malheur de le perdre, fut tué à un siège et avec lui s'éteignit sa famille [1].

Quelques dires populaires sont en relation avec l'opulence de certains nobles : un des ancêtres du duc de La Rochefoucauld-Doudeauville, qui possède d'immenses domaines à Bonnétable, était si riche que le roi avait eu plusieurs fois recours à sa bourse. Il avait eu la pensée de faire paver de pièces d'argent une des chambres de son château ; le roi s'y opposa, ne pouvant souffrir qu'on marchât sur sa figure. Alors le duc, qui tenait à son idée, la fit paver en les mettant debout et on y employa plusieurs millions en écus de six francs. Le duc actuel, d'après les paysans du Perche, avait offert en 1871 de payer à lui seul les 5 milliards exigés par les Prussiens [2]. Dans le pays de Pont-l'Abbé, on dit que le seigneur de l'Ile Chevalier avait une chaîne en or massif, si longue qu'elle eût fait une double bride à son cheval. Les sires de Kerbelvé, non loin de Penmarc'h, tapissaient en soie le chemin parcouru par la procession de la Fête-Dieu [3].

La fortune colossale des Saulx-Tavannes est restée proverbiale en Bourgogne, où l'on répond à une demande d'argent indiscrète : Est-ce que tu crois que j'ai la fortune de M. de Tavannes ? [4]

Les seigneurs riches et puissants étaient bien moins nombreux que ceux de condition plus modeste. Une légende qu'on racontait autrefois en Périgord et en Bretagne disait pourquoi il y a tant de familles nobles dans ces deux provinces : Au temps jadis Dieu, voyant la France dépeuplée par les guerres remit un sac (sans doute rempli de graines de gentilshommes) à un ange et lui ordonna de le secouer en volant. L'ange obéit, et il lançait le contenu du sac à travers les airs ; le vent qui était violent poussa vers le Périgord une partie de ce que le sac contenait, et lorsque l'ange plana au-dessus de la Bretagne, s'apercevant qu'il était à moitié vide, il versa le reste sur le sol [5].

Les petits nobles qui vivaient maigrement dans de modestes gentilhommières étaient de la part des seigneurs riches et des roturiers l'objet de blasons satiriques qui raillaient leur pauvreté et leurs prétentions. Au XVIIe siècle, on appelait Gentilhomme à lièvre celui qui les trois quarts du temps se nourrissait du produit de sa chasse, comme

1. Tallemant des Réaux. *Historiettes*, t. IV, p. 195-196. Cette légende a aussi été racontée par Bassompierre, parent du seigneur. (*Mémoires*, Cologne, 1665).
2. Ch. Thuriet. *Trad. du Doubs*, p. 13.
3. Filleul-Petigny, in *Rev. des Trad. pop.*, t. XIV, p. 402.
4. G.-P. de Ritalongi. *Les Bigoudens*, p. 378, 498.
5. Cunisset-Carnot. *Vocables dijonnais*. Dijon, 1889, in-32.
6. Elvire de Cerny, in *Rev. des Trad. pop.*, t. XIV, p. 314.

le faisaient beaucoup de gentilshommes en Périgord, Saintonge et autres provinces [1].

On rencontre dès le XV° siècle des traces écrites de brocards qui s'appliquaient aux hobereaux d'une province voisine de Paris :

> ... Desjuner, tous les matins
> Comme les escuiers de Beauce.

Il est expliqué par ce dicton de la Renaissance : les gentilz hommes de Beauce dejeunent de baisler (bailler). On disait encore : Gentilhomme de Beauce qui vend son chien pour avoir du pain. C'est de la noblesse à Maquieu Furon, va te coucher, tu souperas demain, disait le paysan du *Pédant joué* ; en Normandie on remplaçait ainsi la première partie de ce blason : C'est un gentilhomme de Bilhot (La Bouille), etc.

> Noblesse de Cussey,
> La soupe et le bouilli,

disait-on en Bessin ; en Haute-Bretagne la noblesse de La Malhoure a à moitié dîné quand sa soupe est mangée [2].

> Gentilhomme de Beauce
> Il est au lit quand on refait ses chausses.

En Basse-Bretagne les nobles de Plouescat devaient aussi y rester quand on nettoyait leurs vêtements [3]. On expliquait le dicton Limousin : Gueux comme un gentilhomme de Ligoure, en disant : ils n'ont qu'un fusil, qu'un chien galeux, etc. En Bessin court ce dicton : C'est comme messieurs de Biausse, une épée pour trois [4]. Au XVI° siècle c'était Gentilshommes de Beauce que l'on dit qu'ils sont deux à cheval quand ils vont par pays [5]. Voici deux distiques du midi qui rentrent dans cet ordre d'idées :

> *Lous nobles de Barran*
> *Vénon dà pèd, la cravacho à la man.*
>
> *Coumo moussu de Mountagut*
> *Un pé caoussat l'aoutré pé nut* [6].

1. Leroux. *Dictionnaire comique.*
2. Coquillart. *Œuvres*, t. II, p. 289 ; Rabelais. *Gargantua*, l. I, c. 17 ; Oudin. *Curiositez françoises* ; Cyrano de Bergerac. *Le Pédant joué*, acte II, sc. 1 ; en Bessin le nom du noble est Martin Firon ; Canel. *Blason pop. de la Normandie*, t. I, p. 169 ; F. Pluquet. *Contes de Bayeux*, p. 114, 122 ; Paul Sébillot. *Littérature orale de la Haute-Bretagne*, p. 369.
3. Leroux. *Dict. comique* ; L.-F. Sauvé. *Lavarou-Koz*, p. 155.
4. H. Gaidoz et Paul Sébillot. *Blason pop. de la France*, p. 206 ; F. Pluquet, l. c., p. 117.
5. B. des Periers. *Nouvelles récréations*, p. 260.
6. J.-F. Bladé. *Proverbes d'Armagnac*, p. 38 ; H. Gaidoz et Paul Sébillot, l. c., p. 202.
Les fats de Paris racontaient que nous autres hobereaux nous faisions doubler nos poches de fer-blanc afin de porter à nos femmes les fricassées de poulet de M. le commandant (Chateaubriand. *Mémoires d'outre-tombe*, t. I, p. 250).

On a vu au chapitre précédent combien les seigneurs respectaient
peu le clergé, et le commencement de celui-ci relate les violences qu'ils
se permettaient à l'égard de leurs inférieurs. D'après de nombreuses
traditions, ils ne traitaient pas mieux leurs proches ou les gens de
leur caste. Dans plusieurs provinces quelques-uns, que l'on désigne
parfois d'une manière précise, sont accusés d'actes abominables. En
Normandie, Gannes des Ils Bardel couronna la série de ses méfaits par
un parricide. Pour s'affranchir des reproches que sa mère lui faisait,
il la relégua avec ses deux suivantes dans un appartement reculé du
château, puis il fit mettre dans une écurie à part trois chevaux jeunes
et vigoureux, en recommandant de ne leur donner ni nourriture ni eau
pendant trois jours. Le quatrième jour il alla trouver sa mère, et,
feignant le repentir, il la pria de l'accompagner dans une promenade
aux environs ; les trois chevaux auxquels il avait eu soin de fournir
une copieuse provende, mais qu'on avait continué de priver d'eau,
furent amenés et montés par la châtelaine et ses deux suivantes ;
Gaune conduisit la cavalcade vers la chaussée du moulin ; mais à peine
les chevaux eurent-ils senti le voisinage de l'eau qu'ils se lancèrent
dans l'étang et celles qui les montaient y trouvèrent la mort [1]. La
légende de Comorre, qui figure dans les *Vies des saints de Bretagne*,
est bien connue depuis que Souvestre l'a donnée sous une forme littéraire ; mais ce n'est pas le seul châtelain d'Armorique auquel on attribue le meurtre de ses femmes. Un seigneur qui habitait le château de
Carnoët tuait les siennes aussitôt qu'il les voyait grosses ; il se remaria
avec la sœur d'un saint, qui devint enceinte au bout d'un an. Sachant ce
qui était arrivé à ses devancières, elle essaya de s'y soustraire par la
fuite ; mais un valet révéla ses projets et lorsqu'elle sortit du château,
son mari tomba sur elle à coups de sabre, la hacha par morceaux et
abandonna le cadavre sur la route en défendant qu'on l'inhumât [2]. On
racontait aux environs de Caen que la reine Mathilde ayant demandé
à son mari Guillaume, lors de son arrivée en Angleterre, de la laisser
affecter à son profit l'impôt des bâtards, le prince, bâtard lui-même,
crut voir dans ces paroles l'intention d'une offense ; il l'attacha par les
cheveux à la queue de son cheval et la traîna jusqu'au lieu où il fit
élever plus tard comme témoignage de son repentir, la Croix pleureuse.
Plusieurs traditions normandes attribuent cet acte barbare à d'autres

1. J. Lecœur. *Esquisses du Bocage Normand*, t. II, p. 364-365. On rencontre dans
les anciens conteurs des parallèles de cette ruse. Un président de Provence prive
une mule d'eau pendant huit jours et la fait monter par sa femme qui l'avait
trompé ; quand la bête aperçut le Rhône, elle s'y précipita et noya la dame.
(Louis XI. *Les Cent nouvelles nouvelles*, XLVII, imitée par Des Periers. Nouvelle
XCXV), cf. dans l'édition Delahays des *Cent Nouvelles*, 1858, une note où cette
action est attribuée à un personnage historique postérieur à Louis XIV.
2. Albert Le Grand. *S. Gildas*, p. 8 ; E. Souvestre. *Le Foyer Breton*, t. I, p. 45
et suiv. ; Vérusmor. *Voyage en Basse-Bretagne*, p. 189-191.

seigneurs ; l'une d'elles était localisée au château d'Alençon ; Marie Anson fut accusée faussement auprès de son époux qui la fit lier à la queue d'un étalon ; l'animal abandonné à sa fougue, la traîna dans tous les détours du parc, et l'ordre de suspendre le supplice ne fut donné qu'au moment où la malheureuse était mourante. Son mari se présenta à elle déguisé en prêtre, et voulut recevoir sa confession ; elle ne cessa de protester de son innocence et expira peu après [1]. On a recueilli, surtout en Normandie et en Bretagne, de nombreuses versions d'une chanson dont l'héroïne porte, dans le premier de ces pays, le nom de Marianson, et qui fut aussi victime, dans les mêmes conditions, de la cruauté de son époux [2].

Certains seigneurs étaient impitoyables lorsque leur honneur conjugal était en jeu. On raconte dans le pays d'Argentan qu'un châtelain ayant appris que le curé de Chamboy était épris de sa femme, lui fit dire qu'il l'attendait pour déjeuner et qu'il y aurait de la galette, que le prêtre aimait beaucoup. Lorsque le curé arriva, il trouva le four chauffé au rouge blanc, et le seigneur après lui avoir reproché sa paillardise, le lança dans les flammes [3]. Au château de Miolans on montre la cellule où fut murée une châtelaine que son mari avait surprise en flagrant délit d'adultère [4]. (Cf. sur les emmurés et emmurées, t. IV, p. 207.)

Un vieil historien, qui nous a conservé une autre légende de la vengeance d'un seigneur trompé, explique en même temps et d'une façon assez plausible, comment elle s'était formée : Dans l'église de Mont-Sainct-Yon les Châtres se voit une petite tombe de pierre fort ancienne ; en laquelle y a par endroits des testes de gros clous qui surpassent. Et tiennent les bonnes gens du lieu par tradition que c'est la sepulture d'vne de la maison d'un seigneur de Sainct-Yon, femme et espouse du Sire de Gannes. Laquelle par cruauté insigne enfermée dedans un muid ou autre vaisseau semblable plein de pointe de clous, il fit par apres ietter du hant en bas dudict Mont de Sainct-Yon. Mais ce sont bayes, ces testes de clous n'ont esté apposez sinon pour conserver l'escriture, et mesme icelle tombe contre le fréquent marcher du peuple. Aussi voyons nous de semblables tombes au cloistre de Sainct-Victor, depant le chapitre et ailleurs [5].

Le trait de la jeune fille noble qui, faussement accusée d'impudicité,

1. Amélie Bosquet. *La Normandie romanesque*, p. 463, 464, 460.
　La légende de Mathilde a été rapportée par l'historien Du Moulin (1631) avec des circonstances différentes : le duc aurait été averti qu'un seigneur avait gagné ses bonnes grâces, et les habitants de Caen disaient que celui-ci, écorché vif, fut traîné à la queue d'un cheval jusqu'à la chapelle du Cornu dans le Bessin. (J. Lecœur. *Esquisses du Bocage normand*, t. I, p. 385).
　2. George Doncieux. *Romancéro populaire de la France*, p. 215-216, 231.
　3. Chrétien de Joué du Plein. *Veillerys argentenois*, M. MS.
　4. A. Dauzat, in *Rev. des Trad. pop.*, t. XVII.
　5. Jacques du Breul. *Théâtre des Antiquitez de Paris*, p. 867.

est tuée par ses frères, trop empressés à venger leur honneur, se retrouve en Forez et en Basse-Bretagne, et dans les deux pays la victime a été canonisée. Sainte Prève, fille d'un comte puissant, se livrait à des occupations charitables pendant que ses frères bataillaient, et elle refusait d'écouter les galants. L'un deux alla trouver ses frères et leur dit qu'elle avait une mauvaise conduite ; ceux-ci le crurent et accourant pleins de courroux, ils tranchèrent la tête de leur sœur qui venait au devant d'eux. On voit sur le parapet du Pont-du-Diable l'entaille du sabre, la poignée imprimée comme une croix et la main de sainte Prève moulée dans la pierre. Ils ordonnèrent de jeter sa tête dans un puits ; mais la tête s'envola, et les soldats durent la rattraper pour l'y précipiter [1]. En Basse-Bretagne, la marâtre de sainte Haude dit à son frère qui revient après une longue absence, qu'elle a dû l'envoyer aux champs parce que c'était une fille perdue. Il part à sa recherche, l'appelle; et comme elle s'enfuit, le prenant pour un étranger, il s'imagine qu'elle a forfait à l'honneur et que l'ayant reconnu, elle n'a osé se présenter devant lui. Il la poursuit, et, l'ayant attrapée, lui décharge un si grand coup sur le col qu'il lui tranche la tête [2]. D'après une tradition de Bains, le général Malatan ayant surpris sa fille avec un jeune homme qui, pour la voir, traversait la rivière, les précipita du haut d'un rocher et les fit tous deux tomber dans l'eau [3].

Un récit de la Corse raconte l'horrible vengeance qu'un seigneur tira d'une châtelaine de son voisinage, qui lui avait fait subir une injurieuse captivité : Lucien de Franchi ayant été tué dans une rencontre avec son ennemi, Giudice d'Istria qui habitait un château en face du sien, sa veuve Savilia qui avait tout à redouter de son voisin lui fit entendre par l'intermédiaire de son chapelain qu'elle l'aimait. Comme elle était jeune et belle, Giudice, accompagné seulement de quelques pages, vint lui demander sa main. Savilia le fit arrêter et enfermer dans un cachot garni de barres de fer. Chaque matin elle se présentait à lui dans un état de nudité complète, l'injuriait et lui disait ironiquement : « Comment un homme aussi laid que toi a-t-il pu croire qu'il posséderait tant de charmes ! » Giudice finit par gagner la camériste de Savilia et elle introduisit dans le château les parents du prisonnier, qui fut délivré et massacra tous les parents de cette femme inhumaine ; puis il s'empara d'elle, l'attacha nue dans un carrefour et l'exposa à la prostitution de tous les passants [4].

Le couplet de la chanson du Déserteur :

> Qu'on enveloppe mon cœur
> Dans une serviette blanche,

1. Noëlas, in Soc. d'agr. de la Loire, t. XII, 1868, p. 202-206.
2. Albert Le Grand, Vies des saints de Bretagne, Saint Tanguy, § 5-6.
3. P. Bézier, Inv. des mégalithes de l'Ille-et-Vilaine, p. 159.
4. Leonard de Saint-Germain, Itinéraire de la Corse, p. 389-390.

> Qu'on l'emporte au pays,
> Dans la maison de ma mie
> Disant : Voici le cœur
> De votre serviteur,

semble un écho de la légende, populaire au moyen âge, dans laquelle un amoureux donne l'ordre de faire ce triste présent à la dame de ses pensées[1].

Henri Estienne a donné une version en prose de cette tradition, où le mari fait manger par vengeance à sa femme le cœur de son amoureux : Vn gentilhome portant fort grande affection à vne damoiselle mariée, s'en alla à la guerre : où il pria ses compagnons que s'il mouroit ils fissent porter son cœur à icelle, faisant accompagner ce present de certains propos qu'il leur dit. Apres la mort de ce gentilhomme son cœur fut pris et gardé par le mari de ceste damoiselle, averti de la requeste qu'il auoit faite à ses compagnons : et quand il fut retourné, le fit tellement cuisiner que ceste damoiselle sa femme en mangea, pensant bien manger autre viande. Alors le mari luy demanda si elle auoit trouvé ceste viande bonne : et elle ayant respondu qu'ouy : Vous ne pouuiez faillir (dit-il) de la trouuer bonne : car c'est le cœur d'vn de vos mieux aimez. La damoiselle ayant seu de qui il parloit, ne mangea depuis morceau qui luy fit bien : et aussi n'eut longtemps besoin de viande, car elle mourut de regret bien peu de iours apres[2].

Suivant une autre légende qui faisait le sujet d'un lai, aujourd'hui perdu, de Marie de France, c'est le mari jaloux qui tue l'amant et fait manger son cœur à sa femme. Ce trait, qui se retrouve dans l'histoire bien connue du châtelain de Coucy et de la dame de Fayel, à la fin du XIIIᵉ siècle, après avoir inspiré des poèmes et des drames, a été relevé dans un récit localisé de la Haute-Bretagne : Le seigneur de la Hunaudaye fit tuer l'amant de sa femme, lui enleva le cœur; et l'ayant fait accommoder par son cuisinier, le servit à la châtelaine. Celle-ci trouva le plat excellent, et en demanda plusieurs fois ; son mari lui dit alors : « Hé bien, madame, ce que vous trouvez si à votre goût, c'est le cœur de votre amant, qui pour vous a perdu la vie. — Très bien, monsieur, lui répondit-elle, je vous remercie d'avoir compris que ce cœur ne pouvait appartenir qu'à moi ; je l'ai trouvé si exquis, que je ne saurais plus goûter à rien autre sur terre ». Elle eut le courage de se laisser mourir de faim ; on dit qu'elle fut enterrée près de l'étang du château et l'on montre le lieu de sa sépulture ; chaque année, à l'anniversaire du jour où l'amant fut tué, on voit la terre s'affaisser et il se produit une sorte de trou, plus long que large, qui rappelle la forme d'un cercueil : la dame de Tournemine quitte alors sa tombe pour aller rejoin-

1. H. Estienne, *Apologie pour Hérodote*, l. I, ch. 19.
2. Gaston Paris, *La littérature française au moyen âge*, p. 80, 106.

dre son amant dans les bois du Vaumadeuc et lui jurer une fidélité éternelle. Son absence dure trois jours : au bout de ce temps, la terre redevient droite comme de coutume, parce que la dame est retournée dans son tombeau [1].

Dans une légende de la Basse-Normandie, c'est au contraire le cœur de l'épouse supposée coupable qui est mangé par son amant, que le mari par un raffinement de cruauté imité de Cambyse, a fait asseoir sur la peau de sa prétendue maîtresse. Un seigneur de Chantelou, en Joué-du-Plain, tua sa femme, ramassa son sang, puis garnit un siège avec sa peau. Il invita ensuite à dîner un jeune homme qui lui avait inspiré de la jalousie et lui servit un mets qui lui parut délicieux ; le seigneur qui n'y avait pas touché dit à son hôte : « Tu viens de manger le cœur de ta complice et tu es assis sur sa peau ; tu vas aller la rejoindre. » Et il le perça d'un coup de poignard. Il recueillit ensuite son sang qu'il mêla à celui de sa femme ; puis il teignit pendant la nuit sa maison avec le sang des deux amants, et disparut. Selon la tradition, cette maison rouge existait encore il y a quelques années [2].

La vengeance des époux outragés se bornait parfois à la réclusion de l'adultère, vraie ou supposée : D'après une tradition du pays de Josselin, Beaumanoir qui habitait le château de Carhuël, peu éloigné du champ de bataille des Trente, tua un de ses parents dont il croyait que sa femme voyait avec plaisir les assiduités, puis il l'enferma dans une prison dont on montre encore les ruines [3]. Au temps jadis, il y avait à la Hunaudaye une dame dont la beauté était renommée dans toute la Bretagne. Mais tout à coup elle se mit à dépérir, et son mari qui l'aimait tendrement promit de faire un pèlerinage en Terre-Sainte si Dieu lui accordait la guérison de sa femme. Celle-ci revint peu après à la santé, et le baron, avant de partir pour accomplir son vœu, lui fit jurer sur le crucifix de ne jamais franchir le seuil de sa demeure pendant son absence. La dame tint d'abord fidèlement sa promesse. Mais le roi de France ayant entendu parler de sa beauté, députa des messagers au château de la Hunaudaye pour dire au seigneur qu'il désirait le voir à sa cour avec son épouse. La dame répondit que son mari était absent ; alors le roi auquel ses envoyés avaient dit que la châtelaine était vraiment incomparable, envoya une brillante escorte pour la chercher. La dame, très flattée de cette attention du roi, oublia son serment et vint à la cour, où elle passa trois mois au milieu des fêtes. Au bout de ce temps, elle pensa que le pèlerinage de son mari touchait à sa fin, et elle

1. Lucie de V. H. in *Rev. des Trad. pop.*, t. XII, p. 436. Ce récit, recueilli dans le voisinage d'un ancien château, a pu être influencé, au moins en partie, par des livres lus par les serviteurs qui y habitaient, et qui en racontaient les épisodes aux paysans.
2. Chrétien de Joué-du-Plain. *Veillerys Argentenois*, M. M. (v. 1840).
3. *Bretagne artistique et littéraire*. Nantes, 1881, t. II, p. 240.

se hâta de revenir à la Hunaudaye ; mais en arrivant elle le vit qui l'attendait sur le pont-levis ; après lui avoir reproché son parjure, il la conduisit dans une chambre toute tendue de noir comme un caveau mortuaire, et sur la muraille duquel il avait placé le crucifix qui avait reçu son serment ; elle resta de longues années dans cette lugubre chambre dont elle ne sortit que morte[1].

Plusieurs traditions parlent de châtelaines, adeptes de la sorcellerie, ou amies du diable, qui volontairement ou forcées par leur pacte, se changent en bêtes ; suivant la règle ordinaire, leur métamorphose est découverte quand le sang a coulé. La dame de Florimont, qui se transformait en chat, avait mis à mort successivement cinq meunières, qui avaient pris à bail un moulin qu'elle avait voulu empêcher son mari de bâtir. Il vint un sixième meunier qui demanda que, la première nuit qu'il passerait au moulin, on mit à sa disposition six jattes de lait, une miche de pain, un bon morceau de fromage et une petite hache à main bien aiguisée. A minuit, la porte s'ouvrit, et un gros chat blanc, suivi de cinq autres de même couleur, entra dans le poêle ; au dernier coup, un septième chat, tout noir et plus gros que les autres, franchit le seuil de la porte et miaula : « Etes-vous tous ici ? » Les chats blancs ne répondirent pas, ils étaient trop occupés à laper le lait. Alors le chat noir sauta au cou du meunier qui saisit la hachette et lui coupa la patte droite de devant. L'apparition s'évanouit aussitôt, et il vit à ses pieds une jolie petite main de femme. A ce moment le seigneur de Florimont arriva, et quand le meunier lui eut montré la main, il vit à un de ses doigts un anneau à ses armes. En rentrant au château, il souleva les draps du lit de sa femme et vit qu'elle avait la main droite fraîchement coupée. Quelques jours après elle fut brûlée comme sorcière et male femme sur la place de Delle[2]. Dans les Ardennes, la châtelaine de Rocquigny était méchante et de plus sorcière : un jour le garde-chasse coupa d'un coup de coutelas la patte d'une louve énorme qui l'attaquait ; la louve s'enfuit et il vit à ses pieds deux doigts humains, à l'un desquels était passée une bague en or. Il la rapporta au seigneur qui, peu après, vit revenir la châtelaine blessée, qui se plaignit du garde, mais le seigneur, convaincu que sa femme était sorcière, la fit pendre[3]. Madame de Badou qui, à une époque inconnue, habitait le château de Marçay près de Chinon, courait le garou une fois par semaine. Une nuit le fermier entendit un grand bruit, ouvrit la fenêtre et voyant dans sa cour une énorme truie, lui tira un coup de fusil. A l'aube du jour, il aperçut,

1. Paul Sébillot. *Légendes locales de la Haute-Bretagne*, t. II, p. 200-202.
   Suivant Varillas, cité par Goudé. *Hist. et lég. de Châteaubriant.* p. 280, le mari de Françoise de Foix la fit enfermer dans une chambre obscure et tendue de noir et l'y laissa languir pendant six mois, après quoi il la tua.
2. Henry Bardy. *Au pays d'Ajoie*, p. 11-13.
3. A. Meyrac. *Trad. des Ardennes*, p. 344.

morte, une femme couverte d'un linceul blanc ; c'était la châtelaine qu'il avait tuée, et il se hâta de l'enterrer [1].

Il y avait des châtelains assez audacieux pour exercer des sévices contre les gens de justice, et leur faire subir d'aussi mauvais traitements que ceux dont les gens du seigneur de Baché usèrent contre Chiquanous [2]. Un recueil du XVII<sup>e</sup> siècle parle d'un recors rasé par ordre d'un seigneur et mis sur un asne la teste tournée vers la queue et les mains attachées derrière le cul avec un écriteau en grosse lettre devant luy où estoit escrit. « Je suis l'Antechrist » [3]. Sous la Restauration un noble malouin osa, dit-on, faire raser la moitié de la barbe d'un huissier qui venait lui porter une assignation.

1. G. d'Espinay. *La Fée Mélusine*, Angers, s. d. in-8, p. 7 ; Ext. des Mém. de la Soc. d'ag. etc. d'Angers.
2. Rabelais. *Pantagruel*, l. IV, c. 12, 13, 14.
3. *Le facécieux Resveille matin des Esprits Mélancoliques.* Rouen, 1656, in-12, p. 69.

# CHAPITRE III

# LES GUERRES

J'ai pu, en m'appuyant sur les termes des légendes assez nombreuses qui racontent les faits de guerre, en classer plusieurs, non pas à la date précise où ils se sont passés, mais dans la période à laquelle les conteurs les rattachent expressément : on lira aux diverses sections de l'Histoire dans la tradition populaire celles où figurent les Romains, les peuples envahisseurs du moyen âge, et ceux avec lesquels notre pays a été en lutte. Il en est d'autres qui échappent à toute chronologie et dans lesquelles on retrouve des circonstances plus ou moins merveilleuses, qui appartiennent à ce qu'on pourrait appeler les lieux communs folkloriques des batailles, puisqu'on les rencontre à la fois dans les récits de France, et dans ceux de l'étranger ou de l'antiquité. C'est pour cela que je les réunis sous la rubrique : Champs de batailles, de même que dans une autre section, je parle des sièges, qui ont un folk-lore spécial, plus abondant et mieux déterminé.

## § 1. LES CHAMPS DE BATAILLES

Il est malaisé de savoir à quelle époque remontent les combats dont le souvenir subsiste dans la tradition populaire. Lorsque l'on demande aux conteurs en quel temps ont eu lieu les rencontres, dont ils parlent d'ordinaire assez confusément, ils répondent souvent comme cet homme de Poligné (Ille-et-Vilaine) qui après avoir cité deux endroits où l'on s'était battu, ajouta que c'était en 93 ou peut-être bien deux cents ans auparavant [1]. Pendant que M. de Kersabiec examinait des Grands-Fossés que l'on voit un peu au-delà du bourg de Saint-Lyphard, un paysan qu'il interrogea lui répondit : « Cela a été fait dans les temps jadis, quand l'ennemi vint pour s'emparer du pays. Les habitants se réunirent ici, et dans une nuit, ils firent ce fossé pour l'arrêter, mais l'ennemi vint en bateau par la Brière, et descendit en dedans. Il y eut une terrible bataille et les gens du pays furent vaincus ; le nombre des morts fut si grand que les corps firent comme un pont sur le ruisseau, d'où est venu le nom de Pont d'Os donné au village, comme qui dirait

1. L. de Villers, in Rev. des Trad. pop. t. XII, p. 222.

le Pont des Ossements ». Suivant un autre récit, il aurait été construit à
la suite d'une grande bataille, et ses fondements auraient été posés sur
les ossements des vaincus ; sous les piles du Pont d'Armes auraient
été enfouies les armes des ennemis [1].

Des noms de lieux, auxquels se rapportent parfois de courtes légendes, conservent le souvenir de rencontres. Le Marais de la Bataille en
Anjou est ainsi appelé parce qu'il s'y livra autrefois un grand combat [2].
Une plaine voisine du château de la Roue (Puy-de-Dôme) se nomme le
Plat des Egaux depuis que le seigneur de la Roue et celui de Polignac
s'y mesurèrent sans succès décisif ; ils eurent une autre fois entre le
bourg de Saillant et celui de Montpeloux une rencontre si meurtrière
que le sang rougit la rivière d'Anse qui se trouve au dessous [3]. Ce trait
du sang versé en assez grande abondance pour changer la couleur des
eaux ou en augmenter le volume est d'ailleurs fréquent (cf. t. II, p. 331,
332, et plus loin les récits sur la bataille de Baugé et celle de Saint-
Cast). Il est bien plus ancien que le XIVᵉ siècle, où il figure dans un
document écrit : Adonc i ot si grant bataille et si cruel et si grant multitude de cels chaerent mort enquí d'une part et d'autre que en la valée
qui n'est pas moult loin du chastel et qui est devers occident, li sang
des morz corroit en semblance de l. ruissel, la quex valée est dite an-
quores dès celui tans de tous les gaaingneors valée de sang [4]. Les
soldats qui combattaient dans le pré de la Bataille, voisin du château de
Rieux, avaient du sang jusqu'à la cheville. Non loin de Villers dans le
Doubs, le Champ du sang est celui où les Neufchâtelois furent défaits par
les habitants de Villers et de Morteau. A la Mare du sang en Plumelec
(Morbihan) se rattachait aussi le souvenir d'un combat [5].

Suivant quelques récits, plus intéressants pour la légende que pour
l'histoire, des personnages sacrés interviennent en faveur des belligé-
rants : Dans un temps bien éloigné, les païens étaient cachés dans les
hauts parapets en terre d'une enceinte qui s'étend jusqu'au bourg de
Billio. Une armée de chrétiens vint les attaquer ; la lutte fut longue et
acharnée ; mais les païens retranchés derrière leurs remparts, repous-
saient leurs adversaires et les poursuivaient vivement dans la plaine,

1. Pître de l'Isle. *Dict. arch. de la Loire-Inférieure*. Saint-Nazaire, p. 136.
2. G. de Launay, in *Rev. des Trad. pop.* t. VIII, p. 93.
3. Abbé Grivel. *Chroniques du Livradois*, p. 377. Le lac de Morat, près duquel
Charles le Téméraire fut battu en 1476 par les Suisses, revêt quelquefois une colora-
tion rouge. « *C'est le sang des Bourguignons* » disent encore quelques vieux pêcheurs. (Almanach Hachette, édition belge pour 1902, p. 233. D'a. *Folk-Lore Journal*, t. VI, p. 381, ce terme s'applique aux reflets du soleil couchant sur le lac).
Après un combat entre Bretons et Anglais une fontaine voisine de Morlaix ne versa
pendant longtemps que du sang (F. Duynes, in *Rev. des Trad. pop.*, t. XIII p. 551).
4. La Légende de Girard de Roussillon, in *Romania*, t. VIII, p. 201.
5. Rozenzweiz. *Rép. arch. du Morbihan*, p. 171 ; Ch. Thuriet. *Trad. du Doubs*, p.
304 ; Bizeul. *Des voies romaines de Bretagne*, p. 41.

lorsque la sainte Vierge descendue des cieux pour veiller sur ses serviteurs, se leva du lieu où elle était assise pour filer à l'angle d'une haie
d'aubépine, planta sa quenouille d'or en terre, et tenant en main le
fuseau, tendit le fil béni entre les deux armées. Cet obstacle, si frêle
en apparence, devint par la grâce divine plus fort que les chaînes les
plus résistantes. Ainsi préservés de toute poursuite, les chrétiens se
rallient et sont rafraîchis par une douce rosée, tandis que les païens,
brûlés par le soleil, demeurent terrifiés à la vue de ces prodiges qu'ils
ne peuvent comprendre. La barrière infranchissable pour les infidèles,
s'abaisse d'elle même devant les chrétiens, qui surprenant leurs
ennemis consternés, en font une telle boucherie que la cavité de terrain la plus voisine est bientôt remplie de leur sang, d'où lui est venu
le nom de Mare au sang, qui, par extension a été donné à tout l'ensemble des fortifications[1]. D'après une légende corse, lors du combat de
Colenzano sainte Restitude, patronne du village et dont la chapelle
s'élève à peu de distance, vint exterminer de sa main plusieurs mercenaires génois[2].

Au IXe siècle, une bataille où périrent six mille combattants fut livrée entre les Français et une armée d'infidèles auprès de Quarré-les-
Tombes ; il y eut deux engagements successifs ; après le premier Renaud fils d'Aimon, prince des Ardennes, entra épuisé de fatigue dans
la forêt voisine et s'endormit au pied d'un arbre, au chant du rossignol.
Pendant son sommeil, les deux armées en vinrent de nouveau aux
mains. Le cliquetis des armes et les cris des combattants devinrent si
perçants que la monture du guerrier, impatientée, à force de trépigne-
ments, s'enterra jusqu'au ventre. Réveillé enfin par le bruit, Renaud
maudissant l'oiseau dont les chants ont contribué à l'assoupir, saute
sur son coursier sans même prendre ses armes ; déjà les infidèles com-
mençaient à l'emporter. Renaud saisissant un chevron que le hasard
a mis sous sa main, s'élance dans la mêlée, frappe, tue ou disperse ;
mais comme il frappait en bout, une voix amie lui crie :

> Frère Renaud, touchez je vous prie, en fauchant,
> Et vous en abattrez sitôt mille que cent.

Renaud suivit ce conseil ; les ennemis tombent sous ses coups comme les
épis sous la faux et la victoire reste aux chrétiens. Depuis le rossignol
ne se fit plus jamais entendre dans cette contrée. On ajoute qu'après la
bataille, des buissons d'épines poussèrent sur la fosse des païens, et que
des tombes apparurent miraculeusement pour recevoir les dépouilles
des bons. Telle est l'origine des tombeaux de Quarré[3].

1. M. de Bréhier, in Soc. arch. du Morbihan, 1856, p. 175-176.
2. Prince Roland Bonaparte. Une excursion en Corse. Paris, 1891, in-4°, p. 63.
3. C. Moiset. Usages de l'Yonne, p. 98.

Plusieurs champs de bataille sont hantés ; sur celui d'Auray les âmes
de tous ceux qui périrent sans avoir eu l'absolution de leurs péchés
sont condamnées à rester près de leurs cadavres ; à une certaine heure
de la nuit, elles s'élèvent du sein de la terre et se mettent à parcourir
la plaine funèbre dans toute son étendue ; elles sont forcées d'y errer
jusqu'au jugement dernier, et de marcher toujours en ligne droite
quels que soient les obstacles qu'elles puissent rencontrer. Le voyageur qu'elles touchent tombe frappé par une puissance invisible, et
meurt avant le jour. En Forez des Français et des Anglais reviennent
aussi sur le lieu où ils se rencontrèrent jadis, et on les entend choquer
leurs épées. On voyait des apparitions, des feux et des lances brillantes
sur les dunes de Saint-Cast (Côtes-du-Nord) auprès de la Cassière des
damnés où furent enterrés les Anglais tués en 1758 [1]. Les paysans des
environs de Dieppe recommandent de ne pas passer à la brune par
une petite clairière située sur le bord d'un bois, parce qu'on est exposé à y voir galoper autour de soi des cavaliers blancs, allant, venant,
errant ça et là, et remuant sans cesse la terre avec leurs lances. Ces
cavaliers blancs ont été jadis mis en déroute par des cavaliers rouges,
et ils viennent, de nuit, chercher les restes de leurs camarades enterrés dans le champ [2]. Les pêcheurs de Zuidcote restèrent si émus de la
bataille des Dunes que Turenne livra dans leur voisinage, que longtemps après ils croyaient entendre dans les airs, aux jours où on agi-
tait les cloches, le son des tambours et des trompettes, le galop des
chevaux et le fracas du canon [3]. A Torfou et à Begrolle (Maine-et-Loire)
on entend la nuit le bruit de la bataille livrée en 1793 entre Vendéens
et Républicains [4]. Il y a quelques années, on prétendait à l'île de Ré
qu'on ne pouvait passer la nuit dans un certain endroit près du pont
de Fénan où les Anglais furent défaits en 1627, sans entendre des gémissements, et des ombres qui criaient : Tue ! Tue ! [5]

### § 2. LES SIÈGES

Les sièges, même ceux des simples châteaux, ont laissé plus de traces
dans les traditions que les rencontres en rase campagne, parce que les
ruines sont là pour conserver le souvenir des faits de guerre, vrais
ou supposés, qui se sont passés autour de leurs murailles.

Plusieurs récits parlent d'héroïnes aussi courageuses que Jeanne de

1. E. Souvestre. *Les Derniers Bretons*, t. ., p. 123-124 ; F. Noélas. *Légendes fore-*
*ziennes*, p. 26 ; Paul Sébillot. *Trad.* t. I, p. 222.
2. L. Vitet. *Hist. de Dieppe*, p. 384, cf. t. I, p. 132, l'ombre des armées de
Rocroi qui se montre périodiquement dans les nuages au dessus du lieu où elles
combattirent.
3. Antony Valabrègue. *Au pays flamand*. Tours. s. d. in-8, p. 82.
4. M. Michel, in *Rev. des Trad. pop.* t. III. p. 176.
5. Daniel Bellet, in *Rev. de Trad. pop.*, t. V, p. 636.

Montfort à Hennebont ou que Julienne Du Guesclin à Pontorson. Balzac qui se documentait tout autant que les romanciers de l'école naturaliste, se souvenait probablement de quelque légende locale dans ce passage d'*Une ténébreuse affaire* : Cinq Cygnes devint le nom de la branche cachette après la défense d'un castel faite en l'absence de leur père par cinq filles remarquablement blanches. Une sculpture sur la porte d'une des tours de Goulaine (Loire-Inférieure) qui représente une femme le casque en tête, le sein à demi-nu et le poignard levé, aurait été faite en mémoire de Yolande de Goulaine qui se défendit vaillamment contre les Anglais [1]. Les paysans voisins du château de Charpignon (Cher) racontent que des dames de haut parage, voyant que malgré leurs efforts il allait être pris, jetèrent leurs joyaux au fond d'un puits [2].

Les assiégés ont parfois recours aux puissances célestes. Les habitants de Molley disent que Jeanne Bacon, armée de toutes pièces et s'attendant à être assiégée, demanda à Dieu la grâce de voir arriver ses ennemis; aussitôt le bois de la Plège changea de place et se rangea de l'autre côté de la route, de sorte que du haut de son donjon, elle vit s'avancer les assiégeants, dont elle repoussa bravement l'attaque [3]. Une comtesse Jeanne dans le Doubs refusa d'ouvrir les portes de son château aux Suédois, et fit vœu d'élever une chapelle à la Vierge si les ennemis se retiraient [4].

La tradition a gardé le souvenir de ruses de guerre grâce auxquelles des places furent victorieusement défendues, ou d'autres prises. Le sire de Châtenay (Ille-et-Vilaine) n'ayant que peu de troupes pour résister à quatre seigneurs qui le menaçaient, fit couper à hauteur d'homme pendant la nuit les arbres qui croissaient autour du donjon, et les fit habiller en guerriers. Quand le lendemain les assiégeants virent la forteresse si bien défendue, ils reculèrent, et le sire de Châtenay, qui s'était caché dans une châtaigneraie voisine, tomba dessus à la tête de ses gens et les tailla en pièces [5]. Un des seigneurs du Thuit fit aussi revêtir les arbres de la forêt de vêtements de soldats, et lorsque les troupes ennemies arrivèrent, elles s'enfuirent prises de peur à la vue d'une si nombreuse armée [6]. Le baron de la Motte-du-Parc, qui est resté légendaire dans la partie centrale des Côtes-du-Nord, était assez puissant pour assiéger des villes closes, même celles qui comme Moncontour étaient regardées comme imprenables; voyant qu'il ne pourrait s'en rendre maître par la force, il revêtit d'habits de soldats des mannequins de

1. Ogée. *Dict. de Bretagne*, art. Goulaine.
2. *Comptes rendus de la Société du Berry*, 1866, p. 399.
3. F. Pluquet. *Contes de Bayeux*, p. 4.
4. Ch. Thuriet. *Trad. du Doubs*, p. 15.
5. *Revue des provinces de l'Ouest*, t. VI, p. 118.
6. J. Lecœur. *Esquisses du Bocage*, t. II, p. 372.

paille et les plaça sur le tertre de Bel-Air, bien en vue de la ville, pendant qu'il allait se cacher avec ses hommes dans un des vallons des alentours. Les défenseurs de Moncontour se relâchèrent de leur surveillance, et, un jour que les ponts-levis étaient baissés, le baron y entra et massacra toute la garnison[1].

On raconte aux environs d'Alise Sainte-Reine, que pour s'emparer de la ville du Mont Auxois, César rassembla tous les bœufs qu'il put trouver dans le Morvan, leur fit, la nuit, attacher à chaque corne une chandelle allumée, puis les poussa du côté de la ville ; les Gaulois effrayés de ce spectacle étrange et nouveau, se rendirent[2]. Les ennemis qui assiégeaient l'antique cité de Valcabrère (Haute-Garonne) s'étant procuré un grand troupeau de chèvres leur lièrent aux cornes des flambeaux et les lâchèrent sur une des portes ; les soldats s'y portèrent en foule, et les assaillants entrèrent par la partie des remparts qui était dégarnie de défenseurs[3]. Un stratagème analogue contribua à la levée d'un siège : Certains soldats qui gardoient le Chasteau du Marquis de Molaust en Quercy, pendant les guerres de la Ligue, voyans leur place bloquée... empescherent de boire leurs vaches l'espace de trois jours, apres lesquels ils leur attacherent aux cornes des flambaux ardans : ils les lascherent ensuite sur la minuit, du costé où les ennemis s'estoient campez proche de la fontaine, où le bestail alloit boire avant le siège. Les bestes y courans à bons et à saults, espouvanterent tellement les assiegeans, sur la creance que ce fussent des Diables, que quittans leurs retranchemens, ils furent battus des assiegez et obligez à la retraite[4].

Lorsque l'archevèque de Besançon eut achevé le château qu'il avait fait construire en 1291 pour dominer la ville, il s'écria : « Avant que les Besançonnais viennent me chercher jusqu'ici, les roses croîtront sur ces rochers. » Trois jours après, le dimanche qui suivait la fête de la Madeleine, on vint l'avertir pendant qu'il était encore au lit, que sept grands paysans portant des roses à leurs chaperons, demandaient à lui présenter leurs hommages. Il ordonna de les faire entrer, à la condition qu'ils porteraient en signe de soumission, leurs souliers à la main. Les prétendus campagnards se déchaussèrent, mais ce fut pour assommer les gardes avec leurs souliers ferrés ; puis ils appelèrent à grands cris les bourgeois cachés aux environs, et se rendirent maîtres du château. Ce fut, dit-on, en mémoire des roses portées par eux sur

1. Paul Sébillot. *Traditions de la Haute Bretagne*, t. I, p. 350.
2. Hipp. Marlot, in *Rev. des Trad. pop.*, t. IX, p. 78. L'intervention de César dans cette légende est vraisemblablement moderne, et elle s'est peut-être produite à la suite de fouilles exécutées à cet endroit où plusieurs auteurs prétendent que fut Alésia.
3. E. Rolland. *Faune pop.*, t. VI, p. 205.
4. *Le Voyageur curieux* par le sieur Le B. Paris, 1664, in-4°, p. p. 299-300.

leurs chaperons que la montagne où avait été la forteresse prit le nom
de Rosemont ou Montagne des Roses [1].

Des récits, populaires en nombre de pays, racontent que des assiégés, sur le point d'être réduits par la famine, réussissent à persuader à
leurs ennemis qu'ils sont encore abondamment pourvus de vivres.
Lorsque Ganne, le méchant seigneur de la Lande Patry, vit qu'il ne
lui restait qu'un boisseau de blé, il le fit manger par sa dernière vache;
puis on la tua et ses intestins furent jetés par dessus les remparts. Les
assiégeants, désespérant de réduire par la faim la place qui était très
forte, se dispersèrent [2]. En Alsace, la même ruse est attribuée à un châtelain de Girbaden; et en Normandie au sire de Thuit qui faisait lancer
tous les jours des pains et des quartiers de bœuf dans les fossés du château [3]. La ville de Grammont (Belgique) était assiégée depuis longtemps
et on avait épuisé les vivres, lorsqu'un habitant proposa de faire jeter
par dessus les murs une certaine quantité de gâteaux nommés martels,
en prononçant des prières. On suivit ce conseil, et le siège fut levé.
Tous les ans, depuis cette époque, au Carnaval, les autorités de la ville
se rendent près de l'étang sur la montagne, et jettent une grande
quantité de ces gâteaux et de harengs, aux paysans qui viennent pour
cette cérémonie de dix lieues à la ronde [4].

D'autres stratagèmes sont employés par les assiégés : Ganne déjoua
longtemps tous les efforts faits pour le prendre. Tantôt en faisant ferrer
son cheval à rebours il mettait sur une fausse piste les cavaliers qui le
poursuivaient, tantôt pressé de trop près dans son château, il échappait à ses ennemis par des souterrains qui donnaient au loin dans la
campagne et conduisaient jusqu'à Domfront même ; puis c'est dans le
ventre d'un cheval abattu qu'il se cachait, après avoir ordonné qu'on
le traînât dehors au delà des lignes des assiégeants [5]. En Poitou Jean
d'Estissac, sur le point d'être pris dans un château par les troupes
royales, fit éventrer un vieux cheval, se cacha dedans et le fit mettre
sur une charrette [6].

Au moyen âge, et jusque vers le milieu du XVIIe siècle, les assiégés
pour braver leurs ennemis se livraient à des actes de forfanterie facétieuse dont un assez grand nombre sont parvenus jusqu'à nous. L'Intermédiaire des Chercheurs a ouvert sur ce sujet une enquête qui lui a
valu des réponses intéressantes, presque toutes relevées dans la région
du Nord. Lorsque Philippe le Bon, duc de Bourgogne, vint assiéger
Dinant, les habitants disposèrent au plus haut de leurs murailles, un

1. Ch. Thuriet. Trad. du Doubs, p. 72-75.
2. J. Lecœur. Esquisses du Bocage normand, t. II, p. 361.
3. Stœber. Die Sagen des Elsasses, n. 154 ; J. Lecœur, l. c., t. II, p. 372.
4. Ladoucette. Mélanges, p. 155.
5. J. Lecœur. Esquisses du Bocage, t. II, p. 361.
6. R.-M. Lacuve, in Rev. des Trad. pop., t. XV, p. 115-116.

mannequin représentant une femme tournant un rouet, avec cette inscription :

> Quand cette femme filera
> Philippe cette ville aura.

Un boulet de canon fit... filer le mannequin et Philippe eut la ville, qu'il réduisit en cendres [1]. Quand Henri III et le maréchal de Bellegarde mirent le siège devant Livron, ses défenseurs plaçaient sur le haut des remparts, de vieilles fileuses qui, par paroles ou par gestes, et plus encore par le contraste de leurs pacifiques travaux, insultaient aux vains efforts de l'armée royale [2]. En 1667, les Espagnols assiégés dans Lille par les Français avaient dressé, devant l'hôtel de ville, un cheval de bois, avec une botte de foin, et une inscription en mauvais vers déclarant fièrement que le cheval mangerait du foin avant que la ville ne fût prise [3].

Les divinités chrétiennes, surtout celles qui sont les protectrices particulières des villes ou y ont leur sanctuaire, interviennent en leur faveur d'une façon miraculeuse : En 1556, l'amiral de Coligny, gouverneur de Picardie, pensa surprendre Douai, dont il croyait les habitants endormis à la suite des fêtes des Rois ; mais saint Mauronte, patron de la ville, alla réveiller le marguillier chargé de sonner les matines à l'église de Saint-Aimé ; pressé par le saint, il se leva, mais au lieu de sonner les matines, il sonna le tocsin ; toute la bourgeoisie se mit alors sous les armes, et vola aux remparts, ayant à sa tête saint Mauronte en habit monacal tout parsemé de fleurs de lys d'or [4]. Lors du siège d'Orléans, l'évêque saint Aignan estant sur les murailles cracha vers les ennemis, et à l'instant il pleut si abondamment que de quatre jours nul ne peut sortir du champ pour batailler [5]. Un autre jour il prit une poignée de sable de la Loire et la jeta en l'air où chaque grain se changea en frelons ; leur troupe tourmenta à tel point les ennemis qu'ils furent obligés de lever le siège [6]. Ce n'est pas la seule circonstance où des insectes ailés sont les auxiliaires des bienheureux. Une armée conduite par le roi Charles ayant campé près du monastère de saint Cenery, des régiments d'abeilles se précipitèrent sur les lourds bataillons des Francs et les firent se jeter en désordre du haut de la

---

1. *Intermédiaire*, 20 nov. 1898.
2. Olivier, in *France litt.*, t. IX, p. 289, d'après Chorier.
3. *L'Intermédiaire*, 30 août 1894. Cette facétie fut renouvelée à Thionville en 1792 ; mais le cheval avec sa botte de foin avait été placé sur le rempart avec cette inscription : Quand ce cheval mangera ce foin, Thionville se rendra. (Challamel. *Histoire-Musée de la Révolution*, p. 329).
4. Collin de Plancy, *Dict. infernal*, t. III, p. 387.
5. Jacques du Breul, *Le Théâtre des Antiquitez de Paris*, p. 65.
6. Léo Desaivre, in *Rev. des Trad. pop.*, t. XVI, p. 338 (cf. sur les insectes ailés auxquels une poignée de sable donne naissance, le t. III, p. 300-301).

montagne[1] ; d'après une légende comtadine ancienne, les gens de Saint-Roumanet, assiégés par les huguenots, auraient dû leur salut à des abeilles, miraculeusement suscitées contre les calvinistes, qu'elles piquèrent aux mains, au visage et aux oreilles[2].

Lors du siège de Poitiers en 1202, un clerc de ville offrit aux Anglais de leur ouvrir une des portes ; mais n'ayant pu se procurer les clés à l'heure convenue avec les ennemis, il leur jeta un écrit dans lequel il leur disait d'attendre, et il alla réveiller le maire pour lui demander les clés, sous prétexte d'ouvrir la porte de la Tranchée à un gentilhomme qui voulait s'en aller vers le roi de France. Le maire ne les trouva pas, et se doutant d'une trahison, fit prendre les armes aux habitants. Ceux-ci en arrivant à cette porte, virent les Anglais qui se battaient entre eux. Le maire alla à la Notre-Dame-la-Grande, recommanda la ville à Dieu et à la benoîte Vierge Marie, et quand il fut devant l'image Notre-Dame, il vit entre ses bras lesdites clés. On fit sonner le beffroi, et la porte ayant été ouverte, ceux de Poitiers sortirent et tuèrent beaucoup d'Anglais. Ceux qu'ils firent prisonniers leur racontèrent la trahison, et dirent qu'ils avaient vu au devant des portes une reine vêtue le plus richement qu'on saurait faire, et avec eux une religieuse et un évêque qui avaient sans nombre de gens armés, et s'étaient mis à frapper sur les Anglais. Et qu'aucuns d'eux, considérant que c'étaient la Vierge Marie, saint Hilaire et sainte Radegonde, s'étaient par désespoir occis eux-même et les autres occis leurs compagnons. En mémoire de ce fait, les trois statues figuraient sur le grand autel de Notre-Dame. Celle de la Vierge tenait des clés d'argent ; d'autres clés étaient suspendues à la voûte[3].

Les effigies des saints interviennent aussi. Une année que les Anglais assiégeaient Quimper, une bombe allait tomber sur l'église de Guéodet, lorsque la statue de la Vierge placée dans une niche au-dessus d'un puits étendit la main ; la bombe vint s'y placer et la statue se penchant jeta le projectile dans le porche d'où il roula jusqu'au bout de la nef[4]. D'après une légende chartraine, une statue de la Vierge qui ornait la Porte-Drouaise, détournait les boulets de la direction qu'ils auraient dû prendre et les attirait dans son giron[5], (cf. les statues qui découvrent les pièges de l'ennemi, t. IV, p. 163). Les Anglais qui assiégeaient Rennes ayant creusé un souterrain qui aboutissait à l'église Saint-

1. P. D., in *Mosaïque de l'Ouest*, 1845, p. 162.
2. Barjavel. *Dictons et sobriquets du Vaucluse*, p. 82-83.
3. *Le Pays poitevin*, août 1898.
A Limoges, lors d'une cérémonie commémorative de la délivrance de la ville (1426) qui eut lieu jusqu'en 1770, le peuple répétait à haute voix : Maudit Gaultier, maudit traître ! Ce Gaultier était un échevin qui avait tenté d'ouvrir une porte aux ennemis. (J.-J. Juge. *Changements dans les mœurs des habitants de Limoges*, p. 31).
4. A.-D. in *Mosaïque de l'Ouest*, Blois, 1845-1846, p. 14.
5. A.-S. Morin. *Le Prêtre et le Sorcier*, p. 82 et suiv. (siège de 1568).

Meloine, le saint montra du doigt le point où se terminait le souterrain
Les Rennais mirent du vif argent dans les oreilles d'un bœuf énorme,
lui attachèrent aux cornes deux faucilles et le lâchèrent dans le passage
creusé sous terre, où il s'élança furieux, tuant ou décapitant tous les
ennemis qui s'y trouvaient. A Lamballe, en une semblable occurrence, on
lâcha dans le souterrain deux bœufs dans les oreilles desquels on avait
mis aussi du vif argent, et qui écrasèrent les soldats [1].

Plusieurs forteresses, après avoir résisté aux efforts des ennemis,
furent prises par trahison. L'épisode, familier à l'antiquité, de la femme
amoureuse d'un soldat assiégeant et qui lui ouvre les portes, se retrouve
dans les légendes françaises. Lorsque le château de Tonnay Chef-Bou-
toine était assiégé par les Maures, la fille du seigneur, qui aimait un
chef sarrasin, l'introduisit la nuit par une poterne ; Ganne, son père,
survint et plongea son épée dans le cœur de la première personne qui
se présenta et qui était justement sa fille [2]. Au château de Gavre une
femme sans tête s'appelle la *Rouanne* ; c'était la dame du seigneur.
Comme elle n'était pas Bretonne, mais Normande, elle ouvrit un soir
la porte aux Anglais qui assiégeaient le château ; mais elle fut surprise
avant que l'ennemi eût pu entrer, et son mari lui fit couper la tête sans
lui donner le temps de se confesser ; c'est pour cela qu'elle revient la
nuit [3]. Guillaume allait lever le siège du château du Plessix, lorsqu'une
jeune fille lui révéla qu'un des soldats de Grimoult venait la voir la
nuit en trompant la vigilance des sentinelles, et qu'il lui avait appris
que la garnison était à bout de vivres [4]. En Poitou, une femme indiqua
aux soldats de l'armée royale la vanne qui retenait l'eau du château
du Bois-Pouvreau [5]. Le château de Barou à Guipry fut détruit par celui
de Beuvres, situé sur l'autre rive de la Vilaine. Un domestique infidèle
posa la nuit une lumière sur une fenêtre pour servir de point de mire
aux ennemis, et au point du jour il ne restait pas pierre sur pierre de
l'antique demeure ; la même tradition s'applique à bien d'autres
châteaux, notamment à celui du Frétay en Pancé [6], à celui de Montauban
de Bretagne : une servante plaça une lampe sur un des bancs de pierre
de la chambre du sire de Montauban, qui fut tué quelques instants
après par un coup de canon et le lendemain le château se rendait.
Une servante livra à l'ennemi une poterne du château des Salles près
de Ploërmel, sur la promesse de pouvoir le piller pendant un temps

1. F. Duine, in *Rev. des Trad. pop.*, t. XIX, p. 150 ; Paul Sébillot. *Petite Légende
dorée*, p. 216.
2. G. Musset, *La Charente-Inférieure avant l'histoire*, p. 117.
3. Pitre de l'Isle, in *Rev. des Trad. pop.*, t. XIV, p. 208.
4. J. Lecœur. *Esquisses du Bocage*, t. I, p. 386.
5. R.-M. Lacuve, in *Rev. des Trad. pop.*, t. XV, p. 115.
6. P. Bézier. *Mégalithes de l'Ille-et-Vilaine*, Suppl. p. 104 ; Guillotin de Corson.
*Trad. historiques de la Haute-Bretagne*, p. 61.

déterminé ; mais elle s'y attarda, l'artillerie de César se mit à battre les murailles, et son premier coup de canon la coupa en deux [1]. Suivant une légende, le traître éprouve au moment de commettre son forfait, un scrupule qui profite aux assiégés ; au château de Lohière en Louthet (Ille-et-Vilaine), réputé imprenable, l'ennemi avait gagné l'un des gardes et lui avait fait promettre de placer une lanterne sur le faîte de la plus haute tour ; le jour indiqué, le garde, pris de remords, alluma la lanterne, mais au lieu de la mettre à la place indiquée, il la hissa au haut d'un alisier qui reçut tous les coups. Quand le flambeau fut éteint, les agresseurs se croyant déjà maîtres du château, se disposaient à y entrer, lorsque tout-à-coup les assiégés les attaquèrent par derrière et les jetèrent dans les étangs [2]. Lamballe a été assiégée nombre de fois ; mais non par les Anglais, ainsi que le veulent plusieurs légendes. Les Anglais débarquèrent sur la côte de Bretagne, et s'avancèrent vers ce clocher qu'ils apercevaient depuis si longtemps, (car autrefois on voyait d'Angleterre les tours de Notre-Dame de Lamballe). Un traître leur indiqua un souterrain qui débouchait au milieu de la ville. Ils profitèrent de l'avis, se saisirent du maire et lui dirent que s'il ne leur donnait les clefs des portes, ils le tueraient et mettraient tout à feu et à sang. Il demanda à réfléchir et leur dit qu'à midi il rendrait réponse. Il alla par la ville et souleva les habitants, tout en feignant de livrer les portes ; les Lamballais se précipitèrent sur les Anglais qui avaient mis leurs armes en faisceaux et en massacrèrent un grand nombre [3].

Un almanach local de 1780 expliquait ainsi le sobriquet des *Chats de Meaux*, donné aux habitants de cette ville ; lorsqu'elle était assiégée par les Normands et réduite à la famine, un jeune homme mangea son chat favori, puis, mettant sur sa tête la peau de l'animal, il traverse la nuit la rivière à la nage, égorge la sentinelle, et arrive sans bruit jusqu'à la tente où les chefs normands étaient assemblés ; il passe, la tête couverte de la peau du chat, sous la toile de la tente, et apprend tous les détails d'une attaque projetée pour le lendemain, ce qui permit aux Meldois de repousser l'ennemi et de lui faire lever le siège [4].

Plusieurs légendes rappellent ce trait de l'histoire biblique, où les murs des forteresses s'écroulent, sans l'intervention d'aucun procédé balistique. Un géographe du XVIIe siècle nous a conservé deux de ces miracles : Le roy Robert ayant mis le siège devant Melun, les murailles tombèrent d'elles-mesmes par la force de ses prieres comme celles de

1. L. de Villers, in *Revue des Trad. pop.*, t. XII, p. 361 ; E. Herpin, *ibid.*, t. XIX, p. 34-35.
2. A. Orain. *Curiosités de l'Ille-et-Vilaine*, 1897, p. 6.
3. Paul Sébillot. *Légendes locales*, t. II, p. 139.
4. A. Fourtier. *Les dictons de Seine-et-Marne*, p. 27-30.

Hiericho furent renversées par le bruit des trompettes. Nos vieux historiens rapportent de la ville et du chasteau d'Aualon que le roy Robert l'ayant assiégée sans pouvoir la forcer, il se mit à chanter un hymne à Dieu dans sa tente et à sa voix, les murailles tomberent par terre qui auoient fait trois mois de résistance aux efforts de ses machines [1]. On racontait à la fin du XVIII° siècle que saint Louis s'étant présenté devant le château de Vouvant que Mélusine venait d'achever par magie, fit signe à son armée de s'arrêter, et suivi d'un seul moine avec son bénitier, il saisit le goupillon, et lança de l'eau bénite sur la tour qui s'écoula incontinent [2]. D'après une variante plus moderne, la fille du seigneur de Chaizais ayant été enlevée par un méchant borgne, fils d'une sorcière et favori du sire de Fontenay, le roi vint mettre le siège devant le château de celui-ci ; mais sa garnison s'était enfuie par un souterrain et était allée se refugier dans la forêt de Vouvant, derrière les murs inaccessibles du château de la sorcière. Le roi voyant qu'il ne pourrait l'emporter par la force fit venir un vieux prêtre de Fontenay, qui passait pour avoir le don des miracles. Le prêtre arrivé devant le château, passa une étole, et après une fervente prière, prit quelques gouttes d'eau bénite, traça dans l'air un signe de croix, et prononça à haute voix la formule des exorcismes. Aussitôt les murailles s'écroulèrent avec fracas ; la « donze de Fontenay, » ainsi que la nomme la légende, sortit du milieu des ruines sans avoir éprouvé aucun mal [3].

Quelques récits parlent d'épisodes qui accompagnent ou suivent la prise des forteresses. Lorsque les défenseurs du château de Pirou virent que les Normands allaient s'en emparer, une magicienne leur offrit de les changer en oies ; ils acceptèrent, il leur poussa les ailes et les voilà partis [4]. Des femmes se donnent volontairement la mort pour ne pas tomber vivantes au pouvoir des vainqueurs : le château de Maison-Comte, à Corancy dans le Morvan, ayant été pris, les châtelaines couraient échevelées par les cours en poussant des cris et répétant :

> Adieu N'Oussière et biau Vernet,
> Adieu, la ville de Santenay.

Et elles se jetèrent dans les puits [5]. Au moment où les assaillants entraient par une brèche dans le château de Bray, la fille du châtelain monta sur la plus haute tour, et s'élançant dans le vide vint tomber aux pieds les chevaux de ses prétendants. La dame de Beaujeu, voyant sa forteresse emportée se précipita aussi du haut de son donjon [6].

1. Coulon. *Rivières de France*, 1644.
2. B. Filon. *Poitou et Vendée*, art. Fontenay-le-Comte.
3. H.-B., in *La Vendée historique*, janvier 1901, p. 10-13.
4. J. Fleury. *Litt. orale de la Basse-Normandie*, p. 121.
5. J. Simon. *Statistique de la commune de Fretoy* (Nièvre), p. 263.
6. Ch. Thuriet. *Trad. de la Haute-Saône*, p. 128, 136.

On rencontre dans les Ardennes le parallèle d'une antique légende : Le château d'Omont ayant été pris d'assaut par Henri IV, la châtelaine se jeta à ses pieds et lui demanda de lui laisser emporter seulement un objet qui lui était cher. Le roi y consentit, et quelques instants après elle reparut devant lui portant sur le dos son mari[1].

Ganne fait prisonnier dans une embuscade, fut porté, caché avec soin dans un manteau, au bord de la douve de son château. De grandes clameurs appelèrent la châtelaine sur le rempart : « De quel supplice, lui dirent les paysans, faut-il punir un scélérat, traître à Dieu, traître à son roi, et tout couvert d'opprobre et de sang ? » — « Qu'il soit, répondit la châtelaine ignorant qu'il s'agissait de son époux, enfermé dans un tonneau garni de pointes de fer à l'intérieur et roulé du haut en bas d'une colline. » Et le brigand subit le supplice que sa femme avait indiqué[2].

1. A. Meyrac. *Trad. des Ardennes*, p. 332.
2. J. Lecœur. *Esquisses du Bocage*, t. II, p. 361.

## CHAPITRE IV

# L'HISTOIRE DE FRANCE DANS LA TRADITION POPULAIRE

### § 1. LA GAULE

Les paysans ignorent d'ordinaire, à moins qu'ils ne l'aient appris à l'école, que leurs lointains ancêtres étaient désignés sous le nom de Gaulois, et que la France, la Belgique et une partie de la Suisse formaient un groupe géographique appelé Gaule. On retrouve cependant sur deux points fort éloignés de ce vaste territoire des désignations territoriales ou ethniques qui rappellent ces anciens noms. En breton, *Gall* ou *Bro c'hall*, c'est la France qui ne parle pas un dialecte celtique, et plus particulièrement la Bretagne de langue française. Les Bretons des villes désignent celle-ci par Pays gallo, qui en est la traduction, ou plus rarement par pays des Gallos. Le premier de ces termes est aussi usité dans la région française et surtout dans la partie voisine de la Basse-Bretagne. *Gall*, au pluriel *Gallaoued*, est en breton le nom des Français, et en particulier des hauts bretons; Gallo, que l'on rencontre dans les textes dès le XIVᵉ siècle [1], en est la traduction ; il est employé par les Bretons bilingues, et aussi par les hauts Bretons, avec le sens de Breton non bretonnant.

A l'autre extrémité N.-E. de la France, mais en dehors des frontières politiques, le pays wallon comprend la partie de la Belgique dont les habitants, les Wallons, parlent le français ou un des dialectes wallons qui s'y rattachent. Wallon a été formé sur *Wallus* qui est une forme germaine de *Gallus* (Littré). D'après Gaston Paris, les Germains appelèrent Walah l'habitant romain des contrées qui devinrent une proie facile pour leur humeur conquérante. Telle est l'origine du nom de Wallon [2].

---

1. A. de la Borderie, in *Revue Celtique*, t. V, p. 470 et suiv. et notes de Émile Ernault, Paul Sébillot, Henri Gaidoz.

*Gall* ne peut venir de *Gallia*, qui eût donné *Gell*. Il peut être tout au plus un adjectif. Il a existé un dérivé *gallaou*, conservé dans *Gallaoued*, les Français. *Gallaou* se retrouve dans le mot *galle* (prononcez *Galo*), habitant de la Bretagne française. Il est peu probable que *gall*, et surtout *galou* dérive de *Gallus*. *Gall* n'est autre chose que le mot indigène signifiant étranger, ennemi. (Comm. de M. Émile Ernault).

2. Gaston Paris, in *Romania*, t. I, p. 5.

Le mot Wallonie, qui désigne l'ensemble de la Belgique de langue française, ne se trouve pas dans le *Dictionnaire* de Littré. Il est certainement moderne : en 1858, Adolphe Borgnet, professeur à l'Université de Liège, l'écrivait en italiques, ce qui montre qu'il le considérait comme un néologisme[1].

Le terme Gaulois, employé au XVIe siècle dans les villes avec le sens de gai qu'il conserve aujourd'hui, n'a probablement pas grand'chose à voir avec nos lointains aïeux. Il est vraisemblable que, pris dans ce sens, il était venu de Galois, qui au XVe siècle, et au commencement du suivant, désignait des galants ou des gens enclins au plaisir. Un chapitre du *Livre du Chevalier de La Tour Landry* a pour titre : Des Galoys et des Galoises. Un dicton du XVIe siècle : à la vieille gauloise, c'est-à-dire à la vieille mode, s'y rattache peut être davantage, de même que l'expression : C'est un bon Gaulois, un vieux Gaulois, qui au XVIIe et au XVIIIe siècles signifiait un homme à la conduite sincère, franche et droite[2]; mais ce n'est pas à la campagne qu'il était en usage.

J'ai noté précédemment quelques dires qui semblent viser une époque antérieure à la Gaule historique ; tels sont la cuisine faite dans des cupules au temps où les gens du pays étaient encore sauvages, (t. I, p. 37); le blé ou le bois coupés au moyen de pierres aiguisées (t. IV, p. 69) ; quant à la mention de sacrifices de fils de familles fait par les *Gaôlois* (t. IV, p. 84), elle est plus que suspecte de modernité, en dépit de la forme patoisée du nom de nos ancêtres, la seule au reste qui, à ma connaissance, ait été relevée. Aucune route, aucun camp, aucun monument ne porte, antérieurement au premier quart du siècle dernier, le nom de ce peuple ou d'un personnage appartenant à son histoire ; le Terrier de Brenous, qui désignerait une motte à Corignac[3], a sans doute été ainsi baptisé par quelque archéologue fantaisiste. Les Gaulois figurent dans des épisodes de la conquête romaine (cf. t. IV p. 310 et 32) qui sont aussi d'une ancienneté problématique.

Les druides tiennent peu de place dans le folk-lore, même si on y admet les traits, d'une popularité souvent contestable, auxquels on rattache leur nom. Celui-ci dut peu à peu tomber en désuétude dans les siècles qui suivirent la décadence de leur rôle sacerdotal et politique,

1. La première mention connue du mot wallon appliqué à la langue est celle donnée, d'après un chroniqueur du XIIe siècle, par Gobert : les Rues de Liège, t. IV, p. 250 : l'abbé Rodulphe de Saint-Trond écrit à propos d'un de ses prédécesseurs de l'an 999 : *Adelardus... nativam tinguam non habuit teutonicam, sed quam corrupte nominant romanam, teutonica wallonicam.* (Comm. de M. O. Colson, directeur de *Wallonia*).

Au XVIe siècle, Pasquier écrivait : Aux païs bas, ils se disent parler le *Vvalon* et que nous parlons le *Roman* (*Les Recherches de la France*, l. VII, c. 1).

2. *Glossaire de l'ancien théâtre français* ; Leroux de Lincy. *Le Livre des proverbes français* ; Leroux. *Dict. comique.*

3. G. Musset. *La Charente Inférieure avant l'histoire*, p. 142.

officiellement aboli par un sénatus-consulte du règne de Tibère. Il était probablement mort au moment de la formation de l'idiome roman, et on ne le rencontre pas chez les écrivains du moyen âge, ni sous sa forme, ni sous celle qu'il aurait dû prendre comme les autres mots en passant du latin dans la langue vulgaire.

Le breton paraît l'avoir aussi oublié. La seconde édition du *Dictionnaire français-breton* de Le Gonidec contient le mot *Drouiz*, mais les initiales H V. indiquent que c'est une addition de M. de la Villemarqué. F.-M. Luzel affirme que jamais le mot « Druide » ou *Drouiz* n'a été prononcé devant lui par un paysan breton [1]. Je puis dire la même chose en ce qui concerne la Haute-Bretagne, et je n'ai relevé ce terme, en français ou en patois, dans aucun glossaire provincial. Le mot druide réapparaît vers l'époque de la Renaissance sous cette forme, calquée sur le latin *druida* ; on ne le rencontre ni dans les comédies ni dans les auteurs semi-populaires ; mais il figure dans des romans ou dans des contes littéraires [2]. On ne le retrouve dans aucun conte recueilli populairement, dans aucune chanson [3] ; il est absent des formulettes, et les collecteurs de proverbes ne le connaissent pas davantage. Toutefois le *Dictionnaire de Trévoux* au mot Druide, qu'il traduit par homme capable et expérimenté, enregistre cette expression : C'est un vieux Druide, il pourra vous donner de bonnes instructions.

Les mentions plus ou moins traditionnelles sont également rares. Le voyageur Jodocus Sincerus (1635) relève dans une forêt voisine d'Aigues-Mortes une chaise de pierre du haut de laquelle les druides qui habitaient les bois haranguaient le peuple [4] : cent ans plus tard, le curé Joursemet parle des autels en grosses pierres naturelles que les

1. F.-M. Luzel. *De l'authenticité des chants du Barzaz-Breiz*, p. 18-19.

*Drouiz* provient d'une suggestion galloise (cf. Emile Ernault. *Revue Celtique*, t. XXV, p. 277). Grégoire de Rostrenen a un article druide, sacrificateur, magicien et philosophe des anciens Gaulois. *Drus*, p. *drused* ; *dru*, p. *drued* ; *druh*, p. *druhed* ; (de *drus*, chêne, voyez chêne). Il ajoute : « Bryade, magicienne des anciens Gaulois et prophétesse, *drusès*, p. *drusesed* ; *druhès*, p. *druhesed* ». Mais il n'a dû entendre rien de cela ; un indice très sérieux, c'est qu'à « chêne », il dit : « Als, *drus*, de là druide, à cause du gui de chêne ; du-gui-l'an-neuf, etc. » Il est très probable qu'il a commencé par faire une étymologie de *druide* d'après δρῦς (deûs), que ses préventions de celtomane l'ont fait nationaliser celtique *ancien* (d'où sa mention al(ia)e ; cf ma critique, *Gloss. moyen breton*, XI-XXIV) ; puis il aura confondu les deux idées de chêne et de druide, et omis l'Als ; il y a chez lui d'autres exemples de ces auto-suggestions relatives au breton ancien. Il a pu, d'ailleurs, être précédé dans cette voie par d'autres celtomanes. (Comm. de M. Emile Ernault).

2. Les druides jouent un certain rôle dans *l'Astrée*, et dès la préface l'auteur parle des « Chastes Vestales et Druydes » (Honoré d'Urfé. *L'Astrée*. Paris, 1618, n-8, p. 9). Il est possible que l'expression notée par le *Dict. de Trévoux* ait été suggérée par ce roman célèbre. Dans le conte en prose de « Peau d'Ane », le roi va consulter un vieux Druide peu scrupuleux. (*Le Cabinet des fées*, t. I, p. 198).

3. Un Druide a été introduit arbitrairement dans les Séries, la première pièce du *Barzaz-Breiz*. (F.-M. Luzel, l. c., p. 19).

4. *Itinerarium Galliæ*, p. 196.

Druides avaient à l'île d'Yeu (cf. *F.-L. de France*, t. IV, p. 78). Les écrivains qui émettent la théorie des sacrifices humains sur les dolmens les associent spécialement à ce rite sanguinaire (p. 80 et suiv.). Les ombres de leurs victimes hanteraient un vaste marais de la Loire-Inférieure (t. II, p. 421); à Guernesey le dernier druide aurait été métamorphosé en un rocher anthropomorphe (t. II, p. 93). Aucune des innombrables légendes sur les mégalithes ne fait intervenir les druides dans leur construction, pas davantage dans leurs hantises. Ceux qui portent, assez rarement du reste, des noms tels que Cordon des Druides à Landéan (Ille-et-Vilaine) ou Autels des Druides, en ont été probablement gratifiés à l'époque où ces monuments étaient désignés sous le titre de druidiques. La modernité du nom de *Druids'temple* ou temple des Druides, qui est parfois donné au grand dolmen de Lancresse à Guernesey [1] n'est pas douteuse, puisque, jusqu'en 1811, il était enseveli sous le sable des nielles.

Faut-il voir une simple coïncidence de nom entre le dieu Taranis et la bête fantastique appelée Tarane, ou une survivance caricaturale du dieu? L'archéologue normand qui nous a donné la description la plus complète des gestes de ce lutin protéiforme penche pour cette dernière opinion : Taranis est devenu dans le pays d'Auge une divinité de bas étage qui sous le nom de Tarane court nuitamment le pays, bat la campagne pendant l'Avent, se déguise tantôt en belle dame, tantôt en grand chien et se fait un jeu d'épouvanter les paysans [2].

On a relevé, surtout dans le Midi, un certain nombre de lieux-dits ou de formules où figurent des personnages non gaulois antérieurs à la conquête romaine. D'après Mistral, Annibal devient *Annibeau* en Languedoc, ailleurs *Aniba*, et l'on a rattaché son nom à plusieurs circonstances physiques remarquables ; telles sont : *lou saut d'Annibal*, escarpement du pays de Foix ; *lou roucas d'Annibal* en Languedoc, *lou pas d'Annibau*, coupure pratiquée dans le roc à Montfaucon (Gard); *la breco d'Annibau* au Buis (Drôme); le Saut et le Mur d'Annibau à Arles-sur-Tech (Pyrénées-Orientales), la *font d'Annibau*, à Thorame (Basses-Alpes), la *Taulo-d'Annibau*, table de pierre que l'on montre entre Fours et Saint-Dalmas, dans le même département [3], le *Roco d'Annibal* près Amélie-les-Bains, qui est peut-être le même que le mur d'Annibal, barrière naturelle qui forme la cascade de Mondony [4] ; *l'enciso d'Annibal*, dans le Gard est la brèche du col de Roquemaure ; dans

---

1. Henri Moulin. *Notice sur les monuments des îles anglo-normandes.*
2. L. du Bois. *Recherches sur la Normandie*, p. 311.
3. F. Mistral. *Tresor dou felibrige.* Ch. Lentheric. *Le Rhône*, Paris, 1892, in-8, t. I, p. 77.
4. D^r Pujade. *Notice sur Amélie-les-Bains*, 1881, in-18 ; la cascade elle-même a reçu le nom de Douche d'Annibal, qui est évidemment moderne ; l'antiquité de beaucoup d'autres aurait besoin d'être démontrée.

l'Aude un chemin de la commune de Gruissan porte le nom de chemin d'Annibal[1].

En Provence, et surtout dans la région du Bas-Rhône, on rencontre le nom du vainqueur des Cimbres : Le *bain de Marius* ou de *Mario* est un escarpement près de Ventabren, *li porto de Marius* un défilé voisin de Vauvenargues ; des camps retranchés à Trets et à Belcodème, attribués à ce général, se nomment *lou camp de Marius*[2]. Une légende que j'ai rapportée, t. IV, p. 102, lui attribue l'origine d'une chaussée de l'étang de Berre. Son souvenir aurait été, vers 1820, conservé par le peuple, qui le rattachait à une sorte de pèlerinage supposé antique : A Vauvenargues, le 24 avril, après la messe qui a lieu sur la montagne, les pèlerins vont visiter le Garagaï, qui est une sorte de gouffre. Une tradition constante et générale rattache cette coutume à la victoire remportée par Marius sur les Teutons et les Ambrons ; on assure que la bataille se donna le 24 avril, et que le soir les Romains allumèrent un grand feu au sommet de la montagne. Le lendemain Marius la gravit avec sa sibylle Galla, et fit précipiter cent prisonniers par une ouverture de cette montagne, selon les prescriptions de la sibylle ; le précipice prit alors le nom de Galla-Car d'où par corruption Garagaï... Nous ne garantissons pas toutes ces circonstances, mais il nous paraît hors de doute que ce pèlerinage de Pertuis a réellement l'origine que la tradition lui donne. Il est évident qu'il n'y a ici aucun motif religieux ; une coutume si ancienne, qui n'a été interrompue dans aucun temps, malgré les difficultés de la route, ne peut avoir son fondement que dans un événement mémorable tel que cette fameuse victoire qui délivra la Provence de cet essaim de Barbares. Le feu allumé par les vainqueurs sur la montagne, et qui est encore allumé sur la terrasse du couvent, dut être remarqué par les habitants de Pertuis qui étaient dans une cruelle attente, et ils répondirent par un feu à ce signal d'allégresse, comme maintenant ils y répondent en allumant un feu sur la place. Cette circonstance paraît avoir contribué à perpétuer la tradition, et nous ne voyons pas de motifs pour la révoquer en doute[3].

M. Roque-Ferrier, à propos de formules sur Annibal et Marius, dit qu'elles ont été accréditées à l'époque de la Renaissance par des lettrés[4]. Cette observation critique peut s'appliquer à un grand nombre d'appellations à apparence historique. Il est probable que beaucoup ont été arbitrairement imposées, par les guides ou par les touristes, à des lieux remarquables, qui avaient une autre désignation et peut-être

1. Gaston Jourdanne. *Contribution au Folk-Lore de l'Aude*, p. 138-139.
2. F. Mistral, l. c.
3. Cte de Villeneuve, *Statistique des Bouches-du-Rhône*, t. III, p. 249-250.
4. Roque-Ferrier, in *Revue des langues romanes*, t. V, p. 201.

une légende explicative ; mais qui, ornés de noms fameux, semblaient leur emprunter une sorte d'illustration ; à force de les entendre répéter, les gens du voisinage les ont retenus et les redisent ; mais il est vraisemblable que si on leur demandait si tel ou tel endroit n'est pas appelé autrement, ils répondraient en citant un autre nom, moins illustre, mais plus ancien et plus réellement traditionnel. Quelques exemples montrent que des monuments, autrefois désignés par un terme qui n'avait rien d'antique, et que les paysans continuent parfois à leur donner, ont reçu à une époque récente, et dans des circonstances que l'on connaît, le nom du conquérant des Gaules. A Felletin dans la Creuse, un dolmen s'appelait *Cabane de las fadas* ; en 1771 le président de Saint-Fargeau, trouvant que les fées n'étaient pas d'assez bonne noblesse, imagina de lui imposer le nom de Cabane de César [1]. A Locmariaker, dans le Morbihan, le tumulus *Mané er H'rouich*, montagne de la fée, a été appelé faussement par quelques voyageurs Butte de César. Il en est de même du dolmen *Dol ve ar c'hant*, table des Marchand, que l'on a aussi baptisé : Table de César, dénomination très moderne, que M. de Francheville, qui pourtant habitait le voisinage, ne connaissait pas en 1845 [2]. Le nom de Pierre de César que certains donnent à un dolmen de Soucelles, n'est sans doute qu'une interprétation arbitraire du nom de Pierre Césée, sous lequel les paysans connaissent ce mégalithe [3].

Le nom de César, usité dans des proverbes et dans des comparaisons, a pu arriver jusqu'à nous parce qu'il est sonore, facile à retenir, et que pendant la durée de l'empire romain, il était devenu une sorte de qualificatif de fonction. C'est à ce titre qu'il figure dans l'Evangile, circonstance qui a pu contribuer à sa conservation.

On le trouve dans une chanson du pays messin :

> C'ato in si bon soudard
> Que se hetto come in César [4].

L'expression : Il est brave comme un César, courante au XVII° siècle [5], est usitée en Languedoc où l'on dit : *Es brave couno un César*, *Es valhant coumo un Cesar*, en Provence, *Brave coumo César*. *Es hardi couma un Cesar* ; en Gascogne, *Couratg- de Cesar*. *Fort comme un Cesar*, en Languedoc, *Es fier coumo un Cesar*. Dans le même pays : *Es un travail de Cesar*, désigne une œuvre difficile, comme en Provence, *Travaïa coume un Cesar*, un *Cesar de travaï* s'appliquent aux gens courageux à la besogne [6].

1. M. de Cessac. *Inventaire des Mégalithes de la Creuse*, p. 8.
2. Ogée. *Dictionnaire de Bretagne*, note de M. de Francheville.
3. L. Bousrez, *L'Anjou aux âges de la pierre*, p. 47.
4. Comte de Puymaigre, in *Archivio*, t. V, p. 247.
5. Leroux. *Dict. comique*.
6. Roque-Ferrier, in *Rev. des langues romanes*, t. V, p. 203 ; F. Mistral. *Tresor*

Un assez grand nombre de lieux portent actuellement le nom du célèbre général ; un peu partout les camps romains ou supposés tels sont des camps de César. A Saint-Sever (Landes) on montrait au XVIIe siècle : les ruines d'un vieux chasteau, qu'on croit avoir servy d'amphithéâtre aux Romains qui se nommoit le Chasteau de Cesar, au Chasteau de Provins étoit la Tour de Cesar qu'on dit avoir esté bastie par lui[1]. On connait actuellement plusieurs tours qui ont cette désignation ; en Béarn *lou fort de Cesar* lui est attribué[2], et l'on faisait voir au Châtelet de Paris une chambre dite de César où il passait pour avoir logé[3]. A Vichy une porte du XVe siècle était appelée Porte de César et dans les environs on montrait un vieux poirier de César[4]. On rencontre à Milhau *lou pont de César*, *lou Camin de César* en Béarn, et à Montaigu (Tarn-et-Garonne) ; des Chemins de César en Poitou et en Bourgogne ; une Chaussée de César à Velles en Berry, la *Trencado de Cesar* à Capdenac (Lot)[5]. En Berry plusieurs villes le réclameraient pour leur fondateur (cf. t. IV, p. 102). On a vu (t. IV, p. 14) qu'il a érigé un menhir, et t. IV, p. 104, qu'une borne milliaire est désignée par son nom. *Lou granié de César*, à Royat (Puy-de-Dôme) est un terrain où l'on trouve du blé calciné à la suite d'anciens incendies[6].

Un archéologue relevait il y a cent cinquante ans, les dires populaires qui s'attachaient à plusieurs constructions de l'Anjou. Une ligne en turcie, à venir des Ponts-de-Cé jusqu'au promontoire où est situé le couvent de la Baumette, est appelée par les paysans la Mule de César, des mots latins *Molés Cœsaris*. On voit encore dans une vigne près des Chatelliers, quatre gros piliers de pierre que des sçavants m'ont dit avoir servi pour la tente des Généraux. Nos bonnes gens disent que c'est là où le roi César alloit à la messe, tous les dimanches ; ceux d'entre eux qui se picquent d'être un plus sçavants, disent au contraire que César étoit un huguenot, qui vivoit cent ans avant Jésus-Christ, et que c'étoit là son temple[7]. On a constaté en Bretagne, à propos de César, des exemples encore plus typiques des confusions chronologiques du peuple ; près de Comblessac (Ille-et-Vilaine) où l'on trouve des traces de l'occupation romaine, il aimait à s'entretenir avec Anne de Bretagne

---

dou *Félibrige* ; J.-F. Bladé. *Proverbes*, p. 108, *Contes*, t. III, p. 5 ; Roque-Ferrier, l. c. Mistral, l. c.

1. Coulon. *Les Rivières de France*, 1644, in-12.

2. Mistral. *Tresor*.

3. Sauval. *Antiquités de Paris*, t. II, p. 313.

4. Beaulieu. *Antiquités de Vichy*, in Soc. des Antiquaires, t. XV, 2ème série.

5. Mistral. l. c. ; Paul Sébillot. *Les Travaux publics*, p. 18 ; L. Martinet. *Le Berry préhistorique*, cf aussi son nom dans des légendes étymologiques fantaisistes, t. IV, p. 213.

6. Mistral, l. c.

7. C. Robin. *Le Mont-Glonne*. Paris, 1774, in-12, t. II, p. 114.

dans un souterrain, et elle se laissait courtiser par lui au château des Sables, voisin de Ploermel[1].

Le sacristain de l'église d'Ainay dit à Mérimée que la crypte communiquait, par un souterrain pratiqué sous la Saône, avec l'église Saint-Irénée, que César avait creusé ce tunnel, et qu'il s'en servait pour faire passer son armée. Cette absurde tradition qui n'a aucun fondement lui fut racontée dans une foule de lieux ; à Vienne, à Marseille, on lui fit le même récit[2]. Le chemin de l'Argent à Saint-Martin du Tertre devrait son nom à un épisode des campagnes de ce général qui, poursuivi par les Gaulois, y aurait semé des pièces d'argent qui retardèrent les ennemis[3]. C'est aussi grâce à un stratagème qu'il s'empara d'une ville (cf. t. IV p. 311) et il figure dans une autre légende de siège. (p. 316). Vers 1818 les cultivateurs voisins de la petite tour romaine d'Aiguillon disaient qu'elle renfermait les restes d'un général anglais que César y fit enterrer vivant après avoir remporté sur lui une victoire éclatante[4]. Les habitants de l'Isle-aux-Moines (Morbihan) racontent que le cadavre de César fut transporté de Rome en Armorique et enterré dans leur île dans un cercueil en or[5] ; à Carnac on prétend qu'il y est mort et qu'il y a son tombeau (cf. t. IV, p. 41). Un conte breton est intitulé : Payer le tribut à César ; le héros, neveu du roi de France, doit à travers mille obstacles, arriver à son château, le prendre sur son trône, lui arracher la grosse dent et lui couper la moitié de la barbe[6].

Quelle que soit la popularité réelle des traits que l'on attribue à César, il est à peu près le seul personnage romain que connaisse la tradition, et il a joué le même rôle à leur égard que Gargantua vis-à-vis des géants. Si l'on excepte Marius, un seul autre Romain figure dans la tradition : on trouve en Provence *lou Camin Aurelian*[7], et un camp d'Aurélien est indiqué à Cuers dans le Var[8].

Deux récits de Basse-Bretagne parlent de combats où figurent les Romains. Les paysans racontaient il y a une soixantaine d'années qu'ils vinrent assiéger une grande ville qui existait entre Ploudaniel et Plounéventer ; la reine qui se nommait Thérèse fit une sortie générale à la tête de tous les habitants ; mais son armée fut vaincue, et la ville prise et saccagée. La reine échappa au carnage, réussit à rallier ses sujets, et à rassembler à Châteaulin où elle s'était réfugiée

1. François Duyne, in *Rev. des Trad. pop.* t. IX, p. 78 ; E. Herpin, *ibid.* t. XIX, p. 36.
2. Prosper Mérimée. *Voyage dans le Midi*, p. 95.
3. Ph. Salmon. *Dict. arch. de l'Yonne*, p. 132.
4. *La Ruche d'Aquitaine*, t. II (1818) p. 114.
5. A. Mauricet. *L'Isle aux Moines*.
6. F.-M. Luzel, in *Rev. des Trad. pop.* ; t. II, p. 346-354.
7. Mistral. *Tresor*.
8. D<sup>r</sup> A. Guebhard. *Essai d'inventaire des enceintes préhistoriques* : Var. Le Mans, 1906, in-8 p. 14.

une armée encore plus considérable. Les Romains vinrent l'y attaquer, et dans une seconde mêlée sur les rives de l'Aoun, elle fut tuée et son armée entièrement défaite [1]. Une « armée romaine » aurait été, suivant la tradition locale, détruite dans une bataille qui se livra près de Vieux-Bourg Quintin [2].

Au livre des Mégalithes, p. 15, 35, 80, au chapitre des Rites de la Construction p. 90, 96 et à celui des Monuments antiques, p. 100, 104, 109, j'ai donné les dires populaires qui attribuent aux Romains des constructions remarquables.

C'est surtout à titre de curiosité que je parle des divinités romaines dont les noms se rencontrent dans des traditions et des dires populaires. Une colline au bord du Rhône près de Carpentras qui s'appelle l'*estron de Dzupiter* [3] est vraisemblablement l'objet d'une explication analogue à celles où figure Gargantua. Dans le Centre on dit d'un enfant pétulant : Il est si Jupitar qu'on ne peut s'en chevir [4] ; dans l'Yonne, on appelle Jupiter un gamin tapageur [5]. *Per Jou*, (per Jovem?) est un juron usité dans l'Aveyron [6]. Dans le Puy-de-Dôme les habitants jureraient : *Per Diano neiro* [7].

En Haute-Bretagne on nomme la Diane, une sorte de bête vorace et protéiforme [8]. En Normandie Proserpine ou Mère Harpine est le coryphée d'une chasse fantastique (cf. *F.-L. de France*, t. I, p. 174). J'ai entendu aux environs de Dinan qualifier des femmes acariâtres de : Vieille Proserpine ou vieille Préserpine. Ce terme est aussi employé à Laval [9].

### § 2. LES MÉROVINGIENS ET LES CAROLINGIENS

Le nom de quelques princes mérovingiens figure ou a figuré dans des dires populaires ou dans des souvenirs légendaires recueillis à diverses époques. On ne saurait affirmer qu'ils ont traversé les siècles

---

1. Cambry. *Voyage dans le Finistère*, p. 43. Note de Fréminville.
2. B. Jollivet. *Les Côtes-du-Nord*, t. I, p. 385.
3. Paul Sébillot. *Gargantua*, p. 305.
4. Jaubert. *Glossaire du Centre*. Les charpentiers appellent trait de Jupiter un mode d'assemblage de poutres.
5. Cornat. *Dict. du patois de l'Yonne*, 1854.
6. Vayssier. *Dict. patois de l'Aveyron*.
7. *Rev. des langues romanes*, 3e série, t. III, p. 277.
8. Paul Sébillot. *Traditions*, t. I, p. 158 ; ce nom est assez rarement donné à cette apparition ; on l'appelle plus communément la Guenne. Une superstition du moyen âge faisait croire à certaines femmes qu'elles accompagnaient Diane pendant la nuit et parcouraient d'immenses espaces, montées sur divers animaux. (Etienne de Bourbon. *Anecdotes*, p. 323 et note).
  Plâtus figure comme chef des diables dans un conte haut breton. (Paul Sébillot, *Contes*, t. II, p. 275) ; on ne saurait dire qu'il s'agisse de Pluton. Dans un autre conte du même pays une princesse Préserpine, fort méchante du reste, devient mère d'un garçon et c'est lui qui est devenu le Diable d'enfer. (Paul Sébillot, in *Rev. des Trad. pop.*, t. XV, p. 552).
9. G. Dottin. *Les Parlers du Bas-Maine*, p. 413.

pour arriver jusqu'à nous ; si au point de l'histoire on ne peut faire état de beaucoup d'entre eux, ils intéressent assez la tradition pour être notés, même quand leur modernité est évidente.

On se sert parfois aux environs de Dinan, pour désigner un homme en colère, de l'expression : « Il est comme un Pharamond », dont l'origine est vraisemblablement locale, et n'a de commun avec le fabuleux ancêtre des Mérovingiens qu'une coïncidence de nom. Une tradition alsacienne prétend qu'il a été enterré près d'un énorme portique de rochers, au dessus du village de Framont, qui s'appellerait ainsi en raison de cette circonstance[1] ; il est plus probable que c'est au contraire le nom du village, supposé forme contracte de Pharamond, qui a fait prendre à celui-ci la place d'un personnage anonyme ou moins connu. Il n'y a pas vraisemblablement à accorder plus d'ancienneté à la déposition faite par un vieillard qui disait que lorsqu'Attila eut aperçu le menhir de la Pierre au Coq, commune d'Avant (Yonne) il courut l'embrasser[2].

Un roi breton du Ve siècle, Grallon, est l'objet de nombreuses traditions que j'ai notées dans divers chapitres de cet ouvrage (t. I, p. 384, t. II, p. 53 et suiv. p. 80).

Clovis n'est peut-être devenu que récemment le héros d'une légende de source découverte par l'épée et attestée par une empreinte de son cheval, (cf. t. II, p. 285). D'après un autre récit, lorsqu'il poursuivait Alaric, il ne savait comment traverser la Vienne, quand une biche descendue de la forêt, lui indiqua le gué, qui s'appelle encore Gué de la Biche[3]. Deux légendes, l'une ancienne, l'autre moderne, le font intervenir dans des constructions d'églises, et son fils Childebert concède un terrain à un saint breton (t. IV. p. 113).

Le terme Visigot qui a été employé au XVIIe siècle pour dire grossier, peu poli et sauvage, n'était probablement pas ancien :

> Et si le roi des Huns ne lui charme l'oreille
> Traiter de Visigots tous les vers de Corneille[4].

Dans la Vienne on dit qu'un espace sur une route est toujours rouge à cause du sang des Visigoths qui y coula jadis (cf. *Folk-Lore de France* t. I, p. 200).

Le nom de Clotaire, maintenant inusité dans les dires populaires, a servi jusqu'au XVIe siècle, surtout à Paris, pour désigner une

---

1. A. Stœber, *Die Sagen des Elsasses*, nº 158.
2. *Association française pour l'avancement des sciences*, 1880, p. 86.
3. Léon Pineau, *Le Folk-Lore du Poitou*, p. 185, 187.
4. *Dictionnaire de Trévoux*. Boileau. *Satire IX*. Ce terme est oublié, mais on se sert encore avec un sens péjoratif, du mot Ostrogot qui, au XVIIe siècle, était synonyme d'ignorant et de faquin. (Leroux. *Dict. comique*).

époque lointaine : Et à ung espérons du temps du roy Clotaire, de la vieille façon [1].

Si j'eusse eu la pépie,
Pieça je fusse où est Clotaire [2].

Quantz en ont ils faict maulcontens
Depuis le temps du roi Clotaire [3].

Des deux reines rivales, Frédégonde et Brunehaut, la dernière seule, a survécu dans des appellations de routes ou de digues. Le peuple lui attribua, outre des constructions qu'elle avait peut-être élevées, beaucoup d'autres qui lui étaient antérieures et qu'elle ne fit qu'entretenir ou réparer. Des fragments de voies romaines, encore visibles dans le centre de la France, s'appellent chaussées de Brunehaut ; il y avait près de Bourges un château de Brunehaut, à Étampes, une tour de Brunehaut, près de Cahors, un fort de Brunehaut [4] ; à Hollain (Hainaut) la pierre de Brunehaut aurait été plantée à l'endroit où vint tomber le cheval indompté à la queue duquel on avait attaché la vieille reine [5]. Au XVIII° siècle, pour marquer qu'une chose était vieille, antique et usée, on disait qu'elle était du temps de Dagobert [6]. La popularité de ce roi tient vraisemblablement à la chanson si connue où il est associé à son ministre saint Éloi, et aussi à des proverbes qui le représentent comme plein de sollicitude pour ses chiens : « Quand le roi Dagobert avait mangé, il faisait aussi manger ses chiens » [7]. Voici une variante du Poitou : « Le roi Dagobert faisait manger ses chiens avant de se mettre à table » [8]. On lui attribue encore une autre parole qu'il aurait prononcée sur son lit de mort, au moment de se séparer pour toujours de sa meute ; en Normandie c'était : « Comme disait le roi Dagobert à ses chiens, il n'y a si bonne compagnie qui ne se sépare » ; en Berry « Comme les chiens du roi Dagobert, il n'y a si bonne compagnie qui ne se quitte ». Dans ce pays on prétend qu'il leur adressa cet adieu ironique en les faisant noyer à Saint-Cyran [9]. Une légende localisée à Obernai raconte que ce prince, qui chassait dans le voisinage, fit annoncer qu'il passerait par cette ville ; les notables allèrent au devant de lui, mais, comme la chaleur était accablante, ils voulurent se baigner dans la rivière : à peine y étaient-ils qu'un tourbillon de poussière annonce

1. Les Quinze Joyes de Mariage. La quarte Joye, p. 34.
2. François Villon, Codicile, p. 207.
3. Roger de Collerye. Œuvres, éd. elz. p. 88.
4. Paul Sébillot, Les Travaux publics, p. 15. Larousse. Dictionnaire.
5. Alfred Harou, in Rev. des Trad. pop., t. XX, p. 459.
6. Dictionnaire de Trévoux.
7. Grimm. Veillées allemandes, t. II, p. 119, d'ap. Mél. d'une grande Bibliothèque. t. IV, p. 29, 45.
8. Léo Desaivre. Croyances, etc., p. 20.
9. F. Pluquet. Contes de Bayeux, p. 116 ; Laisnel de la Salle. Croyances du Centre, t. II, p. 203 ; L. Martinet. Le Berry préhistorique, p. 34-36.

l'arrivée du roi. Tous sortent de l'eau, se rajustant de leur mieux, et le bourgmestre leur dit: « Faites tous comme moi quand nous serons devant Sa Majesté. » Mais pendant que le bourgmestre haranguait le roi, un taon malencontreux vint se poser au bas des reins sur l'épiderme du bourgmestre; celui-ci aplatit l'importune bête d'un soufflet aussi énergique que sonore. Les conseillers qui ne perdaient pas de vue les mouvements de leur chef, l'imitèrent avec une parfaite unanimité; le roi interprétant cette pantomime d'une façon peu flatteuse pour lui, brûla la politesse à Obernai [1]. Le nom de l'ami de saint Eloi a sans doute pris place, à une époque moderne, dans ce récit facétieux, dont on retrouve ailleurs les parallèles [2]; peut-être le passage de la chanson où il a « sa culotte à l'envers » n'a-t-il pas été étranger à son introduction dans cette farce, le roi qui avait sa culotte à l'envers ayant semblé tout désigné pour être harangué par des gens qui n'avaient pas eu le temps de remettre les leurs à l'endroit. La fille du roi Dangobert est (sic) l'héroïne d'un conte de la Haute-Bretagne. De nombreux traits légendaires s'attachent à saint Eloi, considéré non comme ministre du roi de France, mais comme thaumaturge et comme saint (cf. t. I, p. 373, t. II, p. 143, 290, 381, t. III, p. 104, 421, t. IV, p. 113).

Le souvenir des Maures et des Sarrasins qui, à diverses reprises, ont envahi et même occupé plusieurs parties de la France, se retrouve dans des noms de lieux, tels que la Montagne des Maures, le pays des Maures sur les bords du Gapeau. En Auvergne l'oppidum de Chazeloux est appelé le camp des Sarrazins; d'autres fortifications sont les Pierres ou les Châteaux des Sarrasins; des enceintes en terre en Berry, en Bourgogne et en Franche-Comté les Fossés Sarrasins [3]; aux Mayons du Luc (Var) est le *Castéou dei Mourou* [4]. Des dolmens sont désignés par le nom de Maures ou de Sarrasins, (t. IV, p. 21, 37), à Guernesey un dolmen ruiné est le tombeau du Grand Sarrasin [5], en Ille-et-Vilaine, un autre, également en mauvais état, s'appelle le Four Sarrasin [6]. On trouve dans le Lot un *Camin Sarrasin*. Les légendes basques disent que les Mairiac ou Maures (cf. t. I, p. 462) hommes grands, sauvages et forts vivaient dans des cavernes; une grotte près du lac d'Annecy passe pour avoir été habitée par eux [7], non loin de Montepiles (Ain) sont les Baumes des Sarrasins, et ils ont occupé d'autres cavernes en Languedoc, en Dauphiné et en Beaujolais (t. I, p. 470, 475) [8]. On montre près du Calvaire

1. Maurice Schaeffer, *A travers Obernai*. Strasbourg, 1876, in 16, p. 106.
2. Paul Sébillot. *Contes de la Haute-Bretagne*, t. III, p. 280-281 ; t. I, p. 164.
3. *Tour du Monde*, t. XIV, p. 266 ; Joanne. *De Paris à Lyon*, p. 351.
4. Dr A. Guebhard. *Essai d'inventaire des enceintes préhistoriques*. Var. Le Mans, 1906, p. 30-49.
5. Edgar Mac Culloch. *Guernsey Folk-Lore*, p. 119.
6. P. Bézier. *Még. de l'Ille-et-Vilaine*, p. 208 note (cf. t. IV, p. 105, un camp maure).
7. A. Dessaix. *Légendes de la Haute-Savoie*, p. 331.
8. Claudius Savoye. *Le Beaujolais préhistorique*, p. 130.

de Saint-Sornin (Vendée) un champ dit des Sarrazins, où Guillery se bat contre eux avec son sabre de verglas [1]. En Beaujolais un hêtre gigantesque portait le nom d'Arbre des Sarrasins, qui lui venait de ce qu'ils y auraient pendu les nonnes du monastère de Pelages, bâti près de là [2]. En Corse « bien avant les Sarrasins » signifie un temps fort éloigné ; en Wallonie toutes les races de déprédateurs qui ravagèrent le pays à des époques reculées sont confondues sous le nom de Sarrasins [3] ; en Franche-Comté Saradin est une des appellations des Bohémiens [4]. Dans plusieurs contes de l'Ille-et-Vilaine, Sarrasin est synonyme d'ogre ou de païen (cf. t. I, p. 295, et Rev. des Trad. pop. t. IX, p. 37 notes).

Sarrasins et Maures figurent dans des proverbes et dans des comparaisons ; celles qui suivent sont peut-être un souvenir de leurs méfaits : Brutal comme un Sarrasin, Pourtoulut coumo un Moroul Sarrazi, Sauvage comme un Maure [5]. Des traditions racontent les violences des Sarrasins ; ils dressent une embûche à un saint (t. I, p. 386) jettent un moine dans un puits (t. II, p. 337) ; des jeunes filles s'élancent du haut d'un rocher pour leur échapper (t. I, p. 322), d'autres sont enlevées par eux [6] (cf. t. IV p. 124 et t. II, p. 134, l'homme pelut qui emporte les enfants).

Charles Martel qui arrêta à Poitiers l'expansion musulmane n'a laissé dans la tradition que ce court récit où il est en relation avec les Sarrasins. Les gens d'Aubune (Vaucluse) racontent que Charles Martel, les ayant battus une première fois à Avignon les poursuivit jusqu'aux Baumes-de-Venise. Dès la première heure du jour, profitant d'un brouillard épais, les chrétiens surprirent une seconde fois les Sarrasins et les tuèrent jusqu'au dernier. En mémoire de leur victoire, ils élevèrent à Aubune la chapelle dédiée à Notre-Dame [7].

Les proverbes ou récits qui parlent de la reine Berthe confondent probablement la mère de Charlemagne, héroïne du Roman de Berte aus grans piés d'Adenez, l'une des œuvres les plus poétiques du moyen âge, avec d'autres princesses ou personnages mythologiques homonymes [8]. Elle est le plus ordinairement représentée comme une fileuse émérite [9].

1. F. Charpentier, in Rev. des Trad. pop. t. IX, p. 412.

2. Claudius Savoye. Le Beaujolais préhistorique, p. 189.

3. E. Ortoli. Contes de l'île de Corse, p. 242-350 ; Alf. Harou. in Rev. des Trad. pop. t. IX, p. 424.

4. Contejean. Patois de Montbéliard.

5. Gaston Jourdanne. Contrib. au F.-L. de l'Aude. p. 155 : A. Mir. Comparaisons pop. du Narbonnais. Montpellier, 1883, in 8.

6. Frédéric Ortoli, l. c. p. 360.

7. J.-F. Cerquand. Taranis lithobole, in-8 (Ext. des Mém. de l'Académie de Vaucluse, 1881,) p. 9.

8. Dans les contes où figure un épisode parallèle à la substitution d'une serve à une reine, qui est un des principaux du poëme (cf. Gaston Paris. La littérature française au moyen-âge. p. 43-249), l'héroïne n'est pas désignée sous le nom de Berthe.

9. La Mésangère. Dict. des proverbes français, p. 143. parle d'une ancienne charte où il est dit que Berte, mère de Charlemagne, filait pour les églises, et la duchesse

On disait au XVIe siècle : Ce n'est plus le temps que Berthe filoit. Plus tard on se servait communément de cette locution pour rappeler le bon temps ou l'ancien temps [1]. Elle est encore usitée et on la retrouve en Provence : Dou temps que Bertha filavá [2] et dans la Suisse romande [3]. Dans la Loire-Inférieure où ce nom de Berthe s'applique avec une fréquence qu'on ne rencontre pas ailleurs, à des œuvres humaines, des menhirs sont sa fusée et son fuseau (cf. t. IV, p. 6). A Besné une roche dite Pierre à Berthe est l'objet d'un culte superstitieux. A Couffé une voie romaine est connue sous le nom de Chemin de Main Berthe ou de Madame Berthe, celle que dans une partie de la Bretagne on appelle la Fée Berthe ou Berthe au grand pied [4].

J'ai rapporté au chapitre des eaux (t. II, p. 184) une tradition où Pépin découvre une source à l'aide de son épée et d'autres, beaucoup plus répandues, où son illustre fils en fait jaillir plusieurs en perçant le sol avec une arme (p. 182).

Charlemagne a laissé d'autres traces dans les souvenirs populaires. Au XVIIe siècle, on disait ironiquement de quelqu'un qui voulait faire le grand seigneur qu'il était sorti de la côte de Charlemagne [5]. En Haute-Bretagne on dit assez fréquemment d'une personne qui a de grands pieds : Il a des pieds de Charlemagne. Son nom, comme celui d'autres personnages célèbres, a servi à désigner un temps reculé : Où est le preux Charlemagne [6]. Le dicton : Autant que Charles en Espagne, était populaire au XVe siècle [7] ; deux cents ans plus tard, sous la forme : Autant que Charlemagne en Espagne, il s'appliquait aux entreprises de longue haleine, difficiles et qui ne réussissaient guère [8]. Le proverbe de Malmédy, Prusse wallonne, I fât leye l'pire (pierre) wisse qui Charlemagne l'a planté, est fondé sur une tradition qui fait remonter à l'empereur l'origine des institutions concernant l'état de la terre [9].

Son nom est en relation avec la Voie lactée (t. I, p. 35) ; il s'attache

---

Berthe de Bourgogne filait même en voyageant (D. Monnier et A. Vingtrinier. Trad. p. 272.) Cf. aussi Grimm. Teutonic Mythology, t. I, p. 272-281 : Perchta ou Bertha est en relation avec des quenouilles.

1. Leroux de Lincy. Le Livre des Proverbes français, t. II, p. 28 ; suivant quelques-uns cette reine aurait été la femme du roi Robert.

2. Honnorat. Dict. provençal. On le retrouve aussi en Italie.

3. Il est usité à Payerne, canton de Vaud, dont l'église paroissiale renferme le tombeau et la selle d'une reine Berthe qui vivait à la fin du dixième siècle (Mag. pitt. 1844, p. 264). Une étude sur cette légende a été publiée dans les Archives suisses des traditions populaires, t. I, p. 284.

4. Ogée. Dict. de Bretagne, art. Besné, art. Couffé.

5. Oudin. Curiosités françoises, p. 123.

6. Villon. Ballade des seigneurs du temps jadis.

7. Maistre Pierre Pathelin, vers 13.

8. Leroux de Lincy. Le Livre des Proverbes, t. II, p. 32.

9. Paul Sébillot, in Rev. des Trad. pop., t. II, p. 177, d'a. un Armonac wallon, comm. par M. H. Gaidoz.

à des empreintes (cf. t. I, p. 370, 387), ses doigts sont marqués sur le palet qu'il a lancé en jouant avec Roland [1] ; en Saintonge on attribue à un coup de sa lance un trou dans un bloc calcaire voisin d'un dolmen [2] ; non loin de Peyrorhade (Landes), un lieu montagneux est appelé Pas de Charlemagne [3]. Aux environs de Gérardmer, une pierre carrée est dite Pierre de Charlemagne, parce qu'on prétend qu'il s'y reposa pour prendre quelques aliments [4]. A l'île Barbe on montrait un pavillon dans lequel il s'asseyait pour voir défiler son armée, et la tradition lui attribue le puits remarquable de la même île [5].

Charlemagne ne figure pas parmi les grands bâtisseurs. Il essaya pourtant de creuser un canal, mais il fut obligé de l'interrompre parce que les ouvriers voyant que des terres mouvantes remplissaient la nuit ce qui avait été creusé le jour, imputèrent cet accident à quelque miracle [6]. Plusieurs routes sont dites Chemins de Charlemagne, et au XIIᵉ siècle une voie, appelée maintenant Chemin Chasles, est dénommée *Rua Caroli magni* dans une charte de l'abbaye de Savigny, ce qui montre qu'il s'agit de Charlemagne [7]. On a vu, p. 112, qu'il concède un terrain. Quelques récits populaires parlent de lui ; les sotais (Lutins) appellent les paysans le voir passer avec son cortège [8] ; le fils de Charlemagne est le héros d'un conte de la Haute-Bretagne [9].

La place de Roland dans les traditions populaires est plus considérable que celle du grand empereur d'Occident. On dit encore : Fort comme Roland, Brave comme Roland. Au XVIIᵉ siècle faire le Roland, c'était faire le fanfaron [10]. Au XVᵉ siècle un personnage altéré dit :

> Je mourroye de la mort Rolland [11],

proverbe que l'on retrouve deux cents ans plus tard avec le sens de mourir de soif [12]. En Limousin le sabre de Roland suspendu à Rocamadour avait le privilège de rendre les femmes fécondes, d'où le dicton : *Leva lou sabre de Roulant* [13].

1. Paul Sébillot. *Gargantua*, p. 304.
2. G. Musset. *La Charente Inf. avant l'histoire*, p. 142.
3. *Matériaux pour l'histoire de l'Homme*, 1874, p. 116.
4. A. Montémont. *Voyage à Dresde et dans les Vosges*, p. 105.
5. Mérimée. *Voyage dans le Midi*, p. 91.
6. Coulon. *Rivières de France*, p. 19.
7. Paul Sébillot, *Les Travaux publics*, p. 18.
8. Joseph Vrindts, in *Wallonia*, t. IV, p. 82.
9. Paul Sébillot, *Contes populaires*, t. II, p. 110. Dans les Landes on appelait Manteau de Charlemagne une pelisse blanche de grossière étoffe de laine, garnie d'un capuchon pointu orné de bandes rouges. (*Les Français peints par eux-mêmes. Province*, t. II, p. 114).
10. Duez. *Dict. italien et françois*.
11. *Testament de Pathelin*, p. 189.
12. Feury de Bellingen. *Etymologie des proverbes*, p. 47.
13. Béronie. *Dict. du patois bas-limousin*.

On attribue à ce héros de nombreuses empreintes (cf. t. I, p. 369, 370, 371 bis, 376), d'autres sont celles de son coursier (I. 383, 384, 388, 411). Lorsqu'il allait de Rennes à Redon, il franchissait le gué de Roland sans se mouiller les pieds, en mettant une jambe sur les rochers de la Boissière et l'autre sur la Roche à Roland[1]. Des légendes de l'ouest le représentent comme faisant accomplir à son cheval des sauts prodigieux (cf. t. I, p. 388). Gaston Paris accompagne la version de l'Ille-et-Vilaine de cette remarque : Le fait d'avoir substitué Roland au héros peut-être anonyme de cette ancienne histoire montre que le nom de ce comte de la Marche de Bretagne n'est pas oublié dans son pays[2].

Parmi les personnages discoboles, il tient le premier rang après Gargantua; dans le Midi tout au moins, il est le rival de ce géant, et il n'a pas été, comme tant d'autres, dépossédé par lui; il est même probable qu'il a usurpé dans cette région la place de héros plus anciens. Ils sont au reste parfois en concurrence : un énorme rocher rond des environs de Vence est une pelote que, pour passer le temps, Roland lançait à Gargantua qui la lui renvoyait; une autre fois il joue à la paume avec Olivier et son projectile est resté en équilibre sur un gros rocher appelé Paume de Roland dans le Var; le Palet de Roland, sur les bords du Tech, suppose un trait analogue. Pour intimider ses ennemis, il lance à douze kilomètres une pierre gigantesque sur laquelle ses doigts sont marqués (cf. t. I. p. 376) et plusieurs dolmens doivent leur origine à ses jeux (t. IV, p. 23-24). Il ne recule pas devant le diable (t. I, p. 310) et ce trait est attesté par un bloc. Il produit aussi des sources, en trouant une montagne, ou en enfonçant son épée dans le sol (t. II, p. 185, 181) Sa puissance est telle qu'à lui seul il modifie l'aspect physique du pays : il taille dans le cirque de Gavarnie la brèche qui porte son nom, fend la montagne de Beltchu, (t. I, p. 215) frappe le rocher avec son pied et produit l'ouverture que l'on voit près d'Itsatsou (Basses-Pyrénées), qui est appelée Pas de Roland. Il lui suffit de toucher la terre avec le pied ou le genou pour creuser le petit étang de Vivier Lion, au sud de Lourdes[3]. Toutefois W. Webster, J.-F. Cerquand, Julien Vinson, qui ont étudié les traditions basques, disent que toutes ces appellations et d'autres encore n'ont pas cent ans d'existence, et qu'en ce qui concerne la brèche d'Itsatsou, elle s'appelle simplement le mauvais pas[4].

Roland est le personnage principal de plusieurs légendes de la région basquaise : L'une d'elles, qui reproduit les grandes lignes de la *Chanson*

---

1. Régis de l'Estourbeillon, in *Rev. des Trad. pop.*, t. IV, p. 420.

2. *Romania*, 1888, p. 114. Cet exploit est aussi attribué en Ille-et-Vilaine à un seigneur local (cf. *F.-L. de France*, t. I, p. 388).

3. Paul Sébillot. *Gargantua*, p. 302-303, 294-296.

4. Paul Sébillot, l. c. p. 297; cf. aussi J.-F. Bladé. *Dissertations sur les chants héroïques des Basques*.

*de Roland*, le montre passant le col de Roncal avec les *Docepare* (les douze pairs) [1] ; l'arrière-garde est attaquée par les Basques, Roland se défend, et son épée s'étant brisée par le milieu, il sonne de sa corne, pour être entendu de Charlemagne, avec tant de force que les montagnes en tremblent ; avec sa masse, à laquelle une boule de fer était suspendue par une chaîne, il fauche les ennemis andains par andains ; mais son sang s'échappe de ses blessures, et pris d'une grande soif, il boit trop d'eau et crève. Ailleurs, il est frère d'Olivier et de Samson, porté sur son dos son cheval fatigué, fait des paris avec ses frères comme dans le *Voyage de Charlemagne* du XII° siècle, jette au loin une pierre d'un poids énorme qui ne va pas jusqu'au but, et, dépité, fend deux montagnes d'un seul coup d'épée. Dans un autre récit, Roland est un riche fermier qui accable sous une grêle de pierres les Lamignac (sorte de fées mâles et femelles) qui lui avaient dérobé ses vaches. Ailleurs, c'est un enfant trouvé qui, comme Gargantua et d'autres personnages populaires, se distingue dès son bas âge par sa force prodigieuse, chasse les Maures pillards, et s'étant fait forger un *makhila* gros comme une poutre, s'engage dans l'armée de Charlemagne et extermine les Maures. Il ne chassa pas complètement les Maïriac, mais tous les ans, le cheval du paladin apparaissait sur le pont d'Espagne, et poussait son formidable hennissement qui les effrayait tellement qu'ils allaient se réfugier dans leurs grottes [2].

Les traditions basques ne parlent pas de Ganelon, qui ailleurs est associé à la légende de Charlemagne, et surtout à celle de son neveu. Le vers de la *Chanson de Roland* :

> Guenes i vint, ki la traïsun fist [3]

est la première mention de son rôle de traître, qui devint proverbial :

> Vous etes plus traistre que Ganes
> Elle est plus traitresse que Ganes (XVI° siècle) [5]

Cent ans plus tard on dit : Traistre comme Ganelon, qui rime richement avec félon [6] ; on le retrouve en Béarn sous cette forme : *Traitre comme Ganelou* [7]. Plusieurs légendes picardes localisées au château

1. Les douze pairs de France figurent dans un conte de marins. (Paul Sébillot. *Contes*, t. III, p. 174 et suiv.)

2. J.-F. Cerquand. *Légendes du pays basque*, t. IV, p. 25, 22-23 ; 19-21 ; 16-17, t. III, p. 15, 17.

3. *La Chanson de Roland*, éd. classique Léon Gautier, v. 178.

4. *Le nouveau Pathelin*, éd. Jacob, p. 169.

5. *Farce du Pont aux Asnes*, Anc. th. fr. t. II, p. 44.

    N'es-tu pas...
    Gannelon
    Le félon. (Scarron, *Epitre à Sarrazin*) 6.

7. Alex. Peyret. *Coundes biarnès*, p. 111. Mme de Sévigné, Lettre du 6 avril 1672, a employé Gannelonnerie comme contre partie de sincérité.

d'Heilly, racontent le châtiment qui punit sa trahison : Avant de partir
pour l'Espagne, Charlemagne avait fait jurer à Gandelon de lui être
fidèle : « Que la grosse tour s'écroule si je ne le suis ! » s'écria-t-il. Pourtant il vendit le paladin au roi d'Espagne. Roland avait été tué, mais
avant de mourir il avait pu sonner du cor pour avertir le roi de son agonie ; celui-ci l'entendit d'une salle du château d'Heilly où il était couché.
Gandelon revenu d'Espagne assure qu'il a tenu sa promesse. « Bien
vrai, répond Charlemagne ; alors la tour est bien solide, si Dieu ne la
fend pas par le milieu ! » Elle s'écroule, le roi fait saisir le traître que
l'on couvre d'une peau de loup, il est chassé dans la forêt et les chiens
le dévorent. Dans une variante, Charlemagne survient pendant que
Gandelon se réjouissait au château : il lui pose la main sur l'épaule, et
lui demande par trois fois : « Où est Roland ? — Jure-moi que tu es
innocent, car Roland est mort dans la dernière bataille. — Que la
grosse tour de mon château s'ouvre par le milieu si je suis coupable ! »
Un craquement épouvantable répond à cette adjuration, et le traître
se jette aux pieds du roi qui le fait pendre. Dans une troisième version,
Gandelon et Bourmont ont vendu l'armée à un peuple sauvage ;
Charlemagne revient à Heilly et leur demande s'ils ont été fidèles ;
Gandelon seul répondit par le serment ordinaire, et les deux traîtres
lèvent la main vers la tour, qui se fend en deux [2].

La légende ne connaît actuellement aucun des héritiers de
Charlemagne.

Les Normands qui exercèrent pendant plus d'un siècle leurs ravages
non seulement sur le littoral, mais jusque dans le cœur de la France,
n'ont laissé que peu de traces dans ces pays où une prière spéciale
*A furore Normannorum libera nos Domine*, avait été inspirée par la
terreur de leurs cruautés et de leurs déprédations. C'est pour échapper
à leurs outrages que des religieuses se mutilèrent, que les dames du
Pirou obtinrent d'être changées en oies (cf. t. IV p. 317). Le proverbe
« Normands rapaces » est la traduction de *Rapacitas Normannorum*
que l'on trouve dans un manuscrit du XIe siècle [1]. Une tradition bretonne
raconte qu'après avoir pillé Rennes et enlevé les cloches de Saint-
Melaine, ils descendaient la Vilaine, lorsque à la prière d'un saint,
une tempête survint et submergea leurs barques. (cf. t. II, p. 451). Ils

1. Henri Carnoy, in *Romania*, 1882, p. 411-412.
  Ce nom et celui de Ganelon, ont été donnés à des personnages qu'on voulait
stigmatiser ou à des édifices où s'étaient passés des actes de violence ou de trahison. En Normandie il y a plusieurs châteaux Gannes. (A. Bosquet. *La Normandie romanesque*, p. 155 n.) En Eure-et-Loire, Montigny a comme surnom le Ganelon. (P. Vallerange. *Le Clergé, la Bourgeoisie*, etc., p. 415.) On raconte à propos
d'une des châtelaines une dramatique légende.
  2. A. Canel. *Blason pop. de la Normandie*.

furent vaincus près de Lesneven grâce à saint Goulven qui passa en prières, les bras en croix et le corps contre terre, la nuit qui précéda la bataille [1]. Une ruse leur fit lever le siège de Meaux (cf. t. IV p. 316).

Il est malaisé de classer chronologiquement un fait de guerre qu'on racontait ainsi, il y a une trentaine d'années, dans le nord de l'Ille-et-Vilaine, et où il est question des Normands. Les Bretons s'étaient postés à Moronval, pour attendre les Normands ; ceux-ci furent d'abord vainqueurs ; mais les Bretons, ayant reçu des renforts, firent un tel massacre de leurs ennemis, que l'étang de la Rousselière fut ainsi nommé parce qu'il était rouge de leur sang. Il est possible que la tradition populaire ait confondu les Normands et les Français, le lieu où l'on place l'action étant voisin du champ de bataille de Saint-Aubin du Cormier [2]. Toutefois, comme le dénouement est tout différent, on peut supposer qu'il s'agit d'un combat plus ancien, ce pays de marches peu éloigné de la Normandie, fut jusqu'à la réunion de la Bretagne à la France le théâtre de rencontres sanglantes.

Les deux batailles de Concrux ou Conquereus (Conquereuil, Loire-Inférieure) [3], où un duc de Bretagne combattit en personne (981 et 982) seraient sans doute bien oubliées du peuple, sans une légende à laquelle le Chêne au duc, dans la forêt du Gâvre, a servi de jalon mnémotechnique. Conan, averti que les Français étaient de l'autre côté de la forêt, voulut coucher au pied du gros chêne qui en marque le milieu, parce que l'on disait que ceux qui y passaient la nuit entendaient un oiseau qui prédisait l'avenir. Un gros corbeau vint se percher sur l'arbre et commença à croasser, et le duc l'entendait dire : « Conquereu, conquereu, conquereu », et, toute la nuit, il répéta ces mots. Au petit jour, un page que l'oiseau ennuyait lui tira une flèche, si juste que le corbeau vint tomber au pied de l'arbre, et que son sang fit une grande tache rouge sur la neige blanche. Le duc se leva, et comme il n'était pas encore bien éveillé, il répétait : « Conquereu, conquereu ! » comme le corbeau. Les soldats qui croyaient qu'il était blessé, à cause du sang qui était par terre, prirent leurs armes, et comme il répétait toujours : Conquereu, conquereu ! les voilà qui sortent du bois et courent vers Conquereuil. Arrivés là, ils trouvent les Français tout gelés de la nuit, et ils tombent dessus avec tant d'ardeur qu'ils ne tardèrent pas à les vaincre. A Grandcamp on trouve une voie,

1. Cambry. *Voyage dans le Finistère*, p. 167.
2. Paul Sébillot. *Traditions*, t. I, p. 367.
3. Dans la première de ces batailles, Conan le Fort avait pour adversaire le comte de Nantes uni aux Angevins, dans la seconde Foulques Nerra, comte d'Anjou ; il fut vaincu dans les deux ; cependant deux siècles après on disait en proverbe : *Bellum Conquireticum, quo tortum* (le Tort, surnom de Conan) *superavit rectum* (le droit). Levot. *Biographie bretonne*, t. I, p. 430-431.

romaine appelée *Hent Conan*, et celle de Blain à Port-Navalo porte le nom de Chemin de Conan[1].

### § 3. DES CAPÉTIENS A LA RENAISSANCE

Dante fait dire à Hugues Capet : Je fus fils d'un boucher de Paris, et de moi sont nés les Philippe et les Louis dont la France est depuis peu gouvernée[2]. Il avait pu, lors de son séjour à Paris, entendre cette tradition qui se serait perpétuée longtemps dans la corporation des bouchers. Elle était encore populaire au XV° siècle et même à l'époque de la Ligue :

> Se fusse des hoirs Hue Capet
> Qui fut extraict de Boucherie[3].

Dans la *Satyre Ménippée* le cardinal de Pelvé fait, en latin bizarre, allusion aux vers du Dante : *Iota familia Borboniorum descendit de becario, sive mavultis de lanio qui carnem vendebat in laniena Parisina, asserit quidam poeta.* D'après d'anciennes légendes (cf. t. IV, p. 316) le roi Robert fit tomber par ses prières les murailles de deux forteresses.

Alors que ses quatre successeurs sont ignorés de la tradition, plusieurs des ducs de Normandie, leurs contemporains, y jouent un rôle qui n'est pas totalement oublié, et que des romans et des poëmes ont probablement contribué à conserver. Au XVII° siècle, en parlant d'un homme hardi, on disait : « C'est un Richard Sans Peur ». Ce dicton consacrait le souvenir de Richard Ier, duc de Normandie, dont le courage fut si grand qu'il donna lieu parmi le peuple à une foule de récits extraordinaires. Ces récits ont fourni la matière d'un petit roman en prose et en vers, plusieurs fois imprimé dans les XV° et XVI° siècles, intitulé : Vie de Richard Sans Peur, duc de Normandie[4]. On dit encore dans le pays de Bayeux d'un homme turbulent et méchant : C'est pis que Robert-le-Diable. La terrible et épouvantable histoire de ce prince fait encore trembler les paysans dans les longues soirées d'hiver[5]. Son souvenir est attaché à plusieurs châteaux, entre autres à celui des Moulineaux où on le voit apparaître sous la forme d'un loup efflanqué,

1. Pitre de l'Isle, in *Rev. des Trad. pop.*, t. XIV, p. 208 ; Paul Sébillot. *Les Travaux publics*, p. 18.

2. *Purgatoire*, ch. XX. Pasquier. *Recherches*, l. V, c. 4, malmène à ce sujet Dante et Villon.

3. François Villon. *Codicile*, p. 205. D'après la note de P.-L. Jacob, elle aurait eu pour origine les grands privilèges accordés par le roi aux bouchers. On sait que pendant la Révolution, Capet, la femme Capet, le petit Capet désignèrent Louis XVI, Marie-Antoinette et le Dauphin.

4. Oudin. *Curiositez françoises* ; Leroux de Lincy. *Le livre des proverbes français*, t. II, p. 51.

5. F. Pluquet. *Contes de Bayeux*, p. 14, cf. aussi E. du Méril. *Etudes d'archéologie* 1862, in-8 p. 214 et 273 et suiv.

parfois aussi sous celle d'un ermite [1]. On faisait voir au château de Falaise la fenêtre d'où le duc Robert vit un matin à la fontaine du Val d'Ante, la gentille Arlette. Suivant une légende dont les parallèles ont été appliqués après coup à beaucoup de héros, elle aurait eu un songe prophétique avant la naissance de son fils Guillaume :

> Songié ai
> K'un arbre de mun cors isseit
> Ki vers li ciel amunt creisseit ;
> Del umbre ki entur alout
> Tute Normendie aumbrout [2].

Guillaume dit le Bâtard, à cause de sa naissance, et le Conquérant parce qu'il s'empara de l'Angleterre, a été l'objet de légendes. La plupart sont aujourd'hui mortes ; mais il tient encore une place dans le folk-lore normand. Pour exprimer une chose ancienne, on dit : C'est du temps du roi Guillemot [3]. Si on voit une vieille statue, c'est celle du duc Guillaume, des ruines, ce sont celles du château du Conquérant, si une église est ancienne, nul doute qu'elle n'ait été bâtie par lui. A Rye on montre encore le chemin par où il passa en fuyant de Valognes, et qui s'appelle la Voye le Duc, et on montrera même le lieu où il fit ferrer son cheval [4]. La légende lui attribue de nombreux actes de violence : il traîne par les cheveux sa femme Mathilde (cf. t. IV p. 299), il assiège Grimoult et s'empare de son château qu'il fait démanteler, le poursuit et lui tranche la main à l'endroit où s'élève la Croix à la Main ; et quand il l'a pris, il ordonne au bourreau de l'écorcher vif avec un couteau de bois, au lieu appelé Corps-Nus, le fait ensuite, vivant encore, tirer à quatre chevaux, et met sa peau en guise de housse, sur la selle de son coursier [5]. Son expédition en Angleterre dont les conséquences ont été si grandes, et qui fut accompagnée de circonstances quasi merveilleuses, ne semble pas avoir pris, chez ses anciens sujets, la forme traditionnelle.

De Guillaume à Philippe-Auguste, c'est-à-dire pendant près d'un siècle, on ne rencontre aucune tradition orale qui s'applique sûrement à un personnage historique. Les Croisades elles-mêmes n'ont laissé qu'un souvenir effacé, et à vrai dire, il se réduit à des variantes, la plupart du temps écrites et anciennes, d'une histoire merveilleuse où

1. Amélie Bosquet. La Normandie romanesque, p. 25. Cet ouvrage analyse longuement (p. 1-59) les Chroniques fabuleuses sur Richard et Robert et les romans dont ils sont les héros. Etienne de Bourbon. Anecdotes, p. 145-148 rapporte des légendes sur Richard.

2. Robert Wace. Le Roman de Rou, t. I, p. 398.

3. J. Lecœur. Esquisses du Bocage Normand, t. I, p. 381. Ses sujets l'appelaient familièrement le gros roi Guillemot.

4. F. Pluquet. Contes de Bayeux, p. 39. Robert Wace, Roman de Rou, t. II, p. 23

5. J. Lecœur. l. c. p. 386, 401-402 ; cf. Robert Wace. Le Roman de Rou et les Chroniques de Normandie.

figurent divers chevaliers, dont quelques-uns sont même postérieurs
aux Croisades proprement dites. On a désigné sous le titre du Retour
du Croisé une légende dont le thème initial est le transport miraculeux
d'un guerrier depuis le pays lointain où il est retenu captif, jusqu'à sa
terre natale ; souvent il invoque la Vierge ou un saint, et après avoir
promis une fondation pieuse, il se retrouve à l'endroit où s'élèvera
plus tard une église ou un monastère ; plus rarement, il a recours,
non à un personnage sacré, mais au diable lui-même. Cette légende se
forma vraisemblablement à une époque voisine des guerres contre les
infidèles : au XIVe siècle Froissart racontait, comme déjà ancienne et
bien connue dans le pays de Béarn, l'aventure du sire de Bénac.

Les récits dans lesquels interviennent des bienheureux ont sans
doute été propagés par ceux qui avaient bénéficé de la fondation faite à
la suite de la délivrance du captif qui les avait invoqués ; aussi ils ont été
conservés par les historiens des monastères bien plus que par la voie
orale. La tradition que le père Pierre Dan insérait en 1637 dans un livre
destiné à célébrer les services rendus par son ordre, figurait peut-être
dans ses archives : Gilbert des Essarts, seigneur de la Pautière près de
Verneuil au Perche fait prisonnier par les Sarrasins, avait été racheté
par les pères de la Merci, lorsque au moment de s'embarquer, il fut
retenu par les infidèles qui l'accusèrent d'avoir tué d'un coup de flèche
un de leurs capitaines. Comme il n'était pas possible de les fléchir, par
prière ou par argent, les religieux se mirent à la voile, et s'en retournèrent
en France. Néanmoins ils se mirent tous en prière avec leurs captifs,
implorant la miséricorde divine pour la délivrance de ce pauvre
seigneur. Lui de son côté n'en fit pas moins, et accompagna ses ardentes
prières d'un vœu solennel de faire bâtir un couvent au nom de la sainte
Trinité pour y établir des religieux de cet ordre. Sur quoi s'étant endormi,
sa prière eut un si bon succès, que par un miracle évident, il se trouva
transporté de la Syrie à la porte de sa maison de la Pautière[1]. La fondation
de l'abbaye de Béthaine est l'objet d'une légende encore populaire en
Franche-Comté et qui dérive aussi vraisemblablement d'une source
monacale ; le chevalier Aimé de Faucogney, prisonnier des Mahométans,
fut averti dans son cachot que sous trois jours il serait tué et mangé par
ses ennemis. Il invoqua la sainte Vierge, promettant de lui construire
un monastère sur son domaine, au lieu où il serait miraculeusement
transporté. Sa prière fut exaucée ; une nuit sa prison s'ouvrit, et tout à
coup, il se retrouva au milieu des broussailles dans le val de Béthaine
où fut bâtie l'abbaye de ce nom[2]. Trois chevaliers de saint-Jean de
Jérusalem, esclaves des infidèles, s'étant voués à la Mère de Dieu, furent
par des moyens que l'on ne dit pas, portés depuis la Turquie jusqu'aux

1. Histoire de Barbarie et de ses corsaires, p. 489-490.
2. Ch. Thuriet, Trad. de la Haute-Saône, p. 97-98.

bords de la Somme, où par reconnaissance il fondèrent l'église de Notre
Dame de Liesse [1]. La fondation de la chapelle de saint Julien par le sire
de Bacqueville eut lieu après un semblable miracle. Parfois le mode
de transport est plus nettement indiqué ; une sainte qui protégeait un
seigneur normand captif, le déposa pendant son sommeil dans une
cage en bois, à laquelle elle fit faire en vingt-quatre heures le trajet de
la Turquie à Limoges ; le chevalier de retour en Normandie fit bâtir
l'abbaye de Beuil [2]. Le sire de Garo au pays de Vannes, enfermé avec
son écuyer dans un grand coffre par les Sarrasins qui voulaient le mettre à mort, fit vœu de construire une chapelle à la Vierge ; aussitôt les
prisonniers sentirent une secousse, peu après ils entendirent chanter
le coq, et ayant soulevé le couvercle, ils se trouvèrent près du château
de Garo, à l'endroit où fut érigée la chapelle de Béléan [3].

Lorsque des guerres ont lieu dans des pays lointains et qu'elles sont
de longue durée, il arrive assez fréquemment que des gens disparus
et supposés morts sont simplement prisonniers ; ils reviennent après
plusieurs années, et retrouvent leur femme entre les bras d'un nouvel
époux. Quelquefois le mari est averti par une puissance surnaturelle
du prochain mariage, et il peut, au moyen de conditions parfois
assez dures, l'empêcher de s'accomplir. Cet épisode figure dans
quelques versions du conte si répandu de Jean de Calais. Dans les
légendes, c'est assez souvent le diable qui prévient le mari, et qui
le transporte à son château le matin du jour où sa femme va contracter
une nouvelle union. Le comte de Brison ayant appris que le bruit de
sa mort s'était répandu et que sa femme allait épouser un jeune seigneur, appela le diable et lui promit son âme s'il voulait le transporter
à son château avant la célébration de ce mariage. L'époux, grâce à Lucifer, arriva au moment où les fiancés entraient à la chapelle pour
recevoir la bénédiction nuptiale : il provoqua son rival à un duel qui se
termina par la mort des deux champions ; Brison eut le temps de se
réconcilier avec Dieu, et le démon furieux disparut en emportant une
des pierres de la tour [4].

Dans un conte de Gascogne, un seigneur captif en Terre Sainte est
transporté sur le dos du diable, qui l'a prévenu du prochain mariage
de sa femme, à la condition que celui-ci aura la moitié du premier
repas que le seigneur fera avec elle ; il arrive chez lui, se fait connaître en montrant la moitié de son contrat de mariage, et ne donne au
diable que des coquilles de noix [5].

1. Le P. Dan, l. c., p. 426, 491.
2. Amélie Bosquet, La Normandie romanesque, p. 470.
3. Dr Fouquet. Légendes du Morbihan, p. 70-71.
4. H. Vaschalde. Croy. et sup. du Vivarais. p. 7.
5. J.-F. Bladé. Contes de Gascogne, t. I, p. 46 et suiv. D'après une version plus
ancienne, Bos seigneur de Bénac, porté sur le dos du diable arrive en trois jours

Quelquefois le mari survient sans avoir eu besoin de recourir aux puissances infernales. On racontait en Bourgogne que le sire d'Anglure, prisonnier des Sarrasins, fut remis en liberté sur parole, à la condition qu'il enverrait sa rançon, sitôt arrivé dans son pays. Il y revient à temps pour montrer à sa femme, qui ne le reconnaît pas d'abord, la moitié de son anneau [1]. Dans la version champenoise, le seigneur qui porte aussi le nom d'Anglure, se fait reconnaître en rappelant à la châtelaine, la veille du nouveau mariage, certains signes cachés qu'elle a sur le corps [2]. Ce trait figure aussi dans la légende du sire de Créquy, qu'une version du XVIIIe siècle place à une époque bien postérieure aux Croisades, mais qui s'y rattachait vraisemblablement à l'origine. Un seigneur de Créquy, d'une grande ressemblance avec François Ier, aurait offert au roi de prendre sa place lorsqu'il eut été fait prisonnier à Pavie, et aurait été en effet à Madrid. Après une fervente invocation à N.-D. du Hamel, il fut transporté miraculeusement d'Espagne en Picardie, et se présenta à sa femme au moment où celle-ci allait se rendre à l'église pour se remarier. Les époux se reconnurent au moyen d'un anneau sur lequel était gravé le portrait de chacun des deux conjoints ; de plus le mari révéla à sa femme certaine marque qu'elle portait sur le corps et que seul il devait connaître [3]. Une complainte qu'on chante souvent aux veillées aux environs de Jallais, a pour héros le seigneur de la Chaperonnière, Jean Chaperon, appelé à cause de sa courte stature, le Petit Chaperon. Ayant reçu le lendemain de son mariage l'ordre d'aller combattre les Maures en Espagne, il brisa son anneau, en remit un fragment à sa femme, et partit sur un vigoureux cheval blanc et noir, nommé la Pie. Pendant sept ans on ne reçut aucune nouvelle de lui, et la châtelaine qui avait donné le jour à une fille, crut que son époux n'existait plus, et elle se décida à se remarier. Le jour du mariage, lorsque les invités se livraient à la joie, les cloches de la chapelle se mirent tout à coup à sonner d'elles-mêmes, et la fille du Petit Chaperon s'écria : « J'entends hennir la *Pie* de mon

___

à son château, après avoir accepté la même condition ; il se fait reconnaître à sa femme en lui présentant une moitié d'anneau, dont elle avait l'autre part, et jette au diable un plat de noix qui se trouvait sur la table. Le démon furieux s'en alla par la cheminée, à laquelle il fit un trou énorme que l'on n'a jamais pu boucher. (J.-M.-J. Deville. *Annales de la Bigorre*, 1848, p. 122-123).

1. Clément-Janin. *Sobriquets de la Côte d'Or*, Châtillon, p. 39-41. L'épisode de l'anneau rompu qui sert à la reconnaissance se rencontre dans plusieurs chansons populaires qui ont pour thème le retour du mari ; cf. Cte de Puymaigre. *Chants pop. du Pays messin*, t. I, p. 51 et les remarques, et G. Doncieux. *Romancéro pop. de la France*, p. 195 et suiv. Le nom de M. de Beauvais fait penser à M. D. que ce thème s'est greffé sur le souvenir de ce seigneur du Dauphiné qui se croisa réellement, l'anneau brisé sert aussi de moyen de reconnaissance dans un conte breton (F.-M. Luzel. *Contes*, t. III, p. 243).

2. A. Meyrac. *Trad. des Ardennes*, p. 354-355.

3. Cambry. *Description du département de l'Oise*. Paris, an XI, 1803, in-8, t. I, p. 96-98. Com. de M. Alcius Ledieu.

père. » Quelques instants après un cavalier bardé de fer et couvert de poussière se dirigea vers l'église dont la porte s'ouvrit devant lui, traversa la nef à cheval et alla déposer sur l'autel un morceau de la Vraie Croix. Jean Chaperon se rendit ensuite dans la cour du château, et surpris de voir une foule si brillante, il demanda la dame de la Chaperonnière et apprit qu'elle venait de convoler à de secondes noces. Il alla trouver le nouvel époux et lui proposa de jouer l'infidèle aux dés. Mais quand celle-ci se présenta toute éplorée, Jean Chaperon s'élança vers elle, la prit dans ses bras, et s'enfuit avec elle [1].

J'ai traité à part dans une section du chapitre des Gens d'Eglise (p. 265 et suiv.) la légende des Templiers qui, chronologiquement, va des croisades au règne de Philippe le Bel. Philippe Auguste fut, d'après Lecoy de la Marche, un des personnages à renommée populaire et presque légendaire sur le compte desquels la génération venue après eux met volontiers les traits d'esprit ou les historiettes ayant cours [2]. Aucune de celles qu'on lui a attribuées n'est parvenue jusqu'à nous sous la forme orale.

La fin tragique d'Arthur de Bretagne [3] n'a laissé que des traces assez vagues ; cependant son souvenir et celui de sa mère Constance serait conservé dans le pays de Teillay où elle se réfugia, et on chanterait encore aux environs de la forêt de Rennes, la complainte de Constance attendant le retour de son fils [4].

Le nom de Jean Sans Terre, son meurtrier, est couramment employé à Guernesey. Pour désigner une chose éloignée, on dit : C'était du temps du rouai (roi) Jehan. C'est sous son règne que les îles furent séparées de la Normandie [5].

La reine Blanche qui est restée dans la tradition est pour le peuple la mère de saint Louis, et il a ajouté à ses gestes ceux d'autres reines homonymes. Villon parlait au XVᵉ siècle de

> La reine Blanche comme un lys
> Qui chantoit à voix de seraine ; [6]

Dans une chanson populaire de l'Aisne figurent ces deux vers :

> Vive en France
> La reine Blanche [7].

1. A. Le Marchant. *Une Excursion dans le pays de Mauges*, p. 14-17.
2. Etienne de Bourbon. *Anecdotes*, p. 252 et suiv. et notes, p. 243-244, cf. aussi Lecoy de la Marche. *L'Esprit de nos aïeux*, p. 69-89.
3. Les chasses Arthur, t. I, p. 169, 170, et les empreintes de son cheval se rapportent au personnage mythique de ce nom, et non à la victime de Jean Sans Terre.
4. Guillotin de Corson. *Traditions historiques*, p. 55 ; Paul Féval. *Le Loup Blanc*, éd. de Vresse, in-18 p. 87. J'ai vainement cherché cette complainte dans le voisinage de cette forêt qui est à trois kilomètres de ma résidence d'été.
5. Edgar Mac Culloch. *Guernsey Folk-Lore*, p. 517.
6. François Villon. *Ballade des dames du temps jadis*.
7. Fournier. *Légendes des rues de Paris*, p. 371.

A Paris, plusieurs logis, dont quelques-uns existaient encore au milieu du siècle dernier, étaient désignés sous le nom de Maison de la reine Blanche. Cette dénomination était inexacte pour la plupart, qui étaient de beaucoup postérieures à la plus célèbre des reines de ce nom, comme les trois : rue de Paradis, rue de la Tixeranderie et faubourg Saint Marceau, qui appartenaient à Blanche de Navarre, femme de Philippe le Bel [1]. Une maison de la rue Brantôme était regardée comme l'ancien logis de Blanche de Castille, et une autre de la rue des Bourdonnais, n° 22, fut à l'origine celle de ses commandements ; rue Boutebrie l'ancien hôtel de Marle, avait été, dit-on, habité par une reine de France, peut-être la mère de saint Louis, et il portait le nom habituel à ces demeures. On a pensé que le nombre de ces maisons venait de ce qu'à l'époque de leur veuvage, des reines de France, qui jusqu'à Anne de Bretagne, portèrent le deuil en blanc, avaient pu y résider temporairement ; le peuple avait fini par les attribuer toutes à la plus connue. Lefeuve assure qu'en 1854, on vénérait encore dans la rue des Bourdonnais une borne, dite le Pas de la reine, dont Blanche de Castille se servait pour monter sur son âne [2]. Dans le parc des Tournelles à l'Hay (Seine) on montre dans le mur une pierre en saillie où elle posait le pied pour se mettre en selle sur son ânesse [4]. Plusieurs chemins de France sont appelés chemins de la reine Blanche ; une légende meusienne assez suspecte (t. II, p. 368) raconte que la mère de Louis IX, vaincue dans une bataille, maudit une rivière, qui depuis coule souterrainement.

Malgré sa double qualité de roi et de saint, le folk-lore de saint Louis n'est pas considérable. Au dessous de Civrac, on montre un dolmen sur lequel il aurait couché après la victoire de Taillebourg ; il s'appelle Pierre qui vire ou Pierre de saint Louis [5]. Le peuple de Paris se souvint longtemps du chêne de Vincennes sous lequel il rendait la justice. Le nom de ce roi figurait dans plusieurs proverbes : Au XVI° siècle, on disait par ironie de quelqu'un qui voulait faire le grand seigneur : « Il est sorti de la coste de saint Louis », et dans un recueil satirique du temps de Louis XIII, l'un des personnages dit en parlant d'une femme vaniteuse : « Elle voudroit que toute sa lignée fust de la coste de saint Louis pour paroistre selon son dessein [6]. » On a vu au

1. Sauval. *Antiquités de Paris*, t. II, p. 182.
2. Lefeuve. *Histoire des rues de Paris*, t. II, p. 98, 112, 170.
4. Fra Deunic, in *Rev. des Trad. pop.*, t. XII, p. 119.
5. *Matériaux* 2° série, t. VIII, p. 366 ; cf. t. III du *F.-L. de France*, les lances qui reverdissent après cette bataille.
6. Leroux de Lincy. *Le livre des Proverbes. Les Caquets de l'Accouchée*, p. 233.
De nos jours les Arabes confondent saint Louis et Bou-Saïd, marabout enterré près de la chapelle saint Louis, et disent que Bou-Saïd c'est saint Louis qui se serait fait musulman avant de mourir. (Michel, *Tunis*, 1883, in 18, p. 239). En Por-

chapitre des sièges, qu'il fait tomber les murailles des châteaux, (t. IV, p. 317). Un conteur du XVIᵉ siècle a raconté, probablement d'après une source orale, une anecdote dont il est le héros : Le roi étant à la chasse entre Melun et Fontainebleau fut rencontré par trois larrons épieurs de grand chemin qui voulurent le tuer ; mais l'un d'eux était d'avis qu'on se contentât de lui prendre son argent. Le roi les pria de le laisser sonner de sa trompe deux ou trois fois, leur disant qu'après ils feraient de lui ce qui leur plairait. Avant qu'il eût sonné ses trois coups, ses gentilshommes accoururent et prirent les trois galants ; le roi pardonna à celui qui l'avait gardé, mais il fit étrangler incontinent les deux autres [1].

La reine Jeanne de Naples conserve en Provence et dans le sud de l'Italie une certaine popularité [2]. Dans les deux pays, elle fait partie de la série des reines bâtisseuses, et on lui attribue des constructions souvent postérieures à son règne. A Avignon, Villeneuve-lez-Avignon, à Grasse on montre encore *lou palais de la reino Jano*, et beaucoup de vieux châteaux comme à Pertuis, Ventabren, Roquemartin passent pour avoir été bâtis par elle. *Lou camin de la reino Jano* désigne quelquefois une ancienne voie romaine [3].

Si des événements qui ont eu lieu sous le règne de Philippe le Bel ont été l'objet de traditions (cf. t. IV, p. 266 la dispersion des Templiers) le nom de ce souverain, à tout prendre très remarquable, est aussi inconnu que celui des rois fainéants. J'ai parlé (p. 286) des débordements de ses brus (1285-1350) et p. 103, d'une voie attribuée à son ministre Enguerrand de Marigny. La fortune et la fin tragique de ce puissant personnage étaient encore proverbiales trois siècles après son supplice :

> Il faut perdant le jour, esprit, sens et vigueur,
> Mourir comme Enguerrand ou comme Jacques Cœur [4].

La haine du clergé dont Pierre de Cugnières avait combattu les empiétements a poursuivi pendant des siècles la mémoire de cet illustre conseiller de cinq rois [5] : Pour se venger de Pierre de Congneres, les Ecclesiastiques feirent mettre vn marmot en vn coing de nostre Dame de Paris, que nous appellons par une rencontre et equivoque de surnom, où il est mis, maistre Pierre du Coignet, n'ayant toute-

tugal une formule pour faire parler les enfants en retard débute par ces mots : S. *Luiz, rei de França*, cf. Leite de Vasconcellos, *Tradições de Portugal*. Porto, 1882, in-8, p. 207.

1. Nicolas de Troyes. *Le Grand Parangon des nouvelles nouvelles*, p. 22-23.
2. Gaetano Amalfi. *La regina Giovanna nella tradizione*, Napoli, 1873, in-4.
3. Fr. Mistral. *Tresor*. On appelle *Madamo d'Anjou* une femme prétentieuse.
4. Regnier. *Satyre* XV.
5. Cf. Cayx de Saint-Aymour. *Mémoires pour servir à l'histoire du département de l'Oise*. Paris, 1892 in-12 p. 231-260.

fois par ce sobriquet effacé le bien et utilité que ce grand Advocat du roy pourchassa à tous les siècles à venir[1]. Cette petite et laide figure était placée, dit un écrivain du XVII° siècle, à un coin du jubé, au des- soubs de la figure d'enfer, et n'est aucun réputé avoir veu ceste église, s'il n'a veu cette grimace[2]. A la cathédrale de Sens une statuette grotes- que qui s'appelait Pierre du Coignet ou du Cugnot, enlevée à la révo- lution, a été remplacée par une autre tête de pierre que le vulgaire nomme de Jean du Cognot, et les mères y amenaient leurs enfants pour lui montrer sa grimace et leur apprendre à insulter sa mémoire[3]. A Paris on éteignait les cierges dans les narines de la statuette après les offices, et on mettait à ses pieds les balayures de l'église[4].

C'est au règne du premier des Valois que remonte la querelle, dynas- tique à l'origine, et, si funeste aux deux nations, entre les Anglais et les Français. Les principales traces légendaires laissées par les Anglais se rapportent à l'époque où ils occupèrent plusieurs provinces de France, et exercèrent leurs ravages dans d'autres. Pour ne pas avoir à y reve- nir je donne ici leur dossier satirique, quelle que soit la période où il ait été constaté. Ils reçurent des sobriquets qui n'ont pas tous disparu. Celui de Godon était usité en Normandie dans la première moitié du siècle dernier. On le trouve dans l'histoire de Jeanne d'Arc et dans plusieurs passages de chansons normandes ; l'une d'elles appelle les Anglais: Godons, panches à pois. Godon est une forme francisée du juron Goddam ; on dit encore un Goddem[5]. « Anglois couez » populaire au moins jusqu'au XVI° siècle, vient du préjugé qui leur attribuait un pro- longement de la colonne vertébrale[6]. Les gamins de la côte bretonne se servent parfois du terme : Anglichmanne pointu. Ecrevisse fait allusion à l'uniforme de l'armée anglaise, comme Habits rouges[7] ; D'autres surnoms sont aussi empruntés à la faune, tel Bernard l'Ermite que l'on entend parfois au Havre, et qu'on explique en disant que nos voisins aiment à s'emparer de la coquille d'autrui. Parmi les nombreux surnoms que les paysans donnent aux porcs, on relève en Haute-Bretagne celui d'An- glais. Anglais est synonyme de créancier ; il était en usage au XVI° siè- cle ; ce terme a été l'objet d'une dissertation de Pasquier qui lui assi- gne comme origine les rançons que la France eut à payer aux Anglais[8].

1. Etienne Pasquier, *Recherches de la France*, l. III, ch. 27.
2. Du Breul. *Theatre des Antiquitez de Paris*, p. 21.
3. Cayx de Saint Aymour l. c. p. 223-233 d'ap. un historien local.
4. Rabelais. *Pantagruel*, l. IV, Prologue nouveau, le représente comme en office de esteindre avec son nez les chandelles, torches cierges et flambeaux allumez.
5. H. Gaidoz et Paul Sébillot. *Blason pop.*, de la France, p. 335 ; de Barante. *Hist. des ducs de Bourgogne*, t. VI, p. 116.
6. Larivey. *Les Tromperies* act. I, s. c. 6. *Gloss. de l'Ancien théâtre français*, cf. sur cette légende Th. Wright, *Histoire de la caricature*, Paris, 1875, in-8, p. 163-164
7. H. Gaidoz et Paul Sébillot, p. 333.
8. *Recherches de la France*, l. VII, c. 35. C'était aussi l'opinion de l'illustre homme d'état anglais d'Israeli, cf. *Rev. des Trad. pop.*, t. XXI, p. 334.

Ils figurent souvent dans des proverbes et des comparaisons. Au XVIIe siècle on disait :

Rogue comme un Anglais milourt [1].

On dit en Wallonie : Grossier comme un Anglais ; en Canada : Jurer comme un Anglais. *Manja coumo un Anglès* est usité en Languedoc. Le dicton du XIIIe siècle : « Li mieldre buvéor en Angleterre », se retrouve dans les comparaisons : Boire comme un Anglais, et Saoul comme un Anglais [2]. *Droug-obéruz evel euz Zaoz.* Dur et méchant comme un Anglais, dit un proverbe breton [3]. La comparaison limousine *Meschant coum' un Anglais*, est un souvenir de la guerre de Cent Ans qui, dans ce pays fut la guerre de Trois-Cents Ans (1152-1436) ; dans la même région, *Credar coum' un Angli*, signifie crier comme un sourd. A Ussel on s'injurie encore en disant : *Ché d'Angleï !* chien d'Anglais [4]. Naguère à l'île de Ré quand des paysans se trouvaient à bout d'arguments, ils finissaient par se dire : Và donc, Anglais [5] !

Plusieurs chansons font allusion à d'anciennes haines, aujourd'hui éteintes. Telle est celle de la Fille mariée à un Anglais :

> J'aimerais mieux soldat français
> Que roi Anglais.

Dans quelques versions la dame, comme si elle prévoyait « l'entente cordiale » se résout à aimer son mari [6]. Le roi d'Angleterre figure dans une chanson parfois mimée, dont il a été recueilli plusieurs variantes. Une bergère à laquelle il n'a pas fait attention le provoque et est victorieuse :

> « Prends ton épée en main
> Et moi ma quenouillette... »
>
> Au premier coup porté
> Le roi tomba par terre ;
> Le maudit roi est mort,
> Nous n'aurons plus de guerre [7].

Si l'on fait abstraction des récits de batailles et de sièges et de chevauchées dans lesquels les Anglais sont parfois représentés comme

---

1. Scarron. *Œuvres*, t. 1, p. 228.
2. H. Gaidoz et Paul Sébillot, l. c. les proverbes sur les Anglais occupent les pages 332-337 ; dans cet ouvrage on trouve aussi ceux où les Français sont blasonnés par les Anglais.
3. Aug. Brizeux. *Furneiz-Breiz.*
4. Clément Simon. *Proverbes bas limousins* ; Champeval. *Proverbes bas-limousins.* p. 15.
5. Daniel Bellet, in *Rev. des Trad. pop.*, t. V, p. 635.
6. G. Doncieux. *Le Romancéro de France*, p. 303.
7. Blavignac, *L'Empro genevois*, p. 98 ; Félix Régamey, in *Rev. des Trad. pop.*, t. IV, p. 387, Ach. Millien. *Chants pop. du Nivernais*, t. I, p. 150, 370, cf. pour les versions antérieures, *Rev. des Trad. pop.*, t. IV, p. 9, 270, cf. aussi t. VI, p. 116 (Auvergne) ; E. Rolland. *Rimes et jeux de l'Enfance*, p. 8.

pillards, insolents et cruels; le peuple des provinces du Centre de l'Ouest et du Sud-Ouest ne leur donne pas un vilain rôle. Il semble être resté frappé de la puissance de leurs constructions et il leur fait honneur de beaucoup d'édifices remarquables par leur force ou leur étrangeté, même quand ils sont antérieurs ou postérieurs à leur domination. Dans l'Aveyron on leur attribue l'érection des mégalithes ; des dolmens sont dits Tombes des Anglais (cf. t. IV, p. 35 et 14) ; un aqueduc est appelé la Cave aux Anglais [1]. On trouve en Berry le Chemin des Anglais [2]. Dans la Charente-Inférieure leur nom se rapporte aux souterrains-refuges (cf. aussi t. IV, p. 106) et à tout ce qui ressemble à des retranchements [3]. Dans les Landes gasconnes ils ont amassé de grosses buttes pour y cacher leur argent [4]. Le peuple du Morbihan fait remonter à leur occupation comme auxiliaires de Jean de Montfort l'origine de plusieurs châteaux et de quelques églises, y compris la cathédrale de Vannes. Dans l'Albret, ce sont eux qui ont construit toutes les églises ; celle de Nogent-le-Rotrou leur est aussi attribuée, ainsi que la démolition du château [5].

Quelques anecdotes légendaires semblent se rattacher à la résistance qui leur fut opposée. Un capitaine français qui guerroyait contre eux aux environs de Sainte-Suzanne, avait fait établir un système télégraphique qui consistait à cacher de demi-lieue en demi-lieue dans un arbre touffu sur une éminence de terrain, un homme qui faisait mouvoir trois signes : la croix, le cercle, la fourche, et par leurs combinaisons, il était renseigné sur les mouvements des ennemis. C'est de cette façon qu'il put les surprendre, et se rendre maître de la ville de Sainte-Suzanne [6]. Dans le Forez sur un territoire appelé les Égaux, eut lieu dans l'ancien temps une bataille entre les Français et les Anglais, où les armes furent égales [7].

La confrérie des chevaux fugs avait été instituée à Montluçon, en commémoration d'une défaite des Anglais dans un de ses faubourgs. Suivant une tradition, un nommé Pierre Pehuc aurait défendu seul le passage de la rue Française à Béziers contre un parti d'Anglais. En mémoire de cet acte de courage, on lui aurait élevé une statue, et ce serait par corruption que de Pierre Pehuc, on aurait fait Pepezuc [8].

Le souvenir de défenses contre les Bourguignons alliés des Anglais, ou les Anglais eux-mêmes est constaté par des dictons populaires. On

1. Boisse, in Rev. des langues romanes, 2ᵉ série, t. VI.
2. L. Martinet. Le Berry préhistorique.
3. G. Musset. La Charente Inf. avant l'histoire.
4. Abbé L. Dardy. Anthologie de l'Albret, t. II, p. 103.
5. Rosenzweig. Rép. arch. du Morbihan, p. 14, 193, 203 ; Abbé Mahé. Antiquités du Morbihan ; L. Dardy, l. c. Filleul-Petigny, in Rev. des Trad. pop., t. XIX, p. 85.
6. Armand Dagnet. Histoires et légendes des Coëvrons, p. 96-106.
7. Noëlas. Lég. foréziennes, p. 18.
8. A. de Nore, Coutumes, etc., p. 282, 76.

donne aux gens de Mons, canton de Donnemarie, le sobriquet de
Mutins. Seuls dans la contrée, ils osèrent, le 21 avril 1430, résister à
une grosse troupe de Bourguignons qui battaient le pays. Forcés de se
réfugier dans la tour de l'église, ils périrent par le fer et le feu, au
nombre de 234 ; leurs ossements calcinés se montraient encore en
1760. Mons n'a pas cessé de célébrer un obit des onze-vingt-quatorze
en l'honneur des braves morts pour la défense du pays [1]. Trois villes de
Gascogne figuraient, à cause de leur conduite courageuse, dans un
dicton rimé :

> Fronsac, Cropignac et Broue
> Ont fait aux Anglais la moue [2].

Au XVe siècle, on se rappelait encore les alarmes que les envahisseurs avaient excitées : Dieu scet si elles font bon guet devers matin,
pour corner Anglois de quinze lieues [3].

J'ai rapporté, t. II, p. 67, 339, les légendes de cloches volées par les
Anglais, et p. 98, 317, les mésaventures de pirates anglais (t. II, p. 98,
317), des souvenirs de guerre, t. IV, p. 143, 314, 315, 316.

Les héros de la guerre de Cent Ans, Beaumanoir [4], Clisson, le connétable de Richemont, sont à peu près oubliés, même dans le pays de
Bretagne où ils naquirent et où ils bataillèrent. C'est vraisemblablement
à la suite de l'hommage tardif rendu récemment à cet illustre guerrier
que le nom de Richemont est venu s'attacher à un château breton : On
visite à la Tour d'Elven (Morbihan) un réduit obscur qui aurait servi de
prison à Richemont, roi d'Angleterre [5]. Les paysans connaissent le
nom de Du Guesclin ; pour beaucoup c'est un général de la Révolution
qui, à maintes reprises, battit les Anglais [6]. A La Roche Derrien, dont
le connétable fut seigneur, N. Quellien chercha vainement son souvenir
dans un chant ou dans la tradition ; toutefois des légendes locales disent
que la maison de sa femme Tiphaine était sur la place du Pouliet [7]. On
en montrait une autre à Dinan, et près du château de La Bellière
qu'elle habita, elle est l'objet de quelques récits (cf. t. IV, p. 208) ;
sur les bords de l'étang voisin de ce château, on faisait voir l'endroit
où Du Guesclin avait fait jeter, cousu dans un sac de cuir, un écuyer
qu'il soupçonnait de l'avoir trahi au profit des Anglais, et dont l'ombre

1. Fourtier. *Dictons de Seine-et-Marne*, p. 31.
2. Leroux de Lincy. *Le livre des Proverbes.*
3. *Les Quinze Joyes de Mariage*, la quatorzième joye.
4. Il figure cependant dans une courte légende où il est représenté comme un
mari jaloux (cf. t. IV, p. 303).
F. M. Luzel. *De l'authenticité des chants du Barzaz-Breiz*. Paris, 1872, in-8, range
parmi les pièces fabriquées Jeanne la Flamme, la Bataille des Trente, le Cygne ou
le retour de Jean le Conquérant qui se rapportent à cette période.
5. Delbecque, in *Le Fureteur breton*. t. II, p. 37
6. Paul Sébillot. *Légendes locales*, t. II, p. 178.
7. *Chansons et danses des Bretons*, p. 70.

revenait parfois à la surface des eaux, parce qu'il était mort sans confession [1].

« Guesclin le bon breton » [2] fut célébré dans des chants populaires aujourd'hui perdus [3]. On a imprimé à des époques voisines de la nôtre plusieurs chansons dont il est le héros. Des deux qui figurent dans le *Barzaz-Breiz* sous les titres de : La filleule de Du Guesclin, et : Le Vassal de Du Guesclin, la première n'est qu'une version retouchée et arrangée de façon à lui prêter une apparence historique, d'un gwerz réellement chanté en Basse-Bretagne. La seconde ne semble pas d'origine plus réellement populaire [4], et l'on doit faire les mêmes réserves à propos de chansons qui auraient cours aux environs du Grand-Fougeray (Ille-et-Vilaine) où Du Guesclin déguisé en meunier ou en bûcheron, s'empare par surprise d'un château. M. Gaidoz a émis des doutes, très justifiés, sur l'authenticité d'une version publiée dans *Mélusine*, doutes qui s'appliquent aux deux autres ; elle lui paraît rentrer dans la catégorie des pastiches, et avoir été fabriquée, à l'aide d'emprunts faits à des chansons populaires, par un maître d'école ou par un lettré [5].

Charles de Blois a laissé plus de traces que l'illustre capitaine qui essaya de faire triompher sa cause. On prétend, sans donner de détails, qu'il est resté populaire aux environs de Guingamp [6]. Vers 1868 j'ai vu à l'ancien couvent des Cordeliers de Dinan une fresque récemment dégagée de la couche de plâtre qui la recouvrait, et qui représentait la Mort brandissant son dard au dessus d'un personnage en costume du XVe siècle ; un prêtre me dit que ce seigneur était Charles de Blois, et que, d'après une tradition, Jean de Montfort étant venu aux Cordeliers l'avait frappé d'un coup de lance qui en fit aussitôt jaillir du sang [7]. Cette légende, qui est plus ancienne, aura vraisemblablement été transportée à cette image lorsque fut détruit un Arbre de vie que Charles de Blois avait fait peindre sur le mur de l'église de ce couvent, et où était figurée la vie de saint François, et lui-même y était à genoux au pied de l'arbre. En 1368, le duc de Montfort commanda au gardien d'effacer cette image, et celui-ci fit blanchir la muraille, mais le lendemain deux filets de sang coulaient à l'endroit, derrière l'oreille, par où sortait le coup qui avait donné la mort à l'époux de Jeanne de Penthièvre [8].

1. Elvire de Cerny. *Chronique dinannaise*. Dinan, s. d. (vers 1850), in-4, p. 2.
2. François Villon. *Ballade des seigneurs du temps jadis.*
3. Leroux de Lincy. *Chants populaires*, t. I, p. 256.
4. *Barzaz-Breiz*, p. 212 et 221 ; F.-M. Luzel. *De l'authenticité des chants du Barzaz-Breiz*, p. 29 et suiv.
5. Soreau. *Vieilles chansons du pays nantais.* Nantes, 1901, p. 3 ; A. Orain. *Chansons de la Haute-Bretagne*, p. 20 ; *Mélusine*, t. IV, col. 305-306.
6. *Bull. de la Société archéologique du Finistère*, 1885, p. 186.
7. Paul Sébillot. *Les souvenirs populaires*, p. 13.
8. Lobineau. *Vie des saints de Bretagne*, t. III, p. 138-139.

Le vers de Régnier :

> Il te laisse au roi Jean et s'encourt au roi Charles [1]

semble faire allusion à un dicton populaire. Ni Charles V Le Sage, ni son fils dont la folie fut attribuée par ses contemporains à des envoûtements ou à la rencontre dans la forêt du Mans d'un chasseur surnaturel [2] n'ont laissé la moindre trace dans le folk-lore ; on a vu (p. 387) qu'Isabeau de Bavière figure parmi les reines mangeuses d'enfants.

Le duc de Bourgogne Jean sans Peur conserva jusqu'à une époque assez récente une certaine popularité dans quelques parties de son duché. Au dix-huitième siècle, on faisait voir encore sur le pont de Montereau un pavé qui portait la trace du sang qui jaillit de ses blessures quand il fut assassiné. On raconte dans l'Yonne qu'un jour de Mardi Gras, le duc qui habitait la rue Franche à Noyers, joua à la boule, promettant d'affranchir de toutes impositions les maisons que sa boule atteindrait. De fait toutes celles de cette rue ont joui de ce privilège jusqu'en 1789 [3].

La bataille de Baugé où les Anglais commandés par le duc de Clarence furent vaincus, date de 1421, l'avant-dernière année du règne de Charles VI. Une enquête, faite avec beaucoup de soin, a relevé bon nombre de faits traditionnels qui s'y rapportent. Voici le résumé des principaux : Quelque temps auparavant, les Anglais renversèrent dans le Loir le clocher de l'église Sainte-Colombe, dont la cloche fit entendre ses sonneries pendant longtemps, au fond de l'eau à chaque grande fête religieuse. Au même endroit ils brûlèrent vive une jeune fille, mais de la fumée du bûcher s'éleva tout-à-coup une colombe, qui leur dit : « Vous mourrez tous, par ordre divin, entre deux paroisses qui portent le même nom ». Arrivés à Baugé, les Anglais s'enquirent du nom de la ville, Baugé, et de celui de la localité avoisinante, le Vieil-Baugé. La prédiction de la colombe leur revint à la mémoire, et ils se dirent : « C'est donc ici que nous devons mourir ? » L'évènement justifia en effet cette appréhension, car ils furent presque tous anéantis, à la bataille qui eut lieu sur le coteau, entre Baugé et le Vieil-Baugé, et le combat fut si meurtrier que la roue d'un moulin situé en bas fit trois fois le tour sur elle-même par suite de l'abondance du sang qui s'écoulait de la hauteur. La tradition fait faire à la monture du duc de Clarence, fuyant le champ de bataille, des bonds prodigieux et l'on montre en plusieurs endroits les empreintes de son fer. Celle de la reine d'Angleterre qui accompagnait ses troupes fit également un saut merveilleux attesté aussi par une dépression sur une pierre [4].

1. Régnier, Satire X.
2. Bérenger-Féraud. Sup. et Survivances, t. II, p. 158.
3. Magasin pittoresque, 1837, p. 95 ; C. Moiset. Usages de l'Yonne, p. 106.
4. C. Fraysse, in Rev. des Trad. pop. t. XIX, p. 187-191.

On a expliqué ce proverbe du XVII<sup>e</sup> siècle : « Il a fait plus que Charles en France », qui s'appliquait à une personne ayant accompli de grandes choses, en disant qu'il faisait allusion aux guerres que le roi Charles VII eut à soutenir pour reconquérir son royaume[1]. La Pucelle d'Orléans et ses compagnons, qui méritaient mieux que ce prince de rester dans la tradition, y ont aussi laissé plus de traces. Toutefois Jeanne d'Arc n'a pas en réalité de légende, bien que peu de personnages y prêtent autant, non seulement par les actes extraordinaires de sa vie, mais aussi en raison des circonstances qui les précédèrent. C'est en effet près d'un arbre des Fées et dans le voisinage de la fontaine aux Bonnes Fées Notre-Dame qu'elle eut ses visions ; beaucoup d'autres de ses gestes tiennent du merveilleux. De son vivant elle a passé pour invulnérable, et les plus simples d'entre les soldats et habitants de Troyes assuraient qu'une multitude de papillons blancs voltigeaient tout à l'entour de sa bannière[2] ; Peu de temps après son supplice le bruit courut qu'une colombe s'était envolée de son bûcher (cf. t. III, p. 250). Au temps de Villon, le peuple n'avait pas oublié

> Jeanne la bonne Lorraine
> Qu'Anglois bruslèrent à Rouen[3].

De nos jours on n'a recueilli ni chanson ni légende qui s'applique sûrement à elle. C'est simplement à titre de curiosité que j'analyse un récit de la Meuse, long et assez obscur, que l'auteur rattachait à l'enfance de l'héroïne : Jeannette, chargée comme le Petit Chaperon rouge d'aller porter une pâtisserie et des œufs à sa mère grand', s'amuse à cueillir des anémones pulsatiles qui, sitôt dans sa main, se transforment en roses, en tulipes, en jasmins, en pivoines, et elle attribue cette métamorphose à la bonne fée du Bois Chesnu. Elle s'arrête pour manger au lieu dit les Awisselos, les oiselets, et les petits oiseaux des bois voisins saluent Jeannette de leurs chansons. Elle dépose une partie de ses fleurs sur l'autel de la Vierge et donne les autres à mère grand' en lui racontant la merveilleuse métamorphose. La vieille y voit autre chose qu'une intervention de la fée, et pense que Dieu a des

---

1. Leroux de Lincy. *Le Livre des proverbes*, t. II, p. 32.

Agnès Sorel a conservé en Touraine une certaine popularité. On l'y nomme Agnès Seurelle, et l'on dit que le château de La Guerche fut construit par elle. Elle aurait habité dans la tour du château de Loches qui porte son nom. Pour se rendre aux rendez-vous d'amour du roi, qui étaient parfois dans la Cave d'Orfont, dans la forêt de Loches, elle suivait un souterrain creusé sous l'Indre. (Jacques Rougé, in *Rev. des Trad. pop.*, t. XXII, p. 75).

2. De Barante. *Hist. des ducs de Bourgogne*, t. VI, p. 8.

3. François Villon. *Ballade des dames du temps jadis*. Sa mémoire fut de si grande recommandation après sa mort, qu'en l'an 1440 le commun peuple se fit accroire que la Pucelle vivoit encores et qu'elle estoit eschappée des mains des Anglois, qui en avoient fait brusler une autre en son lieu (Estienne Pasquier. *Les Recherches de la France*, l. V, c. 8).

dessins cachés sur l'enfant. Les petits oiseaux auxquels elle avait donné à manger près de l'aubépine lui font de nouveau cortège le long du chemin [1].

Un petit trait fort récent montre que, suivant une règle assez commune, son nom popularisé par les livres, par l'imagerie, par la statuaire, a été substitué à celui d'un personnage jadis plus connu. Au château de Saint-Aubin du Cormier (Ille-et-Vilaine) on fait voir l'entrée d'un souterrain par lequel s'échappa Jeanne d'Arc [2]; on sait qu'elle ne vint jamais en Bretagne, et ici elle a pris la place d'Anne de Bretagne, à laquelle on attribuait, faussement d'ailleurs, cette fuite il y a une vingtaine d'années.

Son compagnon d'armes, le bâtard d'Orléans, est expressément nommé dans une chanson, recueillie il y a une trentaine d'années, dans la vallée d'Ossau:

> *Près las tours de Marmande*
> *Y a u gentiou guerrier,*
> *Landerirette,*
> *Lou charman Dunois,*
> *Landeridé.*
> *Las dames de Marmande*
> *Que li han saludé,*
> *Nous qu'eb offrim de roses*
> *Couronnes de laurè.*
> *Murche à Dax et Bayonne,*
> *Tous Anglès bataillé,*
> *Adiou, charmant Dunois.*

M. de Puymaigre ajoute cette note: l'épithète de charmant. donnée à Dunois, nous avait d'abord fait craindre que ces couplets ne fussent qu'une réminiscence de la chanson si connue, dont sous l'empire on avait voulu faire un air national. Ils paraissent pourtant bien réellement populaires, et nous nous demandons si ce n'est pas plutôt cette chanson toute abrupte, qui a pu donner l'idée du jeune et beau Dunois, dont l'auteur était un Ossalois, le comte de Laborde. Dunois cependant n'était pas beau, au contraire. Il fut en effet envoyé en Guienne en 1450 pour y combattre les Anglais; il les chassa de Mont-Guyon, de Blaye, de Fronsac et de Dax, et assiégea Bayonne qui se rendit [3].

Une tradition de l'Albret attribue l'expulsion des Anglais à l'intervention d'un personnage mythologique: C'est un géant de la Lande, Gargantua, qui les en chassa en leur lançant comme des boulettes, les plus gros chênes qu'il déracinait aussi facilement que des poireaux [4].

Un récit de l'Agenais où figure le roi Talbot se rapporte peut-être au

1. H. Labourasse. *Anciens us, etc. de la Meuse*, p. 162-166.
2. Paul Sébillot, in *Rev. des Trad. pop.* t. XVI, p. 577.
3. Comte de Puymaigre. *Folk-Lore*, p. 91.
4. Abbé L. Dardy. *Anthologie de l'Albret*, t. II, p. 101.

célèbre général anglais, qui guerroya longtemps dans ce pays et y fut
tué à la bataille de Castillon. Il avait bâti son château sur une éminence appelée la Tuque de Sabouraud ; il en sortait souvent à la tête
d'une vaillante armée. Quand il rentrait le peuple accourait en foule,
et criait : *Bibe lou rey Talabot !* vive le roi Talbot ! Mais un jour le roi
Talbot ne revint plus. L'ennemi assiégea Sabouraud, dont la garnison
se défendit d'une façon héroïque, mais la résidence de Talbot battue
par le canon ne fut bientôt plus qu'un monceau de ruines [1].

Gilles de Retz, qui après s'être illustré à la guerre, commit des actes
de cruelle folie, est devenu dans la partie de l'Ouest de la France où
étaient situés ses immenses domaines, un personnage légendaire, qui
porte tantôt ce nom, tantôt celui de Barbe-Bleue. Dans le pays nantais
tous les châteaux sans propriétaire avéré sont ceux de Gilles de Retz [2] ;
les paysans de Champtocé et de Champtoceaux (Maine-et-Loire) disent
que les châteaux en ruine ont appartenu à Barbe-Bleue [3]. Une petite
tradition de la Loire-Inférieure le représente comme un puissant constructeur : il fit faire un aqueduc en une nuit, pour plaire à une jeune
fille d'Arthon qui lui avait déclaré qu'elle ne l'aimerait que quand il
aurait amené dans ce bourg les eaux de la fontaine Bonnet [4].

Les récits populaires n'ont pas oublié ses crimes, et même ils en ont
parfois enrichi la liste. Ses empocheurs sont encore célèbres à Nantes
et aux environs, et les enfants les redoutent autant que les lutins et les
farfadets. A Tiffauges on montre la chambre où il égorgeait ses petites
victimes, et les paysans vendéens s'imaginent que celle où il pendait
ses femmes existe encore dans un coin de ce château [5]. Une légende qui
s'est formée en Anjou [6] et en Bretagne, à une époque que nous ne connaissons pas très bien, mais que Richer constatait il y a une centaine
d'années, mêle en effet les épisodes de l'histoire de Gilles et ceux du
conte de Perrault [7]. On prétendait qu'il enfermait ses femmes dans de
petites îles, appelées îles enchantées que l'on voit dans l'étang du
château de Princé [8]. Pendant longtemps, on montra dans l'ancienne

1. A. Ducourneau. *La Guyenne historique et monumentale*, t. I, p. 17, 223.
2. Paul Sébillot, *Légendes locales de la Haute-Bretagne*, t. II, p. 178.
3. M. Michel, in *Rev. des Trad. pop.*, t. II, p. 432.
4. Girault de Saint-Fargeau. *Dict. de la Loire-Inférieure*, 1829, in-4°.
5. Abbé Bossard. *Gilles de Retz*, 1886, in-8, p. 418, 414.
6. M. Michel, l. c.
7. Une tradition généralement accréditée fait des restes de La Verrière le château
de Barbe-Bleue. Gilles était seigneur d'Ingrande, de Chantocé, Machecoul, Bourg-
neuf, Pornic, Princé, etc., ce qui fait que chacun de ces lieux se dispute l'honneur
exclusif de posséder le château de Barbe-Bleue. On sait que Gilles passe pour être
le héros du conte de Perrault. (Ed. Richer. *Description des Bords d'Erdre*, Nantes,
1820, in-4, p. 17-18). Ogée, à l'art. Champtocé, écrit également : Gilles de Retz est
regardé dans tout ce pays comme le véritable Barbe-Bleue (cf. sur cette question.
Levot. *Biographie bretonne*, t. II, p. 677, art. de la Borderie).
8. Bizeul, *De Rézé et du pays de Retz*, p. 87.

église de Saint-Nicolas une pierre tombale sous laquelle, disait-on,
elles étaient enterrées, et qui portait, sculptés, sept ronds égaux ;
sept beaux arbres voisins d'une chapelle près de Verrières commémo-
raient aussi leur souvenir. Suivant la tradition de Tiffauges, c'est là et
non à Nantes qu'il subit son supplice ; comme d'autres personnages
méchants, il fut mis dans un tonneau rempli de pointes acérées, que
l'on fit rouler du haut de la colline jusque dans la vallée [1]. Ni lui ni
ses femmes ne figurent, à ma connaissance, parmi les revenants. Le
peuple a pensé que sa fin tragique avait suffisamment racheté ses
crimes ; une sorte de monument expiatoire qui avait été élevé sur le
lieu de son supplice possédait même des vertus spéciales ; on appelait
N. D. de Créelait la statue de la Vierge, placée avec saint Gilles et saint
Laud dans une sorte de niche ; les nourrices y allaient en pèlerinage
pour avoir du lait, et en 1839, on y déposait encore du beurre et des
offrandes [2].

Le nom de Jacques Cœur, l'argentier de Charles VII, a été synonyme
d'opulence :

> Si tu n'as tant que Jacques Cœur
> Myeulx vault vivre soubz gros bureaux,
> Pauvre, qu'avoir esté seigneur
> Et pourrir soubz riches tumbeaux [3].

Un récit du Forez que j'ai résumé (t. II, p. 244), prétend que Jacques
Joli-Cœur, nom qu'il porte dans le Centre, commença sa fortune en
dérobant le diamant merveilleux d'un serpent. Les paysans voisins du
château de Rouillères disent que les moines aidèrent Jacques Joli-
Cœur à creuser des souterrains, de ce château qui leur appartenait
jusqu'à celui de Boisy où il faisait sa résidence ; quand il fut tombé en
disgrâce, ils le surprirent une nuit qu'il faisait sa prière à leur
chapelle de Rouillères et le livrèrent aux soldats du roi [4] ; à Rianes, il
existerait d'anciens souterrains par lesquels il faisait couler ses vins
pour les amener de ses pressoirs de Sancerre à ses caves de Bourges [5].

La destinée tragique de Gilles de Bretagne, frère du duc François Ier,
avait vivement frappé ses contemporains, et l'on raconte encore des
épisodes de sa vie dans le voisinage des châteaux où il fut successivement emprisonné et de l'abbaye qui reçut sa dépouille. Les paysans
se signaient naguère encore en passant près des derniers vestiges du
château de la Hardouinaye où il périt, et faisaient tout bas une prière

1. Abbé Bossard, l. c., p. 416. A Machecoul, une pierre grise qui a la forme
d'une tête de mort se nomme crâne de Barbe-Bleue (p. 414).
2. Mme E. Vaugeois, in *Rev. des Trad. pop.*, t. XIII, p. 147.
3. F. Villon. *Grand Testament*, XXXVI ; cf. le vers de Régnier, p. 345.
4. F. Noëlas. *Légendes foréziennes*, p. 12-13.
5. L. Martinet. *Le Berry préhistorique*, p. 191.

pour « Monsieur Gilles [1] ». Ils n'avaient pas oublié la villageoise compa-
tissante à laquelle « Dieu inspira de se laisser couler ès douves du château
esquelles il n'y avoit point d'eau et luy porter du pain et de l'eau par
une petite fenestre grillée [2] » ; ils ajoutaient même que c'était du pain
noir et que Gilles fut étouffé entre deux matelas. Près du château du
Guildo où il fut arrêté, mais où il ne fut pas traité en prisonnier, on
raconte qu'une domestique de celui du Val venait lui porter à manger,
en se servant du souterrain qui réunissait les deux forteresses, et certains disaient que l'ombre de Gilles y revenait. On parle aussi de l'adjuration à comparaître au jugement de Dieu quarante jours après sa mort,
adressée par Gilles à son frère ; mais sans dire, comme Albert Le Grand,
qu'il avait chargé de la lui signifier le Cordelier qui avait reçu sa
dernière et générale confession [3]. Les gens voisins de l'abbaye de
Bosquen disaient que le cadavre du malheureux prince y avait été
amené par une charrette à bœufs qui entra dans l'église et fit le tour de
la fosse avant que le cercueil y fût déposé, et que depuis nulle charrette n'a pu aller de la Hardouinaye à Bosquen par le chemin qu'avait
pris celle qui portait Gilles [4].

## § 4. DE LA RENAISSANCE A LA LIGUE

Si les héros de la légende étaient les mêmes que ceux de l'histoire,
Louis XI y tiendrait une grande place. Toutefois j'ai pu croire jusqu'à
ces derniers temps qu'il était l'un des plus oubliés, ni mes lectures ni
les appels faits à mes correspondants ne m'ayant fourni la moindre
addition au petit trait rétrospectif de la marée qui monte moins haut
que d'habitude lors de sa réconciliation avec son frère (t. II, p. 18).
Une enquête récente montre qu'il n'est pas inconnu aux environs de
son château du Plessis-les-Tours ; les paysans qui parlent assez souvent de lui disent qu'il obligeait les bouchers à nourrir gratuitement
sa meute et qu'il réquisitionnait les chevaux et les charrettes pour ses
corvées. Afin de rendre quelque ardeur à sa vieillesse, il se faisait amener les plus jolies filles du pays, et il prenait des bains dans le sang
des victimes égorgées par ses bourreaux. Si le Plessis a été si longtemps inhabité, c'est que parfois Louis XI y revenait, poursuivi par
ceux qu'il avait fait injustement mettre à mort. On montre, dans ce
château l'entrée d'un souterrain qui allait dans la ville de Tours jus-

---

1. A. de Barthélemy et Geslin de Bourgogne. *Anci ns évéchés de Bretagne.* Saint
Brieuc, 1855-1864, in-8, t. II, 2ᵐᵉ partie, p. 381. On me montra au château du
Guildo (vers 1780), la chambre où l'infortuné prince Gilles fut, dit-on, renfermé. (Néel
de la Vigne. *Souvenirs.* Dinan, 1850, in-8, p. 135).
2. Albert Le Grand. *Vies des saints de Bretagne.* Françoise d'Amboise, § 9.
3. Paul Sébillot. *Légendes locales,* t. II, p. 178 ; Françoise d'Amboise, § 10.
4. Habasque. *Notions hist. sur les Côtes-du-Nord,* t. III, p. 201 ; Levot. *Captivité
et mort de Gilles de Bretagne.* Brest, 1874, p. 13.

qu'à la maison dite de Tristan et, passant par dessous la Loire aboutissait à un château, de la commune de Saint-Cyr. C'est par ce souterrain que ceux que le roi avaient condamnés étaient menés au supplice : Tristan les pendait à des clous et à des crochets que l'on montre encore sur le pignon du logis qui lui est attribué ; il se prolongeait
jusqu'à la Loire, et servait à ceux qui allaient y précipiter les cadavres. Dans le parc du Plessis un débris de cave voûtée serait l'endroit
où le cardinal La Balue fut enfermé dans une cage de fer, et l'on montre dans le mur la place où étaient scellés les barreaux. Beaucoup de
fontaines de cette région reçurent, à ce qu'on dit, la visite de ce roi,
qui fut en effet un grand pèlerin [1]. Quand il allait à la Guierche voir
une de ses « amies », il passait par le « chemin ferré » que l'on nomme
Chemin Louis XI [2]. D'après une tradition, que Béranger qui habita la
Touraine, a rapportée en note en tête de sa chanson de Louis XI. ce
roi voulait voir quelquefois les paysans former des rondes devant les
fenêtres de son château ; en 1832 Casimir Delavigne dans sa tragédie
de *Louis XI* (acte II, sc. I), les représente dansant « par ordre ».

Parmi les princes, ses contemporains, dont il contribua à abattre la
puissance, il en est deux qui ont laissé de plus curieuses traces dans
le folk-lore.

Le roi René, qui supporta avec philosophie ses disgrâces politiques,
est encore populaire en Provence sous le nom de *lou bon rei*. Le soleil
y est appelé *Chaminèiro dou rei Reinié*, la cheminée du roi René ; à
Marseille, à Aix, à Digne, on désigne ainsi des promenades abritées
par des remparts où il venait se chauffer au soleil. On dit de quelqu'un
habillé à l'ancienne mode : *Vesti dou tèms dou rei Reinié* [3]. Vers 1840,
les enfants chantaient parfois en allant le long des rues :

> Bouen René doou plus haout séjour,
> Gielo un coou d'auey sur la Prouvenço,
> Regardo en aquest beou jour
> Nouestri coors per tu plens d'amour.

Bon René, du plus haut séjour — Jette un coup d'œil sur la Provence — Regarde en ce beau jour — Nos cœurs pour toi pleins d'amour [4].
En Anjou, dont il fut comte, il n'est pas non plus oublié. Au XVIIIe
siècle, sur les bords de la Maine, on l'appelait encore le *Roi des Gar-
dons* à cause de son affection pour les pêcheurs, pour lesquels il avait
institué une fête spéciale. Une de ses retraites favorites était située
sous le roc de Chanzé, où il s'était plu à reproduire une imitation de

1. Horace Hennion et Edmond Chaumier, in *Rev. des Trad. pop.* t. XXI, p. 480.
2. Jacques Rougé, *ibid.*, t. XXII, p. 75.
3 F. Mistral, *Tresor dou Felibrige* ; Paul Sébillot, in *Rev. illustrée de Bretagne
et d'Anjou*, décembre, 1888 ; au XVIe siècle Noël du Fail l'appelle le bon René
(*Œuvres*, t. II, p. 126).
4. Xavier Marmier, *Souvenirs de voyage*, 1860, in-18.

la grotte de la Sainte Baume de Provence. Jusqu'à ces derniers temps, e peuple s'y portait en foule à la Madeleine « pour rester gai toute l'année »[1]. A Baugé sa femme, Jeanne de Laval, est connue sous le nom de reine Cécile; voyant son mari dépenser des sommes considérables pour l'embellissement de la ville, elle lui dit qu'elle ne voulait pas qu'il touche à sa fortune, et elle fit construire à ses frais la levée de la Loire par des forçats. Le sobriquet de : Descendants de la reine Cécile, donné aux habitants de Beaufort, a pour but de leur rappeler qu'il descendent de ceux qu'elle établit ensuite dans le pays[2].

Charles le Téméraire, d'autres disent un prince lorrain, serré de près par ses ennemis, aurait fait franchir la vallée à son coursier; l'empreinte du sabot de son cheval que l'on montre non loin de Saverne atteste cet exploit (cf. t. I, p. 389). D'après une légende, sans indication de source, le fantôme d'un des soldats tués à Morat lui apparut lorsqu'il rassemblait à la Rivière, les débris de son armée, et lui dit de renoncer à la guerre. Le duc voulut le frapper, mais son épée ne trouva que le vide, et l'apparition lui cria que son ombre irait l'attendre sous les murs de Nancy[3].

Ses sujets se refusaient à admettre qu'il eût été tué dans cette bataille : le *Sermon des Foulx*, imprimé à Lyon au XVI<sup>e</sup> siècle, note

> Des Bourguignons la grant folie
> Qui disoyent leur duc estre en vie[4].

Parmi les chroniqueurs, les uns écrivirent qu'il avait été emporté par le diable, d'autres qu'il s'était fait ermite et réfugié dans une solitude[5].

Charles VIII qui fut à la fois roi de France et duc de Bretagne après son mariage avec la duchesse Anne, aurait fait une halte à La Selle-en-Luitré, sur le bord d'une ancienne voie romaine, appelée depuis Chemin Châle ou Charles, dans un champ dont une extrémité se nommait la Table du roi; et pour perpétuer ce souvenir la charrue n'y avait point passé[6]. Un compilateur du XVII<sup>e</sup> siècle rapporte un épisode miraculeux de ses expéditions en Italie : Charles VIII estant arrivé devant Rome avec son armée, le Pape luy refuse l'entrée. Mais tandis qu'on fermoit les portes de la première ville de la Chrestienté au roy tres Chrestien, la muraille s'ouvre d'elle mesme, et par la cheute de six vingt brasses l'inuite à entrer. Alexandre s'enfuit et se retire dedans

---

1. Paul Sébillot. *l. c.*
2. C. Fraysse. *Le Folk-Lore du Baugeois*, p. 29-30, 36. Au XVI<sup>e</sup> siècle on disait Cécile au lieu de Sicile, la transformation du titre de reine de Sicile en un prénom s'est faite naturellement.
3. Ch. Thuriet. *Trad. pop. du Doubs*, p. 477.
4. *Ancien Théâtre français*, t. II, p. 214; t. X, p. 94.
5. Collin de Plancy. *Dict. Infernal*, t. II, p. 135.
6. Ogée. *Dict. de Bretagne.*

le Chasteau Saint-Ange, avec autant de frayeur que moins il en auoit
de suiet. Mais quinze brasses de l'auant-mur du Chasteau venant à
tomber aux premières approches du Roy, il conclut enfin la paix [1].

On n'a rien rencontré de nos jours qui puisse s'appliquer à Louis
XII ; mais un conteur qui écrivait trente ans après sa mort nous a conservé deux anecdotes dont ce « Père du Peuple » est le héros, et qui
circulaient vraisemblablement parmi ses sujets. Ce roi ayant appris
d'un bonhomme qui faisait des balais dans une forêt qu'il les vendait
un denier la pièce, lui dit d'en amener une charretée au château de
Blois, et qu'il les lui paierait un liard chaque pièce, mais que s'il en
trouvait un douzain il pouvait les vendre et apporter la somme à Pierre
d'Amboise, comme à son associé. Le vendredi, le roi défendit à tous
ses gentilhommes et officiers de n'entrer chez lui le samedi matin sans
avoir un balai neuf au poing. Le bonhomme vendit toute sa charge un
sou la pièce. On le conduisit ensuite à Pierre d'Amboise auquel il dit
que jamais de sa vie celui-ci n'avait fait un aussi bon marché, puisqu'il
avait vendu à un bon prix ceux qu'il amenait. Le roi lui dit de garder
l'argent et après l'avoir fait copieusement dîner, il se fit connaître à lui [2].
Une autre fois qu'il était seul dans un bois il arriva devant la chaumière d'une bonne femme, à laquelle il demanda à boire ; elle répondit
qu'elle n'avait point de vin, et comme le roi s'en étonnait, elle avoua
qu'elle avait un traversier qui n'était pas percé, mais que si elle lui
en vendait une pinte, elle en paierait la gabelle au roi aussi bien que
si elle avait vendu toute la pipe. « Ma mye, lui dit le prince, ne vous
souciez, le roi n'en saura ja rien [3]. »

Anne de Bretagne est un des personnages historiques qui tiennent une
place considérable dans la légende : Son double titre de duchesse de
Bretagne, et de reine de France, épouse de deux rois, sa mort arrivée
lorsqu'elle était encore jeune et belle, ont sans doute contribué, non
moins que le sentiment de particularisme, jadis très vivant en Bretagne, à lui assurer une renommée durable. Le nom lui-même qu'elle
portait n'y a peut-être pas été étranger ; elle avait pour patronne sainte
Anne qui, avant elle, et surtout depuis, a été dans cette province l'objet
d'une dévotion quasi-nationale. La popularité de la sainte a pu rejaillir
sur la duchesse, et qui sait si celle-ci n'a pas à son tour été pour quelque chose dans le culte que les Bretons ont conservé pour la mère de
la Vierge ?

De même que d'autres femmes légendaires, la reine Anne est une

1. Le B. *Histoire curieuse*, p. 66.
2. N. de Troyes. *Le Grand Parangon des Nouvelles nouvelles*, p. 24, 26.
On conte dans l'Ariège qu'un roi anonyme, bien reçu par un charbonnier, lui
demande ce qu'il gagne, l'invite à venir dîner avec lui le lendemain, et lui fait
des présents. Lambert. *Contes pop. du Languedoc*, p. 49-51.
3. Nicolas de Troyes, l. c. p. 23-24.

grande bâtisseuse : à Dinan, on lui fait honneur de la construction du beau donjon du château, qui lui est antérieur de plus d'un siècle, et l'on y montre toujours son fauteuil de pierre. Aux environs de la Roche-Suhard, elle passe pour avoir bâti et possédé le château de ce nom, dont on ne voit plus que les ruines ; du reste, on lui rapporte l'origine de presque tous les châteaux gothiques de la Bretagne[1]. On retrouve son souvenir, défiguré dans celui de la rue aux Anes, au-delà du pont de Léhon, près de Dinan, qui suivant les gens du pays, fut ouverte par elle. Sa voiture ayant eu peine à monter la côte les habitants dételèrent les mules et la traînèrent ; arrivée au sommet, Anne voulut anoblir tous ceux qui lui avaient donné une telle preuve d'affection et elle se plut à donner son nom à cette route[2]. La voie romaine qui traverse le canton de Fougeray porte indifféremment les noms de chemin de la duchesse Anne ou de chemin de la Royne ; à Langou, un chemin de la Royne est aussi appelé chemin de la duchesse Anne ; à la Noe Blanche, on lui attribue la construction d'une voie romaine ; à la vue d'une pie morte, elle interrompit les travaux. Ses résidences sont aussi nombreuses que celles de la reine Blanche. Les habitants du Vieux-Bourg en Saint-Just ont gardé le souvenir d'un couvent, aujourd'hui disparu, où elle venait parfois faire des retraites ; lorsqu'elle se rendait de Nantes à Rennes, elle s'arrêtait au manoir de la Praye, non loin de Fougeray ; quand elle allait au Folgoët, elle se reposait au château de la Pordrillais, en Pipriac, où l'on assure qu'elle mit au monde un enfant ; on y fait voir la chambre de la reine Anne, et l'on conservait dans une auberge du Folgoët un fauteuil qui lui avait servi[3] ; en Basse-Bretagne elle dîna au château de Tregont-Mab (cf. t. IV, p. 186). Près de Saint-Aubin-du-Cormier, on montre la Butte à Moqué, sur laquelle elle venait se reposer en compagnie de ses dames d'honneur[4]. Près de Plouigneau son passage est attesté par une empreinte sur le piédestal d'une croix (cf. t. 1, p. 371). Suivant la tradition, elle aurait un jour de fête figuré dans une danse bretonne appelée dérobée ; elle y fût souvent « dérobée », et toujours elle sut se soumettre de bonne grâce à cet usage[5].

Des récits, recueillis dans des lieux assez éloignés, disent que contrairement à l'histoire, elle assista en personne à des batailles. Après la défaite de son armée à Saint-Aubin-du-Cormier, elle tenta de se sauver par le souterrain du château de Saint-Aubin, d'autres disent par celui du Bordage : elle fit ferrer son cheval à rebours, de sorte que

1. Rabásque. *Notions historiques sur les Côtes-du-Nord*, t. 1, p. 421.
2. Ogée. *Dict. de Bretagne* ; la source n'est pas citée.
3. Guillotin de Corson, in *Soc. arch. d'Ille-et-Vilaine*, t. VIII, p. 299 ; t. XII, p. 6 ; *Récits historiques de la Haute-Bretagne*, p. 178, 195.
4. Paul Sébillot. *Trad.*, t. II, p. 349.
5. B. Jollivet. *Les Côtes-du-Nord*, t. 1, p. 223.

ceux qui la poursuivaient firent d'abord fausse route ; mais elle fut
vendue par son valet, qui paya cher sa trahison, puisqu'on le tua quelque temps après ; à Chevré, non loin de là, on dit qu'elle employa ce
stratagème pour échapper aux Anglais, mais, trahie par son palefrenier, elle fit tuer, éventrer et vider un cheval dans le corps duquel elle
se cacha. Il fut ensuite placé sur un haquet, et c'est ainsi qu'elle passa
au milieu de ses ennemis qui ne se doutèrent pas que cette carcasse
dérobait à leurs yeux la jolie duchesse [1]. A Blain (Loire-Inférieure) c'est
aussi dans l'intérieur d'un cheval mort qu'elle se cacha ; les pies en
dépeçant le cadavre décelèrent sa retraite aux Anglais, et Dieu pour
les punir les chassa à jamais de la forêt du Gavre [2].

On raconte en pays bretonnant qu'avant le départ de son mari pour
les états de Bretagne, elle lui avait recommandé de ne pas charger ses
sujets de nouveaux impôts ; à son retour, il lui avoua qu'il avait consenti à l'établissement de la gabelle, et juré de la maintenir tant qu'il
vivrait ; la duchesse s'écria que ce ne serait pas, en ce cas, pour
longtemps ; elle lui plongea un couteau affilé dans le cœur ; puis elle fit
annoncer partout que la gabelle était morte et qu'on allait l'enterrer
avec son mari [3].

Je ne parle que pour mémoire des « Sabots de la reine Anne » [4]. On
peut considérer cette chanson, ainsi que celles de Du Guesclin, comme
un dernier écho des « faux patriotiques », dont la première moitié du
siècle dernier fournit de nombreux et retentissants exemples.

François Ier est le héros d'aventures de chasse ; l'une d'elles a été
recueillie par un de ses contemporains. Un jour qu'avec sa suite il était
égaré, il fut bien accueilli par un prieur qui ne le connaissait pas, et
lui fit boire du vin de « Denise sa chamberière ». Le roi voulut voir
celle-ci, qui était une très belle jeune fille, et il invita le prieur à venir
au palais des Tournelles, en se donnant un nom supposé, et il lui dit
qu'il lui ferait boire du vin de sa mie, et la lui montrerait comme il

---

1. Paul Sébillot, in *Rev. des Trad. pop.*, t. XIII, p. 543-544.
2. Léo Desaivre. *Etudes de Mythologie locale*, p. 12.
3. A. Le Braz. *La Légende de la Mort en Basse-Bretagne*, t. I, p. 118-119.
   Au XVIIIe siècle alors que les horloges étaient peu communes, des paysans bretons vinrent à un presbytère où il s'en trouvait une, et ils voulaient la tuer prétendant que c'était la Gabelle ; le prêtre la sauva en disant : Ce n'est pas la
Gabelle, c'est le Jubilé (E. Bonnemère. *Hist. des paysans*, t. II, p. 226).
4. A. Orain, *Gloss. patois de l'Ille-et-Vilaine*, 1886, in-8°, p. 145-147 ; elle est
suivie d'une chanson plus sûrement populaire où figurent aussi les sabots, et
d'une autre où l'on retrouve des vers entiers du pastiche. On peut aussi consulter
sur les retouches faites à cette chanson une lettre de M. A. Orain, où il dit que
le paysan de la forêt de Rennes qui la lui chanta en 1880, n'en connaissait qu'imparfaitement les paroles et en estropiait les vers ; il avoue loyalement les mises
au point qu'il lui a fait subir (*ibid.*, p. VI-VII). Ce n'est pas lui qui y a introduit
Anne de Bretagne (cf. sur cette question Julien Tiersot, in *Rev. des Trad. pop.*,
t. II, p. 249-256).

lui avait fait voir la sienne. Lorsque le prieur s'est rendu à l'invitation, le roi, sans se faire connaître, lui fait boire du vin de sa « mie Claude » puis il revient accompagné de la reine « en grant pontificat », et la prenant par la main, il dit : « Monsieur le prieur, vous m'avez montré votre mie et je vous fais voir la mienne [1]. » On raconte dans le Valois que ce roi chassant avec des seigneurs de sa cour dans la forêt de Villers-Cotterets rencontra un paysan qui lui montrant un sac de pistoles, lui demanda s'il avait bien son compte, parce qu'il ne comprenait rien au grimoire latin qu'on lui avait donné à la recette de Longpont. Le roi s'y prêta de bonne grâce, et de retour au château, il rendit une ordonnance pour faire écrire en français les documents administratifs [2]. Une autre fois s'estant laissé emporter à l'ardeur de la chasse, il fut surpris de la nuit et obligé estant seul, d'entrer dans la loge d'un charbonnier qui, ne le connoissant point, le pria à souper. Lorsqu'il fut question de se mettre à table, il prit la première place et il ne donna que la seconde au roy, en luy disant : Chacun est maitre chez soy. Ensuite il lui dit de prendre luy-mesme à manger par où il voudroit. Mais il ne faut pas, ajouta-t-il, dire au Grand Nez que je vous ai fait manger de la venaison. Le roy mangea fort bien, et le matin estant venu il sonna du cor pour faire entendre où il estoit. A l'arrivée de ses courtisans, le charbonnier creust estre perdu ; mais le roy le rassura en luy frappant sur l'espaule, et entre autres récompenses octroya à sa considération que le trafic du charbon seroit exempt de tous impôts [3]. Dans un conte de la Haute-Bretagne, Petite-Baguette étant devenu roi est très aimé de ses sujets qui lui donnent le même surnom qu'à François Ier ; il va demander un gîte à un sabotier qui lui sert un lièvre, et comme son hôte lui disait que la chasse était sévèrement prohibée en ce temps, il lui répond que sûrement il ne le vendra pas au roi Grand Nez [4].

Quelques vignerons des environs de La Châtre poussent encore le cri de : Vive le roi au grand nez ! au moment où ils font la huée de proche en proche pour s'avertir que la journée est finie. Ces cris sont inspirés par la gratitude, car François Ier en rendant obligatoire vers 1539 la Coutume du Berry, réduisit considé-

1. Nicolas de Troyes. Le Grand Parangon des Nouvelles Nouvelles, p. 27-29.
2. A. Dauzat, in Rev. des Trad. pop., t. XVII, p. 592.
3. Fleury de Bellingen, Etymologie des Proverbes françois, p. 31. Cet épisode était bien connu au XVIe siècle : A propos de quoy (de la chasse) il me souvient que le roy Antiochus estant esgaré à la chasse eut une pareille rencontre et un pareil plaisir que le roy François premier (Henri Estienne. Précellence du Langage françois (1569), éd. Feugère. Paris, 1850, in-8°) ; au XIIe siècle on en faisait honneur au roi d'Angleterre Geoffroy Plantagenet, et dans une ballade anglaise, c'est son fils Henri II qui joue son rôle (Edouard Fournier. L'Esprit dans l'Histoire, 1872, in-16, p. 44-45).
4. Paul Sébillot. Contes de la Haute-Bretagne, t. II, p. 149-230.

rablement la durée de leur travail[1]. En Bourgogne une sorte de cérémonie burlesque se serait rattachée à ce surnom : d'après un rapport du curé de Vermenton à l'évêque d'Auxerre (1683) les hommes, femmes, garçons et filles couraient par la ville, le 17 août, portant une enseigne où était peint un nez gigantesque qu'ils faisaient baiser à genoux. A défaut de renseignements spéciaux, on est porté, dit-il, à supposer qu'il représentait François Ier qui, de son vivant et même après sa mort, était appelé par le peuple le roi au Grand Nez[2].

Parmi les chansons composées sur la bataille de Pavie et la captivité de François Ier, la seule qui soit restée dans la tradition est celle qui débute par ces vers :

> Hélas ! La Palisse est mort,
> Il est mort devant Pavie,
> Hélas ! s'il n'était pas mort
> Il serait encore en vie[3].

C'est ce quatrain burlesque qui a valu à ce vaillant capitaine une renommée quelque peu ridicule ; il suggéra à La Monnoye la parodie que l'on sait[4], qui propagée par le colportage et l'imagerie, a donné naissance au dicton : Vérité de La Palisse et à ses variantes.

Les versions recueillies de nos jours ne contiennent pas ce couplet, elles commencent par le second :

> Quand le roi départit de France.

Chateaubriand avait chanté vers 1835 la Captivité de François Ier à son parent M. de la Villemarqué, qui l'a publiée plusieurs fois, la dernière avec l'air noté : elle a été retrouvée depuis en Bretagne, dans le nord de la France, et en patois, dans le Béarn, la Catalogne et le Piémont. Ainsi que le fait remarquer George Doncieux, cette chanson, qu'il pense avoir été composée à Paris, est satirique, et c'est ce qui explique le couplet d'une naïveté facétieuse de La Palice ; le roi y joue, afin d'échapper, le personnage d'un pauvre gentilhomme vagabond, et ne songe au royaume de France que pour lui faire suer l'or

---

1. Laisnel de la Salle. *Croyances du Centre*, t. II, p. 144-145. Aux environs de Blois les vignerons criaient au moment de la huée : Dieu pardonne au bon comte de Blois ! Cette particularité du nez royal est notée par un poète du XVIIe siècle, La Mesnardière. *Testament de Michelette* :

> Le roi François
> Dont le nez avoit deux grands doigts
> Sur les plus grands nez de son âge.

2. C. Moiset. *Usages de l'Yonne*, p. 151.

3. Leroux de Lincy. *Recueil de chants historiques français*, t. II, p. 92 d'a. le *Chansonnier Maurepas*.

4. *Œuvres choisies de La Monnoye*. Bouillon, 1780, in-12 p. 131.

de sa rançon[1]. Une anecdote plus favorable à la dignité de ce roi se
rattachait à sa captivité. Les Espagnols auraient fait baisser la porte
de sa prison pour s'attribuer l'inclinaison qu'il aurait dû faire en
entrant, François Ier sortait à reculons et leur présentait le derrière[2].
D'après la légende du sire de Créquy (cf. t. IV, p. 312) celui-ci, qui
ressemblait au roi se serait substitué à lui comme prisonnier.

L'usage de composer sur des évènements contemporains des chansons parfois d'allure populaire et sur des airs connus, était très
répandu au XVIe siècle[3]. Quelques-unes ont pu être rimées dans les
camps, et elles semblent y avoir eu plus de vogue qu'ailleurs. Plusieurs
avaient trait à la mort du connétable de Bourbon ; Brantôme rapporte
une de celles que chantaient les aventuriers de ce temps-là :

> Quand le bon prince d'Orange
> Vit Bourbon qui estoit mort,
> Criant, sainct Nicolas
> Il est mort, saincte Barbe ;
> Jamais plus ne dit mot
> A Dieu rendit son âme.
>
> Sonnez, sonnez, trompettes,
> Sonnez tous à l'assault ;
> Approchez vos engins
> Abbatez ces murailles ;
> Tous les biens des Romains
> Je vous donne au pillage[4].

Quelques-uns de ces traits se retrouvent dans une chanson recueillie
il y a une trentaine d'années aux environs de Loudéac :

> Quand ils fur'nt à la brèche par où fallait passer ;
> — Lequel donc de nous autr' qui pass'ra le premier ?
> Se dit le grand Bourbon, mit le pied sur la brèche,
> Et se sentit frappé d'une balle à l'oreille.
>
> Quand le prince d'Orange il vit son cousin mort,
> Son manteau d'écarlat' lui jeta sur le corps :
> Avec son mouchoir blanc lui a couvert la face,
> De peur que les soldats n'auraient perdu courage.
>
> — Courage, mes enfants, car Bourbon n'est pas mort,
>
> A l'assaut, à l'assaut ! ayons un grand courage
> Et le bien des Romains nous aurons au pillage.
>
> A Saint Pierre de Rom' Bourbon fut enterré,
> Il n'était pas tout seul, fut bien accompagné ;
> Fut bien accompagné de cinquante mille hommes,
> Dont la plupart j'étions barons et gentilshommes[5].

---

1. H. de la Villemarqué, in *Rev. des Trad. pop.*, t. III, p. 420 ; J.-M. Carlo, *ibid*,
t. IV, p. 397, sur les autres versions v. George Doncieux, *Romancero pop. de la
France*, p. 53 et suiv.
2. Saint-Foix, *Œuvres*, 1777, in-12, t. III, p. 363.
3. Leroux de Lincy, *Chants historiques français*, t. II, p. 99 et suiv.
4. Brantôme, *Vie des grands capitaines*, éd. Panthéon litt., t. I, p. 71.
5. Robert Oheix, in *Revue de Bretagne et de Vendée*, 1889, p. 286.

La part traditionnelle des guerres d'Italie à l'époque de la Renaissance semble bornée aux chansons sur le roi et le connétable et au trait rapporté p. 358. La chanson du roi de Sardaigne, populaire en nombre de pays, s'applique en réalité au duc de Savoie, qu'on appelait aussi le roi des Marmottes, et non aux souverains de la Sardaigne. On peut noter une plaisanterie éphémère qui était la parodie de *Fara da se* : vers la fin de l'empire on appelait les Italiens les « Faradasses ». Il n'y a pas à l'égard des Italiens, des dictons analogues à ceux qui s'attachent aux Allemands et aux Anglais ; cela tient probablement à ce que nos voisins du sud-est ont été plus souvent envahis qu'envahisseurs, et aussi à la parenté de race et de langue.

François Ier est le seul des Valois que connaisse la tradition. C'est la première année du règne de son fils Henri II qu'eut lieu le duel entre La Châtaigneraie et Jarnac, qui a donné naissance au dicton : Coup de Jarnac, qui sert à désigner une ruse, une manœuvre habile et imprévue[1]. Le souvenir de Catherine de Médicis a disparu, mais d'après une anecdote dont je n'ai pas trouvé de mention ancienne, c'est à elle que le Petit homme rouge des Tuileries se serait montré pour la première fois ; elle déclara qu'un petit monstre rouge s'était installé dans le palais, apparaissant et disparaissant au gré de son caprice, que non-seulement elle l'avait vu, mais qu'il lui avait prédit qu'elle mourrait près de Saint-Germain[2]. La nuit qui précéda le tournoi où Henri II fut tué, elle rêva qu'elle voyait son mari privé d'un œil[3].

On montre près de Morlaix l'empreinte d'un pied que l'on dit être celui de Marie Stuart[4].

L'adage du XVIe siècle, aujourd'hui tombé en désuétude, Vêpres de Sicile, matines de France, rappelait à la fois le massacre des Français en Sicile et celui des Huguenots à la Saint-Barthélemy[5].

Il y a plusieurs variantes de la chanson du duc de Guise, dans laquelle se trouvent des couplets de celle de Marlborough :

1. Leroux de Lincy. *Le livre des Proverbes*, t. II, p. 45.
2. Paul Sébillot, in *Rev. des Trad. pop*, t. IV, p. 283, d'a. American Notes and Queries, 1889. La source n'est pas citée.
3. P.-L. Jacob. *Curiosités de l'Hist. des croy. pop.*, p. 39. Brantôme, qui a longuement écrit sur Catherine, ne parle ni du Petit Homme rouge ni de cette anecdote ; toutefois il dit que la reine demanda à son mari par deux fois qu'il ne courût plus pour l'amour d'elle. *Œuvres*, t. I, p. 306, et p. 368, il rapporte une prophétie sur la mort de ce roi. Marguerite de Valois sa fille rapporte que : la nuict devant la misérable course en lice, la royne ma mère songea comme elle voyait le feu roy, mon père, blessé à l'œil, comme il fust ; et estant esveillée, elle le supplia plusieurs fois de ne point vouloir courir ce jour-là. (*Mémoires*, Bibl. elzévirienne, p. 41-42).
4. Robert Oheix. *Bretagne et Bretons*, p. 196.
5. Leroux de Lincy. *Le livre des Proverbes français*, t. I, p. 297. Les vêpres siciliennes sont l'objet de légendes qui ont été recueillies par G. Pitré. *Studi di leggende popolari in Sicilia*. Palerme, 1904, in-18, p. 191-210.

> C'est du grand duc de Guise
> Qu'est mort et enterré
> Quatr' gentishom' y avoit
> Dont l'un portoit le casque
>
> Et l'autre son épée,
> Qui tant d'huguenots a tués[1].

Les persécutions que la religion réformée eut à subir à ses débuts sont à peu près oubliées de la tradition ; cependant on a recueilli dans l'ouest plusieurs chansons qui sont des variantes de ce thème : Une jeune protestante refuse, malgré les sollicitations et les menaces de sa mère, qui vraisemblablement est une catholique, veuve d'un protestant, de prendre part à une cérémonie contraire à ses croyances :

> J'aim'rais mieux être brûlée
> Et voûtée (ventée) au grand vent,
> Que d'aller à la messe
> En faussant mon serment.

C'est en vain que les dames de la ville viennent l'admonester et lui apporter des livres catholiques ; elle les refuse, et demanda une Bible ; quand elle l'a obtenue, elle va prier « sur la fosse à son père. » Dans une des variantes poitevines, c'est sa mère qui la conduit au supplice ; il en est de même dans celle de la Haute-Bretagne, où elle dit :

> Bourreau, voilà ma fille,
> Fais à tes volontés.
> Bourreau, fais de ma fille
> Comme d'un meurtrier.

En attendant le supplice, la martyre lit un chapitre du Testament nouveau, et quand l'exécuteur a les pieds sur ses épaules, elle s'écrie à voix haute :

> Je vois Jésus, mon père,
> Qui de son beau royaume
> Descend pour me quérir ;
> Son royaume sur terre
> Dans peu de temps viendra
> Et cependant mon âme
>       Au Paradis ira[2].

Dans une version nivernaise, le père de la jeune fille est un prince catholique, et c'est lui qui veut la contraindre à aller à la messe[3].

1. Leroux de Lincy, *Recueil de chants pop.*, t. II, p. 287. Dans ce recueil elle est datée 1566 ; mais le compilateur la Place auquel est emprunté ce texte lui donne le titre de chanson des rues, ce qui indique qu'en 1785 elle était encore populaire ; la chanson de Malborough l'aura fait oublier ; G. Doncieux, *Romancéro*, p. 459, cite d'a. les Poésies pop. de la France, une chansonnette où figure le duc de Guise.
2. (Ampère). *Instructions relatives aux poésies pop.*, p. 23 ; J. Bujeaud. *Chants pop. de l'Ouest*, t. II, p. 143 et suiv. ; Lucien Decombe. *Chansons pop. de l'Ille-et-Vilaine*, p. 30 ; (Ampère), l. c. p. 26.
3. Achille Millien, *Chants du Nivernais*, t. I, p. 152.

Le nom de Huguenot s'attache, avec une sorte d'idée de paganisme, à quelques mégalithes (cf. t. IV, p. 37). A Boury (Oise), on dit qu'ils se rassemblaient pour l'exercice de leur culte près du dolmen de la Belle-Haie. Dans les Vosges, un bloc erratique, près duquel se réunissaient peut-être les protestants, se nomme le Prêche des huguenots [1], à Aurillac, l'homme dans la lune s'appelle Jean le Huguenot (cf. t. I, p. 24). Le sobriquet de Huguenots est appliqué à certains pays où le culte protestant fut pratiqué ; c'est encore celui des habitants d'Ercé-près-Liffré et de la Chapelle-Chaussée (Ille-et-Vilaine) [2], de la Fontaine-les-Bassets, en Normandie [3], de Fixin, de Marcilly-sur-Tille, de Châtillon-sur-Seine, dans la Côte-d'Or [4]. En Béarn, on trouve les *Huganauts de Blaxou*, en pays basque les *Higanautak* de Montory, en Limousin *Lous heiganout dà Bort*, les Huguenots d'Aire dans les Ardennes, les Parpaillots d'Aï en Champagne ; et en Franche-Comté les villages protestants et catholiques se renvoient des formulettes injurieuses [5].

On peut aussi noter qu'en Quercy on appelle *Las Brespos de Nigoundous*, des vêpres facétieuses dont on rencontre sous d'autres désignations des parallèles en d'autres pays de France [6].

Calvin est un des personnages dont on veut voir la représentation sur les rochers (cf. t. I, p. 304). Un passage d'une œuvre humoristique du XVIIe siècle montre que, suivant un usage dont on trouve bien d'autres exemples, on donnait son nom à des bêtes [7]. Un petit chien entendant parler de Calvin leva la teste, croyant qu'on l'appelait, car c'estoit son nom [8].

### § 5. DE LA LIGUE A LA RÉVOLUTION

De la fin du XVIe siècle qui fut l'une des périodes les plus malheureuses que la France ait connues, il subsiste encore d'assez nombreux souvenirs, parfois un peu confus. Ils ont été sans doute bien plus considérables ; au bout de trois siècles on ne peut s'étonner que plusieurs aient disparu, surtout si l'on songe que des faits de guerre civile assez analogues se reproduisirent pendant la Révolution, et que vraisem-

---

1. Gustave Fouju, in *Rev. des Trad. pop.*, t. XIV, p. 477 ; *Soc. d'Anthropologie*, 1880, p. 337.
2. Paul Sébillot. *Blason pop. de la Haute-Bretagne*, Ille-et-Vilaine, p. 6, 8.
3. A. Canel. *Blason pop. de la Normandie*, t. I, p. 246.
4. Clément-Janin. *Sobriquets de la Côte-d'Or*. Dijon, p. 44, 62, Châtillon, p. 22.
5. V. Lespy. *Prov. de Béarn*, p. 51 ; Julien Vinson. *Le F.-l. basque*, p. 389 ; Champéval. *Prov. bas-limousins*, p. 47 ; A. Meyrac. *Trad. des Ardennes*, p. 129 ; H. Gaidoz et Paul Sébillot. *Blason pop. de la France*, p. 140 ; cf. Ch. Beauquier. *Blason pop. de la Franche-Comté*, p. 95, 174, 288.
6. J. Daymard. *Vieux chants pop. du Quercy*, p. 98.
7. Cf. aussi une légende romantique à propos de celle que l'on voit près de Morteau (Ch. Thuriet. *Trad. du Doubs*, p. 507-508).
8. *Caquets de l'Accouchée*, p. 84.

blablement, suivant un processus régulier en folk-lore, on les a attribués à des personnages plus modernes.

En ce qui concerne la Ligue, elle a surtout laissé des traces en Bretagne. Suivant les pays, le mauvais rôle y est attribué soit aux huguenots, soit aux ligueurs. Sur le versant de la Manche tout au moins, ceux-ci sont les plus maltraités, et presque toutes les légendes les représentent comme sanguinaires et pillards. Des gentilshommes qu'on appelait les Ligueurs ou les Fondebonds qui habitaient un château voisin de Matignon (Côtes-du-Nord) commirent beaucoup de cruautés ; ils éventrèrent, pour se divertir, une femme de Saint-Cast, et l'on appelle encore Allée des soupirs un coin de vallée où ils égorgeaient leurs victimes. Le seigneur de l'Isle Aval en Saint-Pôtan, dans la même région, dont Henri IV fit raser le château, est aussi accusé de nombreux méfaits[1]. La renommée de ces partisans est purement locale et n'est pas à comparer à celle du cruel La Fontenelle, qui est encore très connu en Basse-Bretagne (cf. le trait rapporté t. IV, p. 143 à propos du pillage de Pont-Croix) ; M. de la Villemarqué dans l'argument du poème qui porte ce titre dit qu'il est le héros de mille chansons populaires. L'exagération est évidente ; toutefois Luzel en a recueilli qui portent ce titre, et il ne range pas la version du *Barzas-Breiz* parmi les pièces entièrement fabriquées, comme celle des Ligueurs du même recueil[2]. A Beaumanoir, des enfants racontèrent à Souvestre que La Fontenelle éventrait les jeunes filles pour se chauffer les pieds dans leur sang[3]. Le nom de ce ligueur est dans la bouche des gens de Cornouaille une sanglante injure ; il y a une vingtaine d'années un paysan qui se disputait avec un autre sur la place de Quimper, lui disait : Tu es pire que Fontenelle. A Plogoff, à Cléder, lorsqu'un enfant est indocile et méchant on dit qu'il descend de La Fontenelle, *Rac Fontunella* ![4] A Corlay qu'il occupa pendant un an (1594) les mères font de lui un épouvantail, et sous le nom de madame la Fontenelle, il est monté au rang de Croquemitaine[5]. Aujourd'hui encore les paysans du Dauphiné ne prononcent qu'en frémissant d'une terreur superstitieuse le nom de des Adrets, qui servit les deux partis[6].

Les actes que la tradition bretonne attribue aux protestants forment

---

1. Paul Sébillot. *Légendes locales*, t. II, p. 151-152.

2. *Barzaz-Breiz*, p. 287 ; F.-M. Luzel. *De l'authenticité du Barzaz-Breiz*, p. 39.

3. E. Souvestre. *Les Derniers Bretons*, t. I, p. 69.

4. J. Trévédy, in Soc. d'émulation des Côtes-du-Nord, 1885, p. 5 ; Soc. arch. du Finistère, 1905, p. 215.

Je n'ai pas retrouvé ailleurs le trait cité par E. Bonnemère. *Histoire des paysans*, t. II, p. 94 ; les paysans bretons appellent les loups *tud bleis*, hommes-loups et voient en eux des soldats de La Fontenelle qui reviennent mordre leur dernier coup de dent.

5. J. Trévédy, in Soc. d'ém. des Côtes-du-Nord, p. 5.

6. E. Bonnemère, l. c. p. 63.

à peu près la contre-partie de ceux dont elle accuse les ligueurs. Près de Coetquidan, on montrait une maison pourvue d'un souterrain, qui avait appartenu à des huguenots cruels [1]. Lorsque saint Jacques remontait la Vilaine en marchant sur les eaux, il avait dessein de s'arrêter à Rieux qui était alors une grande ville ; mais elle était pleine de huguenots qui ne lui permirent pas d'y entrer. Le saint irrité s'écria : « O ville de Rieux, tu seras détruite ! » et il alla fonder la ville de Redon [2]. Un huguenot qui demeurait au château du Rufflay assassina un soir le recteur de Saint-Donan. Depuis on voit chaque nuit un corbillard, couvert de draperies de deuil, se diriger vers Saint-Brieuc, au galop de quatre chevaux noirs et sans conducteur visible [3].

Les protestants étaient, comme on sait, iconoclastes ; à Carentoir ils voulurent brûler la statue de Notre-Dame placée dans un chêne où l'on venait la vénérer ; par trois fois ils la jetèrent dans un four chauffé à blanc, sans pouvoir la détruire [4]. Un livret populaire raconte les insultes faites à une statue, et la punition qui atteignit le sacrilège : Trois soldats de l'infanterie, logés au village de Soulcy (près de Châtillon-sur-Seine) oysifs, estans près l'église du dict lieu au devant de laquelle y avoit une grande image de saint Antoine eslevée en pierre, après plusieurs propos par eux tenuz de la dicte image par dérision, l'armèrent d'un morion et d'une hallebarde, luy disans ces mots : Si tu as de la puissance, monstre la presentement contre nous et te defends. Et ce disant ruèrent plusieurs coups des armes qu'ils avoient sur la dicte image ; de quoy non contents, l'un d'eux tira contre icelle image deux ou trois harquebuzades, de l'une desquelles fut frappée icelle image en la face, et au mesme instant ledit soldat, s'écriant à haute voix dist ces mots : Je brusle ! et tomba mort en la terre, en la face duquel et au mesme endroit que la dite harquebuzade avoit atteint la dicte image apparut le feu qui le brusloit au dedans de la bouche, qui encore continuoit après sa mort [5].

Les excès que commirent les mercenaires étrangers, à la solde des deux partis, sont aujourd'hui oubliés ; ils se sont confondus avec ceux des gens de guerre des diverses époques. Un écrivain du XVIᵉ siècle nous a conservé un curieux trait qui peint la terreur qu'un général allemand inspirait aux paysans qui, de son vivant, en avaient fait un être fantastique. Durant que la barbare et cruelle armée des Reistres ravageoit la Bourgogne és années 1575 et 1576, les paauvres villageois

1. Cayot-Delandre. *Le Morbihan*, p. 308.
2. Bizeul. *Voies romaines de Bretagne*, p. 54 ; cf. t. II, p. 361, une version où ce manque de charité est attribué à des lavandières ; cf. aussi t. IV, p. 213.
3. B. Jollivet. *Les Côtes-du-Nord*, t. I, p. 377.
4. Abbé Le Claire. *La paroisse de Carentoir*, p. 63.
5. *Histoire miraculeuse de trois soldats*. Troyes, 1576, in-8 ; in *Variétés historiques et littéraires*, t. IV, p. 307.

fuyoient de toutes parts et disoient qu'il y auoit vn Comte Machefer
au lieu de Mansfeld : tellement qu'ils pensoient que ce fust vn grand
Diable de Geant qui mangeoit les charettes ferrées. Sur laquelle creance
vn certain assuroit et se persuadoit qu'il luy auoit veu manger à vn
déjeuner vn rouël d'arquebouze, auec quatre fers de cheuaux fricassez
au beurre noir [1].

S'il n'est pas tout à fait exact d'appeler Henri IV

> Le seul roi dont le peuple ait gardé la mémoire,

il est un de ceux qui tiennent le plus de place dans ses souvenirs.
En Béarn on dit en parlant de lui : *lou nouste Henric* [2]; dans un conte
gascon il est haut d'une toise, gros à proportion, fort comme un bœuf
et hardi comme un César [3]. En Bas-Limousin son nom ne sert plus qu'à
désigner une chose quelconque vieille, usée, d'un débit difficile : *Aquo
est un Henric-quatre* [4]. Il est rarement en rapport avec le monde
physique ; à ce point de vue on ne relève que la Tête d'Henri quatre,
l'un des noms donnés à un rocher près du Puy qui dessine une tête
colossale (cf. t. I, p. 303). Sa réputation de galanterie a survécu :
d'après une tradition béarnaise, une jeune fille qu'il courtisait lui
déclara tout en larmes qu'elle n'était pas digne de lui : « Et pourquoi
donc ? demanda-t-il. — C'est que je suis cagote. — Et moi aussi ! »
s'écria aussitôt le Vert Galant [5]. En Auvergne on dit qu'il séduisit la
femme de Mercœur [6] pendant que celui-ci guerroyait à son service, et
que c'est pour cela que le duc se fit ligueur (cf. t. IV, p. 197). A Erme-
nonville où l'on se souvient de J.-J. Rousseau, on fait de ce philosophe le contemporain d'Henri IV. Un paysan dit à Gérard de
Nerval : Voici la tour où était enfermée la belle Gabrielle ; tous les
soirs, Rousseau venait pincer de la guitare sous ses fenêtres, et le roi
qui était jaloux le fit mourir [7]. Plusieurs récits lui attribuent une aventure de chasse dont on rencontre des parallèles antérieurs (cf. t. IV,
p. 362). En Agenais, où il est encore désigné par le sobriquet de roi
Grand-Nez, le charbonnier Capchicot lui offre une hure de sanglier,
en lui disant de ne pas en parler au roi Grand-Nez. Un jour que Capchicot était venu vendre du charbon à Nérac, le roi le fit appeler, et le
charbonnier se crut perdu en reconnaissant dans son souverain le

---

1. Etienne Tabourot. *Les Bigarrures*, p. 133.
2. *Coundes biarnès*, p. 67.
3. J.-F. Bladé. *Contes de Gascogne*, t. III, p. 272.
4. J.-B. Champeval. *Proverbes bas-Limousins*, p. 14.
5. V. Lespy. *Proverbes du Béarn*, p. 38; d'a. Michel. *Hist. des races maudites*
t. I, p. 100.
6. Dans le pays nantais, on dit que le duc (Mercure) cacha ses trésors et ceux de
sa sœur dans un souterrain du château du Fief. (Jean du Bouffay, in *Rev. des Trad.
pop.*, t. XIV, p. 161).
7. *La Bohème galante*, 1873, in-12, p. 73.

chasseur qu'il avait régalé avec du gibier défendu. Henri le remercia de son hospitalité et lui offrit une récompense ; Capchicot lui demanda seulement la concession de la place du marché avec exemption de droits [1]. Dans les à-côtés de la légende de Henri IV, on peut placer la chanson de *Nouste Dame deü cap deü pont* qui fut, suivant la tradition, chantée par Jeanne d'Albret lors de son accouchement, et celle de « Vive Henri IV, vive ce roi vaillant », qui a pu être transmise par la seule voie orale jusqu'au moment où la pièce de Collé : *La Partie de chasse d'Henri Quatre* (1774), lui donna un regain de popularité [2]. Maintes anecdotes courent dans le midi sur Henri IV, qui d'ordinaire y montre sa finesse : ayant reçu d'un métayer une superbe citrouille, il lui fait présent d'un cheval ; son maître, qui est très avare, l'ayant appris, amène au roi son plus beau coursier, et interrogé sur la récompense qu'il désire, répond qu'il veut être marquis et avoir un sac plein de louis d'or. Le roi fait remplir deux cornets avec la graine de la citrouille et les donne au baron en lui disant que l'un sera pour lui, et l'autre pour son métayer [3]. Un conte facétieux parle de la réception qu'il fit à son père nourricier venu tout exprès de Coarraze pour le voir au Louvre [4].

Sa mort tragique avait été précédée de circonstances surnaturelles que connaissaient ses contemporains, mais qui ne sont pas restées dans la tradition. On crut plus tard qu'elle avait été présagée par la chute du mai planté devant le Louvre [5]. D'après Pasquier, le diable apparut à Ravaillac et lui dit de frapper hardiment. Le Petit homme rouge se montra pendant la nuit du 14 Mai 1610, lors de l'assassinat de Henri IV [6].

Le peuple se souvient encore de quelques-uns des compagnons de Henri IV. Une chanson en patois de la vallée d'Ossau parle de la bataille de Coutras et de la mort de Joyeuse [7]. La disgrâce du maréchal de Biron, survenue après une longue période de faveur, a inspiré plusieurs chansons ; quelques-unes font allusion à sa passion pour le jeu, et à l'accusation de conspirer qui amena son jugement et son supplice [8]. Les paysans du Quercy croient voir parfois pendant la nuit son ombre se dresser sur le donjon de Cabrerets [9].

1. *La Guirlande des Marguerites*, Sonnets dédiés à la ville de Nérac. Nérac, 1876, in-8, p. 112.

2. Julien Tiersot. *Histoire de la chanson pop. en France*, 1889, in-8, p. 264-276. Dans la préface de *Partie de Chasse*, Collé dit qu'il s'est servi de la nouvelle anglaise du meunier de Mansfeld.

3. J.-F. Bladé. *Contes de Gascogne*, t. III, p. 273.

4. *Coundes biarnès*, p. 67.

5. Saint-Foix. *Essais historiques*, t. III, p. 118, cf. t. I, p. 773, l'apparition du Grand Veneur.

6. *Rev. des Trad. pop.*, t. IV, p. 283, d'a. American Notes and Queries.

7. Comte de Puymaigre, *Folk-Lore*, p. 90.

8. (Ampère). *Instructions relatives aux chants populaires*, p. 28-29.

9. J. Daymard. *Vieux chants pop. du Quercy*, p. 193.

Lesdiguières est en Dauphiné un héros populaire ; il a recours au diable pour la construction de son château (t. IV, p. 180), qu'une autre tradition représente comme ayant été bâti à l'aide de corvées dont les femmes eurent surtout à souffrir (t. IV, p. 182. Ses soldats ont laissé une réputation de méchanceté (t. I, p. 190).

Dans le Centre, on donne le nom de Sully aux vieux ormes dont quelques-uns existent encore au milieu d'anciens bourgs ; à une lieue d'Auxonne, l'Arbre de Sully, un vieux et gros tilleul sous lequel Bonaparte allait s'asseoir, avait été, disait-on, planté par ce ministre un jour qu'il se rendait à Autun [1]. Dans la Puisaye, tous les grands et vieux arbres que l'on voyait il y a une cinquantaine d'années dans les cours des fermes et sur les places publiques étaient appelés des Rosnys, du nom que porta ce grand ministre, avant d'être fait duc de Sully [2].

Marguerite de Valois, la première femme de Henri IV, qui passa plusieurs années en Auvergne, à partir de 1585, soit au château de Carlat, soit à celui d'Usson, y est devenue un personnage légendaire. Près de Chambon, une voie romaine est appelée Chemin de la reine Marguerite [4]. Elle était débauchée, et même on l'accuse d'avoir aimé à manger les petits enfants (cf. t. IV, p. 287).

Le folk-lore de la première moitié du dix-septième siècle est presque exclusivement militaire. Naguère, quand les gens de l'île de Ré passaient de jour sur le lieu où les Anglais furent défaits en 1627, ils répétaient ces deux phrases se répondant :

> Boukingant ! qu'as-tu fait de ton monde ?
> Je l'ai laissé à Ré, faire vendange [4].

Le souvenir des ravages de la guerre de Trente Ans est resté si profond dans les pays de l'est et du nord qu'on relève encore des expressions proverbiales qui datent de ce temps. En Bourgogne « Armée de Gallas » signifie un rassemblement de bandits [3]. Le nom de ce général autrichien qui avait cruellement dévasté la province, et qui était un grand mangeur, sert encore à désigner un gourmand [4]. En Picardie un mauvais sujet se nomme un Derloque (d'Erlac) ; dans les Ardennes on effraie les enfants en leur disant : V'là Isolan qui vient ! (c'était un

---

1. Jaubert. *Glossaire du Centre ; Dict. Larousse.*
2. C. Moiset. *Usages de l'Yonne*, p. 83. De son temps quelques-uns de ces arbres furent mutilés. Il étoit si haï (Sully) que par plaisir on coupoit les ormes qu'il avoit fait mettre sur les grands chemins. C'est un Rosny, disaient-ils, faisons en un Biron (Tallemant des Réaux. *Historiettes*, t. I, p. 117).
3. *Rev. des langues romanes*, 3e série, t. III, p. 38 ; Durif. *Le Cantal*, p. 213.
4. Daniel Bellet, in *Rev. des Trad. pop.*, t. V, p. 636.
5. Alfred Rambaud. *Hist. de la Civilisation française*, t. I, p. 596.
6. Cunisset-Carnot. *Vocables Dijonnais*. Dijon, 1889, in-32. Ce nom fait songer aussi à un géant goinfre de ce pays appelé Galafre.

lieutenant de Wallenstein) [1]. Pendant plus de cent ans le nom de Jean
de Vert (de Weert) général au service de l'Autriche, qui envahit la
Picardie en 1636 et causa beaucoup d'alarmes aux Parisiens est
demeuré proverbial ; pour désigner un temps lointain, on disait : C'est
du bon temps de Jean de Vert, S'en soucier comme de Jean de Vert [2],
ou : Il n'est pas plus question de vous que de Jean de Vert [3], Il fut
aussi chansonné : Un Noël de La Monnoye (1701) est sur l'air de Jean de
Vert, auquel le refrain et quelques couplets font allusion [4]. Dans le midi
ce personnage est devenu Jean-lou-Vert, et l'on dit, en proverbe : Je
m'en moque comme de Jean le Vert [5].

En Franche-Comté où les Suédois commirent beaucoup d'excès,
Chvede est synonyme de brigand. A Sancey (Doubs) un *Vilèn Suède* est
un mauvais garnement ; au milieu du siècle dernier, on disait : « Méchant comme un Suède [6]. » Une chanson patoise que l'on chante dans le
Val de Rosemont met en scène deux paysans de cette contrée, qui en
1633 se souleva pour résister aux Suédois. Jusque vers 1850, dans les
environs de Belfort, toutes les ruines, tous les pillages, tous les malheurs subis étaient encore attribués aux « Suèdes » [7].

Je n'ai relevé aucun trait qui se rapporte à Richelieu.

Son successeur a survécu dans un blason et dans quelques appellations :

> Rethel petite ville
> Mazarin, grand coquin [8].

Dans le Centre on appelle Mazarin un cheval de bât, et Mazarine un
petit plat en terre rouge. La dame d'un château fantastique de la forêt
de Fougère était nommée La Mazarine [9]. Une apparition du petit
homme rouge des Tuileries aurait présagé les troubles de la Fronde [10].

Louis XIV n'a pas laissé de trace personnelle dans le folk-lore [11].
Quelques-uns des guerriers du XVIIe siècle ont été plus heureux à ce
point de vue que le roi-Soleil.

Quoique la France ait, pendant trois siècles, joué sur mer un rôle

---

1. Alfred Rambaud, l. c. ; Alfred Harou, in *Le Vieux Liège*, novembre 1879.
2. Leroux de Lincy. *Le livre des Proverbes*, t. II, p. 47.
3. Fagan. *Le Rendez-vous*, comédie, 1737.
4. La Monnoye. *Noëls*, éd. Fertiault, p. 94.
5. F. Mistral. *Tresor*.
6. Contejean. *Glossaire du patois de Montbéliard* ; Nedey, in *Bull. de Philologie française*, t. XV, fasc. 1.
7. Henri Bardy. *Le Folk-Lore du Val de Rosemont*, p. 13-17 ; *Une histoire de reve-nant*, Belfort, 1893, in-8o, p. 11.
8. A. Meyrac. *Traditions des Ardennes*, p. 137.
9. Jaubert. *Glossaire du Centre* ; L. du Bois. *Recherches sur la Normandie*, p. 321.
10. *Rev. des Trad. pop.*, t. IV, p. 283.
11. Une complainte, qui n'est au reste que semi-populaire, et qui avait pour sujet la mort fut longtemps chantée en Bretagne (A. de la Borderie, in *Rev. de Bretagne et de Vendée*, t. XII, p. 321 ; quelques couplets y sont reproduits).

héroïque et glorieux, les souvenirs qui se rattachent aux guerres maritimes sont bien peu nombreux. S'il en faut croire un romancier, le cardinal de Sourdis, qui commanda une flotte sous Louis XIII, aurait été, jusqu'à une période assez moderne, un héros familier aux conteurs de bord. Ils se sont, dit-il, emparés de la figure extraordinaire de ce chef d'escadre qui, sur la poupe de son vaisseau, chantait la grand'-messe avant d'appareiller pour aller battre les huguenots ou les Espagnols. Une de ses plus célèbres campagnes est une chasse contre la marine du diable, qui dura sept ans et se termina par l'explosion des vaisseaux de l'enfer. L'amiral les aspergeait à grand jet de pompe à incendie avec de l'eau bénite qui mit le feu aux voiles du diable, dont l'escadre fut anéantie. Sur tels navires de Saintonge ou des pays bordelais, l'archevêque de Bordeaux est le héros de contes étranges ; mais n'allez vous informer de ses hauts faits ni au Hàvre ni à Marseille[1]. Il est vraisemblable que la conservation du nom Sourdis vient de ce qu'on l'a introduit dans les contes de bord qui racontent les mésaventures du diable[2]. Tourville et Duquesne sont inconnus à la tradition sans qu'on lui attribue des actes légendaires. Jean Bart a survécu, et son nom est un sobriquet assez usité que l'on applique comme éloge aux bons marins. Dans une histoire de bord on prétend qu'il dit à Louis XIV : Moi, sire le roi, je suis votre matelot à mort[3]. La chanson des Arzonnais, qui peut se rapporter à l'époque de Louis XIV, parle d'enfants d'Arzon qui grâce à la protection de sainte Anne, se battent contre les Hollandais, et reviennent tous au pays, sans blessures, alors que beaucoup de marins tombent frappés autour d'eux[4]. Dans d'autres chansons des matelots sont faits prisonniers par les Hollandais[5].

La prise de Rio-Janeiro avait inspiré une chanson que, vers 1845, les mamans de sa ville natale chantaient à leurs enfants. Le *Vieux Corsaire* de Saint-Malo en a reproduit deux couplets :

> Monsieur Duguay z'a t envoyé
> Un tambour de l'*Achille*
> Pour demander à ces braves guerriers
> S'ils veulent capituler.
>
> Les dames du château
> S'ont mis à la fenêtre :
> Monsieur Duguay, apaisez vos canons,
> Avec vous je composerons.

1. G. de la Landelle. *Derniers quarts de nuit*, p. 178.
2. Paul Sébillot, in *Archivio*, t. V, p. 345 et suiv.
3. G. de la Landelle. *Troisièmes quarts de nuit*, p. 186.
4. L. Kerardven. *Guionvac'h*, p. 314, 383.
5. Bujeaud. *Ch. pop. de l'Ouest*, t. I, p. 70 ; *Romania*, t. IX, p. 569 ; E. Rolland. *Chans. pop.*, t. I, p. 220 et suiv. (Lorient, Loire) ; L. Decombe. *Ch. pop. de l'Ille-et-Vilaine*, p. 220 ; Achille Millien. *Chants pop. du Nivernais*, t. I, p. 300 et suiv.

D'autres couplets dont quelques-uns sont des variantes de ceux-ci ont été recueillis près de Loudéac [1].

Comme les marins, les soldats de cette époque aimaient les chansons, et c'est peut-être parmi eux qu'ont été composées plusieurs de celles qui sont arrivées jusqu'à nous. Elles se rapportent surtout aux prises de villes, et débutent par un couplet flatteur pour la cité, qui se termine par une sommation :

> Bonjour, Namur et ton château,
> Rare beauté, rien n'est si beau ;
> Je te salue, charmante ville,
> Je veux t'avoir dessous ma loi,
> Rends-toi, Namur, rends-toi à moi [2].

> La ville de Turin n'est-elle pas bien jolie !
> L'en est jolie, parfaite en tout temps,
>     Le roi la veut absolument.
> Le roi a-t'envoyé par un de ses gendarmes
> — Sire le roi a-t'envoyé ici,
>     Si vous voulez vous rendre à lui.....

> La dame du château mit son cœur en fenêtres,
> — Sire le roi, abaissez vos canons,
>     Nous vous ferons composition [3].

Les chansons sur les batailles sont moins nombreuses ; on en fit une sur celle de Rethel ; une chanson en patois, semi-populaire, de la Vallée d'Ossau, parle des guerres d'Espagne et du duc de Vendôme, et l'on chante encore en Franche-Comté et en Nivernais, une chanson sur la bataille de Steinkerque [4].

De tous les glorieux généraux des guerres de Louis XIV, Turenne est le seul dont le nom soit resté populaire, associé à des dictons et à des comparaisons. Très répandus dans le Languedoc et dans le Rouergue, ils attestent l'étendue des appréhensions que la mort du grand capitaine causa dans toute la France ; ce sont d'ordinaire des variantes

1. Paul Sébillot. *Légendes locales*, t. II, p. 142-143 ; Robert Oheix, in *Rev. de Bretagne et de Vendée*, 1889, p. 289.

– Les équipages me taxèrent de peu de zèle dans leurs chansons matelotes ; mais ils en ont fait depuis un si grand nombre d'autres à mon honneur qu'ils ont réparé cette légère injustice (*Mémoires de Duguay-Trouin*. Amsterdam, 1756, in-12, p. 39). Celle-ci était peut-être l'une d'elles.

2. Ch. Beauquier. *Chansons pop. de la Franche-Comté*, p. 191 ; cf. un début analogue de la chanson lorraine de la prise de Mantoue ; Ch. Sadoul, in *Rev. des Trad. pop.*, t. XIX, p. 205.

3. Charles Guillon. *Chansons pop. de l'Ain*, p. 21-22 ; cf. autre version ; J. Tiersot. *Chansons pop. des Alpes françaises*, p. 52.

– Le couplet des dames se trouve dans les chansons du XVIᵉ siècle : Les Dames sont aux carneaulx — Qui à haulte voix s'écrient..., (Leroux de Lincy. *Chants hist.*, t. II, p. 81, 83).

4. Cᵗᵉ de Puymaigre. *Folk-Lore*, p. 94 ; Ch. Beauquier. *Ch. pop. de la Franche-Comté*, p. 191 ; Achille Millien, l. c. p. 299.

*Es pas la mort de Tureno* usité en Gascogne [1]. Dans le Nord, on dit de celui qui vient faire des lamentations : « Te nous viens toudi conter la mort Turène [2] ». En Bas-Limousin : *Far viva Tourena,* c'est pousser un cri de joie ; il ne s'agit pas du maréchal, mais de sa puissante famille [3].

Une des chansons les plus connues de France a pour héros un général anglais contemporain de Louis XIV. Marlborough a trouvé chez nous, dit Ampère, la célébrité populaire dans une chanson qu'il faut bien se garder de repousser, car elle est évidemment un débris d'un chant plus ancien, qui remonte au moyen âge, comme l'indiquent plusieurs traits de mœurs féodales et chevaleresques, débris auxquels on a associé, dans le dernier siècle, le nom du vainqueur de Blenheim. D'après George Doncieux, qui semble avoir négligé cette note d'Ampère, elle daterait au plus du commencement du XVIIIe siècle [4].

Les enlèvements de jeunes filles par les Anglais sont restés populaires sur la côte ; c'est probablement l'un d'eux qui a été le point de départ des légendes de sainte Blanche (cf. t. II, p. 22). Des gwerziou ont été aussi composés sur ce thème : tel est celui de Marivonnic : Le premier jour de novembre — Descendirent les Saxons (les Anglais) à Dourdu — Ils ont volé une jeune fille, pour l'emmener avec eux sur leur bâtiment. Menacée d'être livrée aux matelots, elle se jette à la mer : un petit poisson l'a avalée — sur le bord de la mer il l'a envoyée [5].

Au milieu du XVIIIe siècle, les Anglais profitant de l'affaiblissement de notre marine, firent plusieurs descentes sur les côtes de Bretagne ; quelques épisodes ont pris une forme traditionnelle. D'après la légende, si en 1746, ils abandonnèrent précipitamment le siège de Lorient, c'est que la Vierge s'était montrée à eux au milieu d'un nimbe de lumière éclatante et que cette vision les avait frappés [6]. Un autre miracle non daté se rattache à la fondation de N.-D. du Port-Blanc : Les Anglais menaçant de débarquer sur cette côte, la population fit vœu d'élever une chapelle à la Vierge si elle chassait les envahisseurs ; aussitôt

1. Roque-Ferrier, in *Rev. des langues romanes,* t. V, p. 102 ; J.-F. Bladé. *Proverbes,* p. 99 ; Vayssier. *Glossaire patois de l'Aveyron.*

2. Hécart. *Dict. rouchi.*

3. J.-B. Champeval. *Proverbes bas-limousins,* p. 19.

On a donné une autre explication de ce dicton : Le vicomte de Turenne, le fléau de la Provence, se noya en traversant le Rhône, et la mort de ce bandit a donné lieu à un proverbe ; quand une chose traîne en longueur, on dit encore : *Aco 's la mort de Tureno* (Mistral. *Nerto,* poème. Paris, 1884, in-8, p. 72, note).

4. (Ampère). *Instructions,* p. 25 ; George Doncieux. *Romancéro populaire,* p. 453 et suiv. Elle a été recueillie avec des variantes ; J. Trebucq. *Ch. pop. de la Vendée,* p. 98 ; H. Gagnon. *Ch. pop. du Canada.* Québec, 1880, in-8°, p. 250, donne une version qui est à peu près celle qu'on peut appeler classique.

5. N. Quellien. *Chansons et danses des Bretons,* p. 99 et suiv ; F.-M. Luzel. *Gwerziou Breiz-Izel,* t. I, p. 334 ; George Doncieux. *Romancéro populaire de la France,* p. 449-451, cite d'autres versions ; bretonnes je viens d'en recevoir une recueillie à l'île de Groix en 1906.

6. *Le Conteur breton,* t. II, p. 100.

toutes les fougères se dressèrent sur la côte comme des soldats prêts à recevoir l'ennemi. Celui-ci, épouvanté à son tour, vira de bord et disparut[1].

La bataille de Saint-Cast, où les Anglais furent défaits en 1758, est restée dans les souvenirs des gens du voisinage, et divers récits parlent de circonstances légendaires qui accompagnèrent l'invasion. En 1833, on racontait que la statue de la Vierge du Temple en Pléboulle suait tellement que deux hommes étaient constamment occupés à l'essuyer. On dut à son intercession de voir les Anglais rétrograder ; ils ne purent dépasser cet endroit, bien qu'on ne leur opposât pas de troupes[2]. Cinquante ans plus tard on disait qu'elle avait arrêté l'ennemi en faisant déborder le minuscule ruisseau qui coule auprès de cette chapelle. C'est là en effet que les Anglais eurent connaissance de la cavalerie qui précédait le gros de l'armée. Pendant leur retraite, les ennemis occupèrent la petite ville de Matignon, où, un siècle après, les vieillards racontaient leurs pillages : les soldats rouges défonçaient les tonneaux et mettaient le cidre à courir par les rues quand ils n'avaient plus envie de boire, et avec leurs sabres, ils s'amusaient à éventrer les couettes pour en faire voler la plume, ils chauffaient les pieds des campagnards pour les forcer à révéler l'endroit où ils avaient caché leur argent[3]. Les compatriotes de Rioust des Villaudren ont presque oublié que ce bourgeois de Matignon, avec une centaine d'habitants de cette petite ville ou de paysans des environs, arrêta l'ennemi au passage du Guildo ; mais ils lui attribuent un rôle prépondérant dans la bataille, où il servit comme simple volontaire. La croix de l'Esrot à Saint-Cast marque l'endroit où il rassembla son armée ; au moment où les Anglais allaient à la rencontre du duc d'Aiguillon, il descendit par un vallon, et les surprenant par derrière, en fit un grand massacre[4]. D'après Rioust lui-même, la colonne dont il faisait partie déboucha, beaucoup plus loin, dans l'avenue du château de Saint-Cast. Les Anglais avaient mis leurs troupes à terre, à Saint-Briac, et ce fut pour se rembarquer qu'ils se dirigèrent sur Saint-Cast ; mais la tradition locale a interverti l'ordre des événements. Quand les gens de Saint-Cast apprirent que les Anglais allaient débarquer chez eux, ils appelèrent leurs voisins à leur secours. Beaucoup, pris de peur, se réfugièrent à Matignon ; d'autres, les vieux surtout, s'entassaient dans les caves qui existaient alors sous certaines maisons. Tout le monde priait avec ferveur ; lorsque les gens apprirent que le gouverneur envoyait des soldats, ils reprirent courage, et beau-

1. B. Jollivet. Les Côtes-du-Nord, t. IV, p. 260.
2. Habasque. Notions historiques, t. III, p. 102.
3. Paul Sébillot. Trad., t. I, p. 369, 368. D'après Rioust des Villaudren, qui fut témoin oculaire de l'invasion, les ennemis avaient emporté tout le linge, défoncé les coëttes pour en avoir le coutil (Annuaire dinannais, 1838, p. 214).
4. François Marquer, in Rev. des Trad. pop., t. XII, p. 405.

coup revinrent à Saint-Cast. Lorsque commença la bataille, un brouillard se leva le long des vaisseaux anglais, cachant aux regards de leurs canonniers les Français qui arrivaient de tous côtés, et comme ils croyaient apercevoir la crête des dunes, alors que ce n'était que le brouillard, ils tirèrent beaucoup trop haut, et atteignirent peu des soldats qui descendaient la butte de la Vieuville. Les Anglais, pensant les avoir tous tués, débarquèrent et s'élancèrent de ce côté en poussant de grands cris. Le commandant breton, qui avait fait coucher ses hommes pour laisser passer les boulets, leur ordonna de se lever quand ils virent les ennemis s'approcher ; ils leur donnèrent la chasse et en tuèrent un grand nombre. Pendant ce temps un vieux carrier, qui avec un pierrier avait tiré toute la journée sur les habits rouges, fut découvert par eux, conduit à bord d'un de leurs navires et pendu à une vergue ; suivant d'autres, à une des ailes du moulin d'Anne[1]. On dit que la mer était rouge de sang, jusqu'à Saint-Briac, à 15 kilomètres de là. Les Anglais furent surtout battus à cause de leurs sacrilèges ; ils avaient enlevé la statue de sainte Blanche, et brisé un des bras de la croix de l'Isle ; celui qui l'avait cassé eut le bras emporté par un coup de canon[2]. Il y eut des représailles après la bataille : une bonne femme dont les Anglais avaient tué le mari, assomma un blessé qui était chez elle en le frappant à coups de trous de choux[3]. L'anecdote qui figure dans l'argument de la pièce du *Barzaz-Breiz* intitulée le Combat de Saint-Cast, suivant laquelle les Gallois entendant les Bretons chanter un air et un chant qu'ils comprenaient, s'arrêtèrent un moment, est vraisemblablement apocryphe ; la chanson elle-même paraît aussi dénuée d'authenticité ; et Luzel disait qu'il était tenté de l'ajouter à la liste des pièces supposées[4].

Un illustre parlementaire du XVIIIe siècle, auquel un bon mot sur la bataille de Saint-Cast suscita des ennemis, qui se joignirent à la puissante compagnie qu'il avait combattue, figure dans des anecdotes traditionnelles. Les jésuites avaient jeté un sort sur le château de Caradeuc, près de Bécherel (Ille-et-Vilaine), qui appartenait à La Chalotais, et depuis il est hanté[5]. J'ai entendu raconter, il y a une quarantaine d'années, qu'ils avaient prédit qu'à la troisième génération un de ses descendants mangerait dans une auge à cochons, et l'on ajoutait que la prédiction s'était vérifiée.

Quelques chansons de mer se rapportent à la seconde moitié du

1. François Marquer, in *Rev. des Trad. pop.*, t. XVI, p. 357-258.
2. François Marquer, *ibid*, t. XII, p. 405.
3. Paul Sébillot, l. c., p. 369.
4. H. de la Villemarqué, *Barzas-Breis*, p. 534.
5. H. de Kerbeuzec, in *Rev des Trad. pop.*, t. XXI, p. 398. En Franche-Comté une demoiselle noble dont on cite le nom, née avec un groin de cochon, mangeait dans une auge d'or. (P. Bonnet, in *Mélusine*, t. I. col. 349).

XVIIIe siècle. A Dunkerque, le capitaine Bart (1759) est le héros d'un chant flamand [1]; il est possible que le *Trente-un du mois d'août*, où il est parlé de Breslau, remonte aussi à cette époque, de même qu'une variante Normande où il n'est question que des Anglais, et qu'une chanson du Nivernais, dont il existe plusieurs versions [2]. Le combat livré en 1780 par la frégate la *Surveillante* au *Québec* fait l'objet de la chanson du Pilote [3]. Un autre chant breton « Biron ha d'Estin » (Byron et d'Estaing) est relatif à la guerre d'Amérique, comme aussi deux chansons en français sur la prise de la Grenade [4].

## § 6. LA RÉVOLUTION

Aux yeux du peuple, la Révolution est une sorte de jalon chronologique, le seul, — avec le règne de quelques souverains modernes, et la guerre de 1870, — qu'il connaisse réellement. Il lui semble même, et à juste titre, partager en deux son histoire. C'est ainsi qu'en Haute-Bretagne, des conteurs font remonter à peu près à l'époque révolutionnaire le départ des fées, qui, pour d'autres, coïncide avec la fin du XVIIIe siècle, départ qui n'est que momentané, puisque, au vingtième siècle, les « bonnes dames » doivent devenir de nouveau visibles. En Ille-et-Vilaine, et dans la partie française des Côtes-du-Nord, les paysans rapportent au temps de la « grande Révolution » presque tous les événements importants qui se perdent dans la nuit des âges ; on doit pourtant faire une exception pour la Ligue qu'ils savent être de beaucoup antérieure ; une des formules initiales habituelles des contes, mais qui sert de préambule aux récits de sorcellerie plutôt qu'à ceux où figurent les fées, parle expressément de l'époque révolutionnaire [5]. En Lorraine : « avant la Révolution » indique une date éloignée, une époque où rien ne ressemblait à ce qui existe à présent [6].

Elle fut, comme tous les grands événements, annoncée par des prodiges : un peu avant 1789, il y eut en Bretagne de terribles batailles entre les chats du pays sur la lande de Meslin et sur les coteaux du Mené. En Périgord et en Saintonge, la chasse fantastique parcourut les airs en 1789 et en 1792 (cf. t. I, p. 173) ; en Normandie, des cavaliers

1. C. de Coussemaker. *Chants pop. des Flamands de France*, p. 262.
2. Paul Sébillot. *Traditions*, t. I, p. 371 ; J. Fleury. *Litt. orale*, p. 241 ; Achille Millien. *Chants pop. du Nivernais*, t. I, p. 309.
3. H. de la Villemarqué. *Barzaz-Breiz*, p. 336 ; F.-M. Luzel ne la range pas parmi les pièces entièrement supposées.
4. G. Milin. *Légendes bretonnes. La Tour de plomb*. Quimper, in-8.
5. Cf. Paul Sébillot. *Contes populaires de la Haute-Bretagne* : C'était avant la grande Révolution, t. I, p. 303, c'était il y a longtemps, si longtemps, que les grands-pères de ceux qui ont vu la Révolution n'étaient pas encore nés, t. I, p. 295. D'autres commencent par cette phrase ; C'était du temps de la grande Révolution (t. I, p. 286, t. III, p. 341).
6. E. Auricoste de Lazarque, in *Rev. des Trad. pop.*, t. IV, p. 522.

se battaient dans le ciel (t. I, p. 131) La figure de N.-D. de Nanteuil
se montra avec des traits attristés et des larmes coulèrent de ses paupières[1]. Plusieurs de ces pronostics furent vraisemblablement enregistrés, comme il arrive d'ordinaire, après coup, lorsque la Révolution qui
d'abord avait été pacifique, fut entraînée par le choc des partis à des
actes de violence.

La coutume symbolique des arbres de la Liberté remonte à cette lune
de miel des temps nouveaux. Peut-être fut-elle inspirée par un souvenir
inconscient de l'ancien culte des arbres, ou par une imitation des « mais »
dont l'usage n'était pas limité à la célébration du retour du printemps
(cf. t. III, p. 400 et suiv.). La première plantation fut faite, d'après le
*Moniteur* du 23 mai 1790, par le curé de Saint-Gaudens près de Civray,
qui prononça un discours patriotique. Les plantations se multiplièrent
surtout en 1792, au moment où la guerre était à l'extérieur et aux
frontières. Un contemporain assure que le nombre s'en éleva à plus de
soixante mille. Le chêne fut généralement choisi, et il est même formellement indiqué dans les instructions. Les historiens du temps
indiquent que beaucoup de ces arbres furent coupés par les royalistes.
Quelques-uns des ormes de Sully furent transformés en arbres de la
Liberté ; un chêne dit de Henri IV que l'on voyait à Saint-Paul, près de
Gignac (Hérault) fut sacré arbre de la Liberté pendant la Révolution et
aussi en 1848[2]. Des fleurs devinrent aussi des emblèmes politiques ; la
rose et le thym étaient des fleurs républicaines ; le lys représentait la
royauté, un œillet rouge était le signe de ralliement de la conspiration
du chevalier de Maison-Rouge[3].

Le souvenir de la Terreur subsiste plutôt dans les appellations que
dans les légendes ; en Limousin, on la désignait sous le nom de *Las
Paous*, l'an de la Peur ; dans le Forez, elle portait celui de *Paurassie* ;
dans le Centre, on l'appela tout simplement La Peur[4] ; ce n'était au
reste qu'un *rifazimento* ; au commencement du XVIIIe siècle ce nom était
celui de la calamiteuse année 1709. Une vieille dame du Périgord, tante
de Jules Claretie, lui contait que le « jour de la peur », du temps de la
Révolution, toutes les cloches de France sonnèrent le tocsin à la fois,
comme si magnétiquement la panique se fût répandue dans le pays[5].
En Auvergne elles sonnaient toutes seules dans tous les villages à la

1. Paul Parfait. *Le Dossier des pèlerinages*, p. 232 d'a. les Petits Bollandistes.
2. Champfleury. *Histoire des faïences patriotiques*, p. 185-186.
  Au temps de la Ligue, chaque parti maître d'un village plantait un tilleul dans
la place principale ; si l'on en était chassé, le parti vaincu abattait le tilleul et en
plantait un autre (Mme de Genlis. *Botanique Historique*, p. 26).
3. *Rev. des langues romanes*, t. IV, p. 474.
4. Béronie. *Dict. du patois du Bas-Limousin* ; Gras. *Dict. du patois forézien* ;
Jaubert. *Glossaire du Centre*.
5. *Le Temps*, 6 juillet 1906.

fois; les gens s'étaient retirés dans les bois et enterraient sous la mousse tout ce qu'ils avaient de précieux[1]. En 1793, le bruit se répandit que l'évangéliste saint Marc était apparu sous un arbre antique de la lande de Lanfains (Côtes-du-Nord). D'innombrables curieux accoururent; plusieurs affirmèrent avoir vu l'apôtre, l'avoir entendu même[2].

Ceux qui jouèrent les premiers rôles dans le drame révolutionnaire paraissent à peu près ignorés du peuple. A la destinée tragique de la famille royale se rattache un seul trait folk-lorique, qui est depuis longtemps oublié, et que nous ne connaissons que par une mention dont la source n'est pas certaine. Le matin qui suivit le départ de Louis XVI pour Varennes, on vit le petit Homme rouge des Tuileries couché dans le lit du roi. Ce lutin se serait montré plusieurs fois, notamment en 1793, et l'on dit qu'un soldat qui gardait les restes de Marat aux Tuileries mourut de peur en l'apercevant[3]. Le nom de ce tribun journaliste, si puissant sur les foules et dont l'assassinat excita une si profonde et si bruyante émotion, a seul survécu; vingt ans après sa mort, certains le confondaient avec Murat. Il n'est pas entré dans la tradition, pas plus que Charlotte Corday, et que les autres femmes de la Révolution. Parmi ceux de ses contemporains célèbres à divers titres, quelques-uns sont associés à des expressions proverbiales ou à des anecdotes, qui rarement ont la forme populaire. En Lorraine, pour indiquer une époque troublée et dangereuse, on dit : « C'at comme au temps d'Robespierre[4] ». Cet homme qui eut pendant plusieurs années une popularité sans égale, ne figure plus que dans quelques comparaisons : « Saoul comme la bourrique à Robespierre »[5] où il a pris la place du diable, « Maigre comme la bourrique à Robespierre », qui s'applique, dans la Gironde, aux gens remarquables par leur maigreur[6]. En Lorraine, on dit d'un méchant : « C'at in Robespierre[7] ». Le journal d'Hébert a donné naissance au dicton : Colère du père Duchêne, encore usité en plusieurs pays, et notamment en Bretagne. A Nantes, la maison de Carrier, rue Richebourg, fut longtemps inhabitée ; personne ne voulait y passer la nuit, parce qu'on y entendait du bruit ; on s'aperçut plus tard qu'il provenait d'une source qui coulait dessous. On ne l'appelait pas la maison de Carrier, mais la maison de Robespierre, qui ne vint jamais à Nantes[8].

De cette période, la tradition a surtout retenu les faits qui accompa-

1. A. Danzat, in Rev. des Trad. pop., t. XIII, p. 199.
2. B. Jollivet, Les Côtes-du-Nord, t. I, p. 385.
3. Paul Sébillot, Rev. des Trad. pop., t. IV, p. 187 d'a. American notes and Queries.
4. E. Auricoste de Lazarque, in Rev. des Trad. pop., t. IV, p. 522.
5. Michelet. Les femmes de la Révolution, p. 284.
6. C. de Mensignac. Sup. de la Gironde, p. 183.
7. E. Auricoste de Lazarque, l. c.
8. Mme E. Vaugeois, in Rev. des Trad. pop., t. XIII, p. 140-141.

gnèrent les troubles religieux et les guerres civiles, et un assez grand nombre, que l'on raconte encore, ont pris une forme légendaire dont les éléments sont souvent empruntés à des récits beaucoup plus anciens. En ce qui concerne le clergé, la plupart des traits ont été relevés dans l'Ouest ; ils visent surtout les actes de violence exercés à l'égard des prêtres, et qui atteignirent à la fois ceux qui avaient refusé d'accepter la Constitution civile, et ceux qui y avaient adhéré.

Je ne sais si on a retrouvé ailleurs l'opinion populaire aux environs de Liffré (Ille-et-Vilaine), d'après laquelle beaucoup de meurtres des prêtres auraient été commis par les chouans [1]. En ce qui concerne le clergé non assermenté, l'accusation est mal fondée, mais elle a quelque chose de vrai, si elle s'applique aux prêtres qui avaient prêté serment à la constitution civile ; plusieurs en effet furent mis à mort par les bandes royalistes. Le peuple n'a pas distingué entre eux. Dans l'Ouest, ces prêtres étaient exposés à toutes sortes d'avanies, et leur position était moins enviable peut-être que celle des prêtres réfractaires. Quelquefois on plaçait clandestinement dans le tabernacle de leur église un chat noir qui sautait brusquement pendant la messe. C'est le diable, criaient les paysans, et tout le canton s'insurgeait [2]. Il courait des chansons et des formulettes injurieuses pour eux. Quand M. Cormeaux, curé de Plaintel, eut été guillotiné en 1794, ses paroissiens composèrent des litanies dont le refrain était :

> Saint Cormeaux, délivrez-nous
> Des habits bleus et des jurous [3].

Les bruits les plus absurdes étaient mis en circulation, et certains se rattachaient à des superstitions, ce qui contribuait à les faire plus facilement accueillir par les fanatiques et les ignorants. Les écrivains ecclésiastiques, qui sont trop souvent dépourvus de charité et même de justice quand il s'agit des prêtres assermentés, ne les ont pas recueillis, mais on peut juger de ceux que l'on répandait dans les campagnes, par ce passage d'une lettre de l'évêque de Rennes, qui se rapporte à ceux qu'on avait inventés dans sa ville épiscopale : En 1793 on faisait descendre du ciel des lettres qui me condamnaient, des hommes qui croyaient bien avoir la mesure de la crédulité populaire publiaient hardiment qu'on me voyait toutes les nuits en loup-garou courir les rues et faubourgs de Rennes, la tête en bas ; on faisait aller quelques malheureux sur le pont Saint-Martin pour voir passer à minuit précis les morts qui désertaient le cimetière béni par moi [4].

1. Paul Sébillot. *Traditions*, t. I, p. 383.
2. Victor Hugo. *Quatre-vingt-treize*, éd. in-8, p. 213.
3. Habasque. *Notions historiques sur les Côtes-du-Nord*, t. I, p. 406.
4. Lettre de Le Coz, 7 février 1805, à Silvain Cadet, reproduite par A. Roussel, in *Rev. des Trad. pop.*, t. XVIII, p. 153.

La courte légende qui suit est la seule qui, à ma connaissance, se rattache aux célébrations clandestines du culte après la fermeture des églises. Un jour que le curé de Saint-Martin-de-Vitré allait finir la messe qu'il disait en cachette dans une maison de la ville, les bleus survinrent ; le prêtre s'échappa par une fenêtre qui donnait sur le jardin, et les fidèles ramassèrent le calice et les ornements dans une armoire. Lorsqu'elle eut été ouverte par ceux qui faisaient la perquisition, on vit que des toiles d'araignées s'y étaient formées et dérobaient aux regards les objets sacrés [1].

Plusieurs prêtres se cachèrent dans des maisons où se trouvaient des pièces dissimulées dans la maçonnerie, ou obtenues par de faux plafonds et qui portent encore le nom de chambre au prêtre, ou de cachette au prêtre [2]. On raconte en Savoie qu'un homme ayant dénoncé celle du curé de Megève, mourut subitement sur le seuil de sa demeure ; depuis ce jour une eau rougeâtre a jailli sur le lieu même et une croix y a été érigée [3]. Les maisons où furent commis des meurtres de prêtres sont hantées. Depuis que l'un d'eux a été tué dans une ferme à Hénansal (Côtes-du-Nord), on entend tous les soirs à la même heure, dans le grenier un bruit pareil à celui que fait un sac de pommes de terre que l'on décharge ; un jour on lava le grenier, et à l'endroit même d'où semblait sortir le bruit, on vit une large tache de sang ; c'est en vain que l'on a essayé de l'effacer : elle persiste toujours et elle est aussi fraîche que si le sang avait été répandu la veille. A Courbeville, dans la Mayenne, on ne peut non plus faire disparaître l'empreinte que laissé sur une porte la main sanglante d'un noble ou d'un prêtre surpris avec d'autres dans une cachette [4].

Les habitants d'une ferme de Soudan (Loire-Inférieure), étaient réveillés toutes les nuits par des chants d'église, ou des « bruits » indéfinissables, le fermier fit démolir un mur, derrière lequel ils paraissaient se produire, et l'on y trouva des ornements sacerdotaux, qui avaient été murés pendant la Révolution. On disait qu'un prêtre, caché dans ce logis, avait été découvert et tué par les bleus ; on porta les ornements à l'église, on fit dire des messes, et tout bruit cessa. Dans la chapelle du manoir du Bois-Brient, près de Châteaubriant, où un prêtre fut massacré au pied de l'autel, ce n'est pas son fantôme que l'on voit ; mais de gracieuses apparitions : pendant la nuit de Noël trois belles demoiselles vêtues de blanc, se tiennent par la main et

1. H. de Kerbeuzec, in Rev. des Trad. pop., t. XXI, p. 397.
2. Paul Sébillot. Légendes locales, t. II, p. 161.
3. A. Dessaix. Légendes de la Haute-Savoie, p. 132.
4. Lucie de V.-H., in Rev. des Trad. pop. t. XIII, p. 147 ; X. de la Perraudière, ibid, t. XIV, p. 641.

sortent d'un bois voisin pour se rendre à la chapelle où elles font entendre une musique délicieuse de cantiques [1].

J'ai parlé (t. I, p. 199) des empreintes que firent les prêtres en tombant sur le sol ; d'autres reviennent sur le lieu de leur supplice. À Bourg-des-Comptes (Ille-et-Vilaine), on voit la nuit cheminer lentement dans un petit chemin creux un prêtre décapité en cet endroit [2]. En Poitou, dans la commune de Saint-Laur, un prêtre sans tête se promenait avec son bréviaire. C'était le fantôme d'un curé dont on avait, dit-on, fait sauter la tête à coups de boules après l'avoir enterré jusqu'au cou. Tous les soirs, à minuit, une lugubre procession conduite par un prêtre sans tête défile dans les souterrains du château de Puyrenard (Deux-Sèvres) où furent massacrées des religieuses qui y faisaient dire la messe de Noël par un prêtre réfractaire [3].

Des récits populaires assez nombreux se rapportent à la profanation des églises, aux statues insultées ou mutilées, à la démolition des édifices sacrés ou des croix. Plusieurs ne sont que des rifacimenti d'épisodes de la légende dorée. En cent endroits de la Provence, on raconte que telle statue projetée à terre a saigné, parlé, remué, que telle bête a parlé et manifesté son respect pour les choses de la religion que les hommes profanaient, que tel oratoire a été éclairé d'une lumière surnaturelle pendant la nuit [4]. En Franche-Comté un brigadier de gendarmerie qui avait attaché son cheval à la table de communion et l'avait fait communier, fut quelques années plus tard broyé par cet animal, qui, se frappant lui-même la tête qui avait été communiée, s'assomma sur le corps de son maître [5]. Lorsque en 1793 on voulut faire entrer des chevaux dans la cathédrale de Toulon transformée en écurie, le premier qui fut introduit sous la porte se mit à ruer et étendit raide mort son palefrenier [6]. Si on demande aux bonnes âmes pourquoi un enfant-Jésus de la cathédrale de Toulon a le bras gauche rompu, elles répondent que l'homme chargé de la destruction des statues était monté sur un échafaudage ; au premier coup de marteau qu'il lança, il rompit le bras, mais perdant l'équilibre, il se rompit le bras exactement au même endroit [7].

1. Mme Vaugeois, in Rev. des Trad. pop., t. XIII, p. 140 (abbé Goudé) Hist. et Lég. du pays de Châteaubriant, p.

2. A. Orain. Curiosités de l'Ille-et-Vilaine, 1887, in-18, p. 4.

3. Léo Désaivre. Le Monde fantastique, p. 9. Le Pays poitevin, février 1899.

4. Bérenger-Féraud. Sup. et survivances, t. II, p. 432.

5. Ch. Thuriet. Trad. du Doubs, p. 320-321. Au temps de l'épiscopat de saint Félix, un soldat ayant fait amener son cheval dans l'église de Saint Nazaire monta dessus pour s'emparer du baudrier d'or que portait la statue, mais il n'eut pas plutôt donné des éperons à son cheval, qu'il alla donner de la tête au haut de la porte de sorte que le crâne brisé, il tomba à terre et mourut incontinent (Albert Le Grand. Vie des saints de Bretagne. Saint Félix).

6. Bérenger-Féraud. l. c., t. II, p. 277.

7. Bérenger-Féraud. Réminiscences pop. de la Provence, p. 316. Lorsque en 1187

Les démolitions d'églises sont l'objet de quelques légendes. Lorsque pendant la Révolution les montagnards voulurent détruire celle de Châtel-Montagne que les fées avaient bâtie, ils avaient déjà abattu une grande partie du clocher, lorsque l'un d'eux voulut enlever une pierre d'arête de fort petite dimension ; elle résista comme si elle eût été scellée, quoiqu'elle ne fût pas adhérente. Ses compagnons se joignirent à lui, mais ce fut peine perdue. L'un deux saisi d'épouvante s'écria « Arrêtez ! c'est la pierre du diable. » Il n'avait pas achevé que tous furent pris d'un tremblement nerveux, et essayèrent en vain de descendre par les échelles ; leurs membres étaient comme paralysés, et l'on dut les ligoter et les descendre au moyen d'une poulie [1]. Après la destruction du couvent des Jéromistes de Fumay en 1793, un habitant prit la marche de pierre de la chapelle pour la placer à l'entrée d'une maison qu'il faisait alors construire avec les pierres du couvent. La première fois qu'il entra dans cette maison, appelée depuis la maison maudite, il glissa sur cette pierre, tomba et se cassa la jambe. On raconte aussi qu'au commencement du XIX° siècle, le toit de cette maison tremblait chaque fois que passait la procession, et que tous les ans, lorsqu'arrivait l'anniversaire de la mort du sacrilège, les vaches de cette commune se rendaient devant cette maison, et y beuglaient lamentablement [2]. Les pierres d'une chapelle de Saint-Servais près de Combrit, ayant été après la Révolution achetées par un cultivateur qui les employa à la construction d'une écurie, ou ne put jamais y tenir attachés ni bœufs ni vaches ni chevaux. À peine les y avait-on mis qu'ils brisaient leurs liens, allaient donner de la tête contre les pierres de l'étable jusqu'à ce que mort s'en suive [3].

Les cachettes des nobles sont moins connues que celles des prêtres ; quelques-uns choisirent comme refuge des endroits reputés pour leurs hantises. M. de Chateaubriand du Val Guildo, parent de l'auteur des *Martyrs*, passa plusieurs mois près du Guildo, soit dans les ruines de ce château où apparaissait, dit-on, le spectre de Gilles de Bretagne, soit dans une serte de pigeonnier au bord de la mer, tout près d'une grotte où l'on voyait les fées [4]. Des fermiers du Bocage normand firent cacher leurs maîtres dans des grottes aux fées, et la Chambre à la Dame près de Domfront, où une fée se montrait parfois, servit de retraite pendant plusieurs mois à une famille noble proscrite [5].

les Cotereaux entrèrent à Déols, l'un d'eux lança à la Vierge une pierre qui brisa le bras de l'Enfant Jésus, des deux fragments le sang se mit à couler, la terre en fut arrosée et le coupable mourut. (Étienne de Bourbon. *Anecdotes*, p. 114).

1. Francis Pérot. *Légendes du Bourbonnais*, p. 14.
2. A. Meyrac. *Trad. des Ardennes*, p. 328.
3. G. P. de Rialongi. *Les Bigoudens*, p. 519.
4. Paul Sébillot. *Légendes locales de la Haute-Bretagne*, t. II, p. 164.
5. J. Lecœur. *Esquisses du Bocage normand*, t. II, p. 99, 101, 374.
   Les âmes des émigrés fusillés après le désastre de Quiberon se réunissent la nuit à Tré Auray près d'une croix de pierre (G. d'Amézeuil. *Légendes bretonnes*, p. 152).

Les guerres civiles forment la partie la plus abondante et la plus curieuse du folk-lore révolutionnaire ; leurs épisodes ont pris, surtout dans l'ouest, une forme traditionnelle qui a vraisemblablement englobé plusieurs traits de convulsions politiques plus anciennes. Par la Constitution civile du clergé, la Révolution avait froissé bien des consciences : l'émigration d'une partie des nobles, la suspicion dont ceux qui restaient étaient l'objet, créa aussi de profonds mécontentements. Mais quelques graves qu'ils fussent, ils n'auraient peut-être pas suffi pour provoquer des résistances à main armée. La levée de 300,000 hommes ajoutant un nouvel élément de discorde à tous ceux qui existaient déjà, amena le soulèvement d'une partie de ces provinces.

Ces pays furent coupés pour ainsi dire en deux : les villes, les gros bourgs et un grand nombre de communes rurales soutinrent énergiquement les idées nouvelles ; les paroisses où vivait, loin de Versailles et de la cour, une noblesse populaire, en rapports constants avec les paysans qui considéraient ces gentilshommes campagnards comme des espèces de chefs de clans, se soulevèrent au contraire, et pendant des années opposèrent aux armées de la République une résistance plus difficile à vaincre que les invasions des armées régulières. On vit alors en présence les bleus, ainsi nommés à cause de la couleur de l'uniforme de l'armée républicaine, et les blancs, qui tiraient leur nom à la fois de la couleur de l'uniforme royal et de celle des lys. Ces noms ne furent pas les seuls : les chouans et les Vendéens appelèrent *Patauds* les habitants des villes républicaines qui se trouvaient au milieu de pays royalistes. C'était une forme méprisante de patriote : elle est restée le sobriquet de plusieurs localités ; on dit encore les « Patauds de Nantes », les « Patauds de Saint-Aubin-du-Cormier », etc. En Anjou et dans le Maine, Patauds était le surnom des républicains civils, la qualification de bleu étant spécialement réservée aux républicains militaires. Le sobriquet de « chouans » est celui d'un assez grand nombre de communes de l'ouest, presque toutes rurales, qui en effet prirent part à l'insurrection. En Ille-et-Vilaine, « avoir de la plume aux pattes » signifie, comme dans le Haut-Maine, être royaliste, par allusion au chouhan ou chat-huant, qui présente cette particularité[1]. Quelques blasons de villes ou de villages font aussi allusion à des faits de la guerre civile. C'est ainsi qu'en Ille-et-Vilaine on appelle les gens de Gosné les « Cantaches ». Cantache est un endroit où les chouans de cette commune attaquèrent un courrier du gouvernement[2]. Le sobriquet Pétaches d'Avignon, poltron d'Avignon, se rattache, dit-on, à la

---

1. Paul Sébillot, *Blason pop. de la Haute-Bretagne*, passim ; J. Lecœur, *Esquisses du Bocage*, t. I, p. 193 ; Ménière, *Dict. éty. angevin* ; Montesson, *Vocabulaire du Haut-Maine*.

2. Paul Sébillot, *Légendes locales*, t. II, p. 166.

déroute de la horde de Patrix et de Jourdan Coupe-tête devant Carpentras, dont elle était venue faire le siège à cinq reprises différentes. Cette bande qui avait apporté des sacs pour mettre le butin, se montra prompte à fuir à chaque sortie des assiégés [1].

A l'époque des guerres civiles, bleus et blancs chantèrent : les Vendéens répondirent à la *Marseillaise* par une chanson patoise sur le même air ; il suffira de citer les deux premiers vers du premier et du dernier couplet, pour montrer qu'elle est due, ainsi que le fait observer Bujeaud, à un prêtre réfractaire :

> Allons armées catholiques,
> Le jour de gloire est arrivé, etc.

> O sainte Vierge Marie,
> Condis, soutins nos bras vengeurs.

Il y avait aussi une *Carmagnole* vendéenne que chantèrent les patriotes de ce pays. Ce sont eux qui composèrent les chansons où ils célébraient la défaite des blancs à Chollet et à Montaigu, leur poursuite par les colonnes infernales, etc. Celles qui eurent cours dans « l'armée catholique et royale » furent plus nombreuses ; beaucoup semblent l'œuvre de demi-lettrés ; telles sont celles à la louange de Charette.

D'autres ont une allure plus populaire, témoin le couplet dans lequel un jeune gars, pris à la conscription, répond aux gendarmes qui le pressent de partir :

> N'y avait ni gendarmerie
> Ni nationaux
> M'empêcher de voir ma mie
> Sous les ormeaux [2].

Au cours de sa consciencieuse exploration Bujeaud n'avait pas rencontré, et pour cause, la chanson dite de Monsieur de Charette, qui a été beaucoup chantée à l'époque où les légitimistes espéraient une troisième Restauration, et que plusieurs écrivains faisaient remonter aux guerres de la Vendée. Elle est en réalité beaucoup plus jeune, et un passage des *Lettres et Souvenirs de Paul Féval*, par Oscar de Poli (Palmé, 1887), ne laisse aucun doute sur son véritable père, le roman-

1. Barjavel. *Dictons et sobriquets du Vaucluse*, p. 126.
Lorsque pendant les Cent Jours douze mille paysans entourèrent Pontivy, leurs femmes portaient des sacs dans lesquels elles devaient enlever le butin après la prise de la ville : l'une d'elles qui en avait deux disait : Le plus petit est pour mettre l'argent que je trouverai et celui-là pour emporter des têtes de messieurs. (E. Souvestre. *Les Derniers Bretons*, t. I, p. 126-127).
2. *Chants populaires de l'Ouest*, t. II, p. 109, *ibid.*, p. 112, cf. p. 94 et suiv. *ibid.*, p. 96, *ibid.*, p. 95. Une version plus complète en 18 couplets a été publiée dans la *Vendée historique*, mai 1902 ; elle est sensiblement la même que celle qui figure dans Trébucq, *La chanson pop. en Vendée*, p. 304.

cier Paul Féval, assez habile pasticheur pour en avoir imposé même à des folkloristes. C'est lui qui répond à un écrivain qui prétendait l'avoir recueillie populairement : Le chouan qui vous a donné : *Prends ton fusil, Grégoire* est un *farceur*. C'est moi qui suis l'auteur de ce grand poème. J'avais une espèce de voix autrefois, et je chantais au piano des *chants originaux* que je faisais et dont quelques-uns ont bien couru la Bretagne vers 1865-1866. *Prends ta gourde pour boire* est un hugotisme. *Prends la Vierge d'ivoire*, procède du même Jupiter romantique que Cathelineau ne connaissait pas [1].

L'auteur d'une chanson sur le siège de Montaigu y a fait entrer avec des modifications, des couplets presque entiers de chansons antérieures :

> La ville de Montaigu, grand Dieu qu'elle est belle,
> Elle est si belle, et parfaite en beauté,
> Que Monsieur Charette veut la gagner [2]

Toutes ces chansons se trouvent dans Bujeaud, avec une vingtaine d'autres qui ne sont pas plus dignes que celles-ci de figurer dans un Romancero de la Vendée. Il constatait qu'il n'avait pu se les procurer qu'après de longues et pénibles recherches ; elles sont probablement encore plus oubliées aujourd'hui.

En Haute-Bretagne, on n'a recueilli aucune chanson que l'on puisse avec quelque certitude faire remonter au temps de la chouannerie. Il n'y en a guère davantage en pays bretonnant ; M. de la Villemarqué avoue que la chanson des Chouans a été composée par un prêtre ; les recueils de F.-M. Luzel et de N. Quellien n'en contiennent aucune.

Les soldats de la Vendée, comme de nos jours les Boers, avaient une sorte de considération superstitieuse pour certains canons. Ils furent tellement ravis d'être en possession de pièces d'artillerie, qu'ils leur donnèrent des noms familiers et significatifs. Ils parurent même, en certaines circonstances, regarder quelques-unes comme des espèces de fétiches, de la possession desquels dépendait la victoire : Les Vendéens prirent un beau canon de bronze qu'ils baptisèrent le *Missionnaire*, puis un autre qui datait des guerres catholiques ; ils l'appelèrent *Marie-Jeanne*. Quand ils perdirent Fontenay, ils perdirent Marie-Jeanne, autour de laquelle tombèrent sans broncher six cents paysans ; puis ils reprirent Fontenay, afin de reprendre Marie-Jeanne, et ils la ramenèrent sous le drapeau fleurdelisé, en la couvrant de fleurs et en la faisant baiser aux femmes qui passaient [3].

En Haute-Bretagne, aussi bien dans la partie de l'Ille-et-Vilaine qui se distingua par son attachement aux idées nouvelles que dans les

1. *Intermédiaire*, 10 février, 10 mai 1883 ; *Revue des Trad. pop.*, t. III, p. 226.
2. J. Bujeaud, l. c., p. 411.
3. Victor Hugo. *Quatre-vingt treize*, p. 213.

communes des Côtes-du-Nord qui fournirent un fort contingent à la chouannerie, et dont plusieurs sont même encore maintenant royalistes, les récits attribuent aux chouans la majorité des actes criminels et des attentats contre les personnes ou les propriétés commis à cette époque. Ils enterraient les gendarmes jusqu'au cou et s'amusaient à jouer aux billes en prenant pour but leur tête[1], brûlaient à petit feu les acquéreurs de biens nationaux ou chauffaient les femmes qu'ils faisaient asseoir, les jupes retroussées, sur les tuiles à galettes, pour les forcer à découvrir la retraite de leurs hommes ou la cachette où était leur argent; ils emportaient les couettes des lits et mettaient le cidre à courir quand ils étaient lassés de boire. A Dourdain près de Rennes, on dit qu'ils coupaient les doigts des bleus en se servant, en guise de billot, de la balustrade qui entoure l'autel[2]. Aux environs de Châteaubriant on appelle Chemins de la Tuasse, ceux où des Bleus ou des Chouans ont été tués[3].

Voici parmi les histoires de meurtres celles qui présentent quelque caractère légendaire. Sur les dalles de la petite chapelle Sainte-Croix, à Josselin, des moisissures rouges marquent la trace du sang de deux jeunes paysans tués par les bleus et dont les cadavres furent déposés à cet endroit[4]. Quelquefois des ombres hantent le lieu de leur supplice : au lieu appelé le Morbihan, près de Montmuran (Ille-et-Vilaine, on voit revenir des républicains fusillés par les chouans; à la barrière de la Châtaigneraie, en Gennes, se montre parfois, la nuit, un spectre noir portant un cercueil sur ses épaules : c'est là que furent enterrées sommairement cinq femmes que les chouans avaient saignées à la gorge. Il y a une vingtaine d'années on disait qu'on voyait à minuit près d'une chapelle de Montreuil-sur-Maine (Maine-et-Loire) un hussard montant la garde à la porte; c'était l'ombre d'un cavalier bleu tué pendant la Chouannerie[5]; en Poitou le fantôme à cheval d'un gendarme pris par les chouans, attaché à un arbre et achevé après mille cruautés, vient la nuit visiter le lieu du supplice, en poussant des cris épouvantables. Il commença à paraître peu de temps après sa mort, et ceux qui avaient entendu ses cris, lorsqu'il subissait ce martyre, croyaient reconnaître sa voix[6].

1. Néel de la Vigne dans ses *Souvenirs*, Dinan, 1850, in-8, p. 99, dit qu'on enterra jusqu'au cou un commis de district qui passait pour être d'intelligence avec les royalistes, lorsque ceux-ci crurent qu'il les trahissait. Les exécuteurs postés à courte distance lançaient sur sa tête des projectiles de toutes leurs forces. Ce supplice avait été usité à l'époque de la Ligue : Ils (les huguenots) en ont quelquefois enfoui jusqu'aux épaules pour jouer au palet ou à la boule. (L. Vitet. *Histoire de Dieppe*, p. 77).
2. Paul Sébillot. *Trad.*, t. I, p. 379-383.
3. Yves Sébillot, in *Rev. des Trad. pop.*, t. XIX, p. 416.
4. *La Bretagne artistique et littéraire*, t. II, p. 184; Paul Sébillot. *Légendes locales*, t. II, p. 68 ; *Annales de Bretagne*, t. XI, p. 669.
5. Queruau-Lamerie, in *Rev. des Trad. pop.*, t., XIV, p. 39.
6. Léo Desaivre. *Le Monde fantastique*, 1882, in-8, p. 9.

Quelques victimes des guerres civiles ont été l'objet d'une canonisation populaire, et une sorte de culte s'attache parfois à leur sépulture. La Tombe à la fille, dans la forêt de Teillay, marque l'endroit où fut tuée une paysanne qui avait dénoncé aux gardes nationaux de Bain les royalistes qui se cachaient dans le sous-bois. Elle est aussi connue sous le nom de sainte Pataude, que les chouans lui donnèrent par dérision ; les paysans des environs viennent prier sur sa fosse, qui est ornée d'une multitude de petites croix [1]. Une croix de granit sur la route de Pluneret à Sainte-Anne d'Auray rappelle la mémoire de saint Bleu ; c'est là que tomba sous les balles des chouans un soldat républicain dont on ignore le nom [2]. On se rend en pèlerinage près de Paule à une croix érigée à l'endroit où fut, en 1793, fusillé le recteur de cette commune ; les gens du pays l'appellent saint Carapibo, et déposent des offrandes au pied de la croix qui porte son nom [3]. Un bouleau qui, dans la forêt du Theil marque la place où tomba, mortellement blessé, un nommé Gendrot, est orné de nombreux ex-voto offerts par les fiévreux [4]. A Vritz (Loire-Inférieure) on a élevé un petit tertre, surmonté d'une croix à un prêtre assermenté que tuèrent les Chouans : les femmes du voisinage qui ont mal à la tête font une prière, et promettent, si elles sont guéries, d'aller prier sur sa tombe ; en même temps, elles rabattent sur leur front la bride de leur coiffe, qu'elles coupent, une fois débarrassées de leur mal, et qu'elles vont déposer sur la croix [5].

Les faits de guerre proprement dits qui nous ont été conservés sont en assez petit nombre [6]. Voici le seul qui contienne des éléments traditionnels : un convoi fut attaqué et pillé par les royalistes, à la montée de Cormarie, dans la forêt de Rennes ; mais d'après la légende un seul homme exécuta cette entreprise : il disposa tout le long de la côte, parmi les arbres, des mannequins habillés comme des chouans, et lorsque la voiture arriva avec son escorte au lieu où il les avait postés, il se montra, un fusil à la main, et déclara aux gendarmes que s'ils faisaient résistance, ils seraient tous fusillés. Croyant avoir affaire à une troupe nombreuse, ils se sauvèrent au plus vite, et l'homme put puiser à son aise dans la caisse du gouvernement [7].

Plusieurs récits de la veillée sont favorables à certains chefs de la chouannerie. Boishardy, qui tenait la campagne aux environs de Moncontour, était, disent les paysans de ce canton, un assez bon homme, qui

---

1. (Chanoine Goudé). *Histoires et légendes de Châteaubriant*, p. 352.
2. Jacques Gaudeul, in *Rev. des Trad. pop.*, t. XIX, p. 50.
3. C. d'Amézeuil. *Légendes bretonnes*, p. 84-90.
4. P. Bézier. *La forêt du Theil*, p. 19-22.
5. Yves Sébillot, in *Rev. des Trad. pop.*, t. XIX, p. 416.
6. On en trouvera quelques-uns dans une monographie locale (Paul Sébillot. *Ercé près Liffré et le château du Bordage*. Vannes, 1895, in-8°, p. 11), mais ils n'ont rien de merveilleux.
7. Paul Sébillot, in *Rev. des Trad. pop.*, t. XIII, p. 544.

n'était pas mauvais à l'égard des pauvres gens ; lui et sa femme cou-
chaient habituellement sur un grand chêne. Un jour que Boishardy se
trouvait dans une ferme, elle fut cernée par les bleus qui étaient à sa
recherche ; il y avait là trois femmes qui avaient chacune un enfant à la
mamelle ; elles dirent à Boishardy de se coucher en travers du foyer,
et toutes les trois s'assirent sur l'espèce d'estrade en pierre que l'on
voit encore dans beaucoup de maisons rustiques en avant de l'âtre ;
elles le cachèrent ainsi, et donnèrent à téter à leurs enfants ; les bleus
ne les dérangèrent pas, et Boishardy leur échappa encore cette fois. Il
couchait souvent dans le creux d'un rocher qui se trouvait non loin de
la propriété dont il portait le nom, et dont l'ouverture était fort étroite ;
en 1833, tout le monde la connaissait dans le pays, et on ne la désignait que sous le nom de Cache de Boishardy [1].

Le nom de Charette est devenu un terme de comparaison populaire ;
actuellement en Haute-Bretagne, on dit d'un homme attaché aux idées
légitimistes : « Il est chouan comme [Charette. » Un similaire de ce
dicton était usité à une époque contemporaine du général vendéen ;
d'après une notice placée au-dessous d'une estampe de Duplessi-
Bertaut, qui le représente marchant au supplice, quand on voulait
désigner un mauvais citoyen, on disait : « Il est patriote comme Charrette. » De même que beaucoup d'autres chefs de cette époque, il avait
des surnoms ; on l'appelait le « Petit Capet » on le « Petit Savoyard ».
Aux environs d'Ancenis, il a laissé la réputation d'un vert galant, très
entreprenant avec les filles et les femmes, brave, audacieux à la
guerre, mais aussi très brutal. On dit en proverbe : « Hardi comme
Charette », et aussi « Paillard comme Charette ». Toutefois, de même
que Boishardy, il n'était pas trop dur envers les gens de la campagne.
Suivant une tradition du pays nantais, après son entrée triomphale à
Nantes, il alla consulter une diseuse de bonne aventure qui demeurait
place Viarmes. Cette femme *vit* dans du marc de café que le chef vendéen serait fusillé place Viarmes, non loin de l'endroit où Cathelineau
avait été blessé à mort [2].

Une légende des bords de la Loire veut que Cathelineau ait passé la
nuit qui précéda le siège de Nantes au moulin du Bernardeau, près
d'Ancenis, bien connu à cette époque à cause des signaux qu'il faisait
avec ses ailes. La meunière qui était une femme galante, et qui n'avait
pas été cruelle pour le général, soutint le jour du passage de la Loire
par l'armée vendéenne, une sorte de siège contre les hussards de Wes-
termann qui s'emparèrent du moulin et la fusillèrent [3]. La tradition
attribue à d'autres meunières un penchant décidé pour les royalistes.

1. Paul Sébillot. *Trad.*, t. I, p. 383 ; Habasque. *Notions historiques*, t. I, p. 406.
2. Paul Sébillot. *Les souvenirs historiques en Bretagne*. Vannes, 1889, in-12, p. 33.
3. Léon Séché, in *Phare de la Loire*, nov. 1881.

A Laillé, un chef de chouans, Théaudière, dit Vive la Joie, s'était fait aimer d'une meunière qui rendait d'incontestables services aux chouans, car suivant que les ailes de son moulin étaient en croix ou en forme d'X, les blancs savaient que les bleus étaient plus ou moins éloignés [1].

Le dossier traditionnel des luttes que les armées de la Révolution eurent à soutenir contre l'étranger est bien mince en comparaison de celui des guerres civiles. Il ne semble pas que les généraux républicains, dont quelques-uns accomplirent des actes qui tiennent du prodige, aient laissé de traces dans les souvenirs du peuple ; toutefois Latour d'Auvergne, le premier grenadier de France, passait aux yeux de ses compatriotes pour être possesseur d'un *louzou*, d'un talisman caché qui lui assurait la victoire ; ses grenadiers croyaient naïvement qu'il avait le don de charmer les balles [2]. Une complainte semi-populaire sur la mort de Hoche a été autrefois chantée en Vendée [3].

Sur les côtes de Bretagne, les guerres maritimes de la Révolution et de l'empire sont l'objet de quelques récits. Le diable monta à bord d'un navire de l'État, la frégate la *Cornélie*, dont le capitaine se donna à lui, à la condition d'arriver en quinze jours aux Grandes-Indes. Une chanson du Nivernais, qui parle de la prise d'un vaisseau anglais, semble se rapporter à l'expédition d'Irlande [4].

Sur le littoral l'opulence des corsaires est restée proverbiale ; ceux de Saint-Malo étaient si riches qu'ils fricassaient des piastres. Mais les gens n'ajoutent pas, comme Chateaubriand, qu'après les avoir fait sauter dans la poêle, ils s'amusaient à les jeter aux gamins, pour se donner le plaisir de voir les grimaces qu'ils faisaient en se bousculant et en se brûlant pour les attraper [5]. On racontait jusqu'à ces derniers temps des anecdotes qui se rattachaient aux pontons : un marin, pour ne pas mourir de faim, se dévora les mollets : un matelot de Saint-Cast avait été tellement secoué à bord d'une de ces prisons flottantes que, pendant toute sa vie, il ne pouvait s'empêcher d'imiter en marchant le mouvement d'un bateau à l'ancre tourmenté par le roulis. Ceux qui étaient à terre n'étaient pas mieux traités : un pêcheur de Plévenon fut attaché comme un chien, avec une chaîne, à l'entrée d'un fort, et en passant auprès de lui, les enfants lui criaient d'aboyer. Un jour il dit à l'un d'eux : « Non, je n'aboierai pas ; mais si vous voulez, je sais des contes de mon pays et je vous les conterai ». L'enfant alla rapporter à ses parents les paroles du prisonnier ; ils le firent détacher, et lui

---

1. A. Orain. *Curiosités de l'Ille-et-Vilaine*, 1890, p. 7.
2. H. Violeau. *Pèlerinages du Morbihan*, p. 18 ; *Dict. Larousse*.
3. J. Bujeaud, *Chants pop. de l'Ouest*, t. II, p. 145.
4. Paul Sébillot. *Contes pop.*, t. III, p. 341 ; Achille Millien. *Chants pop. du Nivernais*, t. I, p. 307.
5. Chateaubriand. *Mémoires d'Outre-Tombe*, t. I.

donnèrent à manger les restes de leur table. Le soir il racontait des contes aux enfants et quand, au moment de la paix il devint libre, ils le regrettèrent beaucoup[1].

J'ai connu d'anciens marins, jadis captifs sur les pontons, dont le rêve était de manger, avant de mourir, le cœur d'un Anglais, tout cru. L'un d'eux, étant à son lit de mort, pensa faire à son confesseur une grande concession, en déclarant qu'il se contenterait de le manger cuit.

### § 7. LA LÉGENDE NAPOLÉONIENNE

Les éléments de la légende napoléonienne, si tant est qu'on puisse comprendre sous ce titre la réunion de traits essentiellement fragmentaires, ne sont pas toujours empruntés à la source orale directe. Il en est qui ont été influencés par les innombrables publications dont ce « dieu de la guerre » a été l'objet; quelques traits sont des adaptations de gestes attribués à d'autres héros, et parmi eux un certain nombre, parfois d'origine tout au moins semi-littéraire, ne nous sont connus que par des passages d'écrivains plus soucieux du pittoresque que de l'exactitude. Je n'ai pris que les plus caractéristiques et les moins suspects. Un assez grand nombre seraient totalement inconnus s'ils n'avaient été relevés dans la période comprise entre le premier et le second empire. On peut les considérer en quelque sorte comme des légendes mortes. Les souvenirs plus réellement populaires, qui s'attachent à des choses physiques, les dictons et quelques bribes traditionnelles ont mieux résisté au temps, et on les retrouve encore en plusieurs pays.

Des accidents naturels paraissaient aux yeux de ceux qu'éblouissait la renommée de l'empereur reproduire sa figure popularisée par l'image[2]. Le plus célèbre est le portrait de Napoléon dessiné par le soleil sur le Mont Blanc (cf. t. I, p. 216). Dans quelques localités wallonnes, on donne au saule pleureur le nom d'arbre à Napoléon ou de *Sâ dâ Napoléon*, inspiré par le souvenir de celui de Sainte-Hélène. On appelle le Jardin Bonaparte un espace inculte près de Presseux, Luxembourg belge, où s'élèvent six gros hêtres, et l'on prétend que, pour indiquer le passage à ses corps d'armée, Napoléon faisait planter de distance en distance six arbres disposés d'une façon particulière[3].

1. Paul Sébillot. *Trad.* t. I, p. 374-375.
2. A. Belfast en Irlande on montrait sur la Cave Hill une image qui ressemblait à Napoléon. (Prévost. *Un tour en Irlande*, 1846, p. 340) ; le flanc du mont San Martino à Luco présente le soir une ressemblance frappante avec Napoléon endormi (Alberto Lumbroso, in *Archivio per lo studio delle tradizioni*, t. X, p. 473), cf. aussi sur sa popularité à l'étranger : Paul Sébillot. *Rev. des Trad. pop.*, t. IV, p. 386 et suiv. A Iéna le Napoléonesberg est un cercle de pierres brutes élevé par les habitants (Thiers. *Hist. du Consulat et de l'Empire*, t. XXV, p. 140).
3. Alfred Harou, in *Rev. des Trad. pop.*, t. XIX, p. 204, t. XXI, p. 177.

Napoléon a été désigné par des sobriquets : ses soldats l'appelèrent : le Petit Caporal, le petit Tondu, le père la Pensée. Un autre surnom, celui de Père La Violette, lui avait été donné par eux lors de son séjour à l'île d'Elbe, parce qu'ils disaient qu'il reviendrait avec les violettes, c'est-à-dire avec le printemps[1]. Sous la Restauration, les Bonapartistes pour dérouter la police se servaient des termes : l'Ancien, l'Autre. En Provence ses ennemis, avant sa chute et surtout depuis, lui donnèrent le nom de Nicolas qui, dans le midi, est un des surnoms de Satan ; les royalistes en 1814 et 1815 l'y appelaient « Castagnié » par allusion aux châtaigniers de la Corse[2]. A Vitré on avait travesti son nom en celui de Bon à pendre, que les vieux légitimistes employaient naguère encore[3].

L'un des poëtes qui ont le plus chanté Napoléon lui prédisait une popularité beaucoup plus longue qu'elle ne l'a été :

> On parlera de sa gloire,
> Sous le chaume bien longtemps,
> Et l'humble toit dans cinquante ans
> Ne connaîtra plus d'autre histoire[4].

La littérature orale napoléonienne se réduit en réalité à un petit nombre de pièces. On verra plus loin que les récits où figure le héros n'ont guère pris la forme légendaire, et que presque tous sont des espèces de faits-divers de la tradition.

Dans mes explorations en Haute-Bretagne, j'ai essayé à diverses reprises de retrouver des chansons que j'avais entendues (vers 1860) et qui étaient restées dans mon souvenir comme ayant une allure populaire ; vingt ans après je n'ai pu en recueillir une seule, je n'y ai pas non plus rencontré un seul conte, un seul récit où Napoléon fut simplement nommé. L'enquête ouverte par la *Revue des Traditions populaires* en 1888, n'a pas été plus fructueuse. Le dépouillement des recueils de chansons populaires ne fournit qu'un nombre infime de pièces sur Napoléon et les siens, et encore elles sont souvent indiquées comme étant tombées en désuétude. C'est ainsi qu'en Nivernais, on ne connaît presque plus les chants de l'époque napoléonienne, encore très répandus il y a une quarantaine d'années[5]. Tel est aussi le cas de celle intitulée Buonaparte, et relative à la campagne d'Italie, qui se chantait sous la République dans l'Aunis et le marais poitevin, et d'une autre

---

1. Théodore Muret. *Histoire de France par le théâtre*. Paris, 1865, in-18, t. II, p. 64. Après Waterloo la gentille fleur partagea la proscription du drapeau tricolore.
2. *Revue britanique*, 1870, t. III, p. 37 ; Mistral. *Trésor*.
3. H. de Kerbeuzec, in *Rev. des Trad. pop.* t. XX, p. 418. Les caricatures anglaises représentent fréquemment Napoléon au pied d'une potence ; l'une d'elles est intitulée *Cruce dignus* (cf. Grand-Carteret. *Napoléon en images*. Paris, 1895, in-4, p. 18, 152, 153).
4. Béranger. *Les Souvenirs du peuple*.
5. Achille Millien. *Chants et chansons pop.*, t. I, p. 313-318.

qui semble s'appliquer aux Cent-Jours. On a chanté en Poitou sous l'empire une chanson dont le refrain était : A bas les royalistes. — Vive Napoléon ! [1] Au Canada, Vive Napoléon ! est la fin d'un refrain de chanson très populaire [2].

A Lille vers 1860, et à Nantes à une époque plus récente, les enfants chantaient une chanson énumérative qui débute par ces vers, répétés en tête de chaque couplet :

> Pour le roi de Rome
> Il faut des petits soldats [3].

Les recueils de proverbes n'enregistrent que ce dicton corse : *E un Napulione*, qui s'applique à celui qui a accompli des merveilles [4]. Quelques vieillards disaient que sous l'empire les coqs se saluaient le matin en chantant : Vive l'Empereur ! [5]

Le souvenir des effroyables tueries impériales était, vers le milieu du XIX° siècle, encore très vivant en Bretagne. J'ai souvent entendu les personnes âgées dire qu'il n'y avait plus que des femmes et des enfants pour cultiver la terre. On sait qu'à aucune époque on n'a plus abusé du *Te Deum* ; les paysans de la Haute-Bretagne l'appelaient énergiquement et justement le *Tue-hommes*, ceux de Champagne un *Tue des hommes* [6]. En Basse-Bretagne ce cantique d'action de grâces, chanté après chaque victoire de l'empereur, était, au moyen d'un léger changement, travesti en *Tud éom*, le besoin d'hommes, et un couplet basé sur une idée analogue, circulait en Franche-Comté :

> *Te Deum*
> Il faut des hommes
> *Laudamus te,*
> C'est pour les tuer [7].

La légende personnelle et pour ainsi dire biographique de Napoléon ne peut être considérée, pour la plus grande partie, que comme semi-populaire. Peu des éléments qui la composent ont été puisés à la source orale, ou tout au moins les écrivains qui les ont mis en œuvre se sont plus préoccupés de les rendre pittoresques ou amusants que de les rapporter sans retouche et sans mise au point.

1. J. Bujeaud. *Chants pop. de l'Ouest*, t. II, p. 134, p. 191. A l'étranger il a été plus souvent célébré : Gérard de Nerval. *Voyage en Orient*, t. I, p. 249, parle d'un chant égyptien : Zo, Salam, Bounaparteh, et la *Revue des Trad. pop.*, t. IV, p. 1 et 146 a publié un chant populaire serbe dont il est le héros.
2. H. Gagnon. *Chansons pop. du Canada*, p. 76, 77.
3. A. Desrousseaux. *Mœurs pop. de la Flandre française*, t. II, p. 81 ; Mme E. Vaugeois, in *Rev. des Trad. pop.*, t. XII, p. 649.
4. Mattei. *Proverbes corses*, p. 112.
5. P. Guyot-Daubès, in *Rev. des Trad. pop.*, t. XXI, p. 464.
6. Paul Sébillot. *Traditions*, t. I. p. 375. *Annuaire de la Marne pour 1857*.
7. N. Quellien. *Contes et légendes du pays de Tréguier*, p. 208 ; Dʳ Perron. *Prov. de la Franche-Comté*, p. 128.

A sa naissance on avait rattaché un prodige analogue à ceux qui ont précédé celle de beaucoup de héros anciens et modernes. Sa mère avait rêvé que le monde était en feu le jour de son accouchement [1]. Lorsqu'il était au faîte de sa puissance, on avait imaginé qu'une étoile avait paru la nuit où il naquit, et l'on contait qu'elle s'était représentée à lui la veille de la bataille d'Austerlitz [2]. Lui-même parlait assez souvent de son « étoile ». Un soir, dit-on, que le cardinal Fesch lui manifestait sa crainte de le voir succomber, il ouvrit la fenêtre, lui montra une étoile dans le ciel, et comme le cardinal déclarait qu'il ne l'apercevait pas, il lui dit : « Eh bien, moi je la vois [3]. »

Il paraît certain que Napoléon croyait à l'influence des jours : par une superstition de dates, il avait beaucoup tenu à rentrer dans Paris le 20 mars, anniversaire de la naissance de son fils [4]. Il se serait bien gardé de livrer bataille ou de conclure un traité le vendredi [5]. Pendant une de ses campagnes en Italie ayant cassé par mégarde le verre qui couvrait un portrait de Joséphine, il crut y voir un mauvais présage ; il envoya un exprès pour savoir des nouvelles de sa santé et ne fut rassuré qu'à son retour [6]. D'après une anecdote rapportée par un journaliste, sans citation de source il racontait qu'à Fontainebleau, dans la nuit du 19 ou 20 mars, au moment de se mettre au lit, il se vit rompu en mille pièces, par le fait d'une glace qu'une cause inconnue venait de briser, et que dès lors, il considéra cet accident comme une cause surnaturelle, qui ne lui laissait pas d'espoir pour l'avenir [7].

La superstition populaire lui a attribué comme une sorte de génie spécial le Petit Homme rouge, qui avant lui s'était montré à divers personnages, mais qui ne quittait guère le palais des Tuileries ; quand il est attaché à Bonaparte, il cesse d'être sédentaire, et se transporte pour lui parler sur les points variés du globe où se trouve son protégé. Les recueils d'ana sur l'empereur s'étendent avec force détails sur cet être mystérieux [8]. D'après une légende fort répandue dans les premières années du XIX⁰ siècle, Napoléon aurait dû ses succès à la protection de l'Homme rouge, auquel il était lié par un pacte conclu en Égypte pour dix ans, la veille de la bataille des Pyramides, et renouvelé pour cinq ans seulement quelques jours avant celle de Wagram [9]. Les *Bonapartiana*

1. Balzac. *Histoire de l'empereur racontée par un vieux soldat*, 1842, in-32.
2. A. de Chesnel, *Dict. des superstitions*, col. 349.
3. Cte de Ségur. *Histoire de Napoléon et de la Grande Armée*. Il a fait plusieurs fois allusion au soleil d'Austerlitz.
4. Villemain. *Souvenirs contemporains d'histoire et de littérature*, t. II, p. 47. Le 20 mars avait été un anniversaire signalé dans la vie de Napoléon, cf. Alberto Lumbroso. *Folk-Lore Napoleonico*, p. 5-6.
5. G. Pitrè. *Il Venerdi*, p. 19.
6. W. Jones. *Credulities*, p. 524.
7. F. Duboaq de Pesquidoux, in *La France nouvelle*, 10 sept. 1889.
8. *Bonapartiana*, 1805, et *Bonapartiana*, choix d'anecdotes curieuses. 1814, cités par Loys Brueyre, in *Rev. des Trad. pop.*, t. VI, p. 27.
9. *Journal des Sciences et des arts et de la littérature*, avril, 1814, cité par *l'In-*

donnent des détails sur cette première entrevue ; la veille de la bataille un petit homme vêtu de rouge avec un chapeau pointu de la même couleur fit signe à Bonaparte de le suivre dans une des Pyramides, et lui annonça la victoire pour le lendemain [1]. Dans le désert de Syrie, l'Homme rouge lui apparut dans la montagne de Moïse pour lui dire : Ça va bien [2]. Au 18 brumaire le petit homme rouge devient un petit homme vert et conseille à Bonaparte son coup d'état [3]. Le vieux soldat mis si curieusement en scène par Balzac, ne parle pas de cette excitation séditieuse, mais il raconte qu'à Marengo, « le soir de la victoire, pour la deuxième fois, s'est dressé devant lui l'Homme rouge qui lui dit qu'il verrait le monde à ses genoux, et qu'il sera empereur des Français, roi d'Italie, etc. Cet homme rouge c'était une manière de piéton qui lui servait, à ce que disaient plusieurs, pour communiquer avec son étoile. Moi, je n'ai jamais cru cela, mais l'Homme Rouge est un fait véritable et Napoléon en a parlé lui-même et a dit qu'il lui venait dans les moments durs à passer et restait aux Tuileries dans les combles. Donc au couronnement, Napoléon l'a vu le soir pour la troisième fois, et ils furent en délibération sur bien des choses [4]. Le Petit Homme rouge aurait blâmé la guerre d'Espagne, se serait opposé au divorce et aurait formellement condamné la campagne de Russie [5]. Le soir de la Moskowa, il vint dire à Napoléon : Mon garçon, tu vas trop vite, les hommes te manqueront et les amis te trahiront [6]. Il fit ses adieux à l'empereur le jour où il quitta les Tuileries pour entreprendre la campagne de France [7].

Sous la Restauration, l'empereur était l'objet à Paris de quelques dires populaires : il avait dans son gilet des poches de cuir pour pouvoir prendre le tabac à poignées, il montait à cheval au grand galop l'escalier de l'orangerie de Versailles [8].

Joséphine a eu aussi sa légende, assez éphémère du reste ; elle consiste en des prophéties de sa grandeur future, qui ont été surtout connues quand elle fut parvenue au faîte de sa puissance. Dans la jolie nouvelle d'Hégésippe Moreau, intitulée les *Petits souliers*, lorsqu'elle était encore à La Martinique, une négresse marronne lui aurait prédit qu'elle serait reine, qu'il surviendrait une grande tempête et

*Intermédiaire*, 30 octobre, 1906, col. 645. Suivant une pièce de pièce de vers anglais l'homme rouge lui aurait apparu à Wagram (John Aston. *English Caricature and Satire on Napoleon*, t. II).

1. Loys Brueyre, l. c.
2. Balzac. *Histoire de l'empereur racontée par un vieux soldat.* Paris, 1842 in-32.
3 *Bonapartiana.*
4. Balzac. l. c.
5. Gatien de Semur. *Erreurs et préjugés*, p. 140.
6. Balzac. l. c.
7. Gatien de Semur l. c.
8. Balzac. *César Birotteau.*

qu'elle mourrait [1]. Une bohémienne lui aurait aussi affirmé qu'elle serait plus grande qu'une reine et qu'elle mourrait à l'hôpital. Lord Holland raconte dans ses *Souvenirs diplomatiques* qu'il avait entendu souvent raconter cette prédiction en 1802, avant l'élévation de Joséphine à la dignité d'impératrice [2].

Le peuple adopta, en lui donnant une forme légendaire, l'opinion que l'Empereur avait été, comme Roland, trahi le jour de sa défaite finale. On raconte dans le Brabant wallon que la nuit qui précéda Waterloo, Napoléon vit en rêve un énorme chat noir qui faisait le tour du champ de bataille ; c'était un avis mystérieux de la trahison dont il allait être victime [3]. Le jour de la bataille l'Homme rouge passa aux Bourbons [4]. Une légende picarde localisée au château d'Heilly, associe Gannelon et Bourmont ; tous deux, accusés de l'avoir trahi s'écrient : Que la tour s'écroule si je n'ai été fidèle ! Elle se fond aussitôt et Napoléon fait fusiller les deux traîtres [5].

Aux yeux de ses soldats Napoléon passait pour invulnérable. Le *Mémorial de Sainte-Hélène* fait allusion à cette croyance, et en Normandie, vers le milieu du XIXe siècle, on racontait qu'il charmait les balles [6]. En Canada, les forestiers disent qu'on tirait sur lui à boulets rouges, qu'il les empoignait à deux mains et les renvoyait sur les ennemis [7].

Les fidèles de Napoléon crurent que comme Arthur, Barberousse, Charles le Téméraire, et d'autres héros, il n'était pas mort, et qu'il ne tarderait pas à revenir. Une pièce de théâtre jouée treize ans après son décès reproduisait la croyance populaire : Lui mort ! ils ne le connaissent pas ! Il fait le mort, mais il creuse en dessous, il creuse, il creuse..... vous savez que depuis six mois la police fait faire d'énormes crevasses dans toutes les rues de Paris ; c'est qu'on le cherche ; on sait que son souterrain va aboutir, et qu'il sortira de son trou, à la tête de deux millions de nègres pour le bonheur de la patrie [8]. Ceux qui disent qu'il est mort ; on voit bien qu'ils ne le connaissent pas ! Il restera dans une île de la grande mer, jusqu'à ce que l'homme rouge lui rende le pouvoir pour le bonheur de la France [9].

---

1. Hégésippe Moreau. *Œuvres complètes*. Paris, 1856, in-32, p. 253.
2. Alberto Lumbroso. *Folk-Lore napoleonico*. Extr. de l'Archivio. Palerme, in-8°, p. 4. L'hôpital serait la Malmaison.
3. Alfred Harou, in *Rev. des Trad. pop.*, t. XIX, p. 504.
4. Balzac, l. c.
5. Henry Carnoy, in *Romania*, 1882, p. 413, note (cf. F.-L., t. IV, p. 336).
6. J. Lecœur, *Esquisses du Bocage normand*, t. II, p. 369.
7. Ch. Gilly de Taurine. *La forêt et les forestiers au Canada.*
8. Alcide Tousez. *La Vie de Napoléon*, 1834.
9. Balzac. *Le Médecin de campagne*. Cette croyance existe aussi en Irlande, où l'on prétendait qu'un de ses généraux s'était livré à sa place comme le sire de Créqui à François Ier (cf. t. IV, p. 364) et que lui-même réapparaîtrait quand les temps seraient venus (J.-J. Prévost, *Un jour en Irlande*, 1846, p. 126).

## § 8. DE LA RESTAURATION A NOS JOURS

A partir de 1814 on ne rencontre plus guère que des miettes traditionnistes, et encore bon nombre d'entre elles, notées par les contemporains, sont aujourd'hui complètement oubliées.

En ce qui concerne les deux invasions et les Cent-Jours, j'ai, pour
ne pas interrompre la légende personnelle de Napoléon, mis à leur
ordre chronologique les récits dans lesquels il ne figure pas. Une
ombre blanche et gémissante qui apparaît à Grenoble pour annoncer
des calamités s'y montra au moment du retour de l'île d'Elbe (cf. t. IV,
p. 222). Lors d'un combat qui eut lieu dans le Morbihan en 1815 et
dans lequel les troupes impériales eurent le dessous, les soldats pendant la fusillade, voyaient toujours devant eux une belle femme vêtue
de blanc, qui les menaçait et détournait leurs coups des royalistes
dont elle parcourait les rangs[1]. En Vendée une chanson relate un épisode de ce soulèvement ; le général Grosbon qui surveillait avec une
longue-vue dans le clocher de Croix de Vie, les mouvements des royalistes, fut tué par une balle ; le poète populaire a substitué au nom de
ce général celui plus connu de Lamarque[2]. Un maire bleu de Pommerit-
Jandy, massacré en 1815 par du Rumain et ses complices, fut jeté dans
un endroit appelé Toull ar Sarpent ; aucun homme du pays ne passe
devant sans dire : C'est ici que fut tué M. Le Caer. Un très long gwerz
où était racontée par le menu cette scène de meurtre est resté assez
populaire pour avoir pu être recueilli vers 1875, d'abord à l'état frag-
mentaire, puis sous une forme plus complète[3].

Le peuple semble avoir été plus frappé de la gourmandise des alliés
que des faits autrement graves qui accompagnèrent les occupations
étrangères. A Saint-Méen (Ille-et-Vilaine) plusieurs Prussiens moururent
d'indigestion pour avoir mangé trop de lard. En Alsace, à la suite des
invasions de 1814 et 1815, les Autrichiens avaient reçu plusieurs
sobriquets, qui, plus tard, par extension, ont été attribués aux Allemands. Ceux qui suivent faisaient allusion à leur goinfrerie : *Kostbeutel*,
poches à nourriture, *Knepfelbüch*, ventres à quenelles ; *Bierküchefresser*,
mangeurs de couques, *Pfanneküchfresser*, mangeurs de quenelles de
pommes de terre, et plusieurs chansons populaires parlaient de la
gourmandise germanique. Les Autrichiens qui occupèrent Genève en
1814 y ont laissé une réputation de malpropreté et de gloutonnerie qui
dure encore ; le proverbe avoir un « estomac d'Autriche » est toujours

1. H. Violeau. *Pèlerinages du Morbihan*, p. 136.
2. S. Trébucq. *La Chanson populaire en Vendée*, p. 306-308.
3. N. Quellien. *Chansons et danses des Bretons*, p. 120-133.
4. H. Gaidoz et Paul Sébillot. *Blason populaire de la France*, p. 325, d'a. Stœber. *Deutschen Mundarten*, t. III, p. 77.

usité[1]. On a donné aux Cosaques le sobriquet de Mangeurs de chandelles ; pendant longtemps le peuple de France racontait qu'ils s'en régalaient ; les vieux paysans du Hainaut leur attribuaient aussi ce singulier goût. Durant tout le séjour qu'ils firent à Liège, on ne voyait aucun enfant dans les rues parce qu'on avait répandu le bruit qu'ils mangeaient les enfants[2]. En argot Cosaque signifie un homme brutal et grossier ; en Franche-Comté : Sale Kosek ! est un terme injurieux très familier[3].

Les Prussiens qui occupèrent militairement la Haute-Bretagne n'étaient pas en bons rapports avec la population ; à Jugon (Côtes-du-Nord) on nomma pendant longtemps le Puits aux Prussiens un puits où plusieurs avaient été précipités ; à Fougères plus d'un disparut qui ne mourut pas de sa belle mort ; à Ercé-près-Liffré (Ille-et-Vilaine) on se contentait de mettre du chenevis dans leur cidre pour les enivrer[4].

Pendant plusieurs générations, le peuple regarda comme particulièrement calamiteuse la période qui suivit la chute définitive de l'Empire. L'année 1816 fut appelée en Franche-Comté l'année de misère[5]. C'est alors que l'on donna à une fontaine intermittente des Ardennes qui jaillit avec force en 1815 et en 1816 le nom de fontaine de malheur (cf. t. II, p. 210). Les pêcheurs d'Etretat prétendaient qu'après la déchéance de Napoléon les harengs avaient abandonné la côte[6] et l'on disait en Forez que depuis la venue des ennemis les arbres à fruits étaient morts et desséchés[7].

La Restauration n'a laissé dans les souvenirs populaires que des traces peu nombreuses, et peu intéressantes, qui semblent effacées aujourd'hui. Le peuple appelait « rentrants, » les émigrés qui revenaient avec le roi ; à Angers, les chouans de 1815 étaient des « Rocantins », ce qui est synonyme de vin vert[8]. A Nîmes, vers 1835, la mémoire du massacreur Trestaillon était abhorrée et sa maison resta longtemps inhabitée[9]. Le petit homme rouge des Tuileries se montra plusieurs fois avant l'assassinat du duc de Berry, et il apparut à Louis XVIII sur son lit de mort[10]. En certaines contrées le peuple regardait Charles X comme un imbécile ; dans le Blaisois, ce serait à cause de lui qu'on aurait donné aux ânes le nom de Charles ou de Charlot ; à Paris, jusque

1. *Le Temps*, 7 janvier 1907. Estomac d'Autriche a probablement été formé d'après Estomac d'autruche ; il suffisait de changer une lettre.
2. Alfred Harou, in *Rev. des Trad. pop.*, t. XVIII, p. 601, t. XXI, p. 398.
3. L. Larcher. *Dict. d'argot* ; Roussey. *Gloss. de Bournois*, p. 171.
4. Paul Sébillot. *Trad.* t. I, p. 371 ; Mme E. Vaugeois, in *Rev. des Trad. pop.*, t. XXI, p. 231.
5. Roussey. *Glossaire de Bournois*, p. 179.
6. Gréhan. *La France maritime*, t. II, s. d. (1836), p. 230.
7. F. Noelas. *Légendes foréziennes*, p. 74.
8. Ménière. *Gloss. éty. angevin*.
9. Alexandre Dumas. *Impressions de Voyage dans le Midi*, t. II, p. 47.
10. *American Notes and Queries*, t. II, p. 110, d'A. Fréchette.

vers le milieu du siècle dernier, on disait de quelqu'un dont la physionomie ne révélait pas une intelligence bien éveillée, « Il a l'air bête comme Charles X [1] ».

La Révolution de 1830 fut annoncée en Basse-Normandie par l'apparition en l'air de cavaliers (cf. t. I, p. 131). A cette époque beaucoup de chevaux reçurent le nom de Polignac, et leurs conducteurs les apostrophaient en ces termes : « Oh ! hé ! j'vas aller à toi, gueux d'carliste ! gare à toi, eh ! Polignac ! [2] » En Basse-Normandie, les mères disent en grondant aux enfants incorrigibles : Hoé ! petits Poulignacs ! [3]

Du soulèvement éphémère de 1832, il est resté quelques chansons ; l'une est en patois et l'auteur de la seconde s'était inspiré d'un thème bien connu :

> Chante, rossignol, chante,
> Toi qui as le cœur gai...
> Je pleure Charles disse
> Qui vient de s'embarquer...
> Nous descendrons la hippe
> Du drapeau bigarlé...
> Et nous mettrons en place
> Le drapeau blanc flotter.
> Nous descendrons le coq.
> Faudra le fricasser... [4]

Quelques traditions se rapportent à des meurtres qui accompagnèrent ce diminutif de la chouannerie. Aux environs de Châteaubriant un homme qui faisait les commissions des Bleus fut tué par les Blancs à coups de triques à akrous dont ils se servaient [5]. On raconte en Vendée qu'après la défaite des partisans de la duchesse de Berry, un officier noble blessé vint demander l'hospitalité dans une cabane, et eut l'imprudence de dire aux paysans qu'il était le caissier de l'armée en déroute, et que son état de faiblesse l'avait obligé à abandonner dans le tronc d'un vieux chêne une sacoche bien garnie, et il leur promit une bonne récompense s'ils voulaient aller la chercher ; ses hôtes l'égorgèrent pendant son sommeil et cachèrent son corps sous un amas de fagots. Quelques mois après, le père de l'officier étant venu réclamer son fils, ses meurtriers déclarèrent qu'ils ne l'avaient jamais vu. Le vieillard, sachant qu'ils mentaient, les maudit, et depuis, chaque

1. A. Thibault. *Gloss. du pays blaisois*, p. 81 ; Girard de Rialle, in *Rev. des Trad. pop.* t. IV, p. 79.
2. Henry Monnier. *Le Voyage en diligence*, 1855, in 32. D'après Th. Muret. *Hist. de France par le théâtre*, Paris, 1863, in-12, t. II, p. 346, les charretiers et les cochers appelaient un mauvais cheval Polignac, par manière d'injure, pendant qu'il était encore ministre.
3. *Intermédiaire*, 10 Mars, 1890.
4. R. M. Lacuve. *Litt. orale des Deux-Sèvres*. Niort, 1906, in-18, p. 102-103 ; J. Bujeaud. *Chanson pop. de l'Ouest* t. II, p. 142.
5. Yves Sébillot, in *Rev. des Trad. pop.* t. XIX, p. 416 ; c'étaient des triques d'épines auxquelles on laissait saillir de petites branches.

soir une étoile se détachait du ciel, inondant la maison d'une lueur étrange ; une bête hideuse grimpait aux treilles, faisant entendre de terribles hurlements ; jusqu'à la troisième génération, il n'y eut que des fous dans la famille des assassins [1].

La terrible épidémie cholérique de 1833 fit revivre les anciennes superstitions qui avaient accompagné les pestes du moyen âge ; des femmes rouges furent aperçues près de Brest, soufflant la mort sur les vallées ; une mendiante appelée en justice soutint qu'elle les avait vues, qu'elle leur avait parlé. [2] A Paris le peuple prétendit qu'un parti occulte (les Jésuites) avait empoisonné les eaux ; plus tard on s'en prit aux usines où les machines à vapeur sont en activité, puis aux chemins de fer ; en 1884 lors d'une nouvelle apparition du fléau, on prétendit qu'on jetait dans les rues des cartouches « chargées de choléra » [3]. Une bonne femme affirmait devant Bérenger-Féraud, encore enfant, qu'elle avait vu, de ses propres yeux, une statue de la Vierge pleurer à chaudes larmes, quelques jours avant l'arrivée du fléau [4].

En 1840, au moment où l'on se demandait si l'escadre française n'allait pas à avoir à combattre les Anglais dans le Levant, on raconta à Toulon que la Vierge de la montagne de Sicié avait pleuré, que les plaies d'un Christ avaient saigné, qu'un crieur de nuit avait vu, à deux reprises, sous le péristyle de l'église Saint-François, un fantôme portant un sabre et du pain noir et lui disant : « Guerre ou famine » [5].

Sous le règne de Louis-Philippe on parlait souvent de la Charte ; ce terme abstrait, bien qu'il eût déjà été employé sous la Restauration, n'était pas très bien compris des paysans, et l'on raconte qu'un montagnard des Cévennes auquel on demandait ce que c'était répondit : *La Charto, et ben la Charto es la fenno de L. Philippo* [6].

Une équivoque analogue, fondée aussi sur la désinence féminine d'un nom, fut assez répandue pendant la période qui précéda l'élection du 10 décembre 1848 ; les partisans de Louis Napoléon disaient aux campagnards que La Martine était la putain à Ledru-Rollin et qu'il ne fallait pas voter pour elle [7].

L'idée de la survivance de Napoléon Ier eut une sorte de renouveau

---

1. Jean de la Chesnaye, in *Rev. des Trad. pop.* t. XVI, p. 255.
2. E. Souvestre. *Les Derniers Bretons*, t. I, p. 15-16.
3. A. de Chesnel. *Dict. des superstitions*, col. 204 ; Paul Sébillot, in l'*Homme*, t. II, p. 594.
4. Bérenger-Féraud. *Sup. et survivances*, t. II, p. 433.
5. Bérenger-Féraud. *Superstitions et survivances*, t. II, p. 433.
6. *Les Français peints par eux-mêmes. Province*, t. II, p. 59.
7. Ceux qui transformaient l'illustre poëte en une femme de mauvaise vie se rencontraient avec un personnage naïf du XVIe siècle : Ce prestre oyant alleguer des lois qu'on nommoit Clementina et Novella se mit en très grande cholère de ce qu'on lui amenoit le tesmoignage de paillardes (Henri Estienne. *Apologie pour Hérodote*, l. I, c. 30).

vers 1852 : Dans l'Ouest, le paysan qui saluait l'avènement du nouvel empire disait que c'était son grand Empereur qui reprenait naturellement sa place, après avoir pu échapper enfin aux mains hostiles des Anglais. Je n'ai eu connaissance d'aucun trait vraiment populaire en rapport avec la guerre de Crimée. En Poitou on expliquait d'une façon assez singulière les causes de celle de 1859 ; Napoléon III n'était allé battre les Autrichiens en Italie qu'afin de reconquérir la couronne impériale, volée par ces gueux-là à son cousin le duc de Reichstadt [1].

Aucun épisode de l'année Terrible (1870) n'a pris une forme légendaire caractérisée.

Les traits de folk-lore relevés au cours des trente dernières années sont parfois presque en marge de la tradition, et plusieurs semblent avoir disparu peu de temps après leur éclosion. Bien que durant cette période qui pour moi va de l'adolescence au seuil de la vieillesse, je n'aie cessé de noter ceux que je rencontrais dans mes lectures, ceux qui provenaient d'enquêtes personnelles, ma récolte est bien peu abondante. Elle n'est pas cependant tout à fait négligeable, parce qu'elle constate la persistance de certaines conceptions que l'on pouvait croire mortes et qui ont eu une nouvelle poussée, assez éphémère d'ailleurs.

Parmi les études publiées par *Mélusine*, t, IX, col. 77, sous le titre de « Légendes contemporaines », sur des mots attribués à des hommes politiques, il en est une qui montre comment une anecdote peut être successivement mise dans la bouche de diverses personnes. D'après le *Journal de Médecine*, avril 1898, lors d'une visite au Collège de France, le maréchal de Mac Mahon aurait demandé : Où sont les dortoirs ? Or le maréchal n'a jamais visité cet illustre établissement, et on lui a fait prononcer une phrase dont, quelques années auparavant, on faisait honneur à M. de Cumont, ministre de l'Instruction publique. Elle n'était qu'un rifazimento ; le père de Gaston Paris, lorsqu'elle fut mise en circulation, lui rappela qu'on avait prêté à un ministre de la Restauration la même demande malencontreuse (col. 118). Peut-être en cherchant bien, trouverait-on des parallèles plus anciens.

Comme les pêcheurs d'Etretat (cf. t. IV, p. 355) les femmes de Port-Philippe (Morbihan) attribuant la rareté du poisson à des causes politiques disaient que si la République était « sabordée », les sardines viendraient en masse sur les côtes [2]. En 1889, on racontait que le général Boulanger s'était rencontré dans la grotte de la Balme (Isère) avec don Carlos et Mandrin. En 1898, alors que le grain était cher, certaines gens prétendaient que c'était la faute des Juifs qui, après avoir acheté de grandes

1. J. Bujeaud. *Chants pop. de l'Ouest*, t. II p. 98.
2. *Le Temps*, 23 avril 1886.

quantités de blé, l'avaient fait charger sur des navires, et ordonné aux capitaines de le jeter à la mer [3].

Quelques récits, en rapport avec la croyance des paysans bretons qui sont persuadés que les saints descendent du ciel à certains moments critiques, parlent de leur présence contemporaine sur terre. Lors de l'exécution des décrets sur les congrégations, une journalière de la Roche-Derrien prétendait avoir rencontré une vieille femme qui, après lui avoir dit en breton : « Il est temps que le monde change, car la main de mon fils se fatigue », disparut subitement. Suivant une variante, une mendiante, qui n'était autre que la Vierge Marie, adressa ces paroles à des lavandières [1]. Vers la même époque, on voyait se promener aux environs de Matignon (Côtes-du-Nord) des religieux et des religieuses qui portaient des draps blancs, et l'on disait que c'étaient des morts qui venaient au devant des moines vivants pour les conduire dans des grottes du bord de la mer et les y cacher en attendant qu'ils pussent se montrer sans danger à la lumière du jour [3].

Ce dire populaire où, par un singulier mélange de croyances chrétiennes et de légendes païennes, des morts viennent chercher des vivants pour les cacher dans des endroits isolés et mystérieux qui, jusqu'à une époque récente, passaient pour être le domaine et la résidence des fées (cf., t. II, p. 106-115), est le dernier trait de folk-lore contemporain qui soit venu à ma connaissance. Je pensais que pendant la période des inventaires, et plus tard, lors des actes qui ont accompagné la séparation des Églises et de l'État, on aurait parlé de statues pleurant ou suant, de promenades de saints, et des divers prodiges qui accompagnent d'ordinaire les évènements où le clergé est intéressé ; j'ai posé la question dans la *Revue des Traditions Populaires*, je l'ai signalée par lettres à mes meilleurs correspondants ; jusqu'ici aucune réponse ne m'est parvenue qui n'ait été négative :

L'arche sainte est muette et ne rend plus d'oracles.

1. P. S., in *Rev. des Trad. pop.*, t. V, p. 434 ; t. XIII, p. 693.
2. G. de Fèbes, in *Rev. des Trad. pop.*, t. XVIII, p. 225 ; in *Le Petit Carnet* (Illifaut, Côtes-du-Nord) septembre 1900.
3. Lucie de V. H., in *Rev. des Trad. pop.*, t. XVIII, p. 265.

25 Mars 1907.

# BIBLIOGRAPHIE

## A

ABGRALL (abbé J.-M.). *Les pierres à empreintes et les traditions populaires*. Quimper, 1890, in-8° (Extr. de la Soc. arch. du Finistère).

*Académie Celtique*. Mémoires. Paris, 1807-1810, in-8°.

ADAM (Lucien). *Les patois lorrains*. Nancy, 1881, in-8°.

ALBERT LE GRAND. *Vies des saints de Bretagne* [1636], Brest, 1837, in-4° (éd. Kerdanet) ; Quimper, 1901, in-4°.

*Album du Dauphiné*. Grenoble, 1835-1837, 2 in-8°.

ALCRIPE (Philippe d'). *La nouvelle fabrique des excellens traits de vérité* [1579], Paris, 1853, in-16.

ALLIER (Achille). *L'Ancien Bourbonnais*, Moulins, 1837, 2 in-f°.

*Almanach folkloriste*. Metz, 1890, in-12.

C. D'A. (Cte d'Amézeuil). *Légendes bretonnes, Souvenirs du Morbihan*. Paris, 1863, in-18.

AMÉZEUIL (Cte d'). *Récits bretons*. Paris, 1863, in-18.

(AMPÈRE). *Instructions relatives aux poésies populaires de la France*. Paris, 1853, in-8°.

ANDREWS (James Bruyn). *Contes ligures, recueillis entre Menton et Gênes*. Paris, 1892, in-16.

ANEAU (Barthélémy). *La description philosophale de la nature des oiseaux* [1551], Rouen, 1641, in-12.

*Annales de Bretagne*. Rennes, 1886 et suiv. in-8°.

*Aquin : Le Romm d' — ou Conqueste de la Bretaigne par le roy Charlemagne*, chanson de geste du XIIe siècle. Nantes, 1880, in-4°.

*Archivio per lo studio delle tradizioni popolari*, dirigé par G. Pitrè et Salomone-Marino, Palerme et Turin, 1882 et suiv, in-8.

*Ariège (l')*. Divisions administratives, etc. Grottes, légendes. Foix, 1863, in-18.

*Armana prouvençau*. Aix, 1855 et suiv., in-18.

ARNAUDIN (Félix). *Contes populaires recueillis dans la Grande-Lande*. Bordeaux, 1887, in-18.

ASSIER (Alexandre). *Légendes, curiosités et traditions de la Champagne et de la Brie*. Paris, 1860, in-8°.

1. Cette liste ne comprend que les ouvrages auxquels j'ai fait plusieurs emprunts. Pour ceux, tout aussi nombreux, qui ne m'ont fourni que deux ou trois passages, j'ai presque toujours donné au bas de la page leur indication bibliographique. Les chiffres entre crochets [ ] indiquent la première édition.

ASSIER (Adolphe d'). *Aulus-les-Bains et ses environs*. Toulouse, 1872, in-12.

AUBIGNÉ (Théodore Agrippa d'). *Les Aventures du baron de Fæneste* [1617]. Paris, 1855, in-16.

— *Les Tragiques* [1616]. Paris, 1857, in-16.

— *La Confession de Sancy*, dans : Recueil de pièces servant à l'histoire de Henri III. Cologne, 1678, in-12.

AUDIGIER (C.). *Quelques coutumes et traditions de la Haute-Auvergne*. Aurillac, 1892, in-8°.

AULNOY (Madame d'). *Les Contes des Fées* [1698]. *Les Nouveaux Contes ou les Fées à la mode* [1698]. Cabinet des Fées, t. II-IV.

AVENEAU DE LA GRANCIÈRE. *Les parures préhistoriques et les colliers à talismans celto-armoricains*. Paris, 1897, in-8°.

— *A.-N.-D. de Quelven*. Vannes, 1902, in-8.

AYMARD. *Le Géant du Rocher Corneille au Puy*, suivi d'une notice sur les pierres à bassins dans la Haute-Loire. Le Puy, 1861, in-8°.

## B

BABOU (Hippolyte). *Les Païens innocents*. Paris, 1878, in-18.

BAIF (J. A. de). *Les Mimes, enseignements et proverbes* [1597]. Paris, 1880, in-16

— *Les Jeux*, Paris, 1573, in-8°.

BAISSAC (Charles). *Le Folk-Lore de l'île Maurice*. Paris, 1888, in-12 elz.

BARBEY D'AUREVILLY. *L'Ensorcelée*. Paris, 1879, in-12.

BARBOT (Jules). *Le Paysan lozérien*. Mende, 1901, p. in-8°.

BARDY (Henri). *Le Folk-Lore du Val-de-Rosemont*. Belfort, 1890, in-8. *Au pays d'Ajoie*. Belfort, 1891, in-8°. (Ces deux brochures sont extraites des Bull. de la Section des Hautes-Vosges du Club Alpin).

BARJAVEL (C. F. H.). *Dictons et sobriquets des villes bourgs et villages du département de Vaucluse*. Carpentras, 1849-1853, in-8°.

BARON-DUTAYA. *Brocéliande, ses chevaliers et quelques légendes*. Rennes, 1839, in-8°.

BARTHÉTY (Hilarion). *Pratiques de sorcellerie ou superstitions populaires du Béarn*. Pau, 1874, in-8.

BASSELIN (Olivier). *Vaux-de-vire*. Paris, 1858, in-16.

BASSETT (Fletcher S.). *Legends of the Sea*. London, 1885, in-8°.

BASTELAAR (Van). *Une légende du diable du pays de Chimay*. Gand, 1878, in-8°.

BAUDOUIN (A.). *Glossaire du patois de la forêt de Clairvaux*. Troyes, 1887, in-8°.

BEAUCHET-FILLEAU. *Simples notes sur quelques pèlerinages, pieuses pratiques, etc. dans le diocèse de Poitiers*, in-8. (Mémoire lu à la Sorbonne, session de 1869).

BEAUFORT (comte Amédée de). *Légendes et traditions populaires de la France*. Paris, 1840, in-8°.

BEAUQUIER (Charles). *Blason populaire de Franche-Comté*. Paris, 1897, in-8°.

— *Les mois en Franche-Comté*. Paris, 1900, in-8°.

— *Chansons populaires recueillies en Franche-Comté*. Paris, 1895, in-8°.

BEAUVOIS (E.). *Contes populaires de la Norvège, de la Finlande et de la Bourgogne*. Paris, 1862, in-12.

BÉDIER (Joseph). *Les Fabliaux*. Etudes de littérature populaire et d'histoire du moyen âge. Paris, 1893, in-8°.

BELLAMY (Félix). *La Forêt de Brechéliant*. Rennes, 1896, 2 in-8°.

BELLEFOREST (François de). *Les Dix histoires prodigieuses de nouveau adjoutées aux precedentes*, t. III et IV. Paris, 1581,-1582, in-12.

BÉRENGER-FÉRAUD. *Traditions et Réminiscences populaires de la Provence*. Paris, 1886, in-8°.

— *Contes populaires des Provençaux de l'antiquité et du moyen-âge*. Paris, 1887, p. 12.

— *Superstitions et Survivances*. Paris, 1896, 5 in-8°.

BÉROALDE DE VERVILLE. *Le Moyen de parvenir*, [1610]. Paris, 1874, in-18.

BÉRONIE. *Dictionnaire du patois limousin*. Tulle, s. d. in-4°.

BÉZIER (P.). *Inventaire des Mégalithes de l'Ille-et-Vilaine*, Rennes, 1883, in-8.

— *Supplément*. Rennes, 1886, in-8°.

— *La forêt du Teil et la roche aux fées d'Essé*. Rennes, 1887, in-16.

BIDAULT (Dᶜ Paul). *Les Superstitions médicales du Morvan*. Paris, 1899, in-8°.

BIGARNE (Ch.). *Patois et Locutions du pays de Beaune*, 1891, in-8°.

BIZEUL (de Blain). *Les voies de la Bretagne et en particulier celles du Morbihan*. Vannes, 1841, p. in-12.

BLADÉ (Jean-François). *Contes et proverbes populaires recueillis en Armagnac*. Paris, 1867, in-8.

— *Contes populaires de la Gascogne*. Paris, 1886, 3 in-12 elzévir.

— *Poésies populaires en langue française recueillies dans l'Armagnac et l'Agenais*. Paris, 1879, in-8.

— *Poésies populaires de la Gascogne*. Paris, 1881-1882, 3 in-12 elzévir.

— *Proverbes et devinettes populaires recueillis dans l'Armagnac et l'Agenais* ; texte gascon et traduction française. Paris, 1879, in-8.

BLANLOEIL (abbé). *Récits bretons*. Lyon, s. d. (vers 1890), in-8.

BLAVIGNAC. *L'Empro genevois*, cachés, rondes, rimes et kyrielles, etc. [1875]. 2ᵉ éd. Genève, 1879, in-18.

BLEICHER ET FAUDEL. *Matériaux pour une étude préhistorique de l'Alsace*. Colmar, 1878, 1879, 1883, 1888, 4 fasc. in-8.

BLESSEBOIS (P. Corneille). *Œuvres satiriques*. Leyde, 1675, in-12.

BODIN (Jean). *Le Fléau des Demons et Sorciers*. Nyort, 1616, in-8. (C'est avec la même division, la *Démonomanie des Sorciers*).

BOGROS (Dʳ E.). *A travers le Morvan* [1873]. Château-Chinon, 1883, in-18.

BOGUET (Henry). *Discours des sorciers*. Lyon, 1605, in-8.

BONNAFOUX (J.-F.). *Légendes et Croyances superstitieuses conservées dans le département de la Creuse*. Guéret, 1867, in-8.

BORDERIE (Arthur de La). *La Mosaïque bretonne*. Rennes, 1893, in-8.

BOSQUET (Amélie). *La Normandie romanesque et merveilleuse*. Paris et Rouen, 1845, in-8.

BOUCHER DE PERTHES. *Chants armoricains ou Souvenirs de Basse-Bretagne*. Paris, 1831, in-12.

BOUCHET (Guillaume). *Les Serées* [1584]. Poitiers, 1585. Rouen, 1634, in-8.

BOUET (Alexandre). *Breiz-Izel*. Paris, 1838, 3 in-8.

Bouillet (J.-B.). *Tablettes historiques de l'Auvergne.* Clermont-Ferrand, 1840-1847, 8 in-8.

— *Statistique monumentale du Puy-de-Dôme.* Clermont-Ferrand, 1846, in-8.

Boulanger (C.). *Monographie du village d'Allaines.* Péronne, 1903, in-18.

Bourdigné (Charles). *La Légende de maistre Pierre Faifeu* [1532]. Paris, 1733, in-12.

Bourgeois (Henri). *La Vendée d'autrefois. I. Les îles.* Luçon, 1901, in-12.

Bousrez (L.). *Les Monuments mégalithiques de la Touraine.* Tours, 1894, in-8.

— *L'Anjou aux âges de la pierre et du bronze.* Paris, 1897, in-8.

Bozon (Nicole). *Contes moralisés,* éd. Toulmin Smith et Paul Meyer. Paris, 1886, in-8.

Brantôme. *Vies des dames galantes.* [Leide, 1665-1666], in-12.

— *Hommes illustres,* éd. Panthéon littéraire. Paris, 1848, 2 in-8.

Bridel, *Lettre sur l'ancienne Mythologie des Alpes.* Académie Celtique, t. V, p. 189-207.

Brizeux, *Œuvres complètes.* Paris, Lemerre, 4 in-18.

Brunet (Victor). *Contes populaires du Bocage.* Vire, 1886, in-18.

— *Contes populaires de la Basse-Normandie.* Paris, 1900, p. in-8.

Bujeaud (Jérôme). *Chants et chansons populaires de l'Ouest,* 1866, 2 in-8.

*Bulletin de Folk-Lore,* publié par Eugène Monseur. Liège, 1891-1894, in-8.

Bulliot (J.-G.) et A. Thiollier. *La mission et le culte de saint Martin.* Autun, 1892, in-8.

Buzonnière (Philippe de). *Les Solonais.* Paris, 1840, in-8.

## C

*Cabinet des Fées* ou collection choisie des contes des Fées. Amsterdam et Paris 1785-1786, 37 v. in-8.

Cadic (F.). *Contes et Légendes de Bretagne.* Paris, 1903, p. in-8.

Cambry, *Voyage dans le Finistère* ou état de ce département en 1794 [an VII]. Brest, 1836, in-8.

— *Monumens celtiques.* Paris, 1805, in-8.

Canel (A.). *Blason populaire de la Normandie.* Rouen, 1859, 2 in-8.

*Caquets de l'Accouchée (Les),* [1622]. Paris, 1855, in-16.

Carnoy (E. Henry). *Littérature orale de la Picardie.* Paris, 1883, in-12 elz.

— *Contes français.* Paris, 1885, in-12.

Cartailhac (Emile). *L'âge de pierre dans les souvenirs et superstitions populaires.* Paris, 1878, gr. in-8.

Caylus (comte de). *Recueil d'antiquités.* Paris, 1752-1757, in-8.

Cayot-Delandre. *Le Morbihan, son histoire et ses monuments.* Vannes, 1847, in-8.

Cénac-Moncaut. *Littérature populaire de la Gascogne.* Paris, 1868, in-18.

Ceresole (Alfred). *Légendes des Alpes vaudoises.* Lausanne, 1885, in-4.

Cerny (Elvire de) *Saint-Suliac et ses traditions.* Dinan, 1861, in-8.

— *Contes et Légendes de Bretagne* (1856-1898). Paris, 1899, in-8.

Cerquand (J. F.). *Légendes et récits populaires du Pays basque.* Pau, 1875, 1876, 1878, 1880, in-8.

— *Taranis lithobole.* Avignon, 1881, in-8.

CESSAC (M. de). *Liste des monuments mégalithiques de la Creuse.* Paris, 1881, in-8.

CHABERT (Dr Alfred). *De l'emploi populaire des plantes sauvages en Savoie.* Chambéry, 1897, in-8.

CHAMBURE (E. de). *Glossaire du Morvan.* Paris, 1878, in-8.

CHAMPEVAL (Jean-Baptiste). *Proverbes bas-Limousin.* Brive, 1886. in-8.

CHANAL (Edouard). *Voyages en Corse.* Paris, s. d., in-8.

—. *Légendes méridionales.* Contes du pays niçois. Paris, s. d., in-8.

CHAPELOT (J.). *Contes balzatois.* Angoulême, 1877, 2 in-8.

CHAPISEAU (Félix). *Le Folk-Lore de la Beauce et du Perche.* Paris, 1903, 2 in-12 elz.

CHATELLIER (Paul du). *Les époques préhistoriques et gauloises dans le Finistère, inventaire des monuments de ce département.* Paris, 1889, in-8.

CHAUVET (Horace). *Légendes du Roussillon.* Perpignan, 1899, in-18.

CHÉRUEL (A.). *Dictionnaire des Institutions, mœurs et coutumes de la France.* Paris, 1855, 2 in-18.

CHESNEL (A. de). *Usages de la Montagne-Noire.* France Littéraire, 1839, p.353-374.

CHOLIÈRES. *Les Matinées* [1586]. *Les Après-Dîners* [1587]. Paris, 1879, in-8.

CHORIER. *Histoire générale du Dauphiné* [1672]. Grenoble, 1860-81, in-8.

CHRESTIEN DE JOUÉ-DU-PLEIN. *Veillerys argentenois.* Argentan (Orne). Ce manuscrit qui faisait partie de la bibliothèque de feu M. de la Sicotière avait été rédigé vers 1840, en vue d'une impression en volume.

CHRISTILLIN (J. J.). *Dans la Vallaise.* Aoste, 1901, in-8.

CLARKE (Louisa Lane). *Royal Guide to Guernsey and Jersey.* Guernsey, 1852, in-12.

— *Folk-Lore of Guernsey and Sark.* Guernsey, 1890. in-16.

CLÉMENT-JANIN. *Traditions populaires de la Côte d'Or.* Dijon, 1884, in-8.

— *Sobriquets des villes et villages de la Côte-d'Or,* arrondissement de Châtillon. 1878, arrondissement de Dijon, 1880, in-8.

CLOCHE (Jean de La — pseudonyme de V. Brunel). *Blason populaire de Villedieu-les-Poêles.* Sourdinopolis (Vire et Villedieu). 1888, in-8.

COLLERYE (Roger de). *Œuvres* [1536]. Paris, 1855, in-16.

COLLIN DE PLANCY. *Dictionnaire infernal.* Paris, 1822, 4 in-8.

CONSTANTIN (A.) et J. DÉSORMAUX. *Dictionnaire savoyard.* Annecy, 1902, in-8.

CONSTANTIN (A.) *Littérature orale de la Savoie.* Proverbes, Devinettes, Contes etc. Annecy, 1882, p. in-12.

CONTEJEAN. *Glossaire du patois de Montbéliard.* Montbéliard, 1876, in-8.

*Conteur breton* (Le). Rennes, 1864-1866, 3 in-f°.

COQUILLART (Guillaume). *Œuvres* [1515 ?]. Paris, 1857, in-16.

CORBLET (abbé). *Glossaire étymologique du patois picard.* Amiens, 1851, in-8.

CORD ET VIRÉ. *La Lozère.* Paris, 1900, in-18.

CORDIER (Eugène). *Les Légendes des Hautes-Pyrénées.* Bagnères, 1878, p. in-12.

— *Etudes sur le dialecte du Lavedan.* Bagnères, 1878, in-8.

CORDIER. *Vocabulaire des mots en usage dans la Meuse.* Soc. des Ant., t. X, 1834.

CORLIEU (François de). *Recueil en forme d'histoires.* Angoulême, 1629, in-4.

CORNAT (abbé). *Dictionnaire des patois de l'Yonne.* Sens, 1858, in-8.

*Coundes biarnés,* couëilhuts aüs Parsàas miéytadès dou Péys dé Biarn. Pau, 1890, in-4.

COULON. *Les Rivières de France*. Paris, 1644, in-12.

COUTIL (Léonce). *Inventaire des menhirs et dolmens de la Seine-Inférieure*. Louviers, 1898, in-8. *Eure*, 1897, in-8. *Calvados*, 1902, in-8.

COURVAL-SONNET. *Les Œuvres satyriques du sieur de —* gentilhomme virois. Paris, 1622, in-8.

CRAPELET. *Remarques sur quelques locutions et proverbes du moyen-âge*. Paris, 1831, in-8 (contient le Dit. de l'Apostoile).

CUNISSET-CARNOT. *Vocables de Dijon*. Dijon, p. in-18, 1888.

CUZACQ (P.). *La Naissance, le mariage et le décès*. Croyances du S. E. de la France. Paris, 1902, in-18.

CYRANO DE BERGERAC. *Œuvres comiques*. Paris, 1856, in-18.

# D

DAGNET (A.). *Histoire et légendes des Coëvrons*. Laval, 1893, in-18.

— *Au pays fougerais*. Recueil de croyances populaires. Fougères, 1899, p. in-18.

DALEAU (François). *Notes pour servir à l'étude des traditions, croyances et superstitions de la Gironde*. Bordeaux, 1888, in-8.

DAN (Le P. Pierre). *Histoire de Barbarie et de ses corsaires*. Paris, 1637, in-4°.

DARDY (abbé Léopold). *Anthologie populaire de l'Albret*. Agen, 1891, 2 in-8.

DARSUZY (Gésa). *Les Pyrénées françaises*. Paris, 1899, in-16.

DASSOUCY. *Aventures burlesques*, [1677]. Paris, 1858, in-18.

DAUX (abbé Camille). *Croyances et traditions populaires du Montalbanais*. Paris, 1903, in-8.

DAYMARD (J.). *Vieux chants populaires du Quercy*. Cahors, 1889, in-8.

DECOMBE (Lucien). *Chansons populaires d'Ille-et-Vilaine*. Rennes, 1884, p. in-18.

DEFRECHEUX (Joseph). *Vocabulaire de la Faune wallonne*. Liège, 1888, in-8.

— *Les Enfantines liégeoises*. (Bull. de la Société de litt. wallonne, 2e série, t. XI, 1888, p. 117-226).

DEJARDIN (Joseph). *Dictionnaire des Spots ou Proverbes wallons*. Liège, 1891, 2 in-8.

DELAITE (Julien). *Glossaire des jeux wallons de Liège*. Liège, 1889, in-8.

DELANGLE (Caliste). *Le Grillon*, légendes bretonnes. Paris, 1870, in-8.

DELBOULLE (A.). *Glossaire de la vallée d'Yères*. Paris, 1876, in-8.

DERIBIER DU CHATELET. *Dictionnaire statistique du département du Cantal*. Aurillac, 1852-1857, 5 in-8.

DESAIVRE (Léo). *Recherches sur Gargantua en Poitou*. Niort, 1869, in-8.

— *Essai sur le Noyer et le Pommier*. Niort, 1879, in-8.

— *Etudes de mythologie locale*. Niort, 1880, in-8.

— *Croyances, présages, usages, traditions diverses*, etc. Niort, 1881, in-8.

— *Etudes de mythologie locale*. Le Monde fantastique. Saint-Maixent, 1883, in-8.

— *Notes sur la Mélusine*. Poitiers, 1899, in-8.

— *Le Mythe de la Mère Lusine*. Saint-Maixent, 1883, in-8.

DESCHAMPS (Eustache). *Œuvres*, éd. de la Soc. des anciens textes. Paris, in-8.

DESEILLE (Ernest). *Glossaire du patois des matelots boulonnais*. Paris, 1884, in-8.

DERGNY (Dieudonné). *Usages, coutumes et croyances*. Abbeville, 1885, in-8.

Des Periers (Bonaventure). *Les contes et les nouvelles récréations et joyeux devis* [1558]; notes de Ch. Nodier. Paris, 1841, in-18.

Desrousseaux (A.). *Mœurs populaires de la Flandre Française.* Lille, 1889, 2 in-8.

Dessaix (Antony). *Légendes et traditions populaires de la Haute-Savoie.* Annecy, 1875, p. in-12.

Deulin (Charles). *Contes d'un buveur de bière.* Paris, 1870, in-18.

— *Contes du roi Cambrinus.* Paris, 1874, in-18.

Deville (J.-M.-J.). *Annales de la Bigorre.* Tarbes, 1818, in-8.

Doncieux (George). *Le Romancéro de la France.* Paris, 1904, in-8.

Doremet (Jacques). *Sa vie et ses ouvrages. De l'antiquité de la cité d'Aleth* [1628]. *La cane de Montfort* [1652]. Rennes, 1894, in-18.

Dorgan (H.). *Nouveau panorama de la Gironde et de la Garonne.* Auch, 1845, in-8.

Dottin (Georges). *Les parlers du Bas-Maine.* Paris, 1898, in-8.

Du Bartas (G. Saluste). *Œuvres.* Paris, 1611, in-fol.

Du Bellay (Joachim). *Jeux rustiques.* Paris, 1587, in-8.

Du Bois (Louis). *Recherches archéologiques, historiques, etc. sur la Normandie.* Paris, 1848, in-8.

Du Bois de la Ville Rabel. *Le vieux Saint-Brieuc.* Saint-Brieuc, 1891, in-8.

Du Breul (le R.-P. Jacques). *Le Theatre des Antiquitez de Paris.* [1612]. Paris, 1639, in-4.

Dubuisson Aubenay. *Itinéraire de Bretagne.* Nantes, 1892-1895, 2 in-4.

Ducom (E.). *Nouvelles gasconnes.* Paris, 1860, in-18.

Ducourneau (Alexandre) et A. Monteil. *La province de Bourgogne.* Paris, s. d., in-4.

Ducourneau (Alexandre). *La Guienne historique et monumentale.* Bordeaux, 1842-1844, 2 in-4.

Duez (Nathaniel). *Dictionnaire italien et françois.* Leide, 1661, in-8.

Duffard (Paul). *L'Armagnac noir ou Bas-Armagnac.* Angers et Auch, 1901, in-32.

Du Four de la Crespelière. *Commentaire de l'Ecole de Salerne.* Paris, 1671, in-12.

Dugenne (A.). *Panorama historique de Pau.* Pau, 1839, in-12.

Dulaure (J.-A.). *Des cultes qui ont précédé l'idolâtrie.* Paris, 1825, in-8.

— *Des divinités génératrices* [1805]. Paris, 1825, in-8.

Du Laurens de la Barre. *Les Veillées de l'Armor.* Vannes, 1857, in-18.

— *Fantômes bretons.* Paris, 1879, in-18.

— *Nouveaux fantômes bretons.* Paris, 1881, in-18.

Du Méril (Edelestand). *Etudes sur quelques points d'archéologie.* Paris, 1862, in-8.

Durif (Henri). *Guide du voyageur dans le Cantal.* Aurillac, 1861, in-18.

Dusevel (H.). *Lettres sur le département de la Somme.* Amiens, 1840, in-8.

Duval (Louis). *Esquisses marchoises.* Paris, 1879, in-8.

— *Rôle des croyances populaires et des traditions dans la protection des animaux.* Alençon, 1889, in-12.

## E

Edmont (Ed.). *Quatre légendes du pays de Saint-Pol,* recueillies et mises en vers. Saint-Pol, 1903, in-8.

Emery (d'). *Nouveau recueil de curiositez.* Paris, 1684, 2 in-12.

Ernoul de la Chenelière. *Inventaire des monuments mégalithiques des Côtes du-Nord*. Saint-Brieuc, 1881, in-8.

Esquieu (Louis). *Les jeux populaires de l'enfance à Rennes*. Rennes, 1890, in-16.

Esternod (d'). *L'Espadon satyrique*, par le sieur d'—. Cologne, 1680, in-12.

Estourbeillon (Régis de l'). *Légendes bretonnes du pays d'Avessac*. Nantes, 1882, in-8.

Estienne (Charles). V. *Maison rustique*.

Estienne (Henri). *Apologie pour Hérodote*. 1580, in-12.

*Evangiles (Les) des Quenouilles*. [1475]. Paris, 1855, in-16.

# F

*Fabliaux. Recueil général des —*. Ed. Montaiglon. Paris, 1872 et suiv., in-8.

Fagot (P.). *Le Folk-Lore du Lauraguais*. Albi, 1893-1894, 6 parties in-18.

Fenoil (Ferdinand). *Çà et là. Souvenirs valdotains*. Aoste, 1883, in-18.

Figuier (Mme Louis). *Le Gardian de la Camargue*. Paris, 1862, in-18.
— *Nouvelles languedociennes*. Paris, s. d. in-18.

Fillon (Benjamin) et O. de Rochebrune. *Poitou et Vendée*. Fontenay-le-Comte, 1887, in-4.

Fleury (Edouard). *Antiquités et monuments du département de l'Aisne*. Paris, 1877-1879, 3 in-4.

Fleury (Jean). *Littérature orale de la Basse-Normandie*. Paris, 1883, in-12 elz.
— *Essai sur le patois normand de la Hague*. Paris, 1887, in-8.

Fleury de Bellingen. *Etymologie ou explication des proverbes françois*. La Haye, 1656, in-12.

Fouquet (Dr Alfred). *Légendes du Morbihan*. Vannes, 1857, in-18.
— *Des monuments celtiques dans le Morbihan*. Vannes, 1853, in-8.

Fouquet (Madame). *Recueil de receptes choisies*. Villefranche, 1665, n° 2.

Fournier (Le P.). *Hydrographie*. Paris, 1667, in fol.

Fourtier (A.). *Les dictons de Seine-et-Marne*. Provins, 1872, in 8.

*Français (les) peints par eux-mêmes*. Paris, 1841, g. in-8.

France (Marie de). *Poësies*. [XIIIe siècle] Paris, 1820, 2 in-8.

*France Maritime (La)* publiée par Grehan. Paris, 1837, 3 in-8.

Fraysse (C.). *Le Folk-Lore du Baugeois*. Baugé, 1906, in-18.

Furetière. *Le Roman bourgeois* [1666] Paris, 1866, in-16.

# G

Gaidoz (Henri). *La rage et saint Hubert*. Paris, 1887, in-8°.
— *Un vieux rite médical*. Paris, 1892, pl. in-8.
— *Deux parallèles. Rome et Congo*, 1883, in-8. Ext. de la Rev. de l'Histoire des Religions, t. VII.
— *Le Blason populaire de la France*. Paris, 1884, in-18 (en coll. avec Paul Sébillot).

Gaspé (Ph. Aubert de). *Les anciens Canadiens*. Québec, 1877, 2 in-12.

Gauchet (Claude). *Le Plaisir des champs* [1583]. Paris, 1869, in-12.

Gautier (A.). *Statistique de la Charente Inférieure*. La Rochelle, 1839, in-4°.

Genlis (Cnse de). *Les Jeux champêtres des enfants*. Paris, s. d. in-12.

GERVASIUS DE TILBURY. *Otia imperialia, apud Scriptores rerum brunsvicensium.* Hanovre, 1707, in-f° (éd. Leibnitz).

GILLIÉRON (Ch.), *Patois de Vionnaz* (Bas-Valais). Paris, 1880, in-8°.

GITTÉE (Aug.). *Curiosités de la vie enfantine.* Études de Folklore. Verviers et Paris, 1899, in-12.

GITTÉE (Auguste) et Jules LEMOINE. *Contes populaires du pays wallon.* Gand, 1891, in-8° illustré.

GODEFROY (Louis). *Récits champenois et briards.* Paris et Troyes, 1880, in-12.

GORSE (abbé M. M.). *Au bas pays de Limosin.* Paris, 1896, in-8°.

GOUDÉ (le chanoine). *Histoires et Légendes du pays de Châteaubriant.* Châteaubriant, 1879, in-8°.

GRANDGAGNAGE. *Dictionnaire wallon.* Liège, 1846, in-8.

GRAS. *Dictionnaire du patois forézien.* Lyon, 1863, in-8°.

GRÉGOIRE DE ROSTRENEN (Le P.). *Dictionnaire françois-celtique et françois-breton.* Rennes, 1732, in-8°.

GRIMM (Jacob). *Teutonic Mythology,* translated by J. M. Stallybrass. London, 1882-1888, 4 in-8°.

GRIVEL (abbé). *Chroniques du Livradois.* Ambert, 1852, in-8°.

GUBERNATIS (A. de). *Mythologie des plantes.* Paris, 1878, 2 in-8°.

GUILLAUMIN. *La vie d'un simple.* Paris, 1904, in-18.

GUILLON (Charles). *Chansons populaires de l'Ain.* Paris, 1883, in-8.

GUILLOTIN DE CORSON. *Récits historiques de la Haute-Bretagne.* Rennes, 1870, in-18.


**H**


HABASQUE. *Notions historiques sur le littoral des Côtes-du-Nord.* Saint-Brieuc, 1833-1837, 3 in-8°.

HAROU (Alfred). *Contributions au Folklore de la Belgique.* Paris, 1892, in-16.

— *Le Folk-lore de Godarville* (Hainaut). Anvers, 1893, in-16.

HÉCART. *Dictionnaire rouchi-français.* Valenciennes, 1834, in-8°.

HENRY. *Guide en Roussillon.* Perpignan, 1842, in-18.

HERPIN (E.). *La Côte d'Emeraude. Saint-Malo, ses souvenirs.* Rennes, 1894, in-18.

— *Noces et baptêmes en Bretagne.* Rennes, 1901, in-12.

— *Terreneuvas,* roman. Rennes, 1897, in-18.

— *La Cathédrale et l'ancien diocèse de Saint-Malo.* Saint-Malo, 1897, in-18.

HEUILLARD (C.). *Étude sur le patois de la commune de Gaye.* Ste-Menehould, 1903, in-8°.

HOCK (Auguste). *Croyances et remèdes au pays de Liège.* Liège, 1876, in-18.

*Homme* (L'), revue des sciences anthropologiques. Paris, 1884-1887, in-8°.

HONNORAT. *Dictionnaire provençal-français.* Digne, 1846, in-4°.

HUON DE MÉRY. *Le Tournoiement de l'Antechrist,* éd. Tarbé. Reims, 1851, in-8°.


**I**


*Illustres fées* (Les). [1698] Cabinet des Fées t. IV.

*Intermédiaire* (L') des Chercheurs et des curieux. Paris 1864 et suiv., in-8.

# J

JACOB (P. L.). *Curiosités de l'histoire des mœurs, croyances, etc., du moyen âge.* Paris, 1856, in-12.

— *Recueil de farces, soties et moralités du XVe siècle.* Paris, 1859, in-18.

JAL. *Glossaire nautique.* Paris, 1848, in-4.

— *Scènes de la vie maritime.* Paris, 1832, 3 in-8.

JAMYN (Amadis) *Œuvres poétiques.* Paris, 1579, in-8.

JAUBERT (comte) *Glossaire du Centre de la France.* Paris, 1864-1869, 2 in-4.

JAUBERT DE RÉART. *Souvenirs pyrénéens.* Perpignan, 1834, in-8.

JEAN DE BRIE. *Le bon Berger* [1379] Paris, 1879, in-12.

JOLLIVET (B). *Les Côtes-du-Nord.* Histoire et géographie. Guingamp, 1854, et suiv. 4 in-8.

JONES (William). *Credulities, past and present.* London, 1880, in-8.

JORDAN (Claude). *Voiages historiques de l'Europe,* t. I. qui comprend tout ce qu'il y a de plus curieux en France [1692] 2e éd. Paris, 1695, in-12.

JOUBERT (Laurent). *Seconde partie des erreurs populaires et propos vulgaires touchant la Médecine.* Paris, 1580, in-18.

JOURDANNE (Gaston). *Contribution au Folk-Lore de l'Aude.* Carcassonne, 1900, in-8.

JOUSSEMET. *Mémoire sur l'ancienne configuration du littoral bas-poitevin* [1755]. Niort, 1864, in-8.

JUBINAL (Achille). *Les Hautes-Pyrénées.* Paris, 1856, in-18.

JUGE (J. J.). *Changements survenus dans les mœurs des habitants de Limoges.* Limoges, 1817, in-8.

# K

KARL DES MONTS. *Les Légendes des Pyrénées.* Paris, (s. d). in-8.

KERARDVEN (L. [Dufilhol] *Guionvac'h ; études sur la Bretagne.* Paris, 1835, in-8.

KERBEUZEC (Henri de). *Cojou-Breiz.* Première série: Plougasnou. Paris, 1896, in-18.

# L

LABOURASSÉ (H.) *Anciens us, coutumes, légendes, superstitions, préjugés, etc., de la Meuse.* Bar-le-Duc, 1902, in-8.

LA CHESNAYE (Jehan de). *Les revenants et la poésie dans les traditions du Bocage vendéen.* Vannes, 1901, in-8.

— *Contes du Bocage vendéen.* Vannes, 1902, in-8.

LADOUCETTE (J. C. F.). *Mélanges.* Paris, 1845, in-8.

LAINCEL (Louis de). *Avignon, le Comtat et la principauté d'Orange.* Paris, 1872, in-18.

LAISNEL DE LA SALLE. *Croyances et Légendes du centre de la France.* Paris, 1875, 2 in-8.

LAMBERT (Louis). *Contes populaires du Languedoc.* Montpellier, 1899, in-8.
— *Chants et chansons populaires du Languedoc.* Paris, 1905, 2 in-8.

LA MÉSANGÈRE (P. de). *Dictionnaire des proverbes français.* Paris, 1821, in-8.

LANCRE (P. de). *Tableau de l'Inconstance des mauvais anges et démons.* Paris, 1613, in-4.

LAPORTERIE (J. de). *Les Traditions en Chalosse.* Caen, 1890, in-8.
— *Une noce de paysans,* Saint-Sever, 1885, in-8.

LA SAUVAGÈRE. *Recueil d'Antiquités dans les Gaules.* Paris, 1770, in-fol.

LA TOUR LANDRY. *Le Livre du chevalier de —* pour l'enseignement de ses filles. Paris, 1854, in-16.

LATHUBE (R. M. Lacuve). *Ine brassaie de Contes en bia langage poitevin.* Paris, 1899, in-12.

LAVENOT (abbé). *Légendes et contes du pays de Vannes.* Vannes 1895, in-8.

LE BRAZ (Anatole). *La légende de la Mort chez les Bretons armoricains.* Paris, 1902, 2 v. in-18.

LE BRUN (Le P.). *Histoire critique des pratiques superstitieuses.* Paris, 1701, in-12°.
— *Les Saints bretons dans la tradition populaire.* Rennes, 1895, in-8.
— *Au pays des Pardons.* Rennes, 1894, in-18.

LE CARGUET (H.) *Légendes de la ville d'Is.* Quimper, s. d. in-12.

LE CLAIRE (abbé). *L'Ancienne paroisse de Carentoir.* Vannes, 1895, in-8.

LECŒUR (Jules). *Esquisses du Bocage normand.* Condé-sur-Noireau, 1883-1887, 2 in-8.

LECOY DE LA MARCHE (A.). *L'esprit de nos aïeux.* Anecdotes et bons mots tirés des manuscrits du XIII° siècle. Paris, s. d. in-18.

LEDIEU (Alcius). *Traditions populaires de Démuin.* Paris, 1892, p. in-8.
— *Blason populaire de la Picardie.* Paris, 1906. in-8.

LÉGIER (du Loiret). *Traditions et Usages de la Sologne.* Mém. de l'Académie Celtique, t. I, p. 204-224.

LE GOFFIC (Charles). *Sur la Côte.* Paris, 1897, in-18°.

LÉ GOUVÉLLO (Vic. Hipp.). *La Légende populaire de Kériolet dans le pays d'Auray.* Vannes, 1882, in-8°, 2° série, 1891.

LÉ GRAND D'AUSSY. *Des sépultures nationales.* Paris, 1824, in-12.

LÉ LOYER (Pierre). *Discours et Histoires des spectres, visions et apparitions.* Paris, 1605, in-4°.

LE MARCHAND (Albert). *Une excursion dans le pays de Mauges,* in-8 (Extrait de la Rev. d'Anjou, III° série, t. 2).

LEMARIÉ. *Fariboles saintongheaises.* Royan, 1883, in-8°.

LÉ MÉN (R. F.). *Traditions et superstitions de la Basse-Bretagne.* Revue Celtique, t. I, p. 226-242 et 414-435.

(LE NOBLE). *Le Gage touché.* Histoires galantes et comiques. Paris, 1722, in-12,

LE PELLETIER (Dom). *Dictionnaire de la langue bretonne.* Rennes, 1752, in-4°.

*Lemouzi,* littéraire, artistique et traditionniste. Paris et Brive, 1887 et suiv., in-8°.

LE POULCHRE (François). *Les Honnestes Loisirs de messire —.* Paris, 1587; in-8,

LE PRINCE DE BEAUMONT (Madame). *Le Magasin des enfants* [1757]. Paris, s. d. in-8°.

Lerouge. *Histoire de Jersey*, 1757, in-12.

Leroux (Philibert Joseph). *Dictionnaire comique, satyrique*, etc. Amsterdam, 1718, in-8.

Leroux de Lincy. *Le livre des Proverbes français*, Paris, 1857, 2 in-16.

— *Introduction au Livre des Légendes*. Paris, 1836, in-8.

— *Recueil de chants historiques français, du XVe au XVIIIe siècle*. Paris, 1841, 2 in-18.

Lespy (V.). *Proverbes du pays de Béarn, énigmes et contes populaires*. Montpellier, 1876, in-8.

— *Dictons et proverbes du Béarn, parémiologie comparée*. Pau, 1892, in-8.

Lex (L.). *Le culte des eaux en Saône-et-Loire*. Mâcon, 1898, in-8.

*Lexique du langage de Mâcon et des environs*, Mâcon, 1903, in-18.

Liégard (Dr Henri). *Les saints guérisseurs de la Basse-Bretagne*. Paris, 1903, in-8.

Lobineau (Dom). *Vies des saints de Bretagne*, [1725]. Paris, 1837, 5 in-8.

Lombard-Dumas. *Catalogue descriptif des monuments mégalithiques du Gard*. Nîmes, 1894, in-8.

Louis XI. *Les Cent nouvelles nouvelles, dites les Cent nouvelles*, [1486]. Paris, 1858, in-16.

Luzel (F. M.). *Contes bretons recueillis et traduits*. Quimperlé, 1870, in-8.

— *Veillées bretonnes, mœurs, chants, contes et récits populaires*. Paris, 1879 in-18.

— *Légendes chrétiennes de la Basse-Bretagne*. Paris, 2 in-12 elzévir.

— *Contes populaires de la Basse-Bretagne*. Paris, 1887, 3 in-12 elzévir.

— *Gwerziou Breiz-Izel*. Chants populaires de la Basse-Bretagne. Lorient, s. d. 1868, in-8, et Paris, 1874, in-8.

— *De l'authenticité des chants du Barzaz-Breiz*. Saint-Brieuc, 1872, in-8°.

## M

Mac Culloch (sir Edgar). *Guernesey Folk-Lore*. London, 1904, in-8.

*Maison rustique (Agriculture et)* par Charles Estienne et Liébault, 1597, in-8.

Mahé (abbé). *Essai sur les antiquités du Morbihan*. Vannes, 1847, in-8.

Marelle (Charles). *Contes et chants populaires français*. Braunschweig, 1876, in-8.

— *Affenschwanz et variantes orales des contes populaires français et étrangers* Braunschweig, 1888, in-8.

Marlot (Hippolyte). *Le Merveilleux dans l'Auxois, légendes du sabbat, cercles mystiques*, etc. Cernois chez l'auteur, 1888, in-8.

Marot (Clément). *Œuvres*. La Haie, 1712, 2 in-12.

Martin (E.). *Observations sur le roman de Renart*. Strasbourg, 1887, in-8.

Martinet (Ludovic). *Légendes et superstitions populaires du Berry*. Bourges, 1879, in-12.

— *Le Berry préhistorique*. Paris, 1878, in-4.

*Matériaux pour l'histoire primitive et naturelle de l'homme*. Paris, 1863-1881. in-8

Mattéi (A.). *Proverbes de la Corse*. Paris, 1867, in-18.

Mauricet (Dr Alphonse). *L'Isle aux Moines*. Vannes, 1878, in-8.

Maury (Alfred). *Les Fées du Moyen âge*. Paris, 1843, in-18.

— *Essai sur les légendes pieuses du moyen âge*. Paris, 1843, in-18.

— *Croyances et légendes du moyen âge*. Paris, 1896, in-8.

*Mélusine*. Recueil de mythologie, 1877-1878 et 1884-1901, 10 v. in-4°. Publié jusqu'en 1887 par E. Rolland et H. Gaidoz, et ensuite par H. Gaidoz seul.

Le Ménagier de Paris [v. 1393]. Paris, 2 in-8.

Menière. *Glossaire étymologique angevin*. Angers, 1880, in-8.

Mensignac (Camille de). *Notice sur les superstitions, dictons, proverbes de la Gironde*. Bordeaux, 1888-1889, in-8.

Mérimée (Prosper). *Notes d'un voyage dans le midi de la France*. Bruxelles, 1835, in-12.

— *Notes d'un voyage dans l'ouest de la France*. Paris, 1836, in-8.

— *Notes d'un voyage en Corse*. Paris, 1840, in-8.

Merula. *Cosmographiæ generalis libri III*, 1614, in-f°.

Metivier (de). *De l'agriculture et du défrichement des Landes*. Bordeaux, 1839, in-8.

Métivier (A.). *Dictionnaire franco-normand ou recueil des mots de Guernesey*. London, 1870, in-8.

Meyrac (Albert). *Traditions, coutumes, légendes et contes des Ardennes*. Charleville, 1890, in-8.

— *Villes et villages des Ardennes*. Charleville, 1899, in-8.

Michon (J.-M.). *Statistique de la Charente*. Angoulème, 1844, in-8.

Mignard. *Histoire et glossaire de l'idiome bourguignon*. Dijon, 1856, in-4.

Milin (Aubin-Louis). *Voyage dans les départements du Midi de la France*. Paris, 1807-1811, 4 in-8.

Mistral (Frédéric). *Lou Tresor dou Felibrige*. Avignon et Paris, 1886, 2 in-4°.

Moiset (Ch.). *Les Usages, croyances, traditions, superstitions du département de l'Yonne*. Auxerre, 1888, in-8.

— *Dictons et sobriquets populaires de l'Yonne*. Auxerre, 1889, in-8.

Monnier (M.). *Vestiges d'antiquités dans le Jurassien*. Soc. des Antiquaires, t. IV, 1823, p. 338-412.

Monnier (Désiré) et Vingtrinier. *Croyances et traditions populaires recueillies dans la Franche-Comté, le Lyonnais, la Bresse et le Bugey*. Lyon, 1874, in-8.

Monseur (Eugène). *Le Folklore wallon*. Bruxelles, s. d. (1895), in-8.

Montbail (E. de). *Notes et croquis sur la Vendée*. Niort, 1843, in-4°.

Monteil (Alexis). *Histoire des Français des divers états*. Paris, 1853; 5 in-18.

Montel (Achille) et Louis Lambert. *Contes populaires du Languedoc*. Montpellier, 1874, in-8.

Montémont (Albert). *Voyage à Dresde et dans les Vosges*. Paris, 1861, in-8.

Montesson (de). *Vocabulaire du Haut-Maine*. Paris, 1859, in-12.

Moreau (Émile). *Monuments mégalithiques d'Humbers*. Laval, 1875, in-18.

— *Notes sur la préhistoire de la Mayenne*. Laval, 1880, in-18.

Moreau de Jonnès. *Aventures de guerre de la République et du Consulat*. Paris, 1858, 2 in-8.

Morin (A.-S.). *Le Prêtre et le Sorcier, statistique de la superstition*. Paris, 1872, in-12.

MORTILLET (A. de). *Rapport sur les monuments mégalithiques de la Corse*. Paris, 1893, in-8.

— *Les Monuments mégalithiques du Pas-de-Calais*, in-8, 1900.

— *Les Monuments mégalithiques de la Lozère*. 1905, in-8.

*Mosaïque de l'Ouest et du Centre*. Blois, 1844-1846, in-4, publiée sous la direction de M. Émile Souvestre.

(MURAT : C<sup>sse</sup> de). *Histoires sublimes et allégoriques*, dédiées aux fées modernes. Paris, 1699, 2 in-12.

MUSSET (G.). *La Charente-Inférieure avant l'histoire*. La Rochelle, 1885, in-8.


## N

NAVARRE (reine de). *L'Heptaméron des Nouvelles de Marguerite d'Angoulème, royne de Navarre* [1558]. Paris, 1860, in-18.

NEGRIN (Émile). *Guide de Nice et Promenades de Nice*. S. l. ni date [1862]. 4<sup>e</sup> éd. 1870, in-18.

NIMAL (H. de). *Légendes de la Meuse*. Bruxelles, s. d. (1899), in-18.

NISARD (Ch.). *Histoire des livres populaires*. Paris, 1854, 2 in-8.

NOEL DU FAIL. *Œuvres facétieuses*. [Propos rustiques, 1547. Contes d'Eutrapel, 1585]. Paris, 1874, 2 in-16.

NOELAS (Frédéric). *Légendes et traditions foréziennes*. Roanne, 1865, in-8.

NOGUÈS (abbé J. M.). *Mœurs d'autrefois en Saintonge*. Saintes, 1891, in-8.

NORE (Alfred de). *Coutumes, mythes et traditions des provinces de France*. Paris et Lyon, 1846, in-8.

NOZOT. *Usages et superstitions des Ardennes*. Revue des Soc. savantes, t. IV, 5<sup>e</sup> série, p. 122-133.

NUSSAC (Louis de). *Les Fontaines en Limousin, culte, pratiques, légendes*, in-8 (Ext. du Bull. archéologique, 1897).


## O

OGÉE (J.-B.). *Dictionnaire géographique de la province de Bretagne*. [1778-1780]. Rennes, 1843-1853, 2 in-4.

OHEIX (Robert). *Bretagne et Bretons*. Saint-Brieuc, 1886, in-18.

OLIVIER (Jules). *Croyances et traditions surnaturelles du Dauphiné*. France Littéraire, t. VIII, 1833, p. 287-317.

OLIVIER (Juste). *Œuvres choisies*. Lausanne, 1879, 2 in-18.

OLIVIER DE SERRES. *Théâtre d'agriculture*. Paris, 1600, in-f°.

ORAIN (Adolphe). *Contes de l'Ille-et-Vilaine*. Paris, 1901, in-12 elz.

— *Contes du pays gallo*, Paris, 1904, in-18.

— *Le Folk-Lore de l'Ille-et-Vilaine*. Paris, 1897, 2 in-12 elz.

— *Chansons de la Haute-Bretagne*. Rennes, 1901, in-8.

— *Géographie de l'Ille-et-Vilaine*. Rennes, 1887, in-8.

— *Glossaire patois de l'Ille-et-Vilaine*, suivi de chansons populaires. Paris, 1886, in-8.

— *Une excursion dans la forêt de Paimpont.* Rennes, 1880, in-12.

— *Promenades d'automne aux environs de Rennes, Cesson et Chatepie, 1884 ; de Messac à Saint-Just, 1885 ; de Rennes à Betton 1886.* Rennes, in-12.

— *Guipel, son château, ses chapelles, etc.* Rennes, 1887, in-12.

— *Curiosités, croyances, superstitions, chansons et coutumes de l'Ille-et-Vilaine.* Rennes, 1887-1890, in-12.

— *Le sire de Changé,* légende du canton de Liffré. Rennes, s. d., in-12.

ORTOLI (J. B. F.). *Contes populaires de l'île de Corse.* Paris, 1883, in-12 elz.

OUDIN. *Curiositez françoises pour supplément aux dictionnaires.* Paris, 1656, in-4.

OUVILLE (Le Metel d'). *Contes aux heures perdues.* Paris, 1680, in-12.

# P

PARIS (Gaston). *Le petit Poucet et la Grande Ourse.* Paris, 1875, in-32.

— *La Littérature française au moyen âge.* Paris, 1888, in-18.

PASQUIER (Estienne). *Les Recherches de la France.* [1560]. Paris, 1611, in-4.

*Pathelin (Maistre Pierre). Coll. de Farces, sottises, etc.* Paris, 1856, in-18.

*Le Pays poitevin.* Liguré et Poitiers, 1898-1901, in-f°.

PÉROT (Francis). *Les Légendes du Bourbonnais.* Moulins, 1890, in-8.

PERRAUDIÈRE (X. de la). *Traditions locales et superstitions. Notes prises aux pays de Maine et d'Anjou.* Angers, 1896, in-8.

PERRON (Dr). *Proverbes de la Franche-Comté.* Besançon, 1876, in-18.

*Picardie (La) littéraire et traditionniste.* Cayeux, 1899-1904, in-8°.

PIET. *Mémoires laissés à mon fils.* Noirmoutier, 1806, in-4.

PILLOT (E.). *Polissoirs mégalithiques du département de l'Aube.* Troyes, 1881, in-8.

PINEAU (Léon). *Contes populaires du Poitou.* Paris, 1891, in-18.

— *Le Folk-Lore du Poitou.* Paris, 1892, in-18.

PITRE DE L'ISLE. *Dictionnaire archéologique de la Loire-Inférieure (Saint-Nazaire).* Nantes, 1884, in-8.

PLUQUET (Frédéric). *Contes populaires, traditions, proverbes et dictons de l'arrondissement de Bayeux.* Caen, 1825, in-8.

— *Contes populaires préjugés, patois, proverbes, etc., de l'arrondissement de Bayeux.* Caen, 1834, in-8.

POIGNAND. *Antiquités historiques et monumentales à visiter de Montfort à Corseul.* Rennes, 1820, in-8.

*Poitou (La Tradition en) et Charente.* Paris et Niort, 1897, in-8.

PORCHAT (Jacques). *Contes merveilleux.* Paris, 1863, in-18.

PROTH (Mario). *Au pays de l'Astrée.* Paris, 1868, in-18.

PUYMAIGRE (Comte de). *Chants populaires du pays messin.* [1864]. Paris, 1881, 2 in-18.

— *Folk-Lore.* Paris, 1885, in-18.

# Q

QUARRÉ-REYBOURBON (L.). *Les monuments mégalithiques dans les départements du Nord et du Pas-de-Calais.* Tournai, 1896, in-8.

Quellien (N.). *Chansons et danses des Bretons.* Paris, 1889, in-8.

— *Contes et nouvelles du pays de Tréguier.* Paris, 1899, in-12.

*Quinze joies de mariage (Les)* [1480]. Paris, 1846, in-16.

Quitard. *Étude sur les proverbes français et le langage proverbial.* Paris, 1860, in-8.

## R

Rabelais (François). *Œuvres.* Ed. Burgaud des Marest et Rathery. Paris, 1870, 2 in-18.

Regis de la Colombière. *Les cris populaires de Marseille.* Marseille, 1868, in-8.

Reinsberg-Düringsfeld. *Traditions et légendes de la Belgique.* Bruxelles, 1870, 2 in-8.

— *Sprichwörter der germanischen und romanischen Sprachen.* Leipzig, 1872, 2 in-4.

Renard (Fr.). *Superstitions bressannes.* Bourg, 1893, in-8.

Replat (Jacques). *Feuilles d'album.* Annecy, 1897, in-12.

Restif de la Bretonne. *Les Contemporaines par gradation.* [1783]. Paris, 1876, in-16.

*Revue de Bretagne et de Vendée.* Nantes et Vannes, 1855 à 1900, in-8.

*Revue Celtique.* Dirigée par H. Gaidoz, 1870-1885 ; par d'Arbois de Jubainville, 1886 et suiv. Paris, in-8°.

*Revue dauphinoise.* Grenoble, 1898-1902, gr. in-8°.

*Revue des langues romanes.* Montpellier, 1870 et suiv., in-8°.

*Revue de linguistique et de philologie comparée.* Paris, 1867 et suiv., in-8.

*Revue des Traditions populaires.* Recueil de mythologie, littérature orale, ethnographie traditionnelle et art populaire, publiée par Paul Sébillot, 1886 et suiv., in-8.

Richard. *Traditions populaires de l'ancienne Lorraine.* Remiremont, 1848, in-18.

Richard. *L'île d'Yeu*, s. d. (1883), in-18.

Richard de Fournival. *Le Bestiaire d'amour*, éd. Hippeau. Paris, 1860, in-8°.

Richer (Louis). *L'Ovide bouffon.* Paris, 1662, in-4.

Richer (E.). *Voyage dans le département de la Loire-Inférieure.* Nantes, 1820, in-4.

Ristelhuber (P.). *Contes alsaciens*, 3° série. Paris, in-8. (1888-1890). (Extr. de la Tradition).

Ritalongi (G.-P. de). *Les Bigoudens.* Nantes, 1894, in-8.

Robidou (Bertrand). *Histoire et panorama d'un beau pays, ou Saint-Malo, Saint-Servan, Dol, Dinan.* Saint-Malo, 1861, 2 in-8.

Robin (C.). *Le Mont-Glonne ou Recherches historiques sur l'origine des Celtes angevins, Aquitaine, Armorique.* Paris, 1774, 2 in-12.

Rolland (Eugène). *Faune populaire de la France.* Paris, 1879-1883, in-8.

— *Flore populaire de la France.* Paris, 1896-1904, t. I à V, in-8°.

— *Devinettes.* Paris, 1877, in-18.

— *Recueil de chansons populaires.* Paris, 1883-1890, 6 in-8.

*Roman de la Rose*, par Guillaume de Lorris et Jean de Meung, éd. Francisque Michel. Paris, 1864, 2 in-18.

*Roman de Renart*, éd. Martin. Strasbourg, 1882-1887, 2 in-8.

*Romania*, publiée par Paul Meyer et Gaston Paris. Paris, 1872 et suiv., in-8.

Romans (Li) de Dolopathos, (éd. Brunet Montaiglon). Paris, 1856, in-16.

Ronsard (Pierre de). Œuvres complètes. Paris, 1856 et suiv., in-16.

Rosapelly (Norbert). Au pays de Bigorre. Us et Coutumes. Paris, 1891, in-8.

Rothe. Les Romans du Renart. Paris, 1845, in-8.

Roumanille (J.). Li conte prouvençau et li Cascareleto. Avignon, 1884, in-8.

Roussey (Charles). Glossaire du parler de Bournois (Doubs). Paris, 1895, in-8.

— Contes populaires recueillis à Bournois. Paris, 1895, in-8.

Rozenzweig (L.) Les Fontaines du Morbihan. (Mém. lu à la Sorbonne. 1866).

— Répertoire archéologique du Morbihan. Paris, 1863, in-4.

Ruche d'Aquitaine (la). Journal de littérature et de sciences. Bordeaux, 1817-1818, in-8º.

Rutebeuf, trouvère du XIIIᵉ siècle. Œuvres complètes (publiées par Achille Jubinal). Paris, s. d., 3 in-16.

## S

Sacaze (Julien). Le culte des pierres au pays de Luchon. 1878, in-8.

Saint-Amant. Œuvres. Paris, 1855, 2 in-16.

Saint-Foix. Essais historiques. Paris, 1777, in-18.

Saint-Germain (Léonard de). Itinéraire de la Corse. Paris, 1856, in-18.

Salmon (Philippe). Dictionnaire archéologique de l'Yonne. Auxerre, 1878, in-8.

Sand (George). Légendes rustiques. Paris, s. d. in-18.

— Promenades autour d'un village. Paris, 1877, in-18.

Sarcaud (Dʳ Gustave). Contes et légendes du Bassigny Champenois. 1880, in-16.

Sauvage (Hippolyte). Légendes normandes recueillies dans l'arrondissement de Mortain, 2ᵉ éd. Angers, 1869, in-18.

Sauval (Henry). Histoire et recherche des antiquités de Paris. Paris, 1733, 3 v. in-f.

Sauvé (L.-F.). Lavarou Koz. Proverbes et dictons de la Basse-Bretagne. Paris, 1878, in-8.

— Le Folk-Lore des Hautes Vosges. Paris, 1889, p. in-12.

Savoye (Claudius). Le Beaujolais préhistorique. Lyon, 1899, in-8.

Scarron. Œuvres. Paris, 1730, 2 v. in-12.

Schepers (C. S.) et O. Colson. Un usage fétichiste. Liège, 1893, in-8.

Sébillot (Paul). Contes populaires de la Haute-Bretagne. Paris, 1880-1882, 3 in-18.

— Contes des Landes et des Grèves. Rennes, 1900, in-18.

— Contes de marins recueillis en Haute-Bretagne. Palerme, 1890, in-8 (Ext. de l'Archivio).

— Contes bretons inédits dans l'Almanach du Phare. Nantes, 1891, 1892, in-8.

— Contes de la Haute-Bretagne. Paris, 1892, in-8 (Ext. de la Revue de Bretagne et de Vendée).

— Dix Contes de la Haute-Bretagne. Paris, 1894, in-8 (Ext. de la Revue de Bretagne et de Vendée).

— Contribution à l'étude des contes populaires. Paris, 1894, in-8 (Ext. de la Rev. des Trad. pop.).

— Contes de prêtres et de moines recueillis en Haute-Bretagne. Palerme, 1893, in-8 (Ext. de l'Archivio).

SÉBILLOT (Paul). *Littérature orale de la Haute-Bretagne*. Paris, 1881, in-12 elz.

— *Petites Légendes chrétiennes de la Haute-Bretagne*. Paris, 1885, in-8 (Ext. de la Revue de l'histoire des Religions).

— *Légendes chrétiennes de la Haute-Bretagne*. Vannes, 1893, in-8 (Ext. de la Revue de Bretagne et de Vendée).

— *La Petite Légende dorée de la Haute-Bretagne*. Nantes, 1897, in-18.

— *Légendes locales de la Haute-Bretagne*. Nantes, 1899-1900, 2 in-18.

— *Traditions et superstitions de la Haute-Bretagne*. Paris, 1882, 2 in-12 elz.

— *Notes sur les traditions de la Haute-Bretagne*. Palerme, in-8 (Ext. de l'Archivio).

— *Coutumes populaires de la Haute-Bretagne*. Paris, 1885, in-12 elz.

— *Additions aux Coutumes, traditions et sup. de la Haute-Bretagne*. Paris, 1892, in-8 (Ext. de la Rev. des Trad. pop. t. VII).

— *Les Margot-La-Fée*. Paris, 1887, in-8 (Ext. des Mém. de la Société d'Emulation des Côtes-du-Nord).

— *Devinettes de la Haute-Bretagne*. Paris, 1887, in-8.

— *Blason populaire de la Haute-Bretagne*. Paris, 1888, in-8 (Ext. de la Rev. de linguistique, t. XIX et XX).

— *Les souvenirs historiques et les héros populaires en Bretagne*. Vannes, 1889, pet. in-18.

— *Contes des provinces de France*. Paris, 1884, in-18.

— *Légendes du pays de Paimpol*. Paris, 1894, in-8 (Extr. de la R. de Bretagne).

— *Légendes, croyances et superstitions de la Mer*. Paris, 1886-1887, 2 in-18.

— *Traditions de la Boulangerie*. Paris, 1891, in-8.

— *Les Travaux publics et les mines dans les superstitions de tous les pays*. Paris, 1894, in-8.

— *Légendes et curiosités des métiers*. Paris, s. d. (1895), in-4°.

— *Le Folk-Lore des pêcheurs*. Paris, 1901, in-12 elz.

— *Le Blason populaire de la France* (en coll. avec H. Gaidoz). Paris, 1884, in-18.

— *Blason populaire de la Haute-Bretagne*. Paris, 1888, in-8° (Ext. de la Revue de linguistique).

— *Gargantua dans les traditions populaires*. Paris, 1883, in-12 elz.

SÉBILLOT (Paul-Yves). *Contes et Légendes du pays de Gouarec*. Vannes, 1897, in-12.

SIMON (Jean). *Statistique de la commune de Frotoy*. Château-Chinon, 1884, in-8.

SINGERUS (Jodocus). *Itinerarium Galliæ*. 1655, in-8.

*Société des Antiquaires de France*, 1817, et suiv., in-8.

*Société des Antiquaires de l'Ouest*. Poitiers, 1835 et suiv., in-8.

SOLAND (Aimé de). *Proverbes et dictons rimés de l'Anjou* [1828]. Angers, 1858, in-12.

SORÉAU (Georges) et Marc Langlais. *Légendes et contes du Maine*. Le Mans, in-18.

SOREL. *La vraie histoire comique de Francion* [1622]. Paris, 1858, in-16.

SOUCHÉ (B.). *Croyances présages et superstitions diverses*. Niort, 1880, in-8°.

— *Proverbes, traditions diverses et conjurations*. Niort, 1882, in-8°.

SOUVESTRE (Emile). *Les Derniers Bretons* [1836]. Paris, 1858, 2 in-18.

— *Le Foyer breton, traditions populaires* [1844]. Paris, 1852, 2 in-18.

— *Les Derniers paysans* [1851]. Paris, in-18.

SPALIKOWSKI (Ed.). *Paysages et paysans normands*. Rouen et Paris, 1899, in-18.

Stauben. *Scènes de la vie juive en Alsace*. Paris, 1860, in-18.

Stoeber (Aug.). *Die Sagen des Elsasses*. Sain-tGallen, 1852, et 1858, in-8°. La plus grande partie de cet ouvrage a été traduite par René Stiebel. Rev. des Trad. pop. t. XVI et XVII.

— *Elsæssisches Volksbüchlein*. Strasbourg, 1842, in8 (trad. Ristelhuber. Rev. des Trad. pop. t. III).

Sudre (Léopold). *Les sources du roman de Renart*. Paris, 1893, in-8°.

Swainson (W.) *Folk-Lore of british birds*. Londres, 1886, in-8°.


## T

Tabarin. *Œuvres complètes*, [1622]. Paris, 1858, in-16.

Tabourot. *Les Bigarrures et Touches du seigneur des Accords* [1572]. Rouen, 1682, in-12.

Taillefer (Wlagrin de). *Antiquités de Vésone*. Périgueux, 1821-1826, 2 in-8°.

Taillepied (F.-N.). *Traité de l'apparition des esprits*. Brusselles, 1609, in-12.

Tallemant des Réaux. *Historiettes*, éd. Monmerqué, Paris, 1861, 10, in-18.

*Théâtre français* (Ancien). Paris, 1854-1856, 10 in-16.

Thibault (Adrien). *Glossaire du pays blaisois*. Blois, 1894, in-8.

Thiers (Jean-Baptiste, curé de Champrond). *Traité des Superstitions* [1679]. Paris, 1741, 4 in-12.

Thuriet (Ch.). *Traditions populaires du Doubs*. Paris, 1891, in-8.

— *Traditions populaires de la Haute-Saône et du Jura*. Paris, 1892, pet. in-8.

*Tradition* (La). Revue internationale de Folk-Lore, 1887-1897. Drs Emile Blémont et H. Carnoy, 1886-1887. Dr de Beaurepaire-Froment, 1900-1906. Paris, in-8°.

*Traditions de la Suisse romande*. Lausanne, 1873, in-18.

Trébucq (S.). *La chanson populaire en Vendée*. Paris, 1896, in-8.

Troude. *Dictionnaire breton-français*. Brest, 1869, in-8.

Troude et Milin. *Le Conteur breton*. Brest, 1870, in-8.

Troyes (Nicolas de). *Le Grand Parangon des Nouvelles nouvelles* [1535]. Paris, 1870, in-16.

Tuet (Abbé). *Les matinées Senonnoises ou Proverbes françois* [1788], in-8°.


## V

Vallerange (Prosper). *Le clergé, la bourgeoisie, le peuple, l'ancien régime, etc.*, Paris, 1861, in-8.

*Variétés bibliographiques*, organe de la librairie E. Rolland. Paris, 1890-1891, gr. in-8,

*Variétés historiques et littéraires*, recueil de pièces volantes. Paris, 1855 et suiv. in-16.

Vaschalde (Henry). *Croyances et superstitions populaires du Vivarais*. Montpellier, 1876, in-8.

— *Recherches sur les pierres mystérieuses du Vivarais*. Paris, 1874, in-8.

Vayssier (Abbé). *Patois de l'Aveyron*. Rodez, 1879, in-4.

*Velay et Auvergne.* Le Puy, 1894, in-8.

VÉRUSMOR. *Voyage en Basse-Bretagne.* Guingamp, s. d. (1855), in-8.

VESLY (Léon de). *Légendes, superstitions et vieilles coutumes.* Rouen, 1894, 1895, 1896, in-8.

VIAUD-GRAND MARAIS. *Guide à Noirmoutier.* Nantes, 1892, in-12.

VICAIRE (Gabriel). *Etudes sur la poésie populaire, légendes et traditions.* Paris, 1902, in-18.

VIDAL (Pierre). *Guide dans le département des Pyrénées-Orientales.* Perpignan, 1879, in-18.

VILLEMARQUÉ (Hersart de la). *Barzaz-Breiz.* Chants populaires de la Bretagne. [1839]. Paris, 1867, in-8.

VILLENEUVE (comte de). *Statistique des Bouches-du-Rhône.* Marseille, 1821, 3 in-4°.

VILLON (François). *OEuvres* (éd. Jacob). Paris, 1854, in-16.

VINCHANT (François). *Voyage en France et en Italie* (1608-1610). Bull. de la Société belge de Géographie, 1887.

VINSON (Julien). *Le Folk-lore du pays basque.* Paris, 1883, in-12 elz.

*Violier des histoires romaines* (Le), ancienne traduction française des Gesta Romanorum [XIVᵉ siècle]. Paris, 1858, in-16.

VITET (L.). *Histoire de Dieppe.* Paris, 1844, in-18.

VITRY (Jacques de). *Exempla,* éd. Crane. London, 1890, in-8.

VORAGINE (Jacques de). *La Légende dorée.* Paris, 1843, 2 in-18.

VULSON DE LA COLOMBIÈRE. *Le Palais des curieux.* Paris, 1647, in-8.

# W

WACE (Robert). *Le Roman de Rou.* Rouen, 1827, in-8°.

— *Roman de Brut.* Rouen, 1836-1838, 2 in-8°.

*Wallonia.* Recueil mensuel de folk-lore, publié par O. Colson. Liège, 1893 et suiv. in-8.

WEBSTER (W.). *Basque Legends.* London, 1877, in-8.

# TABLE ANALYTIQUE ET ALPHABÉTIQUE

## A

---

1. Le signe — placé devant une série de chiffres indique le folk-lore général de la rubrique ; plus court et placé entre deux chiffres, il indique que le sujet est traité du premier au dernier.

# B

# C

# E

# F

# G

# H

# I

# J

# M

# N

# S

# T

# TABLE ANALYTIQUE

## LIVRE PREMIER

## LE PRÉHISTORIQUE

### CHAPITRE PREMIER

### LES MENHIRS

### CHAPITRE II

### LES DOLMENS

# CHAPITRE III

## LES TUMULUS

# CHAPITRE IV

## PIERRES DIVERSES

# CHAPITRE V

## CULTES ET OBSERVANCES MÉGALITHIQUES

# LIVRE SECOND

## LES MONUMENTS

### CHAPITRE PREMIER

### LES RITES DE LA CONSTRUCTION

### CHAPITRE II

### LES MONUMENTS ANTIQUES

# CHAPITRE III

## LES ÉGLISES

## CHAPITRE IV

### LES CHATEAUX

## CHAPITRE V

### LES VILLES

# LIVRE TROISIÈME

## LE PEUPLE ET L'HISTOIRE

## CHAPITRE PREMIER

### LES GENS D'ÉGLISE

# CHAPITRE II

## LA NOBLESSE ET LE TIERS ETAT

# CHAPITRE III

## LES GUERRES

# CHAPITRE IV

## L'HISTOIRE DE FRANCE DANS LA TRADITION POPULAIRE

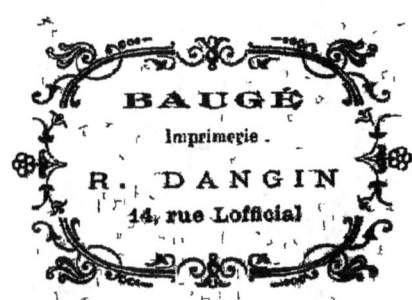

BAUGÉ
Imprimerie
R. DANGIN
14, rue Lofficial